ECDL – Europäischer Computer Führerschein™

Office 2010 - Windows 7 - Syllabus 5.0

von

Jürgen Gratzke

Bernd Köhler

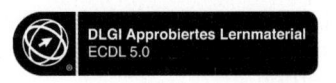

DLGI Approbiertes Lernmaterial
ECDL 5.0

D1688484

Winklers

DLGI Approbiertes Lernmaterial ECDL 5.0

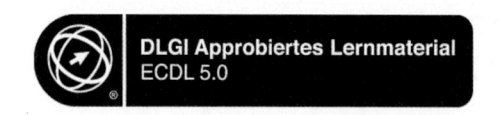

Das ECDL-Logo ist ein eingetragenes Markenzeichen der ECDL-Foundation. Die Bildungshaus Schulbuchverlage Westermann Schroedel Diesterweg Schöningh Winklers GmbH ist ein von der DLGI, unabhängiges Unternehmen und insbesondere nicht gesellschaftsrechtlich mit diesen verbunden. Dieses Buch kann genutzt werden, um Schulungsteilnehmer bei der Vorbereitung auf die European Computer Driving Licence-Prüfung zu unterstützen. Weder der Lizenzgeber, noch die Bildungshaus Schulbuchverlage Westermann Schroedel Diesterweg Schöningh Winklers GmbH gewährleisten, dass durch die Verwendung dieses Buches das Bestehen der jeweiligen Prüfung sichergestellt wird. Die Verwendung des von den Lizenzgebern genehmigten Lernmaterial-Logos auf diesem Produkt bedeutet, dass es unabhängig geprüft und seine Übereinstimmung mit den folgenden Vorgaben genehmigt worden ist:

Das Produkt enthält in einem zumindest zufrieden stellenden Maß das gesamte Lernmaterial in Hinblick auf den ECDL-Syllabus Version 5.0. Das Lernmaterial wurde nicht auf technische Richtigkeit überprüft, und es wird nicht gewährleistet, dass der Endverbraucher die dazugehörigen ECDL-Prüfungen besteht. Alle in diesem Buch enthaltenen Einstufungstests und/oder leistungsbezogenen Übungen beziehen sich einzig und allein auf dieses Produkt und sind oder implizieren keine Zertifizierung durch die Lizenzgeber für die ECDL-Prüfungen.

Hinweis **ECDL-Diagnosetests:**

> Die Tests und Übungen in diesem Lernmaterial sind keine ECDL-Zertifikatstests. Auch wenn diese internen Tests mit hohen Punktzahlen absolviert werden, ist dies kein verbindlicher Hinweis darauf, dass Zertifikatstests bestanden werden. Zur besseren Vorbereitung auf den ECDL können in jedem Prüfungszentrum Diagnosetests abgelegt werden.

3., überarbeitete Auflage, 2011
Druck 2, Herstellungsjahr 2013

© Bildungshaus Schulbuchverlage
Westermann Schroedel Diesterweg
Schöningh Winklers GmbH
Postfach 33 20, 38023 Braunschweig
service@winklers.de
www.winklers.de

verfasst von: Jürgen Gratzke; Bernd Köhler
unter Mitarbeit der Verlagsredaktion
Lektorat: Katja Müllenmeister, Hamburg
Redaktion: Georg Müller
Druck: westermann druck GmbH, Braunschweig
ISBN 978-3-8045-4695-0

Auf verschiedenen Seiten dieses Buches befinden sich Verweise (Links) auf Internetadressen.

Haftungshinweis: Trotz sorgfältiger inhaltlicher Kontrolle wird die Haftung für die Inhalte der externen Seiten ausgeschlossen. Für den Inhalt dieser externen Seiten sind ausschließlich deren Betreiber verantwortlich. Sollten Sie bei dem angegebenen Inhalt des Anbieters dieser Seite auf kostenpflichtige, illegale oder anstößige Inhalte treffen, so bedauern wir dies ausdrücklich und bitten Sie, uns umgehend per E-Mail davon in Kenntnis zu setzen, damit beim Nachdruck der Verweis gelöscht wird.

Dieses Werk und einzelne Teile daraus sind urheberrechtlich geschützt. Jede Nutzung – außer in den gesetzlich zugelassenen Fällen – ist nur mit voreriger schriftlicher Einwilligung des Verlages zulässig.

Vorwort

Sehr geehrte Leserin, sehr geehrter Leser,

Sie haben eine gute Entscheidung getroffen. Mit dem Erwerb dieses Buches sind Sie auf dem richtigen Weg, Ihre bisherigen PC-Kenntnisse zu optimieren. Denn die nachfolgenden Lerninhalte stellen **einen ersten wichtigen Baustein im Zertifizierungsprogramm des Europäischen Computer Führerscheins (ECDL®)** dar.

In nahezu allen Berufszweigen werden solide IT-Kenntnisse vorausgesetzt. **Dass der Erwerb des ECDL® die richtige Antwort auf diese Anforderung ist, beweisen die rund 9 Millionen TeilnehmerInnen,** die dieses in 148 Ländern anerkannte Zertifikat besitzen oder anstreben. Wer über den ECDL® als Nachweis fundierter IT-Kompetenz verfügt, hat einen klaren Wettbewerbsvorsprung auf dem Arbeitsmarkt.

Möchten Sie wissen, wie es um Ihre bisherigen IT-Fähigkeiten bestellt ist? Über die ECDL® Diagnosetests können Sie bequem via Internet von zu Hause aus prüfen, wo Ihre Stärken liegen oder wo es Defizite gibt. Mit den Demotests können Sie sich ansehen, wie eine ECDL-Prüfung aussieht und welche Art der Fragestellung Sie in den Tests vorfinden. Aktuelle Informationen zu diesem Thema finden Sie auch auf den Websites der jeweiligen Länder.

Sie haben die Möglichkeit, in **mehr als 1 200 Prüfungszentren bzw. Test-Center** in Deutschland, Ihr erworbenes IT-Wissen zu vertiefen und zertifizieren zu lassen. Nach dem Ablegen aller sieben Modulprüfungen in einem der ECDL®-Prüfungszentren haben Sie den ECDL® bestanden.

Eine Übersicht der ECDL-Prüfungszentren bzw. Test-Center finden Sie hier:

Deutschland www.ecdl.de

Dieses Fachbuch soll Sie auf die Tests der zertifizierten Prüfungszentren vorbereiten. Darüber hinaus kann es auch für die Aus- und Fortbildung im Bereich anwendungsorientiertes Computergrundwissen, wie es auch die Rahmenrichtlinien der meisten allgemein- und berufsbildenden Schulformen verlangen, eingesetzt werden.

Besonderes Ziel dieses Fachbuches ist es, Ihnen den Lernstoff in dem handlungs- und praxisorientierten Lernzusammenhang eines Modellunternehmens zu präsentieren. Das Fachbuch ist daher auch für ein Selbststudium oder selbst gesteuertes Lernen im Unterricht geeignet. Die dem Fachbuch beigefügte CD enthält Arbeitsvorlagen und Lösungen der Wiederholungsfragen, die sich sowohl für Office 2010 als auch 2007 eignen. In einem Österreich-Ordner werden spezielle Vorlagen für Österreich zur Verfügung gestellt.

Mit den Übungsaufgaben und Zwischentests können Sie Ihr erworbenes Wissen vertiefen. Darüber hinaus wird auf den Onlineprobetest unter www.office-teachware.de hingewiesen.

Sommer 2010 *Die Autoren*

Inhaltsverzeichnis

1 Grundlagen der Informationstechnologie

1.1	Das Modellunternehmen	9
1.2	Einführung in die Datenverarbeitung	12
1.3	Hardware	13
1.3.1	Zentraleinheit	15
1.3.2	Eingabegeräte	19
1.3.3	Ausgabegeräte	20
1.3.4	Schnittstellen zu Peripheriegeräten (Eingabe- und Ausgabegeräten)	24
1.3.5	Externe Speicher	25
1.4	Software	28
1.5	Netzwerke	32
1.5.1	Internet	32
1.5.2	Computervernetzung	36
1.5.3	Datentransfer	39
1.6	Informationstechnologie im Alltag	43
1.6.1	Interaktive Kommunikation im Netz	44
1.6.2	E-Learning	48
1.6.3	Telearbeit	49
1.6.4	E-Commerce	50
1.6.5	Electronic-Banking	51
1.6.6	E-Governement	52
1.6.7	Gesundheit und Ergonomie	53
1.6.8	Umweltschutz und Recycling – Green IT	56
1.7	Datensicherheit, Datenschutz und Copyright	60
1.7.1	Datensicherung	61
1.7.2	Datenschutz	66
1.7.3	Copyright	68
	Aufgaben zur Wiederholung	74

2 Computerbenutzung und Dateimanagement unter Windows 7

2.1	Betriebssystem	78
2.1.1	Benutzeroberfläche	78
2.1.2	Setup	81
2.1.3	Desktopverknüpfung und Dialogfenster	83
2.1.4	Speichern	85
2.1.5	Befehlseingabe in Windows-Programmen	86
2.1.6	Taskleiste	87
2.1.7	Zwischenablage	88
2.2	Der Explorer	90
2.2.1	Laufwerke, Ordner und Dateien	90
2.2.2	Ordner einrichten	94
2.2.3	Suchen	95
2.2.4	Kopieren/Verschieben	96
2.2.5	Markieren	98
2.2.6	Löschen/Wiederherstellen	98
2.2.7	Umbenennen	99
2.2.8	Datenträger formatieren	99
2.2.9	Eigenschaften	99
2.2.10	Komprimierung	101

2.3	**Drucker**	103
2.3.1	Drucken	103
2.3.2	Druckmanagement	103
2.3.3	Druckerinstallation	104
2.4	**Sicherheit**	105
2.4.1	Back-ups	105
2.4.2	Schutz vor Viren	106
	Aufgaben zur Wiederholung	108

3 Textverarbeitung mit MS-Word

3.1	**Grundlagen**	112
3.1.1	Starten des Programms	112
3.1.2	Grundeinstellungen	113
3.1.3	Texteingabe	117
3.1.4	Rückgängig	118
3.1.5	Speichern	118
3.1.6	Absatzschaltung	120
3.1.7	Hilfefunktion	121
3.1.8	Markieren/Kopieren/Verschieben	122
3.1.9	Silbentrennung/geschützte Leerzeichen	124
3.1.10	Drucken	126
3.2	**Formatieren/Ausrichten**	129
3.2.1	Zeichenformatierung	129
3.2.2	Absatzausrichtung	131
3.2.3	Aufzählung/Nummerierung	132
3.2.4	Tabulator	135
3.2.5	Einzüge	138
3.2.6	Abstände	140
3.2.7	Rahmen	142
3.2.8	Formatvorlagen	145
3.3	**Korrektur**	149
3.3.1	Rechtschreibung	149
3.3.2	Suchen/Ersetzen	151
3.4	**Tabellen/Sortieren**	155
3.4.1	Umgang mit Tabellen	155
3.4.2	Sortieren	160
3.4.3	Text und Tabelle: zwischen den Darstellungsformen wechseln	161
3.4.4	Importieren einer Excel-Tabelle	163
3.5	**Seiteneinrichtung**	165
3.5.1	Ansichten	165
3.5.2	Seitenumbruch	167
3.5.3	Seitennummerierung	168
3.5.4	Fußzeile/Kopfzeile	169
3.5.5	Seitenränder	170
3.5.6	Papierformat	171
3.5.7	Fußnoten	171
3.6	**Geschäftskorrespondenz**	173
3.6.1	Dokumentvorlagen	173
3.6.2	Schnellbausteine	177
3.6.3	Serienbriefe	178
	Aufgaben zur Wiederholung	185

4 Tabellenkalkulation mit MS-Excel

4.1	**Einführung**	189
4.1.1	Start/Arbeitsbereich	189
4.1.2	Zellen	190
4.1.3	Speichern/Ordnungssystem	191
4.1.4	Rückgängig	194
4.1.5	Symbolleiste für den Schnellzugriff	194
4.1.6	Rechnen mit Excel	195
4.2	**Formatieren**	198
4.2.1	Formatieren mit der Symbolleiste	198
4.2.2	Formatvorlagen	200
4.2.3	Design	201
4.2.4	Formatierungen mit Dialogfenstern	202
4.3	**Kopieren und Verschieben**	207
4.4	**Zeilen und Spalten**	212
4.5	**Ansichten und Druckvorbereitung**	217
4.5.1	Ansichten und Seiteneinrichtung	217
4.5.2	Drucken	222
4.6	**Relative und absolute Adressierung**	224
4.7	**Funktionen**	227
4.7.1	Statistische Funktionen	227
4.7.2	WENN-Funktion	229
4.7.3	Fehlermeldungen	233
4.8	**Textfeld/Grafik**	235
4.9	**Diagramme**	237
4.9.1	Diagramme erstellen	237
4.9.2	Diagramme kopieren/verschieben	241
4.9.3	Diagramm drucken	242
4.10	**Zellen schützen**	242
4.11	**Suchen und Ersetzen**	244
4.12	**Hilfefunktion**	245
4.13	**Sortieren**	247
	Aufgaben zur Wiederholung	248

5 Datenbankprogramm MS-Access

5.1	**Einführung**	255
5.1.1	Von der Kartei zur Datei	255
5.1.2	EDV-gestützte Datenbank	257
5.2	**Die Benutzeroberfläche**	263
5.2.1	Hauptregisterkarte Datei (Backstage-Bereich)	263
5.2.2	Symbolleiste für den Schnellzugriff	265
5.2.3	Menüband, Navigationsbereich und Arbeitsbereich	266
5.2.4	Access-Hilfefunktion	271
5.3	**Daten bearbeiten und drucken**	274
5.3.1	Daten anzeigen	274
5.3.2	Datentabellen erfassen und ändern	275
5.3.3	Daten drucken	278

5.4	**Daten suchen und filtern**	281
5.4.1	Suchen in Formularen und Tabellen	282
5.4.2	Sortieren und Filtern	284
5.5	**Datenbanken erstellen**	291
5.5.1	Neue Datenbank anlegen	291
5.5.2	Importieren und Exportieren von Tabellen	292
5.5.3	Manuelles Entwerfen einer Datentabelle	295
5.5.4	Primärschlüssel setzen und entfernen	301
5.5.5	Feldeigenschaften	305
5.5.6	Vereinfachtes Erstellen von Datentabellen	310
5.5.7	Beziehungen zwischen Daten herstellen	311
5.6	**Abfragen in Datenbanken**	320
5.6.1	Auswahlabfragen	320
5.6.2	Parameterabfragen	331
5.6.3	Berechnungen in Abfragen	333
5.6.4	Abfragen mit dem Abfrage-Assistenten	337
5.7	**Formulare erstellen**	339
5.7.1	Automatisch Formulare erstellen und designen	339
5.7.2	Formulare mit dem Formular-Assistenten erstellen	342
5.7.3	Formularentwürfe überarbeiten	343
5.7.4	Ein Übersichtsformular erstellen	346
5.8	**Berichte**	348
5.9	**Datenbank speichern und freigeben**	358
	Aufgaben zur Wiederholung	359

6	**Präsentationen mit MS-PowerPoint**	
6.1	**Erste Schritte**	360
6.2	**Folien, Textfelder und Objekte**	366
6.2.1	Textfeld auf neuer Folie bearbeiten	366
6.2.2	Bilder	372
6.2.3	Formen	375
6.2.4	Tabellen	379
6.3	**Animationen**	381
6.4	**Ansichten**	385
6.5	**Spezielle Layoutvorlagen**	391
6.5.1	SmartArt-Grafik	391
6.5.2	Diagramme	394
6.6	**Ausgabe**	398
6.6.1	Drucken	398
6.6.2	Speichern	400
6.7	**Hilfe**	402
	Aufgaben zur Wiederholung	403

7 Informations- und Kommunikationsnetze im Web

- **7.1 Internet und Webbrowser** ... 407
  - 7.1.1 Die Funktionsweise von Webbrowsern am Beispiel von MS Internet Explorer .. 407
  - 7.1.2 Mit Lesezeichen bzw. Favoriten arbeiten ... 416
  - 7.1.3 Sicherheit im Web ... 418
  - 7.1.4 Suchmaschinen und Suchoptionen ... 424
  - 7.1.5 Webseiten ausdrucken und Dateien speichern ... 429
  - 7.1.6 Elektronische Kommunikation ... 433
- **7.2 E-Mail – MS-Outlook** ... 439
  - 7.2.1 Einrichten der E-Mail-Verbindung ... 440
  - 7.2.2 E-Mails schreiben und formatieren ... 442
  - 7.2.3 E-Mails versenden und empfangen ... 444
  - 7.2.4 E-Mails öffnen, kennzeichnen und kategorisieren ... 445
  - 7.2.5 Texte kopieren und korrigieren ... 447
  - 7.2.6 Datei anhängen ... 449
  - 7.2.7 Wichtigkeit und Bestätigung ... 450
  - 7.2.8 Empfangene Anhänge öffnen, speichern und löschen ... 451
  - 7.2.9 Signatur ... 452
  - 7.2.10 Kopien versenden ... 453
  - 7.2.11 Drucken ... 454
  - 7.2.12 E-Mails weiterleiten oder beantworten ... 454
  - 7.2.13 E-Mails verwalten mit Standardordnern ... 456
  - 7.2.14 Neue Ordner erstellen ... 460
  - 7.2.15 Ansichten ... 461
  - 7.2.16 Schutz ... 462
  - 7.2.17 Mehrere Benutzer ... 465
  - 7.2.18 Kontakte ... 466
  - Aufgaben zur Wiederholung ... 471

Sachwortverzeichnis 473

Bildquellen 479

1 Grundlagen der Informationstechnologie
1.1 Das Modellunternehmen

Situation: Kerstin Schuhmann ist Auszubildende im Unternehmen CHRISTIAN MÜLLER WERBEDRUCK (CMW). Sie will während Ihrer Ausbildungszeit den ECDL (Europäischen Computerführerschein) in allen 7 Modulen erwerben. An Beispielen und Aufgaben aus ihrem Ausbildungsbetrieb will sie sich die Kompetenzen für die Prüfungen aneignen. Sie beschreibt zunächst kurz ihren Ausbildungsbetrieb.

CHRISTIAN MÜLLER WERBEDRUCK (CMW) ist ein Unternehmen der Druck- und Medienindustrie mit über 200 Mitarbeiterinnen und Mitarbeitern.

Aufnahme des Modellunternehmens CHRISTIAN MÜLLER WERBEDRUCK

Das folgende Organigramm gibt die Instanzen (Führungsstellen) im Unternehmen an.

Organigramm CHRISTIAN MÜLLER WERBEDRUCK

- Geschäftsleitung: Herr Chr. Müller
  - Qualitätsbeauftragter: Herr Schmidt
  - Beauftr. für Arbeitssicherheit: Herr Pohl
  - Einkauf/Lager: Herr Sommer
    - Bestellwesen: Herr Klose
    - Lager: Herr Kunze
    - Einkaufslager: Herr Schmidt
    - Verkaufslager: Herr Meyer
  - Produktion: Herr Heinze
    - Arbeitsvorbereitung: Herr Krüger
    - Druck: Herr Dreher
    - Weiterverarbeitung: Herr Schulze
  - Rechnungswesen: Frau Schwarze
    - Geschäftsbuchhaltung: Frau Sasse
    - Kostenrechng. Controlling: Herr Arendt
  - Verkauf: Herr Rudolph
    - Verkauf Nord: Herr Kramer
    - Verkauf Mitte: Frau Bruckner
    - Verkauf Süd: Herr Huber
  - EDV: Herr Koch
  - Personalwesen: Frau Priebe

Das Modellunternehmen

Die Geschäftsleitung wird durch Christian Müller selbst repräsentiert, unterstützt von zwei Stabsstellen (Beratende Stellen) für das Qualitätsmanagement und die Arbeitssicherheit. Sechs Abteilungen mit ihren Arbeitsgruppen sorgen für einen möglichst reibungslosen Geschäftsablauf.

Einkauf/Lager:

Artikel, die CHRISTIAN MÜLLER WERBEDRUCK in der Artikelliste führt, sind z. B.:
- Vordrucke aller Art
- Werbedrucksachen
- Visitenkarten
- Etikettenaufkleber
- Motiv- und Glückwunschkarten
- Poster
- Kalender

Für die Produktion bei CHRISTIAN MÜLLER WERBEDRUCK werden zur Herstellung der Druck-Erzeugnisse Papier, Farbe, Klebstoffe, Drahtklammern usw. bestellt. Zur Ergänzung der eigenen Produkte werden im Angebotssortiment Handelswaren geführt. Alle Abteilungen beziehen den Einkauf ein, wenn es um die Anschaffung von Betriebsmitteln (Maschinen, Werkzeuge, Büroausstattung) geht.

Produktion/Fertigung:

Zur Produktion gehören die Arbeitsbereiche „Arbeitsvorbereitung", „Druck" und „Weiterverarbeitung". In der Arbeitsvorbereitung werden die Druckvorlagen mit dem Grafiksystem des Computers entworfen. Außerdem werden hier Arbeitspläne erstellt. In der Druckerei stehen die großen Mehrfarbdruckmaschinen, die entsprechend dem Auftrag im Mehrschichtbetrieb eingesetzt werden. Rubbel- und Duftfarben oder Gummierungen können in zahlreichen Varianten ergänzt werden. Kundennähe wird durch den Service in der Weiterverarbeitung deutlich. Hier werden Stanzungen und Sonderperforationen, Etiketten, Postkarten oder Plastikkarten ergänzt. Die Werbedrucksachen können auch für ein Mailing personalisiert werden, d. h. je nach Wunsch mit Adress- oder Personendaten aus der Datei des Auftraggebers versehen werden. Zum Service kann auf Wunsch neben dem Adressieren auch das Kuvertieren und Frankieren der Werbepost gehören, sodass der Kunde nach der Auftragserteilung selbst keine Arbeit mehr zu erledigen hat, außer der Bezahlung der Rechnung natürlich.

Blick in die Druckerei

Verkauf:

Die Mitarbeiter des Verkaufs müssen die Nähe zum Kunden halten, Kunden betreuen und neue Kunden gewinnen. Durch Werbemaßnahmen, Vertreterbesuche und die Beantwortung von Anfragen muss die Verkaufsabteilung sicherstellen, dass der Betrieb möglichst vollbeschäftigt ist. Zu zahlreichen Anfragen müssen individuell Angebote ausgearbeitet werden. In enger Abstimmung mit den anderen Abteilungen müssen dazu die notwendigen Kalkulationsgrundlagen eingeholt und Preislisten erstellt werden.

Rechnungswesen:

In der Abteilung Rechnungswesen werden bei CHRISTIAN MÜLLER WERBEDRUCK die Geschäftsbuchhaltung, die Kostenrechnung und das Controlling unterschieden. In der Geschäftsbuchhaltung werden alle Belege gebucht und in Ordner abgelegt.

Darüber hinaus wird der Zahlungsverkehr überwacht. Das Controlling wird insbesondere von der Abteilungsleiterin und dem Stellvertreter erledigt: Hierzu müssen die Statistiken und Listen der Buchhaltung aufbereitet werden. Die Geschäftsleitung wünscht täglich bestimmte Zahlenübersichten und Statusberichte (z. B. Bankstatus). Für Abteilungsleiterbesprechungen und Besprechungen mit der Geschäftsleitung müssen aufbereitete Daten vorliegen.

Blick in die Abteilung Rechnungswesen

Personalabteilung:

Die Personalleiterin und ihre Mitarbeiterin sind für die Personalplanung, die Einstellung und Entlassung von Mitarbeitern sowie die Betreuung und Verwaltung der beschäftigten Mitarbeiter zuständig. In der Lohnbuchhaltung werden die Personaldaten der Mitarbeiter verwaltet, die Lohn- und Gehaltsabrechnungen durchgeführt sowie die Vorgänge mit den Krankenkassen, der Berufsgenossenschaft, der Industrie- und Handelskammer und anderen Organisationen bearbeitet. Aufgrund der rechtlichen und wirtschaftlichen Bedeutung dieser Maßnahmen steht die Personalleiterin in ständigem Kontakt mit der Geschäftsleitung, dem Betriebsrat, den Abteilungsleitern und nicht zuletzt mit den Mitarbeitern. Als Ausbildungsleiterin ist die Personalleiterin für die betriebliche Ausbildung aller Azubis verantwortlich und auch die direkte Ansprechpartnerin aller Auszubildenden. Bei CHRISTIAN MÜLLER WERBEDRUCK kann im kaufmännischen Bereich in den Ausbildungsberufen Bürokaufmann/-kauffrau, Industriekaufmann/-kauffrau, Informatikkaufmann/-kauffrau und Verlagskaufmann/-kauffrau ausgebildet werden.

Ein Geschäftsbetrieb ohne **EDV** ist nicht mehr denkbar. In allen Abteilungen werden Computer eingesetzt, die durch ein betriebliches Netzwerk miteinander verbunden sind. Auch mit den Geschäftspartnern außerhalb des Betriebes werden über Computer Daten ausgetauscht. Die Mitarbeiter der EDV-Abteilung unterstützen die anderen Abteilungen beim Einsatz der Datenverarbeitung, beheben Störungen und sind für Neu- und Ersatzbeschaffungen zuständig.

1.2 Einführung in die Datenverarbeitung

Situation: Unser EDV-Leiter wird heute Kerstin durch den Betrieb führen und ihr das EDV-System vorstellen. Kerstins EDV-Einführung beginnt in der EDV-Abteilung. Zunächst erläutert Herr Koch die Ziele der Datenverarbeitung, um dann das Prinzip von Eingabe, Verarbeitung und Ausgabe zu erklären.

Ziele der Datenverarbeitung

1. Schnelle Verarbeitung großer Datenmengen
2. Beseitigung monotoner Routinetätigkeiten
3. Höhere Wirtschaftlichkeit durch geringere Personal- und Sachkosten
4. Verbesserung der Arbeitsabläufe (Abwicklung der Arbeitsvorgänge)
5. Mehr und schnellere Informationen über Vorgänge (besseres Informationssystem)
6. Bessere Kommunikation durch die Integration und Vernetzung von Aufgaben und Funktionen

Bei der Arbeit mit dem Personal Computer geht es darum, Daten über eine Eingabeeinheit zu erfassen, diese Daten entsprechend einem Programm **(Software)** zu verarbeiten und die verarbeiteten Daten über eine Ausgabeeinheit (Bildschirm oder Drucker) auszugeben. Die Geräte und Bauteile inkl. Kabel etc. des Computers bezeichnet man als **Hardware**, da sie als physische Bestandteile nur schwer zu ändern sind. Die Software umfasst im Gegensatz dazu alle Programme und Daten, die man nicht anfassen kann.

Das **Grundprinzip der Datenverarbeitung** wird daher umschrieben mit:

Eingabe (E) – Verarbeitung (V) – Ausgabe (A)

Zur Verarbeitung der Daten benötigt jeder Computer eine **Zentraleinheit.** Die Zentraleinheit des Computers entscheidet über die Leistungsfähigkeit des Computersystems. Die Geräte zur Eingabe, Ausgabe und Speicherung der Daten werden als **Peripheriegeräte** (Peripherie = Umgebung [zur Zentraleinheit]) bezeichnet. Für die Funktion eines Computers werden also die Zentraleinheit und mindestens zwei Peripheriegeräte (eine Eingabe- und eine Ausgabeeinheit) benötigt.

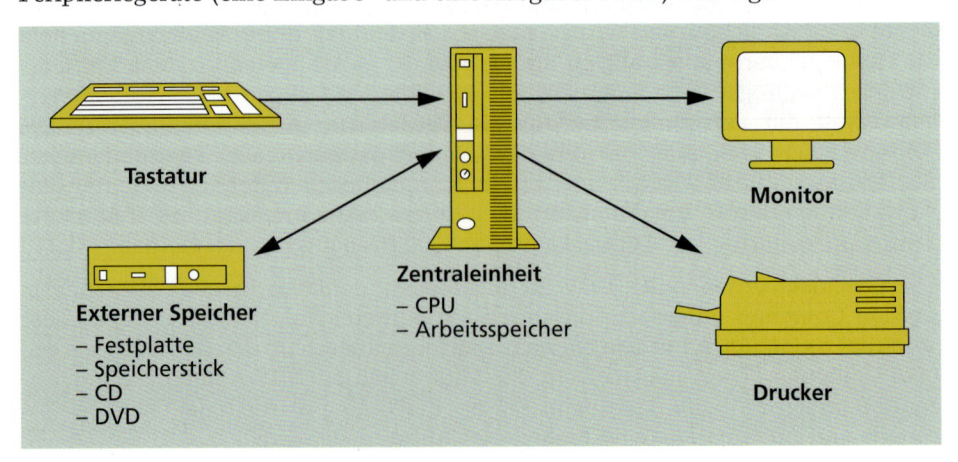

Tastatur

Externer Speicher
– Festplatte
– Speicherstick
– CD
– DVD

Zentraleinheit
– CPU
– Arbeitsspeicher

Monitor

Drucker

1.3 Hardware

Geräte und Bauteile bezeichnet man allgemein als Hardware, da sie festgelegte Einheiten sind und nur schwer zu ändern sind. Hauptbestandteile der Zentraleinheit sind die **CPU** (Central Processing Unit bzw. der Mikroprozessor) und der **Arbeitsspeicher**. In leistungsstarken Computersystemen arbeiten sogar mehrere Prozessoren. Ein (möglichst großer) Arbeitsspeicher steht für die Zwischenspeicherung der Programme und Daten zur Verfügung. Das wichtigste **Eingabegerät** ist die Tastatur. **Ausgabegeräte** sind z. B. der Bildschirm (Monitor) oder der Drucker. **Externe Speichereinheiten** wie das CD-Laufwerk oder die Festplatte dienen der Speicherung (Sicherung) von EDV-Programmen (Software) und Daten.

Der Computer wird für viele verschiedene Aufgaben und Anwendungen eingesetzt. Jede Anwendung erfordert eine bestimmte Hardware. Eine Computer-Hardware (Geräte-Zusammenstellung) für eine ganz bestimmte Anwendung bezeichnet man als **Konfiguration**. Das folgende Schaubild zeigt eine Auflistung von Eingabe- und Ausgabegeräten sowie externer Speichereinheiten. Je nach Anwendung werden Geräte ausgewählt und zur „maßgeschneiderten" Konfiguration zusammengestellt. Nachfolgend werden viele Geräte näher erläutert.

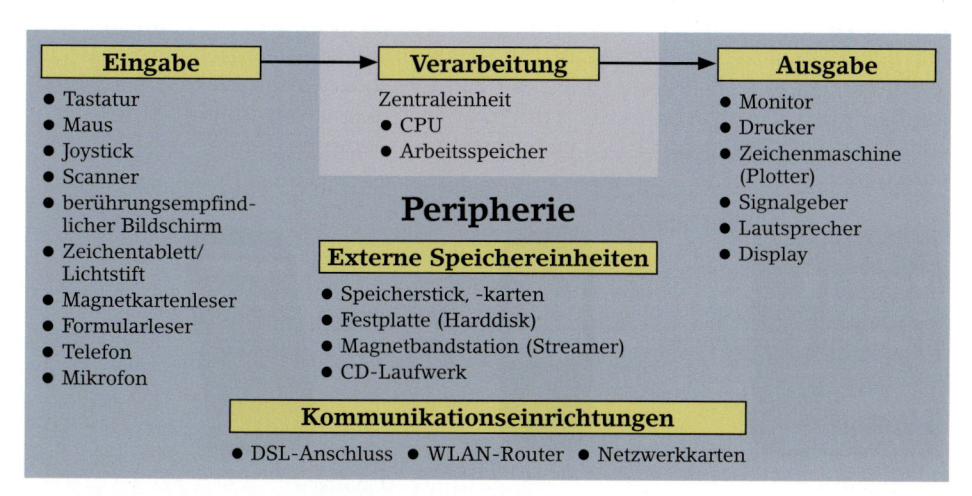

Eingabe	Verarbeitung	Ausgabe
• Tastatur • Maus • Joystick • Scanner • berührungsempfindlicher Bildschirm • Zeichentablett/Lichtstift • Magnetkartenleser • Formularleser • Telefon • Mikrofon	Zentraleinheit • CPU • Arbeitsspeicher	• Monitor • Drucker • Zeichenmaschine (Plotter) • Signalgeber • Lautsprecher • Display

Peripherie

Externe Speichereinheiten
- Speicherstick, -karten
- Festplatte (Harddisk)
- Magnetbandstation (Streamer)
- CD-Laufwerk

Kommunikationseinrichtungen
• DSL-Anschluss • WLAN-Router • Netzwerkkarten

Computeranwendungen werden heute in vielen Geräten angeboten.

Minitower/Tower/Bigtower   Desktop
Baugrößenklassen von Mikrocomputern (Gehäuse)

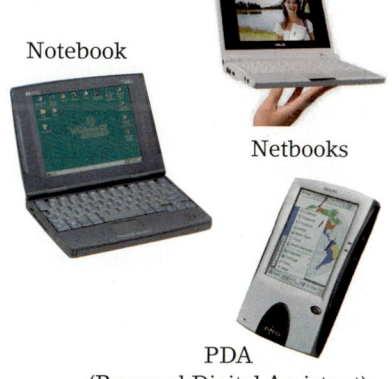

Notebook

Netbooks

PDA
(Personal Digital Assistent)

Typische Computerbenutzer:

PC: Menschen, die einen preiswerten Computer einsetzen wollen.

Desktop-Computer: Menschen, die den Computer (PC) fest am Schreibtisch nutzen.

Notebook: Menschen, die einen Computer mobil einsetzen.

Netbook: Menschen, die einen Computer mobil und in Verbindung mit dem Internet nutzen.

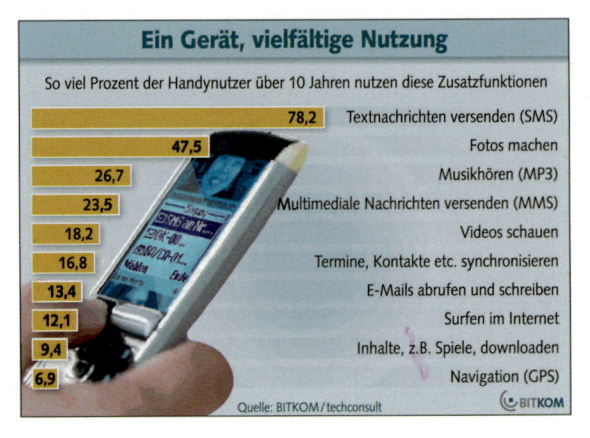

Ein Gerät, vielfältige Nutzung

So viel Prozent der Handynutzer über 10 Jahren nutzen diese Zusatzfunktionen

%	Funktion
78,2	Textnachrichten versenden (SMS)
47,5	Fotos machen
26,5	Musikhören (MP3)
23,5	Multimediale Nachrichten versenden (MMS)
18,2	Videos schauen
16,8	Termine, Kontakte etc. synchronisieren
13,4	E-Mails abrufen und schreiben
12,1	Surfen im Internet
9,4	Inhalte, z.B. Spiele, downloaden
6,9	Navigation (GPS)

Quelle: BITKOM/techconsult

Tablet-PC: Menschen, die eine elektronische Schreibtafel mit berührungsempfindlichem Bildschirm einsetzen.

Ein **PDA** ist ein kleiner tragbarer Computer, der hauptsächlich für die persönliche Kalender-, Adress- und Aufgabenverwaltung benutzt wird. Ein **Mobiltelefon** (Handy) ist ein tragbares, kabelloses Telefon, das über Funk die Verbindung herstellt und überall eingesetzt werden kann. Ein **Smartphone** ist eine Mischung aus Mobiltelefon und PDA (z. B. iPhone von Apple, Palm Pre oder Google Nexus). Ein **Multimediaplayer** ist ein tragbares Gerät mit integriertem Speicher, welches Musik, Fotos oder Videos abspielen kann. Das bekannteste Gerät dieses Gerätetyps ist der iPod von Apple.

iPhone    Palm Pre    Google Nexus

Im Trend sind sogenannte **Netbooks** (superleichte und preiswerte Notebooks mit kleiner Tastatur und Bildschirm), die in verschiedenen Farben, statt einer Festplatte nur mit einem Flash-Speicher von 10 und mehr GB ausgestattet, insbesondere die mobilen Nutzer mit Internetzugang ansprechen wollen. Mittlerweile hat sich eine eigene Rechnerklasse entwickelt, die vom Unternehmen ASUS mit ihrem EeePC angeführt wird. Intel hat einen eigenen Atom-Prozessor entwickelt, der preiswert ist, wenig Strom verbraucht und die Eigenschaften dieses Gerätetyps unterstützt.

Aufgrund der Touch-Technologie der Smartphones und von Windows 7 werden Notebooks mit berührungsempfindlichem Bildschirm immer angesagter, kann man doch mit dem Finger auf dem Bildschirm spielerisch die Objekte steuern. Für den professionellen Einsatz werden **Tablet-PCs** oder **Tablet-Notebooks** (Elektronische Schreibtafeln wie z. B. Apple iPad) angeboten, die auch über einen Eingabestift oder eine Displaytastatur die Eingabe von Daten ermöglichen.

Grundlagen der Informationstechnologie

1.3.1 Zentraleinheit

Die Zentraleinheit besteht grundsätzlich aus folgenden Komponenten:

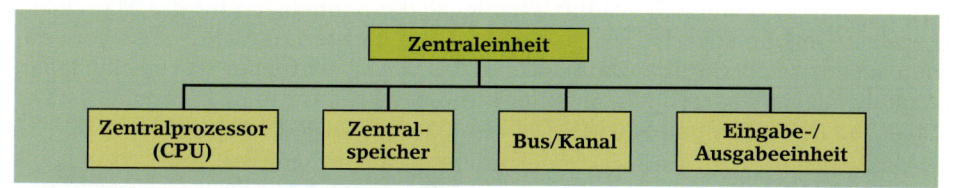

```
                    Zentraleinheit
        ┌───────────────┼───────────────┬───────────────┐
  Zentralprozessor   Zentral-       Bus/Kanal      Eingabe-/
      (CPU)          speicher                      Ausgabeeinheit
```

Der **Zentralprozessor** (**CPU** = Central Processing Unit) besteht aus dem **Steuerwerk** und dem **Rechenwerk**. Das Steuerwerk (auch Leitwerk genannt) entschlüsselt (decodiert) die Programmbefehle und steuert die Ausführung der Befehle. Das Rechenwerk (ALU = Arithmetic Logical Unit) erhält vom Steuerwerk die Befehle und führt sie als arithmetische (+, –, *, /) oder logische (ja/nein) Operationen aus.

Pentium-Prozessor

Ein **Taktgeber** (Quarz) gibt die Zeit vor, in der ein Befehlszyklus abgearbeitet werden muss. Der Quarz muss so ausgewählt sein, dass er einzelne Rechnerkomponenten nicht überfordert. Die Taktzeit liegt im Bereich von **Nanosekunden** (1 Sekunde = 1 Milliarde Nanosekunden [ns]). Die **Taktfrequenz** (Kehrwert der Taktzeit) wird in **MHz** (Megahertz, z. B. 900 MHz = Prozessor verarbeitet 900 Mio. Arbeitsschritte pro Sekunde) oder **GHz** (Gigahertz) gemessen. Entscheidend für die Rechnerleistung ist auch die **Anzahl der Takte** für die Ausführung eines Befehls.

Faktoren, die die Leistung des Computers beeinflussen:
- ▶ Prozessorgeschwindigkeit
- ▶ Größe Arbeitsspeicher (RAM)
- ▶ Leistung Grafikkartenprozessor und Speicher
- ▶ Anzahl laufender Anwendungen

Unter dem Zentralspeicher werden alle die Speichereinheiten verstanden, auf die der Mikroprozessor direkten Zugriff hat. Es sind dies die
- ▶ **Registerspeicher** (sehr schnelle Speicher) im Mikroprozessor selbst,
- ▶ **RAM-Speicher** oder **Arbeitsspeicher**,
- ▶ **ROM-Speicher**,
- ▶ **Flash-Speicher** (lösch- und beschreibbare Speicher).

RAM bedeutet **R**andom **A**ccess **M**emory (Direktzugriffsspeicher oder Schreib-Lese-Speicher). In diesen Speicherbausteinen werden das aktuelle Anwenderprogramm (z. B. Word) und die aktuellen Daten (z. B. ein Text) gespeichert. Der Mikroprozessor greift direkt auf diesen **Arbeitsspeicher** zu und speichert dort Programme und Daten. Je größer der RAM-Speicher ist und je schneller der direkte Zugriff auf den Arbeitsspeicher erfolgt, desto leistungsfähiger ist die Zentraleinheit. Die Daten werden im RAM-Speicher gelöscht, wenn das Programm beendet oder der Computer ausgeschaltet wird.

Für moderne Betriebssysteme wie Windows 7 sollte man mindestens 1 GB RAM (32-Bit) oder 2 GB RAM (64 Bit) installieren. Je mehr Speicher man dem PC spendiert, desto seltener muss er Dateien von der Festplatte laden, was die Geschwindigkeit deutlich erhöht. Wichtig ist, den schnellsten für das Mainboard zugelassenen Speichertyp zu verwenden. Die meisten aktuellen PCs verwenden sogenannten **Double-Data-Rate-(DDR)RAM**, verfügbar in verschiedenen Ausführungen. Generell gilt, je höher seine Bezeichnung, umso schneller ist der Speicher. DDR-RAM mit 800 MHz ist also fixer als DDR-RAM mit 533 MHz.

RAM-Speicher wird auf sogenannten **DIMM**-Karten (**D**ual **I**nline **M**emory **M**odule) angeboten. Je nach Anzahl der Steckplätze kann das Motherboard auf die maximale Speicherkapazität erweitert werden.

Der **ROM**-Speicherbaustein ist ein Nurlesespeicher (**R**ead **O**nly **M**emory) und enthält fest gespeicherte Betriebsprogramme (BIOS). Dieser Speicher wird beim Ausschalten des Computers nicht gelöscht.

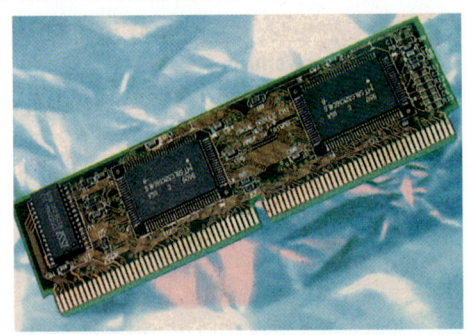

DIMM-Speichermodul

Größeneinheiten für die Speicherkapazität		
Einheit	**Erläuterung**	**Beispiel**
Bit	Binary Digit oder kleinste digitale Speichereinheit	0 oder 1, CD: Vertiefung ja/nein
Byte	8 Bits für die Codierung eines ASCII-Zeichens	a, Z, @, ¶, Ø, ...
kB	Kilobyte = 1 000 Byte = 1 000 Zeichen = 10^3	1 Seite = 6 000 Byte = 6 kB
MB	Megabyte = 1 000 000 Byte = 10^6	Kapazität CD 700 MB
GB	Gigabyte = 1 000 000 000 Byte = 10^9	Kapazität DVD 4,7 GB
TB	Terabyte = 1 000 000 000 000 = 10^{12}	Kapazität Festplatte 1,5 TB

Aufgaben

1. Rufen Sie Zeichen auf, die als Bytes im ASCII-Code oder ANSI-Code gespeichert wurden (Numerischen Tastenblock Num Lock einschalten und Ziffern über den Zahlenblock rechts eingeben):
    a) ASCII: Taste Alt gedrückt halten und 64 rechts eintippen (bzw. 182, 237, 103, 90, 201), Alt-Taste loslassen
    b) ANSI: Taste Alt gedrückt halten + 0 + Ziffern: 38, 174, 114, 169, 216, 248

2. Rechnen Sie (vereinfacht) um: 2 500 GB in TB, 1,44 MB (Diskette) in kB und Zeichen, 700 MB in GB, 37,6 TB Datenvolumen in GB und Anzahl nötiger CDs oder DVDs zur Datensicherung. Wie viele Bücher mit je 300 Seiten à 7000 Zeichen passen auf einen Speicherstick mit 8 GB?

3. Erstellen Sie (evtl. auch in Arbeitsgruppen) mit Word eine Kurzübersicht oder mit PowerPoint eine kleine Präsentation zu folgenden Themen:
    a) Gute und preiswerte PC-Angebote für Windows 7 als Towergeräte

Grundlagen der Informationstechnologie

b) PDA: Leistungskriterien und Preise im Vergleich
c) Notebooks: Das leistungsstärkste Notebook für den Profi und was es kann
d) Netbooks: Für 300 € das beste Preis-Leistungsverhältnis für einen Schüler oder Studenten
e) Multimediaplayer: Was leisten und kosten sie aktuell?
f) Tablet-PC: Wer braucht diesen PC und was können diese PCs?
g) Telefone: Leistungsvergleich vom einfachen Handy zum PDA und Smartphone
h) Super-PC: Was leistet der Prozessor und wie groß ist der Arbeitsspeicher. Was macht ihn darüber hinaus so schnell?

4. Welche Aussage ist richtig (wahr), welche ist falsch (unwahr)?
    a) Peripheriegeräte sind alle Geräte, die mit der Zentraleinheit als Eingabe- und Ausgabegeräte, Speichereinheiten oder Kommunikationsgeräte zusammenarbeiten.
    b) Die Schnelligkeit des Computers ist abhängig von der Schnelligkeit des Prozessors.
    c) Je langsamer der Prozessor, desto schneller werden die Bilder aufgebaut und ruckende/verlangsamte Videos vermieden.
    d) PDAs, Netbooks und Tablet-PCs sind Peripheriegeräte und ohne einen PC nicht funktionstüchtig, müssen daher an einen PC angeschlossen werden.
    e) Im ROM befinden sich die Programme und Daten. Diese gehen beim Ausschalten des Rechners verloren.
    f) RAM ist der interne Arbeitsspeicher für Anwendungsprogramme und laufende Daten, im ROM sind für das Betriebssystem fest und nicht löschbare Programme und Daten gespeichert.
    g) Je größer der Speicher, desto mehr Daten können gespeichert werden.
    h) Je mehr Anwendungen parallel laufen, desto mehr Arbeitsspeicher wird zur Verfügung gestellt.
    i) Im ROM (Read Only Memory) stehen nicht veränderbare Informationen, die beim Ausschalten des Rechners erhalten bleiben.
    j) In der EDV werden die Daten binär, d. h. zweiwertig als Bits (1/0 oder magnetisch/nicht magnetisch oder vertieft/nicht vertieft) gespeichert und somit ein Zeichen als Kombination mehrerer Bits erfasst.
    k) Auf einer CD wird das Binärzeichen als Vertiefung eingebrannt und optisch erkannt, bei einer Festplatte wird es magnetisch gespeichert.
    l) Im RAM (Random Access Memory) befinden sich gerade aktive Programme und bearbeitete Daten. Die Daten im RAM gehen beim Ausschalten des PC verloren.
    m) Je größer der RAM-Speicher ist, desto größer kann die Menge der Daten sein, auf die die CPU ohne Zuladen von der Festplatte zugreifen kann.
    n) Ein PC mit einem RAM von 500 MB ist heute für ein Betriebssystem wie Windows 7 besonders geeignet.

5. Zur Hardware zählen
    a) Computer   b) Anwendungsprogramme   c) Bildschirm
    d) Drucker   e) Betriebssystem

6. Wesentliche Bestandteile eines PC sind
    a) Prozessor   b) Mousepad   c) Ein- und Ausgabegeräte   d) Festplatte

Hardware

7. Ein Prozessor ist immer
   a) ein Bestandteil des Monitors.
   b) ein Eingabegerät.
   c) ein Ausgabegerät.
   d) ein Bestandteil des Druckers.
   e) die zentrale Rechen- und Steuereinheit des PC.

8. Die Computerleistung wird beeinflusst von
   a) der Prozessorgeschwindigkeit.
   b) der Anzahl der laufenden Anwendungen.
   c) der Uhr- und Tageszeit.
   d) dem Speicher.
   e) dem Grafikkartenprozessor.
   f) der RAM-Größe.
   g) der Produktart, z. B. Office-Anwendung.

9. Die Taktfrequenz eines PC und eines Prozessors wird gemessen in
   a) Byte.   b) Megabyte.   c) Bit.   d) Gigahertz.   e) Megahertz.

10. Die Speicherkapazität eines internen oder externen Speichers wird gemessen in
    a) kB.   b) Bit.   c) RAM.   d) Byte.   e) MB.   f) Byd.
    g) GB.   h) ROM.   i) Megahertz.

11. Bei 2 900 MHz kann der PC die folgende Anzahl von Arbeitsschritten/einfacher Befehle pro Sekunde verarbeiten:
    a) 2 900
    b) 2 900 Millionen
    c) 2 900 Milliarden
    d) 29 Milliarden
    e) 2 900 Billionen

12. Bei 4 GHz kann der PC die folgende Anzahl von Arbeitsschritten/einfacher Befehle pro Sekunde verarbeiten:
    a) 4
    b) 4 Hundert
    c) 4 Tausend
    d) 4 Millionen
    e) 4 Billionen
    f) 4 Milliarden

13. Ordnen Sie die Größeneinheit 1 Bit, Byte, kB, MB, GB, TB den folgenden Angaben richtig zu:
    a) 1000 Byte
    b) 1000 GB
    c) ein Zeichen oder 8 Bit
    d) 1000 MB
    e) die kleinste Informations- und Speichereinheit
    f) 1000 kB

14. Ordnen Sie die Begriffe Personal Computer, Desktop-Computer, Notebook, Netbook, Tablet-PC, Multimediaplayer, Mobiltelefon, Smartphone, PDA nachfolgenden Inhalten zu:
    a) Tragbarer Computer als Standardgerät
    b) Kleiner, tragbarer Computer für häufige Internetnutzung
    c) Er wird von einer einzelnen Person genutzt und gesteuert.
    d) Tragbares Gerät, bei dem mit Finger oder Stift auf dem Bildschirm Daten erfasst oder Objekte gesteuert werden können
    e) Mischung aus Mobiltelefon und PDA
    f) Computer, die an oder auf einem Schreibtisch stehen
    g) Besonders für Adressverwaltung, als Kalender und als elektronischer Notizblock geeignet
    h) Funkgesteuertes, kabelloses, tragbares Telefon, das überall eingesetzt werden kann
    i) Tragbares Abspielgerät mit Speicher für Fotos, Videos und Musik

Grundlagen der Informationstechnologie

1.3.2 Eingabegeräte

Die folgende Übersicht nennt Hardware und Peripheriegeräte, die zur Eingabe von Daten und zur Computersteuerung verwendet werden:

Gerät	Erläuterung
Tastatur	zur Datenerfassung und Befehlssteuerung
Maus	zur Steuerung (Anklicken) von Aktionen durch Zeiger
Trackball	zur Steuerung des Zeigers mittels eingebauter Kugel
Touchpad	zur Steuerung des Zeigers durch Berührung eines Feldes
Touch-Screen	ein berührungsempfindlicher Bildschirm; Steuerung über die Oberfläche
Joystick	Steuerknüppel für Spielprogramme
Scanner	Lesegerät oder Lesestift, kann Grafiken und Texte EDV-gerecht erkennen
Belegleser	Scanner/Lesegerät, kann Daten aus Formularen EDV-gerecht lesen
Digitizer	Grafiktablett, mit dem Grafiken und Konstruktionsdaten erfasst werden
Mikrofon	Über Mikrofon und eine Soundkarte werden Töne/Sprache digitalisiert.
Digitalkamera	Bilder und Videos werden digital aufgenommen und im Computer bearbeitet.

Tastatur

Die Tastatur ist das am meisten eingesetzte Eingabegerät des Computers. Es ist daher sehr wichtig, dass die Tastatur den Aufgaben entsprechend ausgewählt wird und die Mechanik der Tasten so gut ist, dass sie auch zuverlässig arbeitet. Die folgenden Fotos zeigen zwei unterschiedliche Tastaturen.

Standardtastatur mit integriertem Magnetkarten-Durchzugsleser

Tastaturen für ergonomisch optimales Arbeiten

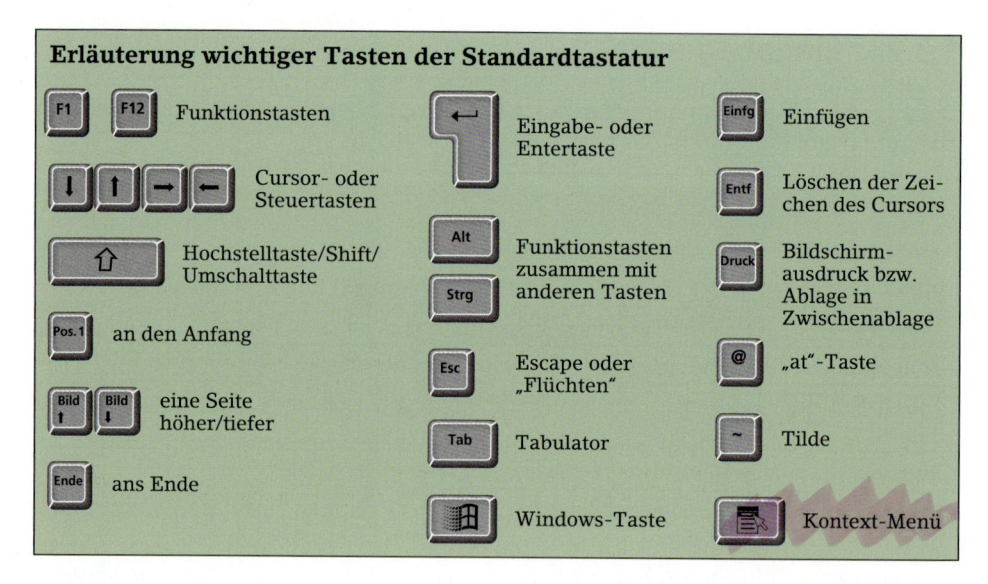

Erläuterung wichtiger Tasten der Standardtastatur

Taste	Bedeutung
F1, F12	Funktionstasten
↓ ↑ → ←	Cursor- oder Steuertasten
⇧	Hochstelltaste/Shift/Umschalttaste
Pos.1	an den Anfang
Bild↑ Bild↓	eine Seite höher/tiefer
Ende	ans Ende
↵	Eingabe- oder Entertaste
Alt, Strg	Funktionstasten zusammen mit anderen Tasten
Esc	Escape oder „Flüchten"
Tab	Tabulator
Windows-Taste	Windows-Taste
Einfg	Einfügen
Entf	Löschen der Zeichen des Cursors
Druck	Bildschirmausdruck bzw. Ablage in Zwischenablage
@	„at"-Taste
~	Tilde
Kontext-Menü	Kontext-Menü

Scanner

Scanner erfassen mit ihren Sensoren Farb- und Schwarz-Weiß-Vorlagen und stellen die Daten als **Grafikdateien** zur Weiterverarbeitung zur Verfügung. Mithilfe eines **OCR- oder Texterkennungsprogramms** können auf den „Vorlagen" Zeichen erkannt und somit Texte als **Textdateien** zur Weiterverarbeitung erstellt werden.

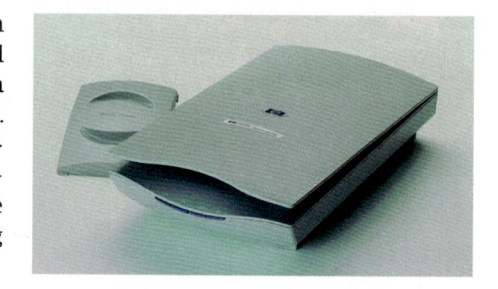

1.3.3 Ausgabegeräte

Monitore

Die klassischen Röhrenmonitore werden immer mehr durch Flachbildschirme, auch Displays genannt, ersetzt.

Vorteile der Flachbildschirme	
▶ Ruhige, flimmerfreie Darstellungsqualität, schont die Augen	▶ Deutlich mehr nutzbare Bildfläche als bei Röhren-Monitoren
▶ Helles und kontrastreiches Bild	▶ Geringe Stellfläche
▶ Exakte Bildgeometrie, da keine Röhrenwölbung vorhanden	▶ Niedriger Stromverbrauch
▶ Keine elektromagnetischen Felder	▶ Weniger Wärmeerzeugung als bei Röhren-Monitoren
▶ Keine messbare Strahlung	▶ Unempfindlicher gegen Feuchtigkeit
▶ Keine Verzerrungen in den Ecken	▶ Abhör- und Datensicherheit

Windows 7 unterstützt die sogenannte „Multi-Touch-Technik" wie man sie z. B. auch schon von Apples iPhone kennt. Mit dem Finger oder einem Bleistift kann auf dem Touch-Screen durch Berühren in Webseiten geblättert werden oder können

Grundlagen der Informationstechnologie

Webseiten verschoben, Bilder vergrößert oder verkleinert werden. Es wird unterschieden zwischen Multi-Touch für das Berühren, Rotieren, Kneifen, Doppeltippen, Vergrößern und Verkleinern mit den Fingern und Single-Touch für das Navigieren, Umschalten, Antippen und Ziehen.

Vergleich zweier Touch-Screen- bzw. Multi-Touch-Lösungen

Monitor Dell SX2210T
- 21,5 Zoll Diagonale
- Breitbild (Verhältnis 16:9)
- HD-Technologie für lebendige Farben
- Auflösung 1920 x 1080 bei 60 Hz
- Kontrastverhältnis dynamisch 50 000
- Reaktionszeit 2 ms
- Helligkeit 220 cd/m²
- Betrachtungswinkel 160 Grad vertikal/horizontal
- Bildpunktgröße 0,248 mm
- Webcam, USB-Anschlüsse
- Umweltzertifikat EPEAT-Silber
- Energie-Star 5.0

All-in-One PC Sony VAIO L
- All-in-One-System mit Intel 2 Duo Prozessor (2,93 GHz), 4 GB RAM, 500 GB Festplatte, Blu-ray-Brenner, Wireless- und WLAN-Anschlüssen
- kabellose Tastatur
- Monitor:
  24 Zoll Diagonale
  Breitbild (16:9)
  HD-Technologie, Webcam, Soundsystem
  Auflösung 1920 x 1080
- USB-Wire und Firewire (iLink)
- Umweltzertifikate EPEAT-Silber und Energie-Star 5.0

Drucker

Drucker werden mit unterschiedlichen Drucksystemen und Zusatzausstattungen (z. B. Papierbehälter, Netzwerkanschluss, Kartenleser, Scanner) angeboten. Daher muss vor der Wahl der Bedarf geklärt werden:

- Für welche Aufgaben wird der Drucker überwiegend eingesetzt? (Korrespondenz, Fakturierung, Statistiken, Arbeitspläne, Berichte, Grafiken, Werbung, Bildberichte usw.)
- Welche Druckqualität wird verlangt? (Korrespondenzqualität, Grafiken mit hoher Auflösung und in Farbe, Barcode-Aufdruck, betriebsinterne Formulare und Listen)
- Welches Volumen soll der Drucker täglich oder zu bestimmten Spitzenzeiten bewältigen? (Anzahl A4-Seiten)
- Wie viele Mitarbeiter mit gleichen/unterschiedlichen Anforderungen nutzen den Drucker?
- Welches EDV-System soll den Drucker ansteuern?

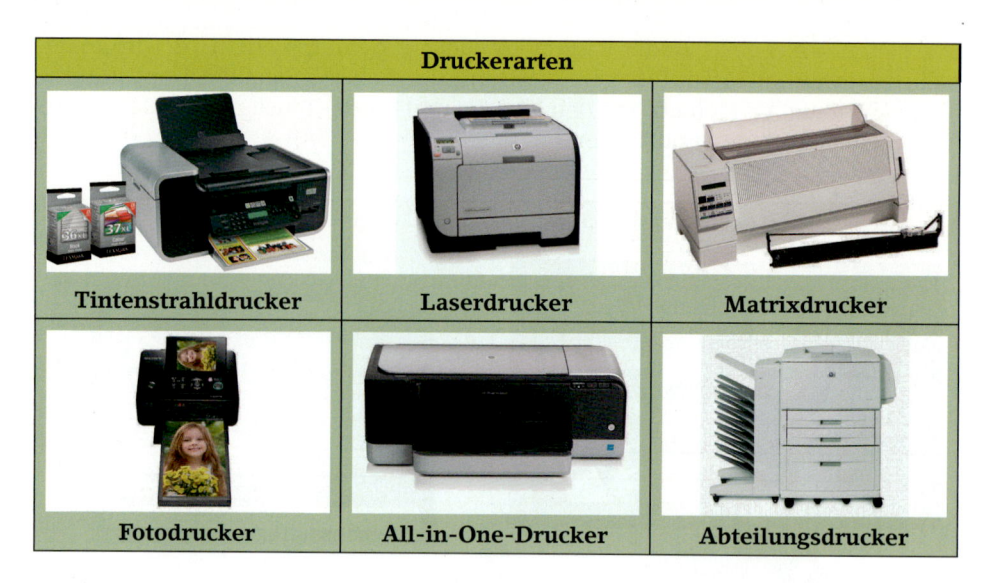

Druckerarten

Tintenstrahldrucker	Laserdrucker	Matrixdrucker
Fotodrucker	All-in-One-Drucker	Abteilungsdrucker

Für den Privatbereich kommen Tintenstrahldrucker und Laserdrucker infrage. Tintenstrahldrucker sind in der Anschaffung preiswerter und bieten i. d. R. den Farbdruck oder sogar den Farbfotodruck an.

Als Druckverfahren werden einerseits die **Bubblejet-Technik** verwendet, bei der für den Druck Tintenblasen durch Erhitzung erzeugt werden, oder andererseits das **Piezo-Verfahren,** wobei die Tinte durch einen feinen Piezokanal beschleunigt wird. Epson verwendet z. B. das Piezo-Verfahren in fest eingebautem Drucksystem, HP oder Lexmark hingegen die Bubblejet-Technik. Der Druckkopf wird hier jeweils mit der Tintenpatrone ausgetauscht.

Nachteile der Tintenstrahldrucker sind, falls selten gebraucht, das Eintrocknen der Tinte sowie der Tintenverbrauch durch Reinigungsvorgänge. Die Tinte ist nicht archivfest (wasserlöslich, nicht lichtecht), bei hohem Druckvolumen sind die Verbrauchskosten zu hoch.

Bei einem größeren Druckvolumen (viele Textseiten) bietet sich der Schwarz-Weiß-Laserdrucker an, da damit die Seitendruckkosten (ca. 2,5 Cent) niedrig ausfallen und – abgesehen von einer notwendigen Aufwärmzeit – Ausdrucke schnell erstellt werden. Auch Farblaserdrucker werden immer kostengünstiger (ca. 3,5 Cent pro Druckseite) und beliebter, stehen aber bei Ausdruck von Fotos den Fotodruckern auf Tintenbasis und mit Fotopapier noch nach.

Übersicht Druckertypen		
Merkmal	**Druckertyp**	**Beispiele**
Druckfarbe	Schwarz-Weiß-Drucker (Monochromdrucker) Farbdrucker	Matrix-, Laser-, Tintenstrahldrucker u. a.
Anschlag/Kopie	Impactdrucker	Nadeldrucker
	Non-Impact-Drucker	Laserdrucker Tintenstrahldrucker
Druckprinzip	Zeilendrucker	Nadeldrucker
	Seitendrucker	Laserdrucker

Grundlagen der Informationstechnologie

Übersicht Druckertypen		
Merkmal	**Druckertyp**	**Beispiele**
Druckertechnologie	Nadeldrucker	Matrixdrucker
	Tintenstrahldrucker	Piezo- oder Bubble-Drucker,
	Laserdrucker	Laser, Farblaser
Druckorganisation	Zentrales Drucksystem	Abteilungsdrucker, Netzdrucker
	Dezentrales Drucksystem	Arbeitsplatzdrucker

Sonstige Ausgabegeräte: z. B.
- Lautsprecher
- Kopfhörer

Kombiniertes Eingabe-/Ausgabegerät:
- Touch-Screen (Tastschirm bzw. Sensorbildschirm)
- All-in-One-Geräte (Drucker mit Scanner, Fax- und Kopierfunktion)

Aufgaben

1. Recherchieren Sie im Internet nach Eingabe- und Ausgabegeräten, drucken Sie Bilder dazu aus und erstellen Sie eine Infotapete. Legen Sie fest, welche Textinformationen hinzugefügt werden sollen.
2. Erstellen Sie (evtl. auch in Arbeitsgruppen) mit Word eine Kurzübersicht oder mit PowerPoint eine kleine Präsentation zu folgenden Themen:
    a) Trackball, Touchpad oder Maus: Wo liegen die Vor- und Nachteile?
    b) Welche Grafikkarte eignet sich für den Büro-PC, welche für den Spiele-PC?
    c) Monitore: Was ist ein Standard-Monitor und wozu braucht man einen teuren Monitor?
    d) Tastaturen: Worin unterscheiden sie sich?
    e) Touch-Screen als Monitor oder All-in-One-PC: aktuelle Angebote
    f) Tintenstrahldrucker: billig oder teuer?
    g) Laserdrucker: Wann ist er im Vorteil und was kosten die aktuellen Modelle?
    h) Lautsprecher und Kopfhörer: Worauf sollte man achten?
3. Entscheiden Sie, ob folgende Geräte Eingabegeräte (E), Ausgabegeräte (A) oder Eingabe- und Ausgabegeräte (E/A) sind:
    a) Bildschirm b) Maus c) Drucker d) Touchpad e) Touch-Screen
    f) Mikrofon g) Scanner h) Kopfhörer i) Trackball j) Lautsprecher
4. Welche der folgenden Geräte sind Eingabegeräte?
    a) Kopfhörer b) Maus c) Mikrofon d) Touchpad
    e) Grafikkarte f) Standardbildschirm g) Standarddrucker
    h) CPU i) Betriebssystem
5. Welches der folgenden Geräte sind Ausgabegeräte?
    a) Standarddrucker b) Kopfhörer c) Maus d) Lautsprecher
    e) CPU f) RAM g) Betriebssystem h) Scanner
    i) Trackball

1.3.4 Schnittstellen zu Peripheriegeräten (Eingabe- und Ausgabegeräten)

Um die Verbindung zu den Peripheriegeräten herzustellen, werden entweder Adapter/Erweiterungskarten mit Schnittstellen in die verschiedenen Sockel/Steckplätze (z. B. PCI) der Hauptplatine (Motherboard) gesteckt oder die vorhandenen Anschlussbuchsen auf der Rück- und Vorderseite der Zentraleinheit genutzt, siehe Abbildung rechts.

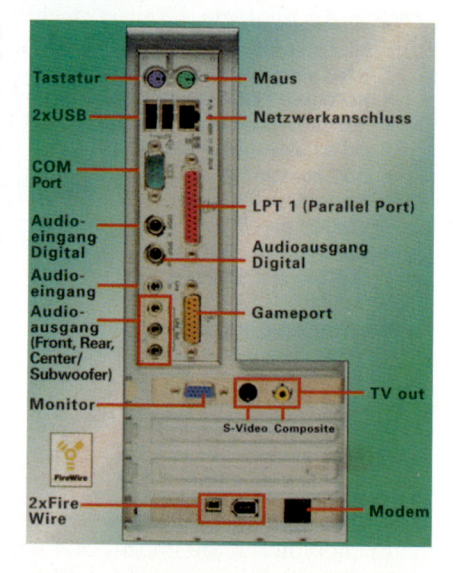

Schnittstellen			
Art	Typenauswahl	Verwendungszweck	Hinweise
Serielle Schnittstelle (V24)	RS-232 (9-polig oder 25-polig) als COM1 bis COM4	Monitor Drucker	Jedem Port wird eine eigene IO-Adresse mit eigenem Interrupt zugeteilt. Wichtig ist, dass sich die Interrupts (IRQ) nicht überlappen.
Parallele Schnittstelle	25-poliger D-Sub Stecker	Drucker Plotter	Auch Centronics-Schnittstelle genannt, max. 5 Meter Kabellänge, in neueren Rechnern nicht mehr vorhanden.
USB	USB 2.0 USB 3.0	schneller Datenanschluss für Peripheriegeräte wie Drucker, Maus, externe Festplatte, Stick	USB 2.0 ermöglicht bis 255 Geräteanschlüsse an den PC und eine Datenübertragung bis 60 MByte/Sek., Hot-Plug-Funktion (Anschluss im laufenden Betrieb); USB-Stromversorgung
Firewire		schneller Datenanschluss	Max. Übertragungsrate 50 MByte/Sek., Ursprung: Apple-Systeme
eSATA	eSATA xSATA	für externe Laufwerke, z. B. Festplatte	Datenübertragungsrate bis ca. 300 MByte/Sek., bei eSATA bis 2 Meter, xSATA bis 8 Meter Kabel, Hot-Plug-fähig, keine Stromversorgung

Schnittstellen			
Art	**Typenauswahl**	**Verwendungszweck**	**Hinweise**
PS/S	PS/2	Maus, Tastatur	
Video	VGA S-Video Composite-Video SCART DVI HDMI TV-Out	TV, Monitore DVD-Player Spielkonsolen Heimkino	VGA für Monitoranschluss (veraltet) SCART (analog) für TV oder DVD-Player S-Video besser als Composite-Video DVI Digitaler Videoanschluss der Grafikkarte für TFT-Monitore HDMI Nachfolger von DVI Über TV-Out der Grafikkarte kann das PC-Bild auf dem Fernseher betrachtet werden.
Ton (Audio)	Klinkenstecker (Cinch), USB, Bluetooth	Kopfhörer Lautsprecher Surroundsysteme Heimkino	Analogausgang ab 5.1 Dolby Surroundklang (7.1 verbessert) Digitalausgang SPDIF über Cinch
Datennetz	RJ-45-Stecker FO-Adapter USB	Netzwerkanschluss von PC	z. B. für Patchkabel zur Vernetzung FO-Adapter für Lichtwellenkabel
Kartenleser	Compact Flash, Memory Stick, Multimedia Card, Smart Media Card und SD-Card		Über diesen Multifunktionsanschluss können flexibel die wichtigsten Speicherkarten und -sticks gelesen und beschrieben werden.

1.3.5 Externe Speicher

Die Zentraleinheit, auch Prozessor genannt, verarbeitet die Daten im Arbeitsspeicher, internen Speicher oder RAM. Daneben muss es auch **externe** Speichereinheiten geben, die die Daten als Großspeicher preiswert sichern, für den mobilen Einsatz geeignet sind oder sich durch besondere Eigenschaften hervortun.

Als neue Speichereinheit bietet die Blu-ray-Technik gegenüber der DVD, neben einer besseren Bildqualität, eine wesentlich größere Speicherkapazität von 25 GB, eine erhöhte Lese- und Brenngeschwindigkeit sowie erweiterte Leistungen (z. B. Kurzfilme, Bonusmaterial) und Funktionen (z. B. Picture-in-picture, Einblendungen, BD-Live, Blu-ray Magic).

Für die **externe Speicherung** der Daten stehen verschiedene Speichereinheiten zur Verfügung.

Speichereinheiten		
Speichereinheit	Erläuterung	Vor-/Nachteile
Festplatte	preiswerter magnetischer Datenträger mit hoher Speicherkapazität (TB), hoher Datenübertragungsrate, als internes und/oder externes Laufwerk	+ preiswert + hohes Speichervolumen + hohe Übertragungsrate – Platzbedarf – Laufwerk nicht stoßsicher
CD-Laufwerk	optischer Datenträger (700 MB) kann gelesen und beschrieben/gebrannt werden, preiswert	+ preiswerter Speicher + beschränkte Kapazität – nicht für gehobene Anforderungen
DVD-Laufwerk	optischer Datenträger (4,7 GB) für gehobene Anforderungen und bessere Bild-/Videoqualität, preiswert	+ mehr Speicher als CD + höhere Anforderungen – teurer als CD
Blu-ray-Laufwerk (BD)	als Lesegerät oder Brenner für optische Blu-ray-Discs (BD), in der preiswerten Variante als Blu-ray-CD-/DVD-Player und -Brenner für CD/DVD und teurere BD-Brenner (BD-R und BD-RE)	+ bessere Bildqualität + mehr Funktionen + hohes Speichervolumen + hohe Datenübertragung + Kopierschutz möglich – teurer als CD, DVD
NAS	Network Attached Storage (Netzwerk-Speicher), der an ein Netz angeschlossen ist und im Netz Speicher zur Verfügung stellt	+ große Speicher im Netz + zentrale Speicherung + unabhängiges System
Webspeicherplatz (Online-Speicherplatz)	Eine „Festplatte im Web" wird von Anbietern für den Zugriff über das Web bereitgestellt.	+ Zugriff von überall + begrenzt kostenlos – Angst vor Ausspähung
USB-Speicherstick	mobiler Speicherstick mit Flash-Speicher, im Betrieb leicht anzuschließen, als großer Speicher (bis 256 GB) teuer, Datenrate bis 30 MB/sec., lautloser Speicher	+ im Betrieb anzuschließen + mobiler Speicher + automatische Erkennung – beschränkt wiederbeschreibbar
Speicherkarten	CompactFlash, Multimedia Card oder Secure Digital Memory Card für Kameras, Multimediageräte, Mobiltelefone, MP3-Player, Spielekonsolen, Alternative zum USB-Stick	+ preiswerter Speicher + klein, flach + diverse Größen und Varianten – unterschiedliche Standards

Grundlagen der Informationstechnologie

Aufgaben

1. Prüfen Sie, wer Ihnen im Internet einen Webspeicher kostenlos zur Verfügung stellt (z. B. Windows live SkyDrive oder Drive on Web).
2. Prüfen Sie, welche Preise derzeit im Onlineshop für einen USB-Stick von 16 GB und eine SD-Speicherkarte von 6 GB verlangt werden.
3. Erstellen Sie eine Wandtapete, in der mittig die Zentraleinheit mit den Schnittstellen dargestellt ist und außen herum die verschiedenen Speichermöglichkeiten/-medien.
4. Was ist eine Festplatte (wahr/richtig oder unwahr/falsch)?
   a) Unterteil eines Monitors
   b) Zentrale Steuereinheit eines PC
   c) Gerät, das das Betriebssystem, Programme und Daten speichert
   d) ROM-Speicher
   e) Schneller Drucker
5. Welche Speicher sind optische Speicher?
   a) Festplatte   b) CD   c) USB-Stick   d) DVD   e) RAM
6. Ordnen Sie CD, DVD, interne und externe Festplatte, NAS, Speicherkarte, Online-Speicherplatz, USB-Stick den folgenden Aussagen richtig zu:
   a) Transportable Festplatte
   b) Stick, auf dem Daten gespeichert, gelesen und verändert werden können
   c) Speicherplatz auf einem anderen PC, der über das Internet erreicht werden kann
   d) Preiswerter optischer Datenträger für digitale Daten
   e) Magnetisches Speichermedium mit starrer, rotierender Scheibe, im PC fest eingebaut
   f) An ein Netzwerk angeschlossenes Speichermedium
   g) Kleines, flaches, mobiles Speichermedium, insbesondere für Multimediageräte verwendet
   h) Optischer Datenträger wie CD, jedoch mehr Speicherkapazität
7. Ordnen Sie die Schnittstellen Firewire, Netzwerkanschluss, Parallele Schnittstelle, Serielle Schnittstelle, USB den folgenden Aussagen richtig zu:
   a) Veraltete Schnittstelle für Drucker, Datenübertragung nebeneinander
   b) Geräte können im laufenden Betrieb des PC angeschlossen werden, automatische Erkennung
   c) Verbindung zu einem LAN per Kabel
   d) Datenübertragung nacheinander, nur noch selten verwendet
   e) Für den schnellen Datenaustausch, insbesondere zwischen Multimediageräten

1.4 Software

Situation: Nachdem sich Kerstin mit der Hardware vertraut gemacht hat, erhält sie von Herrn Koch den Auftrag, selbstständig Informationen über verschiedene Softwarearten zusammenzutragen.

Software ist ein allgemeiner Sammelbegriff für die Gesamtheit ausführbarer Programme inkl. der verarbeiteten Daten. Man könnte also als Software jede Art von digitalen Daten bezeichnen, die auf einer Hardware gespeichert werden können. Damit Computer Daten verarbeiten können, sind drei Bestandteile eines Computersystems erforderlich:

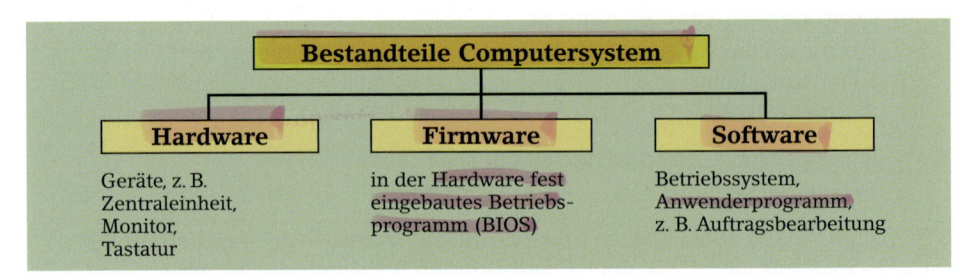

Bestandteile Computersystem

Hardware	Firmware	Software
Geräte, z. B. Zentraleinheit, Monitor, Tastatur	in der Hardware fest eingebautes Betriebsprogramm (BIOS)	Betriebssystem, Anwenderprogramm, z. B. Auftragsbearbeitung

Das **Betriebssystem** wird auch „Operating System" (OS) genannt und ist ein System von Betriebsprogrammen, das die Grundfunktionen des Computers steuert und allgemeine Dienstprogramme (Funktionen) für die Arbeit mit dem Computer zur Verfügung stellt. Jedes Betriebssystem muss genau auf die Hardware abgestimmt sein. Betriebssysteme wie **Windows** oder **Linux** stellen dem Anwender eine **grafische Benutzeroberfläche (GUI = Graphical User Interface)** mit Anwendungsfenstern (Windows), aufklappbaren Menüs, Kontextmenüs, Symbolen (Piktogrammen, Icons), Schaltflächen (Buttons), Registern, Assistenten u. v. m. zur Verfügung. Damit kann der Anwender mithilfe der Maus bzw. dem Finger schnell und ohne die Kenntnis von speziellen Programmbefehlen EDV-Anwendungen bedienen. Vorteile einer solchen Benutzeroberfläche sind somit: einfache Begreifbarkeit, einheitliche Bedienbarkeit, Symbole erleichtern das Aufrufen von Dateien, Befehlen und Programmen, schnelles Umsetzen von Aktionen. In den späteren Kapiteln lernen Sie die einzelnen Funktionen genauer kennen und anwenden.

Gängige Betriebssysteme sind **Windows XP, Windows 7, MacOS** oder **Linux** für PC, **Unix** oder **SunOS** für Großcomputersysteme.

Weitere **Software** (EDV-Programme) wird speziell für verschiedene Arbeitsgebiete und Aufgaben angeboten. Eines der meistgenutzten Standardprogramme ist die Textverarbeitung. Insgesamt werden für Computer weltweit mehr als 100 000 verschiedene Programme angeboten. Zur Anwendersoftware gehören universelle und funktionelle Standardsoftware, Branchensoftware und Individualsoftware.

Software

Systemsoftware	Anwendersoftware
BIOS (Basic-Input-Output-System) als Bindeglied zwischen Hardware und Betriebssystem, wird beim „Hochfahren" (Booten) gestartet. **Betriebssystem** ▶ Steuerprogramme (DOS) ▶ Benutzeroberfläche, z. B. Windows ▶ Sprachübersetzer/Programmiersprachen (z. B. BASIC in Maschinensprache) ▶ Dienstprogramme/Utilities (z. B. Virensuchprogramme)	**Standardsoftware** *universell* ▶ Textverarbeitung (z. B. MS Word, OpenOffice Writer) ▶ Tabellenkalkulation (z. B. MS Excel, OpenOffice Calc) ▶ Geschäftsgrafik (z. B. MS Excel, OpenOffice Calc) ▶ Datenbankprogramm (z. B. MS Access, OpenOffice Base) *funktionell* ▶ Auftragsbearbeitung ▶ Finanzbuchhaltung ▶ Lager-/Bestellwesen ▶ Lohn und Gehalt *Branchensoftware* für Ärzte, Baugewerbe, Einzelhandel, Handwerk, Reiseunternehmen u. a. *Individualsoftware* individuell nach den Wünschen und für den Einsatz des Anwenders erstellt

Situation Herr Koch, der EDV-Leiter, berichtet über den Softwareeinsatz in den Fachabteilungen von CMW.

In den einzelnen Fachabteilungen setzen wir unterschiedliche EDV-Programme ein: Im Verkauf benötigen wir eine **Auftragsbearbeitung**, mit der z. B. Angebote, Rechnungen, Lieferscheine, Gutschriften und Mahnungen erstellt und verwaltet werden können. Im Einkauf werden die Lagerbestände kontrolliert und mit dem Programm **Bestellwesen** insbesondere Bestellvorschlaglisten und Bestellungen ausgeführt. Im Rechnungswesen werden die Belege mit dem Programm **Finanzbuchhaltung** erfasst und verarbeitet, sodass Auswertungen wie die Bilanz sowie die Gewinn- und Verlustrechnung technisch kein Problem mehr darstellen. Die Personalabteilung verwaltet alle Personaldaten und erstellt mit einem Programm **Lohn und Gehalt** die Entgeltabrechnung sowie die Auswertungen für die Sozialversicherungsträger, das Finanzamt, die Berufsgenossenschaft und die Kammern. Diese Programme bezeichnet man auch als **funktionelle Standardsoftware.** Anbieter derartiger Software sind z. B. Sage, Frankfurt, oder Lexware, Freiburg.

Zusätzlich werden sogenannte Tools oder **Softwarewerkzeuge** in allen Abteilungen eingesetzt. Es sind Standardprogramme, die universell verwendet werden können. In unserem Betrieb werden die Programme Word zur **Textverarbeitung,** Excel zur **Tabellenkalkulation** und **Geschäftsgrafik** und Access als **Datenbankprogramm** eingesetzt. Diese Programme werden von der Firma Microsoft (USA) vertrieben.

Um das **Internet** zu nutzen, muss ein **Webbrowser** (z. B. Internet Explorer, Firefox, Opera, Safari, Google Chrome) installiert sein und der Zugang über einen Internetdienstanbieter (Provider) freigeschaltet werden. Mit dem Webbrowser können Internetseiten aufgerufen, ausgedruckt oder verwaltet werden.

Für die **elektronische Post,** das Empfangen, Versenden und Verwalten von E-Mails, gibt es grundsätzlich zwei verschiedene Varianten:
a) **E-Mail-Programme,** die Verbindungen zum Server (POP3, IMAP) des Telefondienstanbieters herstellen und die E-Mails auf dem PC verwalten, z. B. Outlook, Windows Mail, Pegasus Mail oder Mozilla Thunderbird.
b) **Webmail:** Internet-Webdienste, die auch kostenlos elektronische Postfächer zur Verfügung stellen und bei denen Mails direkt über den Webdienst gespeichert werden. Die E-Mails lassen sich über den Webbrowser online aufrufen und verwalten. E-Mail-Dienste sind z. B. www.hotmail.de, www.web.de, www.gmx.de und Windows live von Microsoft (MSN).

Softwareentwickler bemühen sich, Programme so zu entwickeln, dass Computer auch für behinderte Menschen (etwa 8 % der Anwender) genutzt werden können. Diese Bemühungen sind unter dem Stichwort „Barrierefreiheit" (uneingeschränkte Nutzbarkeit) zusammengefasst. Darunter versteht man den Abbau und die Reduzierung von Barrieren in der Softwarenutzung. Viele Menschen können Farben nicht richtig erkennen und sind, insbesondere bezogen auf die Farben Rot-Grün, farbfehlsichtig. Blinde und sehbehinderte Nutzer können sich heute Webseiten per Software vorlesen oder in größerer Schrift anzeigen lassen. Menschen mit einer Lese- oder Lernschwäche werden Texte in Symbolen angezeigt und Korrekturhilfen angeboten. Die „Barrierefreie Informationstechnikverordnung (BITV)" soll dafür sorgen, dass öffentliche Einrichtungen ihre Webseiten barrierefrei gestalten.

Behinderung	Abhilfe
Schreibschwäche	Ein Spracherkennungsprogramm kann gesprochene Worte in Textdaten umsetzen.
Blindheit	Ein Bildschirmleseprogramm (Screen-Reader) kann die Inhalte auf dem Bildschirm über Lautsprecher vorlesen oder vortragen.
Rot-Grün-Sehschwäche	klare Schriften, kontrastreichere Farben einsetzen
Sehschwäche	Bildschirmlupe und Bildschirmtastatur über **<Zubehör (Windows)>** → **<Eingabehilfen>** → **<Bildschirmlupe>** bzw. **<Bildschirmtastatur>** aufrufen.

Aufgaben

1. Prüfen Sie, welches Betriebssystem und welche Programme zu folgenden Anwendungen auf Ihrem PC bereits installiert sind: Textverarbeitung, Tabellenkalkulation, Präsentationen, Datenbanken, Bildverarbeitung, Webbrowser, E-Mail.

2. Recherchieren Sie über die Suchmaschine Google nach Bildern von Computeranwendungen (Screenshots) für Textverarbeitung, Tabellenkalkulation, Präsentationen, Datenbanken, Bildverarbeitung, Webbrowser und E-Mail und erstellen Sie mit den Bildern eine Präsentation. Ordnen Sie nebenstehende Symbole den passenden Webbrowsern zu:

Grundlagen der Informationstechnologie

3. Unter dem Stichwort „Barrierefreiheit" bemühen sich Hard- und Softwareentwickler, Produkte für behinderte Menschen besser nutzbar zu machen. Recherchieren Sie und erstellen Sie eine Präsentation mit guten Produktlösungen. Rufen Sie über das Betriebssystem (siehe Zubehör) Anwendungen auf, die die Bedienung des Computers erleichtern (z. B. die Bildschirmlupe) und testen Sie diese Möglichkeiten.

4. Was ist Software?
   a) Alle Betriebssysteme und Utilities
   b) Alle Spiele und Utilities
   c) Alle Arten von Computerprogrammen: Betriebssysteme, Anwendungsprogramme und Utilities
   d) Alle Anwendungsprogramme und Utilities

5. Was ist ein Betriebssystem?
   a) Programm, das vor Viren und Trojanern schützt
   b) Gesamtheit der Anwenderprogramme, z. B. Text- und Bildverarbeitung
   c) Grafiksystem, das die Geschwindigkeit des Computers erhöht
   d) Software, ohne die der Computer nicht lauffähig wäre, welche den Kontakt der Anwenderprogramme zur Hardware herstellt, die Speicher und den Datenzugriff verwaltet
   e) Gesamte Hard- und Software, die das System benötigt

6. Welches der folgenden Programme sind Betriebssysteme?
   a) Excel b) Windows Vista c) Word d) Windows XP
   e) Unix f) Windows Prika g) Linux h) Windows 7

7. Ordnen Sie Anwendungsprogramme für Textverarbeitung, Tabellenkalkulation, Präsentationen, Datenbanken, Bildbearbeitung, E-Mail, Webbrowser den folgenden Aussagen richtig zu:
   a) Folien für einen Vortrag können gestaltet und mit Animationen und Sound versehen werden.
   b) Digitale Bilder können verkleinert, verändert und retuschiert werden.
   c) Internetseiten können angezeigt und ausgedruckt werden.
   d) Texte können erfasst und formatiert werden.
   e) Elektronische Post kann verwaltet und verschickt werden.
   f) Daten werden in Tabellen erfasst, Berechnungen und Diagramme erstellt.
   g) Ideal für die Erfassung und Verknüpfung vieler Daten und das Suchen nach Daten.

8. Welche Hilfsmittel erleichtern eine Nutzung des Computers speziell für Menschen mit Behinderung?
   a) Betriebssystem
   b) Scanner
   c) Anwendersoftware
   d) Bildschirmleseprogramm
   e) Spracherkennungssoftware
   f) Computerspiele

1.5 Netzwerke

Situation: Kerstin nutzt das Internet sowohl privat als auch im Berufsleben recht häufig. Jetzt informiert sie sich über die Funktionsweise des Internets und anderer Netzwerke.

1.5.1 Internet

Das Internet ist das **größte Computernetzwerk der Welt** mit ca. einer Milliarde angeschlossener Computer. Die Internetseiten werden vom **Webserver** als Datenpakete über viele **Vermittlungsrechner** zum Empfänger (dem Computer des Internetnutzers) transportiert. Die einzelnen Datenpakete werden von Vermittlungsrechnern auf dem besten Weg weitergesendet und dann beim Empfänger wieder zu einer Einheit zusammengefügt. Das Übertragen von Daten zum Sender bezeichnet man als **Upload**, das Übertragen vom Sender zum Empfänger als **Download**.

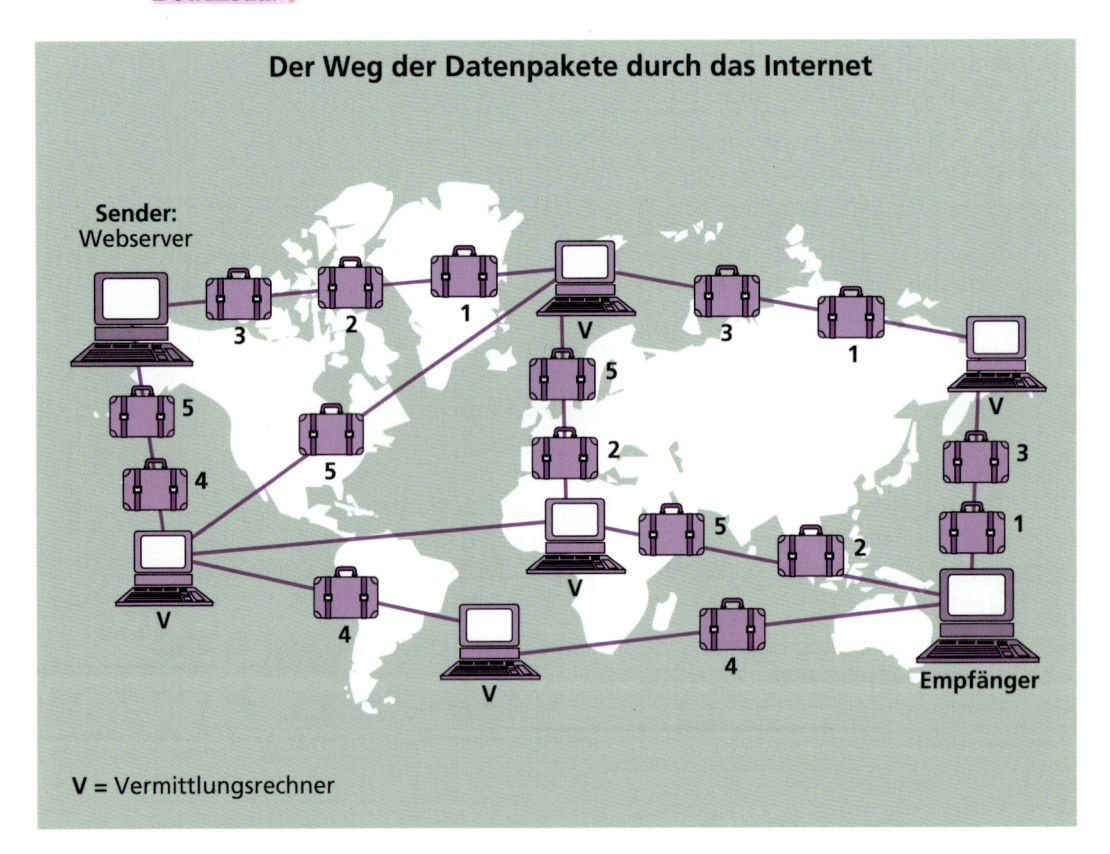

Der Weg der Datenpakete durch das Internet

V = Vermittlungsrechner

Grundlagen der Informationstechnologie

Immer mehr Menschen „fahren" auf dem **„Information Highway"** oder der **Datenautobahn**. Doch was ist darunter zu verstehen? Dazu ein Rückblick in die kurze Geschichte des Internets:

Das **Internet** ist heute das größte **Computernetzwerk** der Welt. Das Internet wurde nicht von einzelnen Menschen erfunden oder von bestimmten Unternehmen aufgebaut, sondern es ist nach und nach gewachsen. Ende der 60er-Jahre hat es mit einem Pilotprojekt des amerikanischen Verteidigungsministeriums angefangen, das die Möglichkeiten des Datenaustausches zwischen weit entfernten Computern erforschen wollte. Nach und nach schlossen sich immer mehr Universitäten, Behörden oder Institutionen diesem wachsenden Computernetz an. Es entstanden immer mehr Vermittlungsknoten (Server), an denen wieder weitere Server angeschlossen wurden. Was einmal mit dem ARPANET (Advanced Research Project Agency) begann, hat sich heute weltweit ausgedehnt und wird von mehreren Millionen Internetservern unterstützt. Jede Homepage auf der Welt wird durch eine eigene **IP-Adresse** (z. B. 195.285.241.100) identifiziert. Da man sich diese IP-Adresse schlecht merken kann, wird diese in die uns bekannten **Domainadressen** mit sogenannten Aliasnamen umgesetzt (z. B. werbedruck.de). Wer wissen will, welche Homepage wem gehört und auf welchem Server diese Homepage verwaltet wird, kann eine Suchanfrage unter www.denic.de stellen. Das Internet ist heute ein Netz der Netze. Es verbindet Firmen-, Universitäts- oder Behördennetze miteinander zu einer weltumspannenden Datenautobahn. Jede Privatperson oder kleine Firma kann sich über einen Internetprovider (z. B. Telekom, AOL, freenet) an dieses Netz ankoppeln lassen. Alle Computer sprechen mit dem **TCP-IP-Protokoll** die gleiche Sprache. Wird von einem Surfer eine Internetseite angefordert, so werden die Daten der Internetseite, in kleinen Datenpaketen verteilt, über das Netz zum Computer des Surfers gesendet, dort wieder zusammengefügt und als Internetseite angezeigt. Die Datenpakete erhalten wie die Briefpost eine Adresse, zu der sie versendet werden; sie können jedoch über unterschiedliche Netzstrecken im Internet ihr Ziel erreichen.

Im „Internet surfen" bedeutet:

- ein Programm zur Darstellung der Internetseiten, **Browser** genannt, zu starten,
- Informationsseiten von Internetanbietern aufzurufen,
- die Informationsseiten zu „durchstöbern", indem man den Hyperlinks (Querverweisen zu anderen Informationen) folgt, um bestimmte Informationen zu suchen,
- Videos, Sounds oder Animationen aufzurufen,
- Bestellungen auszuführen,
- Anwendungen (z. B. Bankdienstleistungen, elektronische Steuererklärung) von Firmen und Behörden aufzurufen.

Über das Internet können weltweit verschiedene Dienste genutzt werden, wobei das WWW (World Wide Web) der bekannteste Dienst ist.

Netzwerke

Internetdienste	
WWW **World Wide Web**	Das WWW ist der am meisten genutzte Dienst des Internets, das das Laden von Internetseiten (Homepages) von beliebigen Servern des WWW auf der Welt ermöglicht. Damit die Übertragung von dem entfernt liegenden Internetserver zum Internetnutzer (Client) ermöglicht wird, wurde das HTTP-Protokoll (Hypertext Transfer Protocol) vereinbart. Hypertexte sind Internetseiten mit sog. Links (Verweise) auf andere Seiten. Aufbau und Funktionen der Internetseiten werden durch eine Seitenbeschreibungssprache HTML (Hypertext Markup Language) festgelegt. Um den Dienst nutzen zu können, muss jede Seite also mit dem Protokoll und dem Hinweis auf das WWW aufgerufen werden, CHRISTIAN MÜLLER WERBEDRUCK hier im Beispiel also mit www.werbedruck.wvd.de.
	Über Links kann von der Homepage auf weitere Seiten gewechselt werden. Einzelne Dokumente (Seiten) können, soweit vorhanden und bekannt, auch direkt mit dem Namen der Seite einschließlich der Endungen .html oder .htm aufgerufen werden: z. B. www.werbedruck.wvd.de/produkte/visitenkarten.htm
E-Mail **(Electronic Mail)**	Elektronische Post: E-Mails werden mit speziellen Programmen (z. B. Microsoft Outlook) erstellt und über das Internet gesendet und empfangen bzw. online bearbeitet (vgl. z. B. www.web.de, www.gmx.de). **Aufgaben:** Mitteilungen versenden, Termine vereinbaren, Grüße versenden, Officedokumente oder andere Dateien empfangen oder versenden. Einzelne Dateien kann man als Anlage/Attachment über eine E-Mail zu einem anderen Benutzer versenden.
FTP **(File Transfer Protocol)**	Eine andere Möglichkeit der Übertragung von ganzen Verzeichnissen mit Dateien ist durch das FTP-Protokoll (File Transfer Protocol) gegeben. Hierzu wird dann ein FTP-Programm aufgerufen, das ausgewählte Dateien des lokalen Systems auf das entfernte Remotesystem überträgt.
Newsgroup	Diskussionsforen, vgl. nachfolgende Informationen
RSS-Feeds	Über den Browser können Nachrichtenseiten als **RSS-Feeds** (Really Simple Syndication) abonniert werden (vgl. Kap. 1.6, S. 45).
Sonstige Dienste	**SMS** (Short Message Service), **Chatten** (Internet Relay Chat), **Instant Messaging** (Chatten mit Erreichbarkeitsanzeige), **Internettelefonie** u. v. m.

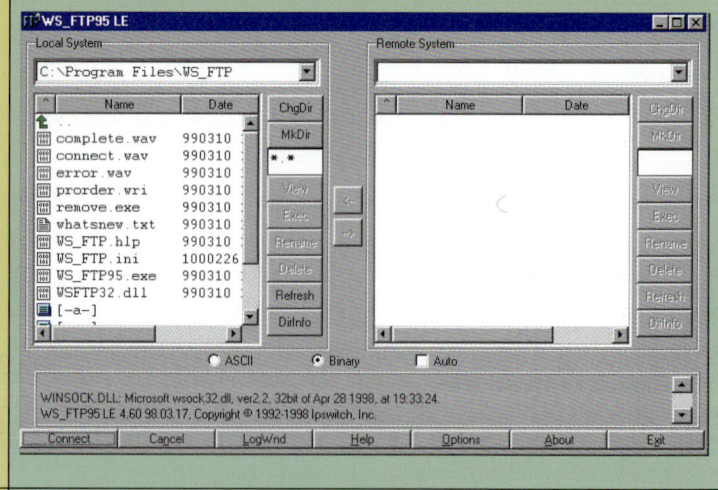

Grundlagen der Informationstechnologie

Newsgroups

Newsgroups sind öffentliche Diskussions- und Informationsforen, in denen Nachrichten oder Meinungen ausgetauscht werden. Sie werden oft verglichen mit thematisch geordneten schwarzen Brettern, bei denen jeder Teilnehmer Mitteilungen anderer lesen und seine eigenen veröffentlichen kann. Newsgroups sind nach Themen und Regionen geordnet und im Usenet organisiert. Bei ca. 30 000 Newsgroups in Deutschland bleibt i. d. R. kein Thema ausgespart.

Es gibt moderierte und unmoderierte Newsgroups. Bei ersteren werden die Beiträge zunächst von einem speziell hierfür zuständigen Moderator gelesen, bevor sie für alle zugänglich gemacht werden. Bei den unmoderierten Newsgroups wird jeder Beitrag zugelassen. Selbstverständlich sollte man sich in beiden Fällen an die üblichen Regeln, die Netiquette, halten (vgl. www.freenet.de, www.forengruppe.de, www.google.de, www.tvforen.de, www.spotlight.de).

Über Google „Groups" können thematisch passende Newsgroups gesucht werden.

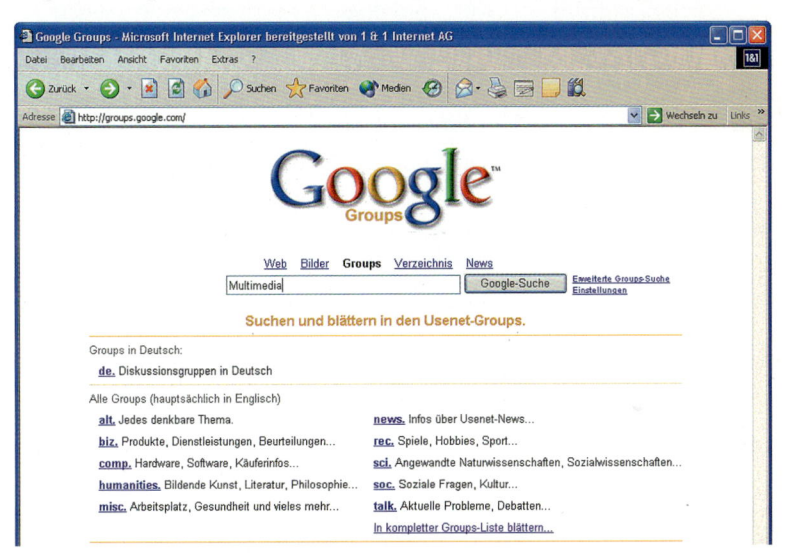

Auf Basis der Internettechnologie (TCP/IP-Protokoll) im weltweiten Web können verschiedene Internetzugänge realisiert werden.

Vergleiche der Webzugänge auf Basis der Internettechnologie		
Internet	Extranet	Intranet
Öffentliches WWW: Webseiten können über den Webbrowser aufgerufen werden.	Zugang über öffentliches WWW möglich. Allerdings können die Webseiten des Extranets nur über einen gesonderten Zugang (Login) mit Benutzername und Passwort erreicht werden, z. B. kostenpflichtige Webangebote, Kunden-/Serviceportale von Firmen oder interne Webseiten für Mitglieder von Vereinen oder Organisationen.	Der Zugang ist über das WWW nicht möglich und von Surfern im WWW auch nicht erkennbar. Es besteht jedoch auf Basis der Internettechnologie ein geschlossener Webbereich (z. B. Firmennetzwerk) für geschlossene und vertrauliche Computeranwendungen.

1.5.2 Computervernetzung

Im kaufmännischen Betrieb werden i. d. R. viele Computerarbeitsplätze benötigt. Die Computeranwender wollen von den einzelnen Computerarbeitsplätzen

- Daten untereinander austauschen,
- auf gemeinsame Daten zugreifen oder
- gemeinsame Peripheriegeräte (wie Drucker, Fax) nutzen.

Dazu müssen die Computer vernetzt werden – ein Netzwerk bilden. Ein Netzwerk ist ein Verbund aus mehreren Computern. Diese Computer tauschen Daten untereinander aus. Ein Netzwerk kann aus zwei bis zu mehreren Tausend Computern bestehen. Folgende Aufgaben bewältigen Netzwerke.

Aufgaben eines lokalen Netzes	
Aufgaben	**Erläuterung**
Kommunikationsverbund	schnelle Kommunikation mit allen Arbeitsplätzen (Text, Bild, Ton)
Datenverbund	Zugriff auf verteilte und zentrale Datenbestände von jedem Arbeitsplatz
Lastverbund	Verteilung von Lasten auf wenig genutzte Arbeitsplätze oder Systeme
Funktionsverbund	Nutzung von Softwareanwendungen anderer Arbeitsplätze, Steuerung von Abläufen
Ressourcenverbund	Nutzung von Betriebsmitteln (z. B. Drucker) anderer Arbeitsplätze
Sicherheitsverbund	Reserven bei Ausfall einzelner Komponenten und zentrale Datensicherung

Diese Aufgaben können betrieblich, aber auch weltweit umgesetzt werden. Nach der geografischen Ausdehnung des Netzes werden Netze unterschieden.

Einteilung der Netzwerke nach der geografischen Ausdehnung		
LAN	=	**Local Area Network**: überspannt Betrieb, Grundstück oder ist auf wenige Kilometer ausgerichtet
MAN	=	**Metropolitan Area Network**: überspannt Stadt, Ballungsraum oder bis zu 100 km (z. B. Netz eines städtischen Verkehrsverbundes)
WAN	=	**Wide Area Network**: überspannt ganze Länder oder Kontinente (z. B. Netz der Telekom)
GAN	=	**Global Area Network**: überspannt die ganze Welt (z. B. Bankennetz, Internet)

Bei **Großcomputersystemen** (sogenannte **Mainframes**) mit einigen Hundert Computerarbeitsplätzen werden an einen zentralen Großrechner (**Host** genannt) viele **Terminals** ohne eigene CPU und eigenen Arbeitsspeicher angeschlossen. Auch sogenannte **Minicomputer** (z. B. die I-Series oder AS-400 von IBM) können als Verwaltungscomputer viele Terminals mit ihrem zentralen CPU-System bedienen. Fällt allerdings der zentrale Rechner aus, so kann an keinem Terminal mehr gearbeitet werden.

Grundlagen der Informationstechnologie

Bei einem **Mikrocomputer- oder PC-Netzwerk** ist dies anders. Mehrere PCs werden als Arbeitsplatzcomputer mit einem gemeinsamen leistungsstarken PC, **Server** genannt, vernetzt, sodass der Server für wichtige gemeinsame Funktionen (z. B. zentrale Speicherung der Dateien) zur Verfügung steht. Die vernetzten Arbeitsplatzcomputer werden auch **Clients** genannt. Sowohl der für das Netzwerk zuständige **Server** (gemeinsamer Netzcomputer) als auch die **Workstation** (Arbeitsplatzcomputer) verfügen über eine eigene CPU und einen Arbeitsspeicher, sodass sie sich die Arbeit teilen können. Der Server hat die Aufgabe, die Programme und Daten zentral zum Abruf für die Workstation bereitzuhalten; diese werden jedoch erst in der CPU der Workstation zur Anwendung gebracht. Fällt der zentrale Server (File- oder Dateiserver) einmal aus, kann zwar nicht mehr auf die zentralen Programme und Daten des Servers zugegriffen werden, es können jedoch die Programme und Daten auf der Workstation weiter genutzt werden.

Ein lokales oder betriebliches Computernetz bezeichnet man als **LAN** (Local Area Network), im Vergleich zu einem **WAN** (Wide Area Network), das Mikrocomputer ganzer Länder oder Kontinente vernetzt. Der Fileserver organisiert den Zugriff der einzelnen Mikrocomputer auf gemeinsame externe Speichereinheiten, Drucker oder andere Peripheriegeräte. Da Programme und Daten auf dem Fileserver gespeichert sind, müssen die Programme und Daten zunächst vom Fileserver in den jeweiligen Arbeitsspeicher des Mikrocomputers geladen werden.

Um Computer miteinander zu vernetzen, werden unterschiedliche physikalische und logische Verbindungen **(Topologien)** hergestellt (z. B. Stern- oder Bus-Vernetzung).

Netzwerkarten

Betriebliche Netze können als einfaches Peer-to-peer-Netz oder als Client-Server-Netz installiert werden.

Netze	
Peer-to-peer-Netz	**Client-Server-Netz**
Ein preiswertes Netzsystem ohne Server, bei dem die PCs über Netzwerkkarten verbunden sind und die Betriebssysteme (z. B. Windows) den gleichberechtigten Zugriff regeln. So kann jede Arbeitsstation Dienstleistungen für eine andere Arbeitsstation ausführen. Insbesondere für kleine Netze (bis 10 Arbeitsplätze) eine preiswerte Alternative. Jeder kann im Peer-to-peer-Netz Verzeichnisse auf seiner Festplatte für alle freigeben und somit die Teamarbeit über gemeinsame Verzeichnisse fördern. Nachteile: Geringere Datensicherheit, Kenntnisse der Benutzer im Umgang mit dem Netzwerk notwendig, da jeder seinen Zugriff und die Dienste selbst regelt.	Server sind leistungsfähige Computer, die in einem verteilten Rechnersystem zentrale Dienste für die angeschlossenen Arbeitsstationen (Clients) zur Verfügung stellen. Beim Client-Server-System läuft auf dem Server die Netzwerksoftware und auf den Arbeitsstationen (Clients) die Client-Software. Gängige Server-Betriebssysteme sind Unix, Linux oder Windows. Clients können je nach Benutzerrechten auf die Verzeichnisse und Anwendungen des Servers zugreifen. Im Gegensatz zum Peer-to-peer-Netz ist ein Netzwerkbetreuer zur Verwaltung der Benutzerrechte und des Netzwerkes notwendig.

Internetzugangsarten von Unternehmen [1]

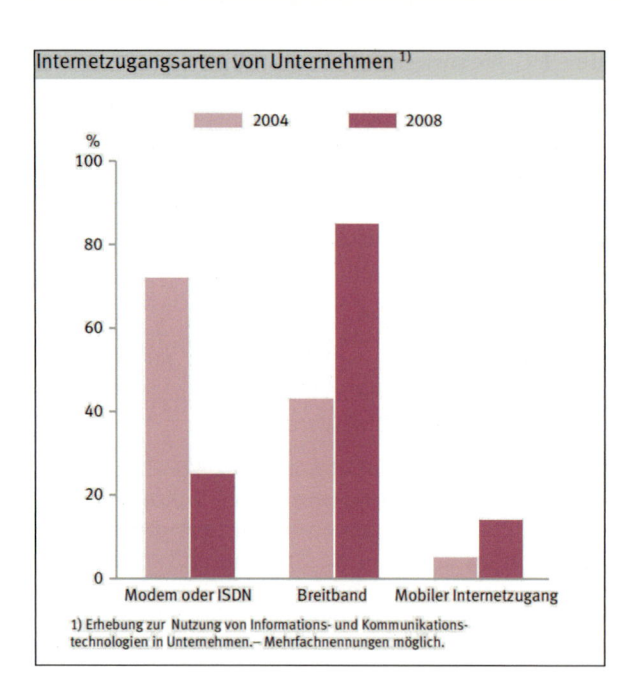

(Balkendiagramm mit Vergleich 2004 und 2008 für Modem oder ISDN, Breitband, Mobiler Internetzugang)

1) Erhebung zur Nutzung von Informations- und Kommunikationstechnologien in Unternehmen. – Mehrfachnennungen möglich.

Über das Internet sind die Unternehmen zudem mit anderen Unternehmen, Dienstleistern und ihren Kunden vernetzt. Das sogenannte **„Schmalband"-Internet** (Analog-, Modem- oder ISDN-Anschlüsse) wird dabei im Vergleich zu schnellen **Breitbandanschlüssen** immer seltener genutzt.

Single-Haushalte ohne Festnetzanschluss und mobile Internetnutzer mit ihren Netbooks nehmen zudem immer mehr mobil über Hotspots und USB-Sticks Verbindung zum Internet auf.

Datennetze ohne Kabel

Kabelnetze sind aufwendig zu installieren und unflexibel. Was liegt dann näher, als Computer kabellos (wireless) zu verbinden. Als Techniken sind zurzeit **WLAN** und **Bluetooth** in aller Munde. Geräte mit solchen kabellosen Verbindungen werden zuhauf angeboten.

WLAN oder Wireless LAN

WLAN heißt **Wireless Local Area Network** (kabelloses Netzwerk per Funk mit mittlerer Reichweite). Voraussetzungen für WLAN sind ein Computer, Notebook oder PDA mit Intel-Centrino-Chip oder eine WLAN-Karte sowie ein Internetbrowser.

Um zu Hause oder im Betrieb ein Funknetzwerk für den Zugriff mehrerer Notebooks oder PCs auf das Telefonnetz (DSL-Anschluss) einzurichten, ist ein WLAN-Router für eine geregelte Kommunikation notwendig.

Orte, die über ein WLAN verfügen und ihr Netz kostenlos oder gegen Gebühr öffentlich anbieten, heißen im Fachjargon **„Hotspots"**. Häufig werden solche Hotspots in Flughäfen, Bahnhöfen, Universitäten, Hotels, Cafés oder Parks angeboten. Interessenten können sich im Umkreis von etwa 100 Metern in das von dem jeweiligen Zugangsrechner gesteuerte Netzwerk einwählen.

Je nach WLAN-Standard können mit bis zu ca. 300 Mbps (Million bits per second) auch Video- und Gaming-Daten schnell genug übertragen werden. Die Reichweite soll schon bald von wenigen Hundert Metern auf über 50 km erweitert werden.

Bluetooth

Der Bluetooth-Standard wurde ins Leben gerufen, um kabelgebundene Verbindungen und kabellose Technologien wie Infrarot abzulösen bzw. die Kommunikation zwischen verschiedener Computer-Hardware zu erleichtern. Der Name Bluetooth kommt vom Wikingerkönig Harald Blauzahn, weil dieser die dänischen und norwegischen Wikinger vereinigt hat, genauso wie Bluetooth die Vereinheitlichung zu einem einheitlichen Übertragungsstandard zum Ziel hatte. Bluetooth ist ein offener Standard für eine leistungsfähige Technologie zur drahtlosen Kommunikation zwischen Computern, PDAs, Mobiltelefonen, Druckern, Scannern oder z. B. digitalen Kameras. Bluetooth-Adapter mit USB-Anschluss sind preisgünstig zu erhalten. Im Gegensatz zu der bei TV-Fernbedienungen zum Einsatz kommenden Infrarottechnik wird bei Bluetooth die Übermittlung von Informationen nicht von Wänden oder sonstigen Gegenständen geblockt. Die Reichweite ist auf 10 m – 30 m begrenzt, kann aber je nach Version, Störungen und Hindernissen bis zu 100 m betragen. Die Datenübertragungsrate ist zwar wesentlich geringer als bei WLAN, dafür wird der Bluetooth-Standard jedoch bald in allen Peripheriegeräten wie PDAs, Kameras oder Druckern integriert sein.

1.5.3 Datentransfer

Aufgrund der schnellen Internetverbindungen, der vielen Portale, Communitys oder sozialen Netze, wo jeder kostenlos Bilder, Videos oder Podcasts hochladen kann, der Musik- und Videoportale, wo man sich für wenig Geld kommerziell erstellte Filme und Musiktitel herunterladen kann, und nicht zuletzt des Trends zu digitalen Büchern und Hörbüchern wächst auch das Volumen der bezahlten und unbezahlten Downloads rasant.

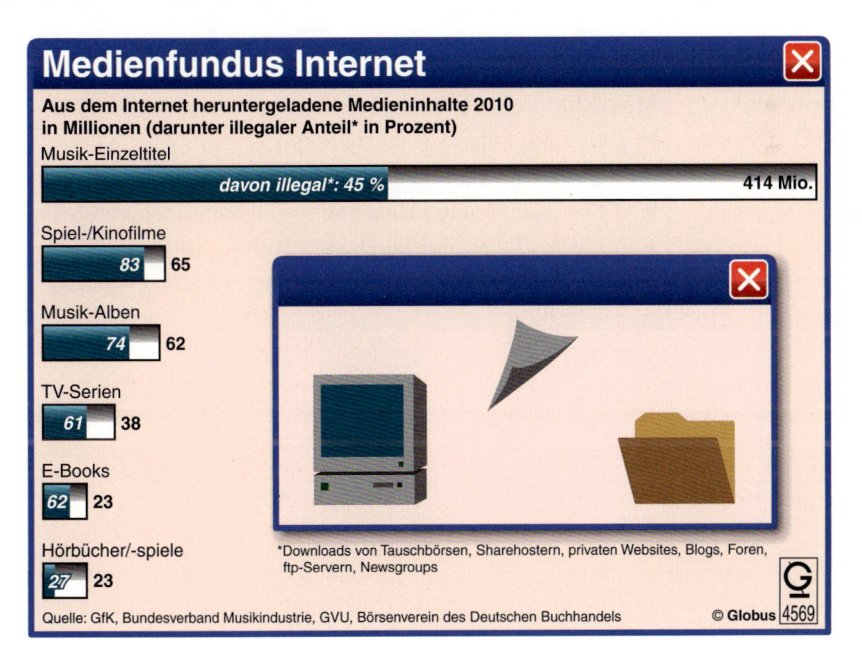

Medienfundus Internet

Aus dem Internet heruntergeladene Medieninhalte 2010 in Millionen (darunter illegaler Anteil* in Prozent)

- Musik-Einzeltitel: 414 Mio. (davon illegal*: 45 %)
- Spiel-/Kinofilme: 83 / 65
- Musik-Alben: 74 / 62
- TV-Serien: 61 / 38
- E-Books: 62 / 23
- Hörbücher/-spiele: 27 / 23

*Downloads von Tauschbörsen, Sharehostern, privaten Websites, Blogs, Foren, ftp-Servern, Newsgroups

Quelle: GfK, Bundesverband Musikindustrie, GVU, Börsenverein des Deutschen Buchhandels

© Globus 4569

Netzwerke

Verschiedene Begriffe zum Datenverkehr	
Download/Upload	**Upload** (Hochladen): Daten vom eigenen Rechner ins Internet hochladen, z. B. Fotos in schuelerVZ hochladen. **Download** (Herunterladen): Daten aus dem Internet auf den eigenen PC laden, z. B. Videos aus dem Internet auf den PC laden.
Datenübertragungsrate oder **Datendurchsatz** (Datenmenge pro Zeiteinheit)	**bps** oder **bit/s** (Bits pro Sekunde) = Anzahl der Bits, die pro Sekunde übertragen werden **kbps** oder **kbit/s** (Kilobits pro Sekunde) = 1000 bps **mbps** oder **Mbit/s** (Megabits pro Sekunde) = 1 000 000 bps **gbps** oder **Gbit/s** (Gigabits pro Sekunde) = 1 000 000 000 bps
Services im Internet Übertragungsbandbreite	**Dial-up ISDN:** schmalbandiger Internetzugang über eine Wählleitung im Telefonnetz, weltweit noch ein häufiger Einwähldienst in über 150 Ländern und auch in Deutschland noch anzutreffen; Bedeutung jedoch nur noch gering, wesentlich langsamer als DSL (mit 16 Mbit/s im Download) **Breitband** ist ein Internetzugang mit größerer Bandbreite und damit größerer Übertragungsrate. DSL (Digital Subscriber Line, dt. digitaler Teilnehmeranschluss) ist ein „always-on"-Anschluss, sodass man sich hier nicht einwählen muss. **Vorteile eines Breitband-Internetzugangs:** ▶ Surfen mit Hochgeschwindigkeit im Internet ▶ Flatrates (Pauschaltarife) werden angeboten, sodass monatlich ein Festpreis gezahlt wird, egal wie lange man im Internet ist. ▶ Über die Flatrate kann jeder ohne Zusatzkosten ständig online sein und z. B. Instant Messaging wie ICQ, Skype nutzen.
Übertragungsmedium/-art	**Möglichkeiten, sich mit dem Internet zu verbinden:** ▶ Telefonleitung, z. B. ISDN, DSL ▶ Mobiltelefon, z. B. GPRS, UMTS, HSDPA, LTE ▶ Kabel, da in vielen Haushalten ein Kabelanschluss existiert ▶ Kabellos (wireless) per Access Points, z. B. in Städten ▶ Satellit: z. B. Flatrate per Satellit, wo kein DSL-Zugang vorhanden

Grundlagen der Informationstechnologie

Aufgaben

1. Geben Sie jeweils die passende Datenübertragungsrate an:
   a) Ethernet mit 10 000 000 bps
   b) Modem mit maximal 56 000 bps
   c) Gigabit Ethernet mit 1 000 000 000 bps
   d) Laufende Videoübertragung im Internet (Streaming Video) mit 24 000 bps

2. Testen Sie die Geschwindigkeit Ihrer Internetverbindung, zum Beispiel über www.aboutip.de, www.speedmeter.de, www.wieistmeineip.de (oder Google-Suche: Internet Verbindung Geschwindigkeit).

3. Sie suchen für Ihr Notebook ein günstiges Angebot für eine Internet-Flatrate per Internet-Stick. Recherchieren Sie und präsentieren Sie Ihr Ergebnis auf einer Word-Seite oder einer Folie.

4. Was ist richtig (wahr), was ist falsch (unwahr)?
   a) Ein Server ist ein Computer, der die Dienste eines Clients annimmt, z. B. ein Schüler-PC.
   b) Ein Server ist ein Computer, der die Daten für Zugriffe durch Clients bereithält.
   c) Upload bedeutet, sich Daten, z. B. Software aus dem Internet, auf den eigenen PC zu laden.
   d) Upload bedeutet, Daten, z. B. ein Foto vom PC, in ein Portal des Internets, z. B. **schuelerVZ** hochzuladen.

5. In einem Haus oder Zimmer sind mehrere PCs mittels Kabel vernetzt. Es werden Daten ausgetauscht und gemeinsam ein Spiel gespielt. Welche Netzart liegt vor?
   a) WAN   b) WLAN   c) LAN

6. Mehrere PCs sind über eine Funknetzwerkkarte miteinander vernetzt. Die PCs können weiter auseinanderstehen, da die Reichweite der Funknetzwerkkarten größer ist. Welche Netzart liegt vor?
   a) WAN   b) WLAN   c) LAN

7. Ordnen Sie WAN, WLAN, LAN richtig zu:
   a) PCs im Haus oder Betrieb sind mit Funknetzwerkkarten miteinander und mit dem Internet vernetzt. Die PCs können auch in verschiedenen Räumen stehen, die Wände können jedoch die Übertragungsrate dämpfen.
   b) Mehrere PCs sind im Haus oder Betrieb per Kabel verbunden und können so Daten austauschen oder gemeinsam auf ein Programm oder einen Drucker zugreifen.
   c) Computer in weit auseinander liegenden Regionen der Welt sind miteinander verbunden.

8. Was ist ein Breitband-Internetzugang?
   a) Zugang mit geringerer Übertragungsrate
   b) Zugang mit preiswerter Übertragung
   c) Zugang mit teurer Übertragung, daher nur für Firmen sinnvoll
   d) Zugang mit hoher Übertragungsrate

Netzwerke

9. Welchen Vorteil hat ein Breitbandzugang?
   a) Die Internetverbindung ist abhörsicher.
   b) Die Internetverbindung ist virensicher.
   c) Die Internetverbindung ist kostenlos.
   d) Man ist mit Hochgeschwindigkeit im Internet.
   e) Der Zugang zum Internet erfolgt jedes Mal über die Einwahl.
   f) Er wird ausschließlich über Kabel ermöglicht.
   g) Man ist i. d. R. per Flatrate ständig mit dem Internet verbunden.

10. Welche Möglichkeiten (Übertragungsarten) gibt es, sich mit dem Internet zu verbinden?
    a) Telefonleitung, z. B. ISDN, DSL
    b) Breitband
    c) Mobiltelefon, z. B. UMTS
    d) Satellit
    e) Dial-up
    f) Kabel
    g) Kabellos (wireless)

11. Welchen Dienst gibt es, um sich mit dem Internet zu verbinden?
    a) Telefonleitung, z. B. ISDN, DSL
    b) Breitband
    c) Mobiltelefon, z. B. UMTS
    d) Satellit
    e) Dial-up
    f) Kabel
    g) Kabellos (wireless)

12. Ordnen Sie die Begriffe Internet, Intranet, Extranet richtig zu:
    a) Ein geschlossenes Computernetz auf der Basis der Internettechnologie, das für autorisierte externe Nutzer (per Benutzername, Passwort) über das Internet erreichbar ist.
    b) Ein geschlossenes PC-Netz auf der Basis der Internettechnologie, das nur innerhalb einer Firma oder Organisation den Zugang erlaubt und über das Internet (WWW) nicht erreichbar ist.
    c) Das größte Computernetz der Welt mit Diensten wie WWW, E-Mail, Newsgroups, FTP.

13. Was ist eine Übertragungsrate in der Datenkommunikation?
    a) Dadurch werden die Internetkosten pro Zeiteinheit angezeigt.
    b) Sie gibt den Stromverbrauch pro Zeiteinheit an.
    c) Sie gibt den erzielten Datendurchsatz oder die Datenmenge pro Zeiteinheit an.
    d) Sie gibt die Datenmenge an, die sich pro Down- oder Upload insgesamt ergibt.

14. Wie wird die Übertragungsrate gemessen?
    a) s, min, h   b) bit, byte, kB   c) bps, kbps, mbps   d) khz, mhz, ghz

15. Ordnen Sie bps, kbps, mbps, gbps der Einheit richtig zu:
    a) 1 000 000 bps
    b) 1 000 bps
    c) Anzahl Bits pro Sekunde
    d) 1 000 000 000 bps

Grundlagen der Informationstechnologie

1.6 Informationstechnologie im Alltag

Situation: Kerstin nutzt das Internet vielfältig – sie macht Onlinebanking, kauft z. B. ihre Druckerpatronen über einen Internetshop oder chattet über das Netz mit ihren Freunden. Jetzt möchte sie sich über die verschiedenen Möglichkeiten im Netz genauer informieren.

Ohne ITK (Informations- und Kommunikationstechnik) ist unser Alltag nicht mehr denkbar. In fast jedem Haushalt steht mindestens ein Computer, etwa 80 % der Haushalte verfügen über einen Internetanschluss.

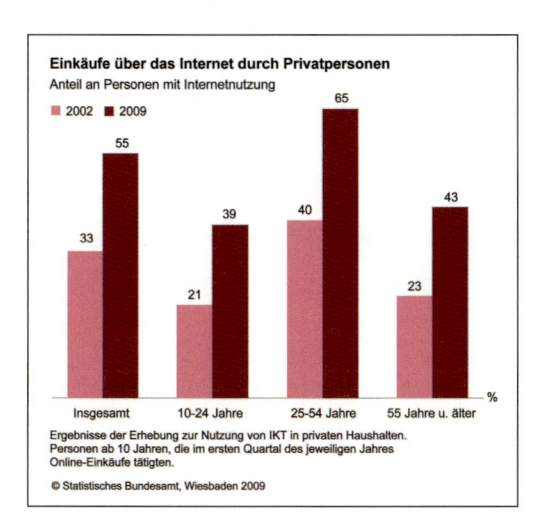

Die ITK-Industrie ist heute nicht nur ein bedeutender Wirtschaftsfaktor, sondern erleichtert und verschönert uns unsere Lebensverhältnisse derart, dass wir ITK-Leistungen und Produkte nicht mehr missen möchten. Gleichzeitig gehen von Dienstleistungen und Produkten auch Gefahren aus, sodass wir bewusst mit diesen Technologien umgehen lernen müssen.

ITK-Technologie = Informations- und Kommunikations-Technologie
engl. **ICT** = „information and communication technology"

Die ITK umfasst alle Geräte und Anwendungen für Informationsverarbeitung und Kommunikation.

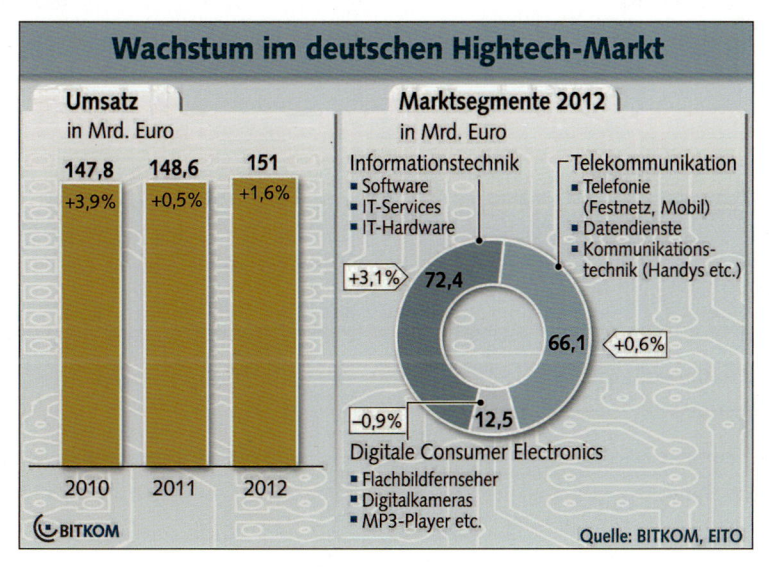

1.6.1 Interaktive Kommunikation im Netz

Unter dem Stichwort **Web 2.0** werden zu den Internetangeboten wie Websites und Internetsuche, Foren, Chatten oder Onlinebanking neue Portale angeboten, die das Kennenlernen, die Kommunikation, Events und Geschäfte in Gemeinschaften (Communitys) ermöglichen. „Broadcast Yourself" steht dabei für Möglichkeiten, kostenlos in Portalen eigene Bilder, Videos, Reden, Favoriten-Listen, Websites u. v. m. einzustellen, gleichgesinnte Menschen kennenzulernen und mit ihnen Kontakt zu halten. Die Möglichkeit, „Kontakte um sechs Ecken" herzustellen, wird durch vielfältige und einfache, wenn gewünscht, anonyme Kontaktmöglichkeiten optimiert. Für geschäftliche und berufliche Kontakte werden neben Marktplätzen und Job-Portalen auch gesondert Portale für Geschäftskontakte angeboten. Bieten die Portale sogenannte **RSS-Feeds** an, kann man einen Service in Anspruch nehmen, durch den man über neue Seiten, Informationen oder Änderungen informiert wird (Neuigkeiten-Abonnement, vgl. S. 45). Insbesondere unter jungen Menschen sind **Instant-Messenger** beliebt, mit denen man sich gegenseitig auf dem Laufenden halten und **chatten** kann.

Soziale Netzwerke (Gemeinschaften/Communitys)		
Ausrichtung	Hauptfunktionen, Bereiche	Beispiele im WWW, (Endung .de, wenn nicht genannt)
Allgemeine Netze	Einladen, Treffen, Suchen, Forum, Blogs, Videos, Musik, Events, Schulen, eigene Websites	facebook, myspace, google, life.com, unddu
Instant Messenger	Kontaktlisten, Chatten mit Erreichbarkeitsanzeige, Nachrichtenübermittler, Emoticons/Smileys, Dateiaustausch, Verzeichnisse freigeben, Seiten gestalten, Spiele oder Programme gemeinsam nutzen	aol, icq, trillian, msn, yahoo, miranda-im, qip-im.com
Video- und Musiknetzwerke	Kinotrailer, Privatvideos (Video-Uploads), Spiele-, Musik-, Reisevideos usw., Bewertungen, Kritiken, Charts, Programme	youtube, myvideo, clipfish, video.aol, bendecho
Podcasts	Über das Internet werden gesprochene oder als Video dargestellte Vorträge (abspielbar z. B. über iTunes, MP3-Player oder Windows Media Player) angeboten.	podcast, podster, podcast24, dopcast, dradio
Wissensnetzwerke	Online-Lexika, die über eine Community erstellt und überarbeitet werden	wikipedia.org, wiki.zum rezeptewiki.org
Blogs (Weblogs)	Blogs (Weblogs = Logbücher) sind kommentierte Listen (Tagebücher) zu allen Themen, die Interessierte im Web auf Blogseiten einstellen oder mit Meinungen kommentieren.	blogger.com, bloggerspace und auf vielen Seiten als Zusatzangebot „Blogs"
Flirt- und Partnersuchnetze	Partnervorschläge, Dating, Chatten, Flirten, Events	neu, friendscout24, parship, elitepartner
Bookmark-Netze	verwalten und präsentieren der Website-Favoriten	mister-wong
Spiele, Rollenspiele	Fantasiewelten, online zusammen spielen, eigene Figuren schaffen, Gruppen bilden, Wettkämpfe, höhere Ränge erreichen	aol, spin.de, kapiland, gamona, wow-europe.com, inwow, rollenspiel-portal

Grundlagen der Informationstechnologie

Soziale Netzwerke (Gemeinschaften/Communitys)		
Marketplaces	Plattformen bringen privat Käufer und Verkäufer zusammen und bieten in einem „neutralen" Online-Markt vielfältige Möglichkeiten des Handelns und des Geschäftsabschlusses.	ebay, amazon, atrada, mobile, scout24, online-marktplatz, alleauktionen, europages, e2trade, b2b-trade
Geschäftskontakte und Job-Portale	Experten-Pool mit Suche, Entscheidungsträger anzeigen, Vertriebskanäle aufzeigen, Geschäftskontakte herstellen, Jobs vermitteln	xing.com, monster, jobpilot, stepstone
Schüler- und Studentennetzwerke	sich präsentieren mit Personaldaten, Hobbys, Fotos, Freundesnetz, Gruscheln (online Kontakt aufnehmen, anlehnen)	studiVZ, schuelerVZ, facebook, stayfriends, lokalisten
Virtuelle Welten	Über 50 Welten bieten Mitgliedern die Möglichkeit, sich als Avatare darzustellen, ihre Welten zu erweitern, sich kennenzulernen, an Events teilzunehmen, virtuelles Geld zu verdienen und auszugeben, virtuelles Ansehen zu erreichen.	secondlife, moove, habbo, clubpinguin.com, barbie-girls.com
Wichtiger Hinweis (Vorsichtsmaßnahmen)	Beachten Sie, dass persönliche Daten von Millionen Menschen eingesehen werden können, wenn die Veröffentlichung nicht entsprechend den genannten AGB und Nutzungsbedingungen eingeschränkt wird. Personalplaner und Chefs recherchieren gerne vor einer Einstellungsentscheidung, um sich ein Bild von Bewerbern zu machen. Community-Portale müssen viel Geld verdienen, um ihre Portale aufrechtzuerhalten. Nutzer sollten prüfen, ob persönliche Daten zu Werbezwecken weitergegeben werden (sollen) und welche Kosten für Zusatzfunktionen anfallen.	

RSS-Feeds – Online-Nachrichtenübermittler

RSS ist ein übergreifendes Format, um Nachrichten und andere Webinhalte auszutauschen. Die Abkürzung RSS steht für „Really Simple Syndication", Feed für „versorgen", „einspeisen". Im Gegensatz zu HTML-Seiten sind RSS-Dateien kurz gefasst und frei von Design- und Layout-Elementen. Mit RSS-Readern oder RSS-fähigen Browsern kann man RSS-Dateien lesen und wird so über aktuelle Nachrichten einer Website zeitnah informiert (z. B. die kostenlosen RSS-Feeds rss-nachrichten, web-feed, n24.de/rss sowie alle Websites mit RSS-Funktion).

Instant Messaging

Instant Messaging (IM) heißt übersetzt Echtzeitkommunikation mit Erreichbarkeitsanzeige. Der Benutzer installiert über einen IM-Dienst, z. B. AOL, ICQ, Jabber, MSN, Netscape, Trillian oder Miranda ein Client-Programm (IM-Messenger) und trägt sich als Mitglied in sogenannte Buddy-Listen ein. Wenn der Nutzer online ist, wird dies allen Mitgliedern angezeigt, sodass Mitglieder Kontakt mit einem aufnehmen und viele Möglichkeiten der Echtzeitkommunikation nutzen können (z. B. Chatten, Nachrichten oder Dateien austauschen, gemeinsam an Projekten arbeiten). Zuhause und am Arbeitsplatz hat es daher schon vielfach SMS abgelöst, im mobilen Bereich wird es ebenfalls immer größere Bedeutung erhalten. Informationen dazu gibt es z. B. unter aol.de, msn.de, icq.com, jabber.de, netscape.de, skype.de, trillian-messenger.de.

IP-Telefonie

Immer beliebter wird die **Internettelefonie.** Man spricht auch von **IP-Telefonie** aufgrund des genutzten Übertragungsprotokolls (Voice over Internet Protocal/VoIP). Einfach kostenlos **Skype** herunterladen oder eine andere VoIP-Technik nutzen (z. B. SIP, RTP), installieren und über Kontakte nach Freunden im In- und Ausland suchen. Über eine Webcam kann man den Gesprächspartner sogar live sehen, mit ihm in guter Tonqualität weltweit telefonieren oder Videokonferenzen durchführen, mit ihm chatten oder Dateien austauschen. Anrufe an ein Handy oder Festnetz und andere Zusatzleistungen sind kostenpflichtig. Chatten, Dateien übertragen und das Telefonieren übers Web sind hingegen kostenfrei.

Weblogs (Blogs)

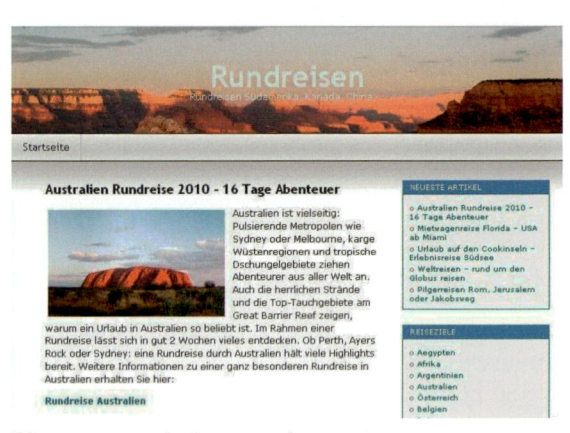

Weblogs oder Blogs sind Tagebücher im Internet, die jeder dort einstellen und veröffentlichen kann. Wegen der einfachen Möglichkeit, Blogs zu erstellen, werden diese nicht nur als Tagebücher, z. B. für Rundreisen, angelegt, sondern auch anstelle von klassischen Websites. Suchmaschinen haben die Blogs ebenfalls einbezogen. Google bietet über „Mehr" eine spezielle Blog-Suche an. Besondere Internetangebote sind www.wordpress.de oder www.blog.de. Um schnell einen Blog einzurichten, stehen Blog-Portale wie www.deutscheblogcharts.de und www.blogverzeichnis.eu zur Verfügung.

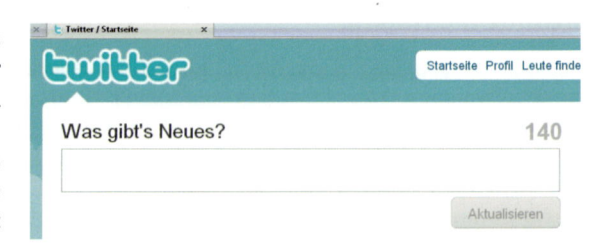

Blog www.rundreisen.wordpress.com

Eine Spezialform des Blogs ist **Twitter,** ein sogenannter Mikroblogging-Service zum Austausch von Kurznachrichten über das Internet oder das Handy per SMS: „What are you doing?", oder auf Deutsch: „Was gibt's Neues?", fragt Twitter (Übers.: Gezwitscher). Das Angebot bietet Platz für 140 Zeichen, um Aktuelles zu beschreiben. Die Beiträge, die eingestellt werden, werden „Tweets" (von engl. to tweet = zwitschern) genannt. Jeder, der sich ein „Follower" im Twitter-Netz nennen darf (als Follower muss man getwittert worden sein), erhält dann diese Nachricht. Berühmt geworden ist Twitter, um Nachrichten bei Großdemonstrationen und Großereignissen schnell an Interessierte zu übermitteln. „Follower" eines Twitterers stammen daher aus dem Freundeskreis, sind Gleichgesinnte oder Interessierte. Da Twitter das Ziel hat, Kurznachrichten „herauszuzwitschern", und Twitter selbst sich vorbehält, Daten auch weiterzugeben, sollte jeder Nutzer dieses Dienstes genau prüfen, welche Daten eingestellt werden und welche Personen zu seinem persönlichen Netzwerk Zugang haben sollen.

Online-Communitys

Eine virtuelle bzw. Online-Community (Online-Gemeinschaft) ist eine Gemeinschaft im Internet. Dort treffen sich Personengruppen mit gleichen Interessen, um regelmäßigen Kontakt mit ihresgleichen zu haben. Online-Communitys oder soziale Netze werden immer beliebter. Insbesondere junge Menschen tauschen ihre privaten Daten, Bilder und Ansichten gerne in Gemeinschaften aus, aber auch Geschäftsleute (z. B. www.xing.de) und die 50+-Generation (z. B. www.feierabend.de) engagieren sich in ihnen.

Gut vernetzt
Im 3. Quartal 2009 waren pro Monat durchschnittlich 26,4 Millionen Bundesbürger in sozialen Online-Netzwerken aktiv (3. Quartal 2008: 22,8 Millionen)
davon bei*

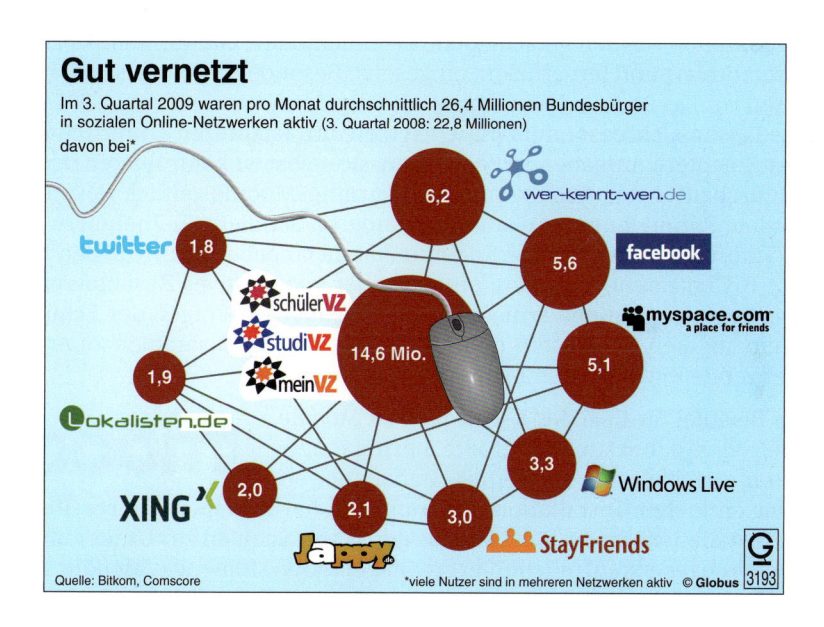

- wer-kennt-wen.de: 6,2
- facebook: 5,6
- myspace.com: 5,1
- Windows Live: 3,3
- StayFriends: 3,0
- Jappy: 2,1
- XING: 2,0
- Lokalisten.de: 1,9
- twitter: 1,8
- schülerVZ / studiVZ / meinVZ: 14,6 Mio.

Quelle: Bitkom, Comscore   *viele Nutzer sind in mehreren Netzwerken aktiv © Globus 3193

Besonders beliebt sind auch Chat-Communitys (z. B. www.chattalk.de, www.knuddels.de, www.city-chat.de, www.mister-wong.de), Kennenlern-Communitys (z. B. www.lokalisten.de, www.elitepartner.de, www.neu.de, www.spin.de, www.friendscout24.de), Hobby-Communitys (z. B. www.hobby-community.de, www.hobbyfreizeit.de), Spiele-Communitys (z. B. www.folden.de, www.games.de, www.gamona.de, www.rollenspiel-portal.de, www.skat.com, www.spielen.com) oder Online-Foren für Gleichgesinnte in Sport, Technik, Spiel, Freizeit oder Politik (z. B. www.jiggle.de, www.boardplanet.net, www.fussball-foren.net) u. v. m.

Hinweis:

Virtuelle Community = Gemeinschaften im Internet für z. B. soziale Netzwerke, Internetforen, Chatrooms, Online-Computerspiele

Vorsichtsmaßnahmen:

- ▶ Vorsicht mit Fremden im Internet
- ▶ Profil nicht öffentlich stellen, sondern nur für Freunde
- ▶ Menge persönlicher Informationen einschränken
- ▶ Seien Sie sich bewusst, dass mitgeteilte/gepostete Informationen öffentlich zugänglich sind.

1.6.2 E-Learning

E-Learning, das elektronische Lernen am PC und über das Internet, wird als unterstützendes Lernen immer beliebter. Am Erfolg versprechendsten ist das sogenannte integrierte Lernen, auch „Blended Learning" genannt. Hierbei können die Schüler oder Kursteilnehmer sich in Präsenzveranstaltungen mit Lehrern oder Tutoren fortbilden, jedoch auch moderne Formen des E-Learning nutzen. Durch diese Kombination werden verschiedene Lernmethoden, Organisationsformen und Medien kombiniert und lerneffizient eingesetzt. Besonders wichtig ist, dass die Präsenzphasen vor Ort und das E-Learning miteinander abgestimmt sind. E-Learning-Angebote lassen sich besonders gut einsetzen, um leichteren Unterrichtsstoff zu erarbeiten, leichtere Aufgaben zu bearbeiten, sie selbst zu kontrollieren oder Simulationen durchzuführen. Auch können E-Learning-Module zeitlich flexibel eingeplant werden. Für die Kommunikation mit anderen Schülern/Teilnehmern und den Lehrern/Tutoren gibt es spezielle Kommunikationsangebote im virtuellen Klassenzimmer, z. B. Chaträume, Videokonferenzen oder kooperatives Zusammenarbeiten. Die Präsenzveranstaltungen ermöglichen es, flexibel auf Fragen der Schüler/Teilnehmer einzugehen, schwerere und kreative Aufgaben zusammen zu erarbeiten oder ergänzende und vertiefende Aufgaben zu lösen.

Ein gutes Beispiel für flexibles E-Learning ist Moodle. Es handelt sich dabei um das größte Lernmanagementsystem der Welt mit über 50 000 Installationen. Wegen der einfachen Installation und aufgrund der als Open-Source-Programm geringen Installationskosten wird Moodle gerne von Schulen zur Unterstützung des Unterrichts eingesetzt. Ähnliche Lernmanagementsysteme wie Moodle sind z. B. Stud.IP, ilias oder lo-net2.

Auch das Lernen für den ECDL hat durch das E-Learning in Form des Moodle-Angebots www.ecdl-moodle.de Verstärkung erhalten. Vorteile des E-Learning:

- ▶ Flexible Lernzeiten, d. h. Schüler können selbst bestimmen, wann sie die Testmodule für den ECDL bearbeiten.
- ▶ Flexible Lernorte, z. B. Schule durch Präsenzlernen oder zu Hause am PC und mit den Infoseiten des ECDL-Moodle
- ▶ Einsatz multimedialer Lernerfahrungen: Es werden speziell multimediale Lernelemente mit Grafiken, Sound und Videos entwickelt, um schnell Lernfortschritte zu erreichen.

Grundlagen der Informationstechnologie

- Kosteneffizienz, d. h. insgesamt wird der Unterricht durch E-Learning und Blended Learning preiswerter, da Schüler/Teilnehmer in den meisten Lernphasen von zu Hause arbeiten, mit flexibler Zeiteinteilung, ohne spezielle Schulungsräume und mit elektronischen Medien und Schulungsunterlagen.

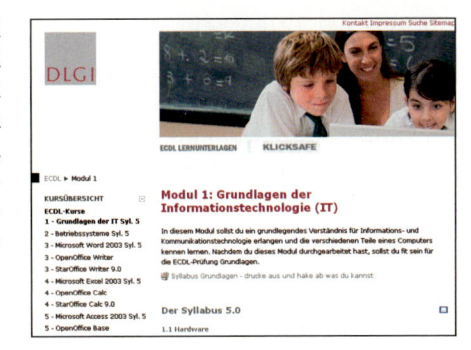

1.6.3 Telearbeit

Telearbeit (das Arbeiten von zu Hause) und die Zusammenarbeit über das Internet gewinnen eine immer größere Bedeutung. Die Vorteile der Telearbeit überwiegen, sodass immer mehr Menschen ganz oder teilweise von zu Hause arbeiten. Moderne ITK-Technologien (Arbeiten mit Anwendungsprogrammen über geschützte Netze (VPN) zu Hause wie im Betrieb, einfache und direkte Kommunikation über E-Mail, Instant Messenger, IP-Telefonie und Video-Konferenzen) bieten allen Komfort für Telearbeit.

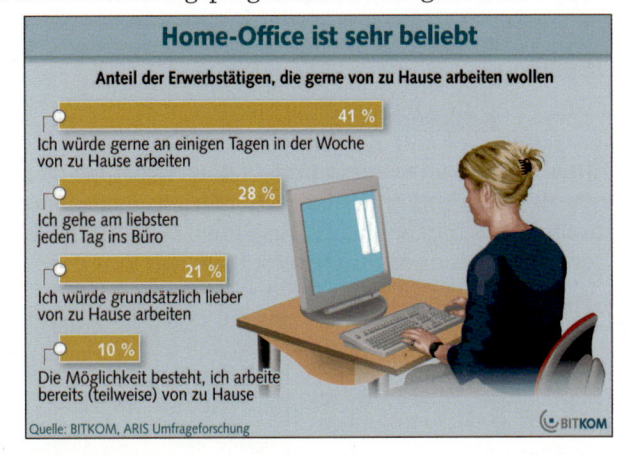

Unternehmensübergreifende Zusammenarbeit über das Internet	
Telearbeit	Arbeitnehmer erledigen ihre Arbeit zu größeren Anteilen von zu Hause unter Zuhilfenahme der neuen Informations- und Kommunikationsmittel. Vorteile: Kostenreduktionen, Reduzierung der Verkehrs- und Umweltbelastungen, Produktivitätszuwächse.
Teledialog	Mitarbeiter an verschiedenen Standorten nutzen die neuen Informations- und Kommunikationstechniken zur Verbesserung der Kommunikation untereinander, z. B. kostengünstiger und schneller Dialog über E-Mails, Chatten, Onlinevideokonferenzen und Internettelefonie.
Telekooperation	Unternehmen arbeiten gemeinsam (kooperieren miteinander) an Aufgaben oder Aufträgen, wobei sie insbesondere die neuen Informations- und Kommunikationstechniken zur gemeinsamen Entwicklung und Präsentation ihrer gemeinsamen Angebote nutzen.

Vorteile der Telearbeit:

- kein oder reduzierter Zeitaufwand fürs Pendeln vom und zum Arbeitsplatz
- bessere Möglichkeit, sich auf eine Sache zu konzentrieren, da weniger Ablenkung von Kollegen und betrieblichen Vorgängen
- Flexible Arbeitszeiten, d. h., es kann auch abends gearbeitet werden oder dann, wenn die Kinder in der Schule sind.
- Unternehmen benötigt weniger Raum, da Mitarbeiter von zu Hause arbeiten

Nachteile der Telearbeit:

- fehlender oder geringer menschlicher Kontakt, d. h. keine Mittagspause mit Kollegen, bei der man sich unterhalten und über die Arbeit austauschen kann
- Weniger Gewicht auf Teamarbeit, d. h. die Mitarbeiter arbeiten mehr für sich allein und können sich nur z. B. über E-Mails, Chatrooms, Videokonferenzen oder an Präsenztagen austauschen.

1.6.4 E-Commerce

Situation Jeder zweite Bundesbürger hat bereits im Internet eingekauft. Der Handel über das Internet oder E-Commerce bietet privat und geschäftlich viele Vorteile.

Unter E-Commerce versteht man den elektronischen Handel bzw. den Handelsverkehr über das Internet. Eingeschlossen sind darin auch andere Dienste des elektronischen Geschäftsverkehrs, aus denen sich durch Geschäfte Umsatz erzeugen lässt. Der Umsatz über das Internet wächst seit Jahren rasant.

Dabei unterscheidet man Umsätze der Internetanbieter mit Konsumenten (B2C oder Business to Consumer) und Geschäfte der Unternehmen untereinander (B2B oder Business to Business).

Jeder zweite Bundesbürger kauft über das Internet Produkte ein, da diese häufig günstiger als im Ladengeschäft angeboten werden, die Auswahl im Internetshop größer ist, die Lieferung schnell und direkt nach Hause erfolgt und über das Fernabsatzrecht (§§ 355 ff. BGB) der Kunde bei Nichtgefallen innerhalb von 14 Tagen ein Widerrufs- oder Rückgaberecht hat. Dabei sollten die Angaben des Shops zu den Allgemeinen Geschäftsbedingungen (AGB) genau geprüft werden. Mittlerweile werden auch hochwertige Waren wie Bekleidung, Schmuck, Antiquitäten, Computer und Fahrzeuge oder sogar Lebensmittel über das Internet angeboten. Logistikbetriebe haben sich darauf eingerichtet, alles schnell und sicher zum Kunden nach Hause zu liefern.

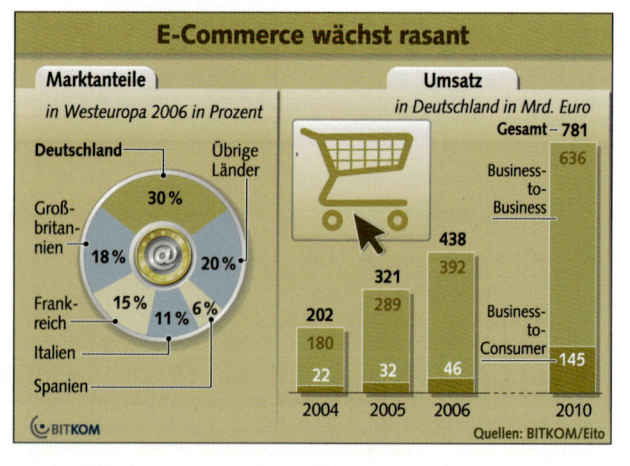

Grundlagen der Informationstechnologie

Sehr bequem ist es auch für die Internetnutzer, über das Internet Reisen, Mietwagen, Tickets o. Ä. zu buchen, sodass die meisten Veranstalter heute ihre Dienstleistungen zusätzlich über das Internet anbieten. Die Versicherungsbranche bietet für Onlinekunden günstigere Versicherungen an, wenn ihnen die Beratung und Verwaltung der Versicherungen online genügen. Internetshops werden direkt über den Verkäufer angeboten (z. B. www.otto.de), sind aber auch über Verkaufsplattformen (z. B. www.scout24.de, Amazon-Marketplace, ebay) oder Preisvergleichsportale (z. B. www.geizkragen.de, www.preis.de) zu erreichen.

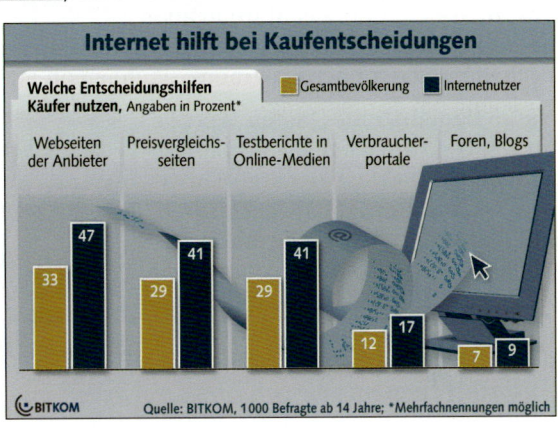

Vor einem Kauf informieren sich die meisten Bundesbürger im Internet über Preise oder Produkteigenschaften.

Im Umsatz weitaus größer als der Internethandel mit Verbrauchern ist der Handel der Unternehmen untereinander (B2B). Die meisten Unternehmen kaufen ihre Vorräte und Einbauteile in sogenannten **Marketplaces** ein, die, ähnlich wie ebay, Verträge zwischen Verkäufer und Käufer vermitteln, für Verbraucher jedoch nicht zugänglich sind.

1.6.5 Electronic-Banking

Situation: Fast jeder zweite Bundesbürger im Alter von 16 bis 75 Jahren nutzt Onlinebanking.

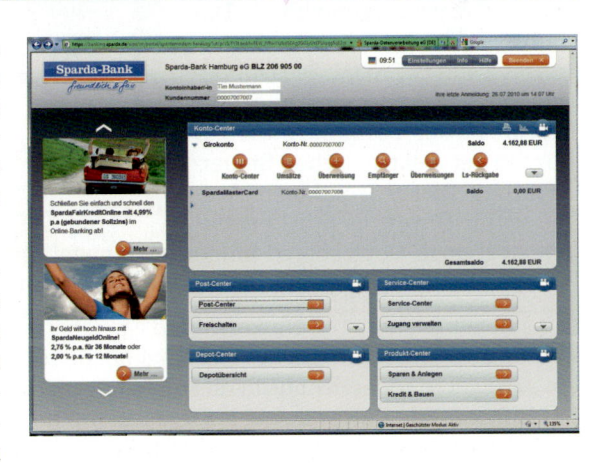

Fast 30 Millionen Menschen erledigen ihre Bankgeschäfte mittlerweile von zu Hause über das Internet, bei günstigen Bankgebühren, ohne Geschäftszeiten einhalten zu müssen.

Über das persönliche Bankkundenportal kann der Kunde jederzeit und schnell seinen Kontostand und die Buchungen (Umsätze) einsehen, Überweisungen ausführen, elektronische Briefe und Mitteilungen der Bank an den Kunden abrufen, Anfragen stellen oder Serviceleistungen in Anspruch nehmen. Schnell können Gelder auch vom Kontokorrentkonto auf ein Tages- oder Festgeldkonto mit besseren Zinsen umgebucht werden.

Electronic-Banking wird als sicher angesehen, wenn man die Sicherheitshinweise genau beachtet. So sollte man die Online-PIN (Persönliche Identifikationsnummer) geheim halten und, wenn möglich, nicht über die Tastatur, sondern über eine gesonderte Zifferneingabe eingeben, um das Auslesen der Tastatureingaben über Trojanersoftware zu verhindern. Der Zugriffscode (Captcha) soll das automatische Einloggen über Programme unmöglich machen (vgl. auch Modul 7).

Viele Bankinstitute bieten Portale an, um Geld anzulegen, Wertpapiere zu handeln und zu verwalten. Günstige Depot- und Handelsgebühren, der Handel auch außerhalb der Börsen- und Geschäftszeiten und Zusatzdienstleistungen wie Wertpapieranalysen sind Argumente, um diese Dienstleistungen online in Anspruch zu nehmen.

1.6.6 E-Government

Immer mehr Bundesbürger nutzen das Internet zur Erledigung von Behördengängen. Fast jeder zweite Deutsche hat 2007 elektronische Dienste der öffentlichen Verwaltung in Anspruch genommen. Das sind 43 Prozent nach einer Untersuchung von BITKOM. Die Online-Dienste der Ämter reichen vom Download der Formulare bis zur Abgabe der elektronischen Steuererklärung. Dieser Trend beim Ausbau von E-Government ist erfreulich, liegt doch Deutschland immer noch gegenüber anderen Ländern zurück, die bis zu 60 Prozent online mit ihren Behörden kommunizieren.

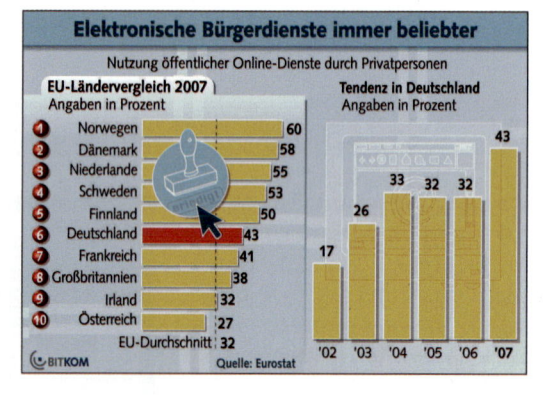

Ursache für die höheren Nutzerzahlen ist, neben einer grundsätzlich stärkeren Verbreitung des Internets, das bessere Angebot der öffentlichen Verwaltungen und evtl. ein geringerer Föderalismus in diesen Ländern. Laut einer Studie der europäischen Statistikbehörde Eurostat sind in Deutschland im Jahr 2007 von 20 besonders wichtigen Diensten für Bürger und Unternehmen 15 per Internet verfügbar gewesen. In der Regel stellen die Behörden auf ihren Webseiten Formulare bereit, die dann per Post gesendet oder persönlich bei den Ämtern abgegeben werden müssen. Eine echte Interaktion zwischen Bürger und Amt findet per Internet jedoch noch viel zu selten statt. Ein positives Beispiel ist die Elektronische Steuererklärung (ELSTER), die von über 6 Millionen Steuerpflichtigen in ganz Deutschland genutzt wird. Dabei

Grundlagen der Informationstechnologie

werden die Angaben der Steuererklärung mithilfe einer speziellen Software online (vgl. www.elster.de) übermittelt. Außerdem ist es in fast allen Bundesländern möglich, Strafanzeigen per Internet zu stellen. Männer kommunizieren in der EU häufiger online mit den Behörden als Frauen. Aufgeschlossener zeigen sich nur die Frauen in Mittel- und Osteuropa: In acht der zehn Beitrittsländer nutzten Frauen häufiger oder zumindest genauso oft wie die Männer das Internet für den virtuellen Behördengang.

1.6.7 Gesundheit und Ergonomie

Situation — Knapp 75 Millionen Menschen sind in Europa als Büroangestellte tätig. Fast alle erledigen einen Teil ihrer Arbeit mit dem Computer. Arbeitsbedingte Erkrankungen, die durch Bildschirmarbeitsplätze verursacht werden, kommen immer häufiger vor. Bereits 1990 wurde eine EU-Richtlinie für die Mindestanforderungen bei Bildschirmarbeitsplätzen formuliert. Kerstin informiert sich über Gefahren und Schutzvorkehrungen.

Ergonomie ist die Wissenschaft der menschlichen Arbeit. Ziel der Ergonomie ist es, die Arbeitsbedingungen menschlicher zu gestalten, d. h., sie besser an die Bedingungen des Menschen anzupassen, statt Menschen dazu zu zwingen, sich ihrem Umfeld anzupassen. Bessere ergonomische Bedingungen sollen dazu führen, dass der Mensch sich wohlfühlt, leichter mit seiner Umwelt zurechtkommt und weniger erkrankt. Im Zusammenhang mit der Gestaltung von Bildschirmarbeitsplätzen spielt Ergonomie eine zentrale Rolle.

Richtige Lichtverhältnisse

Richtige Lichtverhältnisse am Arbeitsplatz tragen erheblich zur Gesunderhaltung bei. In diesem Zusammenhang sind der Gebrauch von Kunstlicht, die Lichtmenge und die Lichtrichtung zu beachten.

Der **optimale PC-Standort** ist dadurch gekennzeichnet, dass

- die Blickrichtung des Benutzers parallel zur Fensterfläche verläuft und sich keine Spiegelungen auf dem Monitor ergeben,

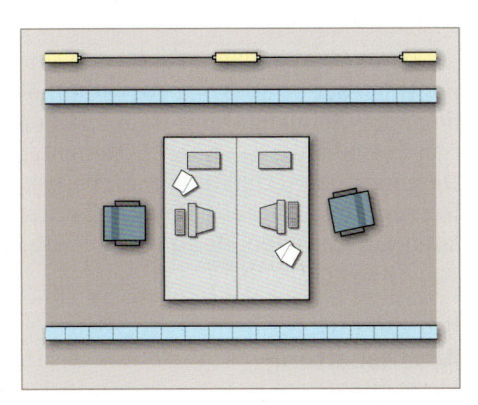

Bildschirm, Fenster und Lichtbänder

- der PC im Idealfall zwischen zwei parallel zur Fensterfront verlaufenden Lichtbändern steht,
- eine Kombination aus indirekter Beleuchtung des Raumes und individueller Arbeitsplatzbeleuchtung die Lichtverhältnisse regelt.

So sitzen Sie richtig

Ergonomie am PC-Arbeitsplatz

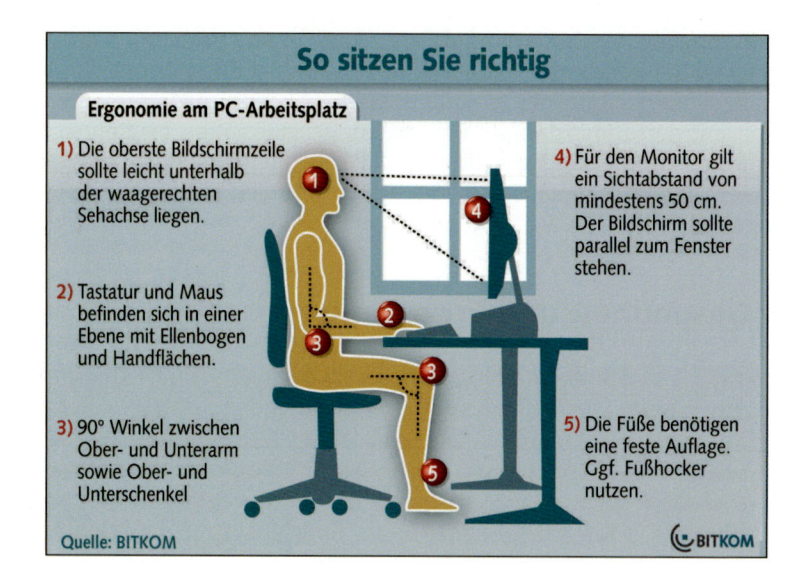

1) Die oberste Bildschirmzeile sollte leicht unterhalb der waagerechten Sehachse liegen.

2) Tastatur und Maus befinden sich in einer Ebene mit Ellenbogen und Handflächen.

3) 90° Winkel zwischen Ober- und Unterarm sowie Ober- und Unterschenkel

4) Für den Monitor gilt ein Sichtabstand von mindestens 50 cm. Der Bildschirm sollte parallel zum Fenster stehen.

5) Die Füße benötigen eine feste Auflage. Ggf. Fußhocker nutzen.

Quelle: BITKOM

Position von Tastatur und Maus

Tastatur und Maus sollten so angeordnet sein, dass die Arme eine entspannte, bequeme und natürliche Haltung einnehmen.

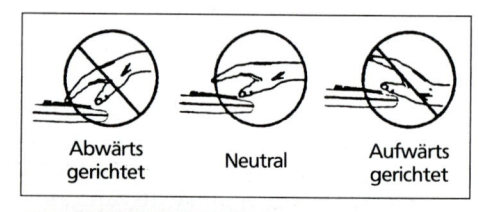

Abwärts gerichtet — Neutral — Aufwärts gerichtet

Fußstütze

Nicht höhenverstellbare Tische und eine ungenügende Anpassung der Stuhlhöhe an die Beinlänge sind Hauptquellen für Symptome wie Überanstrengung, Dehnung und Ermüdung von Beinen, Nacken und Rücken. Eine Fußstütze kann zur besseren Haltung der Beine und Füße beitragen.

Arbeitshaltung

Das A und O für die Arbeit am PC ist eine aufrechte und entspannte Arbeitshaltung. Man sollte sich nicht zu weit nach vorne oder hinten beugen. Die Unterarme und Handgelenke sollten eine parallele Linie zum Fußboden bilden. Auch sollten die Tasten der Tastatur so leicht wie möglich gedrückt und eine unnötig hohe Anschlagstärke vermieden werden. Der Bildschirm sollte gerade vor einem in einem für die Augen angenehmen Abstand stehen. Der obere Rand des Bildschirms sollte dabei nicht höher als das Auge sein – bei sitzender Tätigkeit vor dem PC. Der Bildschirm sollte zudem so aufgestellt sein, dass kein grelles Licht darauf fällt und keine Lichtreflexe auftreten. Der Manuskripthalter muss so eingerichtet werden, dass unbequeme Kopf- und Augenbewegungen so weit wie möglich eingeschränkt werden.

Grundlagen der Informationstechnologie

Augenschonendes Arbeiten

Alle, die täglich längere Zeit am Computer arbeiten, sollten entsprechende Pausen/Abwechslung einplanen, um die Augen ausruhen zu lassen. Wichtig ist, die Brille oder Kontaktlinsen und den Bildschirm sauber zu halten. Eine regelmäßige Untersuchung von einem Augenarzt ist ebenfalls zu empfehlen.

Folgende **Übungen helfen, die Augen zu entlasten:**

- Die Augen einige Sekunden schließen und anschließend bewusst in helle und dann in dunkle Bereiche des Raumes blicken.
- Häufiges in die Ferne gucken.
- Häufiges Augenblinzeln, um sich vor Austrocknung der Augen zu schützen.

Raumklima

Kurzes und kräftiges Lüften und eine gute Befeuchtung der Zimmerluft können viele Beschwerden, die mit zu trockener, sauerstoffarmer und belasteter Luft zusammenhängen, erheblich vermindern.

Gesundheit und sportlicher Ausgleich

Der allgemeine Gesundheitszustand eines Menschen hat einen großen Einfluss darauf, wie wohl er sich am Computerarbeitsplatz fühlt. Vorbelastende Faktoren wie Arthritis, Diabetes, Übergewicht, Bluthochdruck, Stress, Rauchen oder ein allgemein schlechter Gesundheitszustand können ein zusätzliches Risiko für das Auftreten von Unwohlsein, Muskel-, Gelenk- und Kopfschmerzen sein. Der Mensch kann seine Gesundheit erhalten und seine beruflichen Belastungen besser bewältigen, indem abwendbare, gesundheitsschädigende Arbeits- und Lebensbedingungen vermieden werden und regelmäßig sportlicher Ausgleich betrieben wird.

Produktüberprüfung und Kennzeichnung

Produkte müssen zahlreiche Überprüfungen bestehen, bevor sie in den Handel kommen. Einige Gütesiegel haben auf freiwilliger Basis große Bedeutung erlangt wie die ISO-9000-Zertifizierung (Qualitätsmanagement) und folgende Umweltmarken:

TCO-Umweltmarke. Die TCO ist die Zentralorganisation der Angestellten und Beamten in Schweden. Sie verlangt strenge Auflagen für die Zertifizierung der Bildschirme bezüglich

- der Bildqualität,
- der elektromagnetischen Felder,
- einer automatischen Energiesparfunktion,
- der Elektrizitäts- und Brandsicherheit,
- der Geräuschentwicklung.

Energy Star. Der „Energy Star" wird von der amerikanischen Umweltbehörde EPA (Environment Protection Agency) allen Computern und Peripheriegeräten verliehen, die im Energiesparmodus bzw. im Standby-Betrieb maximal 30 Watt verbrauchen.

Neben weiteren Umweltsiegeln wie **Blauer Engel** oder **Nordic Swan** hat sich das **EPEAT**-Siegel in Bronze, Silber oder Gold (Programm der U.S. Environmental Protection Agency EPA und des Green Electronics Council) in über 400 Ländern durchgesetzt. Es beinhaltet auch das Energy-Star-Siegel der EPA. Nach 23 Ausschlusskriterien und 28 optionalen Kriterien in 8 Kategorien wird umfassend auf **Umweltverträglichkeit** („**Green IT**") geprüft und je nach Erfüllungsgrad der Bronze-, Silber- oder sogar Goldstatus für ein Produkt vergeben. Unter www.epeat.net kann man erfahren, welche Produkte bereits EPEAT-zertifiziert sind.

1.6.8 Umweltschutz und Recycling – Green IT

Nach Schätzungen der Vereinten Nationen landeten 2008 bis zu 50 Millionen Tonnen an Elektronikschrott auf dem Müll. Selbst in Europa, wo seit 2006 Privatkunden bundesweit kostenlos Elektronik-Altgeräte zurückgeben können und bis 2011 mit über 5 Mio. Tonnen Altgeräten gerechnet wird, ist die Recycling-Quote mit etwa 25 % noch zu gering. Daher sollen die Aufwendungen für das Recycling von 0,76 Mrd. € auf rund 3 Mrd. € 2020 steigen. Über Möglichkeiten der Altgeräterückgabe informiert die **Stiftung Elektro-Altgeräte-Register** unter www.stiftung-ear.de.

Energieverbrauch und Umwelteigenschaften sind für Verbraucher immer wichtigere Kriterien bei der Anschaffung von ITK-Geräten. Dabei sind die Einsparpotenziale enorm. In einem Testversuch des Verbandes BITKOM wurden zwei Musterbüros eingerichtet, eins mit modernster Technik und eins mit energieeffizienten Geräten aus 2003. Simultan wurden an beiden Arbeitsplätzen weitgehend die gleichen Tätigkeiten wie Mailen, Scannen oder Drucken verrichtet. Im Vergleich sanken beim neuen Büro der Energieverbrauch und damit der CO_2-Ausstoß auf ein Viertel, sodass sich, auf ein Arbeitsjahr hochgerechnet, eine Stromersparnis von etwa 130,00 € ergab.

Nach einer Studie des britischen „Energy Saving Trust" können Verbraucher durch umweltgerechtes Nutzerverhalten den Energieverbrauch auch bei modernsten Geräten bis auf ein Sechstel reduzieren. Im Vergleich der Nutzung alter und neuer Technik kann sich das Einsparvolumen so noch einmal um 2/3 erhöhen.

Grundlagen der Informationstechnologie

Umweltschutz in der ITK (ICT): Green IT	
Energieverbrauch reduzieren	1. beim Kauf von ITK-Geräten auf Energieverbrauch achten 2. Energiesparfunktionen der Geräte nutzen (Standby-Modus, Schlafmodus) 3. Bildschirmschoner deaktivieren 4. Peripheriegeräte erst für die Nutzung einschalten 5. Computer und Peripheriegeräte bei längerer Abwesenheit ausschalten 6. Monitore in Helligkeit anpassen und in Pausen abschalten 7. schaltbare Steckdosenleiste benutzen
Geräte und Verbrauchsmaterialien recyceln	1. Computergeräte kaufen, die recycelt werden können 2. Druckerpatronen mehrfach verwenden und wieder auffüllen lassen 3. Papier zum Recyceln geben

Aufgaben

1. Erstellen Sie eine Checkliste zur Überprüfung von Gesundheitsaspekten am PC und überprüfen Sie Ihren Arbeitsplatz.

2. Überprüfen Sie bei Ihrem PC, welche Energiesparmöglichkeiten möglich sind und von Ihnen bisher genutzt werden.

3. Recherchieren Sie nach Übungen zur Gesunderhaltung am PC, z. B. das kostenlose Open Source Programm **Workrave,** das Ihnen dabei hilft, keine Pause zu vergessen, und eine Unterstützung bietet zur Vermeidung schlechter Haltung und von Rücken-, Augen- und Kopfschmerzen.

4. Was bedeutet ICT?
   a) Internet- und Kommunikationstechnologie
   b) Technologien im Bereich des Internets und der Kommunikation
   c) Technologien im Bereich der Information und Kommunikation
   d) Informations- und Kommunikations-Technologie

5. Was ist richtig (wahr) oder falsch (unwahr)?
   a) Im Internet sollten die eigenen Daten (das eigene Profil) möglichst für alle öffentlich gemacht werden, damit einen alle schnell erkennen können.
   b) In Online-Communitys sollte man vorsichtig sein und möglichst viele private Daten preisgeben, damit man nicht von Fremden identifiziert werden kann.
   c) Internetnutzer können Weblogs (blogs), Podcasts, Fotos, Video- und Audioclips online stellen und gemeinsam nutzen.
   d) In Online-Communitys sollte man vorsichtig sein und genau prüfen, welche privaten Daten man preisgibt.

e) Weblogs (Blogs), Podcasts, Fotos, Video- und Audioclips können im Internet nur von Firmen online gestellt werden.

6. Ordnen Sie Blog, E-Banking, E-Commerce, E-Government, E-Mail, Instant Messaging, IP-Telefonie, RSS-Feed und Podcast den folgenden Aussagen richtig zu:
    a) Produzieren und Anbieten von Mediendateien (Audio, Video) über das Internet
    b) Telefonieren über das Internet oder sonstige Computernetzwerke
    c) Im Internet einsehbares Tagebuch oder Logbuch im Web
    d) Service, der Überschriften mit einem kurzen Textauszug und einem Link zur Originalseite enthält (Nachrichtenservice)
    e) Nachrichtensofortversand bzw. Kommunikation in Echtzeit, z. B. ICQ
    f) Bankgeschäfte online: z. B. Überweisungen am PC ausfüllen und absenden
    g) Elektronisches Rathaus, z. B. Anträge online ausfüllen und absenden
    h) Briefe und Mitteilungen über das Internet empfangen, verwalten und versenden
    i) Elektronischer Handel, z. B. im Internet einkaufen

7. Was sind Vorteile von Telearbeit?
    a) Viel Teamarbeit, d. h. ständige Zusammenarbeit mit anderen
    b) Kein oder reduzierter Zeitaufwand für das Fahren zur Arbeitsstätte
    c) Viel menschlicher Kontakt in den Pausen mit den Mitarbeitern
    d) Flexible Arbeitszeiten, so kann z. B. abends gearbeitet werden oder wenn die Kinder in der Schule sind
    e) Unternehmen benötigen weniger Büroräume, da Arbeitskräfte von zu Hause arbeiten.
    f) Weniger Ablenkung durch Mitarbeiter und bessere Konzentration auf eine Sache

8. Ordnen Sie die Begriffe E-Government, E-Learning, ITK (ICT), Telearbeit richtig zu:
    a) Für ein Unternehmen im Büro von zu Hause arbeiten
    b) Elektronisch unterstütztes Lernen und Online-Lernen
    c) Elektronisches Bürgeramt, d. h. staatliche Anträge online stellen
    d) Informations- und Kommunikations-Technologie

9. Was sind Vorteile von E-Learning?
    a) Zeitersparnis, d. h. es kann schneller gelernt werden
    b) Direkter Erfahrungsaustausch mit Mitschülern und damit bessere Kommunikation
    c) Flexible Lernorte, z. B. Lernen in der Schule oder zu Hause
    d) Flexible Lernzeiten, d. h. jeder Schüler bestimmt selbst, wann er den Unterrichtsstoff erarbeitet
    e) Multimediale Lernerfahrungen, d. h. auch Einsatz von Videos, Bildern und Sound
    f) Kosteneffizienz und preiswerteres Lernen möglich, da Medien vorhanden und Lernort flexibel

10. Was sind Beispiele für Online-Communitys?
    a) Tageszeitung
    b) schuelerVZ
    c) Spieleforum
    d) www.knuddels.de mit über 1000 Chaträumen
    e) Sportveranstaltung
    f) Schulhomepage

11. Wähle die passende Aussage für Online-Community?
    a) Ein Verein vor Ort, wo sich möglichst viele verschiedene Menschen mit unterschiedlichen Interessen kennenlernen können.
    b) Eine Gemeinschaft im Internet, wo sich möglichst viele verschiedene Menschen mit gleichen Interessen kennenlernen können und Kontakt miteinander pflegen.
    c) Ein Verein vor Ort, wo sich möglichst viele Menschen mit gleichen Interessen kennenlernen können und Kontakt miteinander pflegen.
    d) Eine Gemeinschaft im Internet, wo sich möglichst viele verschiedene Menschen mit möglichst unterschiedlichen Interessen kennenlernen können.

12. Worauf sollte bei der PC-Arbeit aus gesundheitlichen Gründen geachtet werden?
    a) Richtige Schreibtischhöhe
    b) Richtiges Licht
    c) Richtiger Stuhl
    d) Auflistung der Arbeitsstunden
    e) Richtige Bildschirmposition
    f) Richtige Haltung der Hände
    g) Bezahlung der Arbeit

13. Welches sind Ziele der Ergonomie?
    a) Arbeitsplätze sollten möglichst gesund und stressfrei gestaltet sein.
    b) Arbeitsplätze sollten möglichst zahlreich und preiswert eingerichtet sein.
    c) Arbeitnehmer sollten vor körperlichen Schäden, auch bei langfristiger Ausübung der Tätigkeiten, geschützt werden.
    d) Arbeitnehmer sollten vor psychischen Schäden, auch bei langfristiger Ausübung der Tätigkeiten, geschützt werden.
    e) Hard- und Software sollte möglichst an die Bedürfnisse der Menschen angepasst werden.

14. Wie kann die Gesundheit bei der Arbeit am Computer erhalten bleiben?
    a) Bei der Computerarbeit viel essen
    b) Pausen einlegen
    c) Übungen zur Augenentlastung anwenden
    d) Häufig Computerspiele zur Abwechselung und Entspannung einplanen
    e) Sich regelmäßig strecken

1.7 Datensicherheit, Datenschutz und Copyright

Situation

Aus Zeitschriften sind Berichte mit folgenden Inhalten zu entnehmen:
- Brand-, Blitz- und Wasserschäden in der EDV legten ganzes Unternehmen lahm.
- Sabotageanschlag auf Unternehmen – Racheakt von gekündigtem Mitarbeiter?
- Milliardenschaden jährlich durch Industriespionage
- Diebe entwendeten Computersysteme mit wichtigen Daten.
- Softwareraub und Datenklau, ein lukratives Geschäft

Grund genug, denkt sich Kerstin, sich mit dem Thema Datensicherung und -schutz genauer zu beschäftigen.

Unternehmen müssen ihre betrieblichen Daten sicher speichern und verwahren. Durch unterschiedliche Ursachen kann es zum Datenverlust kommen. Dies kann sogar den Betrieb und die Existenz der Unternehmen gefährden (vgl. Modul 7.1.3).

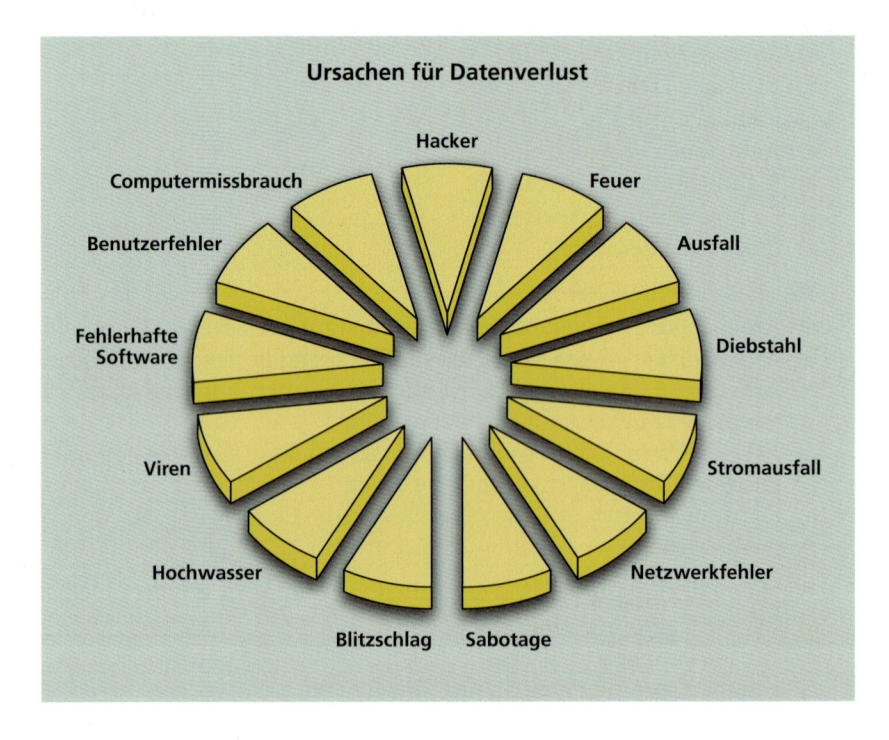

Ursachen für Datenverlust

Hacker, Feuer, Ausfall, Diebstahl, Stromausfall, Netzwerkfehler, Sabotage, Blitzschlag, Hochwasser, Viren, Fehlerhafte Software, Benutzerfehler, Computermissbrauch

Grundlagen der Informationstechnologie

1.7.1 Datensicherung

Technische Maßnahmen	Organisatorische Maßnahmen	Softwaremäßige Maßnahmen
z. B. Brandschutzeinrichtungen (feuerfeste Räume, Rauchmelder, Sprinkleranlage, Feuerlöscher), Blitzschutzanlagen, Notstromaggregat, Türsicherungen, Alarmanlagen	z. B. polizeiliches Führungszeugnis, Schulungen, Zutrittskontrollen, Benutzer-ID, Passwortschutz, Ausweise, Anwesenheitsprotokolle/-buch, Taschenkontrolle, Rauchverbot, Sicherungskopien von Programmen und Daten im Tresor, Überwachung durch Datenschutzbeauftragten, Erstellung eines Katastrophenhandbuchs, Bestimmung eines Ausweichrechenzentrums	z. B. zusätzliche Prüfziffern oder Plausibilitätsüberprüfungen stellen sicher, dass schon bei der Erfassung der Daten Eingabefehler erkannt werden. Verschlüsselung der Daten (Kryptografie) verhindert Datennutzung. Antivirenschutz schützt vor Computerviren (kleine Programme, die im EDV-System aktiv werden und das gesamte EDV-System lahmlegen oder zerstören können).

Datensicherung in der Netzwerkumgebung

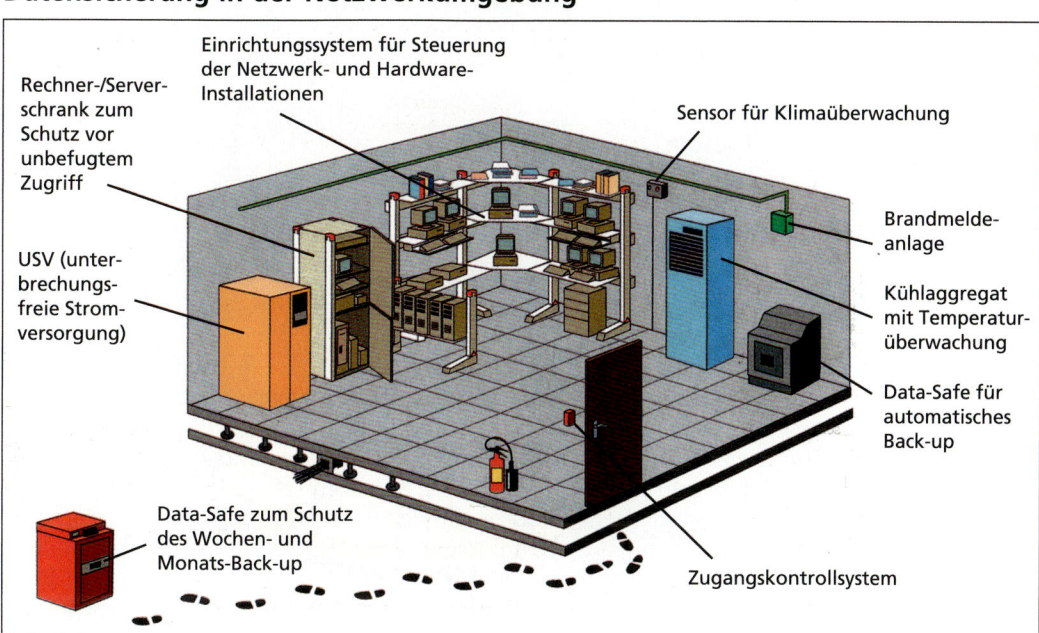

Beschriftungen:
- Rechner-/Serverschrank zum Schutz vor unbefugtem Zugriff
- Einrichtungssystem für Steuerung der Netzwerk- und Hardware-Installationen
- Sensor für Klimaüberwachung
- Brandmeldeanlage
- USV (unterbrechungsfreie Stromversorgung)
- Kühlaggregat mit Temperaturüberwachung
- Data-Safe für automatisches Back-up
- Data-Safe zum Schutz des Wochen- und Monats-Back-up
- Zugangskontrollsystem

Umgang mit Daten

Persönliche Datensicherung

Auch die persönlichen Daten auf dem PC sind gefährdet, können zerstört oder ausgespäht werden.

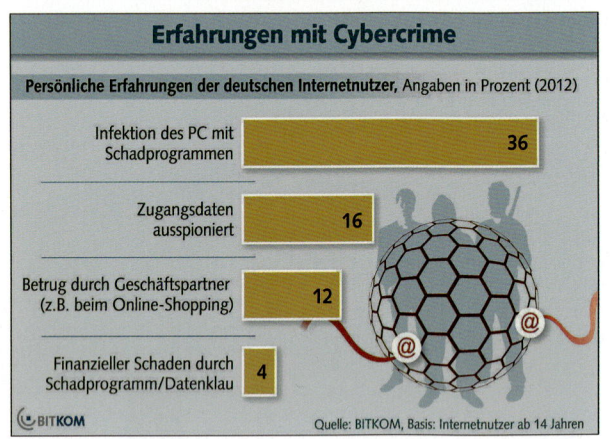

Sicherheitsbedenken bei Transaktionen im Web
Welcher Anteil der Internetnutzer verzichtet aus Sicherheitsgründen auf bestimmte Aktivitäten im Internet?

- Versand wichtiger Dokumente: 41%
- Online-Banking: 33%
- Online-Shopping: 27%
- Buchungen von Tickets, Reisen etc.: 19%
- Nehme keine Transaktionen im Internet vor: 17%
- Keine Bedenken bei Transaktionen im Internet: 20%

Quelle: BITKOM/ARIS; Befragte ab 14 Jahre

Erfahrungen mit Cybercrime
Persönliche Erfahrungen der deutschen Internetnutzer, Angaben in Prozent (2012)

- Infektion des PC mit Schadprogrammen: 36
- Zugangsdaten ausspioniert: 16
- Betrug durch Geschäftspartner (z.B. beim Online-Shopping): 12
- Finanzieller Schaden durch Schadprogramm/Datenklau: 4

Quelle: BITKOM, Basis: Internetnutzer ab 14 Jahren

Nach Auskunft des Bundeskriminalamtes wird heute von einer Million mit Schadprogrammen (Malware) infizierten Computern in Deutschland ausgegangen. Täglich werden von Kriminellen mehrere hunderttausend Computer ferngesteuert. Neben Bankdaten haben es die Kriminellen auch auf die sonstigen persönlichen Daten, insbesondere Passwörter und sonstige Zugangsdaten, abgesehen. Im Rahmen der Informations- und Kommunikationskriminalität werden jährlich über 40 000 Fälle registriert. Die Schadenshöhe für eine einzige **Auspähung**, auch **Phishing** (Angeln nach Passwörtern u. Ä.) genannt, beträgt heute im Durchschnitt über 10.000,00 €.

Als sogenannte **Scareware** wird Software, z. B. über kostenlose Hilfsprogramme, auf den Rechnern installiert, die die Nutzer durch Falschmeldungen verunsichert und gegen bezahlte Leistungen Abhilfe verspricht.

Allgemein wird zwischen folgenden Computerschädlingen bzw. -viren (Malware) unterschieden:

Computerschädlinge (Malware)	
Viren	Programme oder Programmsegmente, die über andere Programme oder Dateien ohne Wissen des Nutzers in das Computersystem gelangen, um dies zu schädigen:
	Bootsektorviren nisten sich auf dem Startsektor der Datenträger (Festplatten usw.) ein und lösen schon beim Booten Fehlfunktionen oder den Stillstand des Systems aus.
	Dateiviren ersetzen Programmteile (insbesondere von COM/EXE-Dateien) oder hängen sich an und werden beim Aufrufen von Programmfunktionen aktiviert.
	Makroviren: Virenprogramme werden in einer Makrosprache für Officedokumente geschrieben (z. B. Word) und durch das Öffnen des Dokuments (Starten des Makros) aktiv.
	Skriptviren: Virenprogramme, die in Scriptsprachen wie VB-Script oder Java-Script erstellt wurden und über Officedateien, Internetseiten oder E-Mails versendet werden.
Wanzen	Fehlerhafte Programmteile, die andere Programme, das Betriebssystem oder den Rechner zerstören oder verändern.
Würmer	Erstellen von sich selbst Kopien; infizieren i. d. R. aber keine anderen Programme, sondern laufen eigenständig ab.
	Durch die ständige Reproduktion und Ausbreitung werden IT-Systeme stark überlastet.
Trojanische Pferde	Ein „normales" Programm oder eine „normale" Datei, die ein verstecktes Virusprogramm enthält, unbemerkt auf den Rechner gelangt und sich später durch eine Aktion selbst aktiviert. Ein „Backdoor-Programm" ist ein trojanisches Pferd, welches dem Versender Zugang (eine Hintertür) zu einem sonst geschützten System ermöglicht.
	Trojaner spähen Computer aus.

Daher sollte(n) für die persönliche Datensicherheit:

▶ Dateien und Daten, wenn möglich, durch **Passwortschutz** gesichert werden,

▶ **Sicherheitskopien (Back-ups)** der Daten regelmäßig erstellt und auf einem externen Datenträger (CD, DVD, Speicherkarte, USB-Stick, externe Festplatte) sicher verwahrt werden,

▶ mithilfe einer **Firewall** die Übertragung von Viren, Wanzen und Trojanern sowie die unerwünschte Herstellung einer Netzverbindung aus dem Internet oder über WLAN mit dem PC verhindert werden,

▶ ein **Sicherheitskabel** (security cable) genutzt werden, damit Fremde nicht einfach ein Notebook oder andere Hardware mit Daten entwenden können,

▶ **Anti-Viren-Software** installiert und durch regelmäßige Aktualisierung der Software Viren, Würmer und Trojaner und andere Malware erkannt und entfernt werden,

▶ **Programme,** die über das Internet heruntergeladen werden, auf **Virenfreiheit geprüft werden,**

▶ **E-Mails mit Anhängen** (insbesondere solche, die Makros oder Programme o. Ä. enthalten könnten und deren Absender Sie nicht kennen) gelöscht und nicht geöffnet werden.

Passwortregeln
Grundsatz: Für den Benutzer leicht zu merken, für einen Fremden schwer zu erraten!
▶ Passwörter nirgends notieren und niemandem mitteilen!
▶ Mindestlänge des Passwortes: 6 Stellen
▶ Passwort alphanumerisch gestalten
▶ keine Trivialpasswörter (z. B. 4711, 12345, 1111)
▶ Passwort in angemessenen Zeitabständen (möglichst automatisch gesteuert) ändern
▶ Automatisch verhindern, dass als neues wieder das alte Passwort gewählt wird
▶ Für besonders wichtige/sensible Daten ein Zusatzpasswort einführen oder zwei Personen einsetzen, die jeweils nur das halbe Passwort kennen
▶ Passwort des Systemverwalters: nur ihm bekannt (für Vertretungsfall versiegelt aufbewahren)
▶ Sicherheitsmanagement
▶ permanente Benutzerkennungen: Passwörter sollten nur für eigene Mitarbeiter/Bedienstete eingerichtet werden. Für Fremde (z. B. zur Wartung) sollten Benutzerkennungen nur temporär vergeben werden.
Durch die **Benutzer-ID** muss der Computer den Benutzer eindeutig indentizieren können (kein zweiter, gleicher Benutzername). Bei der Wahl des Passworts sollten o. a. Grundsätze beachtet werden und die Anzeige sollte durch „*" verdeckt erfolgen. **Beispiel:** Benutzer-ID und Passwort Benutzername: FMustermann Passwort: ***********

Vor allem die ständige Aktualisierung der Antivirensoftware ist für die Datensicherheit von besonderer Bedeutung, da täglich neue Malware in das Netz gespeist wird und daher neue Viren nur durch Software erkannt werden kann, die auf dem neuesten Stand ist.

Firewall

Mithilfe einer sogenannten **Firewall (Brandmauer)** wird die Verbindung zwischen zwei Netzen, z. B. PC und Internet oder einem LAN und dem Internet, kontrolliert. Die Firewall überwacht den durchlaufenden Datenverkehr und entscheidet anhand festgelegter Regeln, welche Datenpakete durchgelassen werden (Paketfilter).

Die Firewall kann nur aus Software (Personal-Firewall) oder auch aus Hardware (Netzwerk-Firewall) bestehen:
Eine **Personal-Firewall** ist eine Software, die den ein- und ausgehenden Datenverkehr eines PC oder eines privaten oder betrieblichen LAN zu einem anderen Netz, insbesondere dem Internet, filtert. Neben dem **Paket- oder Datenfilter** enthält die Personal-Firewall einen **Applikationsfilter,** sodass die Firewall nachfragt, welche Anwendungen erlaubt werden sollen oder nicht. Einige Firewalls verfügen auch über einen **Contentfilter,** sodass sie die Inhalte der Datenpakete überprüfen können. Andere Programme stellen zudem ein Einbrucherkennungs- und -abwehrsystem bereit, sodass auf bekannte Angriffsmuster hin geprüft werden kann.

Grundlagen der Informationstechnologie

Hardware- oder Netzwerk-Firewalls sind für professionelle LANs mit hohem und sicherheitsrelevantem Datenverkehr, insbesondere Unternehmensnetzwerke, gedacht. Sie besteht neben der Firewall-Software aus Hardwarekomponenten wie Router und Proxy. Sie ist dem Switch des LAN vorgeschaltet.

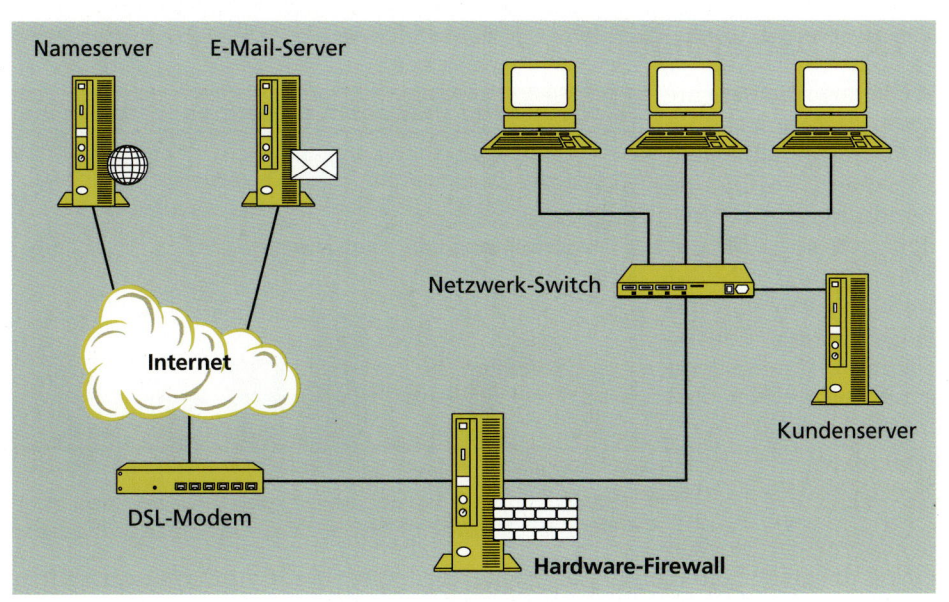

Empfohlene Schutzsysteme (für Privatnutzer meist kostenlos): z. B.

- **AntiVir Personal:** bekanntes und effektives Antiviren-Tool
- **AVG Anti-Virus:** Virenscanner mit Rettungssystem
- **Avast 4 Home:** vollwertiger Virenscanner, der sowohl den Datenzugriff als auch den gesamten Mailverkehr überwacht
- **ZoneAlarm:** kostenlose Firewall (evtl. zusätzlich zur Windows-Firewall)
- **Comodo Internet Security:** Firewall und Antiviren-Tool in einer Software
- **Microsoft Security Essentials:** Microsoft Virenscanner läuft permanent im Hintergrund und liefert so einen kostenlosen Grundschutz; falls nicht installiert, kostenloser Download möglich.
- **Panda-Cloud-Antivirus:** ein neues Antivirenprogramm, das den Schutz mithilfe einer Community verstärkt
- **McAfee Avert Stinger:** um mit Viren verseuchte PCs zu säubern
- **TrueCrypt:** erstellt verschlüsselte, virtuelle Laufwerke, um einzelne Dateien oder das komplette System vor fremden Augen zu schützen
- **WinSCP:** um persönliche Daten zwischen zwei Rechnern durch Nutzung eines geschützten Tunnels nahezu hundertprozentig sicher zu übertragen.
- **Ad-Aware** oder **SpyBot:** schützt persönliche Daten vor der Einsicht Fremder durch Spionagesoftware (Spyware)
- **Recuva/PC Inspector File Recovery:** Gratis-Tools, um versehentlich aus dem Windows-Papierkorb, Speicherkarten etc. gelöschte Daten wieder herzustellen.

Wichtiger Hinweis: Achten Sie beim Download von Freeware darauf, dass der Anbieter keine versteckte Malware mitliefert, indem Sie die Software vor der Installation mit einem Virenscanner überprüfen.

1.7.2 Datenschutz

Wir kennen die Berichte über Datenskandale zur Genüge: Bankdaten von über 21 Millionen Bundesbürgern befinden sich nach Mitteilung der Wirtschaftswoche auf dem Schwarzmarkt für persönliche Daten. Es muss damit gerechnet werden, dass in hoher Zahl unberechtigt Geld von den Konten abgebucht wird. Über 9 Millionen Kundendaten wurden von einem Kabelnetzbetreiber an Call-Center weitergegeben. Call-Center verkauften Daten weiter. Private Daten von Tausenden waren auf Community-Portalen frei zugänglich. Mitglieder von Sozialen Netzen geben leichtfertig ihre Daten für alle im Internet frei und nutzen zu wenig ihre Möglichkeiten, die Dateneinsicht nur für Berechtigte vorzusehen. Auch hinsichtlich der Arbeitnehmerüberwachung wurden mehrere größere Datenskandale bekannt. Datenverstöße sind mittlerweile keine Bagatelldelikte mehr. Hohe Geldbußen bis zu 50.000,00 € sind schon in einfachen Fällen möglich.

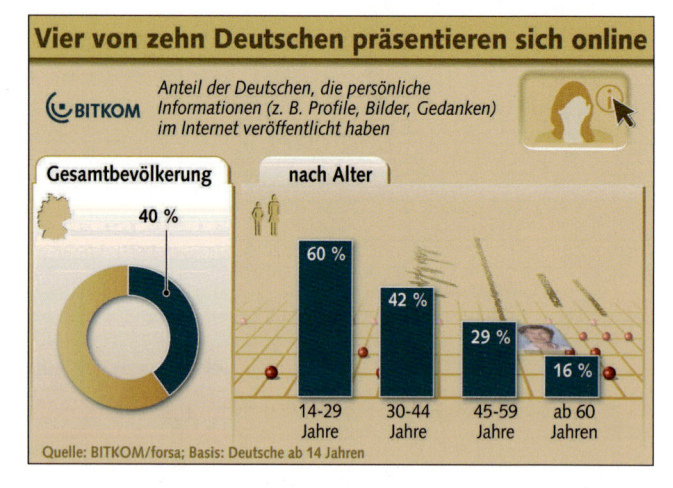

Zweck und Anwendungsbereich des Bundesdatenschutzgesetzes BDSG
Zweck des Gesetzes ist es, den Einzelnen davor zu schützen, dass er durch den Umgang mit seinen personenbezogenen Daten in seinem Persönlichkeitsrecht beeinträchtigt wird (§ 1 BDSG).
Welche Stellen haben das BDSG und das LDSG (Landesdatenschutzgesetz) anzuwenden? ▶ Öffentliche Stellen (Behörden, Organe, Gesellschaften, Vereinigungen öffentlicher Stellen) ▶ Nicht öffentliche Stellen (natürliche oder juristische Personen, Gesellschaften und andere Personenvereinigungen des privaten Rechts), wenn personenbezogene Daten genutzt und die Daten geschäftsmäßig oder für berufliche oder gewerbliche Zwecke verarbeitet werden ▶ Verantwortliche Stellen sind alle Personen oder Stellen, die personenbezogene Daten erheben, verarbeiten und nutzen. ▶ Die Verarbeitung personenbezogener Daten zu ausschließlich persönlichen oder familiären Tätigkeiten unterliegt nicht dem BDSG.

Grundlagen der Informationstechnologie

Das Bundesdatenschutzgesetz (BDSG) wurde daher Ende 2009 in mehrfacher Hinsicht geändert:

- strengere Regeln für den Adressenhandel (Weitergabe nur noch mit Einwilligung der Betroffenen)
- verschärfte Anforderungen an die Auftragsdatenverarbeitung (z. B. in Call-Centern, Rechenzentren)
- Verbesserung des Arbeitnehmerdatenschutzes
- Stärkung des betrieblichen Datenschutzbeauftragten (z. B. Sonderkündigungsschutz)

Datenschutzbeauftragte in den Betrieben und in öffentlichen Verwaltungen sowie Bundes- und Landesdatenschutzbeauftragte wachen über die Einhaltung der Datenschutzgesetze.

Hinsichtlich der Verarbeitung personenbezogener Daten hat der betriebliche Datenschutzbeauftragte gem. § 4g BDSG folgende **Aufgaben:**

- Hinwirken auf das Einhalten der Datenschutzbedingungen
- Überwachung der ordnungsgemäßen Anwendung der Datenverarbeitung
- Führen eines Verfahrensverzeichnisses
- Durchführung von Vorabkontrollen, soweit erforderlich
- Personen, die Daten verarbeiten, mit Vorschriften vertraut zu machen
- Beachtung des Grundsatzes der Datenvermeidung und Datensparsamkeit
- Ansprechpartner für Geschäftsleitung und betroffene Personen

Im Bundesdatenschutzgesetz (BDSG) wurden bzgl. der gespeicherten und verarbeiteten personenbezogenen Daten folgende Rechte für die Betroffenen festgeschrieben:

Rechte des Betroffenen nach §§ 7, 19, 20 21, 33, 34, 35 BDSG bzgl. personenbezogener Daten	
Auskunft	Jeder hat das Recht auf Auskunft über die zu seiner Person gespeicherten Daten, über den Zweck der Speicherung und an welche dritten Stellen diese weitergegeben worden sind. Das Auskunftsanliegen sollte näher bezeichnet und erläutert werden. Die Auskunft ist, soweit nicht geschäftsmäßig zum Zweck der Ermittlung gespeichert, unentgeltlich.
Benachrichtigung	Werden personenbezogene Daten ohne Kenntnis des Betroffenen erhoben, so ist er von der Speicherung, Zweckbestimmung, Verarbeitung und evtl. Übermittlung zu benachrichtigen, soweit die Pflicht gesetzlich nicht eingeschränkt wurde (vgl. § 19a BDSG).
Berichtigung	Jede Stelle ist verpflichtet, unrichtige personenbezogene Daten zu berichtigen.
Sperrung	Wenn einer fälligen Löschung besondere Gründe entgegenstehen, sind die Daten zu sperren, solange die Richtigkeit/Unrichtigkeit noch nicht feststeht. Gesperrte Daten dürfen nur sehr eingeschränkt genutzt werden.

Rechte des Betroffenen nach §§ 7, 19, 20 21, 33, 34, 35 BDSG bzgl. personenbezogener Daten	
Löschung	Daten, die man nicht haben dürfte oder nicht mehr braucht, sind zu löschen.
Anrufung	Wer sich in den Rechten durch öffentliche Stellen des Bundes/Landes verletzt fühlt, kann den Bundes- oder den Landesdatenschutzbeauftragten anrufen, der dann der Eingabe nachgeht. Bei nicht öffentlichen Stellen sind die Aufsichtsbehörden am Sitz der Stelle zu benachrichtigen. Sind mehr als neun Personen im Betrieb ständig mit der automatisierten Verarbeitung personenbezogener Daten beschäftigt, ist ein Datenschutzbeauftragter im Betrieb zu bestellen (vgl. § 4g BDSG).
Schadenersatz	Verantwortliche Stellen sind gegenüber dem Betroffenen zum Schadenersatz verpflichtet, wenn sie die gebotene Sorgfaltspflicht nicht beachtet haben. Öffentliche Stellen sind unabhängig von einem Verschulden zum Schadenersatz bis zu einer Höhe von 130.000,00 € verpflichtet (§§ 7 und 8 BDSG).

1.7.3 Copyright

Situation: Kerstin möchte Bilder, Videos, Musik und Texte aus dem Internet downloaden und diese Dateien für ihre Projektarbeit nutzen. In der Zeitung sieht sie folgende Pressemitteilung, die sie dazu animiert, zukünftig sensibler mit dem Thema Copyright umzugehen:

„Wer – ganz gleich, ob gewerblich oder privat, entgeltlich oder unentgeltlich – Musik, Filme oder Computerspiele im Internet zum Download anbietet und verbreitet, ohne hierzu berechtigt zu sein, macht sich strafbar", betonte die Bundesjustizministerin.

Nach Angaben des Bundesverbands für Musikindustrie werden mehr als 400 Millionen Musiktitel über Tauschbörsen aus dem Internet heruntergeladen.

Der Vermerk © **(Copyright)** mit einem Zusatz **weist auf den Inhaber der Rechte** für Veröffentlichung, Kopien und Weiterverwertung hin. Wenn jemand etwas schreibt, zeichnet, fotografiert, herstellt, erfindet, programmiert usw., was einen besonderen geistigen Wert hat, so hat er auch die Rechte daran (vgl. Tabelle Copyright auf S. 70 f.). Software bzw. Computerprogramme sind seit 1985 gem. § 2 Abs. 1 Nr. 1 des Urhebergesetzes (UrhG) als Schriftwerke geschützt. Eine Software wird nicht verkauft, sondern lizensiert. Man unterscheidet Software auch nach den Nutzungsrechten (z. B. Kommerzielle Software, Freeware, Shareware, Open Source vgl. Tabelle Copyright auf S. 70). Vor der Installation und Nutzung muss geprüft werden, welche Rechte der Nutzer hat. Hierzu wird bei der Installation eine **EULA** (Lizenzvereinbarung, vgl. Tabelle Copyright auf S. 70) angezeigt. Bei kommerzieller Software kann, abgesehen von einer eventuellen befristeten kostenlosen Testphase, die Software nur genutzt werden, wenn eine zulässige Produkt-ID (Produktschlüssel) vorab käuflich erworben wurde und diese bei der Installation zur Registrierung verwendet wurde.

Grundlagen der Informationstechnologie

Nutzungslizenzen für Software		Beispiele für Software
Kommerzielle Software **Volllizenz = Einplatzlizenz**	Der Urheber (Softwarehersteller) hat das ausschließliche Recht zur Vervielfältigung, Verbreitung und Bearbeitung der Software (vgl. § 69c UrhG). Somit muss das Benutzen, Kopieren, Verkaufen, Verschenken, Vermieten oder Verändern des Programms ausdrücklich durch eine Nutzungslizenz erlaubt werden. Eine EULA kann jedoch Einschränkungen vorsehen, sodass jede Lizenz im Einzelfall zu prüfen ist. Wird nicht ausdrücklich eine Mehrplatzlizenz vergeben, so erlaubt die Lizenz nur eine Benutzung des Programms auf einem Einplatzrechner. Jede Kopie, die über die vereinbarte Benutzung hinaus angefertigt wird, ist eine unzulässige Kopie, die das Urheberrecht verletzt. Soll die Software auf einem anderen Rechner verwendet werden, muss sie zunächst auf dem vorher installierten Rechner gelöscht werden.	Von Microsoft z. B. Windows 7 Word, Excel, Powerpoint, Access, Visio, Outlook etc. Von Adobe z. B. Photoshop, Illustrator, InDesign
Freeware	Freeware ist Software, die der Entwickler der Software kostenlos an Nutzer weitergibt. Freeware darf man kopieren und weitergeben. Der Entwickler hofft, damit Werbung für seine oder auch andere Produkte und Leistungen zu betreiben.	z.B. PDFCreator, Skype, Winamp, Picasa, vgl. www.winload.de
Shareware	Diese Programme dürfen für einen festgelegten Zeitraum zum Testen kostenfrei genutzt werden, dann wird der Benutzer aufgefordert, einen Kaufpreis zu bezahlen. Shareware darf kopiert und weitergegeben werden.	z. B. Nero Burning ROM, MP3-DJ, vgl. z. B. www.winload.de oder www.top-download.de
Open Source	Softwareentwickler dieser Initiative erlauben den Benutzern die freie Weitergabe des Programms, den Quellcode einzusehen und zu verändern.	z. B. Firefox, Open Office, Gimp, Eclipse, vgl. www.t3n.de

Umgang mit Daten

Umgang mit Daten

	Copyright
Gesetzliche Grundlagen	Grundgesetz (GG) Art. 14 Abs. 1 und Art. 2 Abs. 1 und Urheberrechtsgesetz (UrhG) aus dem Jahr 1966 mit laufenden Überarbeitungen
Was ist geschützt?	Jedes Werk, das einen geistigen Gehalt ausweisen kann und sich durch ein geistiges Tätigwerden des Schaffenden als persönliche Schöpfung auszeichnet. Zufallsprodukte sind nicht geschützt, auch nicht Anregungen oder indirekte Hilfeleistungen bei einem Werk. Vollendung oder Neuheit des Werkes sind andererseits nicht erforderlich. Nicht geschützt sind Werke, die sich nicht durch individuelle Merkmale von anderen unterscheiden, trivialer Natur, einfach (simpel) sind oder keine Schöpfungshöhe haben. Als Werke werden nach § 2 Sprachwerke (Texte in Schrift und Ton, auch Computerprogramme), Werke der Musik, Pantomimische Werke (einschließlich Tanzkunst), Werke der Kunst, Lichtbildwerke, Filmwerke, Darstellungen wissenschaftlicher und technischer Art, nach § 3 als selbstständige Werke Übersetzungen und andere Bearbeitungen eines Werkes, die persönliche geistige Schöpfungen sind, nach § 4 Sammelwerke und Datenbankwerke unterschieden.
Strafe	Strafbar macht sich, wer – ganz gleich ob gewerblich oder privat, entgeltlich oder unentgeltlich – Daten wie Musik, Filme, Software oder Computerspiele im Internet zum Download anbietet und verbreitet, ohne hierzu berechtigt zu sein. Wer Werke vervielfältigt, verbreitet oder öffentlich wiedergibt, wird mit Freiheitsstrafe bis zu drei Jahren oder mit Geldstrafe bestraft, schon der Versuch ist strafbar.
Freie Verwendung von Werken §§ 44a ff UrhG	Vervielfältigung und Verbreitung mit geringem Umfang in Sammlungen oder für einen abgegrenzten Kreis von Unterrichtsteilnehmern zur Veranschaulichung für Kirchen-, Schul- oder Unterrichtsgebrauch, soweit es sich nicht um Schulbücher o. Ä. handelt (§ 46). Zulässig sind auch einzelne Vervielfältigungen eines Werkes durch eine natürliche Person zum privaten Gebrauch auf beliebigen Trägern, sofern sie weder unmittelbar noch mittelbar Erwerbszwecken dienen, soweit nicht zur Vervielfältigung eine offensichtlich rechtswidrig hergestellte Vorlage verwendet wird (§ 53). Zulässig sind die Vervielfältigung sowie die unentgeltliche und nicht zu gewerblichen Zwecken vorgenommene Verbreitung eines Bildnisses durch den Besteller des Bildnisses (§ 60). In allen Fällen solcher Vervielfältigungen ist stets die Quelle und in bestimmten Fällen auch die Quelle einschließlich des Namens des Urhebers deutlich anzugeben (§ 63 UrhG).
EULA	End User License Agreement = **Lizenzvereinbarung für Endbenutzer,** welche die Benutzungsrechte der Software angibt. Sie wird meist bei der Installation von Software angezeigt und muss mit „Ich stimme den Bedingungen dieses Vertrages zu" bei der Installation bestätigt werden.

Grundlagen der Informationstechnologie

	Copyright
Abmahnungen durch Urheber und Abmahnkosten	Urheber mahnen bei Verletzung der Urheberrechte unberechtigte Nutzer ab und fordern Schadenersatz und Erstattung der Abmahnkosten. Nach § 97a Abs. 2 UrhG werden die Abmahnkosten einer berechtigten urheberrechtlichen Abmahnung auf 100,00 € begrenzt, wenn es sich um eine erstmalige Abmahnung in einem einfach gelagerten Fall handelt, mit einer nur unerheblichen Rechtsverletzung außerhalb des geschäftlichen Verkehrs (z. B. durch die Nutzung von Tauschbörsen, Verwendung fremder Fotografien im Internet oder der Verwendung urheberrechtlich geschützter Straßenkartenausschnitte auf privaten Homepages).
Verwertungsgesellschaften (vgl. §§ 27, 54 UrhG)	**GEMA:** Gesellschaft für musikalische Aufführungs- und mechanische Vervielfältigungsrechte **VG Wort:** Verwertungsgesellschaft Wort **VG Bild-Kunst:** Verwertungsgesellschaft Bild und Kunst u. a.

Aufgaben

1. Datenschutz und Datensicherheit:
   a) Recherchieren Sie im Internet nach Datenskandalen und neuen Informationen des Bundes- und Landesdatenschutzbeauftragten.
   b) Zur Vermeidung von Werbepost oder Werbung per Telefon, E-Mail oder SMS, ist es möglich, sich online und kostenlos registrieren zu lassen. Prüfen Sie das Angebot unter www.robinsonliste.de.

2. Datenschutz und Datensicherheit:
   a) Recherchieren Sie nach kostenlosen Virenscannern und Firewalls. Achten Sie darauf, dass Ihnen nicht versteckte Kosten auferlegt werden und präsentieren Sie Angebote.
   b) Über www.buerger-cert.de werden Bürger kompetent über Viren, Würmer und Sicherheitslücken informiert. Holen Sie neueste Informationen ein und präsentieren Sie diese. Recherchieren Sie auch nach den neuesten Trojanern und Betrugsfällen.

3. Tausende junger Menschen erhalten jährlich wegen Copyright-Verletzungen Abmahnungen von Rechtsanwälten. Sie sollen dann eine Unterlassungserklärung unterzeichnen und Schadenersatz leisten und die Abmahnungskosten tragen, die häufig über 1.000,00 € liegen. Recherchieren Sie über Suchmaschinen nach berichteten Fällen. Über welche Fälle wird in Foren diskutiert?

Umgang mit Daten

4. Was macht eine Firewall?
   a) Sie sichert regelmäßig die Daten der Festplatte.
   b) Sie kontrolliert die Internetverbindungskosten.
   c) Sie kontrolliert und schützt die Verbindung zwischen zwei Netzen, z. B. Internet und PC.
   d) Sie sorgt für ein schnelles Finden von Informationen im Internet.

5. Wie kann Datendiebstahl vom PC vorgebeugt werden?
   a) Monitor ausschalten, wenn der PC-Arbeitsplatz verlassen wird
   b) PC-Hardware mit einem Sicherheitskabel (security cable) befestigen
   c) Zettel mit Passwort unter die Tastatur kleben
   d) Sich vor PC-Zugriff mit Benutzername und Passwort schützen

6. Wo und warum sollten Sicherheitskopien angelegt werden?
   a) Auf einem internen Datenträger, z. B. Unterordner der Festplatte C
   b) Auf externen Datenträgern, z. B. externer Festplatte oder DVD
   c) Weil die Daten auf dem internen Datenträger zerstört werden können
   d) Weil die Daten sich auf dem Unterverzeichnis aufrufen lassen

7. Welche Merkmale gehören zu einem Virus?
   a) Er zerstört die Arbeit (Daten) am PC.
   b) Er macht den PC schneller.
   c) Er späht den PC aus.
   d) Er verbreitet sich selbstständig.

8. Wie kann ein Virus eingefangen werden?
   a) Beim Öffnen von Datenanhängen in E-Mails
   b) Beim Erstellen einer Worddatei
   c) Durch das Scannen mit einem Antivirenprogramm
   d) Durch Downloaden von Videos aus Internetportalen
   e) Durch Downloaden eines Programms aus dem Internet
   f) Durch das Öffnen heruntergeladener Exceldateien mit Makros

9. Wie kann man sich vor Viren schützen?
   a) Keine Dateianhänge der E-Mails von unbekannten Absendern öffnen
   b) Antivirenprogramm installieren und auf das Downloaden aus dem Internet verzichten
   c) Antivirenprogramm installieren und Uploaden in das Internet vermeiden
   d) Insbesondere unbekannte und kostenlose Programme aus dem Internet installieren
   e) Firewall deaktivieren, bevor Programme aus dem Internet heruntergeladen werden
   f) Firewall installieren, bevor Programme und Dateien aus dem Internet heruntergeladen werden

10. Was bedeutet Copyright?
    a) Das Werk muss nach dem Testen registriert werden.
    b) Das Werk darf zu Privatzwecken kopiert und weiterentwickelt werden.
    c) Hinweis auf den Inhaber der Rechte dieses Werks, z. B. für Veröffentlichung und Kopien
    d) Das Werk darf zum Testen genutzt werden.
    e) Das Werk ist frei nutzbar.

Grundlagen der Informationstechnologie

11. Worauf weist ein Produktschlüssel für ein Programm hin?
    a) Das Programm darf nur ohne Produktschlüssel kostenlos weitergegeben werden.
    b) Das Programm darf nur mit Produktschlüssel kostenlos weitergegeben werden.
    c) Das Programm ist ein kostenloses Programm und darf weitergegeben werden.
    d) Das Programm ist eine lizenzierte Software.
    e) Das Programm darf nicht vervielfältigt und weitergegeben werden.

12. Was ist EULA?
    a) Lizenzvertrag für Endbenutzer
    b) Elektronischer Produktschlüssel für die Registrierung der Software
    c) Hinweis zur Nutzung von Open Source-Software
    d) Verweis auf den Inhaber der Rechte

13. Ordnen Sie die Begriffe Freeware, Shareware, Open Source den Aussagen richtig zu:
    a) Programme, die kostenlos getestet werden dürfen, für weitere Nutzung jedoch kostenpflichtig sind
    b) Programme, die kostenlos genutzt werden können
    c) Programme, die für Privatzecke kostenlos genutzt, weiterentwickelt und verbreitet werden können

14. Welche Ziele hat das Datenschutzgesetz?
    a) Festlegung von Rechten für Personen, deren personenbezogene Daten gespeichert sind
    b) Es soll die Weiterleitung von Daten unterstützt werden.
    c) Es legt Kriterien für die Entwicklung von Antivirenprogrammen und Firewalls fest.
    d) Es dient dem Schutz personenbezogener Daten vor Missbrauch.

15. Welche Rechte hat der Bürger bei der Speicherung seiner Daten von Fremden?
    a) Recht auf Löschung eigener Daten, wenn sie nicht gespeichert werden sollen
    b) Berichtigungsrecht, wenn die gespeicherten Daten falsch sind
    c) Auskunftsrecht über die gespeicherten Daten
    d) Benachrichtigungsrecht, damit der Einzelne weiß, wer welche Daten über ihn verarbeitet

Modul 1: Aufgaben zur Wiederholung (ECDL-Test s. S. 2)

Geben Sie an, welche Aussagen zutreffen (Zeitrichtwert: etwa 45 Minuten). Achten Sie auch darauf, ob Details zutreffend sind!

1.
   a) Back-Up-Programme dienen zum Installieren von Anwenderprogrammen auf PCs.
   b) 40 cm Abstand der Augen vom Computerbildschirm sind ideal.
   c) Nach dem Verkauf der Software darf das Programm noch so lange genutzt werden, wie es funktioniert.
   d) 8 Bits sind 1 Byte.
   e) 1 000 Megabyte ist 1 GHz.
   f) 1 000 Bit ist 1 Kilobyte.
   g) 1 Gigabyte sind 1 000 000 000 Kilobyte.

2. Die Druckqualität wird in dpi gemessen.

3. Unter Kilobyte versteht man die Datenübertragungsrate in 1 000 Zeichen pro Sekunde.

4. Das Betriebssystem ist eine Software.

5. Das Intranet ist ein öffentliches Netz, das über das betriebliche LAN hinausgeht.

6. Der RAM-Speicher ist ein Schreib-Lese-Speicher, er wird beim Ausschalten des PC gelöscht.

7. Die Festplatte ist ein externer Speicher mit sehr schneller Datenübertragungsrate.

8. Durch die Eingabe eines Passwortes wird sichergestellt, dass Benutzer und Benutzer-ID identisch sind.

9. Eine Firewall kontrolliert die Verbindung zwischen zwei Netzen.

10. Die persönlichen Rechte im BDSG beinhalten auch ein Benachrichtigungsrecht.

11. EULA ist eine Lizenzvereinbarung für Software, die Benutzer akzeptieren müssen.

12. Das Copyright weist auf den Inhaber der Rechte für Fotos, Bilder, Texte etc. hin.

13. Freeware darf kopiert und weitergegeben werden.

14. Shareware darf kopiert und weitergegeben werden, enthält jedoch eingeschränkte Rechte.

15. Open Source-Software darf verändert, kopiert und weitergegeben werden.

16. ROM ist ein Nur-Lese-Speicher.

17. Der interne Speicher ist der Arbeitsspeicher und heißt RAM.

18. Der RAM-Speicher wird beim Ausschalten des PC gelöscht.

19. Ein PDA ist ein kleines Notebook.

Grundlagen der Informationstechnologie

20. Die Leistung des RAM wird in MHz ausgedrückt.
21. 100 kB sind 1 MB.
22. Computerviren können über E-Mails übertragen werden.
23. Ein Byte besteht aus 4 Bit.
24. Als Arbeitsspeicher werden i. d. R. RAM-Bausteine verwendet.
25. Ein Laserdrucker ist laut, teuer und benötigt Spezialpapier.
26. Ein Server ist ein Arbeitsplatzrechner, der Dienste vom Client empfängt.
27. E-Mails mit Attachements sollten auf Viren überprüft werden.
28. GByte ist eine Kennzahl, die die Speicherkapazität in Gigabyte = 1024 Byte angibt.
29. Eine Firewall ist ein besonders brandgeschützter Raum für Server.
30. MB ist die Messgröße für Speicherkapazität.
31. ISDN ist ein digitaler, schmalbandiger Telefondienst mit Anwählfunktion.
32. Eine Suchmaschine ist eine Internetdienstleistung, mit der zielgerichtet nach Webseiten gesucht werden kann.
33. Eine DVD hat eine Speicherkapazität von 700 MB.
34. Eine Sharewarelizenz ist eine Mehrplatzlizenz, die für mehrere Nutzer angeboten wird.
35. Laserdrucker arbeiten mit Tinte, man unterscheidet Piezo- und Bubble-Technologie.
36. 1 Byte sind 4 Bit.
37. Eine Smartcard kann in einem Speicher Daten speichern.
38. Ein Trackball ist ein Steuergerät für den Bildschirmpfeil.
39. MHz ist eine Einheit zur Angabe der Speicherkapazität.
40. Newsgroups sind elektronische Nachrichtensender im Internet.
41. Communitys im Internet sind Gemeinschaften zum Spielen, Chatten und Kennenlernen.
42. Telearbeit bietet flexible Arbeitszeiten zu Hause.
43. Über E-Government können im Internet Anträge bei Behörden eingereicht werden.
44. Für einen optimalen PC-Standort müssen auch die Lichtverhältnisse geprüft werden.
45. Übungen zur Augenentlastung schützen vor dem Austrocknen der Augen.
46. TCO, Energy Star und EPEAT sind wichtige Umweltsiegel für Hardware.
47. Beim Kauf von Hardware und Verbrauchsmaterialien sollte auf Recyclingmöglichkeiten geachtet werden.

48. Maßnahmen zur Datensicherheit helfen, dass Daten zerstört oder gelöscht werden.
49. Maßnahmen zum Datenschutz dienen dem Schutz personenbezogener Daten.
50. Viren, Wanzen, Würmer und Trojaner sind Malware.
51. Trojaner spähen Computer aus.
52. Ein Security Cable verhindert den Diebstahl eines Notebooks mit den Daten.
53. Mit einem Scanner und einer OCR-Software können Texte eingescannt und für die Textverarbeitung weiterverwendet werden.
54. Ein Flachbildmonitor hat keine Röhren und keine elektromagnetischen Felder.
55. Bei der Bewertung des Monitors sind die Bildschirmdiagonale und die Reaktionszeit wichtig.
56. Ein All-in-One-Drucker kann drucken, kopieren und faxen.
57. Unbekannte E-Mails mit Attachements, die Makros enthalten können, sollten mit einem Virenscanner überprüft oder gelöscht werden.
58. Eine Domain ist ein Bestandteil der Internetadresse.
59. Optische Datenträger zeichnen sich durch hohe Speicherkapazität, jedoch magnetische Anfälligkeit aus.
60. Für großes Druckvolumen ist besonders der Tintenstrahldrucker geeignet.
61. Telefonate können nicht über das Internet geführt werden.
62. Unter Ergonomie versteht man die Anpassung der Peripherie an die Zentraleinheit.
63. Peripheriegeräte werden an die Zentraleinheit angeschlossen.
64. Unter Attachements versteht man Anhänge von E-Mails.
65. FTP ist ein Protokoll, über das Dateien im Internet von einem Computer zum anderen übertragen werden.
66. TCO und EPEAT sind wichtige Prüfsiegel für Computerhardware.
67. Trojanische Pferde sind Treiberprogramme, die über USB den Anschluss an Peripheriegeräte herstellen.
68. Vor dem Installieren eines neuen Programms sollte man sich die neuesten Treiber aus dem Internet herunterladen.
69. WAN steht für Wide Area Network und bezieht sich auf ein mehrere Länder verbindendes Netzwerk.
70. Wer eine Einzellizenz für Software erworben hat, kann beliebige Kopien für seine Computer erstellen.
71. Ein Desktop-Computerhäuse weist darauf hin, dass der PC auf dem Tisch platziert wird.
72. Ein Smartphone ist eine Mischung aus Mobiltelefon und PDA.

Grundlagen der Informationstechnologie

73. Ein Tablet-PC ist ein Ein- und Ausgabegerät.
74. Die Computerleistung wird durch die Anzahl der laufenden Anwendungen beeinflusst.
75. Die Größe des Arbeitsspeichers und der Grafikprozessor beeinflussen die Leistung des PC.
76. TB bedeutet Terabyte und umfasst 1 000 GB.
77. Vorteil eines USB-Sticks ist der Einsatz im laufenden Betrieb des PC.
78. Ein USB-Stick wird vom PC automatisch erkannt.
79. Eine CD hat eine Kapazität von 700 MHz.
80. Newsgroups sind Diskussionsforen im Internet, in denen diskutiert werden kann.
81. Ein Intranet ist ein betriebsinternes Netz, welches die Internettechnologie nutzt.
82. Ein WAN ist ein Länder überspannendes Kommunikationsnetz.
83. Ein Server ist ein für Clients dienender Rechner.
84. Über ein Schmalbandnetz können Daten viel schneller übertragen werden als über ein Breitbandnetz.
85. WLAN ist ein kabelloses Netz.
86. Der Datendurchsatz wird z. B. in mbps gemessen.
87. Upload bedeutet, man lädt Daten aus dem Internet herunter.
88. ICT ist die englische Abkürzung für Informations- und Kommunikations-Technologie.
89. Blogs oder Weblogs sind Tagebücher im Internet.
90. RSS-Feeds sind Online-Nachrichten, die abonniert werden können.
91. Instant Messaging ist eine Echtzeitkommunikationsform.
92. Ein Laserdrucker benötigt eine Aufwärmzeit.
93. Ein Nadeldrucker kann Durchschläge erstellen.
94. Ein Tintenstrahldrucker kann sehr gute Farbausdrucke erstellen.

Bewertung: Für jede richtige Antwort wird 1 Punkt vergeben (Aufgabe 1: 7 Punkte). Bis insgesamt 92 Punkte sehr gute, bis 81 Punkte gute, bis 67 Punkte befriedigende, bis 50 Punkte ausreichende und bis 30 Punkte mangelhafte Leistungen im Abschlusstest.

2 Computerbenutzung und Dateimanagement unter Windows 7

2.1 Betriebssystem

Situation CMW möchte in Zukunft alle Computer mit Windows 7 aufrüsten. Kerstin macht sich mit der Funktionalität des neuen Betriebssystems vertraut, um die Kolleginnen und Kollegen schulen zu können.

2.1.1 Benutzeroberfläche

Bei Einschalten des Computers wird Windows 7 automatisch gestartet. Es werden
- vorhandene Geräte initialisiert (Einlesen der Gerätetreiber),
- Systemdateien in den Arbeitsspeicher geladen,
- installierte Dienste geladen,
- die Startseite eingeblendet.

Über den **Windows-Start-Button** können die wichtigsten Benutzereinstellungen vorgenommen werden.

Anmeldung

Bei der Anmeldung identifizieren Sie sich als registrierter Benutzer. Wenn an einem PC unterschiedliche Benutzer arbeiten, so wird für jeden Benutzer ein eigenes Profil angelegt, das mit der Anmeldung gestartet wird. Das Benutzerprofil enthält die Grundeinstellungen z. B. auf dem Desktop, der Taskleiste oder im Explorer.

<Windows-Start-Button> → <Systemsteuerung> → <Benutzerkonten hinzufügen/entfernen>

Registrierte Benutzer

Gibt es nur einen Benutzer und ist kein Passwort festgelegt, so entfällt der Anmeldevorgang.

Benutzer wechseln

Wenn ein anderer Benutzer an dem PC weiterarbeiten will, die laufenden Anwendungen aber nicht beendet werden sollen, kann man über das Startmenü auf den Pfeil neben **<Herunterfahren>** klicken und **<Benutzer wechseln>** eingeben. Nach dem Anmelden des neuen Benutzers stehen die Anwendungen wieder zur Verfügung.

Abmelden

Falls Sie Ihre Arbeitssitzung beenden wollen und der nächste Benutzer nicht mit den geöffneten Anwendungen weiterarbeiten will, sollten Sie sich **<Abmelden>**. Die Startseite wird eingeblendet und ein anderer Benutzer kann sich anmelden.

Computerbenutzung und Dateimanagement unter Windows 7

Sperren

Angenommen Sie verlassen für kurze Zeit Ihren Arbeitsplatz, die Anwendungen sollen aber anschließend wieder zur Verfügung stehen, so ist es sinnvoll, den Computer zu <Sperren>. Eine Sperrung verhindert, dass ein anderer auf Ihren Computer zugreifen kann.

Neu starten

Ein Neustart kann erforderlich sein, wenn Sie ein Programm neu installiert haben. Sie müssen dann den Computer nach dem Herunterfahren nicht neu einschalten, das Betriebssystem fährt den Computer anschließend automatisch wieder hoch.

Energie sparen

Wenn Sie für einen längeren Zeitraum nicht am Computer arbeiten, ihn aber bei Wiederaufnahme der Arbeit nicht wieder neu starten möchten, so können Sie in der Zwischenzeit in den Energiesparmodus umschalten. Sie müssen sich bei der Wiederaufnahme der Arbeit wieder anmelden.

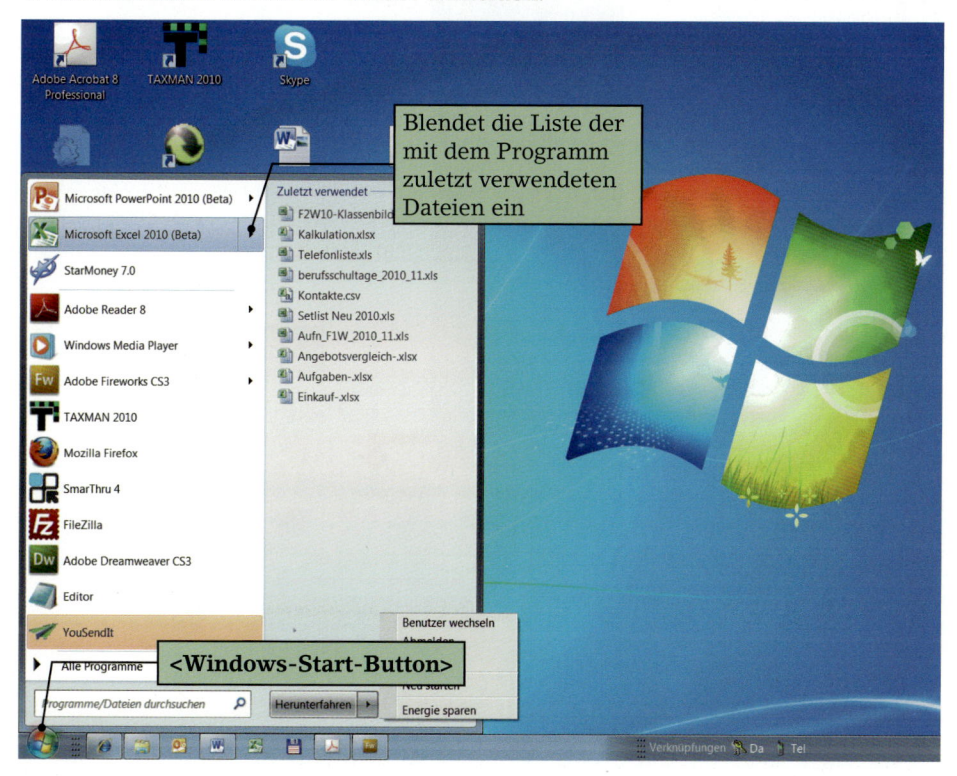

Blendet die Liste der mit dem Programm zuletzt verwendeten Dateien ein

<Windows-Start-Button>

Herunterfahren

Um den Computer auszuschalten, benutzen Sie den <Windows-Start-Button> und fahren das Betriebssystem herunter. Dabei wird geprüft, ob noch Anwendungen aktiv sind. Sie werden ggf. beendet, Benutzereinstellungen werden gespeichert und der Festplattenkopf wird geparkt.

Hilfefunktion

Situation: Ein Programm reagiert nicht mehr.

Aufgabe: Finden Sie mithilfe der Hilfefunktion heraus, wie Sie ein nicht mehr reagierendes Programm beenden können.

Klicken Sie auf den **<Windows-Start-Button>** und anschließend auf **<Hilfe und Support>**. Wenn Sie dort eingeben „Programm reagiert nicht", erhalten Sie diverse Hilfethemen, unter denen Sie sich das passende auswählen können. Lesen Sie sich den Hilfetext durch und probieren Sie den Task-Manager aus, indem Sie ein Programm mithilfe des Registers **<Anwendungen>** schließen. Den Task-Manager rufen Sie auf mit dem Tastaturbefehl **<Strg>** + **<Alt>** + **<Entf>** → **<Task-Manager>**.

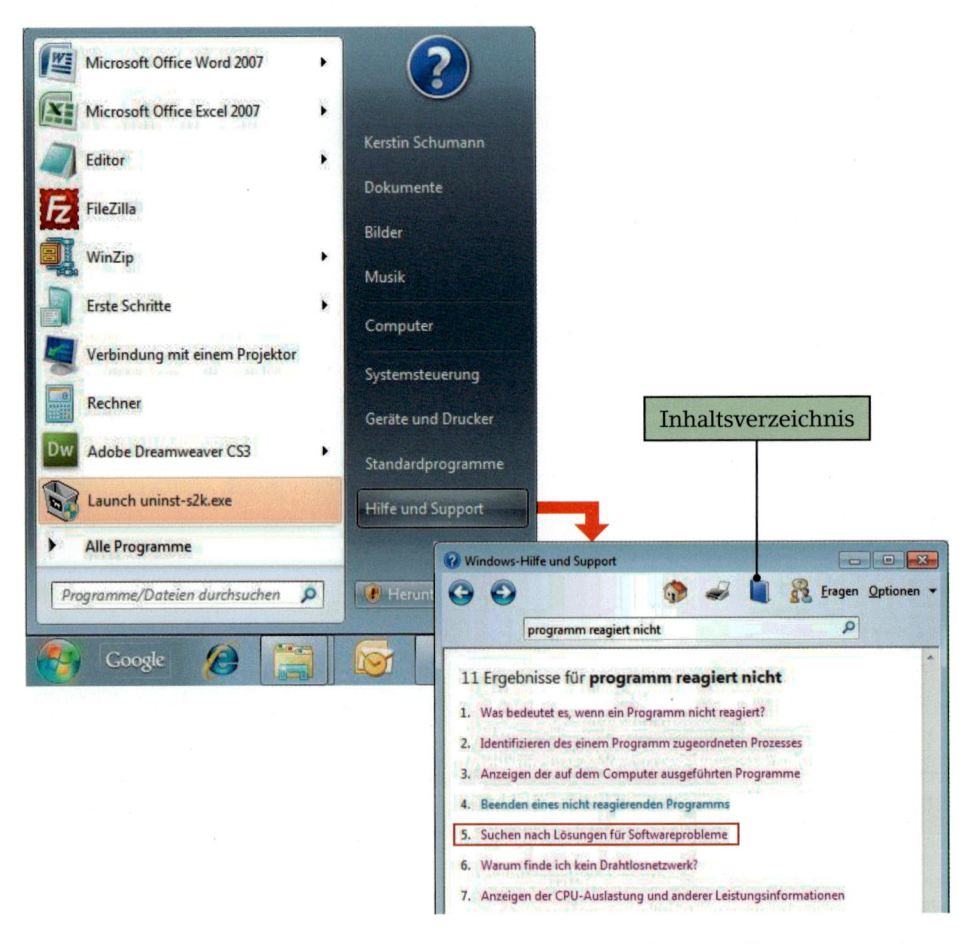

Das Hilfe- und Supportcenter von **Windows 7** bietet auf der Eröffnungsseite einen Überblick über Hilfethemen, Supportmöglichkeiten und konkrete Aufgaben. Wenn Sie in das Suchfeld ein Schlagwort eingeben, listet Windows alle Themen auf, in denen das Schlagwort vorkommt. Alternativ können Sie im Inhaltsverzeichnis suchen.

Computerbenutzung und Dateimanagement unter Windows 7

Situation: Kerstin möchte das Kennwort ändern.

Aufgabe: Erkunden Sie mit der Hilfefunktion, wie ein Kennwort geändert werden kann und welche Eigenschaften ein sicheres Kennwort haben sollte.

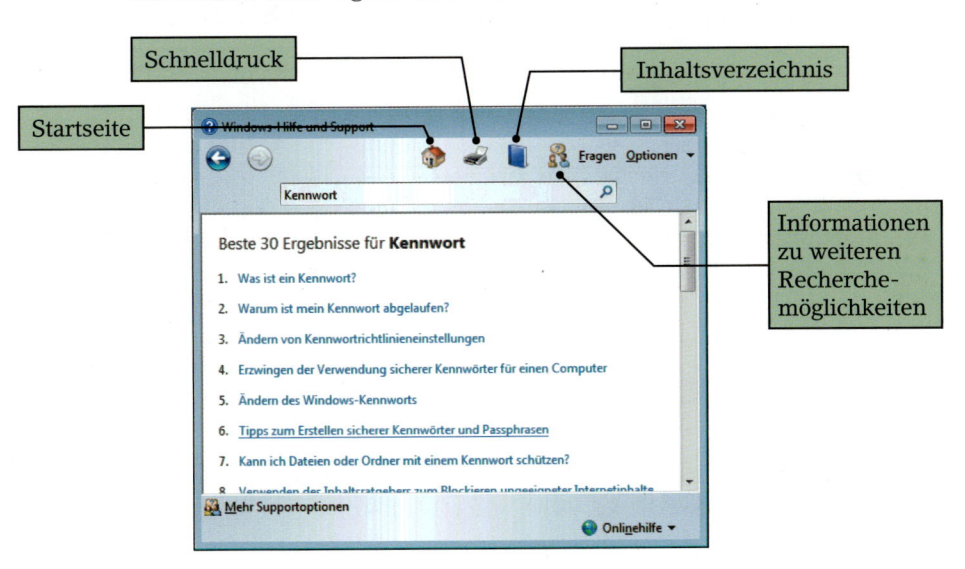

Abbildung: Windows Hilfe und Support mit Beschriftungen: Schnelldruck, Inhaltsverzeichnis, Startseite, Informationen zu weiteren Recherchemöglichkeiten. Beste 30 Ergebnisse für Kennwort:
1. Was ist ein Kennwort?
2. Warum ist mein Kennwort abgelaufen?
3. Ändern von Kennwortrichtlinieneinstellungen
4. Erzwingen der Verwendung sicherer Kennwörter für einen Computer
5. Ändern des Windows-Kennworts
6. Tipps zum Erstellen sicherer Kennwörter und Passphrasen
7. Kann ich Dateien oder Ordner mit einem Kennwort schützen?

2.1.2 Setup

Systeminformationen

Aufgabe: Erkunden Sie die genaue Bezeichnung der in Ihrem PC verwendeten Grafikkarte, die genaue Bezeichnung und Kapazität der vorhandenen Datenträger, die Autostartprogramme ihres Betriebssystems und die IP-Adresse ihres Computers.

Die gewünschten Daten erhalten Sie, indem Sie die Systeminformationen aufrufen. Hier werden Details zur Hardwarekonfiguration des Computers, den Computerkomponenten und der Software, einschließlich der Treiber angezeigt. Wenn Sie Informationen über ein bestimmtes Detail benötigen, können Sie unter **<Bearbeiten>** das **<Suchfeld>** einblenden und einen Suchbegriff eingeben.

Zum Öffnen der Systeminformationen wählen Sie:

<Start> → <Alle Programme> → <Zubehör> → <Systemprogramme> → <Systeminformationen>

Systemsteuerung

Aufgabe: Verändern Sie die Bildschirmauflösung, die Mauseinstellungen, die Farbeinstellungen, erkunden Sie die Versionsnummer Ihres Betriebssystems, legen Sie einen anderen Bildschirmhintergrund und ein anderes Kontobild fest.

Um die Einstellungen an Ihrem Computer zu verändern, rufen Sie die Systemsteuerung auf: **<Start>** ➔ **<Systemsteuerung>**

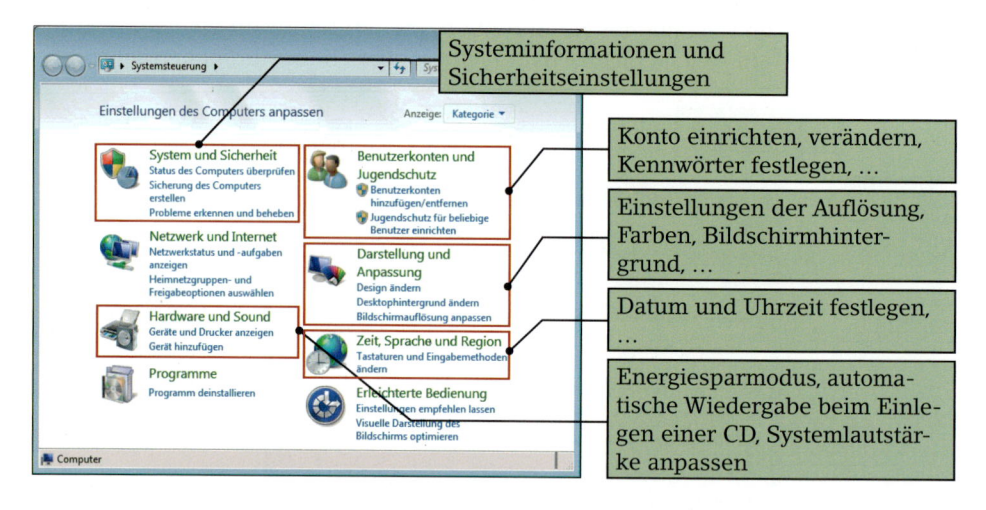

Bereich der Systemsteuerung	Beschreibung
System und Sicherheit	Systeminformationen und Sicherheitseinstellungen
Benutzerkonten und Jugendschutz	Konto einrichten, verändern, Kennwörter festlegen, ...
Darstellung und Anpassung	Einstellungen der Auflösung, Farben, Bildschirmhintergrund, ...
Zeit, Sprache und Region	Datum und Uhrzeit festlegen, ...
Erleichterte Bedienung	Energiesparmodus, automatische Wiedergabe beim Einlegen einer CD, Systemlautstärke anpassen

Situation: An Kerstins Computer möchte jemand arbeiten, der ein griechisches Tastaturlayout gewohnt ist.

Aufgabe: Stellen Sie das Tastaturlayout auf *Griechisch* um.

Gehen Sie in der Systemsteuerung im Bereich **<Zeit, Sprache und Region>** auf **<Tastaturen und Eingabemethoden ändern>**. Es öffnet sich das Dialogfenster **<Regions- und Sprachoptionen>**. Wählen Sie hier **<Tastaturen ändern>**. Installieren Sie eine Eingabesprache und stellen Sie anschließend die Standardeingabesprache ein.

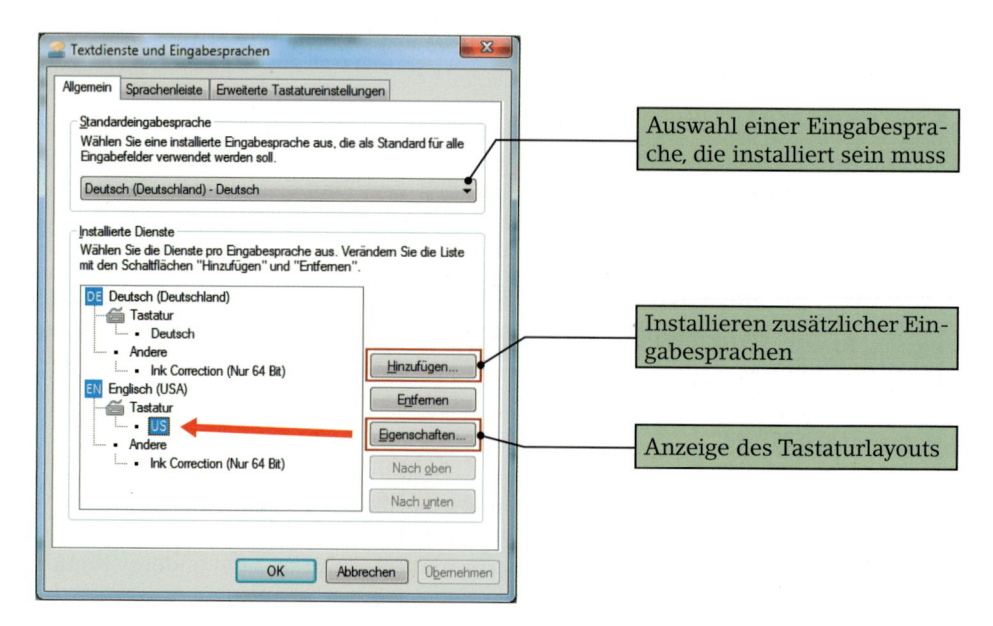

Im Dialogfenster *Textdienste und Eingabesprachen*:
- **Standardeingabesprache**: Auswahl einer Eingabesprache, die installiert sein muss
- **Hinzufügen...**: Installieren zusätzlicher Eingabesprachen
- **Eigenschaften...**: Anzeige des Tastaturlayouts

469582

Computerbenutzung und Dateimanagement unter Windows 7

Unten rechts in der Taskleiste haben Sie einen Schnellzugriff auf das Eingabegebietsschema.

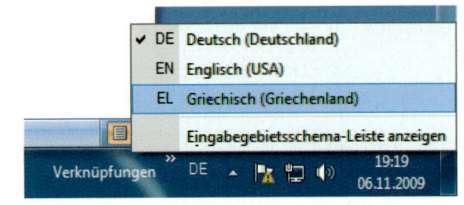

2.1.3 Desktopverknüpfung und Dialogfenster

Aufgaben
1. Legen Sie die Programmsymbole **Paint** und **Editor** auf dem Desktop ab und starten Sie die beiden Programme.

2. Probieren Sie die Systemschaltflächen **<Vollbild>**, **<Verkleinern>** und **<Minimieren>** aus.

3. Lassen Sie beide Programme als Teilbild anzeigen.

Um ein Programm direkt vom Desktop per Doppelklick starten zu können, muss es dort als Verknüpfung abgelegt sein. Zum Ablegen des Programms **Paint** als Symbol wählen Sie es über das Startmenü an:

<Programme> → **<Zubehör>** → **<Paint>** bzw. **<Editor>**

Halten Sie die [Strg]-Taste gedrückt und ziehen Sie das Programmsymbol auf den Desktop.

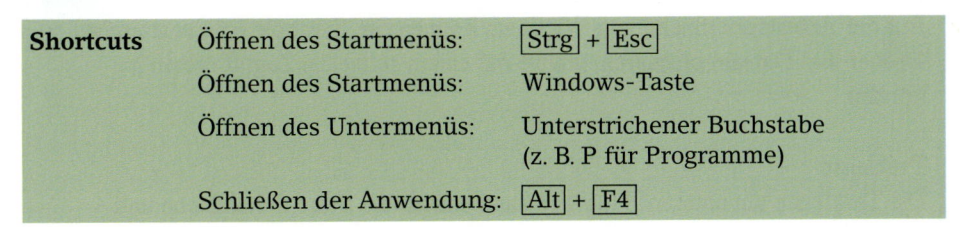

Der Pfeil symbolisiert eine Verknüpfung.

Shortcuts		
Öffnen des Startmenüs:	[Strg] + [Esc]	
Öffnen des Startmenüs:	Windows-Taste	
Öffnen des Untermenüs:	Unterstrichener Buchstabe (z. B. P für Programme)	
Schließen der Anwendung:	[Alt] + [F4]	

Hinweise: Um ein Dialogfenster auf dem Desktop zu verschieben, fassen Sie es mit der Maus an der Titelleiste und ziehen es in die gewünschte Position. Mit einem Doppelklick auf die Titelleiste vergrößern Sie das Fenster auf Vollbild- und mit einem erneuten Doppelklick verkleinern Sie es wieder auf Teilbildgröße. Um es stufenlos in der Breite und Höhe zu verändern, fassen Sie mit der Maus an den Rand des Teilbildes und ziehen in die gewünschte Richtung.

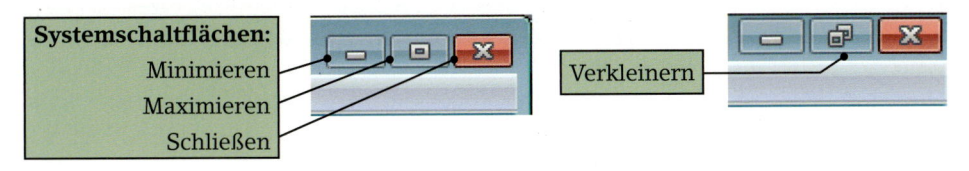

Systemschaltflächen:
- Minimieren
- Maximieren
- Schließen

Verkleinern

469583

Aufgaben 1. Erstellen Sie in **Paint** eine Bildschirmabbildung (Screenshot).
2. Schreiben Sie im **Editor-Fenster** den folgenden Text.

Der Windows-Desktop

Auf der Arbeitsoberfläche von Windows können Sie Symbole für Programme, Ordner und Dateien platzieren, um sie mit einem schnellen Zugriff öffnen zu können.

Taskleiste

Die Taskleiste am unteren Bildschirmrand enthält die Start-Schaltfläche und eine Schnellstartleiste zum Starten von Programmen. Daneben befinden sich Schaltflächen für gestartete Anwendungen und geöffnete Ordner. Darüber hinaus enthält sie eine Gebietsschemaleiste zur Einstellung der Standardsprache für die Tastatur. Im Infobereich am rechten Rand der Taskleiste werden die Uhrzeit und Symbole für im Hintergrund laufende Programme und Dienste angezeigt.

Um eine Abbildung des Desktops zu erzeugen, minimieren Sie zunächst alle laufenden Programme. Betätigen Sie anschließend die [Druck]-Taste, um eine Bildschirmabbildung in die Zwischenablage zu laden. Wenn Sie das Programm **Paint** wieder über die Taskleiste aufrufen, können Sie jetzt den Inhalt der Zwischenablage einfügen: **<Rechtsklick>** → **<Einfügen>**. Wollen Sie lediglich ein Fenster anstelle des ganzen Bildschirms abbilden, so wählen Sie [Alt] + [Druck].

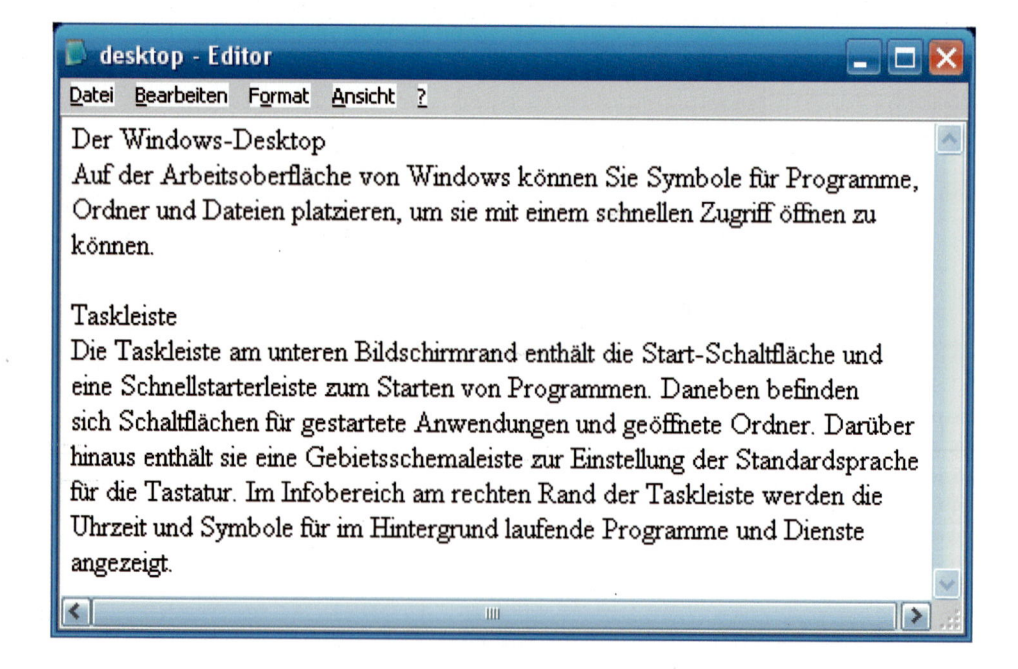

```
desktop - Editor
Datei  Bearbeiten  Format  Ansicht  ?

Der Windows-Desktop
Auf der Arbeitsoberfläche von Windows können Sie Symbole für Programme,
Ordner und Dateien platzieren, um sie mit einem schnellen Zugriff öffnen zu
können.

Taskleiste
Die Taskleiste am unteren Bildschirmrand enthält die Start-Schaltfläche und
eine Schnellstarterleiste zum Starten von Programmen. Daneben befinden
sich Schaltflächen für gestartete Anwendungen und geöffnete Ordner. Darüber
hinaus enthält sie eine Gebietsschemaleiste zur Einstellung der Standardsprache
für die Tastatur. Im Infobereich am rechten Rand der Taskleiste werden die
Uhrzeit und Symbole für im Hintergrund laufende Programme und Dienste
angezeigt.
```

Computerbenutzung und Dateimanagement unter Windows 7

2.1.4 Speichern

Aufgabe Speichern Sie die im **Editor** erstellte Textdatei unter dem Namen *Grundlagen* und die Bilddatei **(Paint)** unter dem Dateinamen *windows-screen*.

Um den von Ihnen geschriebenen Text in einer Datei zu speichern, wählen Sie im Menüband des Anwendungsprogramms die Registerkarte <Datei> und anschließend den Befehl <Speichern unter>. Geben Sie den Dateinamen *Grundlagen* ein, wählen Sie den gewünschten Dateityp aus und bestätigen Sie mit Enter.

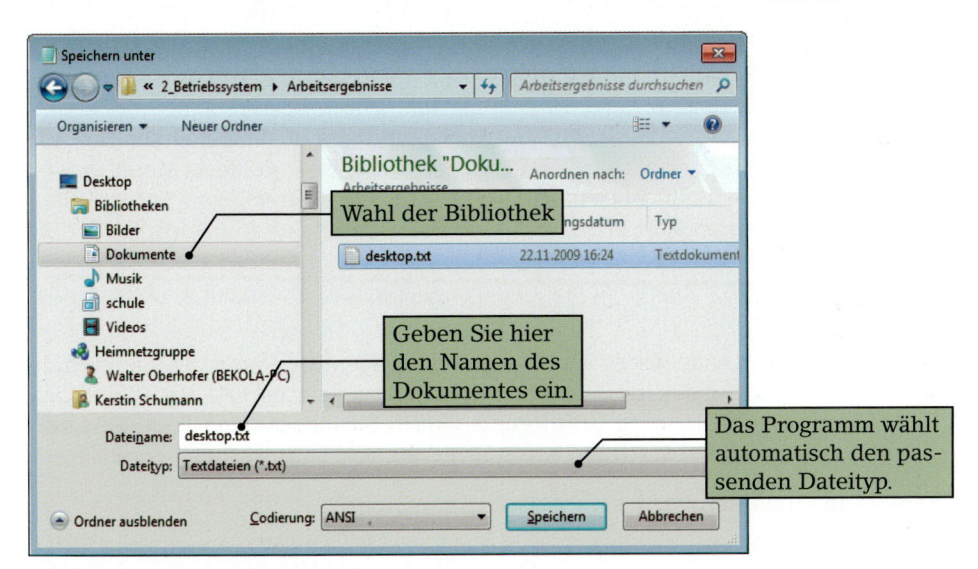

Im Backstage-Bereich <Datei> befinden sich zwei Befehle zum Speichern eines Dokuments:

▶ <Datei> → <Speichern unter>   Ein Dialogfenster <Speichern unter> (s. o.) zur Eingabe eines Dateinamens und Pfades (Angabe des Laufwerks und Ordners) wird geöffnet.

▶ <Datei> → <Speichern>   Ein Dokument wird unter dem bereits bestehenden Namen gespeichert. War das Dokument bisher noch nicht gespeichert, so erscheint auch hier automatisch das Dialogfenster <Speichern unter>.

2.1.5 Befehlseingabe in Windows-Programmen

Sie haben immer mehrere Möglichkeiten, in Windows-Programmen Befehle einzugeben.

Maus	Über einen linken Mausklick lassen sich Schaltflächen, wie z. B. die Schaltfläche **\<Speichern\>**, aktivieren. Im Menüband können Sie Dialogfenster per Mausklick öffnen und entsprechende Befehle auswählen. Bei der Betätigung der rechten Maustaste öffnet sich ein Kontextmenü, in dem, passend zum jeweiligen Objekt, Befehle ausgewählt werden können.
Tastatur	Das Menüband kann nicht nur über die Maus, sondern auch über die Tastatur angesteuert werden. Durch das einmalige Betätigen der [Alt]-Taste wird im Menüband die Tastenbelegung für die Menüs angezeigt. Durch Eingabe des im jeweiligen Menü unterstrichenen Buchstabens (z. B. **\<D\>** für **\<Datei\>**) kann es geöffnet werden. Die Eingabe des Befehls erfolgt auf die gleiche Art (z. B. **\<S\>** für **\<Speichern\>**). Auch das Kontextmenü zu einem Objekt oder Element ist per Tastatur aufzurufen. Betätigen Sie hierfür die Anwendungstaste.
Shortcuts	Die schnellste Befehlseingabe erfolgt über Shortcuts. Es handelt sich dabei um Tastenkombinationen, die bereits im Programm festgelegt sind (z. B. [Strg] + [S] für Speichern) oder vom Benutzer nach individuellen Erfordernissen festgelegt werden können.

Befehle in Dialogfenstern

Abbrechen	Die veränderten Einstellungen werden nicht übernommen ([Esc]).	
OK	Die Einstellungen werden gespeichert, das Dialogfenster wird geschlossen.	
Übernehmen	Die Einstellungen werden gespeichert, ohne dass das Dialogfenster geschlossen wird.	
Tastatur	[Tab]-Taste:	Innerhalb des Dialogfensters können Sie mithilfe der [Tab]-Taste von einer Schaltfläche zur nächsten gelangen.
	[Enter]-Taste:	Die jeweils hervorgehobene Schaltfläche wird betätigt.
	[Alt]-Taste:	Direkten Zugriff zu einzelnen Schaltflächen haben Sie, wenn Sie die [Alt]-Taste gedrückt halten und gleichzeitig den jeweils unterstrichenen Buchstaben eingeben.
	[Pfeil]-Tasten:	Einstellungen der angewählten Optionen und Wechsel zum nächsten Register
	[+]-Taste:	Aktivierung eines Optionsfeldes
	[−]-Taste:	Deaktivierung eines Optionsfeldes

2.1.6 Taskleiste

Aufgabe Ändern Sie die Einstellungen für die Taskleiste, indem Sie die Kontrollfelder, wie unten dargestellt, aktivieren.

Um die Eigenschaften des Startmenüs zu verändern, rufen Sie das Dialogfenster <Eigenschaften von Taskleiste und Startmenü> auf:

<Start> → <Einstellungen> → <Taskleiste und Startmenü>

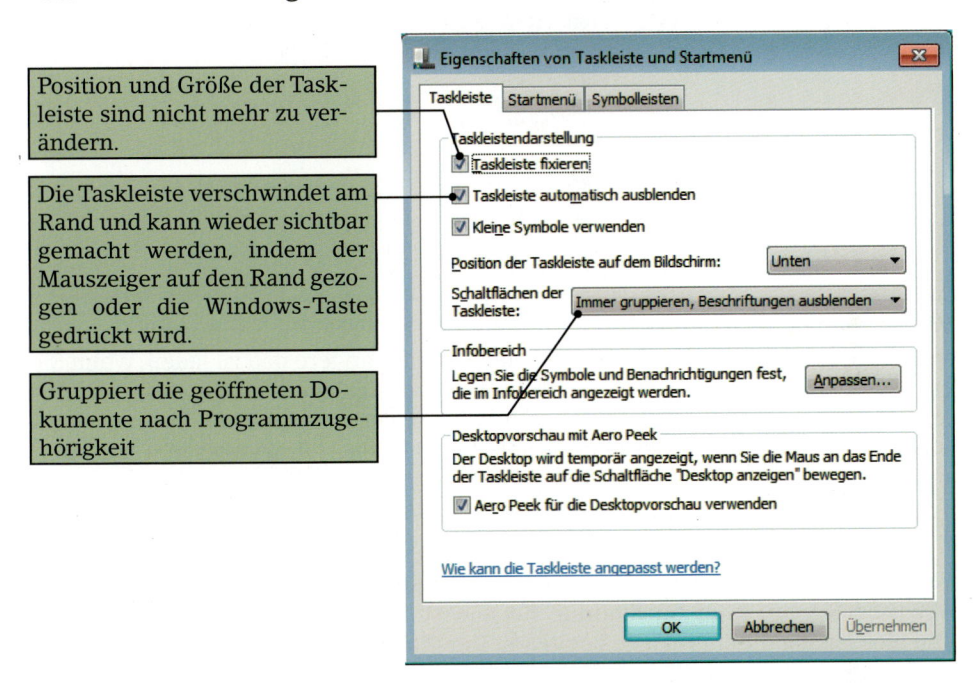

- Position und Größe der Taskleiste sind nicht mehr zu verändern.
- Die Taskleiste verschwindet am Rand und kann wieder sichtbar gemacht werden, indem der Mauszeiger auf den Rand gezogen oder die Windows-Taste gedrückt wird.
- Gruppiert die geöffneten Dokumente nach Programmzugehörigkeit.

Aufgaben
1. Öffnen Sie in **WordPad** die von Ihnen erstellte Textdatei *desktop*.
2. Lassen Sie die Programme **WordPad** und **Paint** zunächst als Vollbild anzeigen und springen Sie per Multitasking zwischen den Anwendungen hin und her.
3. Lassen Sie die Programme **WordPad** und **Paint** nebeneinander anzeigen und springen Sie per Mausklick zwischen den Anwendungen hin und her.

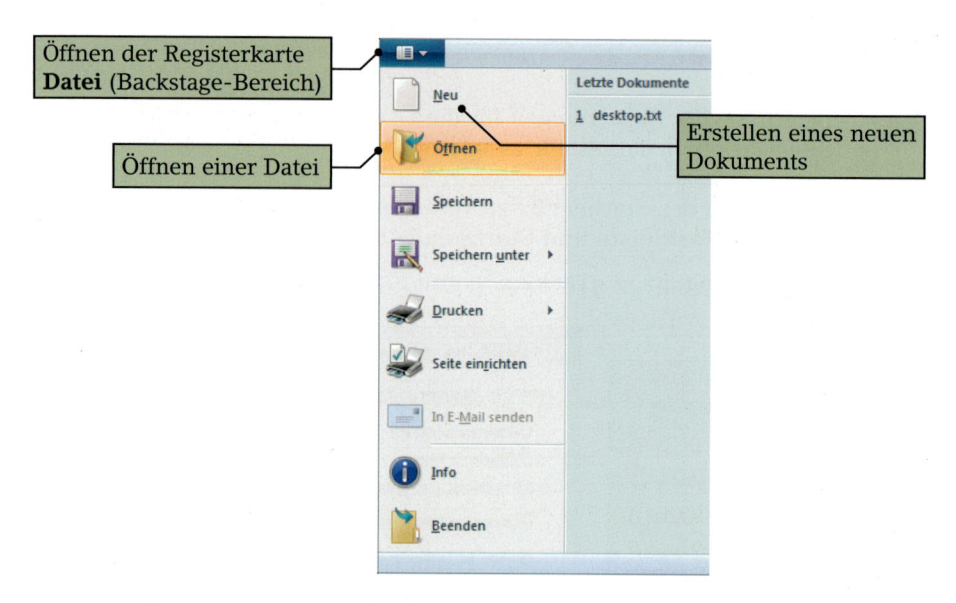

Wollen Sie von einer Anwendung in eine andere wechseln, so müssen Sie nicht jedes Mal das laufende Programm beenden, um das andere neu zu laden. Wenn Sie ein weiteres Programm starten, so bleibt die bereits geladene Anwendung im Hintergrund aktiv und Sie können durch Anklicken der entsprechenden Programmschaltflächen auf der Taskleiste zwischen den geladenen Programmen wechseln.

Multitasking

Wenn Sie mehrere Anwendungen – z. B. **WordPad** und **Paint** – geöffnet haben, wechseln Sie von einer Anwendung zur nächsten, indem Sie Alt gedrückt halten und gleichzeitig die Tab-Taste betätigen. Der Titel der jeweils offenen Anwendung wird gezeigt. Erscheint die von Ihnen gewünschte Anwendung, so lassen Sie Alt los und das Programm wird auf dem Bildschirm dargestellt.

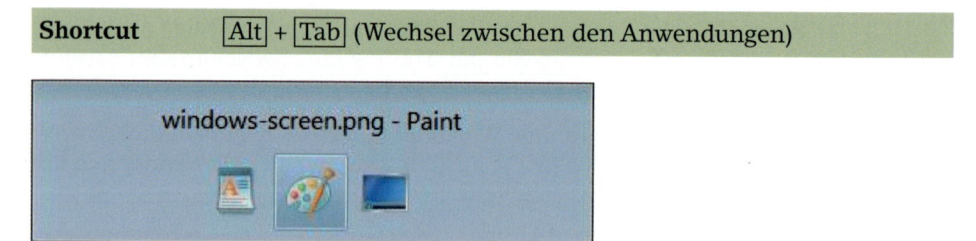

> **Shortcut** Alt + Tab (Wechsel zwischen den Anwendungen)

2.1.7 Zwischenablage

Aufgabe Schneiden Sie einen Teil des von Ihnen in **Paint** eingefügten Screenshots aus, importieren Sie ihn in die von Ihnen erstellte Textdatei und sichern Sie Ihre Arbeit durch erneutes Speichern. Drucken Sie anschließend die Datei aus.

Computerbenutzung und Dateimanagement unter Windows 7

Markieren Sie im <Paint>-Fenster mithilfe der im Menüband abgebildeten Schaltfläche <Auswahl> einen beliebigen Teil des Screenshots und wählen Sie anschließend in der Gruppe <Bearbeiten> den Befehl <Ausschneiden>. Das ausgeschnittene Bild befindet sich jetzt in der Zwischenablage und kann an einer beliebigen Stelle wieder eingefügt werden. Um es in den Text einzufügen, wechseln Sie wieder per Multitasking in die von Ihnen geöffnete Textdatei. Bewegen Sie den Cursor an die Stelle, an der das Bild eingefügt werden soll, und wählen Sie dann den Befehl <Einfügen> in der Gruppe <Zwischenablage>. Wenn Sie auf die oben beschriebene Art eine Grafik, einen Text oder eine Tabelle in der Zwischenablage speichern, so werden die Daten im Ausgangsdokument gelöscht. Sollen sie dort erhalten bleiben, so wählen Sie statt <Ausschneiden> den Befehl <Kopieren>.

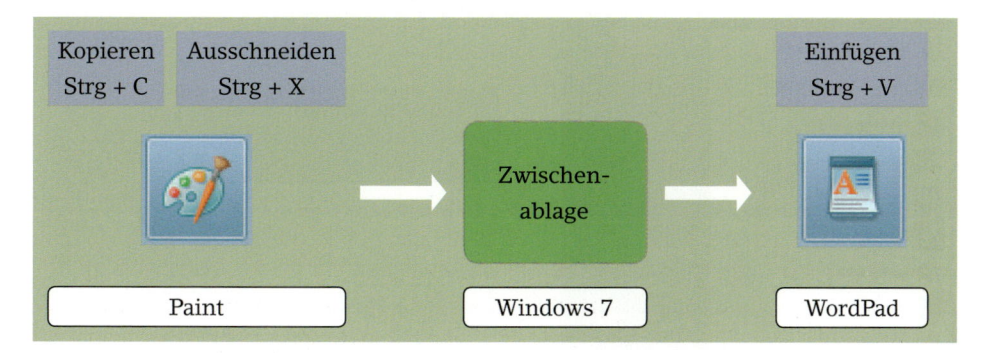

Kopieren Strg + C	Ausschneiden Strg + X		Einfügen Strg + V
Paint	Zwischen- ablage Windows 7		WordPad

Da es sich bei dem Editor um ein reines Textprogramm handelt, können keine Bilder eingefügt werden. **WordPad** ermöglicht weitergehende Textformatierungen und kann Bilder und Grafiken aufnehmen.

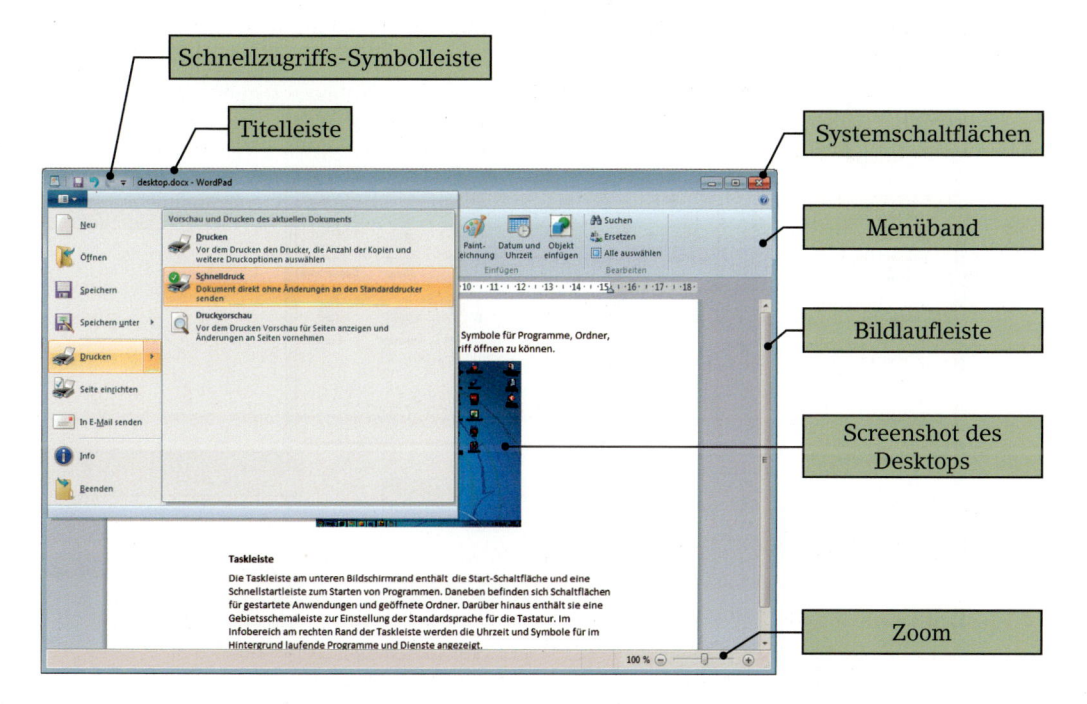

Beschriftungen:
- Schnellzugriffs-Symbolleiste
- Titelleiste
- Systemschaltflächen
- Menüband
- Bildlaufleiste
- Screenshot des Desktops
- Zoom

469589

2.2 Der Explorer
2.2.1 Laufwerke, Ordner und Dateien

Aufgabe Probieren Sie mehrere Möglichkeiten aus, den Windows-Explorer zu öffnen.

1. **<Start>** → **<Programme>** → **<Zubehör>** → **<Windows-Explorer>**
2. rechte Maustaste auf **<Start>** → **<Windows-Explorer öffnen>**
3. Windows-Taste + E
4. **< Start>** → **<Ausführen>** → Eingabe: *Explorer*
5. **<Start>** → Benutzername

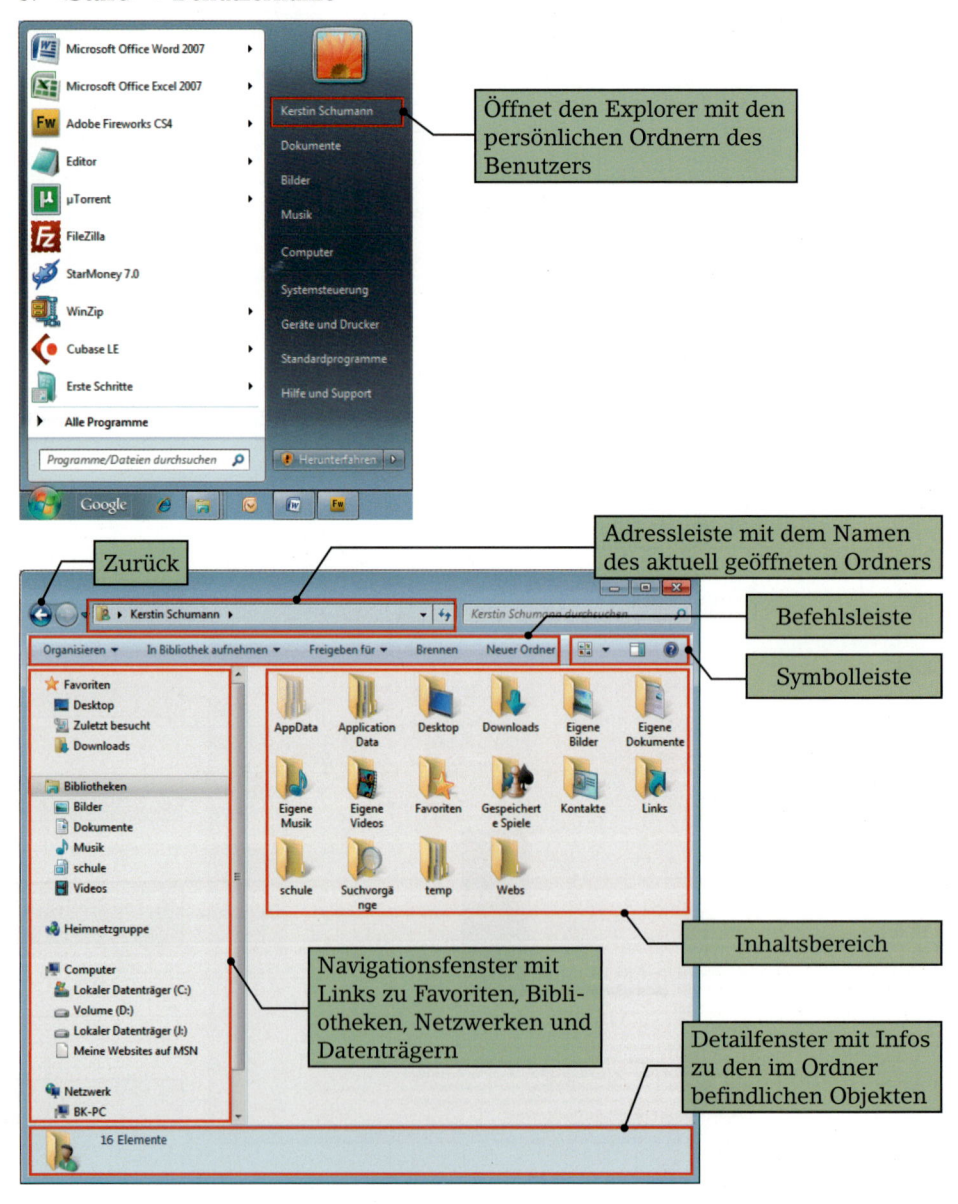

Öffnet den Explorer mit den persönlichen Ordnern des Benutzers

Zurück

Adressleiste mit dem Namen des aktuell geöffneten Ordners

Befehlsleiste

Symbolleiste

Inhaltsbereich

Navigationsfenster mit Links zu Favoriten, Bibliotheken, Netzwerken und Datenträgern

Detailfenster mit Infos zu den im Ordner befindlichen Objekten

Computerbenutzung und Dateimanagement unter Windows 7

Navigation

Im linken Fenster des Explorers (Navigationsfenster) sehen Sie eine hierarchische Struktur, die auf der obersten Ebene mit den Favoriten beginnt. Die Favoriten stellen eine Linksammlung dar, die Sie beliebig um die Ordner erweitern können, die von Ihnen am häufigsten benutzt werden. Unter den Favoriten sind die Bibliotheken angeordnet. Es handelt sich dabei um Ordner, die Ihre persönlichen Dateien und weitere Unterordner enthalten.

Ob ein Ordner Unterordner enthält, ist an dem kleinen Dreieck vor dem jeweiligen Ordner zu erkennen. Mit einem Klick auf ein Dreieck wird eine weitere Navigationsebene mit Unterordnern im Navigationsfenster angezeigt.

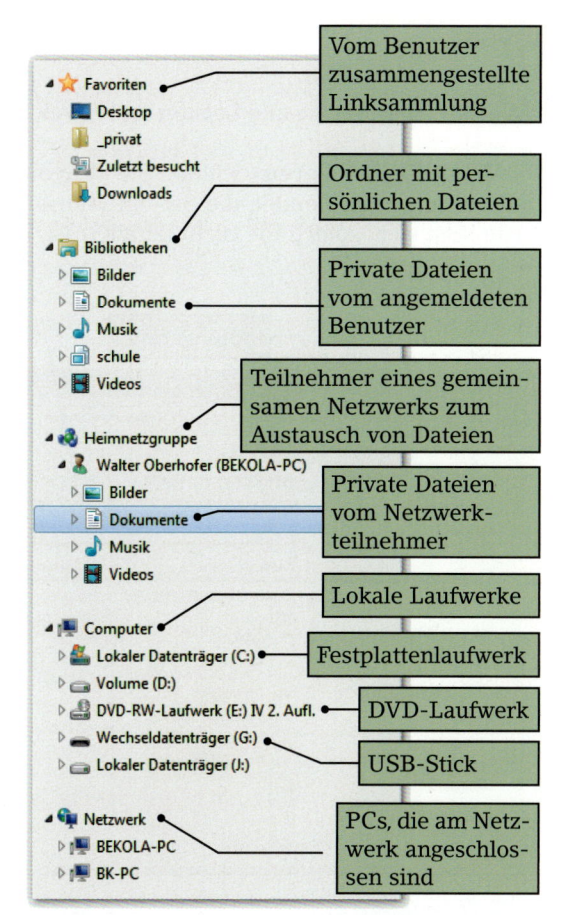

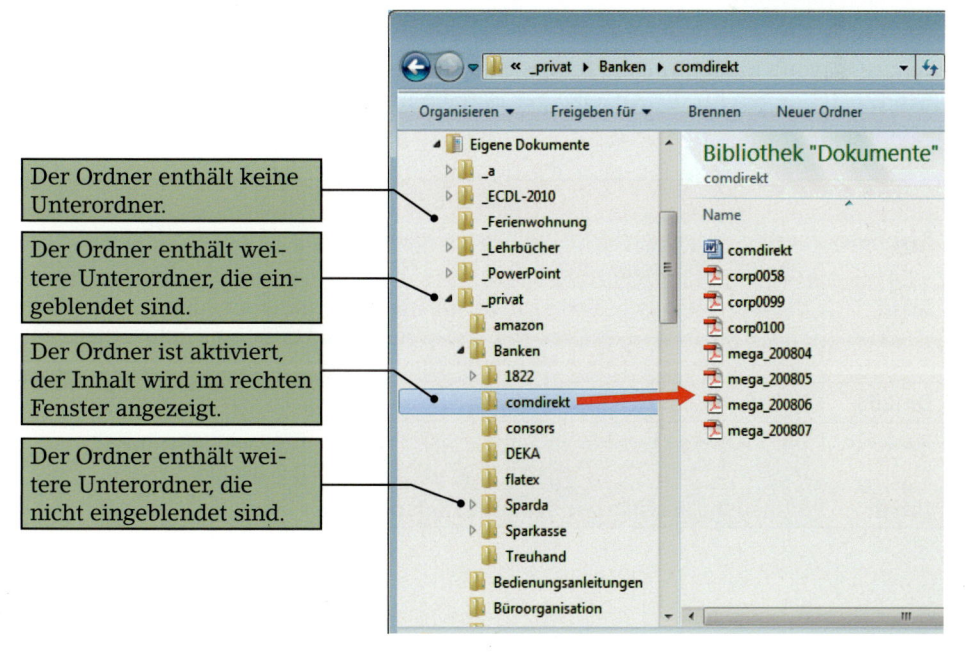

Beschriftungen der Abbildung:
- Favoriten → Vom Benutzer zusammengestellte Linksammlung
- Downloads → Ordner mit persönlichen Dateien
- Bibliotheken / Dokumente → Private Dateien vom angemeldeten Benutzer
- Heimnetzgruppe → Teilnehmer eines gemeinsamen Netzwerks zum Austausch von Dateien
- Walter Oberhofer (BEKOLA-PC) / Dokumente → Private Dateien vom Netzwerkteilnehmer
- Computer → Lokale Laufwerke
- Lokaler Datenträger (C:) → Festplattenlaufwerk
- DVD-RW-Laufwerk (E:) IV 2. Aufl. → DVD-Laufwerk
- Wechseldatenträger (G:) → USB-Stick
- Netzwerk / BEKOLA-PC / BK-PC → PCs, die am Netzwerk angeschlossen sind

Beschriftungen der unteren Abbildung (Ordnerstruktur _privat ▸ Banken ▸ comdirekt):
- Der Ordner enthält keine Unterordner. (_Ferienwohnung)
- Der Ordner enthält weitere Unterordner, die eingeblendet sind. (_privat)
- Der Ordner ist aktiviert, der Inhalt wird im rechten Fenster angezeigt. (comdirekt)
- Der Ordner enthält weitere Unterordner, die nicht eingeblendet sind. (Sparda)

Layout

Aufgabe Blenden Sie alle Leisten und Bereiche des Explorers ein.

Im Menü **<Organisieren>** wählen Sie **<Layout>**. Es wird eine Liste von Bereichen und Leisten eingeblendet, die Sie mit Mausklick auswählen können. Die Befehlsleiste lässt sich, sofern Sie nicht aktiviert ist, mit der Alt-Taste ein- und ausblenden.

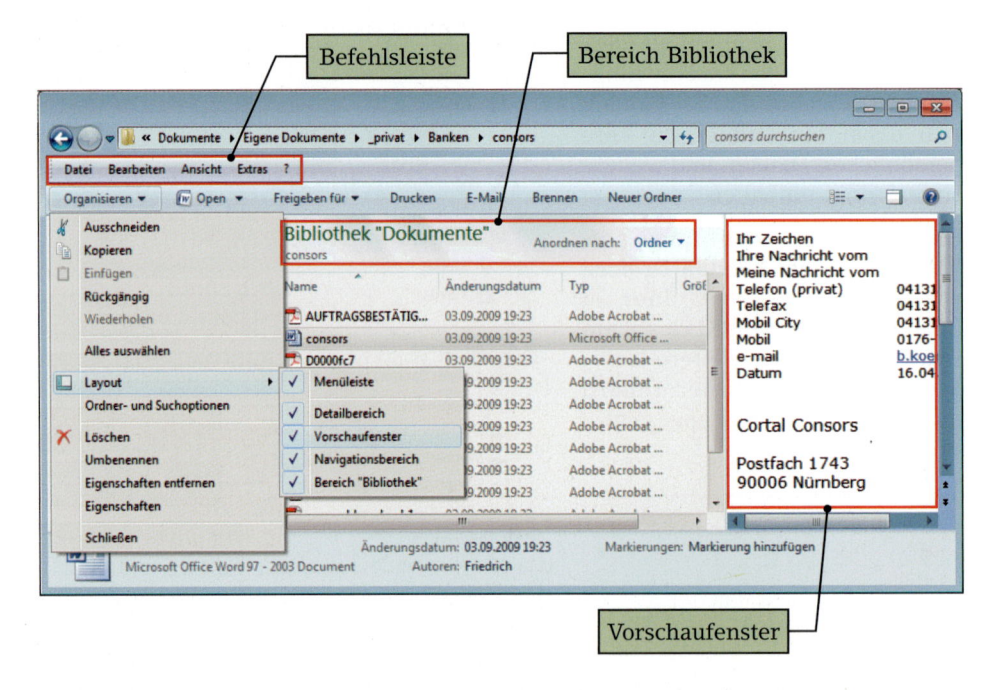

Weitere Layout-Einstellungen finden Sie im Menü **<Ansicht>**. Hier können Sie auch Einstellungen für die Anzeige der Dateien im Inhaltsbereich (rechtes Fenster) vornehmen.

Ansicht	
Symbole	besonders geeignet für Bilddateien, da hier der Inhalt anstelle eines Symbols angezeigt wird
Liste	Die Anzeige beschränkt sich auf ein kleines Symbol und den Dateinamen (besonders geeignet, wenn man in einem Ordner mit sehr vielen Elementen eine Übersicht bekommen möchte).
Details	Eigenschaften der Elemente werden in mehreren Spalten angezeigt.
Kacheln	Die Elemente werden als mittelgroße Symbole angezeigt. Zusätzliche Informationen über Dateityp und- größe werden eingeblendet.
Inhalt	enthält die wichtigsten Eigenschaften der Elemente in Zeilendarstellung

Computerbenutzung und Dateimanagement unter Windows 7

Weitere Ansichtsoptionen erhalten Sie, wenn Sie im Menü **<Organisieren>** den Befehl **<Ordner und Suchoptionen>** aufrufen. Im Register **<Ansicht>** können Sie u. a. die standardmäßig ausgeblendeten Dateinamenerweiterungen anzeigen lassen.

Hinweis: Die nachfolgenden Dateisymbole sind abhängig von den Programmen, mit denen die Dateien standardmäßig geöffnet werden.

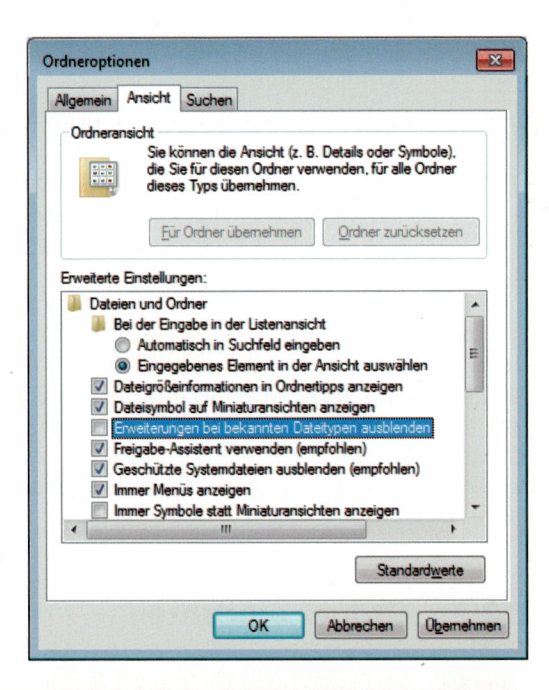

Endung		Dateiart
*.pptx		PowerPoint-Präsentationen
*.accdb		Access-Datenbanken
*.xlsx		Arbeitsmappen des Tabellenkalkulationsprogramms Excel
*.ods		OpenOffice-Kalkulationsdatei
*.htm		Webseiten für das Internet
*.docx		Textdateien, die mit Word oder Wordpad erstellt wurden
*.odt		OpenOffice-Textdatei
*.bmp		Bilddateien, die als Bitmaps, z. B. mit Paint, gespeichert wurden
*.jpg		komprimierte Bilddatei
*.rtf		Format, das von vielen Textverarbeitungsprogrammen unterstützt wird
*.exe		ausführbare Dateien (Programme)
*.pdf		Portabel Document-Format, das mit einem frei verfügbaren Reader (z. B. Acrobat) geöffnet werden kann
*.mp3		komprimierte Audiodatei
*.tmp		temporäre Dateien zur vorübergehenden Nutzung
*.avi		Videodateien

Aufgabe: Nehmen Sie im Menü **<Ansicht>** die folgenden Einstellungen als Standardeinstellungen vor:
1. Details der Ordner und Dateien im Inhaltsfenster anzeigen
2. Details: Name, Änderungsdatum, Typ, Ordner, Größe und Pfad
3. Statusleiste anzeigen (Die Statusleiste enthält Informationen über die Anzahl der ausgewählten Elemente.)
4. Lassen Sie die Elemente nach Ordnern ordnen und nach Namen aufsteigend gruppieren.

Im Inhalts-Fenster werden bei eingestellter Detailansicht Spalten mit Informationen über die Objekte angezeigt. Über den Befehl **<Ansicht>** → **<Details auswählen...>** werden Ihnen diverse Informationskategorien zur Auswahl angeboten. Die Spalten lassen sich alternativ auch über das Kontextmenü ein- und ausblenden. Mit einem Mausklick auf einen der Spaltenköpfe werden die Dateien nach dem Spaltenkriterium in aufsteigender und bei erneutem Klick in absteigender Reihenfolge sortiert.

2.2.2 Ordner einrichten

Situation: Da bisher kein Ordnungssystem für die persönlichen Dateien existiert, wird es zunehmend schwieriger, gespeicherte Dateien wiederzufinden.

Aufgabe: Schaffen Sie in der Bibliothek *Dokumente* ein persönliches Ordnungssystem für die Dateien, die im Rahmen des ECDL-Führerscheins verwendet und erstellt werden.

Durch Anklicken des Symbols **<Dokumente>** im Navigationsfenster (linkes Fenster) aktivieren Sie die Bibliothek. Die Ordner auf der Ebene unterhalb der Bibliothek werden angezeigt. Sie können jetzt in der Befehlsleiste **<Neuer Ordner>** wählen, um einen neuen Ordner für *ECDL* einzurichten. Um Unterordner erstellen zu können, müssen Sie zunächst den neu erstellten Ordner *ECDL* aktivieren. Anschließend richten Sie mit dem gleichen Befehl wie oben die Unterordner entsprechend der Abbildung ein.

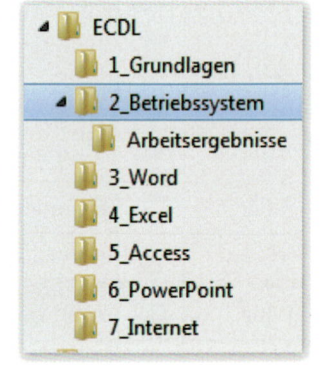

```
▲ 📁 ECDL
    📁 1_Grundlagen
  ▲ 📁 2_Betriebssystem
        📁 Arbeitsergebnisse
    📁 3_Word
    📁 4_Excel
    📁 5_Access
    📁 6_PowerPoint
    📁 7_Internet
```

Online-Speicherung

Wenn Sie von unterschiedlichen Arbeitsplätzen außerhalb eines lokalen Netzwerks auf Ihre Dateien zugreifen möchten, so empfiehlt sich eine Onlinespeicherung. Sie benötigen dafür Speicherplatz auf einem Webserver, auf den Sie passwortgeschützt von überall mit einer Internetverbindung bequem zugreifen können. Eine Onlinespeicherung erlaubt standortunabhängig mehreren Teilnehmern die gemeinsame Nutzung von Daten.

Computerbenutzung und Dateimanagement unter Windows 7

2.2.3 Suchen

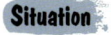

Situation: Kerstin hat eine Datei irgendwo auf dem Computer gespeichert, weiß aber nicht mehr wo. Sie weiß nur, dass es sich um einen Vertrag handelt.

Um die Suchfunktion von Windows 7 zu nutzen, sollten Sie zunächst im Navigationsfenster auf den Ordner oder das Laufwerk klicken, das Sie durchsuchen lassen wollen. Anschließend geben Sie den Suchbegriff in das Suchfeld oben rechts ein. Windows sucht nun sowohl in den Dateinamen als auch im Dateiinhalt nach dem eingegebenen Begriff. Wenn das Wort Vertrag eingegeben wurde, so wird nach allen Dateien gesucht, in denen der Begriff in irgendeiner Form vorkommt (Vertrag, vertrag, Kaufvertrag, Vertragsgrundlagen ...). Sie können die Suche mithilfe von Filtern einschränken. Beachten Sie, dass die Suchparameter der „Erweiterten Suche" additiv wirken. Das bedeutet, bei Eingabe mehrerer Suchkriterien wie Datum, Dateigröße und Name, werden nur solche Treffer angezeigt, auf die alle Kriterien zutreffen. Die Suche nach einem bestimmten Dateityp können Sie durch die Eingabe eines Platzhalters (z. B. *.docx) filtern.

Zeichen	Bedeutung	Eingabe	Suchergebnisse
*	Platzhalter für eine Zeichenfolge, die aus einer beliebigen Menge an beliebigen Zeichen bestehen darf	Tan*e	Tante, Tanke, Tangente
?	Platzhalter für genau ein Zeichen	Tan?e	Tante, Tanke

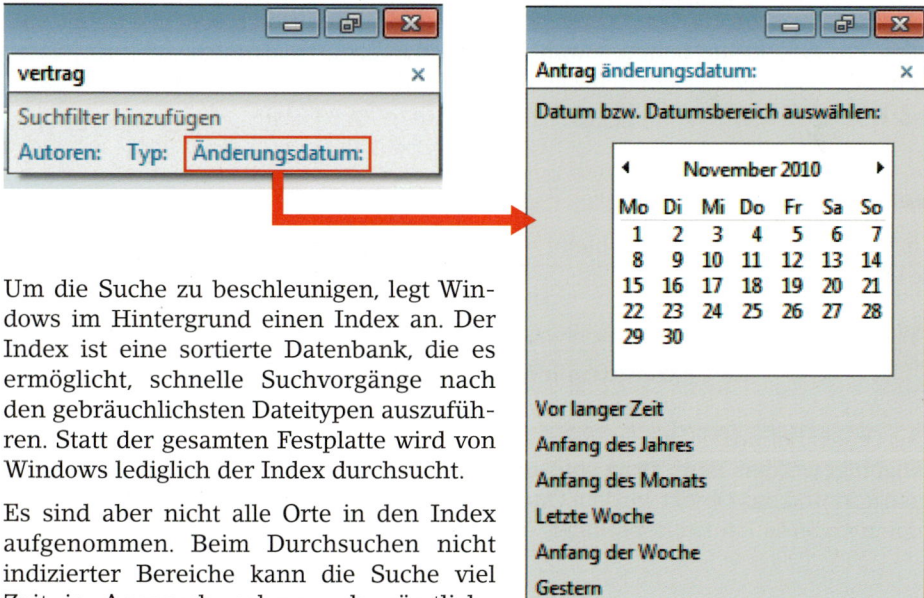

Um die Suche zu beschleunigen, legt Windows im Hintergrund einen Index an. Der Index ist eine sortierte Datenbank, die es ermöglicht, schnelle Suchvorgänge nach den gebräuchlichsten Dateitypen auszuführen. Statt der gesamten Festplatte wird von Windows lediglich der Index durchsucht.

Es sind aber nicht alle Orte in den Index aufgenommen. Beim Durchsuchen nicht indizierter Bereiche kann die Suche viel Zeit in Anspruch nehmen, da sämtliche Dateien an diesen Orten überprüft werden müssen. Sie können einen Ordner dem Index hinzufügen, indem Sie ihn in die Bibliothek aufnehmen.

2.2.4 Kopieren/Verschieben

Kopieren

> **Situation** Kerstin will ein Duplikat der Datei *Grundlagen* erstellen.

> **Aufgabe** Kopieren Sie die Datei in den Ordner *3_Word*.

Markieren Sie im Inhaltsfenster das zu kopierende Objekt und geben Sie den Kopierbefehl ein.

| Maus | <Bearbeiten> → <Kopieren> oder <Kontextmenü> → <Kopieren> | Shortcut | Strg + C |

Das Objekt befindet sich jetzt in der Zwischenablage und kann eingefügt werden. Aktivieren Sie dazu den Zielordner und geben Sie den Befehl zum Einfügen ein.

| Maus | <Bearbeiten> → <Einfügen> oder <Kontextmenü > → <Einfügen> | Shortcut | Strg + V |

Ein anderer Weg, ein Objekt zu kopieren, führt über das Menü **<Bearbeiten> → <In Ordner kopieren>**. In dem eingeblendeten Dialogfenster können Sie direkt den Zielordner bzw. das Ziellaufwerk angeben.

Ein Objekt kann auch per **Drag-and-drop** kopiert werden. Dazu muss nicht nur das zu kopierende Objekt (Anzeige rechts im Inhaltsfenster), sondern auch das Ziel (Anzeige links im Navigationsfenster) auf dem Bildschirm zu sehen sein. Sie klicken das Objekt an, halten sowohl die linke Maustaste als auch die Strg -Taste gedrückt und ziehen es in den Zielordner. Wenn es sich bei dem Ziel um ein Laufwerk handelt, so muss die Strg -Taste nicht betätigt werden.

Verschieben

Im Gegensatz zum Kopieren bleibt das Objekt beim Verschieben nicht an der Quelle erhalten.

| Maus | <Bearbeiten> → <Ausschneiden> oder <Kontextmenü> → <Ausschneiden> | Shortcut | Strg + X |

Das Objekt befindet sich jetzt in der Zwischenablage und kann analog zum Kopieren eingefügt werden. Beim **Drag-and-drop**-Verfahren halten Sie die Strg -Taste nicht gedrückt und das Objekt wird im Quellordner gelöscht, sofern sich das Ziel nicht auf einem anderen Laufwerk befindet.

Computerbenutzung und Dateimanagement unter Windows 7

Verknüpfung

Eine Verknüpfung ist ein Verweis auf eine Datei. Das bedeutet, die Datei kann über die Verknüpfung aufgerufen werden mit dem Vorteil, dass nicht die komplette Datei kopiert werden muss, um sie an anderer Stelle verfügbar zu machen. Um eine Datei per Drag-and-drop zu verknüpfen, halten Sie beim Ziehen mit der Maus Alt oder Strg + Shift gedrückt. Mit Verknüpfungen können Mehrfachspeicherungen vermieden und damit Ressourcen gespart werden, da die Speicherkapazität der Festplatte geschont wird.

Wenn eine Programmdatei durch Ziehen mit der Maus kopiert werden soll, so muss gleichzeitig die Strg -Taste gedrückt werden, da sonst im Gegensatz zum Kopieren anderer Dateien nur eine Verknüpfung erstellt wird.

Situation Kerstin will ihren Desktop aufräumen und den Bedürfnissen entsprechend gestalten. Programme, die häufig benutzt werden, sollen von dort gestartet werden können und weniger häufig verwendete Programme oder Dateien sollen vom Desktop gelöscht werden.

Aufgaben
1. Stellen Sie auf dem Desktop eine Verknüpfung zu den Programmen **WordPad** und **Paint** her.
2. Legen Sie eine Verknüpfung zur Datei *Grundlagen* auf dem Desktop ab.
3. Fügen Sie dem Favoritenordner den von Ihnen erstellten Ordner *ECDL* hinzu.
4. Löschen Sie die Verknüpfungen zu **WordPad, Paint** sowie *Grundlagen* und gestalten Sie den Desktop nach Ihren Bedürfnissen.

<Start> → <Programme> → <Zubehör> → **Paint** mit der Maus auf den Desktop ziehen

Kontrollieren Sie das Ergebnis, indem Sie im Explorer den Ordner *Windows* öffnen und anschließend den Ordner *Desktop* anzeigen lassen. Es muss sich dort die Datei *Paint* als Verknüpfung (Größe 1 KB) befinden. Mit der Entf -Taste lassen sich die Dateien wieder vom Desktop löschen, ohne die Ursprungsdatei zu entfernen.

Ziehen Sie einen Ordner mit der Maus in die Favoritenliste und es entsteht eine Verknüpfung zu dem von Ihnen gewählten Ordner. Mit der rechten Maustaste lässt sich die Verknüpfung wieder entfernen.

2.2.5 Markieren

Maus	Wenn Sie mehrere Objekte gleichzeitig kopieren oder verschieben wollen, so müssen Sie die entsprechenden Dateien/Ordner zunächst markieren, indem Sie im Verzeichnisfenster eine Datei anklicken, die [Strg]-Taste gedrückt halten und weitere Objekte anklicken. Liegen die Elemente direkt beieinander, so können Sie auch nur das erste und letzte Objekt anklicken und dabei die [Shift]-Taste gedrückt halten.
Tastatur	Im Explorer springen Sie per [Tab]-Taste von einem Fenster zum anderen. Innerhalb eines Fensters können Sie sich dann mit den [Pfeil]-Tasten weiterbewegen. Zum Markieren nebeneinander liegender Dateien/Ordner halten Sie die [Shift]-Taste gedrückt. Liegen die Dateien nicht nebeneinander, halten Sie die [Strg]-Taste gedrückt, bewegen sich mit den [Pfeil]-Tasten weiter und markieren mit der [Leer]-Taste.

2.2.6 Löschen/Wiederherstellen

Aufgabe Löschen Sie die Datei *Grundlagen* in dem Ordner *ECDL\2_Betriebssystem*.

Aktivieren Sie die Datei und wählen Sie anschließend den Befehl **<Löschen>** im Menü **<Datei>** oder drücken Sie [Entf]. Gelöschte Dateien werden zur Sicherheit im Papierkorb abgelegt und können von dort wieder hergestellt oder endgültig gelöscht werden.

Aufgabe Stellen Sie die Datei *Grundlagen* wieder her.

Klicken Sie im Navigationsfenster auf den Papierkorb und es erscheint im rechten Fenster eine Liste mit gelöschten Dateien. Aktivieren Sie im rechten Fenster die gelöschte Datei Grundlagen und wählen Sie im Menü **<Datei>** den Befehl **<Wiederherstellen>**. Sie können eine Datei nur wiederherstellen, solange sie nicht endgültig durch den Befehl **<Datei>** ➔ **<Papierkorb leeren>** gelöscht ist.

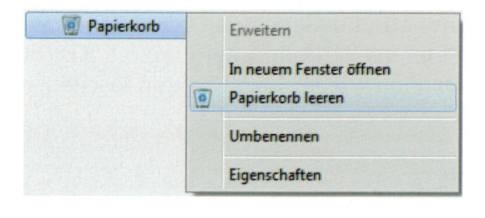

Hinweis: Falls der Papierkorb nicht angezeigt wird, aktivieren Sie **<Organisieren>** ➔ **<Ordner- und Suchoptionen>** ➔ **<Allgemein>** ➔ **<Alle Ordner anzeigen>**.

Computerbenutzung und Dateimanagement unter Windows 7

2.2.7 Umbenennen

Da die Datei *Grundlagen* keine Informationen über das Betriebssystem allgemein, sondern spezielle Informationen über den Umgang mit Fenstern enthält, sollte sie einen anderen Dateinamen erhalten. Ändern Sie den Dateinamen in *desktop*. Klicken Sie mit der rechten Maustaste auf die Datei *Grundlagen*. Wählen Sie im Kontextmenü den Befehl **<Umbenennen>,** geben Sie den neuen Dateinamen *desktop* ein und bestätigen Sie mit Enter. Alternativ zum Kontextmenü können Sie den Befehl über das Menü eingeben: **<Datei>** → **<Umbenennen>**. Achten Sie beim Umbenennen von Dateien darauf, die Dateinamenerweiterung nicht zu verändern, andernfalls kann die Datei vom entsprechenden Ausführungsprogramm nicht erkannt werden. Die Umbenennung von Ordnern erfolgt auf die gleiche Art. „Good Practice" im Zusammenhang mit der Benennung von Dateien und Ordnern ist es, möglichst kurze, aussagekräftige Namen zu verwenden, die die Organisation und das Wiederfinden erleichtern.

Beispiel: Ang-Lech-2010-11-10 (Angebot an die Fa. Lechermann vom 10.11.2010)
Ang-Lech-2010-11-18 (Angebot an die Fa. Lechermann vom 18.11.2010)
Ang-Arn-2010-09-23 (Angebot an die Fa. Arnoldsen vom 23.09.2010)

Denkbar wäre je nach gewünschter Ordnungssystematik auch eine Voranstellung des Datums, wobei hier immer die größere vor der kleineren Einheit stehen sollte (Jahr-Monat-Tag), damit im Explorer eine chronologische Sortierung nach Datum gewährleistet ist.

2.2.8 Datenträger formatieren

Um auf einem Datenträger, z. B. einer Festplatte oder einem Speicherstick, Daten speichern zu können, muss er formatiert sein. Achtung: Beim Formatieren von Datenträgern werden sämtliche darauf gespeicherten Daten gelöscht. Im Kontextmenü (rechte Maustaste) des Datenträgers befindet sich der Befehl **<Formatieren>**.

2.2.9 Eigenschaften

Um Informationen über ein Objekt (Datenträger, Ordner oder Datei) zu erhalten, klicken Sie mit der rechten Maustaste auf das Objekt und wählen **<Eigenschaften>**.

Die Daten werden nicht vollständig gelöscht.

Defragmentieren

Das Windows-Dateisystem speichert Daten in kleinen Fragmenten auf der Festplatte, dort wo gerade Platz frei ist. Die Zugriffsgeschwindigkeit auf die gespeicherten Daten kann erhöht werden, wenn zusammengehörige Fragmente auch zusammen auf der Festplatte zu finden sind. Um die Fragmente neu anzuordnen, müssen Festplatten regelmäßig defragmentiert werden. Windows 7 erledigt diese Arbeit im Hintergrund nach einem von Ihnen festgelegten Zeitplan. **<Eigenschaften>** → **<Tools>** → **<Defragmentieren>** → **<Zeitplan konfigurieren>**

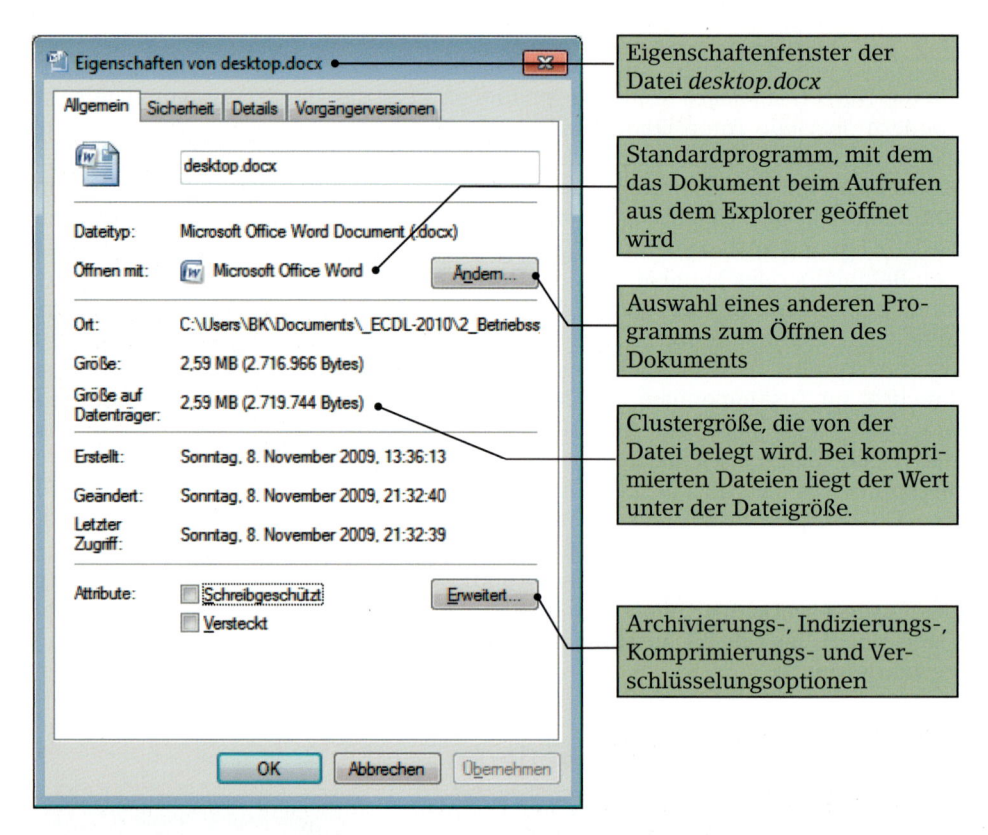

Explorer

Eigenschaften von desktop.docx

- Eigenschaftenfenster der Datei *desktop.docx*
- Standardprogramm, mit dem das Dokument beim Aufrufen aus dem Explorer geöffnet wird
- Auswahl eines anderen Programms zum Öffnen des Dokuments
- Clustergröße, die von der Datei belegt wird. Bei komprimierten Dateien liegt der Wert unter der Dateigröße.
- Archivierungs-, Indizierungs-, Komprimierungs- und Verschlüsselungsoptionen

Eigenschaften von Eigene Bilder

- Der Ordner kann für andere Nutzer des PC oder im Netzwerk für den Zugriff gesperrt oder freigegeben werden.
- Anzahl der Dateien und Ordner, die in diesem Ordner enthalten sind
- Sämtliche Dateien in diesem Ordner erhalten bei Aktivierung des Optionsfeldes einen Schutz vor Überschreibung.
- Die Aktivierung bewirkt nur dann ein Verstecken des Ordners, wenn er zusätzlich unter <**Organisieren**> → <**Ordner- und Suchoptionen**> → <**Ansicht**> ausgeblendet wird.

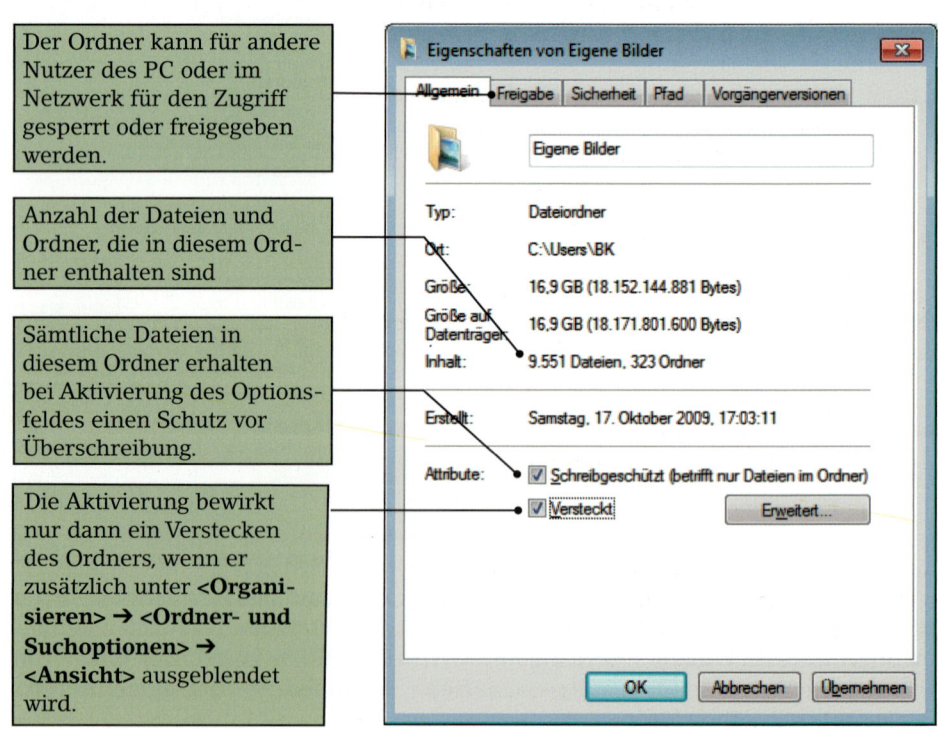

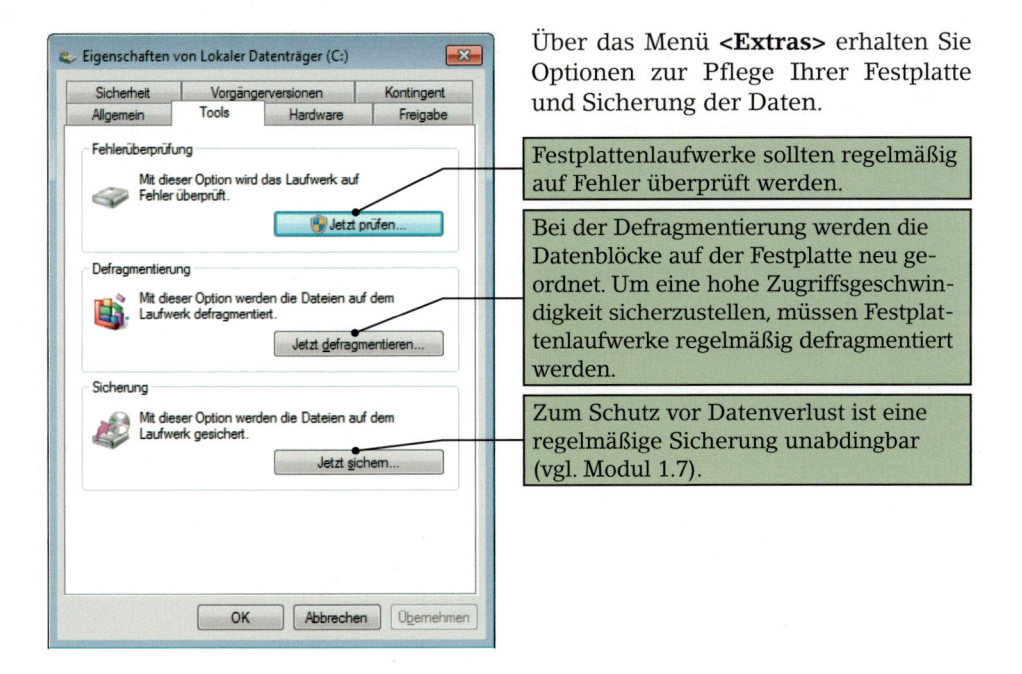

Computerbenutzung und Dateimanagement unter Windows 7

Über das Menü **<Extras>** erhalten Sie Optionen zur Pflege Ihrer Festplatte und Sicherung der Daten.

Festplattenlaufwerke sollten regelmäßig auf Fehler überprüft werden.

Bei der Defragmentierung werden die Datenblöcke auf der Festplatte neu geordnet. Um eine hohe Zugriffsgeschwindigkeit sicherzustellen, müssen Festplattenlaufwerke regelmäßig defragmentiert werden.

Zum Schutz vor Datenverlust ist eine regelmäßige Sicherung unabdingbar (vgl. Modul 1.7).

2.2.10 Komprimierung

Situation: Kerstin will möglichst schnell Bilder per E-Mail an einen Kunden verschicken. Da die Dateien zusammen eine Größe von 12 MB besitzen, müssen sie dafür erst komprimiert werden.

Aufgaben: Installieren Sie das auf der CD als Testversion befindliche Komprimierungsprogramm WinRar. Komprimieren und dekomprimieren Sie Dateien damit und überprüfen Sie den Komprimierungsgrad.

Abk.	Benennung	Größe
1 KB	Kilobyte	1.000 Byte
1 MB	Megabyte	1.000 KB = 1.000.000 Byte
1 GB	Gigabyte	1.000 MB = 1.000.000 KB = 1.000.000.000 Byte

Mit der Komprimierung reduziert man den Umfang von Daten. Insbesondere Sprache und Bilder sind durch immer wiederkehrende Muster (Töne und Laute bei Sprache, Farbflächen bei Bildern) gekennzeichnet. Um diese Eigenschaft auszunutzen und den Platzbedarf für Bilder zu verringern, wurden unterschiedlichste Kompressionsverfahren entwickelt:

▶ **verlustfreie Komprimierung – z. B. RAR**
Eine Komprimierungsmethode, bei der die Originaldaten erhalten bleiben. Packer wie WinRar, WinZip oder ARJ arbeiten mit dieser Methode. Im Allgemeinen ist eine verlustfreie Komprimierung z. B. bei Texten und Tabellen effektiv, während sie bei digitalisierten Videos und gescannten Fotografien nur einen sehr geringen Wirkungsgrad besitzt.

- **verlustreiche Komprimierung** – z. B. JPEG, MPEG und M-JPEG
  Bei verlustbehafteten Komprimierungsmethoden gehen Informationen unwiederbringlich verloren. Diese Verfahren komprimieren sehr stark, können aber nur für Datentypen eingesetzt werden, bei denen Verluste wenig auffallen oder die sich verlustfrei nur schlecht komprimieren lassen, wie Audio-, Video- und Bilddaten. Der Datenverlust hängt vom Grad der Komprimierung ab.

Umgang mit dem Komprimierungsprogramm WinRar

Klicken Sie mit der rechten Maustaste auf die von Ihnen erstellte Datei *windows-screen.bmp*. Es erscheint ein Kontextmenü, in dem Sie auswählen **<Zum Archiv hinzufügen>**. Das Programm erstellt im gleichen Ordner ein Archiv mit dem Namen windows-*screen.rar*. Wenn Sie die Größe der komprimierten Datei mit dem Original vergleichen, werden Sie feststellen, dass die Dateigröße erheblich reduziert worden ist.

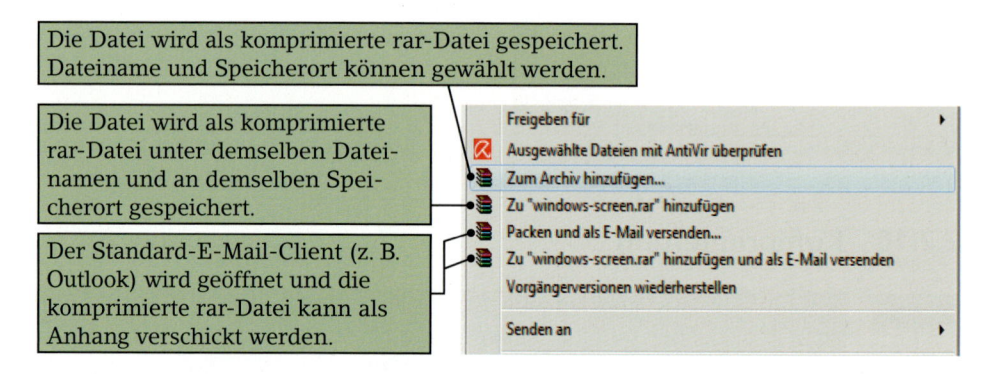

> Die Datei wird als komprimierte rar-Datei gespeichert. Dateiname und Speicherort können gewählt werden.

> Die Datei wird als komprimierte rar-Datei unter demselben Dateinamen und an demselben Speicherort gespeichert.

> Der Standard-E-Mail-Client (z. B. Outlook) wird geöffnet und die komprimierte rar-Datei kann als Anhang verschickt werden.

Löschen Sie die Datei *screenshot.bmp* und Sie können anschließend das Original ohne Datenverlust wiederherstellen, indem Sie die gepackte (komprimierte) Datei entpacken (extrahieren).

<Kontextmenü> → **<Hier entpacken>**

Mit einem Rechtsklick auf ein RarArchiv erhalten Sie im Kontextmenü diverse Möglichkeiten, das Archiv zu entpacken und gleichzeitig zu versenden und zu speichern.

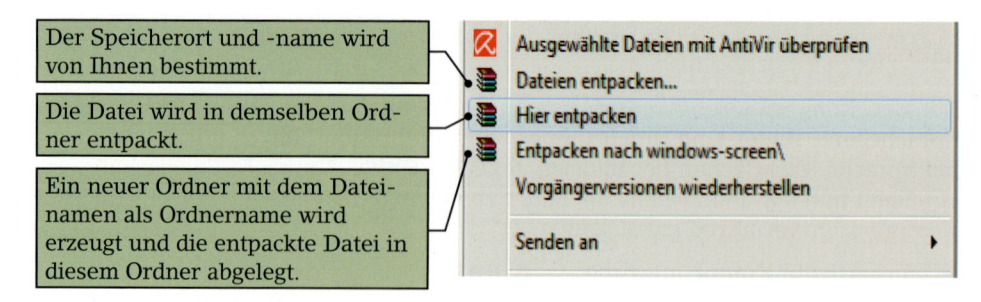

> Der Speicherort und -name wird von Ihnen bestimmt.

> Die Datei wird in demselben Ordner entpackt.

> Ein neuer Ordner mit dem Dateinamen als Ordnername wird erzeugt und die entpackte Datei in diesem Ordner abgelegt.

Hinweis: Falls im Kontextmenü keine WinRar-Befehle erscheinen, sollten Sie die WinRar-Konfiguration ändern: **<Start>** → **<WinRar>** → **<Optionen>** → **<Einstellungen>** → **<Integration>** → **<WinRar in den Explorer integrieren>**.

2.3 Drucker

Situation: In Kerstins Büro wird ein neuer Drucker angeschlossen. Sie macht sich mit den Funktionalitäten des Druckers vertraut.

2.3.1 Drucken

Anwendungsprogramm

Mit dem Befehl **<Datei>** → **<Drucken>** können Sie eine Datei, z. B. *desktop.docx*, direkt aus dem Anwendungsprogramm, in dem sie erzeugt worden ist (z. B. Word-Pad), drucken. Zu den Druckoptionen der Anwendungsprogramme erfahren Sie mehr in den entsprechenden Kapiteln dieses Lehrbuchs.

Kontextmenü

Klicken Sie ein Dateisymbol auf dem Desktop, in einem Ordnerfenster oder im Explorer mit der rechten Maustaste an, so öffnet sich ein Kontextmenü. Wenn Sie hier den Befehl **<Drucken>** wählen, so wird die Datei im Anwendungsprogramm geöffnet, gedruckt, wieder geschlossen und das Anwendungsprogramm automatisch beendet.

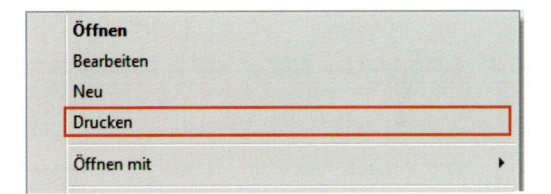

2.3.2 Druckmanagement

Druckmanager

Öffnen Sie den Druckmanager mit einem Doppelklick auf den Drucker.

<Start> → **<Geräte und Drucker>**

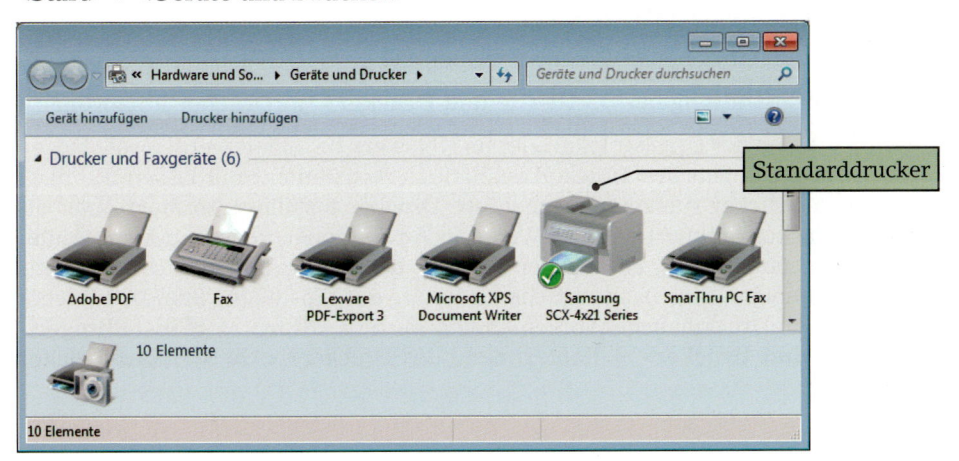

Es werden hier alle noch anstehenden Druckaufträge in einer Schlange gesammelt und abgearbeitet. Sie können den Druck anhalten, wieder fortsetzen oder Druckaufträge löschen (abbrechen).

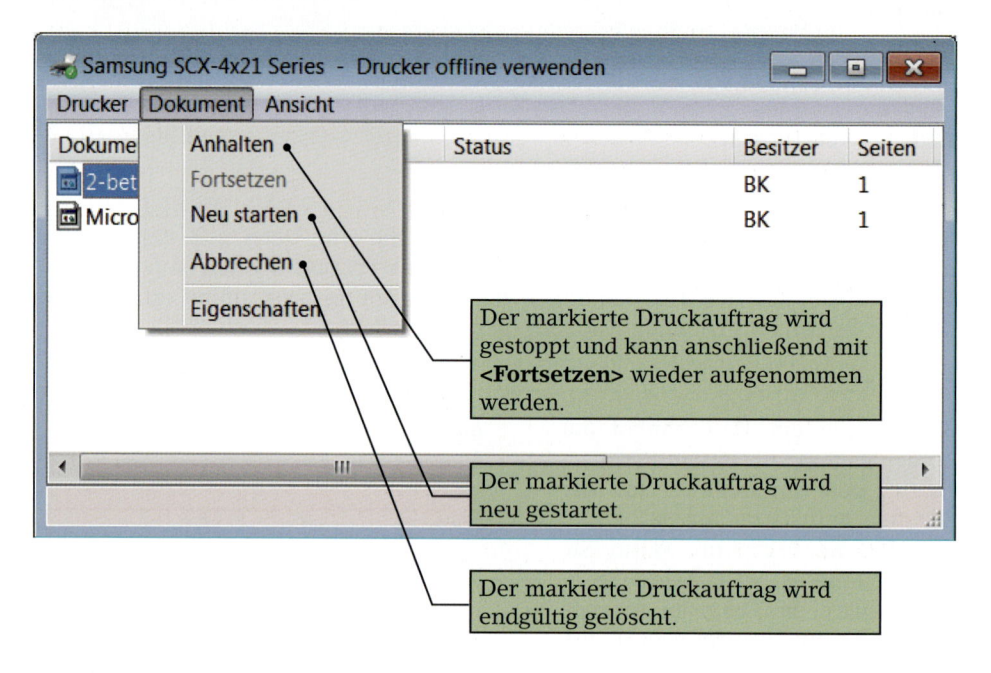

[Screenshot: Samsung SCX-4x21 Series - Drucker offline verwenden. Menü Dokument mit Einträgen Anhalten, Fortsetzen, Neu starten, Abbrechen, Eigenschaften.]

- Der markierte Druckauftrag wird gestoppt und kann anschließend mit **<Fortsetzen>** wieder aufgenommen werden.
- Der markierte Druckauftrag wird neu gestartet.
- Der markierte Druckauftrag wird endgültig gelöscht.

Druckereinstellungen

Um Einstellungen zur Papiergröße, Farbverwaltung, Druckqualität usw. vornehmen zu können, wählen Sie im Druckmanager **<Drucker>** → **<Eigenschaften>** oder aus dem Kontextmenü zum Drucker den Befehl **<Eigenschaften>**. Es wird ein druckerspezifisches Dialogfenster eingeblendet, in dem Sie Einstellungen vornehmen können.

2.3.3 Druckerinstallation

Zur Installation eines neuen Druckers wählen Sie:

<Start> → **<Einstellungen>** → **<Geräte und Drucker>** → **<Drucker hinzufügen>**

Geben Sie an, ob der Drucker lokal oder im Netzwerk installiert werden soll. Folgen Sie den Anweisungen des Druckerinstallations-Assistenten und lassen Sie nach dem neuen Drucker suchen. Sind mehrere Drucker installiert, so muss einer als Standarddrucker definiert werden. Wenn im Anwendungsprogramm keine Änderung vorgenommen wird, ist dies der Drucker, der bei Eingabe des Druckbefehls angesprochen wird. Eine nachträgliche Änderung der Einstellung Standarddrucker kann über den Druckmanager vorgenommen werden: **<Start>** → **<Einstellungen>** → **<Geräte und Drucker>** → Kontextmenü des Druckers **<Als Standarddrucker festlegen>**.

2.4 Sicherheit
2.4.1 Back-ups

Windows besitzt ein Modul zur Erstellung von Sicherheitskopien (Back-ups). Sie starten es über: **<Start>** → **<Alle Programme>** → **<Wartung>** → **<Sichern und Wiederherstellen>**

Im Dialogfenster **<Eigene Dateien Sichern und Wiederherstellen>** können Sie u. A. folgende Einstellungen vornehmen:

- zu sichernde Laufwerke, Ordner und Dateien,
- das Sicherungsziel,
- den Sicherungszeitplan.

Der unter **<Einstellungen ändern>** eingegebene Zeitplan kann hier deaktiviert werden.

Hier lassen sich alte, nicht mehr benötigte Sicherungen löschen.

- Was ist zu sichern?
- Wo wird gesichert?
- Wann wird gesichert?

Sie haben die Wahl, einzelne Dateien und Ordner, sämtliche Benutzer-Dateien oder das System wiederherzustellen.

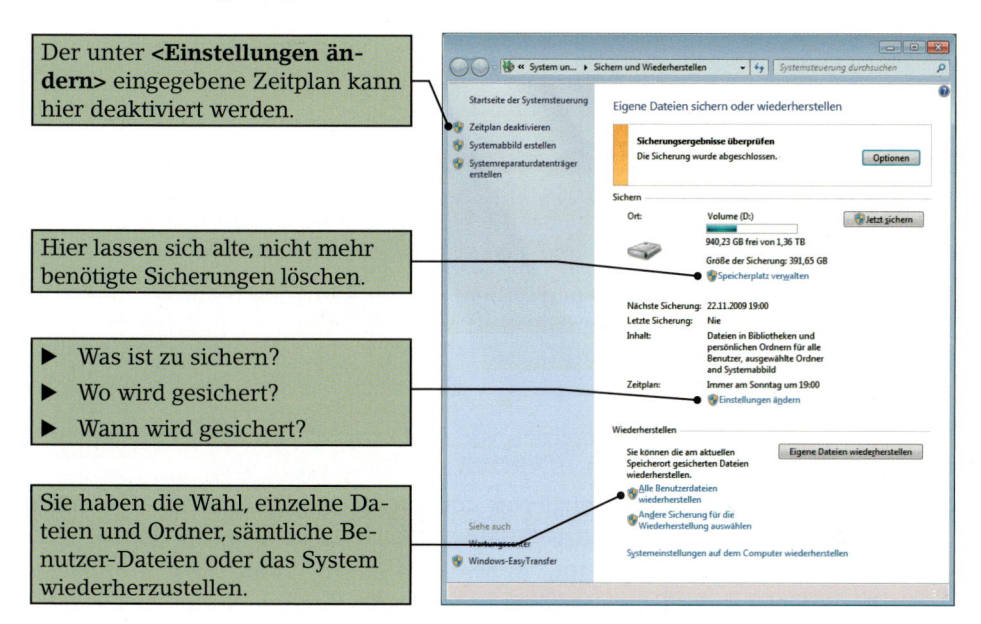

Klicken Sie auf das Register **<Einstellungen ändern>**. Windows bietet an, die Sicherungsdateien automatisch vom Programm festlegen zu lassen oder alternativ durch den Benutzer. Wenn Sie die Dateien selbst festlegen möchten, sollten Sie auf jeden Fall ein Systemabbild einschließen, um im Falle eines Systemdefekts das System wiederherstellen zu können. Die zu sichernden Ordner und Laufwerke wählen Sie über die Kontrollfelder im Dialogfenster **<Sicherung einrichten>**. Um die Ordner zu öffnen, klicken Sie auf den Pfeil links von den Kontrollfeldern.

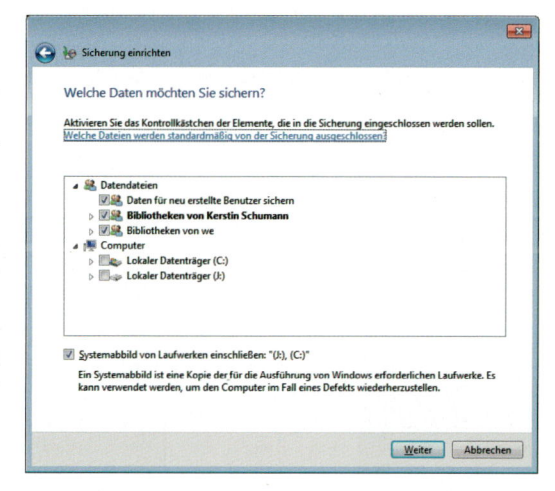

Sicherheit

Nach der Sicherung können Sie die kompletten Daten oder ausgewählte Ordner und Dateien über das Register **<Wiederherstellen>** zurückschreiben lassen. Die Daten sollten, um einen möglichst hohen Sicherheitsstandard zu gewährleisten, auf einem separaten Sicherungsmedium wie z. B. einer Festplatte oder einem Streamer gesichert werden.

Legen Sie hier einen Zeitplan für die regelmäßig vorzunehmenden Sicherungen fest.

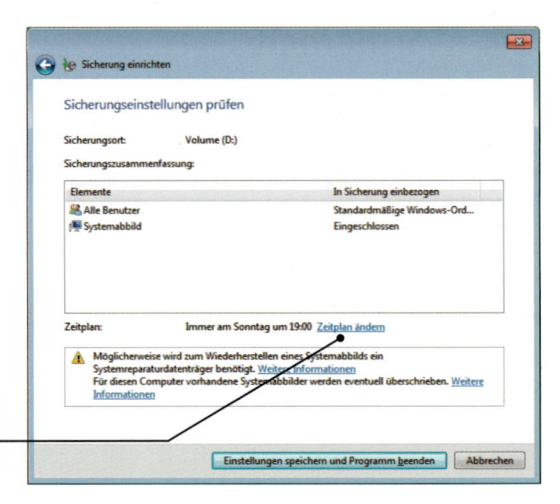

2.4.2 Schutz vor Viren

Situation Die Computer bei CMW verfügen über einen Virenschutz. Kerstin möchte auch ihren privaten PC vor Viren schützen.

Aufgabe Suchen Sie im Internet nach einem kostenlosen Antivirenprogramm (z. B. AntiVir) und installieren Sie es.

Antivirenprogramme

▶ Schutz vor Viren aus dem Internet, vor infizierten E-Mail-Attachments, infizierten Dateien von Disketten, CD-ROMs, aus Netzwerken usw.

▶ Erkennung und Isolation infizierter und verdächtiger Dateien – je nach Einstellung können sie in ein Quarantäneverzeichnis geschoben werden.

▶ Virenentfernung bzw. Reparatur infizierter Dateien: Viren werden entfernt, wobei die Datei in der Regel lauffähig bleibt. Durch Viren zerstörte Dateien werden zunächst physikalisch überschrieben und erst danach gelöscht. Sie lassen sich auch mit Reparaturtools nicht wiederherstellen.

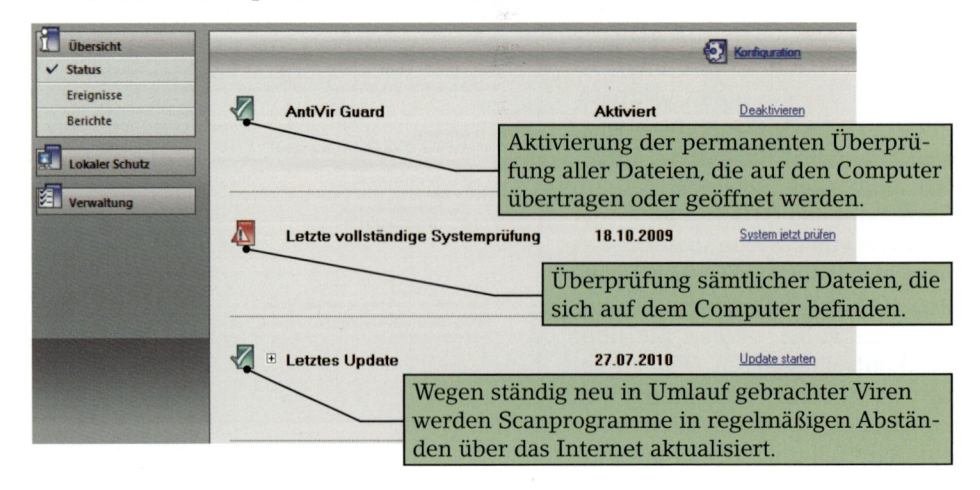

Aktivierung der permanenten Überprüfung aller Dateien, die auf den Computer übertragen oder geöffnet werden.

Überprüfung sämtlicher Dateien, die sich auf dem Computer befinden.

Wegen ständig neu in Umlauf gebrachter Viren werden Scanprogramme in regelmäßigen Abständen über das Internet aktualisiert.

Computerbenutzung und Dateimanagement unter Windows 7

Aufgaben

1. Explorer:
   a) Starten Sie Windows und lassen Sie sich den Explorer als Vollbild darstellen.
   b) Erstellen Sie mit dem Explorer im Ordner Betriebssystem einen Unterordner *Bilder*.
   c) Lassen Sie alle Dateien mit der Erweiterung *bmp* auflisten.
   d) Kopieren (nicht verschieben) Sie eine dieser Dateien in das von Ihnen erstellte Verzeichnis *Bilder*.
   e) Benennen Sie die Datei um in *Bild.bmp*.
   f) Öffnen Sie die Datei mit Paint und kopieren Sie das Bild in die Datei *Desktop*.

2. Taskleiste:
   a) Richten Sie die Taskleiste so ein, dass sie automatisch im Hintergrund, bei Bedarf immer im Vordergrund und mit kleinen Symbolen erscheint.
   b) Lassen Sie nur die Symbolleiste Desktop mit den von Ihnen am häufigsten benutzten Programmen darstellen.
   c) Blenden Sie die Beschriftung (Text) und den Titel aus.

Zusammenfassung

- ▶ Fenster können durch „Ziehen" der Titelleiste verschoben sowie durch „Ziehen" der Ränder und Ecken vergrößert und verkleinert werden.
- ▶ Der Fensterinhalt lässt sich mithilfe der Bildlaufleisten verschieben.
- ▶ Über das Windows-Start-Menü lassen sich Programmgruppen öffnen und Anwendungen aufrufen.
- ▶ Das Öffnen von Menüs und Anwählen von Befehlen in Programmen kann per Mausklick oder über die Tastatur erfolgen.
- ▶ Tastatur: Alt -Taste, unterstrichener Buchstabe
- ▶ Über die Systemsteuerung können Einstellungen den individuellen Bedürfnissen angepasst werden.
- ▶ Das gleichzeitige Ausführen mehrerer Programme bezeichnet man als Multitasking. Mit [Alt] + [Tab] können Sie zwischen den Programmen wechseln.
- ▶ Dateien lassen sich unter einem Dateinamen in Ordnern speichern.
- ▶ Daten können in eine Zwischenablage kopiert und an anderer Stelle (z. B. in einer anderen Datei) wieder eingefügt werden.
- ▶ Im Explorer lassen sich Ordner einrichten, Dateien in Ordner kopieren, löschen, wiederherstellen, umbenennen, sichern und suchen sowie Datenträger formatieren.
- ▶ Über die Hilfefunktion kann man Problemlösungen, Erklärungen, Hilfestellungen oder ein komplettes Lernprogramm aufrufen.

Modul 2: Aufgaben zur Wiederholung (ECDL-Test s. S. 2)

[x] bedeutet die Anzahl richtiger Antworten

1. Wie lässt sich ein ordnungsgemäßer Neustart des Computers durchführen? [1]
   a) Auswahl des entsprechenden Befehls im Startmenü
   b) Entf -Taste betätigen
   c) Ein-/Ausschalter betätigen
   d) Doppelklick auf den Startbutton

2. Eine Anwendung reagiert nicht mehr. Mit welcher Tastenkombination können Sie zum Taskmanager gelangen? [1]
   a) Strg + Alt + Esc
   b) Strg + Alt + Entf
   c) Shift + Alt + Esc
   d) Shift + Alt + Entf

3. Wo finden Sie in der Systemsteuerung Informationen zur Versionsnummer des Betriebssystems? [1]
   a) System und Sicherheit
   b) Netzwerk und Internet
   c) Hardware und Sound
   d) Programme
   e) Benutzerkonten und Jugendschutz
   f) Darstellung und Anpassung
   g) Zeit, Sprache und Region
   h) Erleichterte Bedienung

4. Wo können Sie in der Systemsteuerung Energiespareinstellungen vornehmen? (s. Aufg. 3) [1]

5. Wo können Sie in der Systemsteuerung das Kontobild verändern? (s. Aufg. 3) [1]

6. Wo können Sie in der Systemsteuerung den Computer so einrichten, dass beim Einlegen einer CD der Abspielvorgang automatisch eingeleitet wird? (s. Aufg. 3) [1]

7. Sie möchten den Editor öffnen. Welche Befehlsfolge müssen Sie wählen? [1]
   a) <Start> → <Alle Programme> → <Editor>
   b) <Start> → <Alle Programme> → <Zubehör> → <Editor>
   c) <Start> → <Standardprogramme> → <Editor>
   d) <Start> → <Computer> → <Editor>

8. Mit welcher Taste können Sie einen Screenshot erstellen? [1]
   a) F2
   b) Bild
   c) Druck
   d) Einfg
   e) Entf

9. In welchem Register befindet sich der Befehl zum Speichern? [1]
   a) Datei   b) Bearbeiten   c) Format   d) Ansicht

Computerbenutzung und Dateimanagement unter Windows 7

10. Sie möchten eine Datei auf dem Desktop speichern. Worauf müssen Sie klicken? [1]
    a) 1
    b) 2
    c) 3
    d) 4
    e) 5

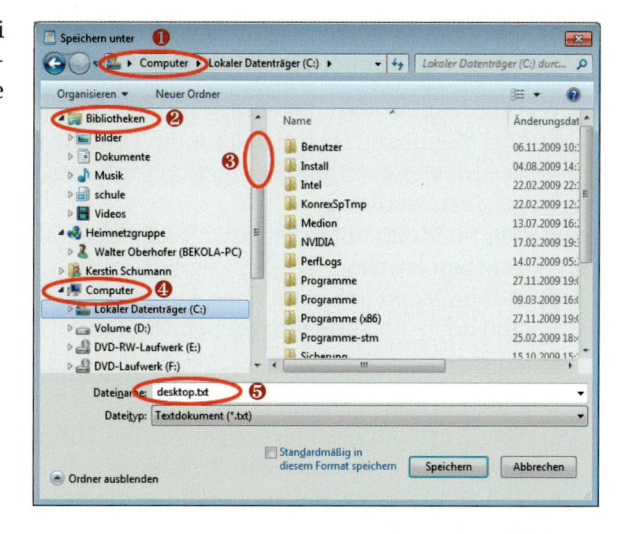

11. Wofür steht das abgebildete Pfeilsymbol auf dem Desktop? [1]
    a) Ordner
    b) Bilddatei
    c) Verknüpfung
    d) Zwischenablage

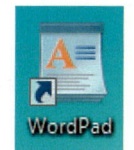

12. Worum handelt es sich bei den abgebildeten Schaltflächen? [1]
    a) Layoutbuttons
    b) Systemschaltflächen
    c) Minimax-Buttons

13. Sie möchten von einer Anwendung zu einer anderen geöffneten Anwendung wechseln. Welcher Befehl führt zu dem gewünschten Ergebnis? [2]
    a) Anklicken des Programms auf der Taskleiste
    b) Anklicken des Programms im Programmordner
    c) Strg + Tab
    d) Alt + Tab
    e) Doppelklick auf den Start-Button

14. Sie haben eine Anwendung geöffnet und in der oberen rechten Ecke des Fensters sehen Sie die abgebildete Schaltfläche. Welche Wirkung hat ein Mausklick auf dieses Symbol? [1]
    a) Die Darstellung des Fensters wird minimiert.
    b) Maximierung der Fensterdarstellung
    c) Das Fenster wird als Teilbild dargestellt.
    d) Ein zweites Fenster mit gleichem Inhalt wird überlappend vor das erste Fenster gestellt.
    e) Das Fenster wird in die Zwischenablage kopiert.

15. Sie möchten ein Fenster, das im Vollbildmodus angezeigt wird, auf eine Teilbildanzeige verkleinern. Wie können Sie vorgehen? [2]
    a) Doppelklick auf die Titelleiste
    b) Systemschaltfläche **<Verkleinern>** anklicken
    c) Kontextmenü der Titelleiste **<Minimieren>**

d) Das Fenster schließen und anschließend wieder öffnen.
e) Doppelklick auf das Bildlauffeld

16. Wie können Sie Menübefehle per Tastatur eingeben? [1]
    a) Das Menüband lässt sich über die Tastatur nicht ansteuern.
    b) Der im Menü unterstrichene Buchstabe muss bei gedrückter Strg-Taste eingegeben werden.
    c) Der im Menü unterstrichene Buchstabe muss bei gedrückter Alt-Taste eingegeben werden.
    d) Der im Menü unterstrichene Buchstabe muss zusammen mit der Strg-Taste und der Alt-Taste eingegeben werden.

17. Ordnen Sie die folgenden Tasten bzw. Schaltflächen den Befehlen in einem Dialogfenster zu. [1]
    a) Die Einstellungsänderungen werden übernommen und das Dialogfenster wird geschlossen.
    b) Die veränderten Einstellungen werden nicht übernommen.
    c) Die Einstellungsänderungen werden übernommen und das Dialogfenster wird nicht geschlossen.
    d) Hervorhebung der nächsten Schaltfläche, ohne sie auszulösen.
    e) Die hervorgehobene Schaltfläche wird betätigt.

    1. Tab
    2. Enter
    3. **\<OK\>**
    4. **\<Übernehmen\>**
    5. Esc

18. Wofür steht der Pfeil vor dem Ordner *Eigene Bilder*? [1]
    a) Der Ordner ist leer.
    b) Der Ordner enthält zwar Dateien, aber keine Unterordner.
    c) Der Ordner enthält Unterordner, die nicht angezeigt werden.
    d) Der Ordner enthält Unterordner, die angezeigt werden.

19. Ordnen Sie die Dateinamenerweiterungen zu. [1]
    a) Nicht komprimierte Audiodatei
    b) Komprimierte Audiodatei
    c) PowerPoint-Präsentation
    d) Access-Datenbank
    e) Format, das von vielen Textverarbeitungsprogrammen unterstützt wird
    f) Ausführbare Datei (Programme)
    g) Datei zur vorübergehenden Nutzung
    h) Videodatei
    i) Textdatei, die mit Word erstellt wurde
    j) Nicht komprimierte Bilddatei
    k) Arbeitsmappe des Tabellenkalkulationsprogramms Excel
    l) Webseite für das Internet
    m) Komprimierte Bilddatei

    1. pptx
    2. accdb
    3. xlsx
    4. htm
    5. docx
    6. bmp
    7. jpg
    8. rtf
    9. exe
    10. wav
    11. mp3
    12. tmp
    13. avi

20. Eine Datei ist unbeabsichtigt gelöscht worden. Welche Aussagen treffen zu? [2]
    a) Gelöschte Dateien können nur mit einem Zusatzprogramm wiederhergestellt werden.
    b) Gelöschte Dateien können nicht wiederhergestellt werden.
    c) Eine Wiederherstellung ist möglich, da gelöschte Dateien zunächst im Papierkorb aufbewahrt werden.

Computerbenutzung und Dateimanagement unter Windows 7

d) Es können nur Dateien wiederhergestellt werden, die während der gleichen Sitzung gelöscht worden sind.
e) Eine Wiederherstellung über Windows ist nur möglich, solange der Papierkorb nicht geleert worden ist.

21. Sie möchten im Detailfenster des Explorers angezeigt bekommen, wie viele Bilddateien im jpg-Format sich in einem Ordner mitsamt seinen Unterordnern befinden. Welche Eingabe im Suchfeld führt zu dem gewünschten Ergebnis? [1]
    a) ?.jpg
    b) Bilddateien?
    c) jpg
    d) Anzahl .jpg

22. Warum muss eine Datei die korrekte Dateierweiterung (z. B. xlsx) haben? [1]
    a) Das versehentliche Löschen wird dadurch verhindert.
    b) Mit der Erweiterung wird das Programm zugeordnet, mit dem die Datei geöffnet werden kann.
    c) Mit der Erweiterung ist es möglich, den richtigen Ordner zuzuweisen.
    d) Das Erstelldatum kann mithilfe der Erweiterung festgestellt werden.

23. Was versteht man unter einer komprimierten Datei? [1]
    a) Eine Datei, die auf eine bestimmte Art formatiert ist
    b) Eine Datei, die keinen Text enthält
    c) Eine Datei, die nur mit Passwort zu öffnen ist
    d) Eine Datei, die in ihrer Größe reduziert ist

24. Sie möchten mehrere Dateien eines Ordners, die im Explorer nicht beieinander angezeigt werden, markieren, indem Sie die Dateien mit der Maus anklicken. Welche Taste müssen Sie dabei gedrückt halten? [1]
    a) Windows -Taste
    b) Strg -Taste
    c) Alt -Taste
    d) Alt Gr -Taste
    e) Einfg -Taste

25. Sie klicken im Navigationsfenster des Explorers auf einen Ordner, der sowohl Dateien als auch Unterordner enthält. Was wird im Explorer-Fenster angezeigt? [1]
    a) Ausschließlich Dateien
    b) Ausschließlich Unterordner
    c) Unterordner und Dateien der untergeordneten Ebene
    d) Sämtliche Unterordner und Dateien des Ordners
    e) Sämtliche Dateien, die in dem Ordner und seinen Unterordnern gespeichert sind

26. Welche Funktion hat das grüne Häkchen in der Abbildung? [1]
    a) Das Gerät ist repariert und kann wieder verwendet werden.
    b) Die Datei ist von Viren desinfiziert.
    c) Ein Fax ist angekommen.
    d) Ein Fax ist versendet worden.
    e) Es handelt sich bei dem Gerät um den Standard-Drucker.

3 Textverarbeitung mit MS-Word

3.1 Grundlagen

3.1.1 Starten des Programms

Situation An ihrem ersten Arbeitstag bei CHRISTIAN MÜLLER WERBEDRUCK soll Kerstin bereits eine Aktennotiz mit Word erstellen. Da sie noch nie mit diesem Programm gearbeitet hat, erhält sie zunächst die Gelegenheit, sich mit den Grundfunktionen vertraut zu machen.

Aufgabe Probieren Sie die unterschiedlichen Möglichkeiten aus, Word zu starten.

<Windows-Start-Button> → <Alle Programme> → <Microsoft Office> → <Microsoft Word 2010>

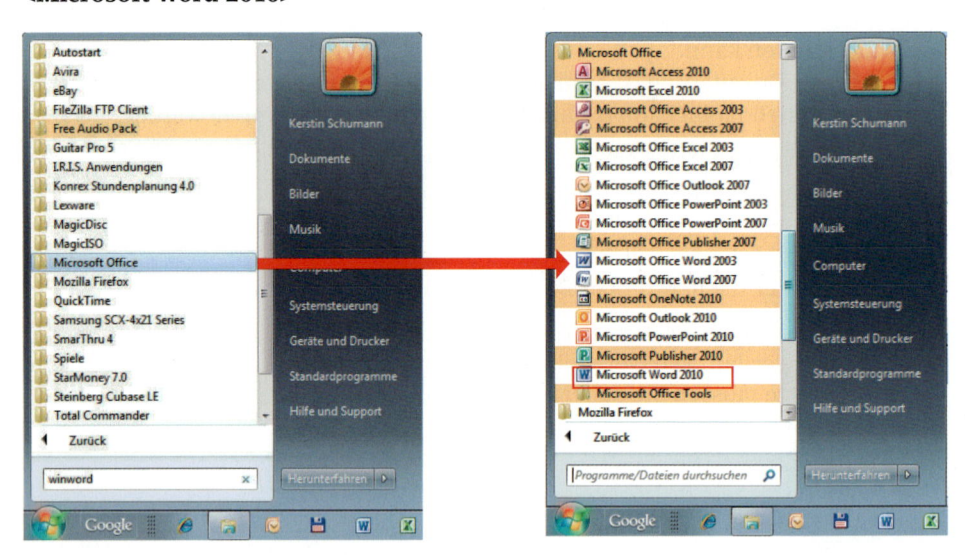

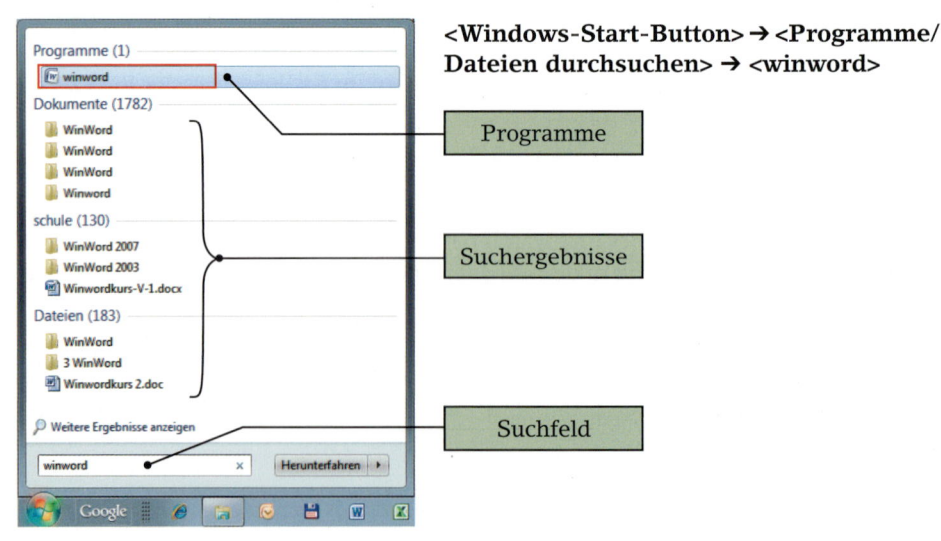

<Windows-Start-Button> → <Programme/Dateien durchsuchen> → <winword>

Programme

Suchergebnisse

Suchfeld

Textverarbeitung mit MS-Word

Explorer	*C:\Programme\Microsoft Office\Office14* → Doppelklick auf *Winword.exe*
Desktop	Doppelklick auf das Programm-Icon Falls sich das Programm-Icon nicht auf dem Desktop befindet, wählen Sie: **<Start>** → **<Alle Programme>** → **<Microsoft Office>** rechte Maustaste auf **<Microsoft Office Word 2010>** → **<Senden an>** → **<Desktop (Verknüpfung erstellen)>**
Taskleiste	Einfachklick auf das Programm-Icon Falls sich das Programm-Icon nicht auf der Taskleiste befindet, ziehen Sie es mit der Maus vom Desktop auf die Taskleiste.
Autostart	Um Word automatisch zusammen mit Windows zu starten, gehen Sie folgendermaßen vor: Stellen Sie fest, wo sich *Winword.exe* befindet, klicken Sie mit der rechten Maustaste darauf und wählen Sie **<Verknüpfung erstellen>**. Anschließend verschieben Sie die Verknüfung in den Autostartordner: *C:\Benutzer\eigenerName\AppData\Roaming\Microsoft\Windows\Startmenu\Programme\Autostart*

Grundlagen Word

3.1.2 Grundeinstellungen

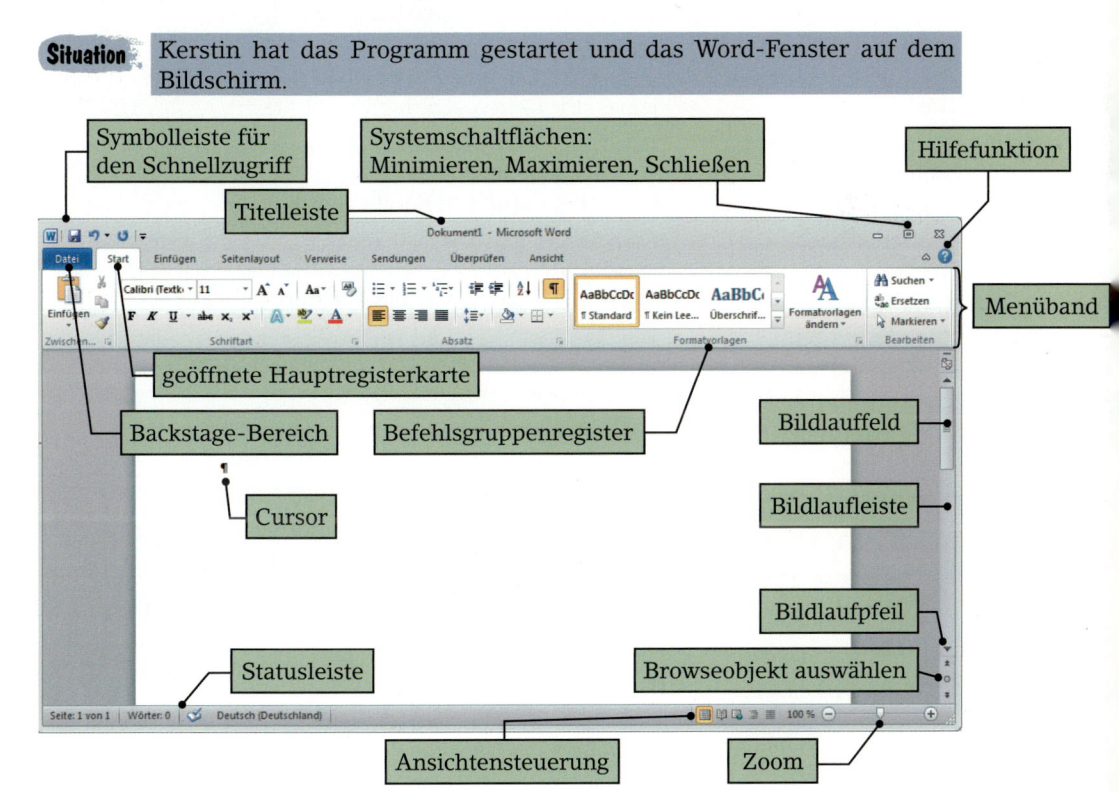

Situation Kerstin hat das Programm gestartet und das Word-Fenster auf dem Bildschirm.

Beschriftungen des Word-Fensters:
- Symbolleiste für den Schnellzugriff
- Systemschaltflächen: Minimieren, Maximieren, Schließen
- Hilfefunktion
- Titelleiste
- Menüband
- geöffnete Hauptregisterkarte
- Backstage-Bereich
- Befehlsgruppenregister
- Bildlauffeld
- Cursor
- Bildlaufleiste
- Bildlaufpfeil
- Statusleiste
- Browseobjekt auswählen
- Ansichtensteuerung
- Zoom

4695113

Bildschirmelemente	Bildschirmelemente
Bildlauf	Die Bildlaufleisten dienen der vertikalen und horizontalen Navigation innerhalb eines Dokuments.
▶ **Bildlauffeld**	Zeigt die relative Position des aktuellen Bildausschnitts an. Wechseln Sie den angezeigten Bereich durch Ziehen mit der Maus.
▶ **Bildlaufleiste**	Ein Mausklick auf den freien Bereich der Bildlaufleiste verschiebt den Bildausschnitt um eine Fenstergröße nach oben bzw. unten.
▶ **Bildlaufpfeil**	Mit den Pfeilen bewegen Sie den Bildausschnitt zeilenweise in vertikaler und spaltenweise in horizontaler Richtung.
▶ **Bildlaufdoppelpfeile**	Wechsel zur folgenden bzw. vorherigen Seite
▶ **Browseobjekt**	Sie können hier spezielle Objekte innerhalb des Dokuments ansteuern.
Zoomregelung	Hier können Sie die Ansichtsgröße Ihren Bedürfnissen anpassen. Weitere Einstellmöglichkeiten befinden sich in der Gruppe **<Zoom>** des Registers **<Ansicht>**.
Statusleiste	Mit dem Kontextmenü der Statusleiste (rechte Maustaste) lässt sich festlegen, welche Informationen hier angezeigt werden sollen.
Ansichtensteuerung	Die Ansichten lassen sich zur optimalen Textbearbeitung und Dokumenterfassung einstellen. Als Standard hat sich die Ansicht **<Seitenlayout>** bewährt.
Backstage-Bereich (Hauptregisterkarte Datei)	Hier finden Sie die Optionen für Programmeinstellungen und häufig benutzte grundlegende Befehle zum Speichern, Drucken und Öffnen von Dateien.
Symbolleiste für den Schnellzugriff	Richten Sie diese Symbolleiste nach Ihren individuellen Bedürfnissen ein, indem Sie auf den Pull-down-Pfeil klicken und **<häufig benutzte Befehle>** anklicken.
Systemschaltflächen	Sie können mit den drei Schaltflächen die Fensteranzeige unterdrücken, als Teil- und Vollbild darstellen lassen sowie das Fenster oder das Programm schließen.
Menüband mit Registern	Das Menüband enthält Hauptregisterkarten, über die Sie zu fast allen Befehlen, die in Word zur Verfügung stehen, gelangen können.
Befehlsgruppe	Die Befehle in den Registern sind nach Befehlsgruppen geordnet.
Titelleiste	Die Titelleiste enthält Informationen über den Programm- und Dateinamen sowie die Umschaltmöglichkeit zwischen Voll- und Teilbilddarstellung per Doppelklick.
Cursor	Der Cursor zeigt die aktuelle Eingabeposition an.

Textverarbeitung mit MS-Word

Kontextmenü

Mit einem Rechtsklick auf ein Objekt rufen Sie das Kontextmenü mit objektbezogenen Befehlen auf. Wenn Sie mit der rechten Maustaste auf ein Symbol des Menübands klicken, wird das folgende Kontextmenü angezeigt:

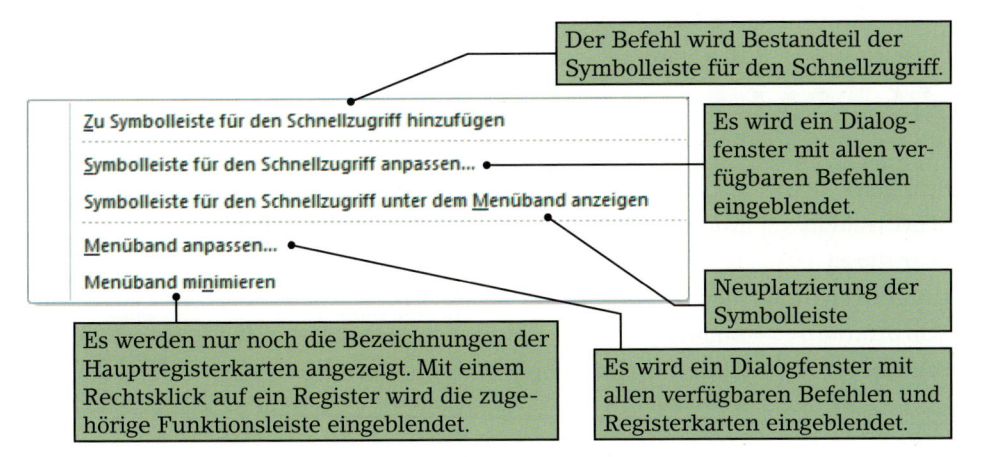

- Zu Symbolleiste für den Schnellzugriff hinzufügen → Der Befehl wird Bestandteil der Symbolleiste für den Schnellzugriff.
- Symbolleiste für den Schnellzugriff anpassen... → Es wird ein Dialogfenster mit allen verfügbaren Befehlen eingeblendet.
- Symbolleiste für den Schnellzugriff unter dem Menüband anzeigen → Neuplatzierung der Symbolleiste
- Menüband anpassen... → Es wird ein Dialogfenster mit allen verfügbaren Befehlen und Registerkarten eingeblendet.
- Menüband minimieren → Es werden nur noch die Bezeichnungen der Hauptregisterkarten angezeigt. Mit einem Rechtsklick auf ein Register wird die zugehörige Funktionsleiste eingeblendet.

Seitenränder

Damit die in diesem Kapitel gezeigten Übungen auf Ihrem PC identisch angezeigt werden, ist es erforderlich, die Randeinstellungen zu synchronisieren. Die auf der Abbildung gezeigten Einstellungen entsprechen den Vorgaben der DIN 5008.

<Seitenlayout> → <Seite einrichten> → <Seitenränder> → <Benutzerdefinierte Seitenränder>

Mit einer Bestätigung der Eingabe über **<Als Standard festlegen>** (nicht **<OK>**) werden die Randeinstellungen zukünftig in jedem neuen Dokument nach diesen Vorgaben identisch eingerichtet.

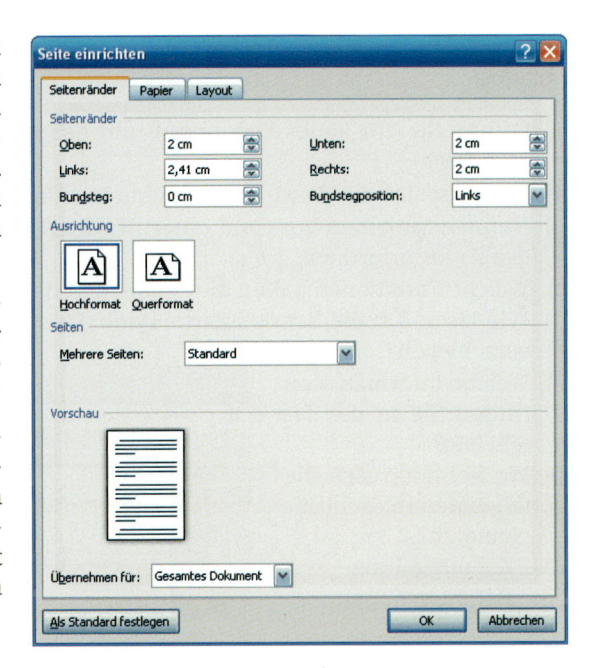

Standardschriftart

Für die Übereinstimmung mit den Übungen dieses Kapitels ist es erforderlich, dass die Schrift einheitlich dargestellt wird. Richten Sie deshalb im Dialogfenster **<Schriftart>** die folgenden Einstellungen als Standard ein:

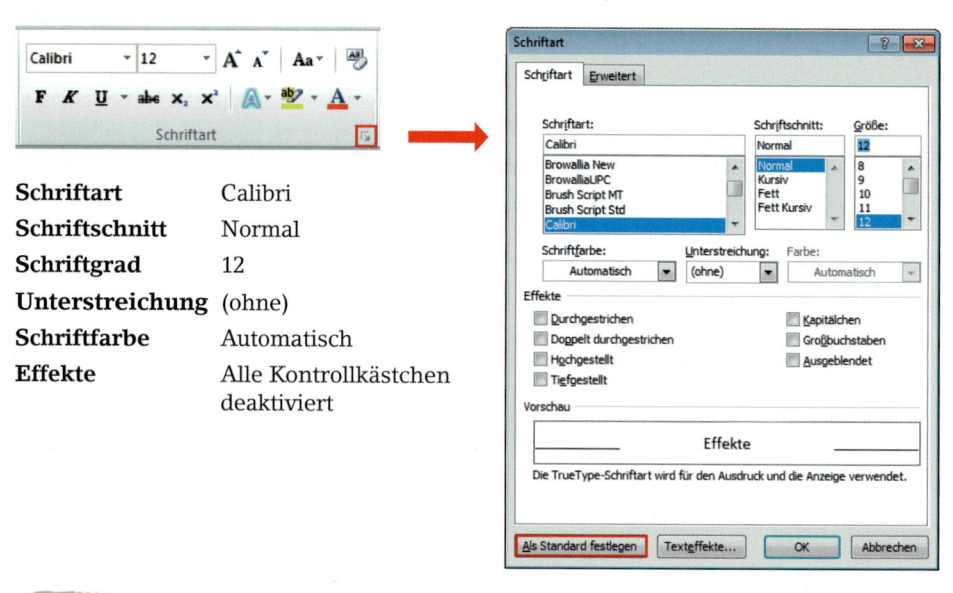

Schriftart	Calibri
Schriftschnitt	Normal
Schriftgrad	12
Unterstreichung	(ohne)
Schriftfarbe	Automatisch
Effekte	Alle Kontrollkästchen deaktiviert

Aufgaben

1. Öffnen Sie ein neues Dokument und beantworten Sie die folgenden Fragen schriftlich:
   a) Wie lässt sich ein Word-Icon auf dem Desktop erstellen?
   b) Nennen Sie einen Vor- und einen Nachteil der Einbindung von Word in den Autostartordner.
   c) Welche Funktionen haben die abgebildeten Schaltflächen?
   d) Wie lässt sich die Schnellstartersymbolleiste unterhalb des Menübands verschieben?
   e) Welche Informationen finden Sie in der Titelleiste?
   f) Wo befinden sich die folgenden Bildschirmelemente?
      – Zoomregelung
      – Befehlsgruppen
      – Bildlauffeld
      – Systemschaltflächen
      – Statusleiste

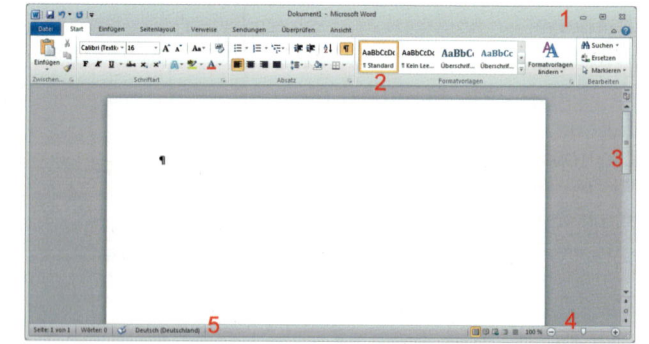

2. Fügen Sie der **<Symbolleiste für den Schnellzugriff>** die Befehle **<Öffnen>** und **<Drucken>** hinzu.

3. Richten Sie die Zoomeinstellung so ein, dass Ihnen in der Seitenlayoutansicht genau eine Seitenbreite angezeigt wird.

3.1.3 Texteingabe

Situation Kerstins Chef hat ihr die folgende handschriftliche Notiz gegeben.

> Im letzten Jahr ist der Absatz an Postern kontinuierlich gesunken. Der Absatzrückgang ist nach Auskunft unserer Kunden eine Folge des Trendwandels beim Adressatenkreis. Die Serien „Natur und Umwelt" sowie „Oldtimer" entsprechen nicht mehr den derzeitigen Kaufinteressen der Jugendlichen. Eine Neuorientierung ist unbedingt angezeigt, um den Umsatz wieder zu erhöhen. Die Abteilung Einkauf unterbreitet zur nächsten Besprechung am ..-01-29 neue Editionsvorschläge zu den Themen „Hip-Hop" und „House".
> Kramer

Aufgabe Starten Sie Word und geben Sie die Notiz als Fließtext ein.

Die Eingabe als Fließtext bedeutet, dass Sie den Text ohne Zeilenschaltungen schreiben. Das Programm nimmt automatisch am Zeilenende den Wechsel (Umbruch) in die nächste Zeile vor.

Der blinkende Cursor zeigt Ihnen immer genau die Position, an der die nächste Eingabe erfolgt.

Haben Sie sich vertippt, so können Sie mit der ⌷Rückschritt⌷-Taste die letzten Zeichen wieder löschen. Ist der Fehler weiter oben im Text, so platzieren Sie den Cursor hinter die betreffende Stelle und verfahren ebenso.

Die ⌷Entf⌷-Taste stellt eine Möglichkeit dar, einzelne Zeichen rechts vom Cursor zu löschen. Ganze Wörter lassen sich in Kombination mit der ⌷Strg⌷-Taste löschen.

Den Überschreibmodus – die Zeichen werden durch Eingabe neuer Zeichen ersetzt – aktivieren und deaktivieren Sie mit der ⌷Einfg⌷-Taste.

Um die ⌷Einfg⌷-Taste zum Aktivieren des Überschreibmodus verwenden zu können, muss ggf. die folgende Einstellung geändert werden:

<Datei> → <Optionen> → <Erweitert> → <Bearbeitungsoptionen> → <⌷Einfg⌷-Taste zum Steuern des Überschreibmodus verwenden>

Shortcuts	Das Wort rechts vom Cursor löschen:	⌷Strg⌷ + ⌷Entf⌷
	Das Wort links vom Cursor löschen:	⌷Strg⌷ + ⌷Rückschritt⌷

Cursorbewegung zum	Shortcuts	Cursorbewegung zum	Shortcuts
Zeilenanfang	⌷Pos 1⌷	Zeilenende	⌷Ende⌷
Textanfang	⌷Strg⌷ + ⌷Pos 1⌷	Textende	⌷Strg⌷ + ⌷Ende⌷
oberen Seitenrand der vorherigen Seite	⌷Strg⌷ + ⌷Bild ↑⌷	oberen Seitenrand der nächsten Seite	⌷Strg⌷ + ⌷Bild ↓⌷
Beginn des vorhergehenden Absatzes	⌷Strg⌷ + ⌷↑⌷	Beginn des folgenden Absatzes	⌷Strg⌷ + ⌷↓⌷
Beginn des vorhergehenden Wortes	⌷Strg⌷ + ⌷←⌷	Beginn des folgenden Wortes	⌷Strg⌷ + ⌷→⌷

3.1.4 Rückgängig

Situation — Kerstin hat eine Schaltfläche unabsichtlich berührt und dadurch einen Befehl eingegeben, der Unvorhergesehenes bewirkt hat. Jetzt möchte sie den alten Zustand wiederherstellen.

Sie können jederzeit durch Anklicken der Schaltfläche **<Rückgängig>** auf der **<Symbolleiste für den Schnellzugriff>** einen Arbeitsschritt zurückgehen. Müssen Sie mehrere Schritte ungeschehen machen, so klicken Sie den Pfeil neben der Schaltfläche (Pulldown-Pfeil) an und Ihnen wird die Liste der zuletzt eingegebenen Arbeitsschritte angezeigt, die Sie zurücknehmen können. Keine Angst vor einem zu schnellen Rückwärtsgang, auch die rückgängig gemachten Arbeitsschritte können wiederhergestellt werden, indem Sie die Schaltfläche **<Wiederherstellen>** rechts daneben benutzen. Falls dieser Befehl nicht zur Verfügung steht, können Sie die Symbolleiste entsprechend anpassen. Sie können Aktionen in Word wiederholen, auch nachdem ein Arbeitsblatt gespeichert wurde.

Shortcuts	Rückgängigmachen des letzten Befehls	Strg + Z
	Wiederherstellen	Strg + Y

3.1.5 Speichern

Situation — Kerstin hat den Text eingegeben und will anschließend ihren Arbeitsplatz am PC verlassen, um sich anderen Aufgaben zuzuwenden. Damit ihr der Text zur weiteren Bearbeitung jederzeit wieder zur Verfügung steht, muss er gespeichert werden.

Aufgabe — Legen Sie einen neuen Ordner *Arbeitsergebnisse-Word* an. Speichern Sie das erstellte Dokument unter dem Namen *Poster1*, schließen Sie es und beenden Sie das Programm.

Um verschiedene Dateitypen zu unterscheiden, werden Erweiterungen an die Dateinamen gehängt. In **Word 2010** erstellte Dateien erhalten die Erweiterung **.docx**. Klicken Sie auf der Symbolleiste für den Schnellzugriff auf den Befehl **<Speichern>**.

Wählen Sie das Laufwerk sowie das Verzeichnis, in dem Sie speichern wollen, und tragen Sie als Dateiname *Poster1* ein. Die Dateinamenerweiterung muss nicht eingegeben werden, denn das Programm wird automatisch beim Speichern die Dateinamenerweiterung .docx hinzufügen. Nach dem Speichern wird in der Titelleiste der Dateiname angezeigt.

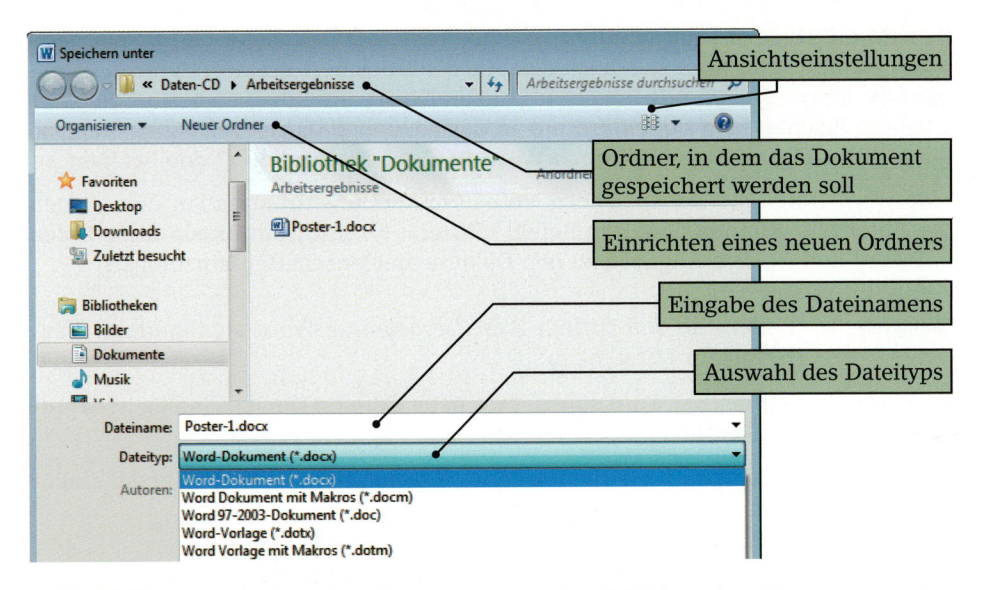

Textverarbeitung mit MS-Word

Grundlagen Word

Bildbeschriftungen im Dialogfeld "Speichern unter":
- Ansichtseinstellungen
- Ordner, in dem das Dokument gespeichert werden soll
- Einrichten eines neuen Ordners
- Eingabe des Dateinamens
- Auswahl des Dateityps

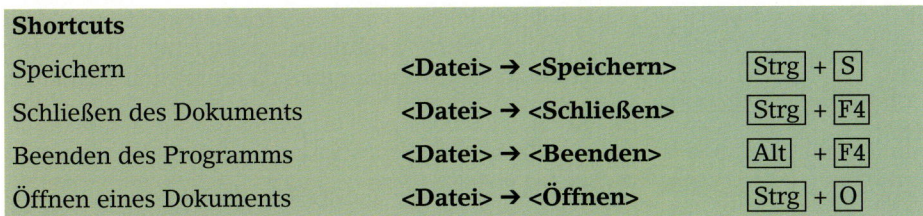

Shortcuts		
Speichern	<Datei> → <Speichern>	Strg + S
Schließen des Dokuments	<Datei> → <Schließen>	Strg + F4
Beenden des Programms	<Datei> → <Beenden>	Alt + F4
Öffnen eines Dokuments	<Datei> → <Öffnen>	Strg + O

Sollte die Datei bereits gespeichert sein und Sie möchten sie unter einem neuen Dateinamen oder in einem anderen Ordner speichern, so gehen Sie auf **<Datei>** und den Befehl **<Speichern unter>**.

Schalten Sie den Computer immer erst aus, nachdem Sie das Programm beendet und das Betriebssystem heruntergefahren haben.

Basisoptionen

Wenn Sie bei einem neuen Dokument den Befehl **<Speichern>** anklicken, so steuert Word automatisch einen vorher festgelegten Speicherort an. Um sich die Arbeit zu erleichtern, können Sie diesen Standardspeicherort für Dateien ändern:

<Datei> → <Optionen> → <Speichern>

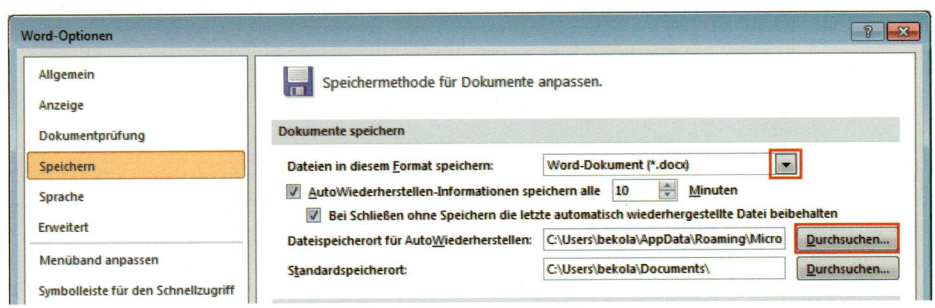

Es wird ein Dialogfenster geöffnet, in dem Sie den Standardspeicherort neu festlegen können. Hier lässt sich auch das Standardspeicherformat bestimmen. Wenn Sie z. B. die von Ihnen gespeicherten Dateien häufig auf einem anderen Computer aufrufen möchten, auf dem Word nur in der Version 2003 zur Verfügung steht, so können Sie hier als Standardformat **Word 97-2003-Dokument (*.doc)** wählen.

Jede Word-Datei, die Sie speichern, enthält als Benutzerinformation den Namen des Autors. Sie können über den Befehl **<Datei>** → **<Informationen>** diese Daten einsehen und weitere Angaben zu den Dokumenteigenschaften hinzufügen.

Aufgaben
1. Stellen Sie den Ordner *Arbeitsergebnisse-Word* als Standard-Speicherort für Dateien ein.
2. Richten Sie Word so ein, dass neue Dateien standardmäßig im Word-2003-Format gespeichert werden.
3. Beantworten Sie die folgenden Fragen und speichern Sie das Dokument unter *Aufgaben1*.
    a) Was versteht man unter einer Eingabe als Fließtext?
    b) Welche Befehle werden durch die Tastenkombinationen [Strg] + [F4] und [Strg] + [S] ausgelöst?
    c) Prägen Sie sich die „Cursorbewegungen per Tastatur" ein und geben Sie jeweils an, welche Funktionen sich hinter den folgenden Befehlen verbergen:
       – [Strg] + [Ende]
       – [Strg] + [Pos 1]
       – [Strg] + [←]
       – [Strg] + [↑]
4. Ändern Sie das Standardspeicherformat wieder in Word-Dokument (.docx).

3.1.6 Absatzschaltung

Situation
Bevor Kerstin den Aktenvermerk ihrem Chef vorlegt, will sie noch einige Ergänzungen (Datum; Verteiler; Betreff) und Veränderungen (äußere Gestaltung) vornehmen.

Aufgaben
1. Öffnen Sie das gespeicherte Dokument *Poster1* und speichern Sie es unter dem Dateinamen *Poster2*.
2. Gliedern Sie den Text, indem Sie den Satz „Die Abteilung Einkauf …" als neuen Absatz beginnen.
3. Lassen Sie die Formatierungssymbole auf dem Bildschirm anzeigen.
4. Ergänzen Sie die Angaben entsprechend der Abbildung und speichern Sie.

Absatzschaltungen lassen sich mit [Enter] einfügen. Positionieren Sie den Cursor vor „Die Abteilung …", drücken Sie [Enter] und der Satz wird in die nächste Zeile gesetzt. Um eine Trennung zwischen den Absätzen zu schaffen, fügen Sie eine weitere Leerzeile durch nochmalige Absatzschaltung ein. Mit der [Entf]-Taste lässt sich die Absatzschaltung wieder löschen.

Textverarbeitung mit MS-Word

Formatierungssymbole (Nichtdruckbare Zeichen) werden durch die Schaltfläche **<Start>** → **<Absatz>** → **<Alle anzeigen>** auf dem Bildschirm sichtbar gemacht. Die Anzeige dieser Symbole ist zwar gewöhnungsbedürftig, erleichtert aber die Orientierung im Text.

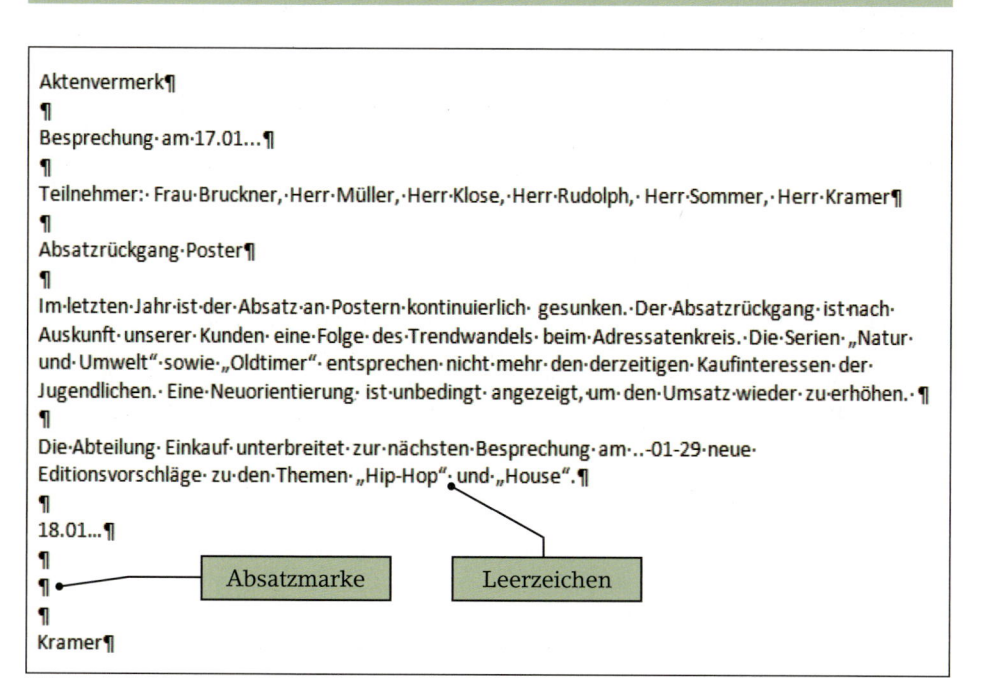

Shortcut	<Alle anzeigen> Strg + Shift + *

```
Aktenvermerk¶
¶
Besprechung·am·17.01...¶
¶
Teilnehmer:·Frau·Bruckner,·Herr·Müller,·Herr·Klose,·Herr·Rudolph,·Herr·Sommer,·Herr·Kramer¶
¶
Absatzrückgang·Poster¶
¶
Im·letzten·Jahr·ist·der·Absatz·an·Postern·kontinuierlich·gesunken.·Der·Absatzrückgang·ist·nach·
Auskunft·unserer·Kunden·eine·Folge·des·Trendwandels·beim·Adressatenkreis.·Die·Serien·„Natur·
und·Umwelt"·sowie·„Oldtimer"·entsprechen·nicht·mehr·den·derzeitigen·Kaufinteressen·der·
Jugendlichen.·Eine·Neuorientierung·ist·unbedingt·angezeigt,·um·den·Umsatz·wieder·zu·erhöhen.·¶
¶
Die·Abteilung·Einkauf·unterbreitet·zur·nächsten·Besprechung·am·...-01-29·neue·
Editionsvorschläge·zu·den·Themen·„Hip-Hop"·und·„House".¶
¶
18.01...¶
¶
¶
¶
Kramer¶
```

Absatzmarke   Leerzeichen

3.1.7 Hilfefunktion

Situation Sie benötigen die Seite in einem Format, das in Internet-Browsern angezeigt werden kann.

Aufgabe Finden Sie mit der Hilfefunktion heraus, wie man ein Word-Dokument für das Web speichert.

Mit einem Klick auf das Fragezeichen in der oberen rechten Ecke oder mit der Funktionstaste F1 wird die Hilfefunktion aufgerufen. Sie haben die Möglichkeit, einen Suchbegriff (z. B. speichern) einzugeben oder über das Inhaltsverzeichnis zu suchen.

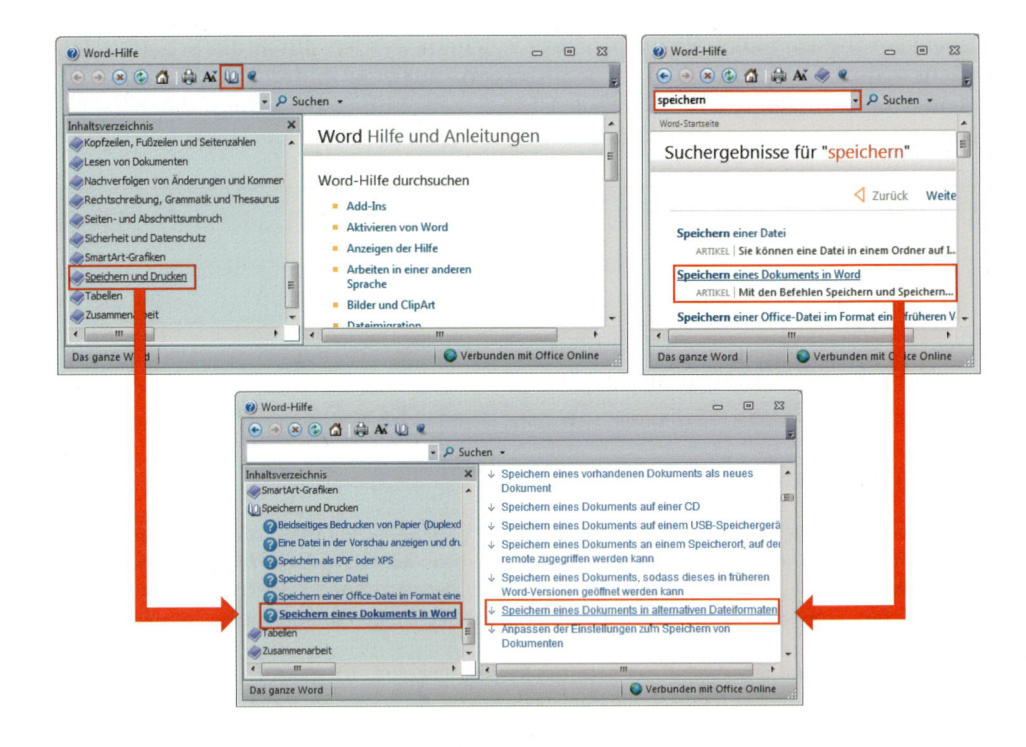

3.1.8 Markieren/Kopieren/Verschieben

Situation Aus einem anderen Aktenvermerk entnimmt Kerstin, dass das Datum bisher immer in die linke obere Ecke gesetzt worden ist. Außerdem fehlt noch die Verteilerangabe.

Aufgaben
1. Öffnen Sie die Datei *Poster2* und speichern Sie diese unter *Poster3*.
2. Schreiben Sie unter den Aktenvermerk „Verteiler" und kopieren Sie das Wort „Teilnehmer" unter den Verteilervermerk.
3. Verschieben Sie das Datum hinter das Wort „Aktenvermerk".

Um eine Textpassage zu kopieren, muss sie zunächst markiert (schwarz unterlegt) werden. Bewegen Sie dazu den Cursor vor die Textpassage und drücken Sie die Shift-Taste, während Sie den Cursor mit den Pfeil-Tasten an das Ende der Textpassage bewegen.

Textverarbeitung mit MS-Word

Markierung mit der Maus

Wort:	Doppelklick auf das Wort
Textzeile:	Mauszeiger links neben die Textzeile bewegen, sodass er sich in einen Pfeil (⇗) verwandelt, und einmal klicken
Absatz:	Dreifachklick auf eine Stelle im Absatz
Satz:	Strg -Taste und Mausklick auf eine Stelle im Satz
Textpassage:	Linke Maustaste gedrückt halten und über die Textpassage ziehen

Markierung mit Tastaturbefehlen

Markierung	Tastaturbefehl
Wort nach rechts	Shift + Strg + →
Wort nach links	Shift + Strg + ←
bis Dokumentanfang	Shift + Strg + Pos 1
bis Dokumentende	Shift + Strg + Ende
zeichenweise	Shift + → bzw. ←
zeilenweise	Shift + ↓ bzw. ↑
Bildschirm aufwärts	Shift + Bild ↑
Bildschirm abwärts	Shift + Bild ↓

Kopieren/Verschieben

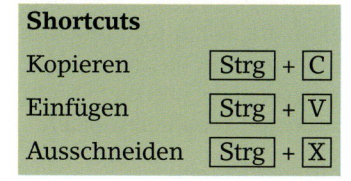

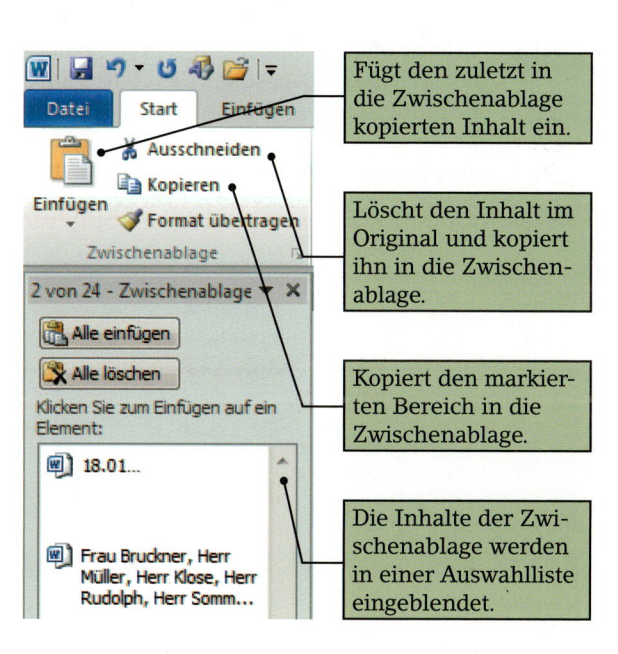

Shortcuts	
Kopieren	Strg + C
Einfügen	Strg + V
Ausschneiden	Strg + X

- Fügt den zuletzt in die Zwischenablage kopierten Inhalt ein.
- Löscht den Inhalt im Original und kopiert ihn in die Zwischenablage.
- Kopiert den markierten Bereich in die Zwischenablage.
- Die Inhalte der Zwischenablage werden in einer Auswahlliste eingeblendet.

Grundlagen Word

Smarttags

Nach dem Einfügen von Daten aus der Zwischenablage bietet Word über einen Smarttag direkten Zugriff auf Befehle in Abhängigkeit von der Art der eingefügten Daten. Zum Beispiel werden beim Einfügen von Textpassagen die folgenden Befehle angeboten:

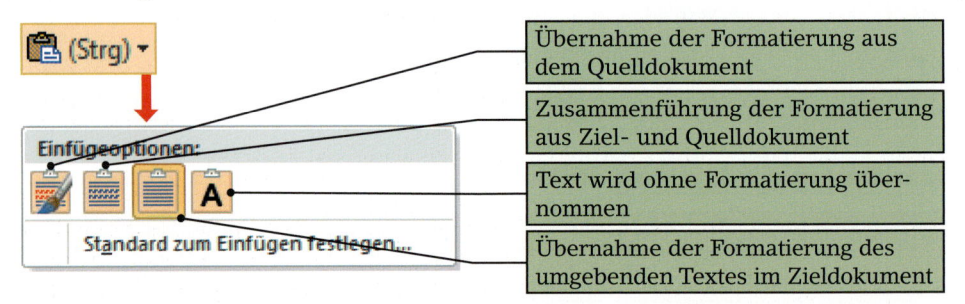

- Übernahme der Formatierung aus dem Quelldokument
- Zusammenführung der Formatierung aus Ziel- und Quelldokument
- Text wird ohne Formatierung übernommen
- Übernahme der Formatierung des umgebenden Textes im Zieldokument

Um ein Objekt (ein Bild, eine Abbildung, Diagramm, Zeichnungsobjekt) an einer bestimmten Stelle im Dokument einzufügen, markieren Sie das Objekt, kopieren es in die Zwischenablage (Strg + C), positionieren den Cursor an der gewünschten Stelle im Dokument und fügen es schließlich ein (Strg + V). Die Funktion mithilfe der Zwischenablage zu kopieren oder zu verschieben, ist Bestandteil des Betriebssystems und funktioniert deshalb sowohl innerhalb eines Dokumentes als auch zwischen verschiedenen Dokumenten und Programmen.

3.1.9 Silbentrennung/geschützte Leerzeichen

Situation: Der von Kerstin geschriebene Aktenvermerk hat einen sehr ungleichmäßigen rechten Rand.

Aufgabe: Öffnen Sie die Datei *Poster3* und speichern Sie diese unter *Poster4*. Verbessern Sie das Aussehen des Textes unter Benutzung der **automatischen Silbentrennung**. Stellen Sie das Programm so ein, dass es nur in einer Zone von 0,6 cm am rechten Rand Trennungen vornimmt und nicht mehr als zwei aufeinanderfolgende Zeilen mit Trennungen versehen werden.

<Seitenlayout> → <Silbentrennung> → <Silbentrennungsoptionen>

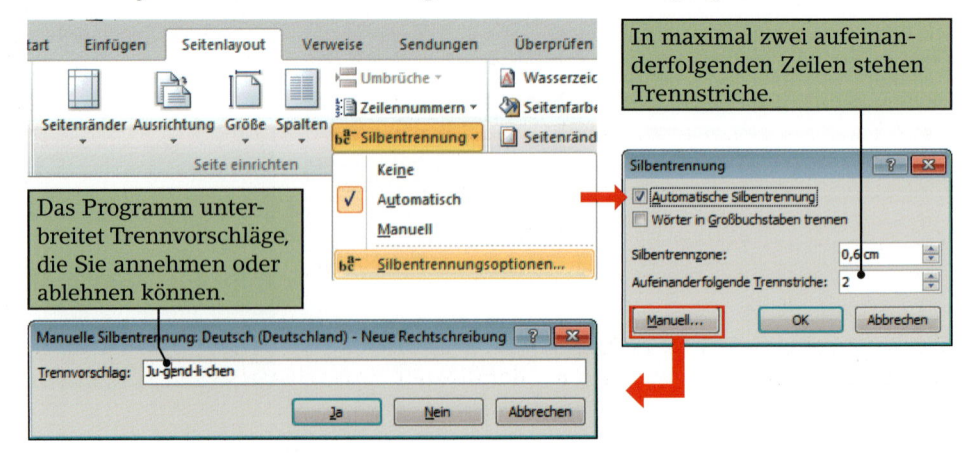

- In maximal zwei aufeinanderfolgenden Zeilen stehen Trennstriche.
- Das Programm unterbreitet Trennvorschläge, die Sie annehmen oder ablehnen können.

Textverarbeitung mit MS-Word

Die automatische Silbentrennung setzt **bedingte Trennstriche,** das heißt, ein Wort wird nur dann getrennt, wenn es am Ende einer Zeile steht. Verschieben sich die Wörter durch Einfügen oder Löschen von Passagen, so werden die Trennungen wieder aufgehoben.

Andere Möglichkeiten für bedingte Trennungen:

<Seitenlayout> → **<Silbentrennung>** → **<Silbentrennungsoptionen>**

Aktivieren Sie im Fenster **<Silbentrennung>** das Kontrollkästchen **<Manuell>.** Sie können jetzt auf die Stelle im Wort klicken, an der Sie die Trennung wünschen. Achten Sie darauf, die automatische Silbentrennung vorher zu deaktivieren, da sonst die manuelle Trennung von der automatischen überlagert wird.

Bewegen Sie die Einfügemarke an die Stelle, an der Sie ein Wort trennen möchten, und geben Sie den Tastaturbefehl [Strg] + [-] ein. Die bedingte Trennung wird angezeigt, sofern Sie die Schaltfläche für **<Alle anzeigen>** aktiviert haben. Auf dem Ausdruck erscheint er aber nur, wenn das Wort tatsächlich am Textrand steht und getrennt wird.

Aufgabe Stellen Sie die Seitenränder links auf 2,41 cm und rechts auf 2,3 cm ein. Übernehmen Sie den folgenden Text, verwenden Sie die Schriftart Calibri 12 pt und schalten Sie die automatische Silbentrennung ein. Setzen Sie die geschützten Bindestriche und gesicherten Leerschritte entsprechend der Abbildung. Speichern Sie das Dokument unter dem Dateinamen *Mahnung* im Verzeichnis *Textverarbeitung*.

```
Sehr geehrter Herr Krause,¶
¶                        [Bindestrich]
leider musste ich bei Durchsicht unserer offenen Posten feststellen, dass die Rechnung
Nr.°3–26–42 bis heute noch nicht beglichen ist. ¶
¶
Um Ihr Konto auszugleichen, bitte ich um Überweisung des ausstehenden Betrages von
720,73 € auf mein Konto Nummer 426650 bei der Volksbank Lüneburg, Bankleitzahl
240°900°41. ¶
¶                        [gesicherter Leerschritt]
Mit freundlichen Grüßen¶
¶
Christian Müller Werbedruck ¶
¶
i. A.¶
¶
Sasse¶
```

Die Eingabe des Tastaturbefehls [Strg] + [Shift] + [-] (z. B. Aktenzeichen K45578) bewirkt einen Schutz vor Trennung. An die Stelle des Trennungsstriches wird ein Bindestrich gesetzt.

Um eine Trennung bei Leerschritten (z. B. BLZ 500 100 30) zu verhindern, erzeugen Sie einen gesicherten Leerschritt mit dem Tastaturbefehl [Strg] + [Shift] + [Leer].

3.1.10 Drucken

Situation: Der Aktenvermerk ist fertiggestellt und Kerstin möchte ihn umgehend ihrem Chef vorlegen.

Aufgabe: Drucken Sie das fertige Dokument *Poster4* aus.

Bevor Sie ein Dokument drucken, sollten Sie zur Kontrolle immer die Seitenansicht aufrufen. Binden Sie dafür die Schaltfläche für **<Seitenansicht>** in die **<Symbolleiste für den Schnellzugriff>** ein und rufen Sie den Befehl auf. Mit einem erneuten Klick auf die Schaltfläche lässt sich die Seitenansicht wieder schließen.

<Datei> → <Drucken>

Wenn ein Dokument aus mehreren Seiten besteht, Sie aber nicht alle Seiten drucken lassen möchten, wählen Sie die gewünschten Seiten im Dialogfeld **<Drucken>** aus.

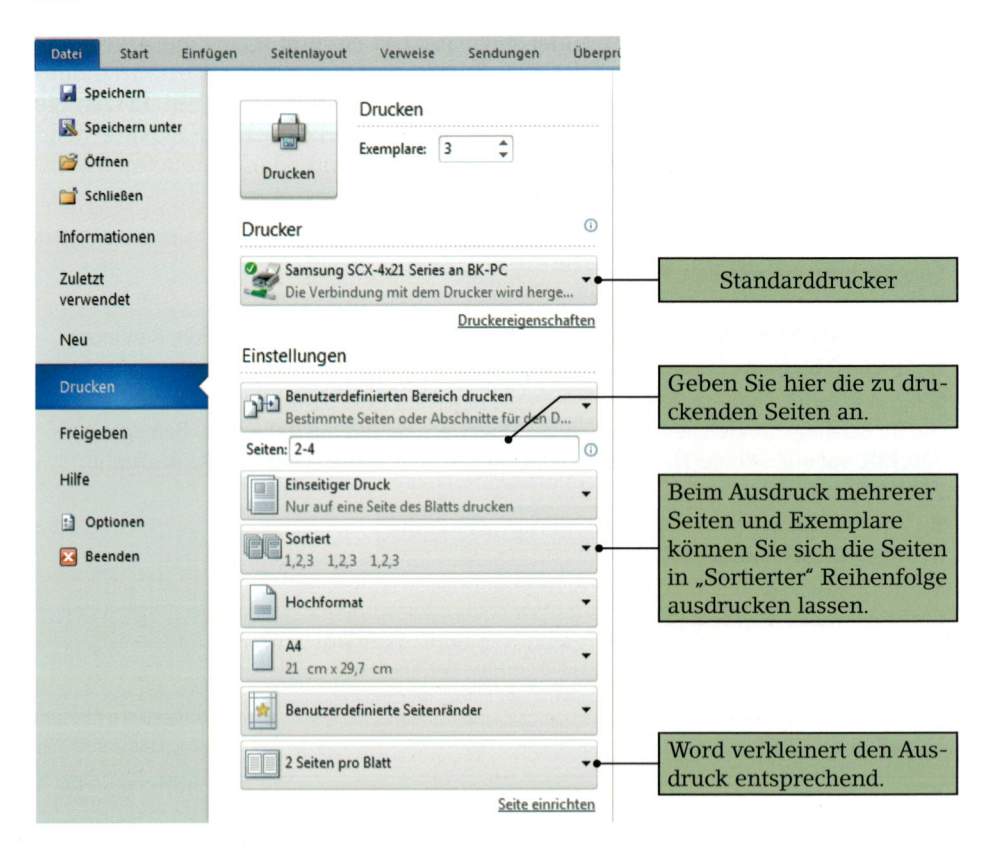

Textverarbeitung mit MS-Word

Zusammenfassung

- ▶ Sie können Word auf sehr viele unterschiedliche Arten starten.
  - Symbol auf dem Desktop, der Taskleiste oder im Programmordner des Startmenüs
  - Programmdatei *Winword.exe*
  - Autostartordner
  - Befehl **<Programm/Dateien durchsuchen>** im Startmenü
- ▶ Die wichtigsten Elemente des Word-Bildschirms:
  - Bildlauf (Scrollleiste)
  - Zoomregelung
  - Statusleiste
  - Ansichtensteuerung
  - Backstage-Bereich (Hauptregisterkarte **<Datei>**)
  - Symbolleiste für den Schnellzugriff
  - Titelleiste mit Systemschaltflächen
  - Menüband mit Registern und Befehlsgruppen
  - Cursor
- ▶ Seitenränder und Schriftformatierung lassen sich als Standard festlegen.
- ▶ Zusammenhängende Texte sollten immer als Fließtext eingegeben werden, da der Zeilenumbruch vom Programm gesteuert wird.
- ▶ Der Cursor lässt sich mit Tastaturbefehlen schnell positionieren.
- ▶ Rückgängig ➔   Strg + Z
- ▶ Wiederherstellen ➔   Strg + Y
- ▶ Der Standardspeicherort legt den Ordner fest, der bei erstmaliger Eingabe des Befehls **<Speichern>** angesteuert wird.
- ▶ Die Dokumenteigenschaften beinhalten grundlegende Informationen über den Autor und den Inhalt der Datei.
- ▶ Absatzschaltungen werden mit Enter und Zeilenschaltungen mit Shift + Enter eingegeben.
- ▶ Zum Markieren von Textpassagen stehen die Pfeil-Tasten in Verbindung mit der Shift-Taste zur Verfügung.
- ▶ Befehle zum Kopieren/Verschieben:
  - Kopieren ➔   Strg + C
  - Einfügen ➔   Strg + V
  - Ausschneiden ➔   Strg + X
- ▶ Nichtdruckbare Zeichen sollte man während der Texterstellung in Word immer anzeigen lassen, um sich die Orientierung im Dokument zu erleichtern.
- ▶ Die Silbentrennung lässt sich sowohl automatisch als auch manuell durchführen.

Aufgaben

1. Übernehmen Sie den folgenden Text in ein neues Dokument und speichern Sie unter *Zeichnen1*.

   > **Zeichnen**
   >
   > WinWord bietet neben der Textverarbeitung unter anderem auch die Möglichkeit, Zeichnungen zu erstellen. Im Register *Einfügen* befindet sich die Gruppe *Illustrationen*. Wenn man hier auf das Symbol *Formen* klickt, erhält man ein Menü mit diversen Zeichenobjekten. Sobald man ein Zeichenobjekt gewählt und erstellt hat, werden im Menüband die Zeichentools mit dem Register *Format* eingeblendet. Wenn Sie dieses Register anklicken, so werden Ihnen Befehlsgruppen zur Formatierung des Zeichenobjektes angezeigt. Die *Zeichentools* mit dem Register *Format* sind kontextabhängig, d. h., sie können nur dann eingeblendet werden, wenn ein Zeichenobjekt aktiviert ist.
   >
   > Um eine aus mehreren Objekten bestehende Zeichnung zusammenzuhalten, erstellen Sie einen Zeichenbereich, indem Sie ganz unten im Menü *Formen* auf *Neuer Zeichenbereich* klicken. Der Zeichenbereich stellt eine Begrenzung zwischen Ihrer Zeichnung und dem übrigen Dokument dar. In der Standardeinstellung hat er weder Rahmen noch Hintergrund. Formatierungen lassen sich aber genauso zuweisen wie bei Zeichenobjekten.
   >
   > Zeichenobjekte lassen sich verschieben, wenn Sie sie an einer beliebigen Stelle – außer an den Ziehpunkten – anfassen. Sie können eine Zeichnung löschen, indem Sie nach dem Aktivieren des Objektes die Entf-Taste betätigen.
   >
   > Die Eigenschaften der Objekte verändern sich, wenn Sie beim Erstellen die Shift-Taste gedrückt halten. So wird z. B. beim Erstellen eines Rechtecks durch die Betätigung der Shift-Taste ein Quadrat generiert. Um ein Zeichenobjekt zu beschriften, klicken Sie im Kontextmenü auf den Befehl *Text hinzufügen*.
   >
   > Zum Beschleunigen Ihrer Arbeit können Sie Objekte gruppieren. Das Gruppieren ermöglicht Ihnen, alle Formen oder Objekte gleichzeitig zu bearbeiten (Kippen, Drehen, Verschieben, Vergrößern und Verkleinern), als ob es sich dabei um ein einziges Objekt handelt. Darüber hinaus können Sie die Attribute, wie z. B. Textfarbe aller Formen, für alle gruppierten Elemente gleichzeitig ändern.
   >
   > Ein Effekt, wie z. B. ein Schatten, wird in einer Gruppe auf Objekte und nicht auf die Kontur der Gruppe angewendet. Sie können, ohne die Gruppierung der Formen aufzuheben, ein Element innerhalb einer Gruppe markieren und ein Effekt-Attribut hinzufügen.

2. Nehmen Sie die folgenden Veränderungen vor und speichern Sie anschließend unter *Zeichnen2*:
   a) Vertauschen Sie die Absätze zwei und drei.
   b) Markieren Sie die kursiv dargestellten Befehle und ändern Sie die Auszeichnung in Fettschrift.
   c) Fügen Sie über den Absätzen die folgenden Überschriften ein: Zeichnen, Verschieben und Löschen, Zeichenbereich, Eigenschaften, Gruppieren, Effekte.

3. Beantworten Sie die folgenden Fragen schriftlich und speichern Sie das Dokument unter *Aufgaben2*.
   a) Welche Funktionen verbergen sich hinter den folgenden Befehlen?
   Shift + Strg + Ende   Pos 1   Shift + Strg + →
   b) Mit welchen Tastaturbefehlen lassen sich Textpassagen kopieren, ausschneiden und einfügen?
   c) Sie möchten, um Papier zu sparen, jeweils zwei Seiten eines mehrseitigen Dokuments auf einer Seite ausdrucken. Wie gehen Sie vor?
   d) Wie erzeugen Sie einen gesicherten Leerschritt?
   e) Wie lässt sich ein Absatz mit der Maus markieren?

3.2 Formatieren/Ausrichten
3.2.1 Zeichenformatierung

Situation Kerstin wird beauftragt, ein Rundschreiben zu erstellen.

Aufgabe Erstellen Sie das Dokument gemäß der Abbildung und speichern Sie unter dem Dateinamen *Rundschreiben*.

..-03-12

Rundschreiben

an alle Mitarbeiter

Die Geschäftsleitung hat mit dem Betriebsrat folgende **Betriebsvereinbarung** geschlossen:

Die Arbeitszeit am Freitag verkürzt sich ab August für alle Mitarbeiter um 2 Stunden. Zum Ausgleich wird an den übrigen Werktagen die Arbeitszeit um jeweils eine halbe Stunde verlängert.

Für den kaufmännischen Bereich endet damit die Arbeitszeit generell um 16:30 Uhr und am Freitag bereits um 14:00 Uhr. In der Druckerei endet die Arbeitszeit generell um 16:15 Uhr und am Freitag um 13:00 Uhr. Wir haben damit dem von vielen Mitarbeitern formulierten Wunsch nach einer Verlängerung des Wochenendes entsprochen.

Der Sozialraum ist um 14 m^2 auf 64 m^2 erweitert worden und steht den Mitarbeitern ab sofort wieder zur Verfügung.

Christian Müller

Formatierungen lassen sich vor Eingabe des Textes z. B. durch Anklicken der Schaltflächen für fett, kursiv oder unterstrichen festlegen. Nachträglich können alle Zeichenformatierungen durch Markieren der betreffenden Passagen und anschließende Formatierung verändert werden.

Für einfache Formatierungen reicht meistens die Gruppe **<Schriftart>** im Register **<Start>** des Multifunktionsbandes aus.

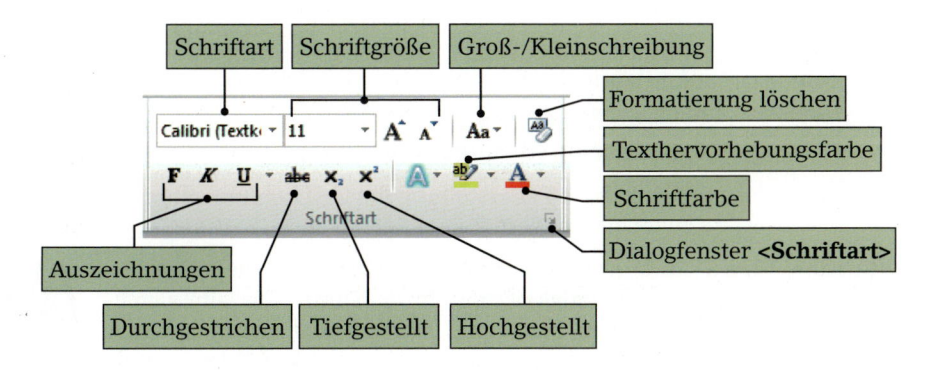

Beschriftungen zur Gruppe <Schriftart>:
- Schriftart
- Schriftgröße
- Groß-/Kleinschreibung
- Formatierung löschen
- Texthervorhebungsfarbe
- Schriftfarbe
- Dialogfenster **<Schriftart>**
- Auszeichnungen
- Durchgestrichen
- Tiefgestellt
- Hochgestellt

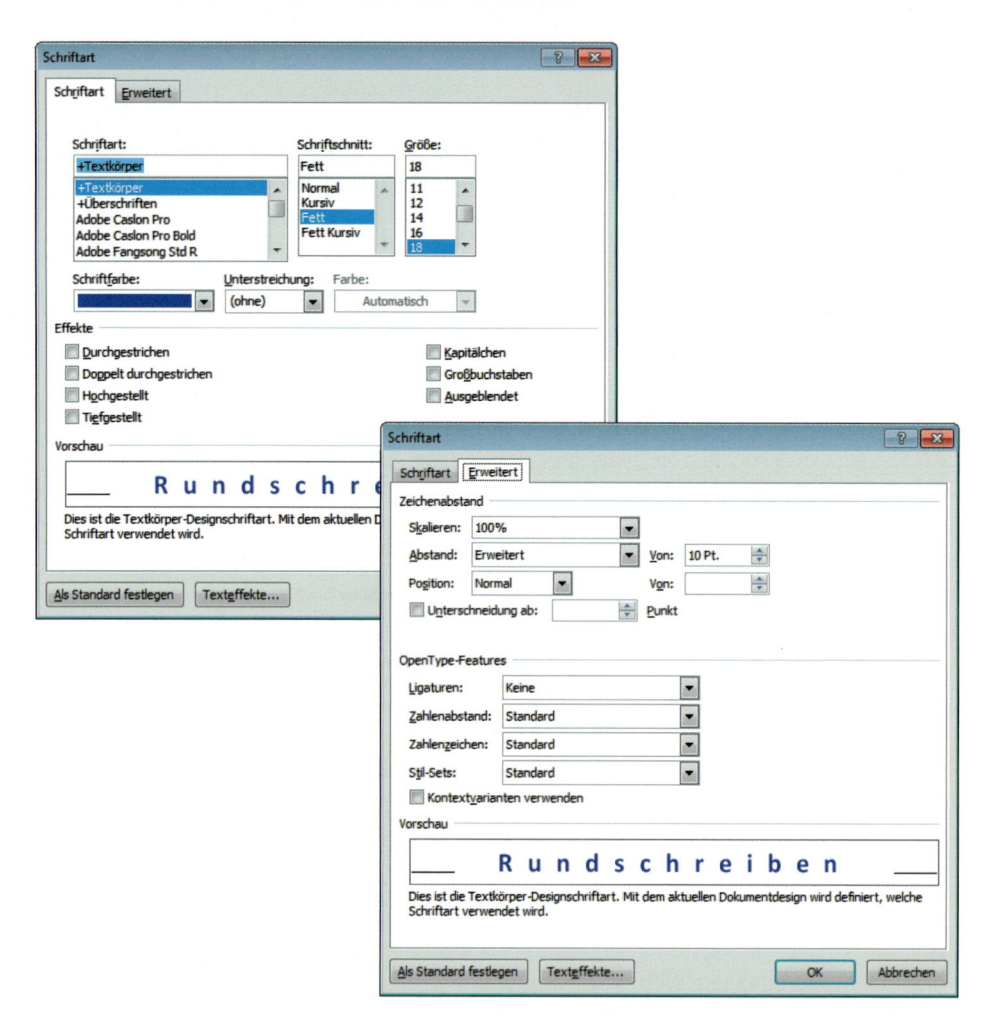

Weitere Formatierungsmöglichkeiten erhält man über das Dialogfenster **<Schriftart>,** das Sie mit dem gleichnamigen Befehl aufrufen können.

Im selben Dialogfenster lassen sich auch die übrigen Zeichenformatierungen einstellen. Für Veränderungen der Laufweite einer Schrift befindet sich ein zweites Register **<Erweitert>** in dem Dialogfenster. Hier lässt sich der Abstand zwischen den Zeichen vergrößern bzw. verringern.

Skalieren	Änderung der Schriftbreite bei gleich bleibender Schrifthöhe
Abstand	gleichmäßige Änderung des Abstandes zwischen den Zeichen ‚unabhängig von ihrer Form
Position	Höher- bzw. Tieferstellung der Zeichen um einen in Punkt einzugebenden Wert
Unterschneidung	Änderung des Abstandes zwischen den Zeichen in Abhängigkeit von ihrer Form. Um ein gleichmäßigeres Schriftbild zu erreichen, können einige Buchstaben, z. B. das A und das V, näher zusammengerückt werden. In diesem Fall sind die Buchstaben unterschnitten.

Textverarbeitung mit MS-Word

Schriftformatierungen mit Shortcuts:

Funktion	Tastenkombination
Hochgestellt	Strg + +
Tiefgestellt	Strg + #
Fett	Strg + Shift + F
Kursiv	Strg + Shift + K
Kapitälchen	Strg + Shift + Q

Funktion	Tastenkombination
Unterstrichen	Strg + Shift + U
Vergrößern	Strg + Shift + >
Verkleinern	Strg + <
Dialogfenster Schriftart	Strg + D
Groß-/Kleinschreibung	Strg + Shift + G

Ein nochmaliges Betätigen des Shortcuts hebt den Befehl wieder auf.

Proportionalschriftarten

Courier New	Calibri
LLLLLLLLLL	LLLLLLLLL
MMMMMMMMMM	MMMMMMMMMM

In modernen Textverarbeitungsprogrammen werden Schriftarten verwendet, bei denen sich die Breite der Zeichen (Länge des Schreibschrittes) nach ihrer Form richtet (z. B. Calibri). So benötigt ein „L" weniger Platz als ein „M". Eine Schriftart mit gleichen Schreibschritten ist Courier New (nichtproportionale Schriftart).

Sonderzeichen

Mithilfe der Alt Gr -Taste lassen sich bestimmte Sonderzeichen aufrufen.

Taste	Q	E	+	M	2	3	7	8	9	0	ß
Sonderzeichen (Alt Gr)	@	€	~	µ	²	³	{	[	]	}	\

Zeichen, die sich nicht auf der Tastatur befinden, aber in Schriftarten wie Symbol oder Wingdings zur Verfügung stehen, können über das Dialogfenster **<Symbol>** eingefügt werden. **<Einfügen>** → **<Symbole>** → **<Symbol>** → **<Weitere Symbole>**

Format übertragen

Wenn Sie ein Format oder eine Kombination von Formaten von einer Textpassage auf eine andere übertragen wollen, so markieren Sie die bereits formatierte Stelle, klicken anschließend im Register **<Start>** auf die Schaltfläche **<Format übertragen>** und markieren die zu formatierende Stelle. Wollen Sie das Format auf mehrere nicht nebeneinanderliegende Textstellen übertragen, doppelklicken Sie auf **<Format übertragen>**. Klicken Sie erneut auf *Format übertragen* oder betätigen Sie Esc , wenn der Vorgang abgeschlossen ist.

3.2.2 Absatzausrichtung

Aufgabe Zentrieren Sie die Überschrift „Rundschreiben" und richten Sie den Text im Blocksatz und den Namen „Christian Müller" rechtsbündig aus.

Die Absatzausrichtung kann durch Mausklick auf die entsprechende Schaltfläche im Menüband **<Start>** vorgenommen werden. Der Cursor muss sich dabei in dem betreffenden Absatz befinden bzw. die Absätze müssen markiert sein.

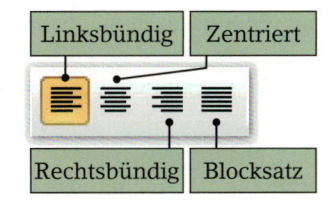

Linksbündig	Zentriert
Rechtsbündig	Blocksatz

3.2.3 Aufzählung/Nummerierung

Aufgabe Übernehmen Sie den folgenden Text und fügen Sie anschließend Nummerierungen hinzu. Speichern Sie unter *Bildschirm1* im Ordner *Arbeitsergebnisse-Word*.

> **Der Word-Bildschirm**
>
> **Titelzeile:** Hier steht zentriert vor dem Programmnamen **Microsoft Word** immer der Name des geöffneten Dokuments, das auf dem Bildschirm zu sehen ist. Am linken Rand befindet sich die **Symbolleiste für den Schnellzugriff.**
>
> **Menüband:** Das Menüband enthält Befehlsgruppen mit Schaltflächen, die per Mausklick bedient werden.
>
> **Register des Menübandes:** Das Menüband besteht aus einer Reihe von Registern, hinter denen sich jeweils eine Leiste mit Befehlen verbirgt.
>
> **Lineal:** Das Zeilenlineal gibt den jeweiligen Abstand vom linken Seitenrand an. Es ist nur zu sehen, wenn im Menüband **Ansicht** in der Gruppe **Anzeigen** der Befehl **Lineal** aktiviert ist. In der Seitenlayoutansicht wird zusätzlich ein vertikales Lineal angezeigt.
>
> **Bildlaufleisten:** Rechts und unterhalb des Textfensters befinden sich die Bildlaufleisten, mit denen man die Ausschnitte des Dokuments wählen kann, die angezeigt werden sollen. Die einfachen Bildlaufpfeile sind für zeilenweisen Vor- bzw. Rücklauf anzuklicken. Zwischen den doppelten Bildlaufpfeilen befindet sich die Schaltfläche **<Browseobjekt auswählen>,** die ein Menü mit Objekten öffnet. Wenn Sie hier als Objekt z. B. **<Nach Seite durchsuchen>** wählen, so wird beim Betätigen der Doppelpfeile ein seitenweiser Vor- bzw. Rücklauf durchgeführt.
>
> **Statusleiste:** In dieser Zeile erhält man diverse Angaben über den Status des Dokuments und der Programmeinstellungen. Welche Informationen Sie sich anzeigen lassen, legen Sie im Kontextmenü fest. Rechts auf der Statusleiste befinden sich fünf Schaltflächen zur Auswahl der Ansichten und daneben die Zoomeinstellung.

Hinzufügen von Aufzählungen/Nummerierungen über Dialogfenster

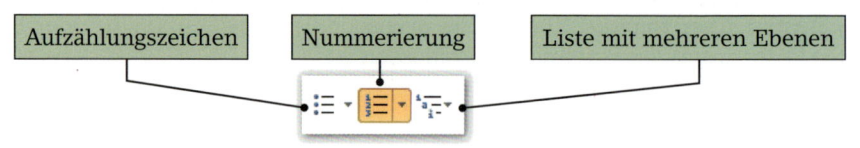

Aufzählungszeichen — Nummerierung — Liste mit mehreren Ebenen

<Start> → <Absatz>

Ein Klick auf eine der Symbolschaltflächen übernimmt für die markierten Absätze die Aufzählungszeichen, Nummerierung oder Liste mit mehreren Ebenen im Standardformat. Mit einem Klick auf die danebenliegenden Pull-down-Pfeile erscheinen Menüs, in denen weitere Einstellungen vorgenommen werden können.

Sowohl bei der Nummerierung wie bei der Aufzählung und Liste werden „hängende Einzüge" gesetzt. Das bedeutet, die erste Zeile beginnt mit dem Aufzählungszeichen bzw. der Nummerierung am linken Rand. Alle weiteren Zeilen des Aufzählungsgliedes werden nach rechts eingerückt, sodass der Bereich unter den Aufzählungszeichen frei bleibt.

Textverarbeitung mit MS-Word

Um eine weitere Gliederungsebene einzufügen, klicken Sie auf **<Einzug vergrößern>** oder betätigen die Tab-Taste. Für das Zurückstufen um eine Gliederungsebene benutzen Sie die Schaltfläche **<Einzug verkleinern>** oder Shift + Tab.

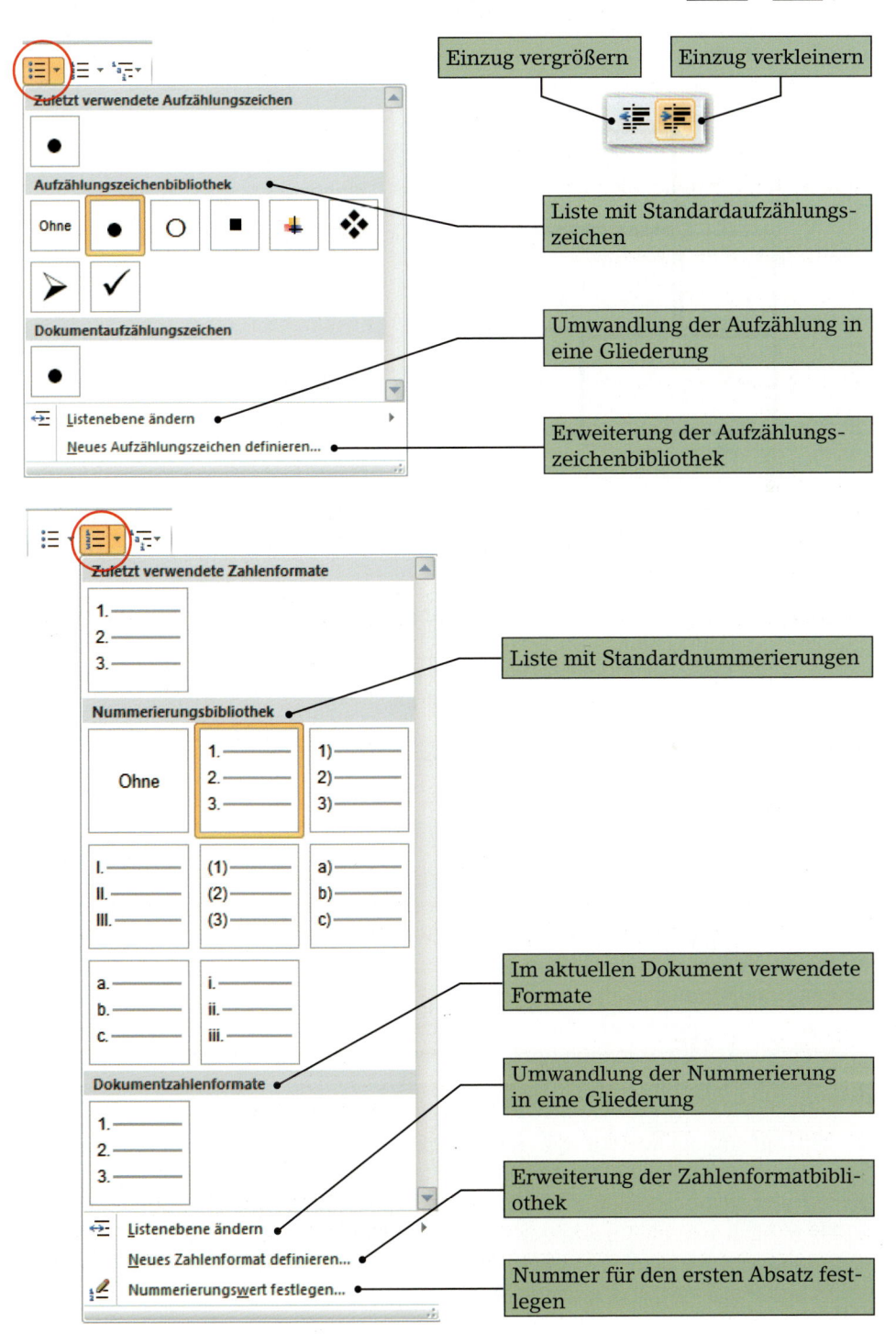

- Einzug vergrößern
- Einzug verkleinern
- Liste mit Standardaufzählungszeichen
- Umwandlung der Aufzählung in eine Gliederung
- Erweiterung der Aufzählungszeichenbibliothek
- Liste mit Standardnummerierungen
- Im aktuellen Dokument verwendete Formate
- Umwandlung der Nummerierung in eine Gliederung
- Erweiterung der Zahlenformatbibliothek
- Nummer für den ersten Absatz festlegen

Formatieren/Ausrichten

Standardgliederungen für Listen

Standardgliederungen für Dokumente

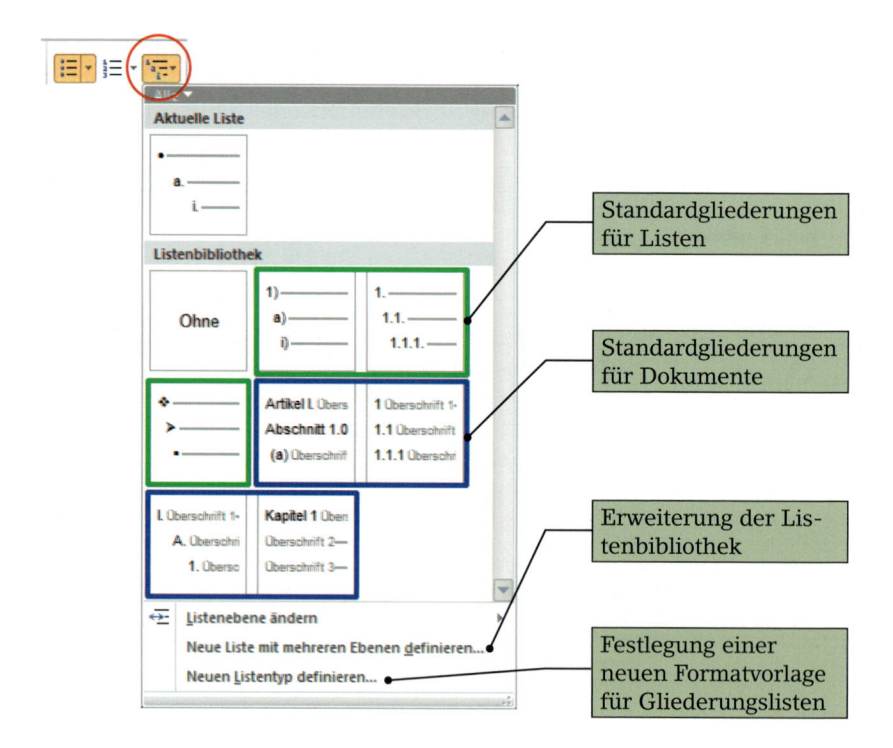

Erweiterung der Listenbibliothek

Festlegung einer neuen Formatvorlage für Gliederungslisten

Aufgaben

1. Geben Sie den Text „Aufzählung" ein und folgen Sie dabei den Anweisungen im Text.
2. Speichern Sie das Dokument unter dem Namen *Aufzählung* und ein weiteres Mal unter *Nummerierung*.
3. Ändern Sie die Überschrift und die vorangestellten Aufzählungszeichen im Dokument *Nummerierung* sinngemäß.

Aufzählung

Dieser Text ist in der Standardformatierung für Absätze formatiert. Er dient dazu zu zeigen, wo normalerweise der linke Textrand ist. Jetzt können Sie zunächst mit **<Shift>** + **<Enter>** eine Leerzeile als Abstand und anschließend mit **<Enter>** einen Absatz hinzufügen.

▶ Nun beginnt eine Aufzählung, wenn Sie dem Absatz ein Aufzählungszeichen über die entsprechende Schaltfläche im Menüband **<Start>** in der Befehlsgruppe **<Absatz>** hinzufügen. Es ist zu erkennen, dass ein Einzug vorgenommen wurde, sodass unter den Aufzählungszeichen ein freier Bereich entsteht. Jetzt fügen Sie, wie oben beschrieben, einen weiteren Absatz hinzu.

▶ Die Aufzählung wird fortgesetzt. Ein zweiter Absatz der Aufzählung folgt. Fügen Sie nun der Aufzählung den dritten Absatz hinzu.

▶ Diese Gliederungsebene soll noch einen zweiten Absatz enthalten, der zwar nach einem Absatzabstand in einer neuen Zeile beginnen, aber kein Aufzählungszeichen enthalten darf. Fügen Sie zunächst, wie oben beschrieben, einen weiteren Absatz hinzu.

Textverarbeitung mit MS-Word

▶ Diesem neu entstandenen Absatz ist zunächst noch ein Aufzählungszeichen vorangestellt. Positioniert man den Cursor aber vor den ersten Buchstaben des Absatzes und betätigt einmal die Rückschritttaste, so wird das Aufzählungszeichen entfernt, ohne dass der Text nach links rückt. Der Absatz gehört damit zur gleichen Ebene. Fügen Sie jetzt einen weiteren Absatz hinzu.

▶ Um wieder Aufzählungszeichen mit demselben Einzug zu erzeugen, betätigen Sie einmal die **<Rückschritttaste>** und klicken anschließend wieder auf die Schaltfläche **<Aufzählungszeichen>**. Erzeugen Sie einen weiteren Absatz.
  – Wollen Sie in diesem Absatz die Gliederungsebene wechseln, so klicken Sie auf die Schaltfläche **<Einzug vergrößern>** oder betätigen Sie, nachdem Sie den Cursor vor den ersten Buchstaben des Absatzes positioniert haben, den Tabulator. Die Gliederungsebene wird gewechselt. Erzeugen Sie einen weiteren Absatz.
  – Auch dieser Absatz befindet sich auf der zweiten Gliederungsebene. Erzeugen Sie einen weiteren Absatz.

▶ Will man wieder auf die gleiche Gliederungsebene, so kann man entweder die Schaltfläche **<Einzug verkleinern>** benutzen oder man positioniert den Cursor wieder vor den ersten Buchstaben und verwendet die Tastenkombination **<Shift>** + **<Tab>**.

3.2.4 Tabulator

Situation: Eine Kundenliste mit Kundennummern, Firmen, Telefonnummern und Ansprechpartnern wird benötigt. Kerstin soll die Liste erstellen.

Aufgabe: Erstellen Sie die Liste unter Verwendung der im Programm eingestellten Standardtabstopps. Verkleinern Sie den eingestellten Schriftgrad auf 11 Punkt. Speichern Sie unter *Kundenliste1*.

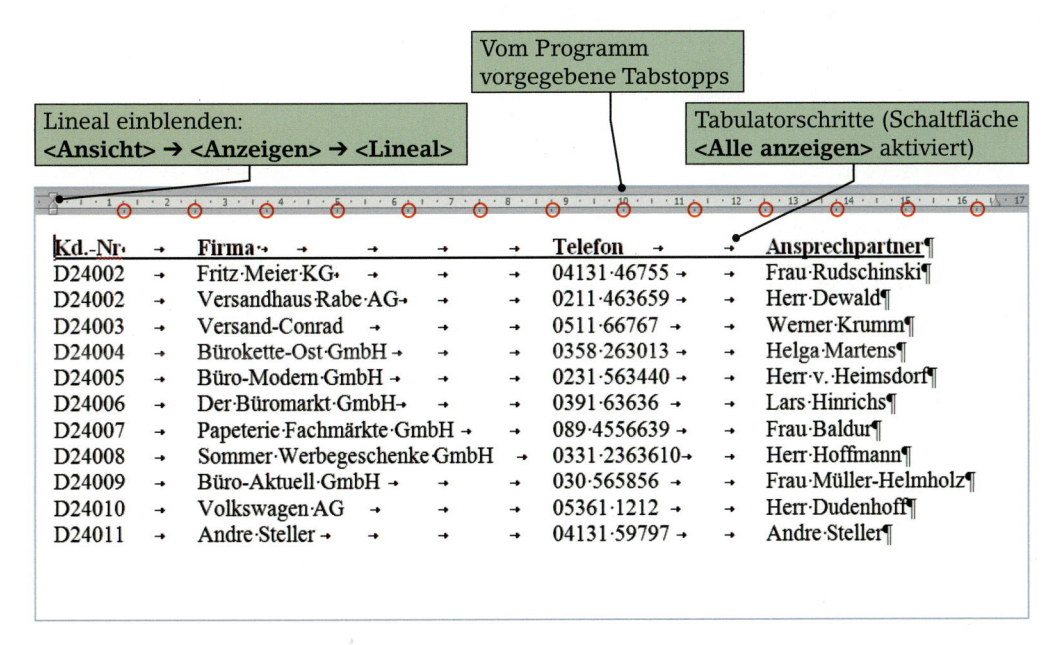

Vom Programm vorgegebene Tabstopps

Lineal einblenden:
<Ansicht> → **<Anzeigen>** → **<Lineal>**

Tabulatorschritte (Schaltfläche **<Alle anzeigen>** aktiviert)

Kd.-Nr	Firma	Telefon	Ansprechpartner
D24002	Fritz Meier KG	04131 46755	Frau Rudschinski
D24002	Versandhaus Rabe AG	0211 463659	Herr Dewald
D24003	Versand-Conrad	0511 66767	Werner Krumm
D24004	Bürokette-Ost GmbH	0358 263013	Helga Martens
D24005	Büro-Modem GmbH	0231 563440	Herr v. Heimsdorf
D24006	Der Büromarkt GmbH	0391 63636	Lars Hinrichs
D24007	Papeterie Fachmärkte GmbH	089 4556639	Frau Baldur
D24008	Sommer Werbegeschenke GmbH	0331 2363610	Herr Hoffmann
D24009	Büro-Aktuell GmbH	030 565856	Frau Müller-Helmholz
D24010	Volkswagen AG	05361 1212	Herr Dudenhoff
D24011	Andre Steller	04131 59797	Andre Steller

Formatieren/Ausrichten

Aufgrund der unterschiedlichen Schreibschritte in den Proportionalschriftarten gibt es bei der Positionierung mit Leerschritten häufig keine einheitliche Fluchtlinie. Deshalb benutzt man zum Positionieren von Wörtern oder Zahlen in einer Zeile den Tabulator. Die Standardeinstellung für Tabstopps beträgt in Word 1,25 cm, das bedeutet, der Cursor springt beim Betätigen der Tab -Taste jeweils um 1,25 cm weiter. Wenn Sie die Schaltfläche <Alle anzeigen> aktiviert haben, wird der Tabulatorsprung mit einem Pfeil dargestellt. Die Positionen der Standardtabstopps sind im Lineal unterhalb des Menübandes (s. Abb. auf S. 135) mit kleinen grauen Punkten gekennzeichnet.

Situation: Kerstin erstellt eine weitere Liste mit Artikelbezeichnungen, Artikelnummern, Verpackungseinheiten und Preisen.

Aufgabe
1. Erstellen Sie die Liste mit folgenden Tabstopps:
   2,25 cm zentriert, 3,25 cm linksbündig, 10 cm linksbündig und 15,75 cm dezimal (Überschriftzeile 15,75 zentriert).
2. Benutzen Sie Schriftgrad 12.
3. Speichern Sie unter *Artikelliste1*.

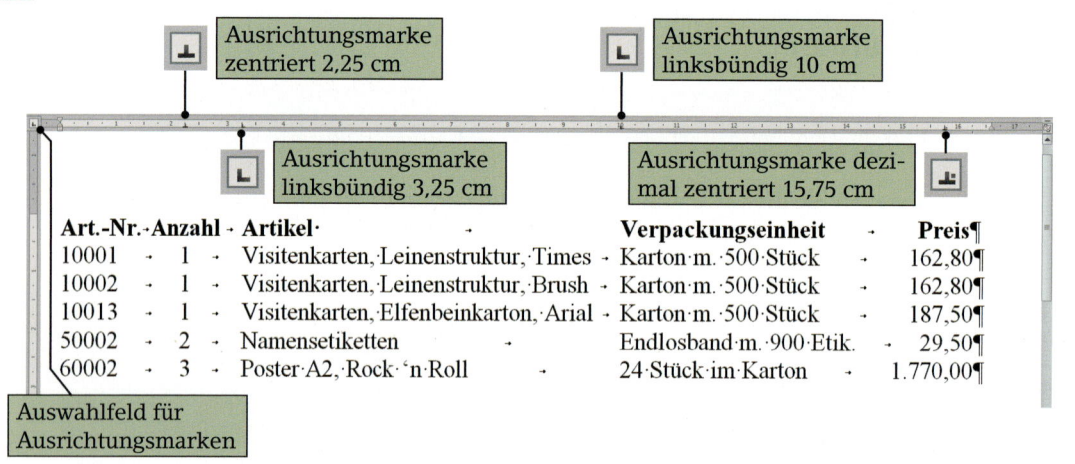

Ausrichtungsmarke zentriert 2,25 cm
Ausrichtungsmarke linksbündig 10 cm
Ausrichtungsmarke linksbündig 3,25 cm
Ausrichtungsmarke dezimal zentriert 15,75 cm

Art.-Nr.	Anzahl	Artikel	Verpackungseinheit	Preis¶
10001	1	Visitenkarten, Leinenstruktur, Times	Karton m. 500 Stück	162,80¶
10002	1	Visitenkarten, Leinenstruktur, Brush	Karton m. 500 Stück	162,80¶
10013	1	Visitenkarten, Elfenbeinkarton, Arial	Karton m. 500 Stück	187,50¶
50002	2	Namensetiketten	Endlosband m. 900 Etik.	29,50¶
60002	3	Poster A2, Rock 'n Roll	24 Stück im Karton	1.770,00¶

Auswahlfeld für Ausrichtungsmarken

Setzen von Tabstopps über das Dialogfenster

Aufrufen des Dialogfensters:

▶ <Seitenlayout> → <Listenfeld Absatz> → <Tabstopps …>
▶ Doppelklick auf den unteren Bereich des horizontalen Lineals

Hinweis:

Sofern das Lineal nicht eingeblendet ist, wählen Sie im Register **<Ansicht>** → Gruppe **<Anzeigen>** → **<Lineal>**.

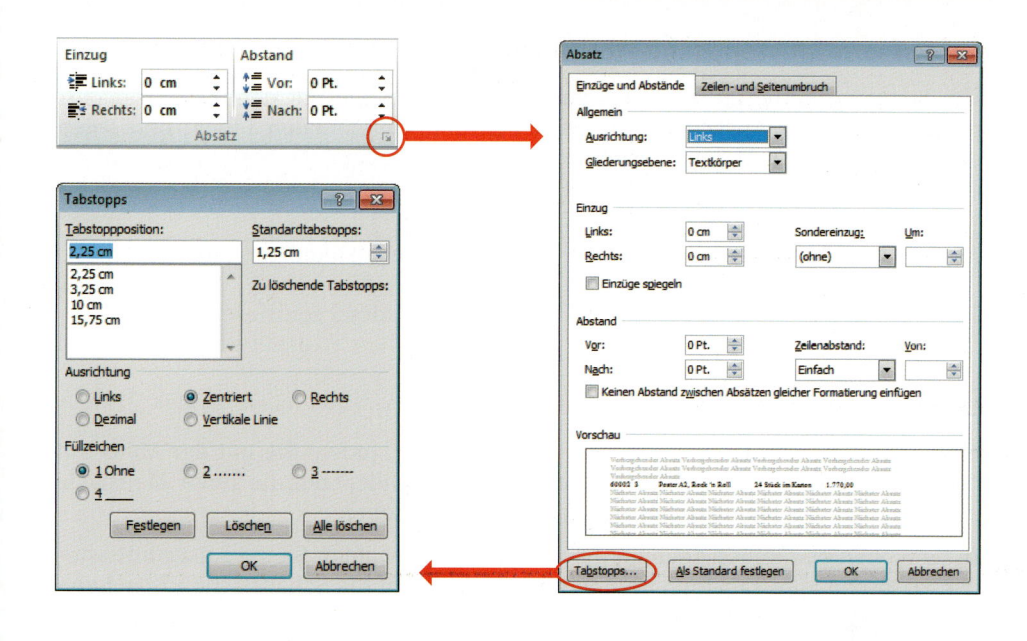

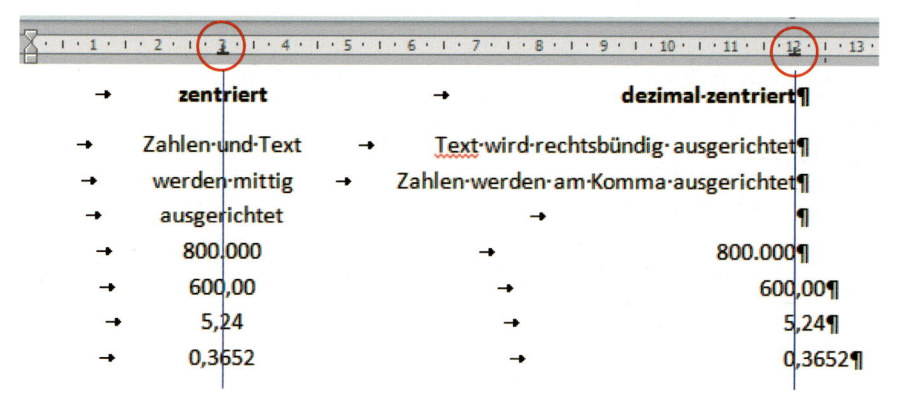

Sie geben die Position in Zentimetern gemessen vom Zeilenanfang und die Ausrichtung der Zeichen unter dem Tabstopp an. Die Standardtabstopps links vom neu gesetzten Stopp werden dabei aufgehoben.

Die Tabulatoreinstellungen gelten für den Absatz, in dem sich der Cursor beim Setzen befindet und für alle im direkten Anschluss erzeugten Zeilen und Absätze. Will man mehreren Absätzen gleiche Tabstopps hinzufügen, so müssen die Absätze vorher markiert werden.

Wenn Sie eine Linie in dem freien Raum vor einem Tabstopp einfügen wollen, so lassen sich im Dialogfenster drei Linienarten als Füllzeichen auswählen.

1.   ohne Füllzeichen

2. .... gepunktete Linie

3. ------------------------ gestrichelte Linie

4. ————————————— durchgezogene Linie

Setzen von Tabstopps mit der Maus

Um benutzerdefinierte Tabstopps zu setzen, klicken Sie mit der Maus zunächst mehrfach auf das Auswahlfeld links neben dem horizontalen Lineal und legen damit die Art des Tabstopps fest. Wählen Sie anschließend die Stelle im Lineal, an der Sie einen Tabstopp setzen wollen.

⌊	Linksbündiger Tab	⌋	Rechtsbündiger Tab
⊥	Zentrierender Tab	⊥	Dezimal zentrierender Tab

Löschen von Tabstopps

Sie können die gesetzten Tabstopps wieder löschen, indem Sie mit der Maus auf die betreffende Stelle im Lineal klicken und anschließend, die linke Maustaste gedrückt haltend, die Ausrichtungsmarke herunterziehen.

In dem oben erwähnten Dialogfenster **<Tabstopp>** wählen Sie im Auswahlfenster den zu löschenden Tabstopp an und klicken dann auf die Schaltfläche **<Löschen>** bzw. bei Bedarf **<Alle löschen>**.

3.2.5 Einzüge

Aufgaben
1. Öffnen Sie die Datei *Bildschirm1* und speichern Sie sie unter *Bildschirm2*.
2. Markieren Sie den gesamten Text mit Ausnahme der Überschrift und machen Sie die Nummerierung rückgängig, indem Sie die Schaltfläche für Nummerierung deaktivieren.
3. Geben Sie einen hängenden Einzug von 5 cm ein und setzen Sie einen Tabstopp bei 5 cm.
4. Geben Sie jeweils nach dem fett gesetzten Leitwort zu Beginn eines jeden Absatzes einen Tabulatorschritt ein.

Normalerweise beginnen die Zeilen am linken Seitenrand (Lineal 0 cm) und enden am rechts eingestellten Seitenrand (Ende des weißen Linealbereichs). Veränderungen dieser Einstellung für einen oder mehrere Absätze bezeichnet man als Einzüge.

Einen Einzug können Sie erzeugen, indem Sie mit der Maus auf die Schaltfläche **<Einzug vergrößern>** klicken. Für genauere Einstellungen (z. B. „hängender Einzug") benutzen Sie das Dialogfenster.

<Start> → **<Listenfeld Absatz>**

Probieren Sie im Dialogfenster die verschiedenen Möglichkeiten aus und achten Sie dabei auf die im Feld **<Vorschau>** angezeigten Auswirkungen. Sämtliche Einstellungen für Absätze gelten sowohl für den Absatz, in dem sich der Cursor zurzeit befindet, als auch für alle im direkten Anschluss neu erzeugten Absätze. Wollen Sie

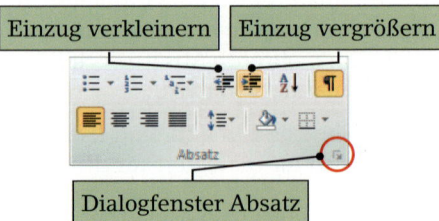

Textverarbeitung mit MS-Word

für einen bereits geschriebenen Text sämtliche Einzüge verändern, so müssen Sie den Text vorher markieren (Strg + A).

Die Einstellungen für Einzüge werden im Lineal unterhalb des Menübandes angezeigt, sofern in dem Register **<Ansicht>** Befehlsgruppe **<Anzeigen>** das Optionskästchen **<Lineal>** aktiviert ist.

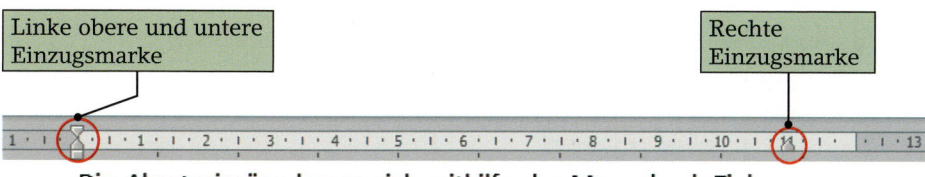

Linke obere und untere Einzugsmarke

Rechte Einzugsmarke

Die Absatzeinzüge lassen sich mithilfe der Maus durch Ziehen der Einzugsmarken auf dem Lineal erstellen. In diesem Absatz wurde die rechte Einzugsmarkierung vom rechten Seitenrand um 1 cm verschoben.

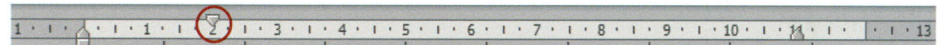

In diesem Absatz ist zusätzlich die obere linke Einzugsmarke um 2 cm nach rechts verschoben, so dass die erste Zeile nicht am linken Seitenrand beginnt (Erstzeileneinzug). Die übrigen Zeilen des Absatzes bleiben davon unberührt. ¶

Hängender Einzug → Bei einem hängenden Einzug beginnt die erste Zeile am linken Rand, während die restlichen Zeilen des Absatzes nach rechts eingezogen sind. ¶

Shortcuts	
Linksbündig:	Strg + L
Zentriert:	Strg + E
Rechtsbündig:	Strg + R
Blocksatz:	Strg + B
Aufzählung:	Strg + Shift + L
Einzug links:	Strg + M
Einzug zurücknehmen:	Strg + Shift + M
Hängender Einzug:	Strg + T
Hängenden Einzug zurücknehmen:	Strg + Shift + T

Formatieren/Ausrichten

Formatieren/Ausrichten

Situation Kerstin soll ein Angebot über Bildpostkarten erstellen.

Aufgabe Gestalten Sie das folgende Angebot mit Einrückung und speichern Sie unter dem Dateinamen *Angebot Hoffman*.

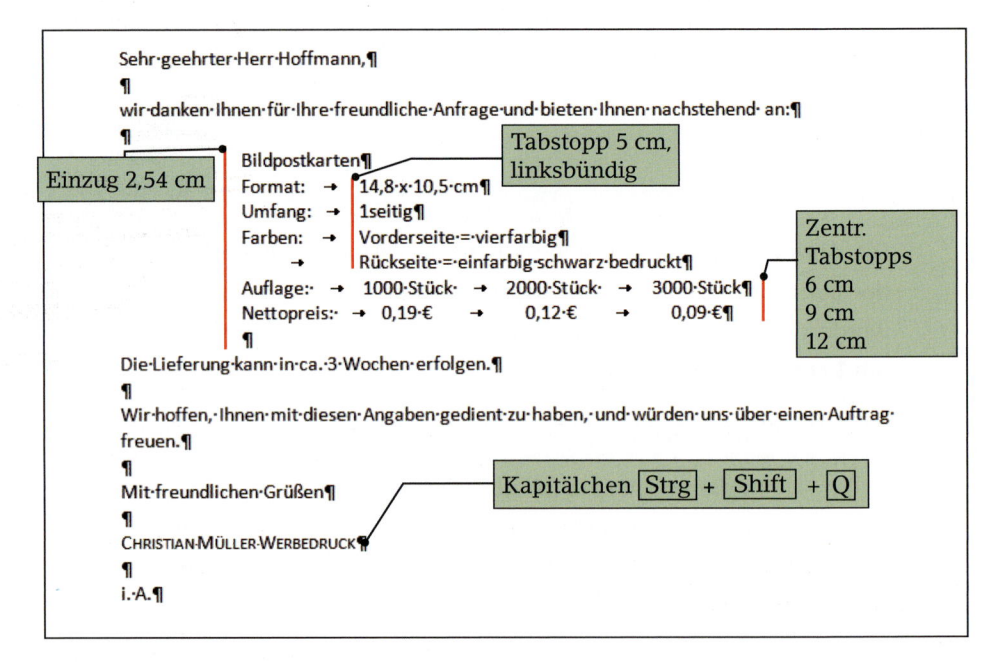

```
Sehr geehrter Herr Hoffmann,¶
¶
wir danken Ihnen für Ihre freundliche Anfrage und bieten Ihnen nachstehend an:¶
¶
        Bildpostkarten¶
        Format:    →   14,8 x 10,5 cm¶
        Umfang:    →   1seitig¶
        Farben:    →   Vorderseite = vierfarbig¶
                   →   Rückseite = einfarbig schwarz bedruckt¶
        Auflage:   →   1000 Stück  →  2000 Stück  →  3000 Stück¶
        Nettopreis:→   0,19 €      →  0,12 €      →  0,09 €¶
        ¶
Die Lieferung kann in ca. 3 Wochen erfolgen.¶
¶
Wir hoffen, Ihnen mit diesen Angaben gedient zu haben, und würden uns über einen Auftrag
freuen.¶
¶
Mit freundlichen Grüßen¶
¶
CHRISTIAN MÜLLER WERBEDRUCK¶
¶
i. A.¶
```

Annotationen:
- Einzug 2,54 cm
- Tabstopp 5 cm, linksbündig
- Zentr. Tabstopps 6 cm, 9 cm, 12 cm
- Kapitälchen [Strg] + [Shift] + [Q]

Einrückungen

Der oben dargestellte Brief enthält eine Einrückung. Das Wesentliche des Angebots wird hier durch einen um 2,54 cm verschobenen Zeilenanfang hervorgehoben. Sie sind wie Absätze durch jeweils eine Leerzeile oben und unten vom Text zu trennen. Die Einrückungen kann man mit Tabstopps oder bei mehreren Absätzen bequemer mit einem Einzug vornehmen.

3.2.6 Abstände

Aufgabe Setzen Sie in dem soeben erstellten Angebot den Abstand zwischen den Absätzen auf 6 Punkt.

In dem Register **<Einzüge und Abstände>** des Dialogfensters **<Absatz>** lassen sich neben den Zeileneinzügen auch Abstände einstellen, um Textanordnungen vertikal zu verändern. Bisher haben Sie zur Erzeugung eines Absatzes eine zweifache Absatzschaltung vorgenommen, um eine Leerzeile als Zwischenraum einzufügen. Der Abstand von einem Absatz zum anderen lässt sich mithilfe des Dialogfensters aber auch genau einstellen und es bedarf dann nur noch einer Absatzschaltung zur Erzeugung des gewünschten Zwischenraumes. Wenn Sie unter **<Abstand>** → **<Vor>** einen Wert > 0 (z. B. 6 Punkt) eingeben, so wird oberhalb einer Absatzschaltung jeweils ein Zwischenraum eingefügt. Die Größe des Abstands wird in dem Feld **<Vorschau>** angezeigt.

Textverarbeitung mit MS-Word

Sämtliche Einstellungen für Absätze gelten sowohl für den Absatz, in dem sich der Cursor zurzeit befindet, als auch für alle im direkten Anschluss neu erzeugten Absätze. Wollen Sie für einen bereits geschriebenen Text die Abstände verändern, so müssen Sie den Text vorher markieren (Strg + A).

Um eine neue Zeile zu erzeugen, ohne den Absatz zu wechseln, geben Sie zukünftig immer die Zeilenschaltung Shift + Enter statt der Absatzschaltung Enter ein. Die Zeilenschaltung wird, wenn Sie **<Alles anzeigen>** aktiviert haben, als ↵ angezeigt.

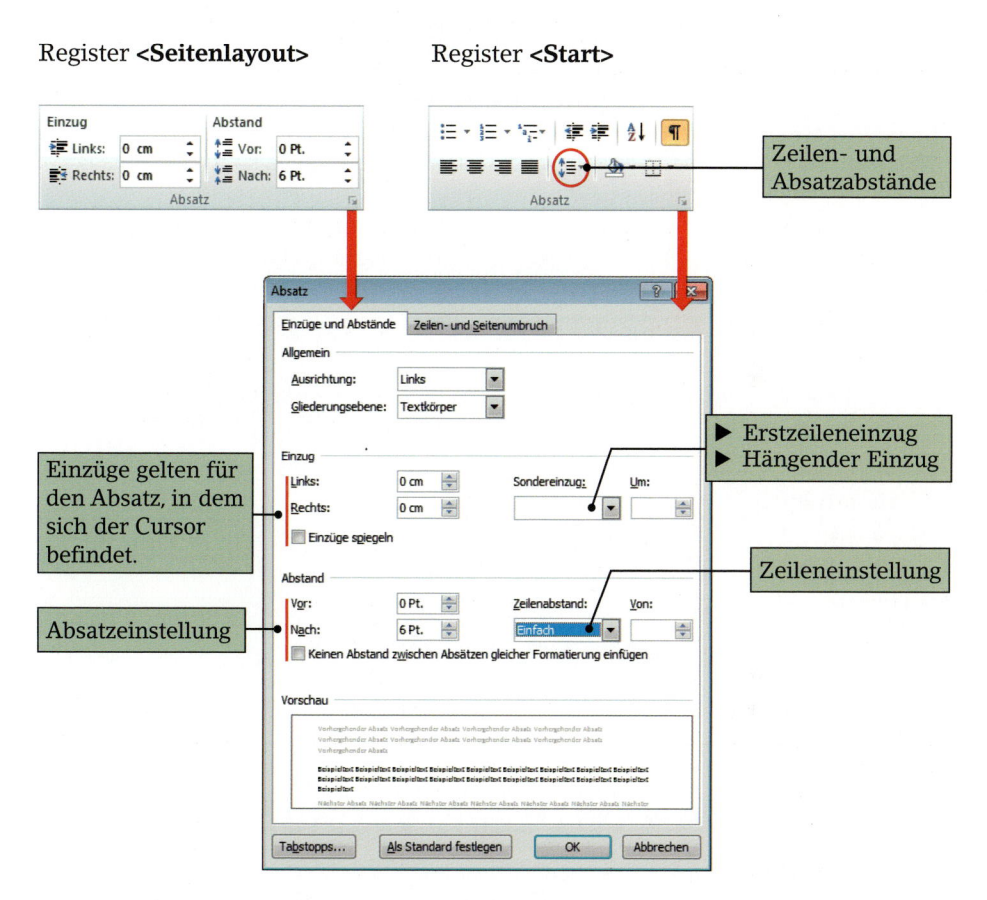

Register **<Seitenlayout>**   Register **<Start>**

Zeilen- und Absatzabstände

Einzüge gelten für den Absatz, in dem sich der Cursor befindet.

Absatzeinstellung

▶ Erstzeileneinzug
▶ Hängender Einzug

Zeileneinstellung

Auch der Abstand zwischen den Zeilen lässt sich im Dialogfenster **<Absatz>** einstellen. Um ihn zu vergrößern, wählen Sie **<1,5 Zeilen>** oder **<Doppelt>**. Achten Sie darauf, dass Sie den Zeilenabstand nur dann mit **<Genau>** eingeben, wenn der von Ihnen gewählte Schriftgrad nicht größer als der Zeilenabstand ist, da sonst die Zeichen nicht mehr korrekt angezeigt werden.

Aufgabe Öffnen Sie *Poster4*, löschen Sie die Leerzeilen, ändern Sie auch hier den Abstand auf **6 Punkt vor dem Absatz** und speichern Sie unter *Poster5*.

3.2.7 Rahmen

Situation: Kerstin erstellt eine Anzeige für das Branchenfernsprechbuch.

Aufgabe: Erstellen Sie das folgende Inserat für ein Branchenfernsprechbuch und speichern Sie unter dem Dateinamen *Inserat Telefonbuch*.

	Einstellungen
Grundeinstellungen	Schriftart Calibri, Schriftgrad 12 Punkt, Abstand vor und nach dem Absatz 3 Punkt
CHRISTIAN MÜLLER WERBEDRUCK	Kapitälchen, Schriftgrad 36 Punkt, Schriftfarbe Blau, Texteffekt – Textkontur – einfarbige Linie – Dunkelblau, Schattierung – Füllung – Gelbbraun, zentriert
Fachbetrieb für	Schriftgrad 20 Punkt, Schriftfarbe Blau, Texteffekt – Schatten Außen, Schattierung – Füllung – Gelbbraun, zentriert
Gestaltung – Satz – …	Schriftfarbe Blau, Texteffekt Spiegelung, Schriftgrad 18 Punkt, Schattierung – Füllung – Gelbbraun, zentriert
Wir stellen für Sie her:	Schriftgrad 16 Punkt, Zeichenabstand 3 Punkt
Geschäftsvordrucke …	Schriftgrad 18 bis 11 Punkt, Aufzählung, Erstzeileneinzug 8 cm, Tabstopp 8,5 cm, links und rechts kein Einzug
Telefon/Telefax	Tabstopp 2 cm
Anschrift	Tabstopp 16,5 cm rechtsbündig, Schriftgrad 8 Punkt
CHRISTIAN MÜLLER	Kapitälchen, Schriftgrad 9 Punkt
Rahmen	Schattiert, Linie 1½ Punkt, Abstand alle Seiten 10 Punkt (Optionen)

CHRISTIAN MÜLLER WERBEDRUCK

Fachbetrieb für

Gestaltung - Satz - Siebdruck - Offsetdruck - Buchdruck

Wir stellen für Sie her:

- Geschäftsvordrucke
- Zeitschriften
- Broschüren
- Kalender
- Poster

Telefon: 04131 12345-0
Telefax: 04131 12345-12

CHRISTIAN MÜLLER WERBEDRUCK - Postfach 21 73 - 21311 Lüneburg

Textverarbeitung mit MS-Word

Durch Klicken auf den Pfeil neben der Schaltfläche für Rahmen werden weitere Schaltflächen mit verschiedenen Rahmenlinien eingeblendet.

Probieren Sie die unterschiedlichen Möglichkeiten aus, Rahmen zu setzen. Weitere Optionen finden Sie unter:

<Absatz> ➔ <Rahmen und Schattierung …> ➔ <Rahmen>

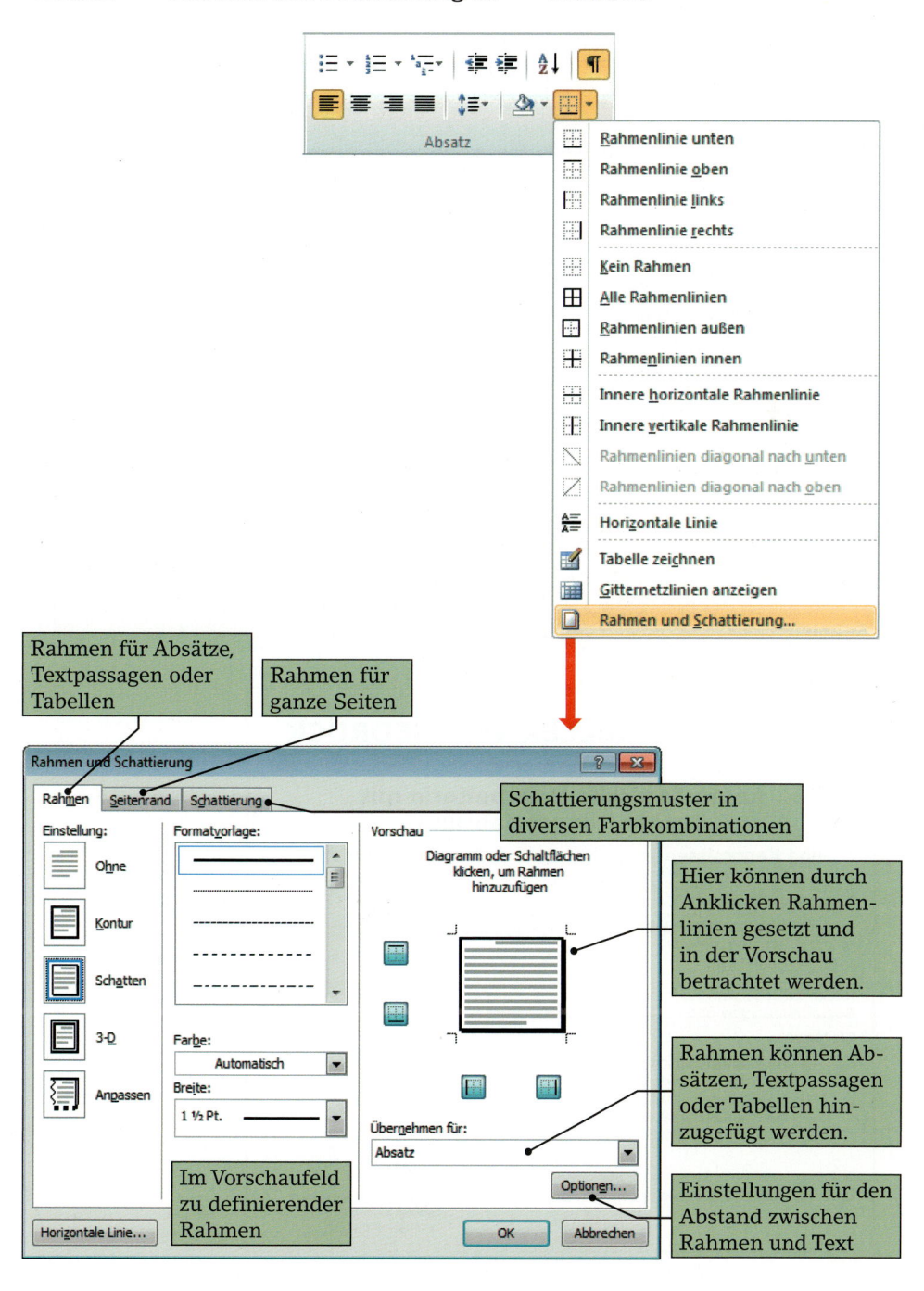

Formatieren/Ausrichten

- Rahmen für Absätze, Textpassagen oder Tabellen
- Rahmen für ganze Seiten
- Schattierungsmuster in diversen Farbkombinationen
- Hier können durch Anklicken Rahmenlinien gesetzt und in der Vorschau betrachtet werden.
- Rahmen können Absätzen, Textpassagen oder Tabellen hinzugefügt werden.
- Im Vorschaufeld zu definierender Rahmen
- Einstellungen für den Abstand zwischen Rahmen und Text

Formatieren/Ausrichten

Situation: Eine neue Mitarbeiterin für die Buchhaltung wird per Annonce gesucht.

Aufgabe: Gestalten Sie das Inserat nach dem nachfolgenden Muster und speichern Sie unter dem Dateinamen *Inserat Personal1*.

	Einstellungen
Grundeinstellungen:	Schriftart Verdana
CHRISTIAN MÜLLER WERBEDRUCK:	Fett, Kapitälchen, Schriftgrad 28 Punkt, zentriert
Wir sind …	Schriftgrad 12 Punkt, zentriert
kaufmännische …	Fett, Schriftgrad 18 Punkt, zentriert
und Kenntnisse …	Schriftgrad 16 Punkt, zentriert
Neben allen …	Schriftgrad 12 Punkt, Blocksatz
allgmeine Büroarbeiten …	Schriftgrad 12 Punkt, Aufzählung, Erstzeileneinzug 1,5 cm
Neben einer …	Schriftgrad 12 Punkt, Blocksatz
interessante Sozialleistungen	Fett
Fahrkostenzuschuss	Fett
Sie haben …	Schriftgrad 12 Punkt, linksbündig
eine kaufmännische …	Schriftgrad 12 Punkt, Aufzählung, Erstzeileneinzug 1,5 cm
KHK …	Schriftgrad 12 Punkt, Tabulator 12,25 cm, linksbündig
Dann senden …	Schriftgrad 12 Punkt, linksbündig
Adresse	Schriftgrad 9 Punkt, Tabulator 12,25 cm, linksbündig
Rahmen	Schattiert, Linie 1½ Punkt, Abstand alle Seiten 15 Punkt

---

CHRISTIAN MÜLLER WERBEDRUCK

Wir sind ein mittelständisches Familienunternehmen und suchen per sofort eine

kaufmännische Mitarbeiterin mit Buchhaltungserfahrung

und Kenntnissen in der Lohn- und Gehaltsabrechnung.

Neben allen üblicherweise in der Buchhaltung anfallenden Arbeiten umfasst der Tätigkeitsbereich auch:

- allgemeine Büroarbeiten
- Zahlungsverkehr
- Mahnwesen

Neben einer leistungsgerechten Bezahlung erwarten Sie weitere **interessante Sozialleistungen** und ein **Fahrtkostenzuschuss**.

Sie haben:

- eine kaufmännische Ausbildung
- Verantwortungsgefühl
- Einsatzbereitschaft
- ein freundliches Wesen
- Erfahrung im Umgang mit Standard-Software: KHK
  Word
  Excel

Dann senden Sie bitte Ihre Unterlagen an: Christian Müller Werbedruck
Postfach 21 73
21311 Lüneburg

3.2.8 Formatvorlagen

Situation Kerstin möchte sich Formatierungsarbeiten erleichtern, indem sie künftig die im Programm vorhandenen Formatvorlagen nutzt.

Aufgaben
1. Weisen Sie dem Dokument *Zeichnen2* folgende Schnellformatvorlagen zu:

   Überschrift 2 Zeichnen

   Überschrift 3 Verschieben und Löschen; Zeichenbereich; Eigenschaften; Gruppieren; Effekte

   Standard Text

2. Ändern Sie das Stil-Set in *„Elegant"* und speichern Sie unter *Zeichnen3*.

3. Nehmen Sie die folgenden Änderungen an den Formatvorlagen vor und speichern Sie das Stil-Set als Schnellformatvorlagen-Satz *„Elegant1"*.

   Überschrift 2 Schriftart: Arial; Auszeichnung: Fett; Absatzabstand: vor 12 pt, nach 3 pt

   Überschrift 3 Schriftart: Arial; Auszeichnung: Fett; Absatzabstand: vor 9 pt, nach 3 pt

   Standard Schriftart: Calibri; Schriftgröße: 12 pt; Ausrichtung: Blocksatz; Zeilenabstand: einfach; Absatzabstand: vor 3 pt, nach 3 pt

Zeichenformatierungen bestehen in der Regel aus mehreren Formatierungsmerkmalen wie Auszeichnung (Fett, Kursiv, …), Schriftart und Schriftgröße. Um mehrere Formatierungsmerkmale auf einmal zuweisen zu können, speichert man diese Kombinationen in Formatvorlagen. Ist mehreren Elementen in einem Dokument dieselbe Formatvorlage zugewiesen (z. B. Überschrift 2), so reicht eine Änderung, um all diese Elemente auf einmal neu zu formatieren.

Man unterscheidet fünf Arten von Formatvorlagen:

- **Zeichenformatvorlagen** — Schriftgröße, Auszeichnung, Schriftart, Effekte, …
- **Absatzformatvorlagen** — Einzüge, Tabulatoren, Absatzabstände, …
- **Verknüpfte Formatvorlagen** — Kombination aus Absatz- und Zeichenformatvorlagen
- **Tabellenformatvorlagen** — Rahmen, Schattierungen, Ausrichtung, …
- **Listenformatvorlagen** — Ausrichtungen, Aufzählungszeichen, Einzüge, …

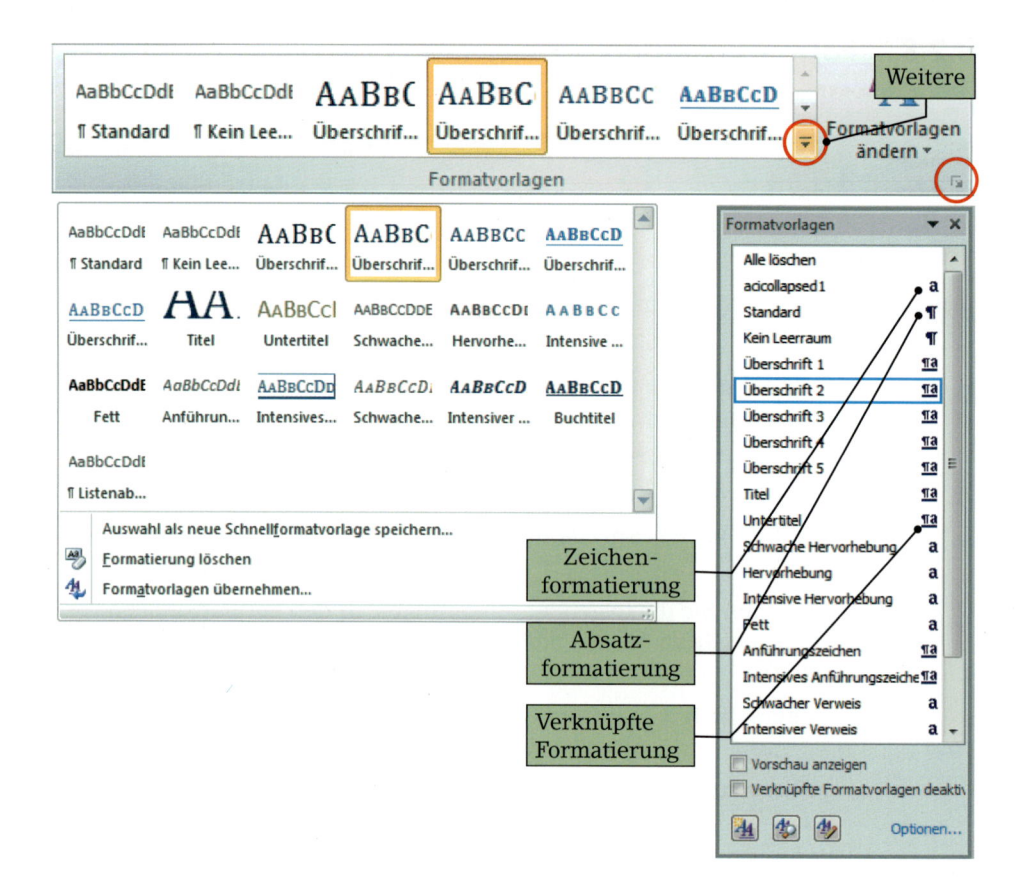

Schnellformatvorlagen

Word stellt einen Katalog von Schnellformatvorlagen zur Verfügung, um damit häufig vorkommende Formatierungsarbeiten unkompliziert erledigen zu können. Wenn Sie ein neues Dokument erstellen, so wird dem Text in der Regel die Absatzformatierung *Standard* zugewiesen. Eine andere Schnellformatvorlage weisen Sie zu, indem Sie den Cursor im betreffenden Absatz (Absatzformat) oder Wort (Zeichenformat) positionieren. Klicken Sie anschließend auf den Drop-down-Pfeil **<Start>** ➔ **<Formatvorlagen>** ➔ **<Weitere>** neben den angezeigten Schnellformatvorlagen und Ihnen wird ein Katalog verfügbarer Schnellformatvorlagen angezeigt. Wenn Sie einen Eintrag auswählen, so werden die Formatierungen entsprechend der Vorlagenart für den betreffenden Absatz oder die markierten Zeichen übernommen.

Stil-Sets

Um in einem Schritt die zugewiesenen Formatvorlagen zu ändern, kann man Formatvorlagensätze benutzen. Sie enthalten aufeinander abgestimmte Formate wie Schriftarten, Farben und Einzüge. Der Katalog mit Stil-Sets wird aufgerufen über die Schaltfläche **<Formatvorlagen ändern>** ➔ **<Stil-Set>**.

Textverarbeitung mit MS-Word

Hier können Sie auch selbst zusammengestellte Formatvorlagensätze speichern und, falls Sie jedes neue Dokument mit einem bestimmten Vorlagensatz aufrufen möchten, als Standard festlegen.

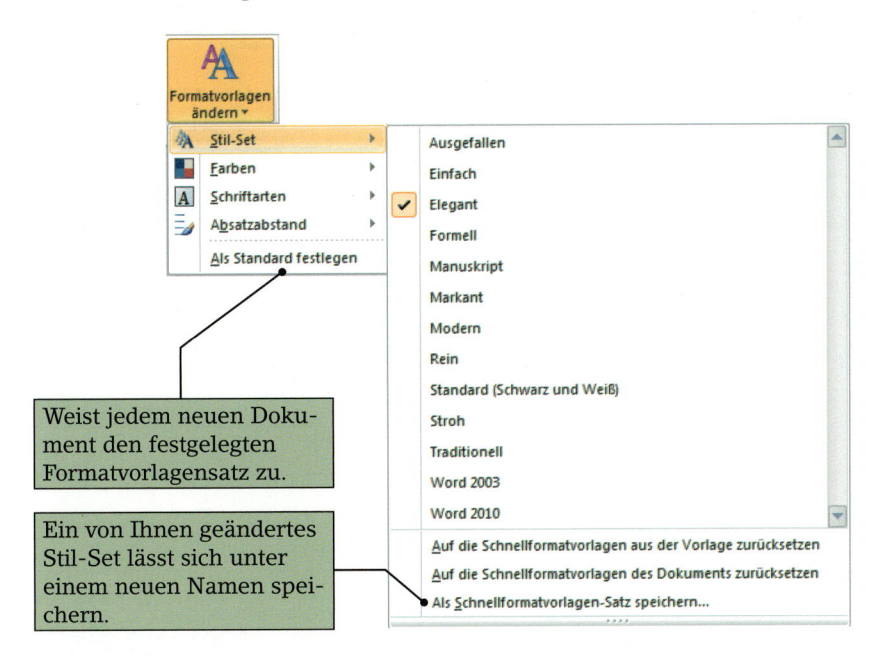

Weist jedem neuen Dokument den festgelegten Formatvorlagensatz zu.

Ein von Ihnen geändertes Stil-Set lässt sich unter einem neuen Namen speichern.

Formatvorlagen erstellen und bearbeiten

Formatieren Sie einen Absatz oder eine Textpassage nach Ihren Vorstellungen und positionieren Sie den Cursor an der betreffenden Stelle. Wählen Sie im Kontextmenü des Textes oder der Formatvorlage **<Formatvorlagen>** → **<Auswahl als neue Schnellformatvorlage speichern>**. Vergeben Sie in dem erscheinenden Dialogfenster einen aussagekräftigen Namen für Ihre Formatvorlage.

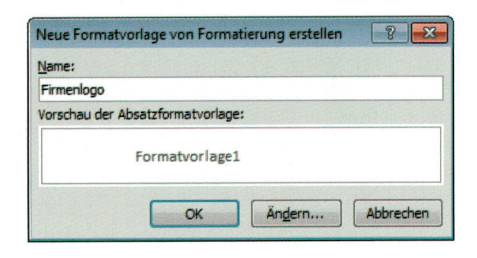

Sie können alternativ auch die benutzte Formatvorlage ändern, indem Sie im Kontextmenü des Formatvorlagenauswahlfeldes **<Formatvorlagen>** → **<Standard aktualisieren, um der Auswahl zu entsprechen>** wählen. Alle im Dokument vorkommenden Instanzen dieser Formatvorlage werden dann auf einmal geändert und der markierten Auswahl angepasst.

Eine weitere Möglichkeit, die Formatvorlagen anzupassen, besteht darin, im Kontextmenü der Formatvorlagen auf **<Ändern>** zu klicken. Es öffnet sich ein Dialogfenster, in dem Sie alle Änderungen eingeben können. Abschließend entscheiden Sie, ob die von Ihnen vorgenommenen Änderungen nur für das aktuelle Dokument oder für alle auf der Dokumentvorlage basierenden neuen Dokumente gelten sollen.

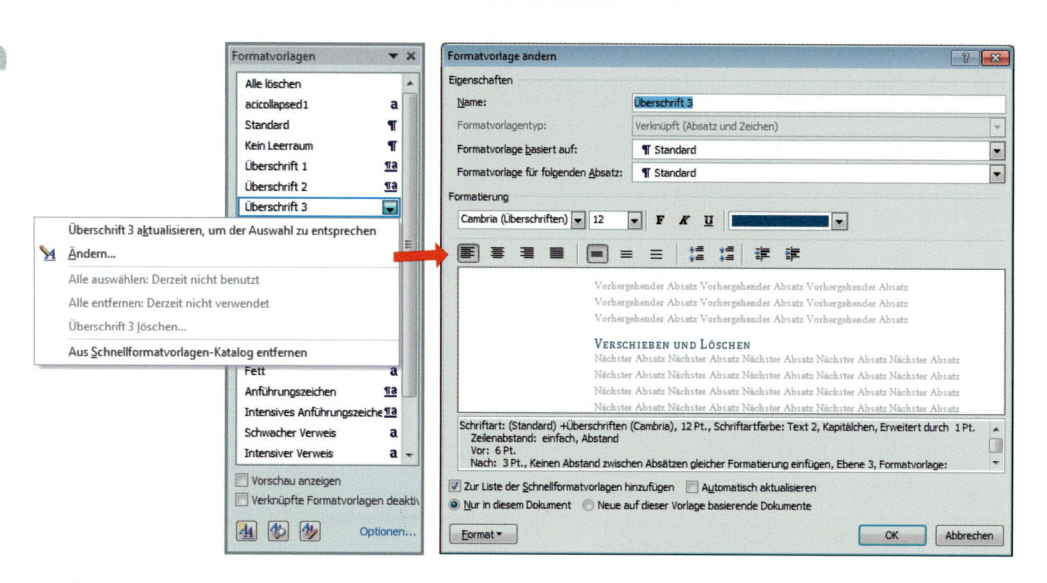

Zusammenfassung

- ▶ Formatierungen unterscheidet man in Zeichen- und Absatzformatierungen.
  - Zeichenformatierungen
    - Schriftart, -schnitt und -größe
    - Effekte
    - Schriftfarbe
    - Zeichenabstand
  - Absatzformatierungen
    - Ausrichtung
    - Gliederung
    - Aufzählung
    - Nummerierung
    - Einzüge
    - Hintergrundfarbe
    - Rahmung
    - Abstand
- ▶ Man benutzt zum Positionieren von Wörtern oder Zahlen in einer Zeile den Tabulator. Die Tabulatoreinstellungen gelten immer für den Absatz.
  <Seitenlayout> → <Absatz> → <Tabstopps …>
- ▶ Einzüge und Absatzabstände legen Sie über das Dialogfenster **<Absatz>** fest.
  <Start> → <Listenfeld Absatz>
- ▶ Formatvorlagen dienen der Vereinfachung der Formatierungsarbeit. Änderungen der Vorlagen oder Erweiterungen der Schnellformatvorlagenliste können über das Listenfeld **<Start> → <Formatvorlagen>** vorgenommen werden.

Textverarbeitung mit MS-Word

Aufgabe Was versteht man unter den folgenden Begriffen? Beantworten Sie die Frage schriftlich und speichern Sie das Dokument unter *Aufgaben3*.

1. Unterschneidung
2. Proportionalschriftart
3. Blocksatz
4. Hängender Einzug
5. Listenebene
6. Standardtabstopp
7. Dezimal zentrierender Tabulator
8. Schnellformatvorlage
9. Formatvorlagensatz

3.3 Korrektur

3.3.1 Rechtschreibung

Situation Da Kerstin eine Reklamation sehr schnell geschrieben hat, weist diese viele Rechtschreibfehler auf, die Kerstin jetzt mithilfe des Programms korrigieren will.

Reklamation der Prospekte

Sehr geehrter Herr von Heimsdorf,

Mit Bedauern habe ich zur Kenntnis genommen, dass die von von uns gelieferten Prospekte nichtt Ihren Vorstellungen entsprechen. Ich bin zwar immer bemüht, den Wünschen meiner Kunden voll und ganz zu entsprechen, kann aber geringfügige Farbabweichungen bei dem benutzten technischen Verfahren nicht immer vermeiden. bei der Auftragserteilung sidn Sie darauf hingewiesen worden, dass derartige Farbabweichungen nur ausgeschlossen werden können, bei Verwendung des teureren Kunstdruck-Verfahrens.

Ihnen ist eine Probedruck zugesandt worden. Sie erklärten in einem Telefongespräch am ..-05-28 unserem Herrn Dreher, dass Sie mit der Probe einverstanden sind und die Prospekte unbedingt in zwei Tagen benätigt würden. Wir haben daraufhin termingerecht am ..-05-30 geliefert. Ein Preisnachlass kommt daher nicht in Betracht.

Ich muss Sie also bitten, den mit mit der Lieferung zugestellte Rechnung über 15.689,12 r umgehend zu bergleichen. Bitte haben Sie Verstandnis, dass bei dem vorligenden Sachverhalt dder von Ihnen erbetene Nachlass leider nicht gewährt werden kann.

Mit freundlichen Grüßen

CHRISTIAN MÜLLER WERBEDRUCK

i. V.

Schuhmann

Korrektur

Aufgabe
1. Korrigieren Sie mithilfe des Programms die Fehler.
2. Speichern Sie die korrigierte Version unter *Reklamation1* im Ordner.

Aufrufen der Rechtschreibkorrektur

▶ Funktionstaste F7

▶ <Überprüfen> → <Rechtschreibung und Grammatik>

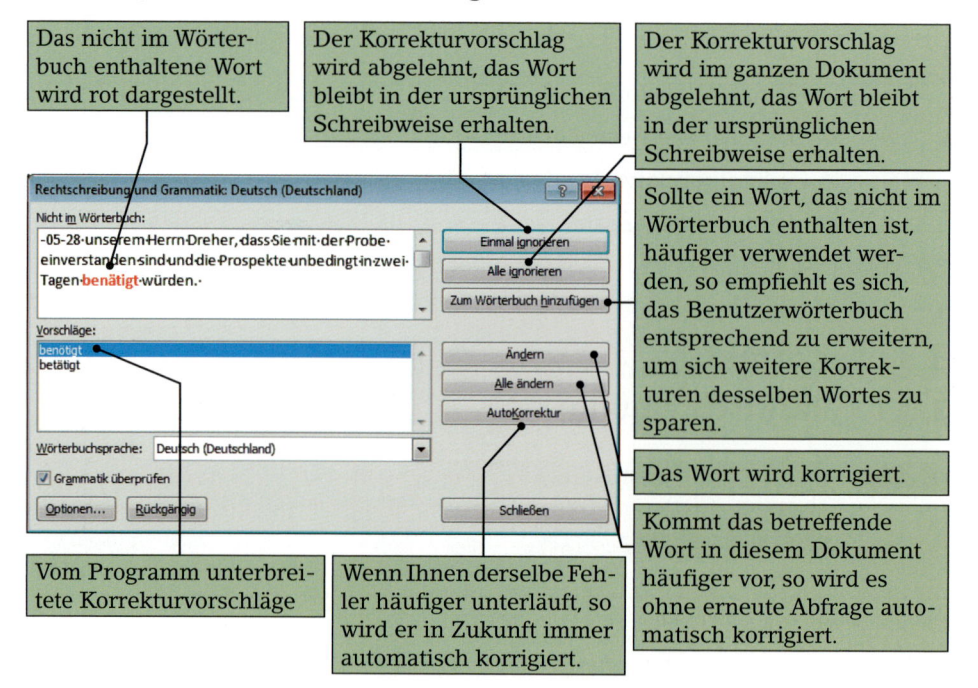

- Das nicht im Wörterbuch enthaltene Wort wird rot dargestellt.
- Der Korrekturvorschlag wird abgelehnt, das Wort bleibt in der ursprünglichen Schreibweise erhalten.
- Der Korrekturvorschlag wird im ganzen Dokument abgelehnt, das Wort bleibt in der ursprünglichen Schreibweise erhalten.
- Sollte ein Wort, das nicht im Wörterbuch enthalten ist, häufiger verwendet werden, so empfiehlt es sich, das Benutzerwörterbuch entsprechend zu erweitern, um sich weitere Korrekturen desselben Wortes zu sparen.
- Vom Programm unterbreitete Korrekturvorschläge
- Wenn Ihnen derselbe Fehler häufiger unterläuft, so wird er in Zukunft immer automatisch korrigiert.
- Das Wort wird korrigiert.
- Kommt das betreffende Wort in diesem Dokument häufiger vor, so wird es ohne erneute Abfrage automatisch korrigiert.

Korrekturvorschläge können über die Schaltfläche <**Ändern**> angenommen oder über <**Einmal Ignorieren**> abgelehnt werden. Kommt das betreffende Wort im Dokument häufiger vor, so kann man, um sich weitere Abfragen des gleichen Wortes zu ersparen, auf die Schaltfläche <**Alle ignorieren**> bzw. <**Alle ändern**> klicken. Kann kein Korrekturvorschlag vom Programm unterbreitet werden, so bleibt das Feld <**Vorschläge**> leer. Das Wort lässt sich direkt im oberen Fenster korrigieren. Bei Wortwiederholungen, z. B. „der der", bleibt das Feld <**Vorschläge**> leer. Statt der Schaltfläche <**Ändern**> erscheint <**Löschen**>.

Um vom Dialogfenster in den Text zu wechseln, klicken Sie mit der Maus auf eine beliebige Stelle im Text. Umgekehrt verfahren Sie ebenso, indem Sie auf eine beliebige Stelle im Dialogfenster klicken.

Das Anklicken der Schaltfläche <**AutoKorrektur**> bewirkt, dass das gefundene Wort künftig beim Auftreten desselben Fehlers bereits während des Schreibens ersetzt wird. Wenn Ihnen häufig derselbe Tippfehler unterläuft, wie z. B. „dei" statt „die", dann kann durch Aufnahme in die Autokorrekturliste der Fehler zukünftig automatisch während des Schreibens korrigiert werden. Weitere Autokorrektureinstellungen können Sie im Dialogfenster hierzu vornehmen.

<Datei> → <Optionen> → <Dokumentenprüfung> → <AutoKorrektur-Optionen>

Textverarbeitung mit MS-Word

Automatische Rechtschreibprüfung während der Texteingabe

Wenn Sie bereits während der Texteingabe eine Rechtschreibprüfung wünschen, so können Sie in den Word-Optionen das entsprechende Kontrollkästchen aktivieren.

<Datei> → <Optionen> → <Dokumentenprüfung> → <Beim Korrigieren der Rechtschreibung und Grammatik in Word> → <Rechtschreibung während der Eingabe überprüfen>

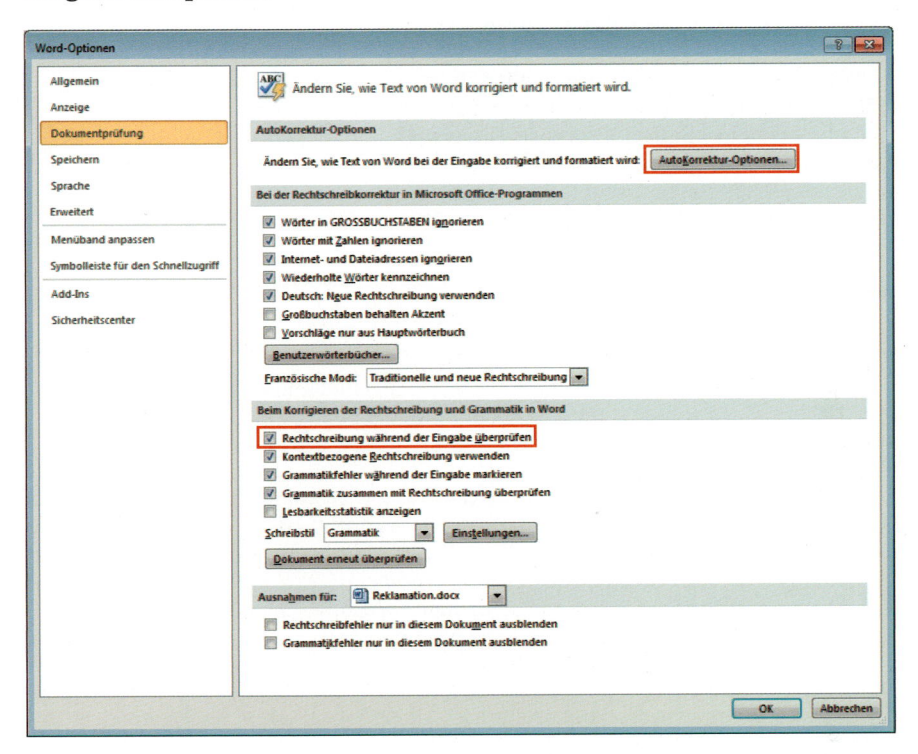

3.3.2 Suchen/Ersetzen

Aufgaben
1. Übernehmen Sie den unten stehenden Text.
2. Weisen Sie der Überschrift „Die Statusleiste" die Schnellformatvorlage *Überschrift 2* zu.
3. Lassen Sie den Begriff „Winword" durch „WinWord" ersetzen.
4. Speichern Sie unter dem Dateinamen: *Statusleiste1*.

Die Statusleiste

Einrichten der Statusleiste

Winword stellt in der Statusleiste diverse Informationen über den Programmstatus und die aktuelle Cursorposition zur Verfügung. Sie können im Kontextmenü der Statusleiste festlegen, worüber Sie informiert werden möchten. Wählen Sie: Formatierte Seitenzahl, Abschnitt, Seitenzahl, Vertikale Seitenposition, Zeilennummer, Spalte, Wortanzahl, Rechtschreib- und Grammatikprüfung, Tastenkombinationen anzeigen, Zoom und Zoomregler.

Position im Dokument

Links in der Statusleiste ist die Seitenzahl der auf dem Bildschirm angezeigten Seite zu sehen. Wenn Sie eine Nummerierung über den Befehl **<Seitenzahl>** im Menüband **<Einfügen>** vorgenommen haben, so wird diese Nummerierung zugrunde gelegt.

Sofern das Dokument in Abschnitte unterteilt ist, folgt rechts daneben die Nummer des aktuell angezeigten Abschnitts. Falls keine Unterteilung vorgenommen wurde, ist hier „Abschnitt 1" angezeigt.

Rechts daneben steht **<Seite ... von ...>**. Die erste Zahl gibt die aktuell angezeigte Seite an, unabhängig von der durch Sie selbst festgelegten Nummerierung. Die zweite Zahl ist die Gesamtseitenzahl des Winword-Dokumentes.

Position auf der Seite

Im zweiten Feld werden Angaben zur Position des Cursors angezeigt. Links der Abstand vom oberen Seitenrand, in der Mitte die Zeilennummer und anschließend die Spalte als Entfernung vom linken Seitenrand in der Anzahl der eingegebenen Zeichen gemessen.

Rechtschreibung

Der Status der Grammatik- und Rechtschreibprüfung wird angezeigt, wenn die Rechtschreibprüfung während der Texteingabe erfolgt. Während Winword überprüft, wird über dem Buch ein animierter Stift angezeigt. Sind keine Fehler vorhanden, erscheint ein Häkchen. Falls Fehler gefunden wurden, werden sie durch einen roten Stift symbolisiert. Mit einem Klick auf das Symbol springt der Cursor zum Fehler und es wird im Kontext ein Verbesserungsvorschlag unterbreitet.

Modi

Rechts daneben befindet sich die Anzeige des Überschreib- bzw. Einfügemodus. Im Überschreibmodus werden bei der Eingabe die Zeichen rechts vom Cursor nicht mehr verschoben (Einfügemodus), sondern gelöscht. Sie wechseln den Modus über die EINFG-Taste, sofern unter **<Datei>** ➔ Befehl **<Optionen>** im Bereich **<Erweitert>** das Optionsfeld **<EINFG-Taste zum Steuern des Überschreibmodus verwenden>** aktiviert ist.

Die Tastenkombination Strg + Shift + F8 schaltet den geblockten Auswahlmodus ein, d. h. Markierungen lassen sich per Pfeiltasten erweitern. Wenn er eingeschaltet ist, wird er durch den Hinweis „Auswahl blockieren" angezeigt.

Weiter rechts wird der Status der Speicherung durch ein Symbol angezeigt.

Ansicht

Rechts auf der Statusleiste befinden sich fünf Schaltflächen für die Wahl der Ansicht. In der „Seitenlayoutansicht" wird die Seite mit Seitenrändern gezeigt und man erhält einen Eindruck davon, wie die Seite gedruckt aussieht (WYSIWYG = What you see is what you get). Zum Lesen eines Dokumentes ist der „Vollbild Lesemodus" ideal. Neben diversen anderen Ansichtsoptionen können Sie hier den Seiteninhalt so sehen, wie er auf Papier gedruckt wird. In der „Weblayoutansicht" wird der Seiteninhalt so angezeigt, dass sich die Zeilenumbrüche an die Fenstergröße anpassen. Die „Gliederungsansicht" ist besonders für größere Dokumente mit Gliederung geeignet, da sie das Navigieren zwischen verschiedenen Kapiteln im Dokument vereinfacht. Sie empfiehlt sich vornehmlich für größere Dokumente, die strukturiert werden sollen.

Textverarbeitung mit MS-Word

Zoom

Die Einstellungen zur Größe der Anzeige des Dokumentes nehmen Sie mit den Schaltflächen rechts neben der Ansicht vor. Der Zoom lässt sich hier von 10 %–500 % variieren. Weitere Einstellmöglichkeiten befinden sich im Menüband **<Ansicht>**.

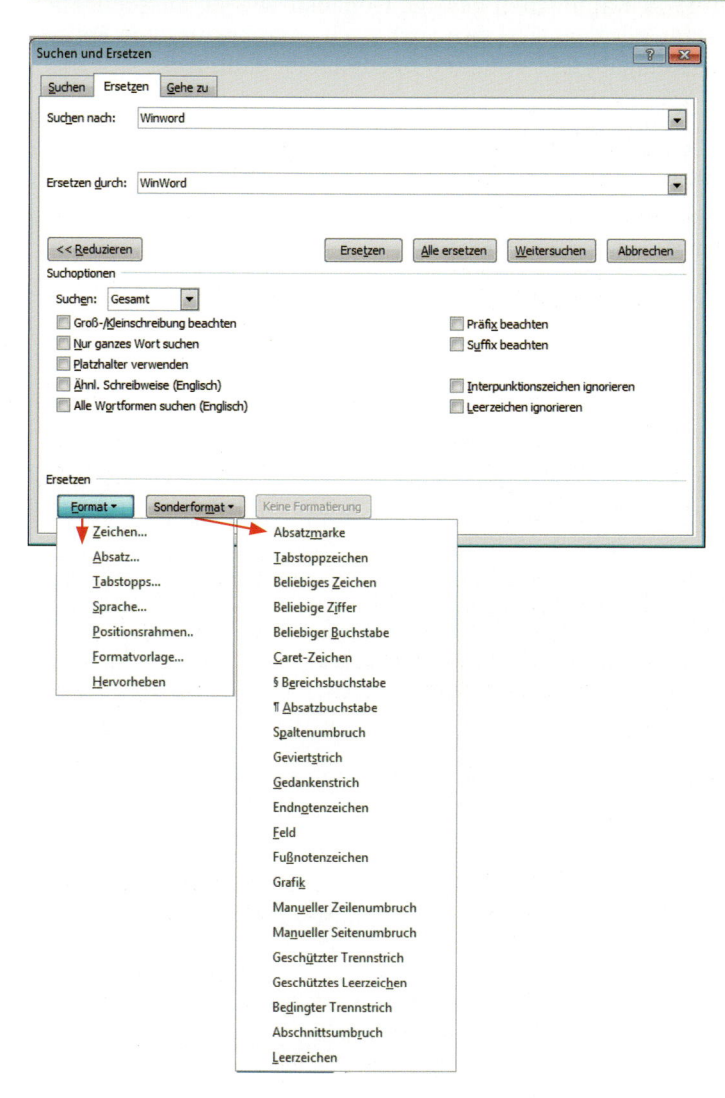

Um einen Begriff, eine Textpassage, eine bestimmte Formatierung oder einen eingegebenen Befehl im Text zu suchen und zu ersetzen, rufen Sie im Menüband **<Start>** → **<Bearbeiten>** → **<Ersetzen>** auf. Sie können in den Textfeldern **<Suchen nach>** und **<Ersetzen durch>** Eintragungen vornehmen. Klicken Sie anschließend auf **<Weitersuchen>.** Wenn das Programm eine entsprechende Eintragung im Text gefunden hat, zeigt es die Fundstelle an und Sie können die Schaltfläche **<Ersetzen>** oder, wenn die gesuchte Stelle häufiger vorkommt und jedes Mal ersetzt werden soll, **<Alle ersetzen>** anklicken. Wenn Sie bestimmte Formatierungen oder Befehle suchen oder ersetzen wollen, müssen Sie zunächst **<Erweitern>** anklicken und rufen anschließend **<Format>** oder **<Sonderformat>** auf.

Um den Begriff „Winword" in Kapitälchen zu setzen, klicken Sie auf die Schaltfläche <Ersetzen>, wählen <Format> und anschließend <Zeichen>. Aktivieren Sie das Kontrollkästchen für <Kapitälchen> und bestätigen Sie mit <Enter>. Wenn Sie jetzt auf die Schaltfläche <Alle ersetzen> klicken, so wird der Begriff „Winword" im gesamten Text in Kapitälchen gesetzt. Genauso, wie sie ausschließlich die Formatierung ersetzen können, lässt sich auch nach einer bestimmten Formatierung suchen. Das Texteingabefeld <Suchen nach> bleibt dann frei.

Aufgaben

1. Lassen Sie alle Befehle und Bezeichnungen mit der Schriftauszeichnung **Fett** suchen.
2. Verändern Sie die Formatierung in **Fett** und **Kursiv** und erstellen Sie eine neue Formatvorlage **Befehle.**
3. Ersetzen Sie im gesamten Text den Begriff „WinWord" durch „Word".
4. Speichern Sie unter dem Dateinamen: *Statusleiste2*.

Zusammenfassung

▶ Die Rechtschreibkorrektur lässt sich im Menüband <Überprüfen> über den Befehl <Rechtschreibung und Grammatik> aufrufen.

▶ Um das Wörterbuch der Rechtschreibkorrektur dem individuellen Sprachgebrauch anzupassen, besteht die Möglichkeit, dem <Wörterbuch> weitere Begriffe hinzuzufügen.

▶ Mit Eintragungen in die <AutoKorrektur> werden bestimmte Tippfehler automatisch während des Schreibens korrigiert.

▶ Mit dem Befehl <Start> → <Bearbeiten> → <Suchen> und <Ersetzen> lassen sich bestimmte Textstellen, Zeichen oder Formatierungen suchen und anschließend durch andere ersetzen.

Situation

Die Texte zum Bildschirmaufbau, zur Statusleiste und zum Zeichnen sollen in dem Dokument *Wordkurs1* zusammengefasst werden.

Aufgaben

1. Öffnen Sie die Dokumente *Bildschirm*, *Statusleiste2* und *Zeichnen3*.
2. Kopieren Sie die Texte *Statusleiste* und *Zeichnen* in das Dokument *Bildschirm*.
3. Geben Sie als Gesamtüberschrift WORD-KURS (Titel) ein.
4. Formatieren Sie den gesamten Text einheitlich nach der Vorlage des Textes *Zeichnen*.
Formatvorlagensatz **Elegant1**
5. Richten Sie den gesamten Text im Blocksatz aus.
6. Weisen Sie dem Test die automatische Silbentrennung zu.
7. Löschen Sie den letzten Absatz (Statusleiste) des Kapitels „Word-Bildschirm" und speichern Sie unter *Wordkurs1*.

3.4 Tabellen/Sortieren
3.4.1 Umgang mit Tabellen

Situation: Damit ihr Chef die Geburtstage der Mitarbeiter nicht vergisst, soll Kerstin eine Tabelle mit den entsprechenden Daten erstellen.

Aufgaben:
1. Erstellen Sie eine entsprechende Tabelle, die Sie unter dem Namen *Mitarbeiterliste1* speichern.
2. Formatieren Sie mithilfe der Tabellenformatvorlagen und speichern Sie unter *Mitarbeiterliste2*.

Tabellen lassen sich im Register **<Einfügen>** über die Schaltfläche **<Tabelle>** erzeugen. Tabellen bis zu zehn Spalten und acht Zeilen lassen sich per Mausklick eingeben. Für größere Tabellen wählen Sie **<Tabelle einfügen>**.

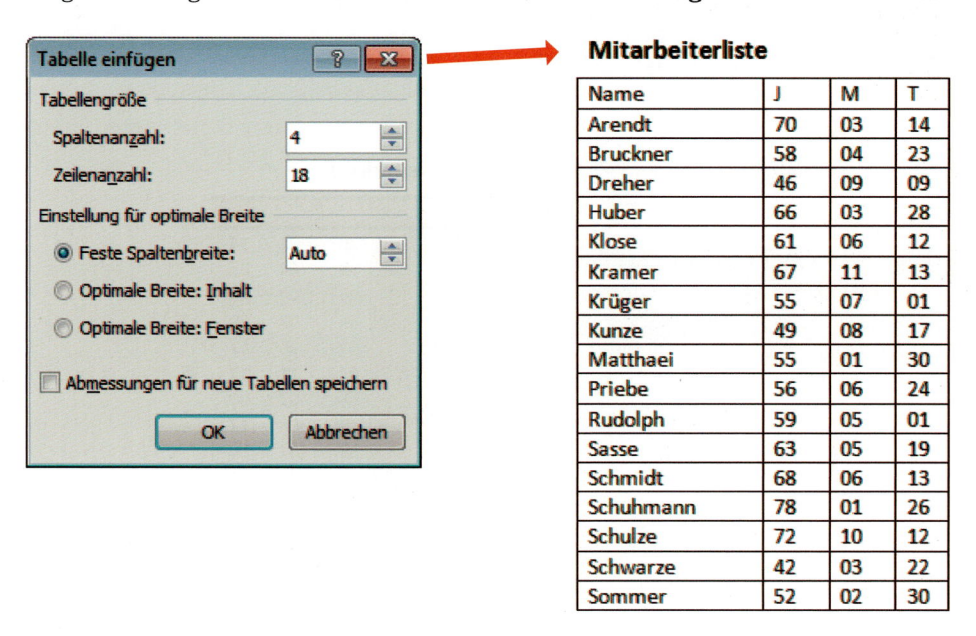

Mitarbeiterliste

Name	J	M	T
Arendt	70	03	14
Bruckner	58	04	23
Dreher	46	09	09
Huber	66	03	28
Klose	61	06	12
Kramer	67	11	13
Krüger	55	07	01
Kunze	49	08	17
Matthaei	55	01	30
Priebe	56	06	24
Rudolph	59	05	01
Sasse	63	05	19
Schmidt	68	06	13
Schuhmann	78	01	26
Schulze	72	10	12
Schwarze	42	03	22
Sommer	52	02	30

Füllen Sie die Tabelle aus. Sie gelangen mit ⌧Tab⌧ oder einer der ⌧Pfeil⌧-Tasten in die jeweils nächste Zelle. Verkleinern Sie anschließend mit der Maus die Spalten. Setzen Sie dafür den Cursor an eine beliebige Stelle innerhalb der Tabelle und verschieben Sie die Spaltenränder, indem Sie mit dem Mauspfeil innerhalb der Tabelle auf einen Rand klicken und ihn nach links ziehen. Die Spaltenbreiten sind auf dem Lineal ablesbar.

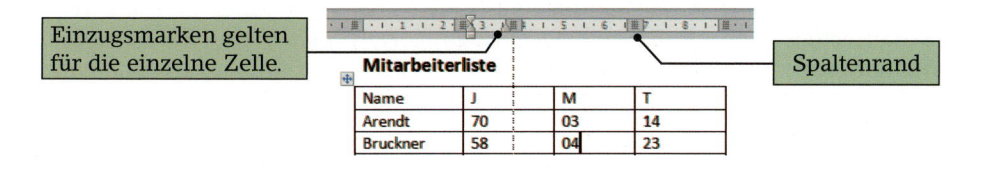

Einzugsmarken gelten für die einzelne Zelle.

Spaltenrand

Hinweis: Wenn Sie den Rand der aktivierten Zelle (aktuelle Cursorposition) anklicken, so wirkt sich die Verschiebung ausschließlich auf die betreffende Zelle aus.

Halten Sie beim Ziehen eines Spaltenrandes die Shift-Taste gedrückt, so bleiben die Spalten rechts davon in ihrer Breite konstant.

Beim Einfügen einer neuen Tabelle sind die Zellen automatisch farblos und werden mit Rahmen versehen. Wenn Sie eine andere Rahmung oder Farbhintergründe wünschen, so können Sie die Einstellungen im Register **<Tabellentools>** ➔ **<Entwurf>** vornehmen.

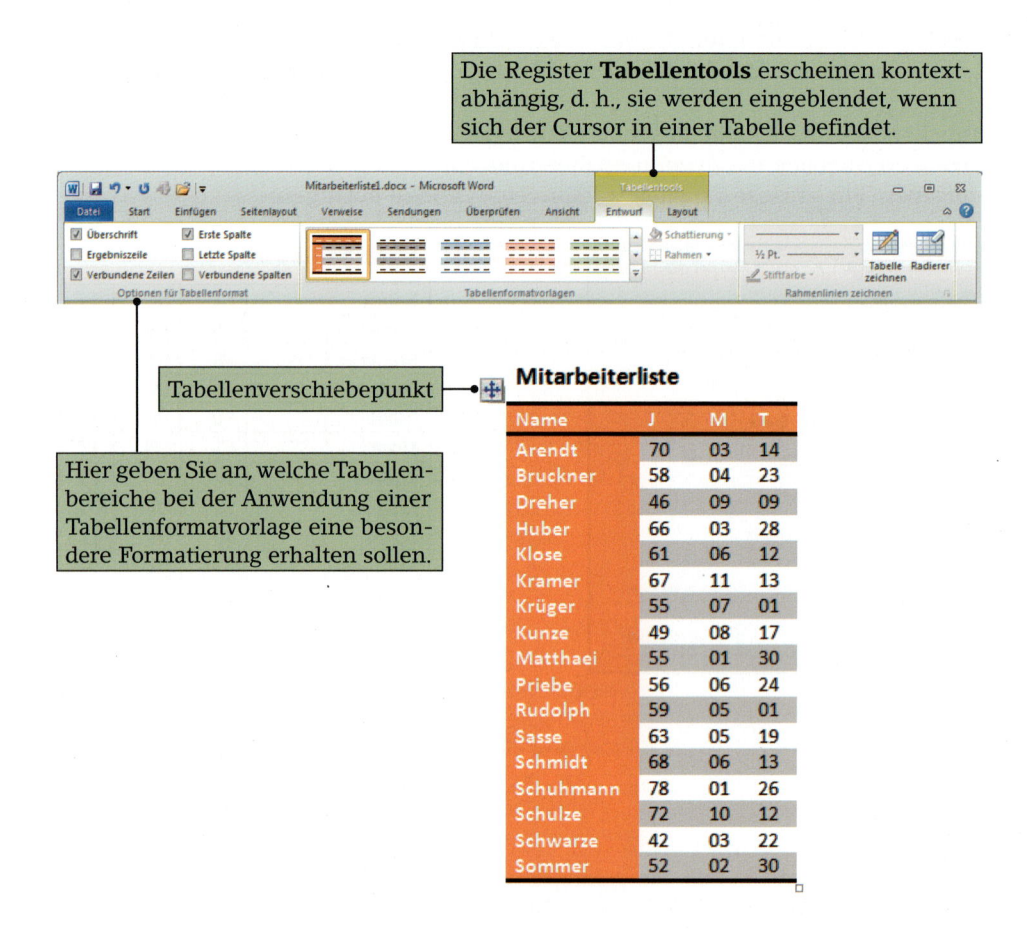

Die Register **Tabellentools** erscheinen kontextabhängig, d. h., sie werden eingeblendet, wenn sich der Cursor in einer Tabelle befindet.

Tabellenverschiebepunkt

Hier geben Sie an, welche Tabellenbereiche bei der Anwendung einer Tabellenformatvorlage eine besondere Formatierung erhalten sollen.

Mitarbeiterliste

Name	J	M	T
Arendt	70	03	14
Bruckner	58	04	23
Dreher	46	09	09
Huber	66	03	28
Klose	61	06	12
Kramer	67	11	13
Krüger	55	07	01
Kunze	49	08	17
Matthaei	55	01	30
Priebe	56	06	24
Rudolph	59	05	01
Sasse	63	05	19
Schmidt	68	06	13
Schuhmann	78	01	26
Schulze	72	10	12
Schwarze	42	03	22
Sommer	52	02	30

Mithilfe des Tabellenverschiebepunktes können Sie die Tabellen als Ganzes markieren und beliebig positionieren. Der Verschiebepunkt erscheint, sobald Sie die Maus über die Tabelle führen.

Für die individuelle Ausgestaltung der Tabellen stehen Ihnen die Werkzeuge **<Schattierung>** und **<Rahmen>** zur Verfügung. Falls Sie auf eine Rahmung ganz oder teilweise verzichten, können Sie die Zellbegrenzungen über das Einblenden der Gitternetzlinien sichtbar machen. Sie erscheinen nicht im Ausdruck.

<Tabellentool Entwurf> ➔ **<Tabellenformatvorlagen>** ➔ **<Rahmen>** ➔ **<Gitternetzlinien anzeigen>**

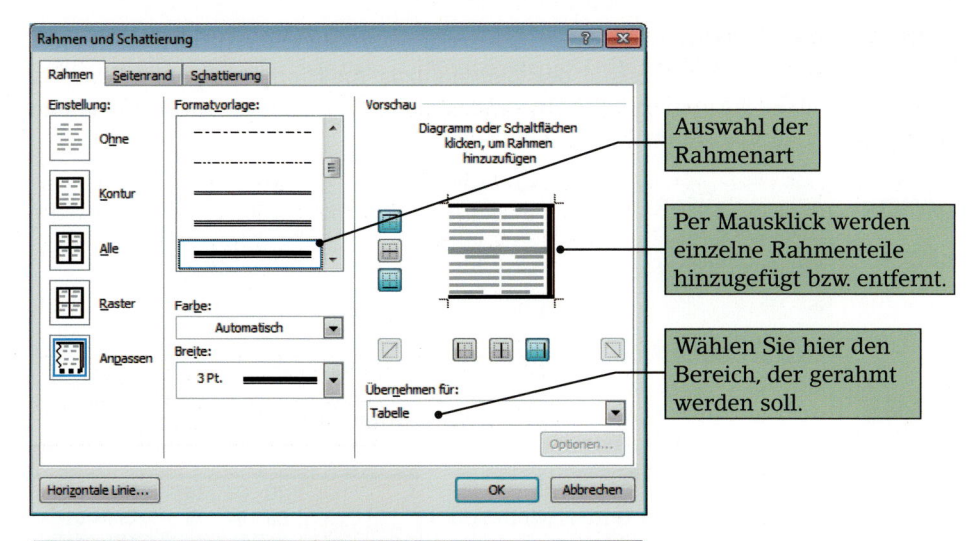

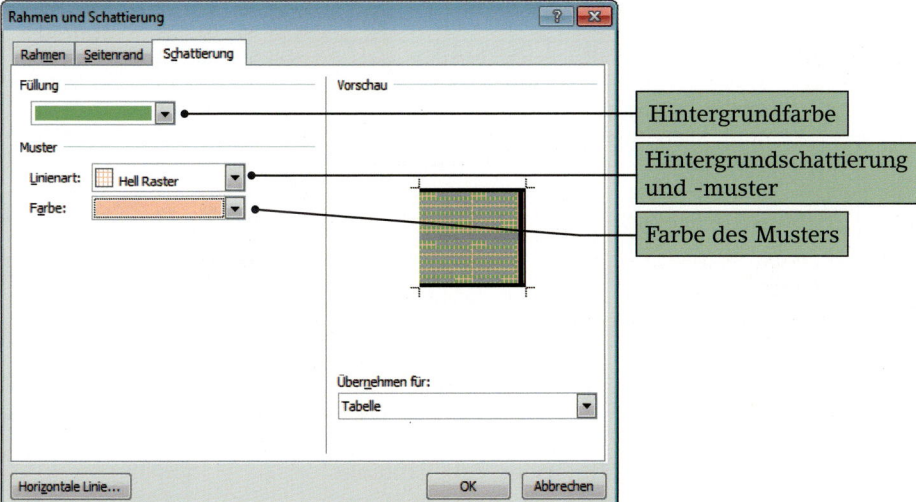

Rahmenlinien zeichnen

<Tabelle zeichnen>

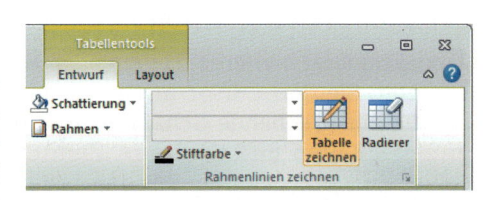

Der Mauszeiger verwandelt sich in einen Stift, mit dem Sie einzelne Zellen einer Tabelle in beliebiger Breite und Höhe erstellen können. Sie müssen nur klicken und ziehen, um Tabellenbegrenzungen und Zellpartitionen zu zeichnen. Beginnen Sie beim Zeichnen einer Tabelle mit dem äußeren Rahmen.

<Radierer>

Hiermit können Sie die Ränder von Zellen, Reihen oder Spaltenpartitionen entfernen und so die entsprechenden Zellen verbinden.

Absatzformatierung

Die Ausrichtung von Zellen und der Zeileneinzug funktionieren genauso wie in Absätzen. Soll die Formatierung für mehrere Zellen gelten, so sind die betreffenden Zellen vorher zu markieren.

Situation: Folgende Veränderungen wurden von Kerstin noch nicht in die Liste übertragen:
- Herr Meyer, geb. am 58-11-01, Einstellung am 03-10-01
- Herr Koch, geb. am 53-10-17, Einstellung am 03-10-01
- Ein Mitarbeiter, Herr Matthaei, ist ausgeschieden.

Aufgaben:
1. Ergänzen bzw. löschen Sie die Mitarbeiternamen in der Mitarbeiterliste.
2. Fügen Sie in einer weiteren Spalte die Eintrittsdaten hinzu.
3. Verbinden Sie die Überschriftenzellen J, M, T und ersetzen Sie sie durch „Geburtstag". Speichern Sie unter *Mitarbeiterliste3*.

Mitarbeiterliste

Name	Geburtstag			Eintrittsdatum
Arendt	70	03	14	96-07-01
Bruckner	58	04	23	76-04-01
Dreher	46	09	09	69-01-01
Huber	66	03	28	88-07-01
Klose	61	06	12	85-04-01
Kramer	67	11	13	91-01-01
Krüger	55	07	01	84-04-01
Kunze	49	08	17	67-08-01
Priebe	56	06	24	77-01-01
Rudolph	59	05	01	81-10-01
Sasse	63	05	19	86-08-01
Schmidt	68	06	13	92-10-01
Schuhmann	78	01	26	96-08-01
Schulze	72	10	12	93-10-01
Schwarze	42	03	22	60-04-01
Sommer	52	02	30	87-01-01
Meyer	58	11	01	03-10-01
Koch	53	10	17	03-10-01

Layout

Im Menüband befindet sich unter den Tabellentools neben dem Register **<Entwurf>** das Register **<Layout>** mit diversen Befehlsgruppen zum Anpassen des Tabellenlayouts.

Einfügen weiterer Zellen

Zum Einfügen weiterer Zeilen oder Spalten positionieren Sie den Cursor in eine Zelle und klicken auf die entsprechende Schaltfläche in der Befehlsgruppe **<Zeilen und Spalten>.** Zum Einfügen einzelner Zellen klicken Sie auf den Listenpfeil rechts neben **<Zeilen und Spalten>** und legen fest, wohin die restlichen Zellen verschoben werden sollen. Die neuen Spalten, Zeilen oder Zellen werden in ihrem Format angepasst.

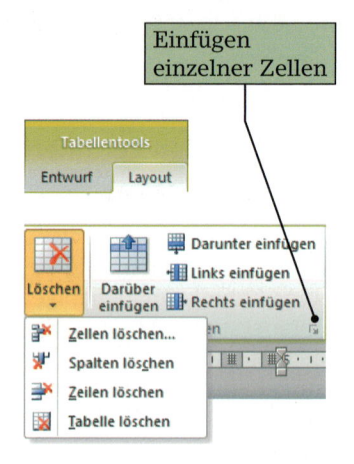

Soll lediglich eine weitere Zeile unterhalb der Tabelle eingefügt werden, so genügt es, den Cursor in der letzten Zelle zu positionieren und die ⌈Tab⌋-Taste zu betätigen.

Auswählen von Zeilen und Spalten

Zum **Markieren ganzer Spalten** bewegen Sie den Mauszeiger direkt über die obersten Rahmen der Spalte, sodass sich der Zeiger in einen schwarzen senkrechten Pfeil verwandelt. Mit einem Klick ist die Spalte markiert.

Zum Auswählen von Zeilen klicken Sie links neben die zu markierende Zeile.

Löschen von Zellen

Markieren Sie eine oder mehrere Zellen und entscheiden Sie über **<Löschen>** → **<Zellen Löschen>,** ob Sie die Zellen, Zeilen, Spalten oder die gesamte Tabelle entfernen wollen.

Zellenausrichtung

Der Zelleninhalt kann mit den **Ausrichtungsschaltflächen** am oberen oder unteren Rand oder in der Mitte der Zelle ausgerichtet werden. Wenn der Text vertikal verläuft, passen sich die Schaltflächen im Menüband automatisch dem Richtungswechsel an.

Textrichtung

In Tabellenzellen, Textfeldern und Positionsrahmen kann es aus Platzgründen notwendig sein, Text vertikal anzuordnen (um 90 Grad gedreht).

Zellenbegrenzungen

Mit der Schaltfläche **<Zellenbegrenzungen>** rufen Sie das Dialogfenster **<Tabellenoptionen>** auf. Hier können Sie den Abstand zwischen Text und Zellrand und zwischen den Zellen für die gesamte Tabelle einstellen.

Tabelle teilen

Um eine Tabelle horizontal zu teilen, setzen Sie den Cursor in eine Zelle direkt unterhalb der gewünschten Teilung und wählen **<Tabelle teilen>**. Eine vertikale Teilung ist nicht möglich.

Zellen teilen

Um eine Zelle in zwei oder mehr Zellen zu teilen, wählen Sie **<Zellen teilen>**. Es erscheint ein Dialogfenster, in dem Sie aufgefordert werden, die gewünschte Anzahl der Spalten und Zeilen anzugeben.

Zellen verbinden

Um Zellen in einer Zeile zu verbinden, markieren Sie die betreffenden Zellen und wählen **<Zellen verbinden>**. Die Spaltenränder zwischen den markierten Zellen verschwinden und es werden Absatzschaltungen eingefügt.

Tabstopps in Zellen

Das Setzen von Tabstopps innerhalb einer Zelle, in der sich der Cursor gerade befindet, funktioniert genauso wie im Absatz. Sie gelangen mit [Tab] zu den Tabstopps, indem Sie gleichzeitig [Strg] gedrückt halten.

Tabelleneigenschaften

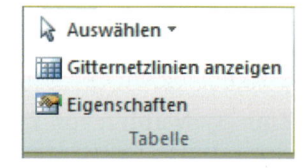

Neben der Möglichkeit, mit dem Tabellenverschiebepunkt ⊞ zu positionieren, erhalten Sie weitere Positionierungsoptionen über das Dialogfenster **<Tabelleneigenschaften>,** das Sie über das Kontextmenü oder die Schaltfläche **<Eigenschaften>** aufrufen können. Hier lassen sich Zellen-, Zeilen- und Spaltengrößen sowie -positionen genau festlegen.

Tabellengröße

Proportionale Veränderungen in der Tabellengröße lassen sich mit der Maus über einen Ziehpunkt eingeben, der rechts unten erscheint, sobald Sie den Mauszeiger über die Tabelle bewegen.

Spaltenbreite und Zeilenhöhe

Über den Befehl **<AutoAnpassen>** erhalten Sie eine Auswahl zur Anpassung der Spaltenbreite und Zeilenhöhe.

Höhe der Zelle, in der sich der Cursor befindet

Breite der Zelle, in der sich der Cursor befindet

Die Spaltenbreite oder Zeilenhöhe wird für den markierten Bereich einheitlich festgelegt.

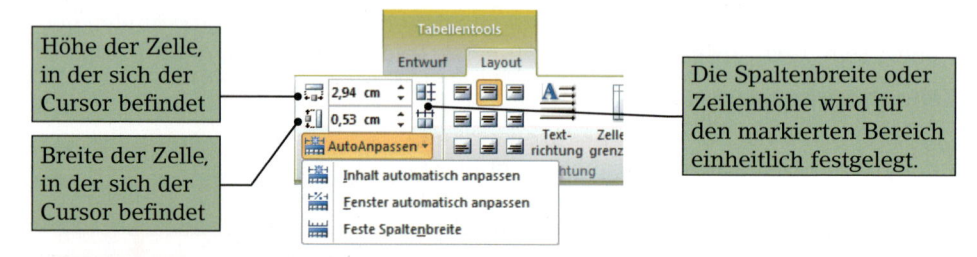

Befehl	Funktion	Beispiel
Inhalt automatisch anpassen	Die Spaltenbreite passt sich an die Breite des Inhalts an.	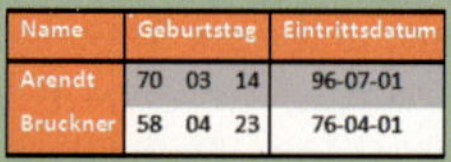
Fenster automatisch anpassen	Die Spaltenbreite passt sich an die Breite der Seite an.	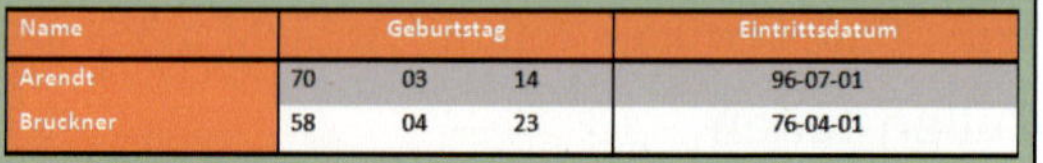
Feste Spaltenbreite	Die Spaltenbreite passt sich nicht an.	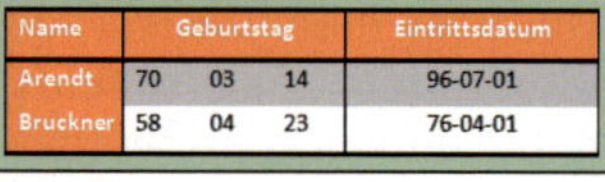

3.4.2 Sortieren

Situation Die von Kerstin erstellte Mitarbeiterliste ist unsortiert. Sie möchte einen Überblick über die Mitarbeiter und die Reihenfolge der Geburtstage im Jahresablauf bekommen.

Aufgaben
1. Sortieren Sie die *Mitarbeiterliste3* nach Namen in alphabetischer Reihenfolge und speichern Sie sie unter *Mitarbeiterliste4*.
2. Sortieren Sie nach Geburtstagen in der Reihenfolge ihres jährlichen Auftretens und speichern Sie unter *Mitarbeiterliste5*.

Das Programm enthält ein Dialogfenster **<Sortieren>,** das im Register **<Layout>** in der Befehlsgruppe **<Daten>** aufgerufen werden kann. In einer Tabelle bewirkt die Eingabe eines Sortierbefehls eine Neuordnung der Zeilen nach bestimmten Kriterien.

Sortiert wird in absteigender oder aufsteigender Reihenfolge.

Text: Sämtliche Zeichen werden berücksichtigt. Zahl und Datum werden vor Buchstaben eingeordnet.

Zahl: Ausschließlich Zahlen werden sortiert. Buchstaben bleiben ungeordnet. Zeitangaben werden als Ziffern berücksichtigt.

Datum: Sortierung nach Datumsangaben

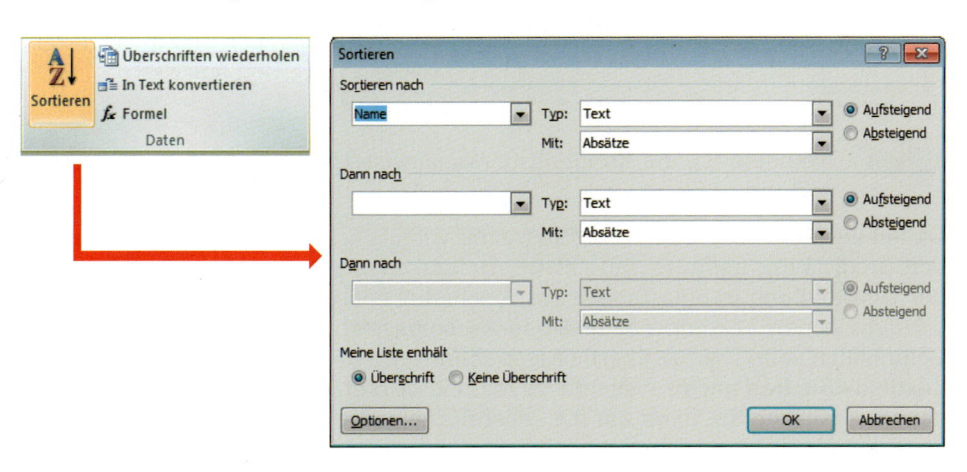

Da die Liste eine Überschrift mit verbundenen Zellen enthält, muss im Dialogfenster **<Sortieren>** das Optionsfeld **<Überschrift>** aktiviert werden. Als Sortierschlüssel werden dann die Spaltenüberschriften vorgeschlagen.

Um sich die Geburtstagsliste in der Reihenfolge des jährlichen Auftretens anzeigen zu lassen, müssen Sie zunächst nach Monaten und dann im zweiten Schlüssel nach Tagen sortieren. Da sich in diesen Spalten Zahlen befinden, schlägt das Programm als Typ in beiden Fällen Zahl vor. Wegen der in der Überschriftzeile verbundenen Zellen werden die drei Spalten mit den Daten der Geburtstage nicht getrennt angezeigt. Um nach der Monatsspalte und anschließend nach der Tagesspalte sortieren zu können, markieren Sie die Tabelle vor dem Sortieren ohne die Überschrift.

3.4.3 Text und Tabelle: zwischen den Darstellungsformen wechseln

Aufgabe Wandeln Sie die Artikelliste *(Artikelliste1)* in eine Tabelle *(Artikelliste2)* um.

Um einen Text in eine Tabelle umzuwandeln, muss der Text zunächst markiert werden. Anschließend rufen Sie mit dem Befehl **<Einfügen>** → **<Tabelle>** das Dialogfenster **<Text in Tabelle umwandeln>** auf.

Hinweis: Der Befehl ändert sich in **<Tabelle in Text>,** sofern kein Text, sondern eine Tabelle markiert wurde.

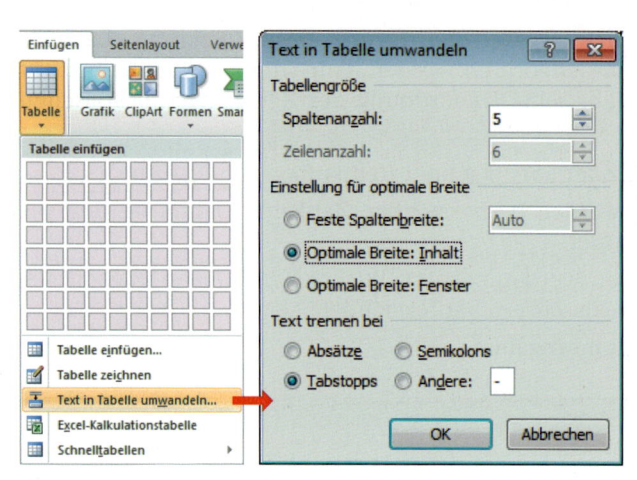

Hier kann ein Trennzeichen bestimmt werden, das in Zellen einer Tabelle umgewandelt werden soll. Mit der AutoFormat-Funktion lassen sich anschließend die passenden Formate zuweisen. Hierbei ist es sinnvoll, das Kontrollkästchen **<Optimale Breite: Inhalt>** zu aktivieren, da die Spaltenbreiten sonst nachträglich per Hand eingestellt werden müssten.

Aufgabe Wandeln Sie die Kundenliste *(Kundenliste1)* in eine Tabelle *(Kundenliste2)* um.

Da bei der Kundenliste die vom Programm vorgegebenen Tabstopps genutzt wurden, sind häufig mehrere Tabschritte nacheinander eingegeben worden, die bei der Umwandlung in eine Tabelle zur Erzeugung von überflüssigen Zellen führen würden. Es darf also nur ein Tabstopp als Trennzeichen zwischen den jeweiligen Zellinhalten sein. Um die überflüssigen Trennzeichen zu beseitigen, geben Sie im Textfeld **<Suchen nach>** zwei und im Textfeld **<Ersetzen durch>** ein Tabstoppzeichen ein. Klicken Sie so oft auf die Schaltfläche **<Alle ersetzen>,** bis keine Ersetzungen mehr vorgenommen werden.

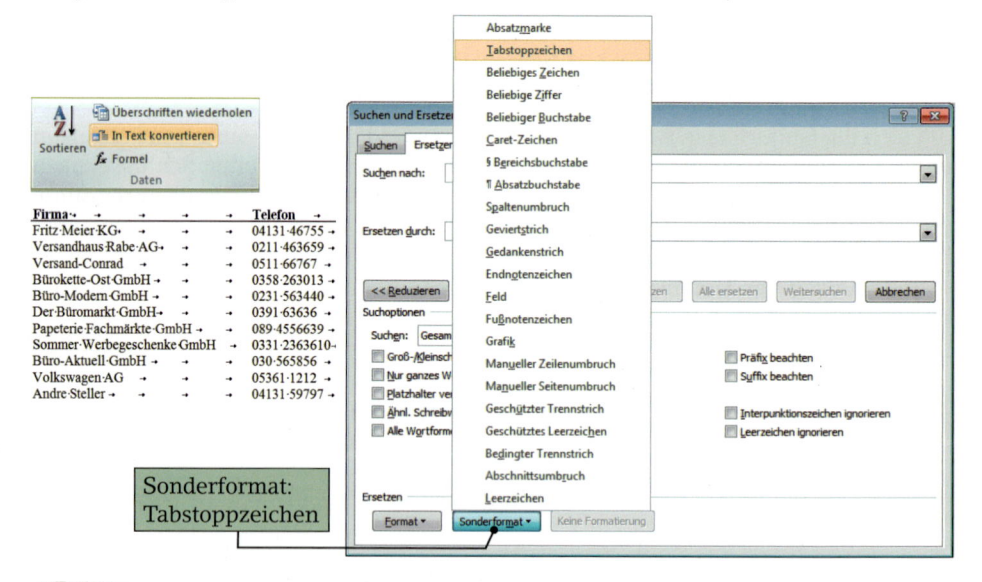

Aufgabe Entfernen Sie das AutoFormat für die Tabelle *Mitarbeiterliste5*, wandeln Sie die Tabelle in Text um und lassen Sie dabei die Zellen durch Tabstoppzeichen ersetzen. Ersetzen Sie die Absatzmarken zwischen Jahr, Monat und Tag durch Bindestriche (Funktion: Suchen/Ersetzen). Speichern Sie unter *Mitarbeiterliste6*.

3.4.4 Importieren einer Excel-Tabelle

Aufgabe Fügen Sie die Excel-Tabelle *Personal-Nr.* aus der Datei *Personal-V* in ein neues Word-Dokument ein, formatieren Sie anschließend mit der AutoFormat-Funktion und geben Sie beim Speichern *Personal* als Dateinamen ein.

Sie haben drei Möglichkeiten, die Tabelle in das Word-Dokument zu importieren:

Als Word-Tabelle einfügen

<Kontextmenü> → <Bearbeiten> → <Einfügen>

Zum Importieren einer Excel-Tabelle öffnen Sie zunächst die Arbeitsmappe mit MS-Excel, markieren den Bereich, den Sie importieren möchten, und kopieren ihn in die Zwischenablage (Kontextmenü oder Strg + C). Wechseln Sie anschließend zu Word und fügen Sie den Inhalt der Zwischenablage an der Stelle ein (Kontextmenü oder Strg + V), an der sich der Cursor befindet. Die Informationen werden im Word-Dokument direkt als Tabelle gespeichert. Im Unterschied zu den anderen Verfahren sind weitere Bearbeitungen, wie z. B. eine Formatierung direkt in Word möglich.

Verknüpfen

<Einfügen> → <Text> → <Objekt> → <Objekt> → <Aus Datei erstellen> → <Verknüpfen> → <Durchsuchen>

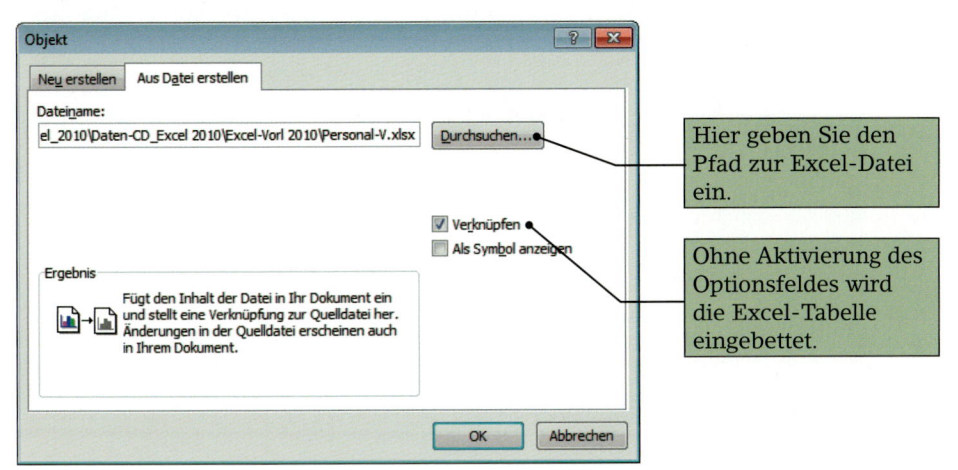

Hier geben Sie den Pfad zur Excel-Datei ein.

Ohne Aktivierung des Optionsfeldes wird die Excel-Tabelle eingebettet.

Die Tabelle wird im Word-Dokument angezeigt, die Informationen sind jedoch in der ursprünglichen Excel-Arbeitsmappe gespeichert. Bearbeiten Sie die ursprüngliche Tabelle weiter, so werden die Änderungen (nach Speicherung) auch in das Word-Dokument übernommen. Da die verknüpften Daten extern gespeichert werden, vermeidet das Verknüpfungsverfahren eine Erhöhung der Dateigröße für das Word-Dokument. Das Dokument benötigt immer die Excel-Datei, das bedeutet, die Excel-Datei muss beim Speichern des Word-Dokumentes auf anderen Medien immer mitgespeichert werden, da sie andernfalls nicht angezeigt werden kann.

Einbetten

<Einfügen> → <Text> → <Objekt> → <Objekt> → <Aus Datei erstellen> → <Durchsuchen>

Die Informationen werden im Word-Dokument direkt gespeichert. Durch einen Doppelklick auf die Tabelle können Sie Excel starten und weitere Bearbeitungen vornehmen. Wechseln Sie mit |Alt| + |Tab| zwischen den Anwendungen, um die Veränderungen zu sehen.

Zum Erstellen einer neuen Excel-Tabelle in Word wählen Sie:

<Einfügen> → <Tabelle> → <Excel-Kalkulationstabelle>

Zusammenfassung

- ▶ Tabellen lassen sich im Register **<Einfügen>** mit der Schaltfläche **<Tabelle>** → **<Tabelle einfügen>** oder über die Schaltfläche **<Tabelle zeichnen>** erstellen.
- ▶ Spaltenränder können Sie mit der Maus im Zeilenlineal oder in der Tabelle verschieben.
- ▶ Eine bequeme Möglichkeit der Formatierung bietet Word im Register **<Tabellentools/Entwurf>** in der Befehlsgruppe **<Tabellenformatvorlagen>**.
- ▶ Die Zeilen in einer Tabelle lassen sich über den Befehl **<Sortieren>** nach bestimmbaren Schlüsseln neu ordnen.
- ▶ Texte lassen sich in Tabellen umwandeln, sofern entsprechende Zeichen vorhanden sind, die als Trennzeichen definiert werden können.
- ▶ Eine Excel-Tabelle kann aus der Zwischenablage in Word eingefügt werden. Sie kann anschließend als Word-Tabelle weiterbearbeitet werden.
- ▶ Wenn man auf die Bearbeitungsfunktionen in Excel weiter zurückgreifen möchte, kann man eine Excel-Datei als Original mit einer **Verknüpfung** importieren. Die Datei kann anschließend nur im Original weiterbearbeitet werden.
- ▶ Will man auf die Excel-Bearbeitungsoptionen nicht verzichten, aber von der Original-Datei unabhängig sein, so bietet sich das Verfahren der **Einbettung** an. Die Tabelle kann in Word mit der Excel-Funktionalität weiterbearbeitet werden.

Aufgaben

1. Sortieren Sie die *Kundenliste2* alphabetisch und speichern sie unter *Kundenliste3*.
2. Sortieren Sie die Tabelle *Artikelliste2* nach dem Preis und speichern sie unter *Artikelliste3*.

3.5 Seiteneinrichtung
3.5.1 Ansichten

Das Programm Word unterscheidet hinsichtlich der Ansichten zwischen den drei Ansichtsarten Layout, Anzeigemodus und Vorschau. Zusätzlich lässt sich links vom Arbeitsbereich ein Navigationsbereich einblenden.

Layout	Anzeigemodus	Navigationsbereich	Vorschau
– Seitenlayout – Entwurf – Weblayout – Gliederung	– Vollbild-Lese-modus	– Überschriften – Miniatur-Seiten-ansicht	– Seitenansicht

Layout

Die vier Layoutansichten sind über das Register **<Ansicht>** → **<Dokumentansichten>** oder über Mausklick auf die entsprechende Schaltfläche (unten rechts am Bildschirm) aufzurufen. In diesen Ansichten arbeiten Sie, um ein Dokument zu erstellen.

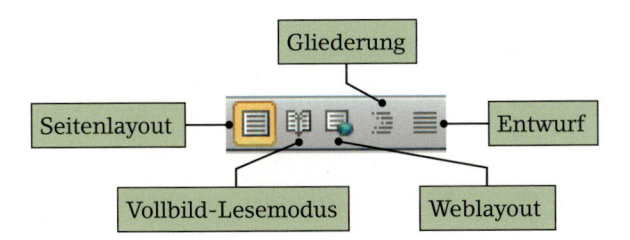

Entwurf: In dieser Ansicht arbeitet das Programm am schnellsten. Es wird aber nicht alles angezeigt, was hinterher auf dem Ausdruck erscheint. Kopf- und Fußzeilen sowie Hintergründe werden nicht angezeigt.

Weblayout: Word zeigt Hintergründe und Grafiken wie in einem Browser an. Der Text wird auf Fensterbreite angepasst.

Seitenlayout: Es ist nach dem Prinzip WYSIWYG (What you see is what you get) nahezu alles, was später im Ausdruck erscheint, auf dem Bildschirm zu sehen. Kopf- und Fußzeilen, Grafiken, Seitenränder und Umbrüche werden wie auf der gedruckten Seite angezeigt.

Gliederung: Für umfangreiche Dokumente kann man eine Gliederung über das Programm vornehmen, indem man Überschriften bestimmten Gliederungsebenen zuweist, die in dieser Ansicht entsprechend den zugewiesenen Ebenen dargestellt werden. Die Struktur des Dokuments kann durch Ziehen und Neupositionierung der Überschriften verändert werden. Seitenränder, Kopf- und Fußzeilen, Grafiken und Hintergründe werden nicht angezeigt.

Anzeigemodus

Der Vollbild-Lesemodus gewährleistet eine optimale Lesbarkeit des Dokuments am Bildschirm, indem die Darstellungsgröße an den Bildschirm angepasst wird und überflüssige Elemente aus dem Arbeitsbereich ausgeblendet werden.

Die Bildschirmdarstellung entspricht nicht dem Ausdruck, es sei denn, Sie schalten unter <**Ansichtsoptionen**> mit der Schaltfläche <**Gedruckte Seite anzeigen**> auf die Druckansicht um. Sie verlassen den Vollbild-Lesemodus mit Esc.

Navigationsbereich:

Zusätzlich lassen sich im Vollbild-Lesemodus wie auch in den anderen Layoutansichten im Navigationsbereich die Miniatur-Seitenansicht oder die Überschriften einblenden.

<**Ansicht**> → <**Anzeigen**> → <**Navigationsbereich**>

Sie erhalten am linken Bildschirmrand einen Navigationsbereich, in dem die Seiten in Kleindarstellung oder die Überschriften des Dokuments angezeigt werden. Mit einem Mausklick auf die Seite oder die Überschrift in der linken Leiste springen Sie an die gewünschte Stelle im Dokument.

Fenster:

Falls Sie mehrere Word-Dokumente geöffnet haben, können Sie die Anzeige der Fenster in der Befehlsgruppe <**Ansicht**> → <**Fenster**> einstellen.

Vorschau:

Um sich eine Vorstellung davon zu verschaffen, wie die Seite als Ganzes aussieht, rufen Sie die Seitenansicht auf (siehe Folgeseite).

<**Datei**> → <**Drucken**>

Sie erhalten einen Eindruck, wie das Layout (Seitenränder, Schriftgrößen, Formatierungen) der einzelnen Seiten eines Dokumentes wirkt. Hier können endgültige Einstellungen der Seitenränder und des Formats sowie Seitenwechsel eingegeben werden. Eine Textbearbeitung ist in dieser Ansicht nicht möglich. Sie verlassen die Seitenansicht mit Esc.

Textverarbeitung mit MS-Word

Seiteneinrichtung

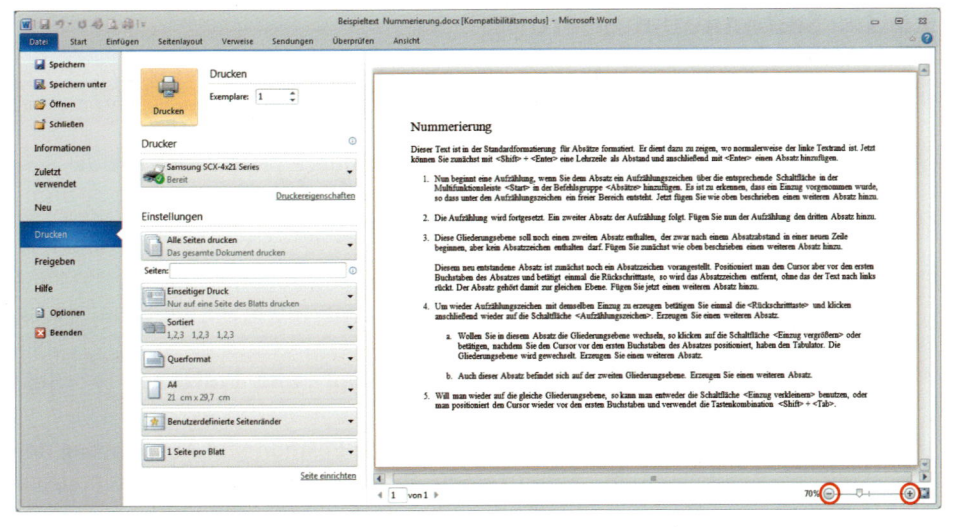

Zoom:

Wird die Seite nicht vollständig dargestellt oder ist die Anzeige zu klein, hilft das Zoomen. Gehen Sie mit dem Mauspfeil auf das ⊕ oder ⊖ in der rechten unteren Ecke des Bildschirmes, in dem die Bildschirmgröße prozentual angegeben ist. Optimieren Sie die Größe Ihrer Bildschirmansicht, indem Sie die größtmögliche Darstellung wählen, bei der Ihnen der Text in voller Breite angezeigt wird. Word speichert die Größeneinstellung mit dem Dokument. Weitere Größeneinstellungen finden Sie unter **<Ansicht>** ➔ **<Zoom>**.

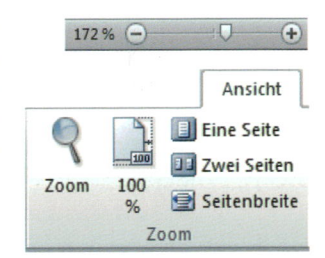

3.5.2 Seitenumbruch

Aufgabe   Öffnen Sie die Datei *Wordkurs1* und geben Sie vor den drei Kapiteln des WinWord-Kurses jeweils einen Seitenumbruch ein und speichern Sie unter *Wordkurs2*.

Genauso, wie das Programm dafür sorgt, dass an der optimalen Stelle ein automatischer Zeilenwechsel erfolgt, so wechselt es auch an der richtigen Stelle die Seite. Man bezeichnet diesen Vorgang als „Seitenumbruch". Wenn ein solcher Seitenumbruch vorzeitig erfolgen soll, weil Sie z. B. eine Textpassage nicht durch einen Seitenwechsel getrennt haben möchten, so können Sie die Einfügemarke an die Position bringen, an der ein Umbruch erfolgen soll. Anschließend geben Sie einen festen Seitenwechsel ein, indem Sie auf **<Einfügen>** ➔ **<Seiten>** ➔ **<Seitenumbruch>** klicken. Es entspricht bewährter Schreibpraxis, einen Seitenwechsel nicht mit mehreren Absatzschaltungen, sondern mit eingefügtem Seitenumbruch zu gestalten. Falls Sie später etwas zu der Seite hinzufügen, könnten sich andernfalls sämtliche folgenden Seitenumbrüche verändern.

Das Programm wird eine gestrichelte Linie mit dem Vermerk „Seitenumbruch" einfügen (erscheint nicht im Ausdruck). Sie können ihn wieder aufheben, indem Sie die Einfügemarke vor den Seitenwechsel positionieren und anschließend die Entf-Taste betätigen.

3.5.3 Seitennummerierung

Situation: Kerstin will ein Dokument mit Seitennummerierungen versehen.

Aufgabe: Lassen Sie im Dokument *Wordkurs2* am unteren Rand zentriert die Seiten nummerieren. Die erste Seite soll zwar mitgezählt, aber nicht nummeriert werden. Speichern Sie unter *Wordkurs3*.

Um bei mehrseitigen Dokumenten eine Nummerierung einzufügen, rufen Sie die Schaltfläche <Seitenzahl> auf:

<Einfügen> → <Kopf- und Fußzeile> → <Seitenzahl>.

Hier können Sie die Position und Ausrichtung der Seitenzahlen festlegen. Es werden automatisch die Kopf- und Fußzeilentools aktiviert.

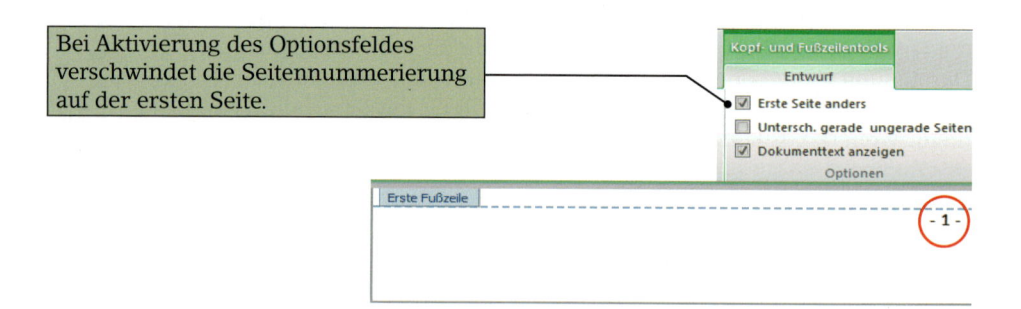

Bei Aktivierung des Optionsfeldes verschwindet die Seitennummerierung auf der ersten Seite.

Über <Seitenzahl> → <Seitenzahlen formatieren> gelangen Sie zu einem Dialogfenster, in dem Sie das Zahlenformat und die Startnummer festlegen können.

Die Seitennummerierung erscheint auf dem Ausdruck und wird auf dem Bildschirm angezeigt, wenn Sie sich in der Seitenansicht oder Seitenlayoutansicht befinden.

Textverarbeitung mit MS-Word

3.5.4 Fußzeile/Kopfzeile

Situation Kerstin möchte, dass in dem Dokument Wordkurs in jeder Kopfzeile rechts oben die Angabe CHRISTIAN MÜLLER WERBEDRUCK steht.

Aufgabe Öffnen Sie das Dokument *Wordkurs3* und speichern Sie unter *Wordkurs4*. Geben Sie in die Kopfzeile CHRISTIAN MÜLLER WERBEDRUCK ein. Schriftart: Calibri; Schriftgröße: 12 Punkt; „Kapitälchen".

Wenn Sie eine Kopf- bzw. Fußzeile einfügen, so erscheint diese Zeile auf jeder Seite des Dokumentes in gleicher Weise.

Wählen Sie **<Einfügen>** → **<Kopf-und Fußzeile>** → **<Kopfzeile>** und es wird eine Auswahl von Kopfzeilenvorlagen eingeblendet. Klicken Sie auf **<Leer>** und geben Sie anschließend die Kopfzeile ein.

Um den Kopfzeileneintrag auf der rechten Seite zu platzieren, positionieren Sie den Cursor vor dem Eintrag, klicken in der Befehlsgruppe **<Position>** auf **<Ausrichtungstabstopp einfügen>** und geben die gewünschte Ausrichtung ein. Da Sie bei der Seitennummerierung **<Erste Seite anders>** aktiviert haben, muss die Kopfzeile zusätzlich auf der zweiten Seite eingegeben werden.

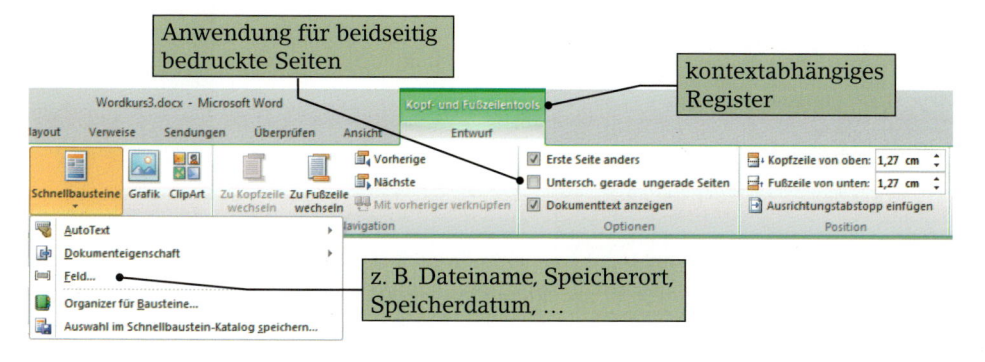

In die Kopf- und Fußzeilen lassen sich über die Schaltflächen veränderliche Daten, wie z. B. das aktuelle Datum, aufnehmen. Darüber hinaus können mit dem Menübefehl **<Schnellbausteine>** weitere Daten, wie z. B. Autor, Dateiname, Dateigröße usw., eingegeben werden. Um solche Eingaben wieder zu löschen, müssen Sie den Eintrag zunächst markieren und anschließend den Löschbefehl aufrufen.

Für die Formatierung stehen die Formatierungsbefehle im Kontextmenü oder im Register **<Start>** zur Verfügung.

Wenn die Seiten beidseitig bedruckt werden sollen, kann es sinnvoll sein, die ungeraden Kopfzeilen rechtsbündig und die geraden linksbündig zu gestalten. Diesen Effekt erreicht man über das Register **<Optionen>**, indem man hier **<Untersch. gerade ungerade Seiten>** aktiviert.

3.5.5 Seitenränder

Unter dem Seitenrand ist der Abstand zwischen dem Beschriftungsbereich und dem Papierrand zu verstehen. Im Dialogfenster **<Seite einrichten>** können Sie Veränderungen vornehmen.

<Seitenlayout> → **<Seite einrichten>** → **<Seitenränder>** → **<Benutzerdefinierte Seitenränder>**

Bei der Einstellung des Abstandes der Kopf- und Fußzeilen ist unter Seitenrand ebenfalls der Papierrand zu verstehen. Die Kopf- bzw. Fußzeilenbreite ergibt sich aus der Differenz des Seitenrandes (oben/unten) und des Abstandes vom Seitenrand (Kopf-/Fußzeile). Reicht der Platz nicht aus, so verkleinert sich der Textbereich entsprechend. Die von Ihnen eingegebenen Veränderungen werden in den Linealen angezeigt.

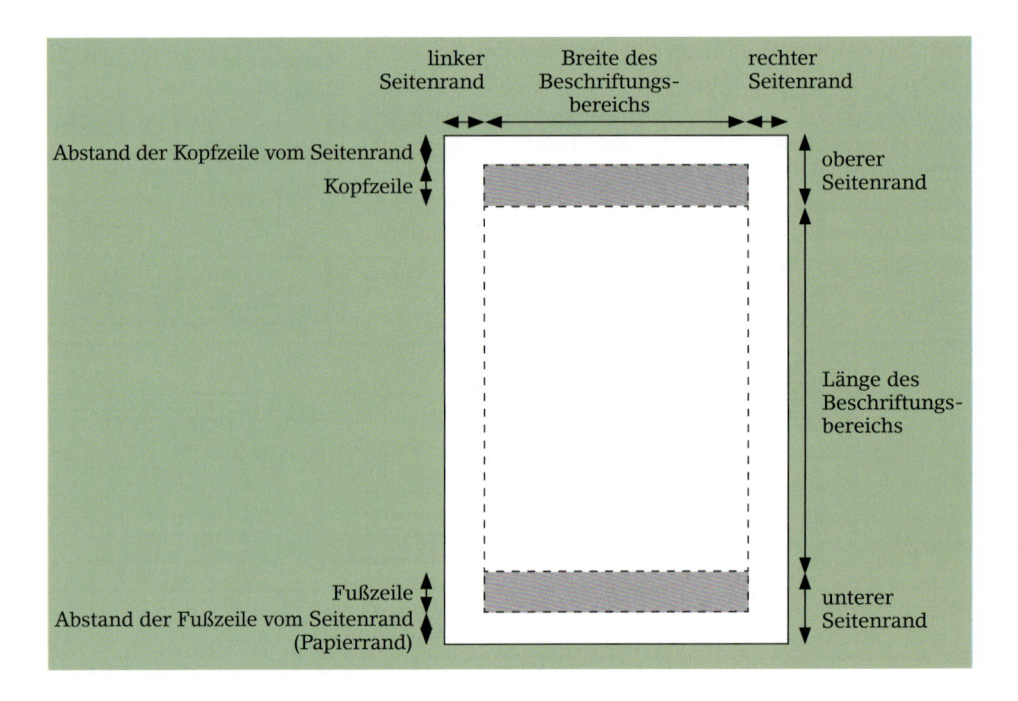

Sollen die veränderten Einstellungen auch in Zukunft für jedes neu zu erstellende Dokument gelten, so klicken Sie zum Abschluss auf die Schaltfläche **<Als Standard festlegen>**. Die Einstellungen werden dann gespeichert und für jedes neue Dokument verwendet.

Der Seitenrand in der Seiteneinrichtung ist nicht zu verwechseln mit dem Seitenrand in der Befehlsgruppe **<Seitenhintergrund>**. Hierbei handelt es sich um einen Rahmen, dessen Abstand vom Papierrand anders festgelegt werden kann als in der Seiteneinrichtung.

3.5.6 Papierformat

Situation Kerstin soll für die Stellenanzeige „Kaufmännische Mitarbeiterin mit Buchhaltungserfahrung" ein breiteres Format einstellen.

Aufgabe Öffnen Sie das Dokument *Inserat Personal1* und speichern Sie es erneut unter *Inserat Personal2*. Stellen Sie die Seite auf Querformat um und nehmen Sie an dem Inserat die folgenden Veränderungen vor:

Abstand vor dem Absatz	6 pt (Ausnahme Aufzählungen)
Seitenränder	oben und unten 1,8 cm, links und rechts 2,1 cm
CHRISTIAN MÜLLER WERBEDRUCK	Schriftgrad 36 Punkt, Kapitälchen
kaufmännische Mitarbeiterin …	Schriftgrad 28 Punkt
Sie haben …	Erstzeileneinzug 9 cm
KHK …	Tabulator 21,25 cm
Christian Müller …	Adresse in eine Zeile, Schriftgrad 12 Punkt, rechtsbündiger Tabstopp 25,5 cm

Umstellung auf Querformat:

<Seitenlayout> → <Seite einrichten> → <Ausrichtung>

Um weiterhin die gesamte Breite des Dokumentes auf dem Bildschirm sehen zu können, empfiehlt es sich, die Zoomeinstellung entsprechend zu verkleinern.

3.5.7 Fußnoten

Unter Fußnoten versteht man Anmerkungen zu bestimmten Textstellen, die am unteren Seitenrand stehen. Sie werden durch einen Fußnotenstrich vom Text abgegrenzt. Im Text befindet sich eine hochgestellte arabische Zahl[1] als Fußnotenhinweiszeichen.

Das Programm Word ermöglicht eine automatische Nummerierung der Fußnoten. Zur Eingabe einer Fußnote klicken Sie auf die Schaltfläche **<Verweise> → <Fußnoten> → <Fußnote einfügen>**. Anschließend geben Sie den Fußnotentext ein.

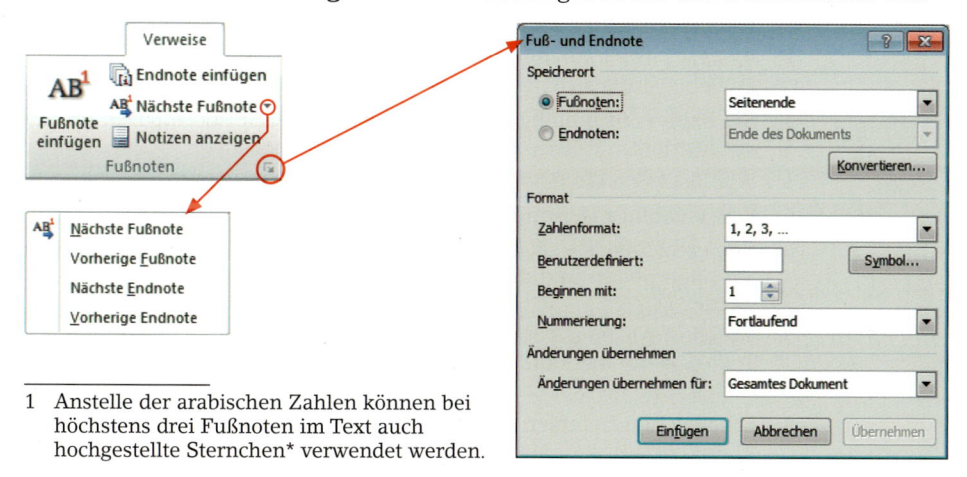

---

[1] Anstelle der arabischen Zahlen können bei höchstens drei Fußnoten im Text auch hochgestellte Sternchen* verwendet werden.

Zur Rückkehr in den Text klicken Sie auf **<Notizen anzeigen>**. Wenn Sie nachträglich etwas am Fußnotentext verändern möchten, klicken Sie erneut auf dieselbe Schaltfläche. Alternativ können Sie mithilfe eines Doppelklicks auf die Fußnotenhinweiszeichen in den Text und in die Fußnote gelangen. Zum Löschen der gesamten Fußnote markieren Sie die Fußnotenhinweiszeichen und drücken Esc . Genauere Vorgaben für die Platzierung und Formatierung geben Sie im Dialogfenster **<Fuß- und Endnote>** ein.

Zusammenfassung

▶ Word stellt zur Dokumentbearbeitung im Register **<Ansicht>** vier Layoutansichten zur Verfügung. Zum Lesen des Dokumentes am Bildschirm kann auf den Vollbild-Lesemodus umgestellt werden. Daneben gibt es zur Kontrolle die Seitenansicht.
<Datei> ➔ **<Drucken>**

▶ Mit dem **<Zoom>** lässt sich die Größe der Bildschirmanzeige den individuellen Bedürfnissen anpassen.

▶ Die Seitenzählung wird über den Befehl **<Seitenzahlen …>** im Register **<Einfügen>** aktiviert und ist nur in der Seitenlayoutansicht zu sehen.

▶ **<Kopf- und Fußzeilen>** werden auf jeder Seite des Dokumentes ausgedruckt.

▶ Die Seiteneinstellungen können über die Schaltfläche **<Als Standard festlegen>** gespeichert werden.

▶ Über den Befehl **<Verweise>** ➔ **<Fußnoten>** ➔ **<Fußnote einfügen>** lässt sich ein Text mit Fußnoten versehen.

Aufgaben

Was versteht man unter den folgenden Begriffen? Beantworten Sie die Fragen schriftlich und speichern Sie das Dokument unter *Aufgaben4*.

1. Welche Ansichten sind für die Erstellung von Dokumenten geeignet?
2. Welche Funktion haben die folgenden Ansichten?
a) Weblayoutansicht, b) Seitenansicht, c) Vollbild-Lesemodus?
3. Sie haben ein umfangreiches Dokument erstellt und müssen es neu strukturieren. Welche Ansicht ist besonders geeignet?
4. Wie lässt sich die Position der Seitenzahlen festlegen?
5. Was versteht man unter einem manuellen Seitenumbruch?
6. Wie erreichen Sie, dass in einem Dokument die Kopfzeile einheitlich auf allen Seiten und die Fußzeile nur ab der zweiten Seite angezeigt werden?
7. Welchen Abstand vom oberen Seitenrand hat die erste Zeile eines Textes, wenn die Randeinstellung 2,2 cm, der Kopfzeilenabstand 1 cm beträgt und die Kopfzeile in der Höhe 1 cm (2 cm) beansprucht?
8. Mit welchen Befehlen lassen sich Fußnoten:
a) einfügen und b) löschen?

3.6 Geschäftskorrespondenz
3.6.1 Dokumentvorlagen

Situation Kerstins Freundin Eva möchte sich um einen Ausbildungsplatz bewerben und fragt Kerstin, ob sie ihr bei der Erstellung des Bewerbungsschreibens behilflich sein kann.

Aufgabe Benutzen Sie die Dokumentvorlage „Rhea Brief" zur Erstellung eines Bewerbungsschreibens und speichern Sie es unter dem Dateinamen *Bewerbung1*.

Eva Pavlic
Harlander Straße. 12
3100 St. Pölten

Gallhofer Wärmetechnik GmbH
Siebenbrunnengasse 21
1050 Wien

5/6/2010

Sehr geehrter Herr Gladisch,

mit großem Interesse habe ich Ihre Anzeige im Tagesanzeiger am 01.06.2010 gelesen und bewerbe mich bei Ihnen um die Ausbildungsstelle zur Bürokauffrau.

Ich werde im Sommer voraussichtlich meinen erweiterten Realschulabschluss erwerben. Meine Stärken liegen im Bereich der Kommunikation und Organisation. Mein Auftreten wird von anderen als freundlich, höflich und zuvorkommend bezeichnet.

In neue Programme arbeite ich mich mit viel Interesse ein. Ich kann sowohl selbständig, als auch nach Anweisungen arbeiten.

Über eine Einladung zu einem Bewerbungsgespräch bei Ihnen würde ich mich sehr freuen.

Mit freundlichen Grüßen

Textverarbeitung mit MS-Word

Wenn Sie Word starten, so wird automatisch aus der Vorlage Normal.dotm ein Dokument geladen, das die von Ihnen vorgenommenen Grundeinstellungen enthält. Dokumentvorlagen enthalten u. a. Informationen über

- Kopf- und Fußzeilen
- Seiteneinstellungen
- Formatierungen
- Symbolleisten
- Texte und Grafiken
- Tastenbelegungen
- Schnellbausteine

Die Vorlage Normal.dotm befindet sich im Verzeichnis *C:\Users\BK\AppData\Roaming\Microsoft\Templates*. Darüber hinaus gibt es weitere Vorlagen für Berichte, Briefe, Faxe, die Ihnen die Arbeit erleichtern sollen. Wollen Sie z. B. ein Fax verschicken, so müssen Sie selbst kein Layout entwerfen, sondern können auf die vorhandenen Vorschläge zurückgreifen. Sie öffnen das Dialogfenster mit dem Befehl:

<Datei> → <Neu>

Ihnen wird ein Katalog mit diversen Vorlagen angezeigt.

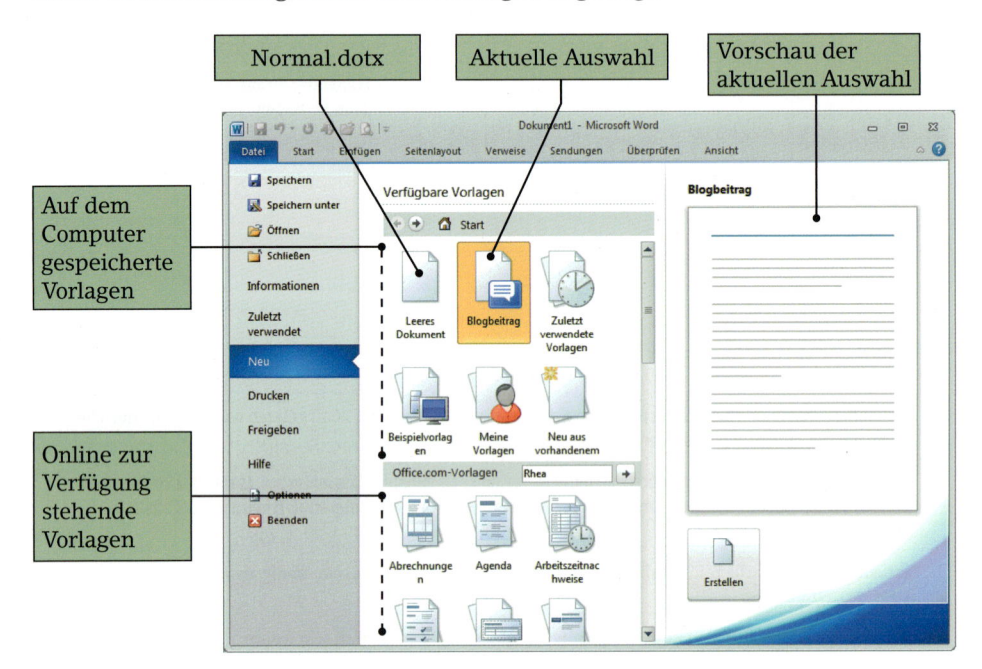

Wählen Sie **<Beispielvorlagen>**.

Es erscheint eine Auswahl von Dokumentvorlagen und Assistenten. Suchen Sie die passende Vorlage aus und beschriften Sie sie nach den Vorgaben.

Aufgabe Erstellen Sie eine neue Vorlage *CMW-intern* für den internen Schriftverkehr. Die Vorlage soll auf der Datei *Normal.dotm* basieren und in der Kopfzeile soll rechts CHRISTIAN MÜLLER WERBEDRUCK stehen.

Textverarbeitung mit MS-Word

Öffnen Sie zunächst das Dialogfenster **<Neu>** über den Befehl:

<Datei> → **<Neu>** → **<Meine Vorlagen>**

In dem Dialogfenster werden diverse Vorlagen zur Verfügung gestellt. Hinter der Vorlage **<Leeres Dokument>** verbirgt sich die *Normal.dotm*, mit der jedes Mal ein leeres Dokument geöffnet wird, wenn Sie die Schaltfläche **<Neu>** → **<Leeres Dokument>** anklicken, Word starten oder Strg + N eingeben. Um eine neue Vorlage zu erstellen, öffnen Sie **<Leeres Dokument>** als **<Vorlage>**. Es wird ein neues Dokument mit dem Namen *Vorlage1* geöffnet. Nehmen Sie die gewünschten Änderungen vor und speichern Sie das Dokument im Ordner *Templates* ab:

C:\Dokumente und Einstellungen\Benutzer\Anwendungsdaten\Microsoft\Templates

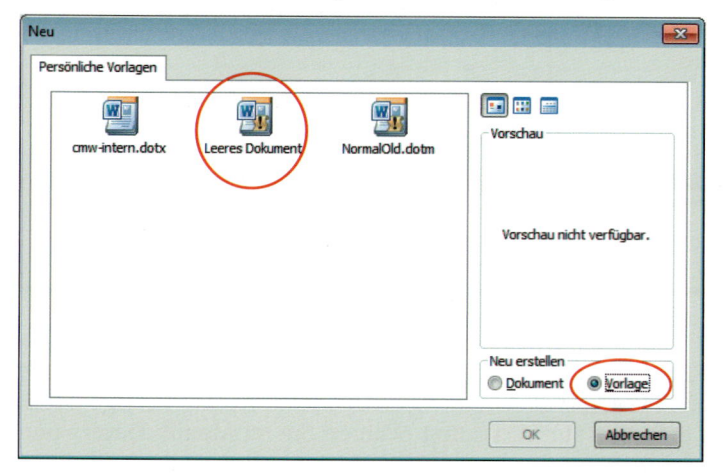

Wenn Sie jetzt den Menübefehl **<Datei>** → **<Neu>** → **<Meine Vorlagen>** wählen, so wird in Zukunft u. a. immer *CMW-intern* angeboten. Um die Vorlage als neues Dokument zu öffnen, aktivieren Sie das Optionsfeld **<Dokument>**. Es steht jedes Mal ein neues Dokument mit der eingegebenen Kopfzeile und Seitennummerierung zur Verfügung. Die Dokumentvorlage ist durch dieses Verfahren vor unbeabsichtigten Veränderungen (z. B. versehentliches Speichern nach dem Bearbeiten unter dem Originaldateinamen) geschützt.

Situation Für die Geschäftsbriefe benötigt Kerstin ein Formular.

Aufgaben
1. Auf der Schulungs-CD befindet sich eine Datei *CMW-Brief*. Es handelt sich hierbei um ein Briefformular von Christian Müller Werbedruck, das als Dokumentvorlage gespeichert werden soll.

2. Öffnen Sie den Brief als Vorlage und nehmen Sie alle notwendigen Anpassungen vor, um eine eigene Briefvorlage mit Ihren persönlichen Daten zu erstellen und als *Pers.Brief.dotx* zu speichern.

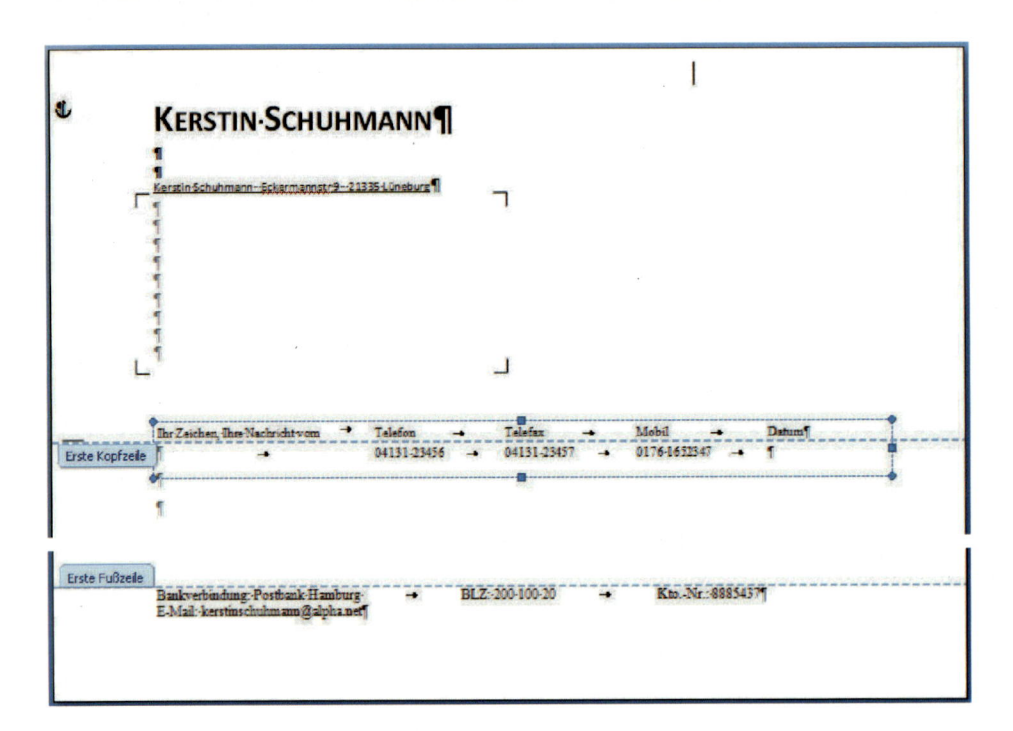

Öffnen Sie die Datei CMW-Brief, wählen Sie anschließend **<Speichern unter>** → **<Word-Vorlage>** und speichern Sie im Verzeichnis *Templates (C:\Dokumente und Einstellungen\Benutzer\Anwendungsdaten\Microsoft\Templates)*. Die Vorlage steht Ihnen jetzt für Geschäftsbriefe zur Verfügung. Wählen Sie im Menü **<Datei>** den Befehl **<Neu>**. Wenn Sie hier aus der Liste *CMW-Brief* wählen, so wird der Brief je nach Wahl als Vorlage oder Dokument geladen. Auf Basis des *CMW-Briefes* kann dann eine neue Vorlage erstellt werden.

Hinweis: Sollte sich CMW-Brief nicht in der Liste befinden, so kontrollieren Sie, wo Word die Benutzervorlagen sucht. Befehl: **<Datei>** → **<Optionen>** → **<Erweitert>** → **<Allgemein>** → **<Dateispeicherorte>**.

Aufgaben

1. Öffnen Sie den unter *Poster5* gespeicherten Aktenvermerk, kopieren Sie ihn in ein neues Dokument, das auf der Vorlage *CMW-Intern* basiert, und speichern Sie unter *Poster6*.

2. Der unter dem Dateinamen *Reklamation1* gespeicherte Brieftext soll auf den Geschäftsvordruck *CMW-Brief* kopiert und der Brief fertiggestellt werden. Speichern Sie unter *Reklamation2*.

Anschrift:	Büromarkt GmbH, Köthener Str. 22, 39104 Magdeburg
Ihr Zeichen:	he
Ihre Nachr. vom:	20..-06-03
Unser Zeichen:	kr-sh
Telefondurchwahl:	23
Name:	Kramer
Datum:	8. Juni 20..

3.6.2 Schnellbausteine

Situation Um das Schreiben von Geschäftsbriefen zu vereinfachen, will Kerstin bestimmte, immer wiederkehrende Formulierungen speichern. Diese sollen dann bei Bedarf per Shortcut in den Brief eingefügt werden.

Sie können Texte unter jeweils einer Kurzbezeichnung als Schnellbausteine speichern und sie mithilfe dieser Kurzbezeichnung wieder in ein Dokument einfügen. Öffnen Sie zunächst ein neues Dokument und schreiben Sie:

Den von Ihnen erteilten Auftrag bestätigen wir hiermit. Einen Liefertermin können wir derzeit noch nicht verbindlich zusagen.

Den von Ihnen erteilten Auftrag bestätigen wir hiermit. Der Liefertermin wird voraussichtlich am: sein.

Wir danken Ihnen für Ihre Anfrage und bieten Ihnen nachstehend an:

Markieren Sie einen Satz: <Einfügen> → <Text> → <Schnellbausteine>

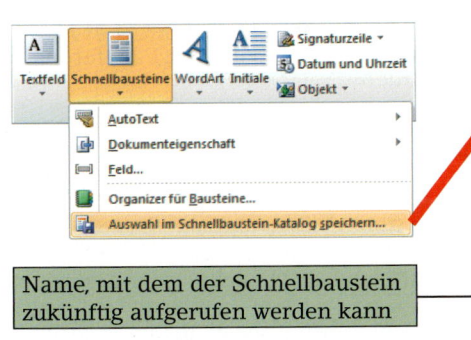

Name, mit dem der Schnellbaustein zukünftig aufgerufen werden kann

In dem erscheinenden Dialogfenster sehen Sie im Eingabefeld Name „Wir danken". Wenn Sie anschließend mit **<Enter>** bestätigen, ist die Formulierung gespeichert und kann jederzeit eingefügt werden. Bei Eingabe der ersten Buchstaben des Namens und anschließendem Betätigen der Funktionstaste F3 wird der Schnellbaustein eingefügt.

Es lassen sich auch vorher festgelegte charakteristische Zeichenfolgen einer Liste von Schnellbausteinen zuordnen (z. B. AB 1–10) für Formulierungen in Auftragsbestätigungen. Die Bausteine werden bei Eingabe der Zeichenfolge und Verwendung der Funktionstaste F3 eingefügt. Es wird dabei nicht zwischen Groß- und Kleinschreibung unterschieden.

Eine weitere Möglichkeit, die Bausteine einzufügen, besteht darin, sie per Mausklick in der Schnellbausteinliste auszuwählen.

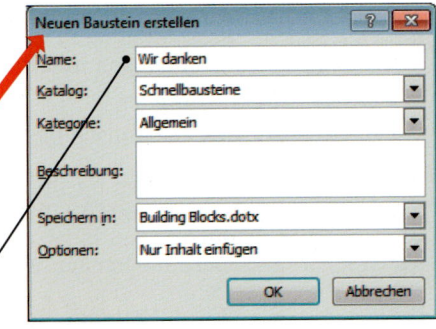

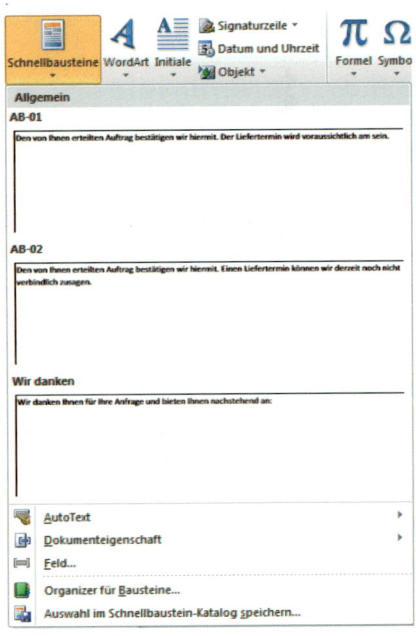

Geschäftskorrespondenz

Es lassen sich auch Tabellen, Grafiken und Formatierungen mithilfe der Autotext-Funktion speichern. Wollen Sie einen Textbaustein zusammen mit der Absatzformatierung ablegen, so müssen Sie die Absatzmarke mitmarkieren.

Aufgaben

1. Speichern Sie jeweils fünf häufig wiederkehrende Formulierungen für Anfragen und Bestellungen.
2. Vergeben Sie dabei die Kennzeichen A 1–5 für Anfragen und B 1–5 für Bestellungen.
3. Lassen Sie sich die Schnellbausteine in einer Liste ausdrucken.

Anfrage

A1 bitte unterbreiten Sie uns ein Angebot mit verbindlichem Liefertermin zu …

A2 bitte schicken Sie uns Ihren Katalog inklusive der aktuellen Preisliste zu

A3 wir würden uns freuen, wenn Sie uns umgehend ein Angebot für folgende Produkte zusenden würden

A4 wir haben Ihren Internetauftritt besucht und sind dabei auf die folgenden Produkte aufmerksam geworden:

A5 wir würden uns sehr freuen, wenn Sie uns ein ausführliches Angebot einschließlich Katalog/Preisliste, Zahlungs- und Lieferungsbedingungen unterbreiten würden

Bestellung

B1 wie telefonisch besprochen bestellen wir zur sofortigen Lieferung …

B2 wir danken für Ihr Angebot und bestellen wie folgt: …

B3 vielen Dank für Ihr Angebot. Hiermit bestellen wir folgende Produkte:

B4 hiermit bestellen wir gemäß Ihrem Angebot vom … zur Lieferung am …

B5 Wir bitten um eine schriftliche Auftragsbestätigung innerhalb von … Arbeitstagen

3.6.3 Serienbriefe

Situation Kerstin erhält den Auftrag, den folgenden Werbebrief, der an die Stammkunden des Betriebes verschickt werden soll, als Serienbrief aufzubereiten.

20..-11-10

Weihnachtsedition

Sehr geehrte …

meinen langjährigen Kunden, zu denen ich mit ein wenig Stolz auch Sie zählen darf, übersende ich als Muster unserer diesjährigen Weihnachtsedition den beiliegenden Kalender mit ausgesuchten Motiven des Fotografen Johann H. Scheibeler.

Gleichzeitig möchte ich Ihre Aufmerksamkeit auf die beiliegende Broschüre lenken, in der weitere Kunstdrucke als Kalender und auf Ansichtskarten gezeigt werden. Die angebotenen Artikel sind zurzeit in begrenzter Stückzahl vorrätig und sofort lieferbar, können aber auch später mit einer Lieferzeit von ca. vier Wochen nachbestellt werden.

Mit freundlichen Grüßen

CHRISTIAN MÜLLER WERBEDRUCK

Textverarbeitung mit MS-Word

Aufgabe Schreiben Sie den Text als Serienbrief an die folgenden Kunden:

Anrede	Name	Firma	Postfach	Postleitzahl	Ort
Frau	Rudschinski	Fritz Meyer KG	30 05	D-21320	Lüneburg
Herr	Dewald	Versandhaus Rabe AG	35 01 75	D-47032	Düsseldorf
Herr	Krumm	Versandhaus Conrad GmbH	66	A-4031	Linz
Frau	Martens	Bürokette-Ost GmbH	5 02 06	D-19028	Schwerin
Herr	v. Heimsdorf	Büro-Modern GmbH	473	A-1011	Wien
Herr	Hinrichs	Der Büromarkt GmbH	14 55	D-39045	Magdeburg
Frau	Baldur	Papeterie Fachmärkte	86 08 77	D-81635	München
Herr	Hoffmann	Sommer Werbegeschenke GmbH	20	A-5320	St. Wolfgang
Frau	Müller-Helm	Büro-Aktuell GmbH	31 01 80	D-10631	Berlin
Herr	Dudenhoff	Volkswagen AG	12 02 20	D-38420	Wolfsburg
Herr	Stelter	Werbeagentur	30 11	D-21320	Lüneburg

Für einen Serienbrief benötigen Sie ein **Hauptdokument** (Brief) und eine **Datenquelle** (Adressen). Im Hauptdokument werden von Ihnen Felder mit Feldnamen (z. B. Firma) festgelegt, in die dann später beim Drucken des Serienbriefes bestimmte Daten aus der Datenquelle (z. B. *Fritz Meyer KG*) eingefügt werden.

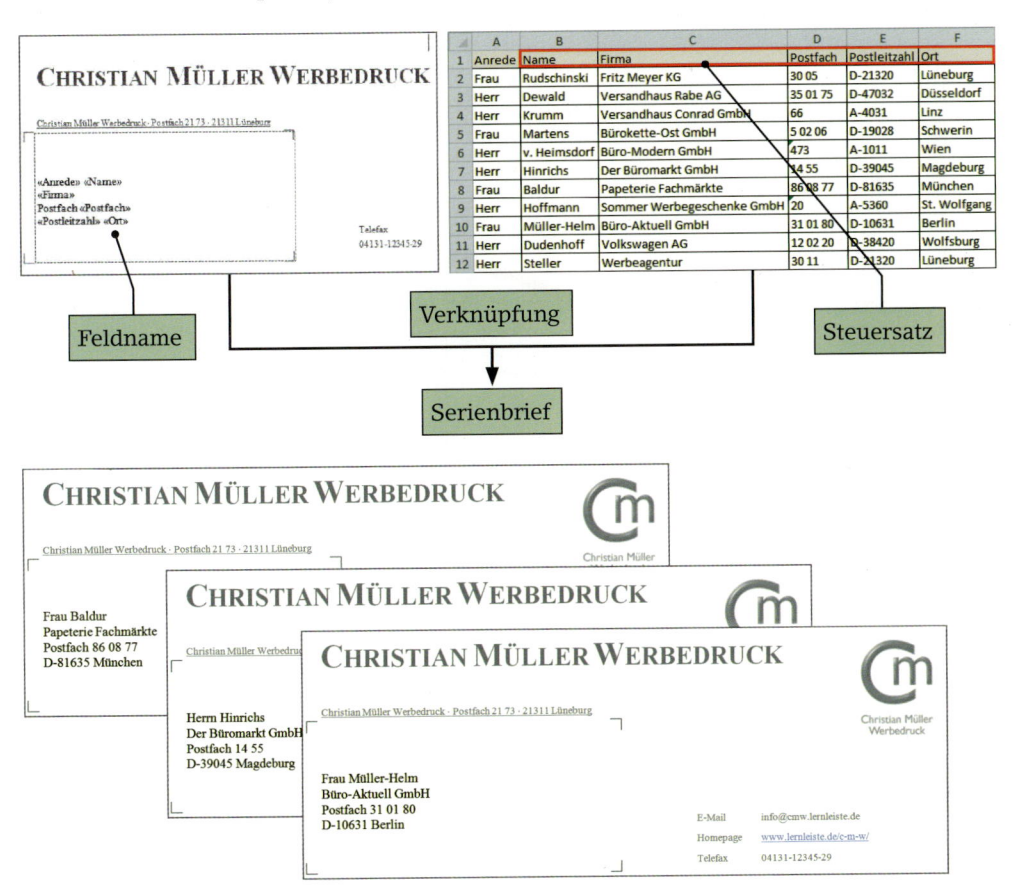

Geschäftskorrespondenz

Hauptdokument

Um den Brief auf einem Formular der Firma CHRISTIAN MÜLLER WERBEDRUCK zu schreiben, öffnen Sie ein neues Dokument auf der Basis der Vorlage *CMW-Brief* (**<Datei> → <Neu> → <Meine Vorlagen>**), geben den Text ein und speichern unter *Serienbrief-Hauptdokument*.

Datenquelle

In der Datenquelle benötigen Sie einen aus den Feldnamen bestehenden Steuersatz. Zum Erstellen des Steuersatzes wählen Sie:

<Sendungen> → <Seriendruck starten> → <Empfänger auswählen> → <Neue Liste eingeben>

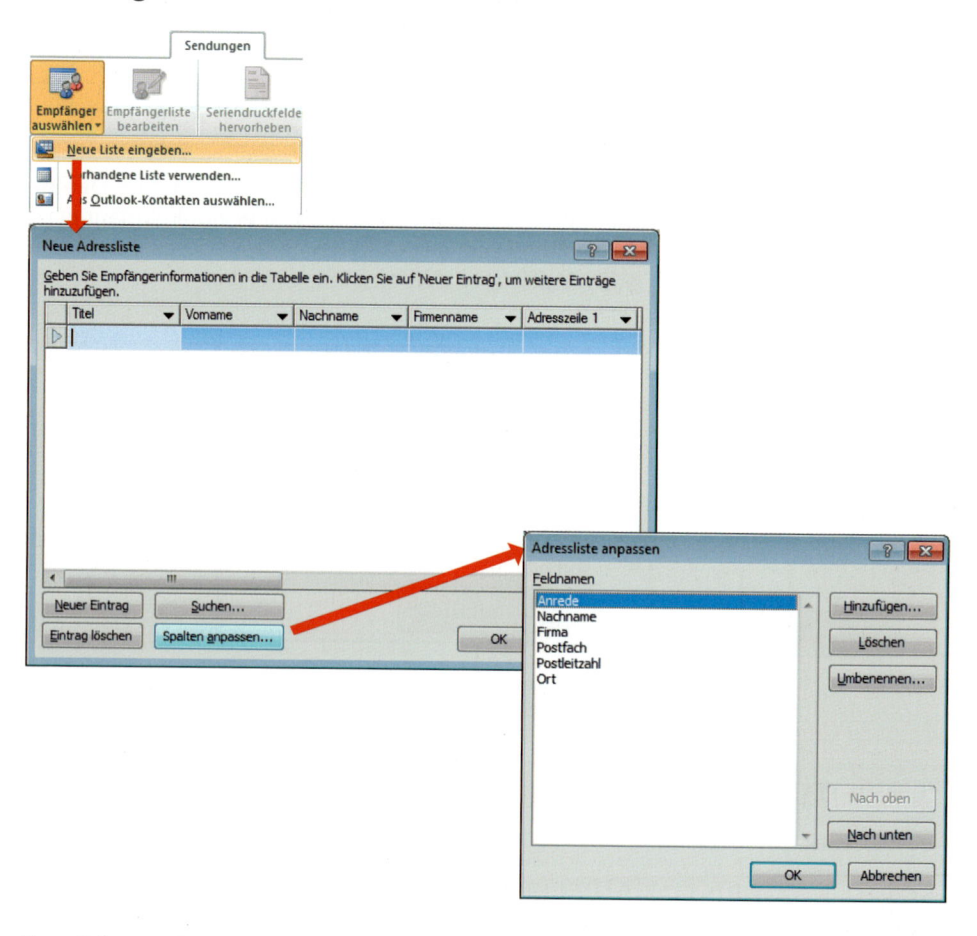

Im nächsten Schritt entscheiden Sie, ob Sie die Empfängerliste erstellen (**<Neue Liste eingeben>**) oder eine bereits fertige Liste importieren wollen (**<Vorhandene Liste verwenden>**). Da Sie die Empfänger des Serienbriefes noch nicht gelistet haben, wählen Sie **<Neue Liste eingeben>** und ändern den Steuersatz über **<Spalten anpassen>**. Sinnvoll sind zunächst die Feldnamen: *Anrede, Nachname, Firma, Postfach, Postleitzahl* und *Ort*. Anschließend geben Sie die Datensätze ein. Achten Sie darauf, bei der männlichen Anrede „Herrn" einzugeben. Nach jedem vollständig eingegebenen Datensatz klicken Sie auf die Schaltfläche **<Neuer Eintrag>**.

Textverarbeitung mit MS-Word

Sobald Sie die Kundenliste vollständig eingegeben haben, schließen Sie das Dialogfenster. Sie werden aufgefordert die Adressliste zu speichern. Speichern Sie Ihre Datenquelle unter dem Dateinamen *Serienbrief-Datenquelle*. Sie haben jetzt bereits eine fertige Datenquelle erstellt und können mit der Bearbeitung des Hauptdokumentes beginnen.

Hinweis:
Als Datenquelle lassen sich auch Dateien benutzen, die mithilfe anderer Programme erstellt sind. Wählen Sie hierzu im Assistenten den Eintrag <**Vorhandene Liste verwenden**>.

Um eine Verknüpfung zu einer Datei eines fremden Programms auszuwählen, müssen Sie im Dialogfenster <**Datenquelle auswählen**> den entsprechenden Dateityp (z. B. *.xlsx für eine Excel-Datei) angeben. Die Dateien bleiben im Original erhalten, können also auch in dem jeweiligen Programm weiterbearbeitet werden, und werden aufgrund der Verknüpfung in dem Serienbrief aktualisiert.

Felder einfügen

Mit der Schaltfläche <**Seriendruckfeld einfügen**> können Sie die Feldnamen an die entsprechende Stelle im Dokument setzen. Mit der <**Seriendruck-Vorschau**> werden die Feldnamen durch Daten aus der Datenquelle ersetzt. Navigieren Sie zu den Datensätzen.

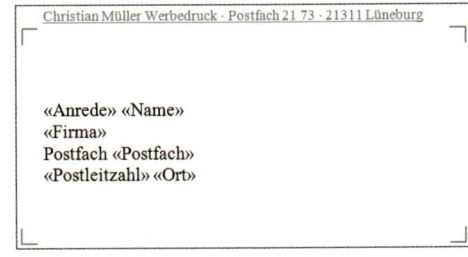

Bedingungsfelder

Um die männliche Anrede, wie in Adressierungen üblich, auf „*Herrn*" umzustellen, bietet Word <**Regeln**> an. Erstellen Sie die Wenn-Dann-Beziehung: Wenn im Datenfeld Anrede *Herr* steht, dann muss ein *n* ergänzt werden.

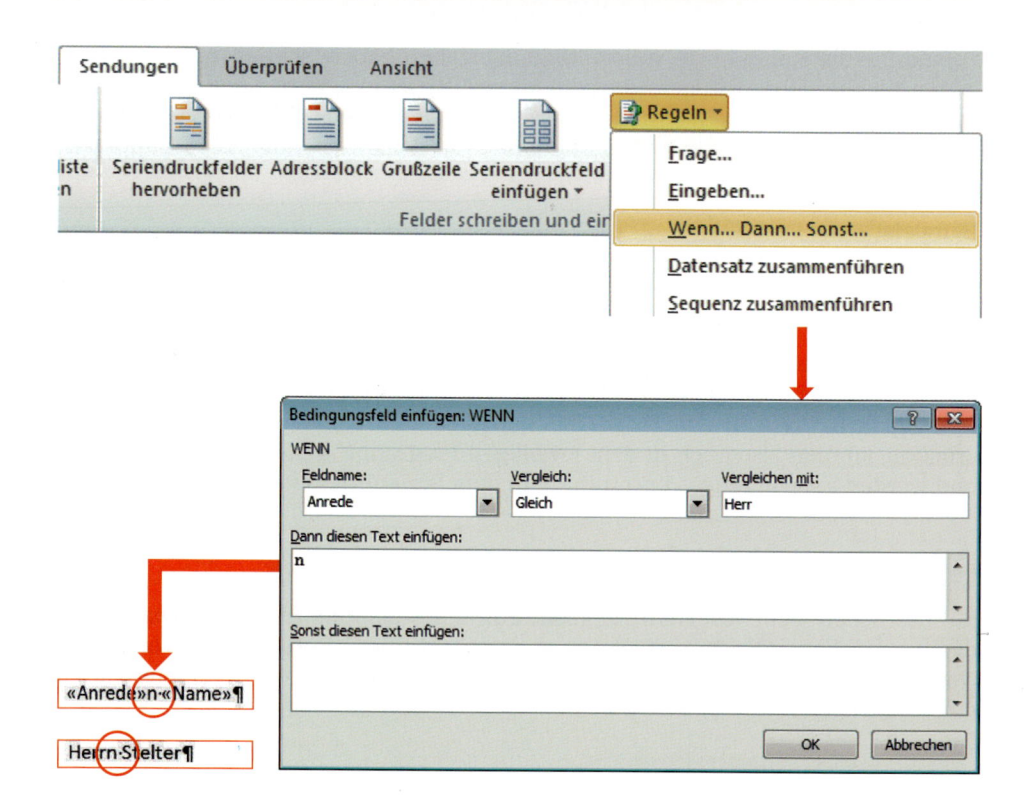

Die Anrede im Brief kann über die Schaltfläche **<Grußzeile>** eingegeben werden. Word setzt selbst die Wenn-Dann-Beziehung für das *r* von *geehrte(r)* und fügt automatisch die allgemeine Grußformel *„Sehr geehrte Damen und Herren"* ein, wenn der Ansprechpartner unbekannt ist.

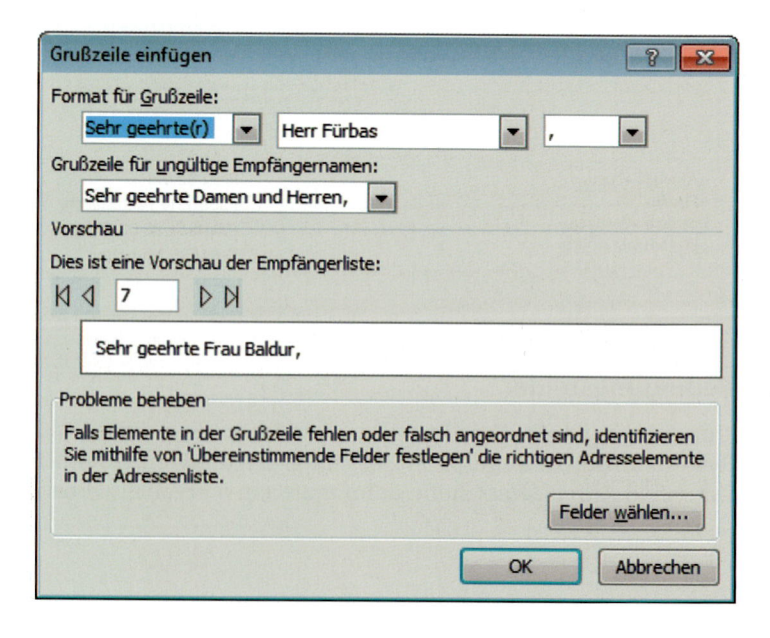

Textverarbeitung mit MS-Word

Fertigstellung

Bevor Sie den Ausdruck starten, lassen Sie die Briefe noch einmal über die Schaltfläche **<Fertigstellen und Zusammenführen>** → **<Einzelne Dokumente bearbeiten>** in ein neues Dokument ausgeben. Die Felder werden dabei durch die Daten ersetzt und Sie können kontrollieren und Änderungen vornehmen. Falls Sie eine Fehlerprüfung wünschen, kann die Ausgabe in eine neue Datei auch mit einer Fehlerprüfung kombiniert werden.

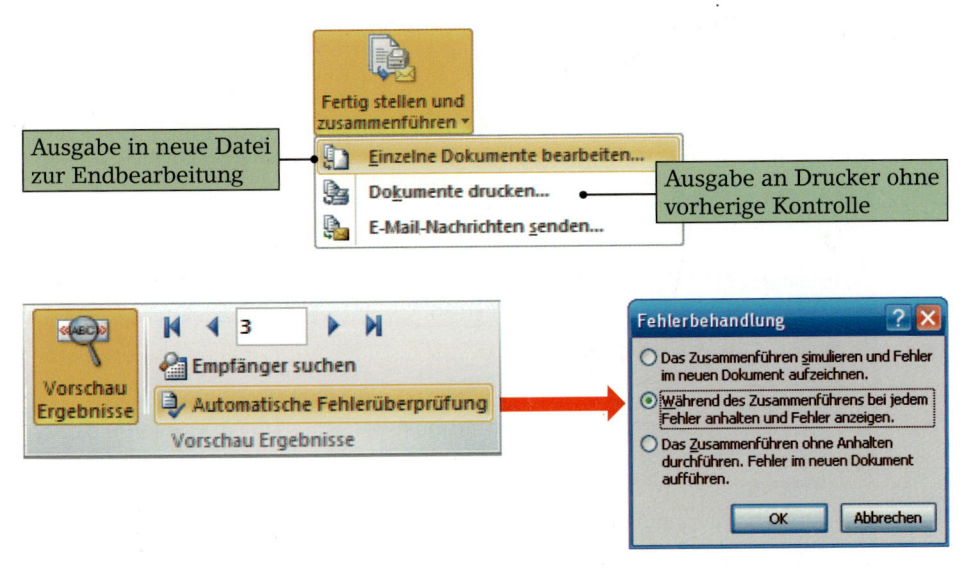

Ausgabe in neue Datei zur Endbearbeitung

Ausgabe an Drucker ohne vorherige Kontrolle

Etiketten

Die Serienbrieffunktion eignet sich auch zum Druck von Etiketten:

<Sendungen> → **<Seriendruck starten>** → **<Etiketten>**

Hier können Sie das gewünschte Format bestimmen. Es erscheint eine rahmenlose Tabelle, mit der Anordnung der Etiketten auf dem Blatt. (Hinweis: Falls die Tabelle nicht zu sehen ist: **<Layout>** → **<Tabelle>** → **<Gitternetzlinien anzeigen>**).

Wählen Sie jetzt eine Datenquelle und tragen Sie die Bedingungsfelder auf dem ersten Etikett ein. Zum Übertragen auf die restlichen Etiketten wählen Sie:

<Sendungen> → **<Felder schreiben und einfügen>** → **<Etiketten aktualisieren>**

In der Vorschau wird jetzt auf jedem Etikett ein neuer Datensatz angezeigt. Führen Sie den Seriendruck, wie oben beschrieben, zu Ende.

Zusammenfassung

▶ In Dokumentvorlagen werden immer wieder benötigte Einstellungen gespeichert:
- Kopf- und Fußzeilen
- Seiteneinstellungen
- Formatierungen
- Symbolleisten
- Texte und Grafiken
- Tastenbelegungen
- Schnellbausteine

▶ Da beim Öffnen eines neuen Dokumentes jeweils ein neuer Dokumentname (*Dokument1, Dokument2* usw.) vergeben wird, ist die Vorlage selbst vor unbeabsichtigten Veränderungen geschützt.

▶ Zum Öffnen oder Erstellen einer Dokumentvorlage wählen Sie
<Datei> → <Neu> → <Erstellen>.

▶ Die Umwandlung eines Dokumentes in eine Vorlage erfolgt durch Speicherung mit der Dateinamenerweiterung *.dotx* im Verzeichnis *Templates*.

▶ Sie können Texte unter jeweils einer Kurzbezeichnung als Schnellbausteine speichern und sie mithilfe dieser Kurzbezeichnung wieder in ein Dokument einfügen.

<Einfügen> → <Text> → <Schnellbausteine>

▶ Zur Erstellung von Serienbriefen benötigt man ein Hauptdokument (Brief), in dem man bestimmte Seriendruck- und Bedingungsfelder festlegt, die dann mit den Daten aus einer Datenquelle verknüpft werden.

Aufgabe Was versteht man unter den folgenden Begriffen? Beantworten Sie die Frage schriftlich und speichern Sie das Dokument unter *Aufgaben5*.

1. Schnellbaustein
2. Dokumentvorlage
3. Datenquelle
4. Steuersatz
5. Seriendruckfeld
6. Bedingungsfeld

Textverarbeitung mit MS-Word

Modul 3: Aufgaben zur Wiederholung (ECDL-Test s. S. 2)

Aufgaben zu Modul 3.1 Grundlagen:

1. Sie möchten eine Schaltfläche zum Erstellen neuer Dokumente in die Symbolleiste für den Schnellzugriff einbinden. Welche Befehlsfolge ist richtig?
   a) <Symbolleiste für den Schnellzugriff anpassen> → <Neu>
   b) <Datei> → <Neu>
   c) <Symbolleiste für den Schnellzugriff anpassen> → <Öffnen>
   d) <Datei> → <Öffnen>

2. Sie möchten eine bereits gespeicherte Word-Datei im RTF-Format speichern. Welche Befehlsfolge ist richtig?
   a) <Datei> → <Speichern>
   b) <Datei> → <Freigeben>
   c) <Datei> → <Speichern unter>
   d) <Datei> → <Optionen>

3. Was versteht man unter einem Standardspeicherort?
   a) Festplatte C
   b) Eigene Dokumente
   c) Speicherort, der beim erstmaligen Speichern vom Programm vorgeschlagen wird
   d) Ordner, der nur Worddateien beinhaltet

4. Ordnen Sie die Begriffe dem nachfolgenden Screenshot der Benutzeroberfläche zu:
   a) Symbolleiste für den Schnellzugriff
   b) Bildlaufleiste
   c) Backstage-Bereich
   d) Browseobjekt auswählen
   e) Systemschaltflächen: Minimieren, Maximieren, Schließen
   f) Menüband
   g) Titelleiste
   h) Geöffnete Hauptregisterkarte
   i) Befehlsgruppenregister
   j) Bildlauffeld
   k) Zoom
   l) Ansichtensteuerung
   m) Cursor
   n) Statusleiste
   o) Bildlaufpfeil
   p) Hilfefunktion

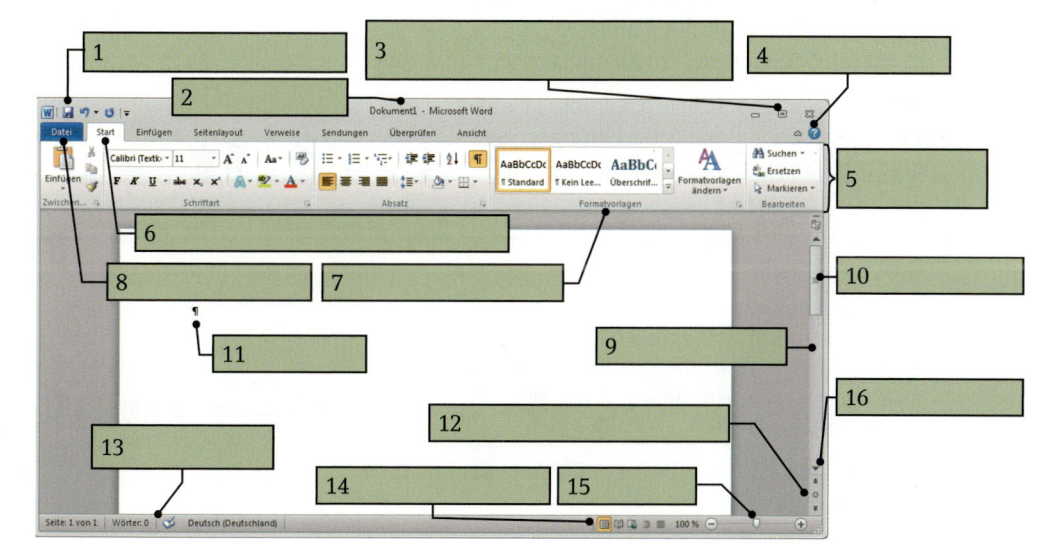

5. Welche Bedeutung hat die Schaltfläche **<Als Standard festlegen>** im Dialogfenster **<Seite einrichten>**?
   a) Wiederherstellung der vom Hersteller vorgesehenen Standardeinstellungen
   b) Die Einstellungen werden bei jedem neuen Dokument verwendet.

6. In welcher Hauptregisterkarte befindet sich der Befehl **<Silbentrennung>**?
   a) Start
   b) Einfügen
   c) Seitenlayout
   d) Überprüfen

7. Welche Bedeutung haben die abgebildeten Zeichen?
   a) Tabschritt
   b) Absatzschaltung
   c) Leerschritte
   d) Zeilenschaltung

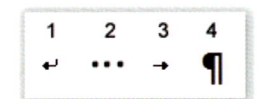

Aufgaben zu Modul 3.2 Formatieren/Ausrichten:

8. Ordnen Sie zu:
   a) Groß- und Kleinschreibung
   b) Texteffekte
   c) Schriftfarbe
   d) Texthervorhebungsfarbe
   e) Schriftart vergrößern
   f) Schriftart verkleinern
   g) Formatierung löschen

9. Welche Bedeutung haben die Tabstoppzeichen?
   a) Zentriert   b) Rechtsbündig
   c) Dezimal   d) Linksbündig

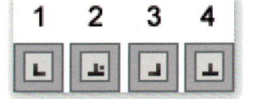

10. Wie lassen sich Tabstopps **nicht** löschen?
    a) Befehl **<Löschen>** im Kontextmenü
    b) Drag & Drop mit der Maus
    c) Befehl **<Löschen>** im Dialogfenster Tabstopps

11. Sie möchten den Schriftgrad von 11 auf 12 Punkt vergrößern. Wie gelangen Sie möglichst schnell zu Ihrem Ziel?
    a) 1   d) 4
    b) 2   e) 5
    c) 3

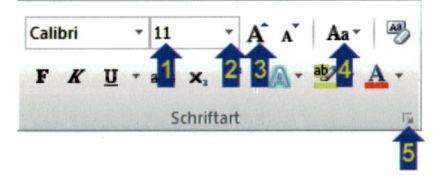

12. Sie möchten die Formatierung eines markierten Wortes auf ein anderes übertragen. Worauf müssen Sie klicken?
    a) 1   d) 4
    b) 2   e) 5
    c) 3

Textverarbeitung mit MS-Word

Aufgaben zu Modul 3.3 Korrektur:

13. Sie möchten die Rechtschreibung Ihres Dokuments kontrollieren lassen. In welchem Hauptregister befindet sich der entsprechende Befehl?
    a) Start
    b) Einfügen
    c) Seitenlayout
    d) Verweise
    e) Überprüfen

14. Sie möchten in einem Text den Namen Hans Herbert durch die Abkürzung H. H. ersetzen. Der Name kommt mehrmals vor. In welchem Hauptregister befindet sich der Befehl zum Ersetzen?
    a) Start
    b) Einfügen
    c) Seitenlayout
    d) Verweise
    e) Überprüfen

15. Jedes Mal, wenn Sie C in Klammern schreiben, wandelt Word in das Copyright-Zeichen © um. Sie möchten diese automatische Umwandlung verhindern. Welche Einstellung müssen Sie im Dialogfenster Word-Optionen vornehmen?
    a) Deaktivierung des Kontrollkästchens <**Rechtschreibung während der Eingabe Überprüfen**>.
    b) Deaktivierung des Kontrollkästchens <**Grammatikfehler während der Eingabe markieren**>.
    c) Ändern der AutoKorrektur-Einstellungen.
    d) Deaktivierung des Kontrollkästchens <**Kontextbezogene Rechtschreibung verwenden**>.

Aufgaben zu Modul 3.4 Tabellen/Sortieren:

16. Sie möchten in einem Word-Dokument eine Tabelle erstellen. In welchem Hauptregister befindet sich der entsprechende Befehl?
    a) Start
    b) Einfügen
    c) Seitenlayout
    d) Verweise
    e) Überprüfen

17. Welche Aussage zur Spaltenbreite ist richtig.
    a) Die Spaltenbreiten in einer Tabelle können nur einheitlich festgelegt werden.
    b) Die Spaltenbreite lässt sich ausschließlich mit der Maus verändern.
    c) Die Spaltenbreite kann mit dem Befehl <**Spalten verteilen**> einheitlich für einen Bereich festgelegt werden.
    d) Über den Kontextmenü-Befehl <**AutoAnpassen**> erhält man eine Auswahl von Befehlen zur Anpassung der Spaltenbreite und Zeilenhöhe.

18. Sie haben im Tabellenkalkulationsprogramm Excel eine Tabelle markiert, kopiert und anschließend in ein Word-Dokument eingefügt. Welche Aussage ist richtig:
    a) Die Tabelle kann in Word nicht mehr verändert werden.
    b) Die Tabelle kann in Word formatiert werden.
    c) Nach dem Einfügen in das Dokument stehen in Word sämtliche Excel-Befehle zur Verfügung.
    d) Ein Einfügen in ein Word-Dokument ist aus Excel nicht möglich.

Aufgaben zu Modul 3.5 Seiteneinrichtung:

19. Ordnen Sie zu:
    - a) Vollbild-Lesemodus
    - b) Seitenlayout
    - c) Entwurf
    - d) Gliederung
    - e) Weblayout

20. Sie möchten die Seitenzahlen in Ihrem Dokument nummerieren. In welchem Hauptregister befindet sich der entsprechende Befehl?
    - a) Start
    - b) Einfügen
    - c) Seitenlayout
    - d) Verweise
    - e) Überprüfen

21. Ordnen Sie die Begriffe richtig zu.
    - a) Rechter Einzug
    - b) Erstzeileneinzug
    - c) Hängender Einzug
    - d) Rechter Seitenrand
    - e) Linker Seitenrand

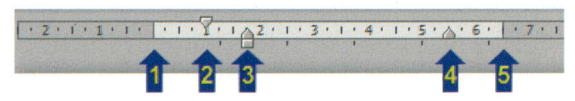

Aufgaben zu Modul 3.6 Geschäftskorrespondenz:

22. Sie möchten zum Schreiben eines Briefes eine der Office-Vorlagen benutzen. Über welchen Befehl lassen sich die Vorlagen aufrufen?
    - a) **<Datei> → <Öffnen>**
    - b) **<Datei> → <Neu>**
    - c) **<Datei> → <Vorlagen>**
    - d) **<Datei> → <Optionen>**

23. Welche Bausteine benötigt man für einen Serienbrief?
    - a) Hauptdokument und Nebendokument
    - b) Hauptdokument und Postdekoder
    - c) Hauptdokument und Datenquelle
    - d) Briefformular und Druckdatei

24. Ordnen Sie die Aufgaben den Schaltflächen zu:

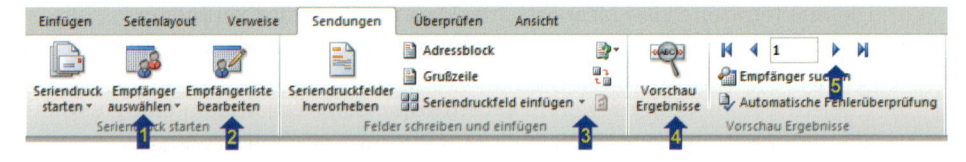

    - a) Ersetzen der eingegebenen Seriendruckfelder durch die Daten aus der Datenquelle
    - b) Zuweisung einer Datenquelle
    - c) Anzeige des zweiten Datensatzes
    - d) Verändern der Datenquelle
    - e) Zuweisen eines Seriendruckfeldes im Hauptdokument

4 Tabellenkalkulation mit MS-Excel

Situation: Kerstin lernt Excel zuerst in der Abteilung Verkauf kennen, wo es zur Aufbereitung von Umsatzzahlen genutzt wird. Sie wird darüber hinaus mit der Erstellung von Diagrammen zur Präsentation von Daten vertraut gemacht und lernt die grundlegenden Bedienungselemente des Programms kennen.

In den kaufmännischen Abteilungen moderner Unternehmen sind Tabellenkalkulationsprogramme heute unverzichtbarer Bestandteil der Softwareausstattung. Sie leisten Dienste bei der Erstellung von Angebotsvergleichen, Investitionsplänen, Statistiken, bei der Lagerverwaltung, Bilanzanalyse, Kalkulation, Kostenrechnung usw. Das Tabellenkalkulationsprogramm Excel gehört bei CHRISTIAN MÜLLER WERBEDRUCK zur Standardsoftware in den Abteilungen Finanz- und Anlagenbuchhaltung, Verkauf, Einkauf, Lager, Personal und bei der Geschäftsleitung.

4.1 Einführung
4.1.1 Start/Arbeitsbereich

Sie starten das Programm über **<Start>** → **<Alle Programme>** → **<Microsoft Office>** → **<Microsoft Excel>** und Ihnen wird das folgende Fenster angezeigt:

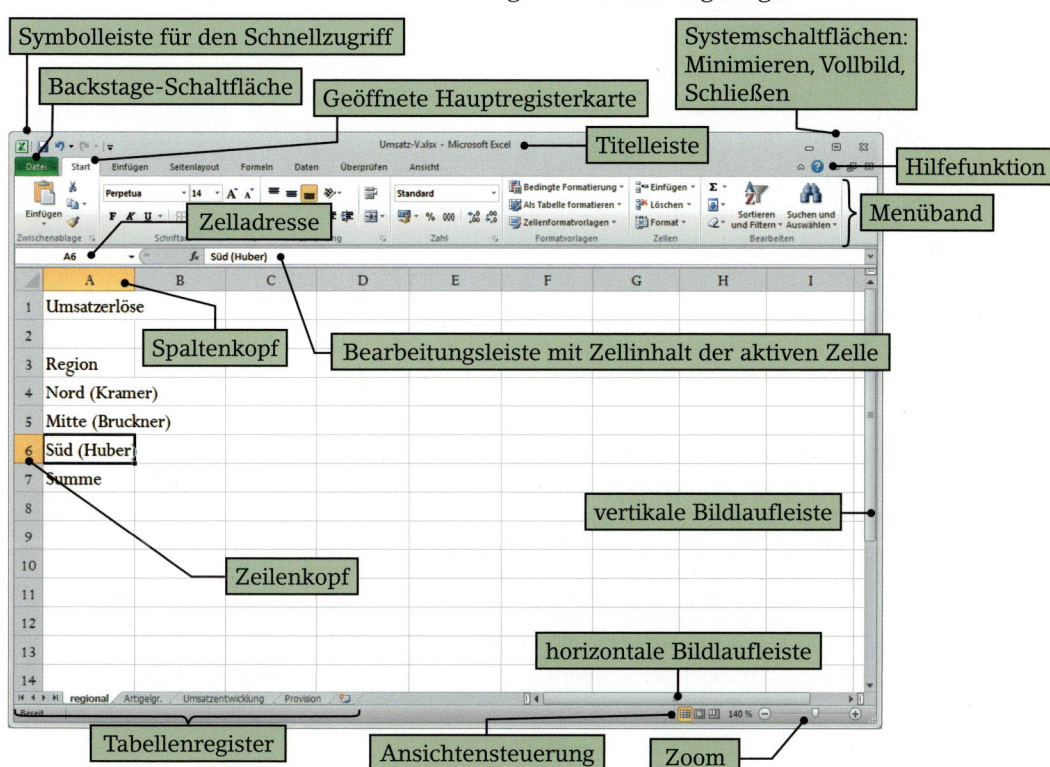

Symbolleiste für den Schnellzugriff
Backstage-Schaltfläche
Geöffnete Hauptregisterkarte
Systemschaltflächen: Minimieren, Vollbild, Schließen
Titelleiste
Hilfefunktion
Zelladresse
Menüband
Spaltenkopf
Bearbeitungsleiste mit Zellinhalt der aktiven Zelle
vertikale Bildlaufleiste
Zeilenkopf
horizontale Bildlaufleiste
Tabellenregister
Ansichtensteuerung
Zoom

4.1.2 Zellen

Aufgabe Beschriften Sie die Tabelle wie folgt:

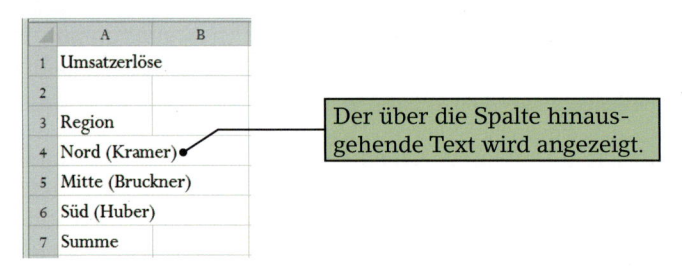

	A	B
1	Umsatzerlöse	
2		
3	Region	
4	Nord (Kramer)	
5	Mitte (Bruckner)	
6	Süd (Huber)	
7	Summe	

Der über die Spalte hinausgehende Text wird angezeigt.

Wenn Sie anschließend die Umsätze (siehe unten) in die Spalte B eingeben, so werden die Zellinhalte der Spalte A nicht mehr vollständig angezeigt.

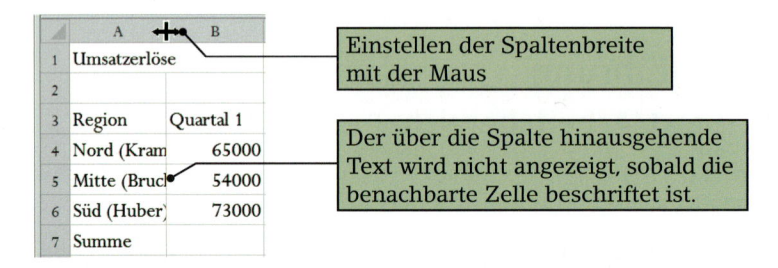

	A	B
1	Umsatzerlöse	
2		
3	Region	Quartal 1
4	Nord (Kram	65000
5	Mitte (Bruc	54000
6	Süd (Huber)	73000
7	Summe	

Einstellen der Spaltenbreite mit der Maus

Der über die Spalte hinausgehende Text wird nicht angezeigt, sobald die benachbarte Zelle beschriftet ist.

Um die Zellinhalte wieder vollständig auf dem Tabellenblatt anzeigen zu lassen, bewegen Sie den Mauszeiger zwischen die Spaltenköpfe A und B und ziehen mit der Maus den Spaltenrand so weit nach rechts, bis auch der breiteste Zellinhalt vollständig in die Zelle passt (Breite: 13,57). Alternativ können Sie mit einem Doppelklick zwischen die Spaltenköpfe die Breite vom Programm optimieren lassen.

Aufgabe Ändern Sie den Inhalt der Zelle A1 in „regionale Umsatzerlöse".

Maus:	1. Klicken Sie auf die Zelle A1 und betätigen Sie die [Entf]-Taste. Der Zellinhalt wird gelöscht und Sie können den Inhalt eingeben (komplette Neueingabe).
	2. Klicken Sie auf die Zelle A1 und schreiben Sie den Inhalt neu. Der alte Zellinhalt wird dabei gelöscht (vollständige Neueingabe).
	3. Klicken Sie auf die Zelle A1 und anschließend auf das Bearbeitungsfenster. Der vorhandene Zellinhalt kann ergänzt werden.
	4. Doppelklicken Sie auf die Zelle und ergänzen Sie den Zellinhalt (empfohlen).
Tastatur:	Steuern Sie mit den Pfeiltasten (oder [Pos1]) die Zelle A1 an und betätigen Sie die [F2]-Taste. Der vorhandene Zellinhalt kann ergänzt werden.

Tabellenkalkulation mit MS-Excel

Links neben der Bearbeitungsleiste werden ein Kreuz und ein Haken angezeigt, die Sie jeweils mit der Maus anklicken können.

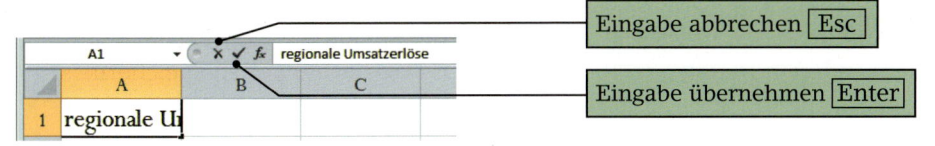

Eingabe abbrechen `Esc`

Eingabe übernehmen `Enter`

4.1.3 Speichern/Ordnungssystem

Aufgaben
1. Benennen Sie die Tabelle 1 bis 4 entsprechend der Abbildung um in „regional; ausgew. Artikelgr.; Umsatzentwicklung; Provision".
2. Speichern Sie die Arbeitsmappe unter dem Dateinamen *Umsatz*.

Das Ordnungssystem in Excel besteht aus Arbeitsmappen, die jeweils mehrere Tabellenblätter besitzen. Die Tabellenblätter lassen sich durch Anklicken der Register (Tabelle1, Tabelle2, …) aktivieren. Mithilfe der Laufpfeile können Sie sich in der Arbeitsmappe zwischen den angelegten Registern bewegen.

Arbeitsmappen und Tabellenblätter sollten statt der Standardbenennungen sinnvolle Namen erhalten, um das Wiederfinden zu erleichtern. Klicken Sie zum Umbenennen eines Tabellenblattes doppelt auf das entsprechende Register.

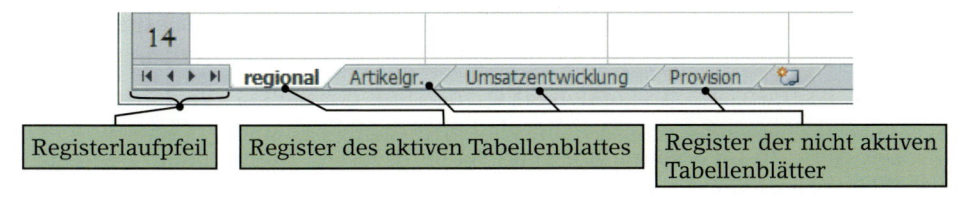

Registerlaufpfeil | Register des aktiven Tabellenblattes | Register der nicht aktiven Tabellenblätter

Wenn Sie Excel starten, so wird automatisch eine erste Arbeitsmappe geöffnet, die Sie bearbeiten und schließlich unter einem Dateinamen mit der Erweiterung **.xlsx** speichern können.

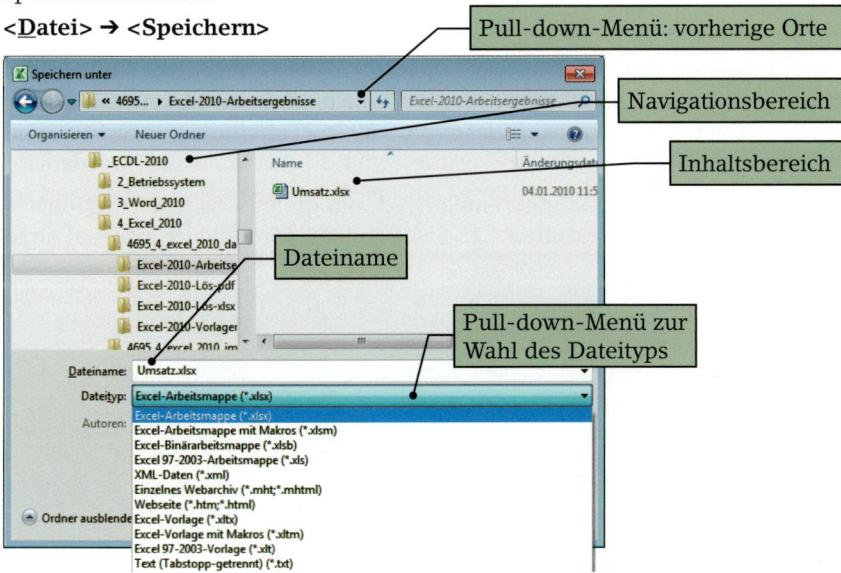

<u>D</u>atei> → <Speichern>

Pull-down-Menü: vorherige Orte

Navigationsbereich

Inhaltsbereich

Dateiname

Pull-down-Menü zur Wahl des Dateityps

Damit erhält jede Arbeitsmappe, sobald sie gespeichert ist, einen eigenen Dateinamen. Wenn Sie für ein Programm mit einem anderen Format speichern wollen, weil die Datei z. B. auf einem anderen Computer geöffnet werden soll, auf dem eine ältere Version von Excel installiert ist, können Sie die Arbeitsmappe unter einem anderem Dateityp (z. B. Excel 97-2003-Arbeitsmappe.xls) speichern.

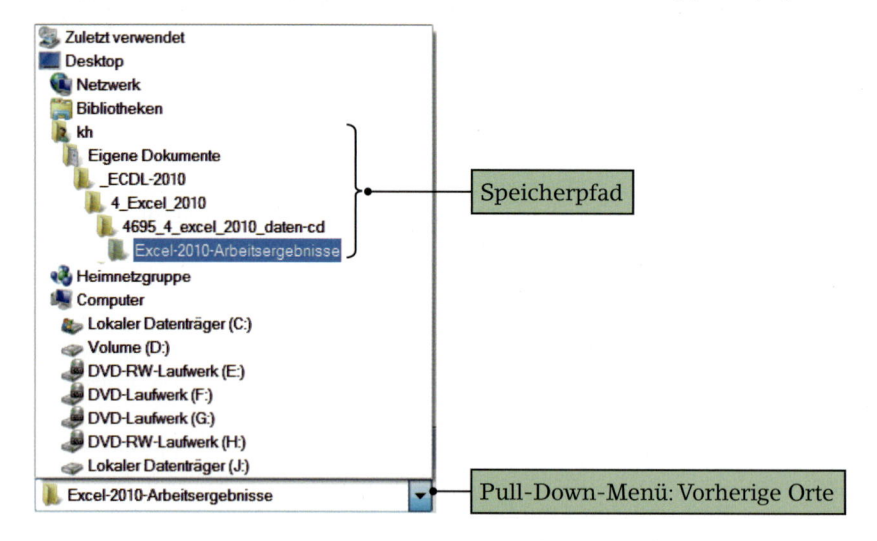

Der Befehl **<Speichern unter>** ist zu verwenden, um einer bereits gespeicherten Arbeitsmappe einen neuen Dateinamen, Speicherort oder Dateityp zuzuweisen.

Zur Wahl des Speicherortes können Sie auf den Pull-down-Pfeil **<Vorherige Orte>** klicken und bekommen den Speicherpfad angezeigt. Dort können Sie sich in der Struktur aufwärts zu höheren Speicherebenen bewegen. Unterordner lassen sich sowohl im Navigations- als auch im Inhaltsbereich anwählen.

Falls Sie eine überarbeitete Version einer Arbeitsmappe speichern möchten, sollten Sie die erste Version nicht überschreiben, sondern im Eingabefeld **<Dateiname>** einen Index (z. B. Umsatz-2) anhängen und damit als neue Arbeitsmappe speichern. Sie können dann jederzeit auf die früheren Versionen zurückgreifen.

Will man z. B. Adressen, die in einer Excel-Tabelle gespeichert sind, in einem anderen Programm verwenden, kann es erforderlich sein, die Tabelle als reine Textdatei zu speichern. Wählen Sie hierfür den Dateityp **<Text (Tabstopp getrennt)>**. Die Datei erhält dann die Dateinamenerweiterung *.txt* und kann importiert werden.

Wollen Sie eine neue Arbeitsmappe erstellen, so wählen Sie **<Datei>** → **<Neu>** → **<Leere Arbeitsmappe>** → **<Erstellen>**. Es erscheint auf dem Bildschirm eine neue Arbeitsmappe *(Mappe2)*.

Shortcuts	Öffnen einer neuen Arbeitsmappe:	Strg + N
	Öffnen einer gespeicherten Arbeitsmappe:	Strg + O
	Speichern einer Arbeitsmappe:	Strg + S
	Wechsel zwischen geöffneten Arbeitsmappen:	Alt + Tab
	Schließen einer Arbeitsmappe:	Strg + F4
	Beenden des Programms:	Alt + F4

Tabellenkalkulation mit MS-Excel

Basisoptionen

Wenn Sie bei einem neuen Dokument den Befehl **<Speichern>** anklicken, so steuert Excel automatisch einen vorher festgelegten Speicherort an. Um sich die Arbeit zu erleichtern, können Sie diesen Standardspeicherort für Dateien ändern:

<Datei> → <Optionen> → <Speichern>

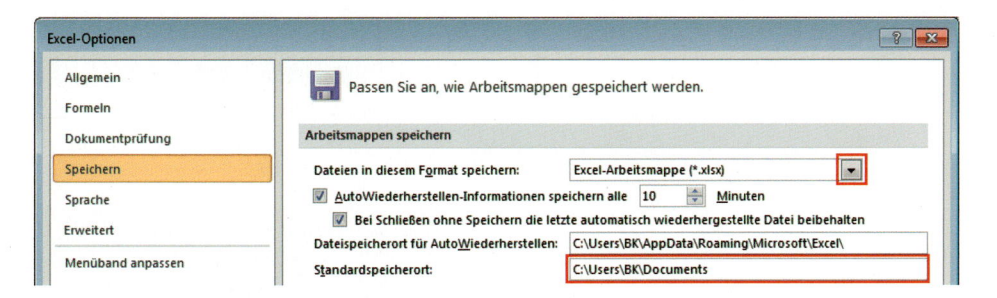

Es wird ein Dialogfenster geöffnet, in dem Sie den Standardspeicherort neu festlegen können. Hier lässt sich auch das Standardspeicherformat bestimmen. Wenn Sie z. B. die von Ihnen gespeicherten Dateien häufig auf einem anderen Computer aufrufen möchten, auf dem Excel nur in der Version 2003 zur Verfügung steht, so können Sie hier als Standardformat *Excel 97-2003-Dokument (*.xls)* wählen.

Jede Excel-Datei, die Sie speichern, enthält als Benutzerinformation den Namen des Autors. Sie können über den Befehl **<Datei> → <Informationen>** diese Daten einsehen und weitere Angaben zu den Dokumenteigenschaften hinzufügen.

Aufgaben

1. Legen Sie einen neuen Ordner *4_Excel* an und wählen Sie anschließend diesen Ordner als Standard-Speicherort für Excel-Dateien.

2. Öffnen Sie drei neue Arbeitsmappen und speichern Sie sie unter den Dateinamen *Statistik 11, Statistik 12* und *Statistik 13* in einem neu einzurichtenden Ordner *Arbeitsergebnisse*.

3. Richten Sie die Arbeitsmappen so ein, dass sie jeweils die Tabellenblätter „Quartal 1–4" enthalten.

Tabellenblätter können über das Tabellenregister mit der Tastenkombination [Alt] + [F11] eingefügt werden.

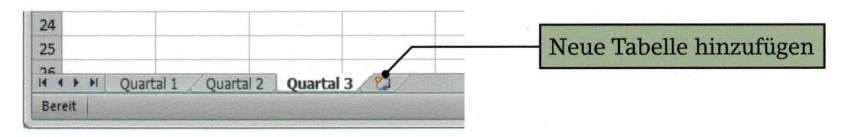

Das neue Tabellenblatt erhält die fortlaufende Nummerierung und wird am Ende eingefügt. Sie können Tabellenblätter löschen, aus- und einblenden, umbenennen, verschieben, kopieren und einfügen, indem Sie mit der rechten Maustaste auf das Register klicken und im Kontextmenü den entsprechenden Befehl wählen. Zum Einfügen und Löschen mehrerer Blätter halten Sie vor Eingabe des Befehls die Strg -Taste gedrückt und wählen die gewünschten Tabellenblätter aus..

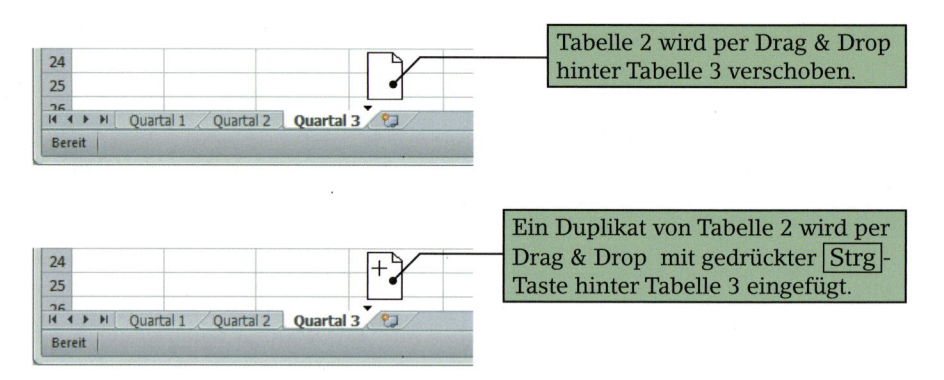

> Tabelle 2 wird per Drag & Drop hinter Tabelle 3 verschoben.

> Ein Duplikat von Tabelle 2 wird per Drag & Drop mit gedrückter Strg - Taste hinter Tabelle 3 eingefügt.

4.1.4 Rückgängig

Die letzten 100 eingegebenen Befehle lassen sich in Excel rückgängig machen und rückgängig gemachte Befehle wiederherstellen. Die Pull-down-Pfeile neben den Schaltflächen listen die entsprechenden Befehle auf.

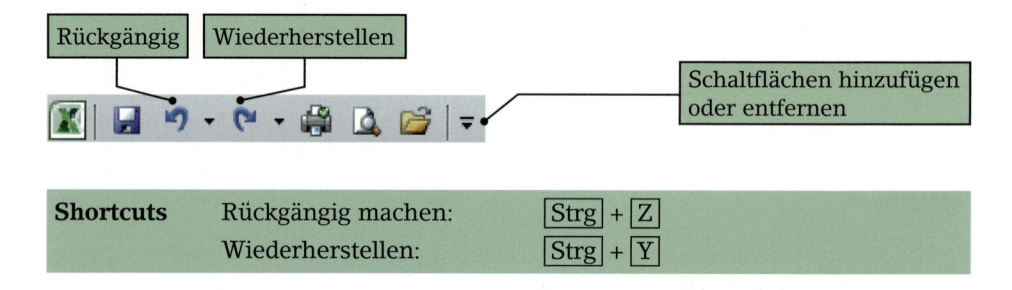

Rückgängig | Wiederherstellen

Schaltflächen hinzufügen oder entfernen

Shortcuts	Rückgängig machen:	Strg + Z
	Wiederherstellen:	Strg + Y

4.1.5 Symbolleiste für den Schnellzugriff

Situation Kerstin möchte in Zukunft mit einem Mausklick das Dialogfenster <Datei Öffnen> einblenden können.

Aufgabe Binden Sie die Symbole <Öffnen> und <Neu> in die <Symbolleiste für den Schnellzugriff> ein.

Tabellenkalkulation mit MS-Excel

Einführung Excel

[Screenshot: Symbolleiste für den Schnellzugriff anpassen mit Pull-down-Menü]

- Pull-down-Menü für die Anpassung der Symbolleiste
- Symbolleiste für den Schnellzugriff
- Hier können Sie aus sämtlichen zur Verfügung stehenden Befehlen auswählen.

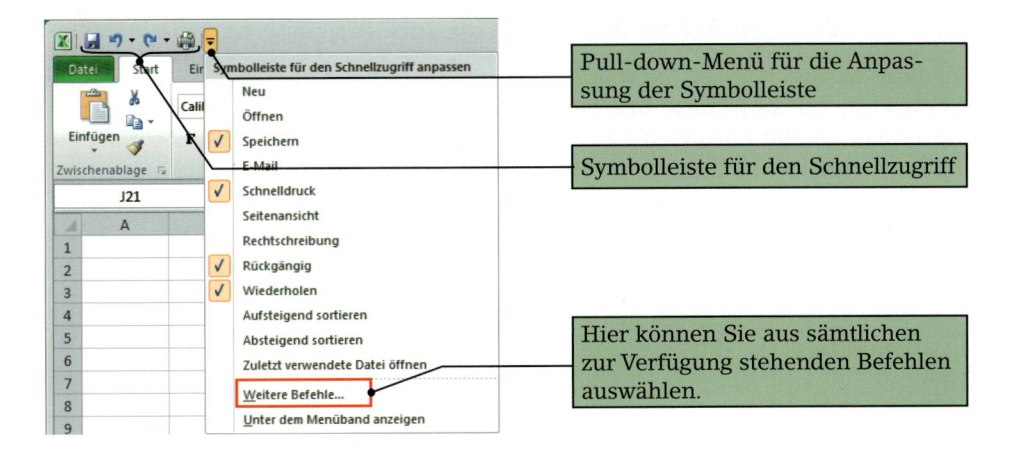

Wollen Sie der Schnellzugriffleiste einen Befehl hinzufügen, der nicht im Pull-down-Menü aufgelistet ist, so wechseln Sie auf das Register **<Weitere Befehle>** und erhalten ein Dialogfenster mit der Auswahl sämtlicher zur Verfügung stehender Befehle.

Mit einem Rechtsklick auf das Menüband erhalten Sie ein Kontextmenü mit Befehlen zum Minimieren oder Anpassen des Menübandes. Beim Minimieren wird das Menüband ausgeblendet und es erscheint nur bei einem Klick auf ein Register. Mit dem Befehl **<Menüband anpassen>** können Sie Befehle, Befehlsgruppen und Register hinzufügen oder entfernen.

[Screenshot: Menüband mit Kontextmenü]

4.1.6 Rechnen mit Excel

Situation Kerstin liegen die Umsatzerlöse des gesamten letzten Jahres vor. Sie will die Gesamtumsätze der einzelnen Quartale berechnen.

Aufgabe Übernehmen Sie die nachfolgende Tabelle. Berechnen Sie die Gesamtumsätze der Quartale in der Zeile 7 mit den folgenden Methoden.

Manuelle Eingabe der Funktion

Die Berechnungen lassen Sie vom Programm in der Weise durchführen, dass Sie in die Zelle, in der die Summe angezeigt werden soll, eine Funktion eingeben. Damit das Programm die Eingabe als Funktion erkennt und nicht als Text, beginnen Sie mit einem Gleichheitszeichen oder klicken auf das Gleichheitszeichen neben der Bearbeitungsleiste.

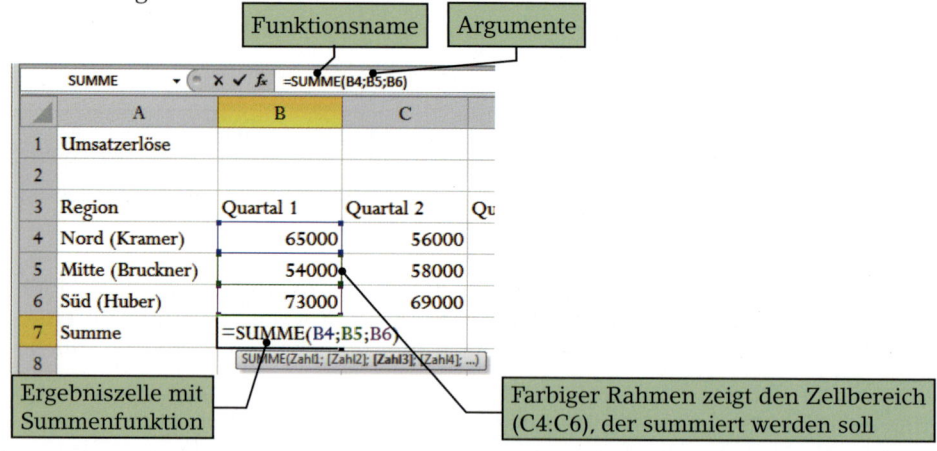

	A	B	C
1	Umsatzerlöse		
2			
3	Region	Quartal 1	Quartal 2
4	Nord (Kramer)	65000	56000
5	Mitte (Bruckner)	54000	58000
6	Süd (Huber)	73000	69000
7	Summe	=SUMME(B4;B5;B6)	

- Funktionsname, Argumente: =SUMME(B4;B5;B6)
- Ergebniszelle mit Summenfunktion
- Farbiger Rahmen zeigt den Zellbereich (C4:C6), der summiert werden soll

Schreiben Sie in die Zelle B7 nach dem Ist-gleich-Zeichen den Funktionsnamen „Summe" und anschließend in Klammern die durch Semikolon getrennten Argumente (B4;B5;B6), aus denen die Summe gebildet werden soll. Bereich B4 bis B6 kann auch als ein Argument eingegeben werden, indem man B4 und B6 mit einen Doppelpunkt verknüpft. Der Doppelpunkt steht hier für die Festlegung eines Bereiches von B4 bis B6.

Schaltfläche <Summe>

Die Summe des dritten Quartals berechnen Sie, indem Sie auf die Zelle D7 und dann im Register auf <Start> → <Bearbeiten> → <Summe> klicken. Das Programm schlägt an dieser Stelle die Funktion zur Berechnung der Summe der Zellen D4 bis D6 vor. Wenn Sie anschließend mit der Enter -Taste bestätigen, erscheint das Ergebnis. Klicken Sie erneut auf die Zelle D7, so wird Ihnen in der Bearbeitungsleiste der Zellinhalt = SUMME(D4:D6) angezeigt.

Funktionsassistent

Setzen Sie den Cursor in die Zelle, in der das Ergebnis einer Berechnung angezeigt werden soll (z. B. E7). Um das Dialogfenster <Funktion einfügen> zu starten, klicken Sie auf die entsprechende Schaltfläche neben der Bearbeitungsleiste. Geben Sie anschließend unter <Funktion suchen> den Suchbegriff „Addieren" ein. Das Programm schlägt diverse Summenfunktionen vor und gibt eine kurze Erklärung der Funktion. Für eine ausführlichere Erklärung mit Beispielaufgabe klicken Sie auf <Hilfe für diese Funktion>.

Tabellenkalkulation mit MS-Excel

Wählen Sie die gewünschte Funktion mit einem Doppelklick aus und Sie erhalten ein Dialogfenster zur Eingabe der Funktionsargumente. Das Programm schlägt einen Bereich zum Summieren vor (E4 bis E6). Klicken Sie auf **<OK>**, so wird die Berechnung ausgeführt. Wenn Ihnen das Dialogfenster die Sicht auf das Tabellenblatt versperrt, so können Sie die Formelpalette mit der Maus verschieben oder diese mit einem Klick auf die Schaltfläche **<Dialog reduzieren>** auf das Eingabefeld reduzieren.

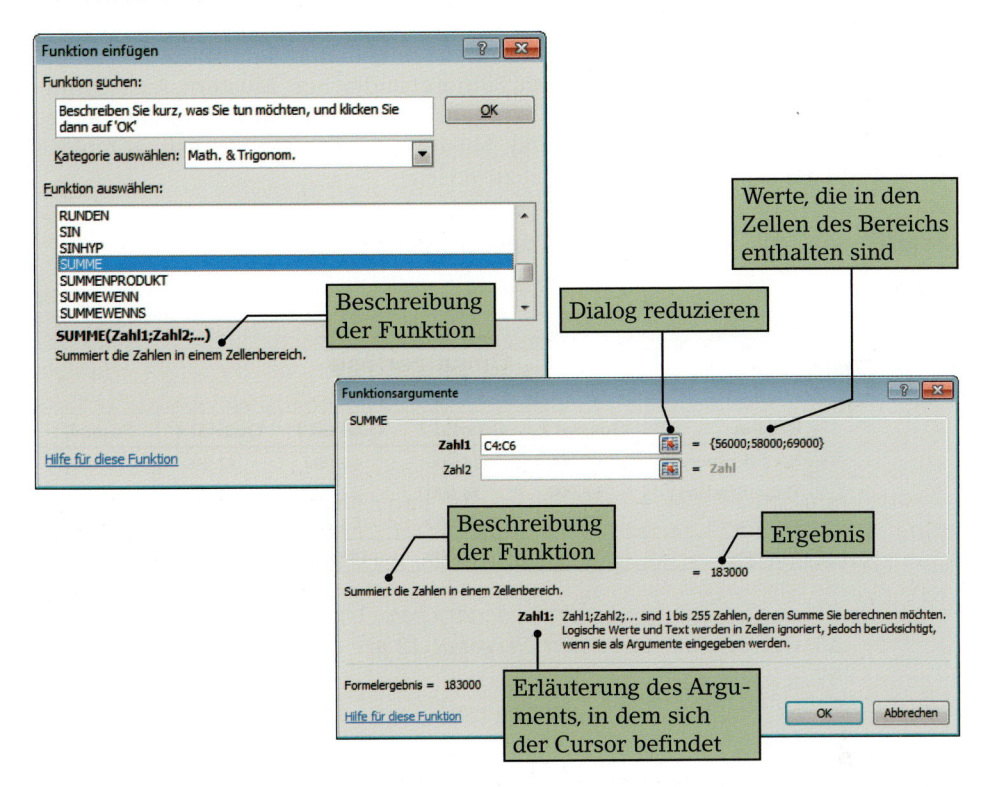

Aufgaben

1. Berechnen Sie in der Spalte F die Summen der drei Regionen und die Gesamtsumme nach den oben gezeigten Methoden.
2. Übernehmen Sie die unten stehende Tabelle auf das zweite Tabellenblatt in der Arbeitsmappe „Umsatz" und benennen Sie das Tabellenblatt „ausgew. Artikelgr.". Berechnen Sie die Umsatzsummen unter Anwendung der verschiedenen Berechnungsmethoden.

	A	B	C	D	E	F
1	Umsatzerlöse ausgewählter Artikelgruppen					
2						
3	Artikelgr.	Motivkarten	Kalender	Blanko-Etik.	Poster	Summe
4	Quartal 1	1268	1204	2102	2148	
5	Quartal 2	1802	0	960	2451	
6	Quartal 3	1560	0	1205	2130	
7	Quartal 4	2043	5436	1096	3403	
8	Summe					

4.2 Formatieren

4.2.1 Formatieren mit der Symbolleiste

Situation Kerstin soll die Tabelle mit den Umsatzerlösen für eine Präsentation aufbereiten. Sie nutzt dazu die Formatierungsmöglichkeiten unter Excel.

Die erstellten Tabellen können Sie mit unterschiedlichen Schriftarten, -größen, -farben und -attributen sowie Rahmen, Hintergrundfarben, Mustern, Ausrichtungen und Zahlenformaten optisch aufbereiten. Excel bietet darüber hinaus vorgefertigte Designs, Formatvorlagen und Mustervorlagen, um schnell komplexe Formatierungen mit wenigen Klicks zuzuweisen.

Aufgabe Weisen Sie der Tabelle das folgende Format zu.

	A	B	C	D	E	F
1	Umsatzerlöse					
2						
3	Region	Quartal 1	Quartal 2	Quartal 3	Quartal 4	Summe
4	Nord (Kramer)	65.000	56.000	54.000	52.000	227.000
5	Mitte (Bruckner)	54.000	58.000	62.000	65.000	239.000
6	Süd (Huber)	73.000	69.000	73.000	72.000	287.000
7	Summe	192.000	183.000	189.000	189.000	753.000

A1 .... *fett; unterstrichen; Arial Rounded MT; 14 pt*
A3 .... *fett; Perpetua, 12 pt*
A7 .... *fett*
B3–F3 .... *fett; zentriert*
Rahmung .... *s. o.*
Zahlen .... *Tausendertrennzeichen, keine Dezimalstellen*
Spaltenbreite B–F ... *11,29 (84 Pixel)*
A1–F1 .... *Zellen verbinden und zentrieren*

Schriftart und Schriftgrad

Mit den Schaltflächen im Register **<Start>** können Sie schnell und einfach Formatierungen zuweisen. Bewegen Sie den Cursor auf die Zelle A1 und klicken Sie in der Gruppe **<Schriftart>** auf den Pull-down-Pfeil für den Schriftgrad. Der Schriftgrad ist auf 14 pt zu vergrößern. Links daneben im Pull-down-Menü für Schriftarten wählen Sie **<Arial Rounded MT>** und unterhalb aktivieren Sie die Schaltflächen **<Fett>** und **<Unterstrichen>**.

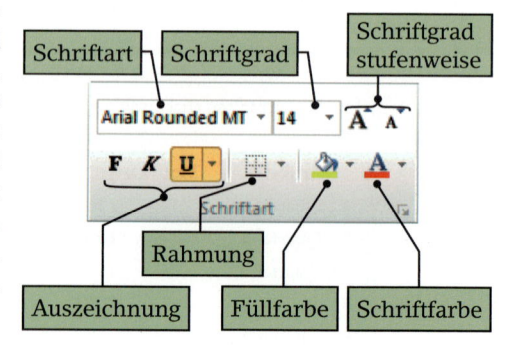

Tabellenkalkulation mit MS-Excel

Eine noch schnellere Möglichkeit Formate zuzuweisen, bietet Excel mit der Minisymbolleiste. Sie rufen diese Symbolleiste mit den wichtigsten Formatierungsbefehlen über die rechte Maustaste auf.

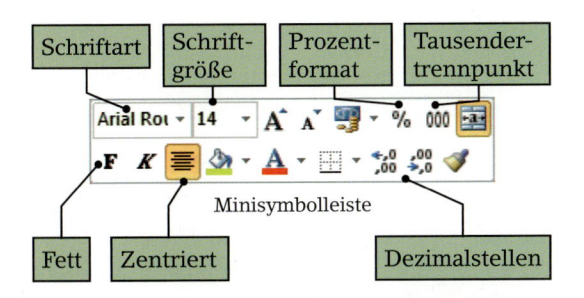

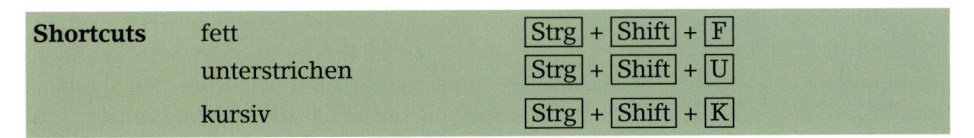

Schriftart — Schriftgröße — Prozentformat — Tausendertrennpunkt

Minisymbolleiste

Fett — Zentriert — Dezimalstellen

Shortcuts	fett	Strg + Shift + F
	unterstrichen	Strg + Shift + U
	kursiv	Strg + Shift + K

Rahmen

Rechts neben den Auszeichnungseinstellungen im Hauptregister **<Start>** befindet sich ein Pull-down-Pfeil für verschiedene Rahmen, die Sie durch Anklicken wählen können. Markieren Sie vorher den Bereich, den Sie einrahmen möchten.

Markieren

Eine der wichtigsten Funktionen beim Arbeiten mit Excel ist das Markieren. Alle Befehle, die mehrere Zellen betreffen (z. B. Formatierungen, Löschen, Verbinden, …), erfordern das vorherige Markieren der betroffenen Zellen.

Aktivieren Sie mit der Maus die Zelle B3, halten Sie die linke Taste oder die Shift-Taste gedrückt und ziehen Sie zur Zelle F3. Sie können jetzt für den markierten Bereich die Formatierung vornehmen, indem Sie auf die Schaltflächen **<Fett>** und **<Zentrieren>** klicken.

Wenn Sie die Zellen mit der Tastatur markieren wollen, aktivieren Sie die Zelle B3 mithilfe der Pfeil-Tasten. Halten Sie die Shift-Taste gedrückt, während Sie mit den Pfeil-Tasten markieren.

Wollen Sie mehrere nicht benachbarte Zellen markieren, so klicken Sie auf die jeweiligen Zellen und halten gleichzeitig die Strg-Taste gedrückt.

Shortcuts	Markieren des aktuellen Bereichs:	Strg + Shift + *
	Markieren der gesamten Spalte:	Strg + Leer
	Markieren der gesamten Zeile:	Strg + Leer
	Markieren des gesamten Tabellenblatts:	Strg + A

Zellen verbinden und ausrichten

Standardmäßig werden Texte in Excel linksbündig und Zahlen rechtsbündig ausgerichtet. Mit den Schaltflächen zur vertikalen und horizontalen Ausrichtung können Sie den Zellinhalt nach Ihren Wünschen positionieren.

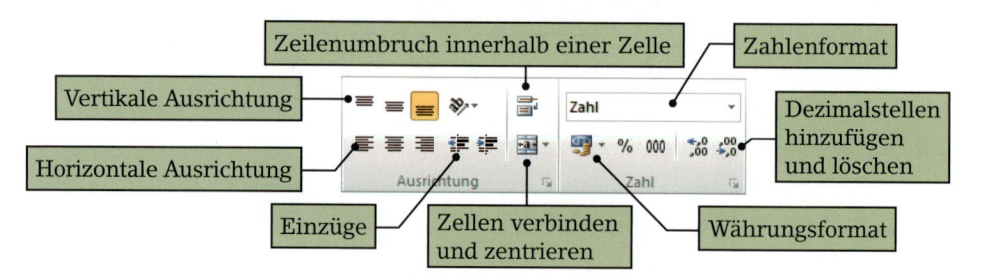

Bildbeschriftungen: Zeilenumbruch innerhalb einer Zelle · Zahlenformat · Vertikale Ausrichtung · Dezimalstellen hinzufügen und löschen · Horizontale Ausrichtung · Einzüge · Zellen verbinden und zentrieren · Währungsformat

Überschriften sollen meist nicht nur innerhalb einer Spalte, sondern über mehrere Spalten zentriert werden. Markieren Sie zunächst den Bereich, über den zentriert werden soll (A1–F1), und klicken Sie dann auf die Schaltfläche **<Verbinden und Zentrieren>**. Excel verbindet dann die markierten Zellen zu einer Zelle und zentriert den Inhalt. Mit einem erneuten Klick auf diese Schaltfläche trennen Sie die Zellen wieder.

4.2.2 Formatvorlagen

Aufgaben
1. Weisen Sie dem Tabellenblatt „Artikelgr." in der Arbeitsmappe „Umsatz" Formatvorlagen (s. Abb.) zu.
2. Ändern Sie die Zellenformatvorlagen **<Akzent 40%>**, indem Sie die Auszeichnung **<Fett>** zuweisen.

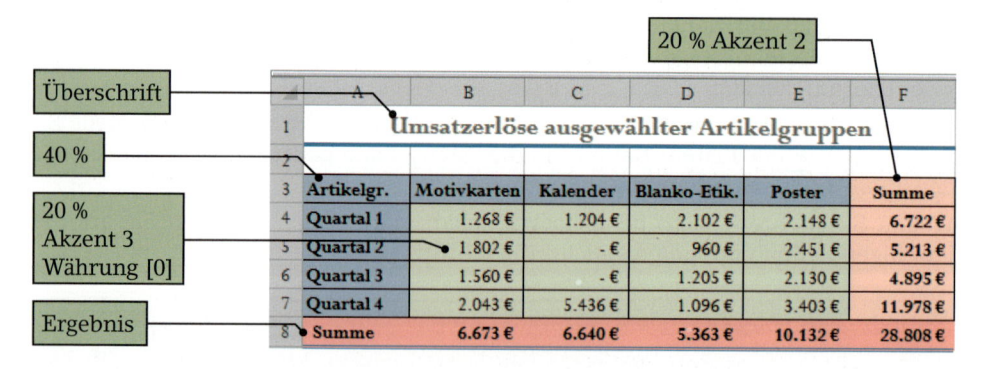

Bildbeschriftungen: Überschrift · 40 % · 20 % Akzent 3 Währung [0] · Ergebnis · 20 % Akzent 2

	A	B	C	D	E	F
1		Umsatzerlöse ausgewählter Artikelgruppen				
2						
3	Artikelgr.	Motivkarten	Kalender	Blanko-Etik.	Poster	Summe
4	Quartal 1	1.268 €	1.204 €	2.102 €	2.148 €	6.722 €
5	Quartal 2	1.802 €	- €	960 €	2.451 €	5.213 €
6	Quartal 3	1.560 €	- €	1.205 €	2.130 €	4.895 €
7	Quartal 4	2.043 €	5.436 €	1.096 €	3.403 €	11.978 €
8	Summe	6.673 €	6.640 €	5.363 €	10.132 €	28.808 €

Eine sehr komfortable Methode der Formatierung eines Zellenbereichs bieten Formatvorlagen, mit denen jeweils mehrere Formatierungsmerkmale in einem Schritt zugewiesen werden können. Ein weiterer Vorteil besteht darin, dass Änderungen, die Sie an einer Formatvorlage vornehmen, automatisch von allen Zellen, die mit dieser Vorlage formatiert sind, übernommen werden.

Zum Zuweisen von Formatvorlagen wählen Sie:

<Start> → <Formatvorlagen> → <Zellenformatvorlagen>

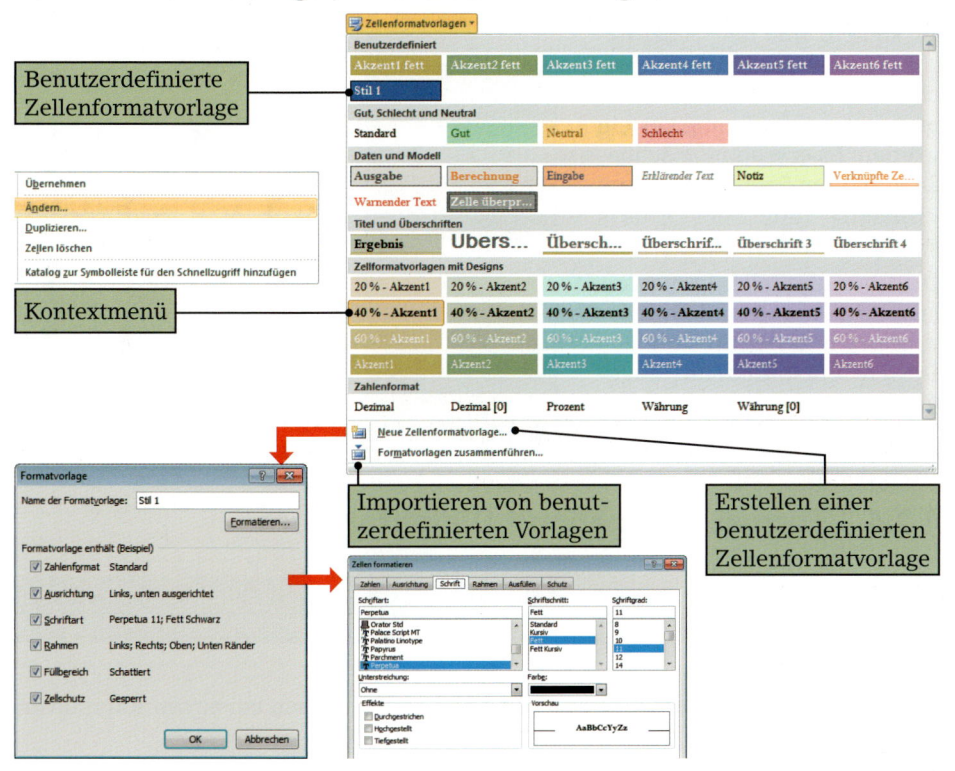

- Benutzerdefinierte Zellenformatvorlage
- Kontextmenü
- Importieren von benutzerdefinierten Vorlagen
- Erstellen einer benutzerdefinierten Zellenformatvorlage

4.2.3 Design

Aufgabe Weisen Sie der Arbeitsmappe ein benutzerdefiniertes Design zu.
Designfarbe   Ananka
Designschriftart Dactylos
Designeffekt   Deimos
Sichern Sie die Zusammenstellung unter dem Designnamen *Modern*.

Unter einem Design versteht man eine Kombination aus **zwei Schriftarten** (Überschrift und Textkörper), einer **Farbpalette** mit diversen zueinander passenden Farben und einer Kombination bestimmter **Effekte,** die sich beispielsweise auf das Aussehen gezeichneter Objekte auswirken.

Die Designeinstellung wirkt sich auf die gesamte Arbeitsmappe aus, das bedeutet, dass Einstellungsänderungen in einer Tabelle alle Tabellen derselben Arbeitsmappe betreffen. Standardmäßig ist das Design <**Larissa**> zugewiesen. Um ein anderes Design auszuwählen, geben Sie folgenden Befehl ein:

<Seitenlayout> → <Designs> → <Designs>

Um einen eigenen Designmix zusammenzustellen, wählen Sie rechts neben der Schaltfläche für Designs für die Farben-, Schriftarten- und Effektauswahl die passenden Kombinationen aus.

Formatieren

Die eigene Zusammenstellung kann, um auch in anderen Arbeitsmappen zur Verfügung zu stehen, mit der Schaltfläche **<Aktuelles Design speichern>** für weitere Arbeitsmappen zur Verfügung gestellt werden. Es erscheint anschließend in dem Pull-down-Menü **<Design>** unter der Rubrik **<Benutzerdefiniert>**.

- Benutzerdefiniertes Design
- Standarddesign in Excel
- Speichern eines benutzerdefinierten Designs

Die über die Zellenformatvorlagen zugewiesenen Formatierungen werden dem jeweiligen Design entsprechend angepasst.

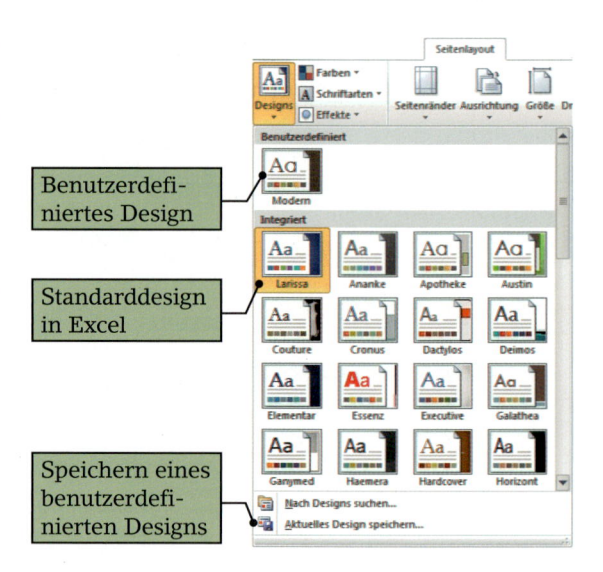

4.2.4 Formatierungen mit Dialogfenstern

Situation: Um die Kosten eines Darlehens zu berechnen, benötigt Kerstin die Höhe der Zinsen.

Aufgaben:
1. Ermitteln Sie die pro Jahr anfallenden Zinsen bei einem Kapital von 30.000,00 € und einem Zinssatz von 5 %.
2. Berechnen Sie die Anzahl der Tage vom 12.02.2011 bis zum 30.11.2011 und die für diesen Zeitraum anfallenden Zinsen. Formatieren Sie entsprechend der Vorlage. Benennen Sie das Arbeitsblatt „Darlehenszinsen" und speichern Sie es unter dem Dateinamen *Zinsrechnung*.

Benutzerdefinierte Formate

Nicht alle Formatierungen sind vorgefertigt abrufbar. Sie haben aber die Möglichkeit, eigene Formatierungen festzulegen. Im Register **<Start>** befinden sich die Befehlsgruppen **<Schriftart>**, **<Ausrichtung>** und **<Zahl>** mit jeweils einem kleinen Pfeil als Schaltfläche zum Aufrufen des Dialogfensters **<Zellen formatieren>**. Alternativ können Sie das Dialogfenster über das Kontextmenü (rechte Maustaste) aufrufen.

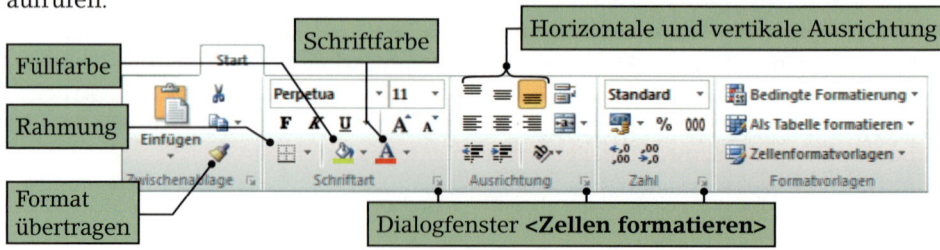

- Füllfarbe
- Rahmung
- Format übertragen
- Schriftfarbe
- Horizontale und vertikale Ausrichtung
- Dialogfenster **<Zellen formatieren>**

Tabellenkalkulation mit MS-Excel

Schrift:

Das Register Schrift bietet diverse Einstellungen für die Schriftformatierung. Die Aktivierung des Optionsfeldes **<Standardschrift>** bewirkt, dass die Standardeinstellungen des aktuellen Designs für die Schrift geladen werden.

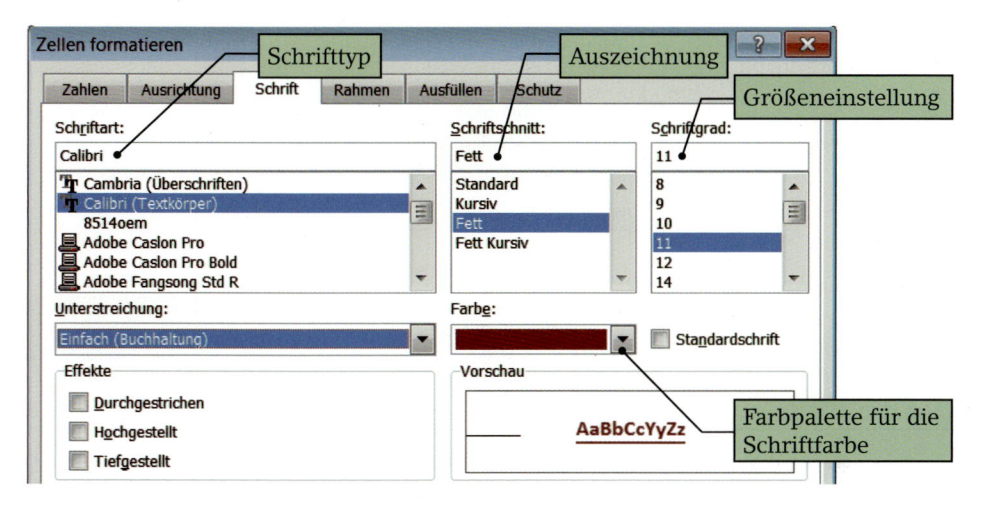

Schrifttyp — Auszeichnung — Größeneinstellung — Farbpalette für die Schriftfarbe

Ausfüllen:

Farben, Muster und Effekte für den Zellhintergrund kann man im Register **<Ausfüllen>** wählen.

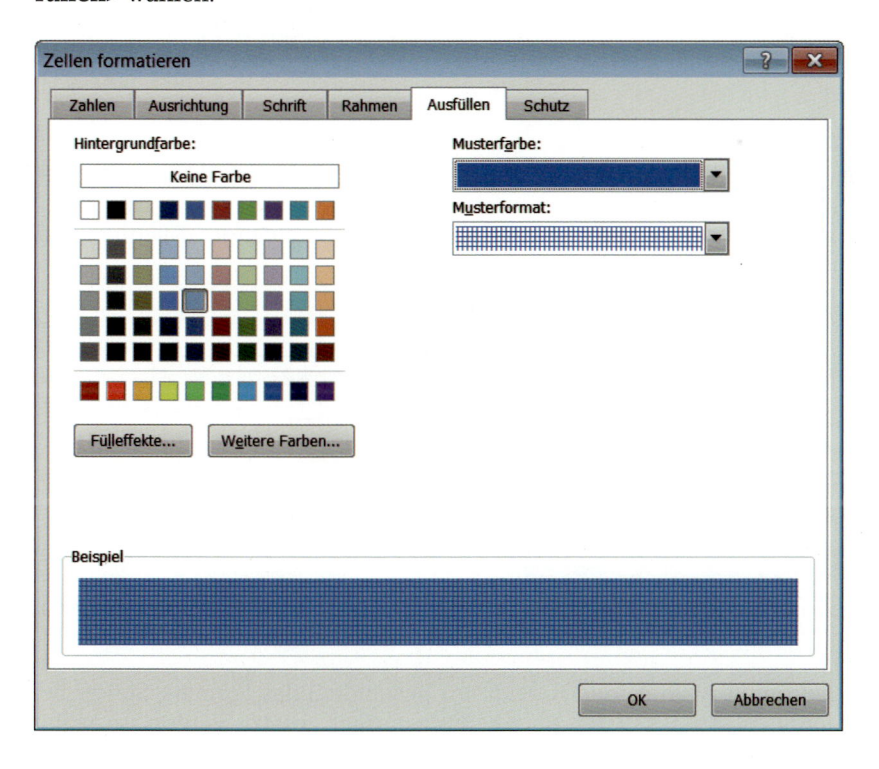

Ausrichtung:

In diesem Register gibt es diverse Ausrichtungsoptionen für den Zellinhalt. Wenn man z. B. eine schmale Spalte mit einer Überschrift versehen will, kann man den Inhalt der Überschriftenzelle an die Zellgröße anpassen, ihn mit einem Zeilenumbruch schmaler gestalten oder mit einer Textneigung die Breite minimieren.

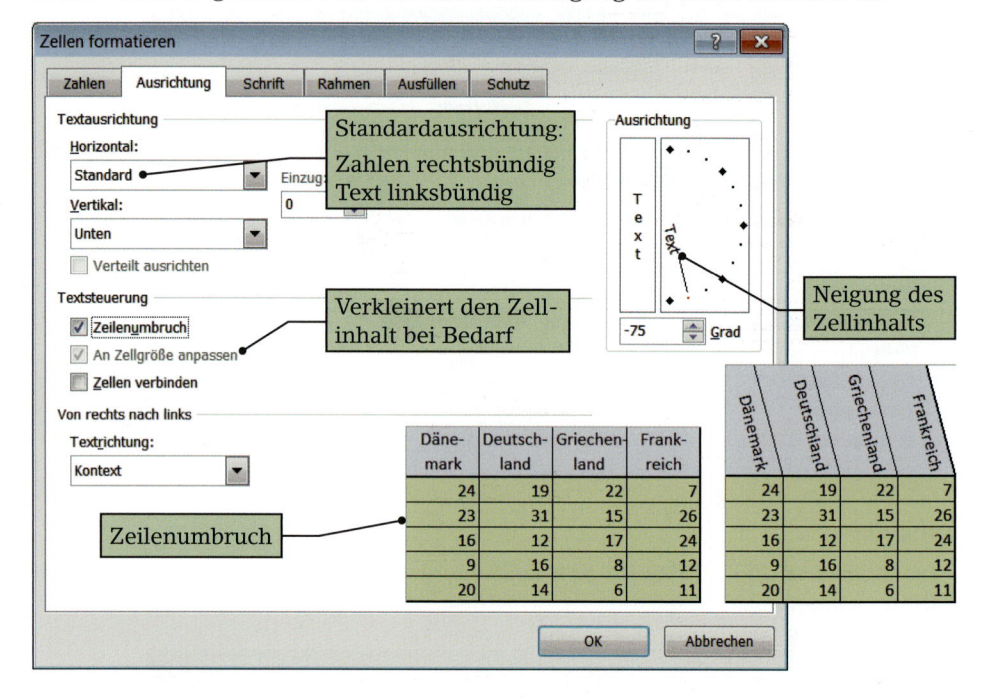

Register <Zahlen>:

Die Zahlenkategorien „Buchhaltung" und „Währung" sind sehr ähnlich. Bei der Kategorie „Währung" haben Sie zusätzlich die Möglichkeit, negative Zahlen rot darzustellen und diverse Währungen einzustellen. Die Kategorie „Buchhaltung" bewirkt einen leichten Einzug nach links.

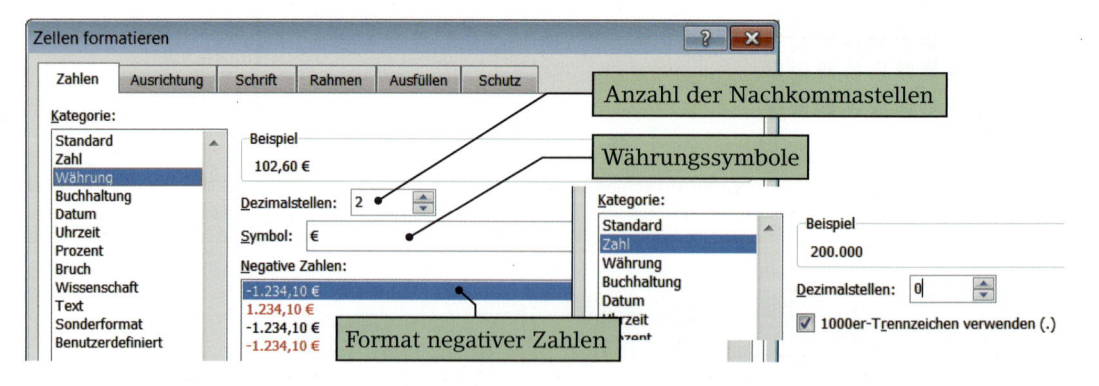

Der Tausenderpunkt ist in beiden Kategorien Bestandteil des Formats. Soll er bei einer Zahl ohne Währungs- oder Buchhaltungsformat gesetzt werden, so wählt man **<Zahl> → <☑ 1000er-Trennzeichen verwenden (.)>**.

Tabellenkalkulation mit MS-Excel

Prozentformatierung: Die Formel für die Berechnung der Jahreszinsen lautet normalerweise: Zinssatz/100 · Kapital

Da Excel bei der Prozentformatierung nicht nur das Prozentzeichen ergänzt, sondern zusätzlich die eingegebene Zahl intern durch 100 teilt, steht in der Zelle B3 tatsächlich nicht die 5, sondern 5/100 = 0,05. Die einzusetzende Formel bei der Zinsberechnung vereinfacht sich, weil die Division durch 100 entfällt: B3 · B4.

Im Register **<Zahl>** befinden sich unter der Kategorie **<Datum>** die unterschiedlichsten Einstellungen für das Datumsformat. Bei der Datumsformatierung steht **M** für Monate, **J** für Jahre und **T** für Tage. Darüber hinaus können Formatierungen auch **<Benutzerdefiniert>** eingegeben werden. Wollen Sie z. B. Tage als Benennung für eine Zahl festlegen, so müssen Sie, da Excel nur die gängigsten Einheiten zur Auswahl bereitstellt, „Tage" als Text eingeben, indem Sie Anführungsstriche setzen.

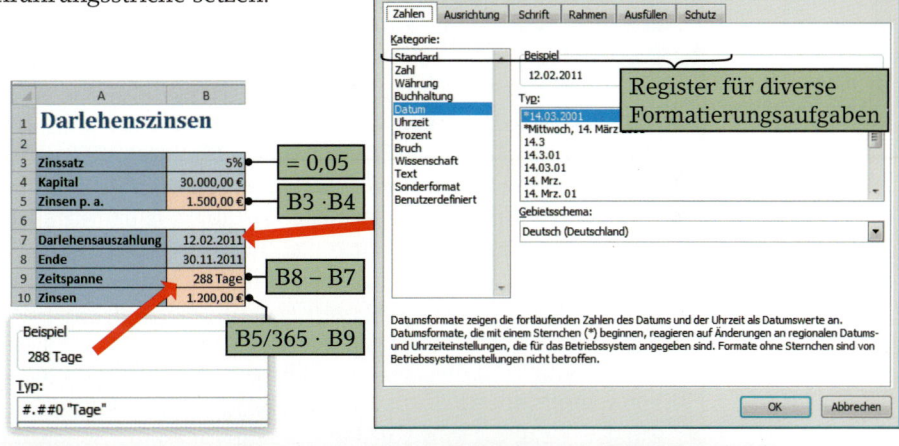

Symbol	Bedeutung	Symbol	Bedeutung
,	Dezimalkomma	T	Anzahl der Stellen für Tagesangabe
.	Tausendertrennpunkt	M	Anzahl der Stellen für Monatsangabe
0	Ziffer wird angezeigt (0, wenn nicht vorhanden)	J	Anzahl der Stellen für Jahresangabe
#	Ziffer wird nur angezeigt, wenn vorhanden	mm:ss	Minuten und Sekunden
„"	Damit Excel trotz der Angabe einer Einheit mit Zellinhalten rechnen kann, muss Text in Anführungszeichen gesetzt werden.	%	Multipliziert den Wert mit 100 und fügt das Zeichen „%" an

Hinweis: Das Hinzufügen von Einheiten zu Zahlen sollte grundsätzlich über die Formatierung erfolgen, da Excel andernfalls die gesamte Zelleingabe als Text interpretiert, mit der Folge, dass die Zahl in Formeln nicht verwendet werden kann (Fehlermeldung: #WERT!).

Übertragung von Formatierungen

Formatierungen sollten grundsätzlich immer als letzte Arbeit vorgenommen werden, da sich bei der Entwicklung einer Tabelle immer wieder Änderungen ergeben, die bereits vorgenommene Formatierungen zunichtemachen würden. Es erleichtert die Arbeit dabei sehr, wenn Sie nicht jede Formatierung neu eingeben müssen, sondern auf bereits formatierte Zellen oder Bereiche zurückgreifen können.

Positionieren Sie den Cursor auf eine fertig formatierte Zelle und klicken Sie anschließend auf die Schaltfläche **<Format übertragen>**. Das Format kann jetzt einmalig auf eine Zielzelle oder einen Zielbereich übertragen werden.

Wollen Sie ein Format auf mehrere Zellen übertragen, die nicht nebeneinanderliegen, so erreichen Sie mit einem Doppelklick auf die Schaltfläche **<Format übertragen>**, dass Sie mehrmals Zielzellen oder Zielbereiche anwählen können. Der Übertragungsmodus wird durch erneutes Anklicken der Schaltfläche beendet.

Zusammenfassung

- Formatierungen können im schnellen Zugriff mit einem Mausklick auf die Schaltflächen im Menüband vorgenommen werden.
- Für häufig benutzte Befehle sollte man sich Shortcuts merken, mit denen man schneller formatieren kann als per Mausklick.
- Das Dialogfenster **<Zellen formatieren>** ist über das Kontextmenü aufrufbar und ermöglicht differenzierte Formatierungen.
- Die Schaltfläche **<Design>** ermöglicht die Zuweisung diverser Kombinationen von Farben, Schriftarten und Effekten.
- Über den Befehl **<Zellenformatvorlagen>** erhält man fertige Formatvorlagen in einer Vorschlagsliste. Die unterschiedlichen Formatzuweisungen passen sich dem eingestellten Design an.
- Benennungen, wie z. B. Tage, km, Stück, …, können nicht direkt in die Zellen eingegeben werden, da Excel die Zelle als Textformat erkennen würde und keine Berechnungen durchführen könnte. Deshalb müssen nicht standardmäßig zur Verfügung stehende Benennungen über die benutzerdefinierte Formatierung zugewiesen werden.
- Zur Übertragung von Formaten benutzt man die Schaltfläche **<Format übertragen>**.

Aufgaben

1. Beantworten Sie die folgenden Fragen.
   a) Wie markiert man mehrere Zellen mithilfe der Tastatur?
   b) Wie markiert man mehrere Zellen, die nicht nebeneinander liegen, mit der Maus?
   c) Welchen Vorteil hat die Formatierung über **<Zellenformatvorlagen>**?
   d) Wie erstellt man ein eigenes Design?
   e) Wie zentriert man über mehrere Spalten?

2. Erstellen Sie die abgebildete Tabelle *Verzugszinsen* in der Arbeitsmappe *Zinsrechnung* und importieren Sie die Zellenformatvorlage aus der Arbeitsmappe *Umsatz*.

	A	B			
1	Verzugszinsen				
2					
3	Zinssatz	7%			
4	Berechnungsdatum	12.12.2010			
5					
6	Auftragsnummer	Rechnungsbetrag	Fälligkeit	Zeitraum	Zinsen
7	0613-0307	346,30 €	12.03.2010	270 Tage	18,18 €
8	0096-0407	4.680,20 €	03.04.2010	249 Tage	226,60 €
9	7130-0407	1.306,34 €	27.04.2010	225 Tage	57,15 €
10	2364-0607	7.321,65 €	10.06.2010	182 Tage	259,11 €
11	0964-0907	2.836,14 €	06.09.2010	96 Tage	52,94 €
12	0086-1107	963,52 €	01.11.2010	41 Tage	7,68 €
13	Summe	17.454,15 €			621,66 €
14	Gesamtforderung	18.075,81 €			

Formatierung als Text, um die führenden Nullen angezeigt zu bekommen.

Tabellenkalkulation mit MS-Excel

4.3 Kopieren und Verschieben

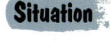

Situation: Kerstin soll die Umsatzentwicklung des letzten Quartals im Monatsvergleich für die Artikelgruppen in einer Tabelle berechnen.

Aufgaben:
1. Öffnen Sie die Datei *Umsatz* und benennen Sie ein freies Tabellenblatt um in „Umsatzentwicklung".
2. Geben Sie zunächst nur die Umsätze für Juli und die Artikelgruppen ein (s. Abb.).
3. Kopieren Sie die Zellen B3 und B4 in den Bereich C2 bis D3 und probieren Sie dabei die unterschiedlichen Kopierverfahren aus.

Kopieren mit der Maus

▶ Markieren Sie die Zellen B3 und B4.
▶ Bewegen Sie den Mauszeiger in die rechte untere Ecke der Markierung, bis sich das weiße Kreuz in ein schwarzes Kreuz verwandelt.
▶ Drücken Sie die linke Maustaste und ziehen Sie das Kreuz nach rechts, bis die vier benachbarten Zellen (C3 bis D4) umrandet sind.

	A	B
1	Umsatzentwicklung	
2		
3		Juli
4	Artikelgr.	Umsatz
5	1	41782
6	2	8817
7	3	15596
8	Summe	

Das Programm kopiert nicht nur die Zeichen, sondern es erkennt auch die Monatsangabe und trägt in die benachbarten Zellen die fortlaufenden Monate ein. Entsprechendes gilt auch für Datumsangaben. Wenn Sie z. B. eine Reihe mit zweimonatlichem Abstand erstellen möchten, so markieren Sie die Zellen mit den ersten beiden Monaten, z. B. Januar und März, und ziehen anschließend das schwarze Kreuz in die benachbarten Zellen. Excel führt die Reihe mit dem zweimonatlichen Abstand fort: Mai, Juli, …

Wenn Sie keine automatische Reihenbildung wünschen, so halten Sie beim Kopieren die Strg-Taste gedrückt.

Hinweis: Bei der Reihenbildung von Zahlen funktioniert das Prinzip umgekehrt. Wenn Sie eine Zahl kopieren, so wird nur bei gehaltener Strg-Taste eine Reihe gebildet.

Kopieren mit Zwischenablage

▶ Markieren Sie die Zellen B3 und B4.   ▶ <Zwischenablage> → <Kopieren>
▶ Markieren Sie den Bereich C3 bis D4. ▶ <Zwischenablage> → <Einfügen>

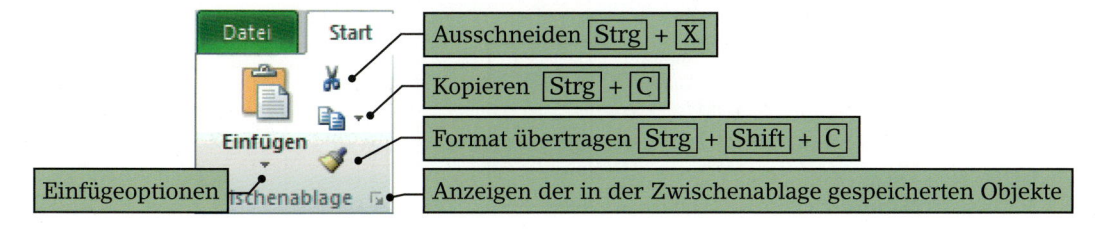

- Ausschneiden Strg + X
- Kopieren Strg + C
- Format übertragen Strg + Shift + C
- Einfügeoptionen
- Anzeigen der in der Zwischenablage gespeicherten Objekte

Kopieren und Verschieben

Es erfolgt bei Verwendung der Zwischenablage keine automatische Reihenbildung.

Während mit der Maus nur in benachbarte Zellen kopiert werden kann, ermöglicht das Verfahren über die Zwischenablage auch das Kopieren in entfernte Zellbereiche.

Kopieren mit dem Kontextmenü

Wenn Sie nach dem Kopieren im Zielbereich markieren und anschließend die rechte Maustaste drücken, so erscheint ein Kontextmenü, in dem Sie die entsprechenden Befehle aussuchen können.

Excel blendet nach dem Kopiervorgang unmittelbar unterhalb der Füllauswahl einen Smarttag ein, beim Ausfüllen einer Reihe die Schaltfläche <Auto-Ausfülloptionen> und bei einfachem Ausfüllen die Schaltfläche <Einfüge-Optionen>. Ein Klick auf die Schaltfläche öffnet eine Liste mit den Optionen für den Umgang mit den Daten. Die Zusammensetzung der Liste hängt vom einzufüllenden Inhalt ab.

Der Smarttag verschwindet bei der nächsten **Eingabe**.

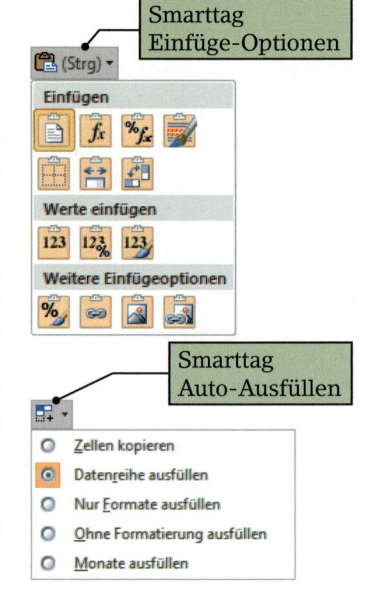

Aufgaben

1. Tragen Sie die Werte für August und September ein und berechnen Sie die Monatssummen.

2. Verschieben Sie den Bereich D2 bis D7 zwei Spalten nach rechts und tragen Sie als Überschrift in die frei gewordene Zelle D3 *Differenz* (Schriftgröße 8 pt) ein.

	A	B	C	D
1	Umsatzentwicklung			
2		Juli	August	September
3	Artikelgr.	Umsatz	Umsatz	Umsatz
4	1	41782	52141	44215
5	2	8817	10514	8448
6	3	15596	13884	16077
7	Summe			

Verschieben mit der Maus

▶ Markieren Sie die zu verschiebenden Zellen D2–D7.
▶ Bewegen Sie den Mauszeiger an den Rand des markierten Bereichs, bis sich das Kreuz in einen Pfeil verwandelt.
▶ Ziehen Sie den Rahmen des markierten Bereichs in den Zielbereich (F2–F7).

	A	B	C	D	E	F
1	Umsatzentwicklung					
2		Juli	August	September		
3	Artikelgr.	Umsatz	Umsatz	Umsatz		
4	1	41782	52141	44215		
5	2	8817	10514	8448		
6	3	15596	13884	16077		
7	Summe	66195	76539	68740		

Tabellenkalkulation mit MS-Excel

Verschieben mit Zwischenablage

▶ Markieren Sie die zu verschiebenden Zellen D2—D7.
▶ <Zwischenablage> → <Ausschneiden>
▶ Aktivieren Sie die obere Zelle des Zielbereichs F2.
▶ <Zwischenablage> → <Einfügen>

Kopieren/Verschieben zwischen Tabellen und Arbeitsmappen

Die Zwischenablage eignet sich im Gegensatz zur Maus-Methode auch für das Verschieben oder Kopieren zwischen Tabellen und Arbeitsmappen. Um zwischen zwei Arbeitsmappen zu wechseln, wählen Sie **<Ansicht>** → **<Fenster>** → **<Fenster wechseln>**.

Aufgaben

1. Geben Sie die Formel zur Berechnung der Differenz zwischen Juli- und Augustumsatz in die Zelle D5 ein und kopieren Sie anschließend in die Zellen D6 bis D7.
2. Tragen Sie in die Zelle E4 die Spaltenüberschrift „proz. Veränd." ein.
3. Geben Sie die Formel zur Berechnung der prozentualen Veränderung in die Zelle E5 ein und kopieren Sie anschließend in die Zellen E6 bis E7.

Die Formel zur Berechnung der prozentualen Veränderung der Artikelgruppe 1 im August bezogen auf den Juliumsatz lautet = D5 · 100/B5. Die Multiplikation mit 100 wird aber ohnehin vom Programm vorgenommen, wenn Sie auf die Schaltfläche **<Prozentformat>** klicken. Die einzugebende Formel lautet also = D5/B5.

Die Anzahl der Dezimalstellen geben Sie durch Klicken auf die Schaltflächen **<Dezimalstelle hinzufügen>** bzw. **<Dezimalstelle löschen>** an.

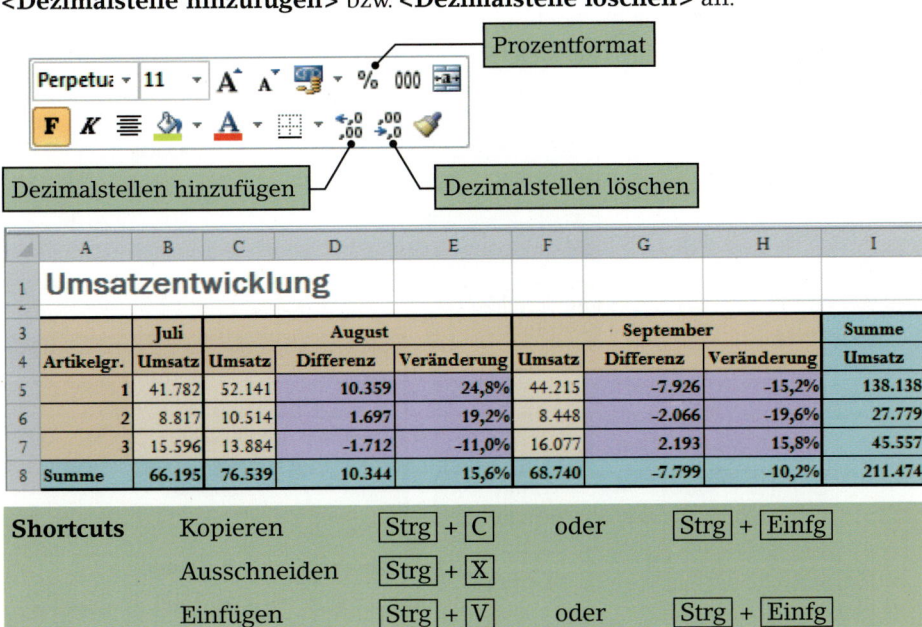

Prozentformat
Dezimalstellen hinzufügen
Dezimalstellen löschen

	A	B	C	D	E	F	G	H	I
1	**Umsatzentwicklung**								
3		Juli	\multicolumn{3}{August}		\multicolumn{3}{September}		Summe
3		Juli	August	August	August	September	September	September	Summe
4	Artikelgr.	Umsatz	Umsatz	Differenz	Veränderung	Umsatz	Differenz	Veränderung	Umsatz
5	1	41.782	52.141	10.359	24,8%	44.215	-7.926	-15,2%	138.138
6	2	8.817	10.514	1.697	19,2%	8.448	-2.066	-19,6%	27.779
7	3	15.596	13.884	-1.712	-11,0%	16.077	2.193	15,8%	45.557
8	Summe	66.195	76.539	10.344	15,6%	68.740	-7.799	-10,2%	211.474

Shortcuts				
	Kopieren	Strg + C	oder	Strg + Einfg
	Ausschneiden	Strg + X		
	Einfügen	Strg + V	oder	Strg + Einfg

Kopieren und Verschieben

Autoausfüllen

Aufgabe Geben Sie in der Arbeitsmappe „Aufgaben" auf einem neuen Tabellenblatt „Reihen" unter Benutzung der Reihen- und Kopierbefehle die folgende Tabelle ein:

	A	B	C	D	E	F	G	H	I
1	**Autoausfüllen**								
2	autom. Reihe	Reihenunterdrückung	Wochentage	Werktage	Wochentag	geometr. Inkrement 3	lineares Inkrement 3	Datumsreihe	benutzerd. Liste Abteilungen
3	1	1	Montag	Montag	Montag	2	2	12.10.2010	Lager
4	2	2	Dienstag	Dienstag	Montag	6	5	19.10.2010	Einkauf
5	3	1	Mittwoch	Mittwoch	Montag	18	8	26.10.2010	Verkauf
6	4	2	Donnerstag	Donnerstag	Montag	54	11	02.11.2010	EDV
7	5	1	Freitag	Freitag	Montag	162	14	09.11.2010	Produktion
8	6	2	Samstag	Montag	Montag	486	17	16.11.2010	Rewe
9	7	1	Sonntag	Dienstag	Montag	1458	20	23.11.2010	Personal
10	8	2	Montag	Mittwoch	Montag	4374	23	30.11.2010	Lager
11	9	1	Dienstag	Donnerstag	Montag	13122	26	07.12.2010	Einkauf
12	10	2	Mittwoch	Freitag	Montag	39366	29	14.12.2010	Verkauf
13	11	1	Donnerstag	Montag	Montag	118098	32	21.12.2010	EDV
14	12	2	Freitag	Dienstag	Montag	354294	35	28.12.2010	Produktion
15	13	1	Samstag	Mittwoch	Montag	1062882	38	04.01.2011	Rechnungswesen
16	14	2	Sonntag	Donnerstag	Montag	3188646	41	11.01.2011	Personal
17	15	1	Montag	Freitag	Montag	9565938	44	18.01.2011	Lager
18	16	2	Dienstag	Montag	Montag	28697814	47	25.01.2011	Einkauf
19	17	1	Mittwoch	Dienstag	Montag	86093442	50	01.02.2011	Verkauf
20	18	2	Donnerstag	Mittwoch	Montag	258280326	53	08.02.2011	EDV
21	19	1	Freitag	Donnerstag	Montag	774840978	56	15.02.2011	Produktion
22	20	2	Samstag	Freitag	Montag	2324522934	59	22.02.2011	Rechnungswesen
23	21	1	Sonntag	Montag	Montag	6973568802	62	01.03.2011	Personal

Excel hat bereits Listen für Tage und Monate gespeichert. Beim Autoausfüllen hilft Ihnen ein Kontextmenü. Sie markieren dazu die Ausgangszelle(n), klicken mit der **rechten** Maustaste auf die rechte untere Ecke der Zelle(n) und ziehen den Pfeil mit gedrückter **rechter** Maustaste nach unten.

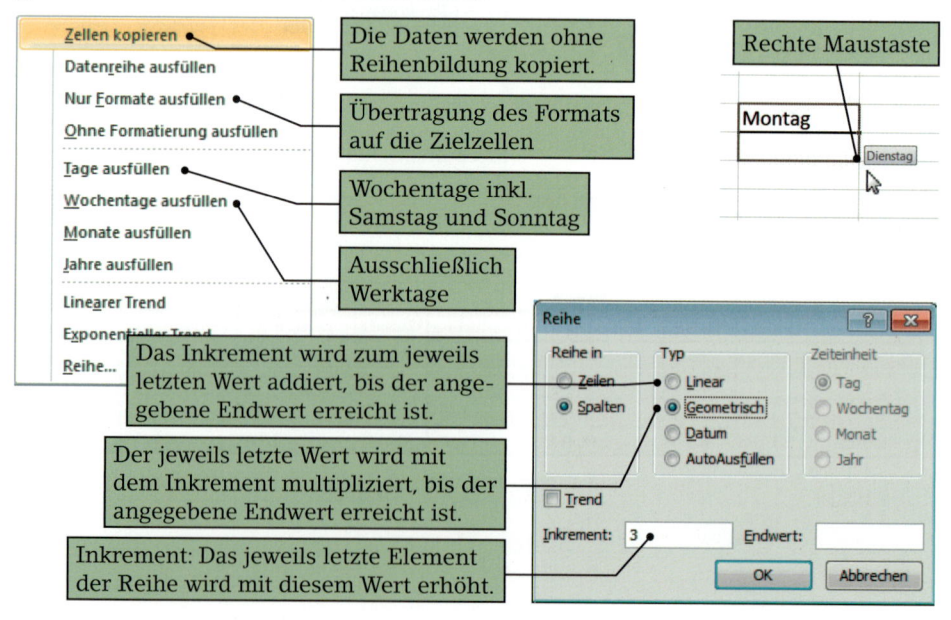

- Zellen kopieren → Die Daten werden ohne Reihenbildung kopiert.
- Datenreihe ausfüllen
- Nur Formate ausfüllen → Übertragung des Formats auf die Zielzellen
- Ohne Formatierung ausfüllen
- Tage ausfüllen
- Wochentage ausfüllen → Wochentage inkl. Samstag und Sonntag
- Monate ausfüllen
- Jahre ausfüllen
- Linearer Trend → Ausschließlich Werktage
- Exponentieller Trend
- Reihe... → Das Inkrement wird zum jeweils letzten Wert addiert, bis der angegebene Endwert erreicht ist.

Der jeweils letzte Wert wird mit dem Inkrement multipliziert, bis der angegebene Endwert erreicht ist.

Inkrement: Das jeweils letzte Element der Reihe wird mit diesem Wert erhöht.

Rechte Maustaste – Montag / Dienstag

Dialog „Reihe": Reihe in (Zeilen / Spalten), Typ (Linear / Geometrisch / Datum / AutoAusfüllen), Zeiteinheit (Tag / Wochentag / Monat / Jahr), Trend, Inkrement: 3, Endwert:, OK / Abbrechen

Tabellenkalkulation mit MS-Excel

Zusammenfassung

- ▶ Die Formatierung einer Zelle mit dem Prozentformat bewirkt, dass der darin enthaltene Wert intern durch 100 dividiert wird.
- ▶ Beim Ausschneiden wird der zuvor markierte Bereich im Tabellenblatt gelöscht und in der Zwischenablage gespeichert. Er kann anschließend an beliebiger Stelle eingefügt werden.
- ▶ Beim Kopieren bleibt der kopierte Bereich bestehen, wird in der Zwischenablage gespeichert und kann an jeder Stelle eingefügt werden.
- ▶ Werden Reihen kopiert, so setzt Excel die Reihenbildung automatisch fort. Wenn Sie die automatische Reihenbildung verhindern wollen, halten Sie gleichzeitig die [Strg]-Taste gedrückt.
- ▶ Ein Auswahlmenü zur Reihenbildung wird angezeigt, wenn man beim Ziehen mit der Maus die rechte Maustaste gedrückt hält.

Aufgaben

1. Beschreiben Sie drei unterschiedliche Möglichkeiten, eine Zelle zu kopieren.
2. Welche Wirkung hat die Formatierung mit %?
3. Gestalten Sie in einer neuen Arbeitsmappe (Speicherung unter dem Dateinamen *Lohn-Gehalt*) auf einem Tabellenblatt „Gehaltssumme" eine Berechnungsmaske nach unten stehendem Muster.
   a) Geben Sie die Formeln zur Berechnung der Gesamtgehälter pro Monat und Jahr in die Spalten D und E sowie die Summen in die Zeile 8 ein.
   b) Ermitteln Sie in den Zellen D10 und E10 das Durchschnittsgehalt je Angestellten pro Monat und Jahr.
   c) Berechnen Sie den prozentualen Anteil der Gehaltssumme an den Personalkosten.

	A	B	C	D	E
1	**Durchschnittsgehalt pro Angestellten**				
2	Gehaltstarif		Anzahl der	Gehalt pro Gruppe	
3	Gruppe	Monatsgehalt	Angestellten	Monat	Jahr
4	6	2.881,28 €	2	5.762,56 €	69.150,72 €
5	4	1.994,91 €	5		
6	3	1.445,42 €	7		
7	1	1.228,33 €	14		
8	Summe				
9					
10	Durchschnittsgehalt pro Angestellten				
11	Personalkosten				862.993,51 €
12	Anteil der Gehaltssumme an den Personalkosten				

4.4 Zeilen und Spalten

Situation: Kerstin liegen zwei Angebote für Kopierpapier (A4, 80 g, weiß, Packung 500 Blatt) vor. Sie benötigt ein Kalkulationsschema, mit dem sie die Angebote schnell und einfach vergleichen kann.

Aufgaben

1. Öffnen Sie eine neue Arbeitsmappe, speichern Sie unter dem Dateinamen *Angebotsvergleich* und richten Sie ein Tabellenblatt „Papier" ein.
2. Stellen Sie das abgebildete Kalkulationsschema auf.
3. Spaltenbreiten: A 30 Zeichen und B bis E 11 Zeichen
4. Geben Sie in den Ausgabebereich (blau unterlegte Zellen) die Formeln ein.

	A	B	C	D	E
1	Angebotsvergleich				
2	Artikel	Kopierpapier, DIN A4, 80g, weiß, Packung 500 Blatt			
3	Anbieter	Feldmühle		Martens	
4	Listenpreis/Verpackungseinheit	2,17 €		2,03 €	
5	Abnahmemenge	200		150	
6	Listenpreis/gesamt		434,00 €		
7	Rabatt	12%	52,08 €	10%	
8	Zieleinkaufspreis		381,92 €		
9	Skonto	2%	7,64 €	3%	
10	Bareinkaufspreis		374,28 €		
11	Bezugskosten	27,60 €	27,60 €	61,00 €	
12	Bezugspreis		401,88 €		
13	Bezugspreis/Verpackungseinheit		2,01 €		

Eingabebereich

Ausgabebereich

Spaltenbreite

Markieren Sie die Spalte A (Klick auf den Spaltenkopf), wählen Sie im Kontextmenü <**Spaltenbreite**> und geben Sie die gewünschte Spaltenbreite ein. Alternativ können Sie mit einem Doppelklick zwischen die Spaltenköpfe A und B die Breite der Spalte A vom Programm optimieren lassen. Die Spalten B bis E passen Sie in einem Arbeitsschritt an, indem Sie vorher den gesamten Bereich über die Spaltenköpfe markieren.

Hinweis: Die Veränderungsmöglichkeiten von Spaltenbreiten gelten analog für die Zeilenhöhe. Wenn Sie mehrere nicht nebeneinanderliegende Zellen markieren wollen, so klicken Sie auf die Zellen, während Sie gleichzeitig die Strg-Taste gedrückt halten.

Ein- und Ausgabebereich

Unterscheiden Sie zwischen dem Eingabe- und dem Ausgabebereich, indem Sie die Bereiche mit unterschiedlichen Akzenten (s. Abb.) hinterlegen. Im Eingabebereich können von Fall zu Fall unterschiedliche Werte eingetragen werden, während der Ausgabebereich mit den darin enthaltenen Zellbezügen und Formeln konstant bleibt. Verwenden Sie deshalb im Ausgabebereich keine Werte, sondern Zellbezüge.

Tabellenkalkulation mit MS-Excel

Situation: Kerstin hat weitere Angebote für Kopierpapier eingeholt.

Aufgabe

1. Erweitern Sie die Tabelle für den Angebotsvergleich über die Kopierfunktion, sodass sechs weitere Anbieter eingegeben werden können.
2. Fixieren Sie Spalte A und Zeile 3.
3. Erstellen Sie eine Maske für Angebotsvergleiche.

Anbieter	Ockermann	Hubertus Konzack	Schubert	Landner GmbH	Linzer Papiermühle	Anton Radascheck
Listenpreis/Verpackungseinheit	2,33 €	2,43 €	2,23 €	2,17 €	2,39 €	2,81 €
Abnahmemenge	100	500	100	200	400	250
Rabatt	10%	10%	5%	5%	8%	38%
Skonto	3%	3%	2%		3%	2%
Bezugskosten	62,00 €	63,00 €	54,00 €			54,00 €

Fixieren von Spalten und Zeilen

In großen Tabellen kann man beim Scrollen leicht den Überblick verlieren, da die Titelzeilen und -spalten mit dem Bildlauf verschwinden. Abhilfe schafft eine Fixierung. Aktivieren Sie die Zelle unterhalb der zu fixierenden Zeile und rechts neben der zu fixierenden Spalte (B4). Wählen Sie anschließend:

<Ansicht> → <Fenster> → <Fenster einfrieren>

Tabellenblatt kopieren

Um eine Maske für weitere Angebotsvergleiche zu erstellen, muss das Tabellenblatt zunächst kopiert werden. Klicken Sie dazu auf das Tabellenregister am unteren Rand der Tabelle und ziehen Sie bei gleichzeitig gedrückter Steuerungstaste – es erscheint ein Pluszeichen im symbolisierten Tabellenblatt – die Maus nach rechts. Sobald Sie die Maustaste loslassen, wird eine Kopie des Tabellenblattes eingefügt. Benennen Sie die Kopie („Papier2") um in „Maske". Löschen Sie anschließend den Eingabebereich und speichern Sie das Arbeitsblatt.

Hinweis: Wenn Sie die Steuerungstaste nicht gedrückt halten, wird das Tabellenblatt lediglich verschoben.

Aufgaben

1. Führen Sie einen Angebotsvergleich für Druckplatten durch, indem Sie eine Kopie vom Tabellenblatt „Maske" erstellen, es umbenennen in „Druckplatten" und schließlich die Daten (s. Abb.) eingeben.

	A	B	C	D	E	F	G
1	Angebotsvergleich						
2	Artikel	Druckplatten 510 x 400 x 15					
3	Anbieter	Konzak		Dodenhoff		Druck-Logistik	
4	Listenpreis/Verpackungseinheit	1,80 €		1,96 €		1,92 €	
5	Abnahmemenge	150		220		300	
6	Listenpreis/gesamt						
7	Rabatt	15%		22%		18%	
8	Zieleinkaufspreis						
9	Skonto	2%		2%		3%	
10	Bareinkaufspreis						
11	Bezugskosten	27,46 €		32,60 €		43,60 €	
12	Bezugspreis						
13	Bezugspreis/Verpackungseinheit						

2. Richten Sie in einer neuen Arbeitsmappe *Kosten* ein Tabellenblatt „Lieferfahrzeuge" ein. Berechnen Sie den Verbrauch der Lieferfahrzeuge pro 100 km. Formatieren Sie entsprechend der Abbildung.

	A	B	C	D	E	F	G
1			Durchschnittsverbrauch der Lieferfahrzeuge				
2							
3	Woche	39					
4	Fahrzeug	Wochentag	Tachostand bei Abfahrt	Tachostand bei Rückkehr	gefahrene Strecke	Nachfüllmenge bei Rückkehr	Verbrauch auf 100 km
5	A 4056	Montag	67.264 km	67.828 km	564 km	76,0 L	13,5 L
6		Dienstag	67.828 km	68.440 km		80,0 L	
7		Mittwoch	68.440 km	69.072 km		87,0 L	
8		Donnerstag	69.072 km	69.620 km		72,0 L	
9		Freitag	69.620 km	70.301 km		93,0 L	
10	K 5609	Montag	126.593 km	127.065 km		70,0 L	
11		Dienstag	127.065 km	127.642 km		87,0 L	
12		Mittwoch	127.642 km	128.126 km		74,0 L	
13		Donnerstag	128.126 km	128.742 km		89,0 L	
14		Freitag	128.742 km	129.268 km		77,0 L	
15	S 5993	Montag	37.695 km	38.129 km		57,0 L	
16		Dienstag	38.129 km	38.629 km		67,0 L	
17		Mittwoch	38.629 km	39.296 km		88,0 L	
18		Donnerstag	39.296 km	39.974 km		87,0 L	
19		Freitag	39.974 km	40.354 km		51,0 L	
20		Summe					

Zeilenumbruch

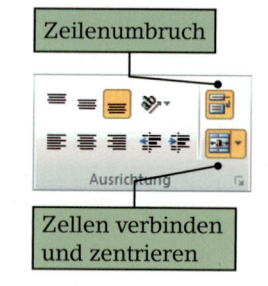

Um mehrere Zeilen in einer Zelle unterzubringen, muss der Zeilenumbruch aktiviert werden.

<Start> → <Ausrichtung> → <Zeilenumbruch> oder

<Kontextmenü> → <Zellen formatieren> →

<Ausrichtung> → <Zeilenumbruch>

Shortcut Alt + Enter

Zellen verbinden und zentrieren

Um mehrere Spalten miteinander zu verbinden, markieren Sie den Bereich und klicken anschließend auf die Schaltfläche **<Verbinden und zentrieren>**. Wenn Sie die Verbindung wieder aufheben wollen, so klicken Sie nochmals auf die Schaltfläche.

<Start> → <Ausrichtung> → <Zellen verbinden> oder

<Kontextmenü> → <Zellen formatieren> → <Ausrichtung> → <Zellen verbinden>

Tabellenkalkulation mit MS-Excel

Aufgabe Fügen Sie in die Tabelle Zwischensummen für die einzelnen Fahrzeuge ein.

	Wochentag	Tachostand bei Abfahrt	Tachostand bei Rückkehr	gefahrene Strecke
4	Wochentag	Abfahrt	Rückkehr	Strecke
5	Montag	67.264 km	67.828 km	564 km
6	Dienstag	67.828 km	68.440 km	612 km
7	Mittwoch	68.440 km	69.072 km	632 km
8	Donnerstag	69.072 km	69.620 km	548 km
9	Freitag	69.620 km	70.301 km	681 km
10	Zwischensumme			
11	Montag	126.593 km	127.065 km	472 km
12	Dienstag	127.065 km	127.642 km	577 km
13	Mittwoch	127.642 km	128.126 km	484 km
14	Donnerstag	128.126 km	128.742 km	616 km
15	Freitag	128.742 km	129.268 km	526 km
16	Zwischensumme			
17	Montag	37.695 km	38.129 km	434 km
18	Dienstag	38.129 km	38.629 km	500 km
19	Mittwoch	38.629 km	39.296 km	667 km
20	Donnerstag	39.296 km	39.974 km	678 km
21	Freitag	39.974 km	40.354 km	380 km
22	Zwischensumme			
23	Summe			

Spalten/Zeilen einfügen

Klicken Sie unterhalb der neu einzufügenden Zeile auf den Zeilenkopf. Anschließend wählen Sie über das Kontextmenü

<Zellen einfügen>

oder über das Menüband

<Start>→<Zellen>→<Einfügen>.

Möchten Sie mehrere Zeilen einfügen, so müssen Sie vorher eine entsprechende Anzahl Zeilen makieren. Für das Einfügen von Spalten ist analog zu verfahren, wobei die zusätzlichen Spalten rechts des markierten Bereichs eingefügt werden.

Zellen löschen

Wenn Sie nur die Zellinhalte löschen wollen, so markieren Sie zunächst den zu löschenden Bereich und betätigen anschließend die ⎡Entf⎤-Taste. Die Formatierungen bleiben in den Zellen erhalten. Wollen Sie die Zellen komplett löschen, so wählen Sie im Kontextmenü **<Zellen löschen>**

oder im Menüband

<Start>→<Zellen>→<Löschen>.

Entscheiden Sie anschließend, durch welche Zellen der gelöschte Bereich ersetzt werden soll. Zum Löschen von Zeilen oder Spalten markieren Sie die Zeilen- bzw. Spaltenköpfe.

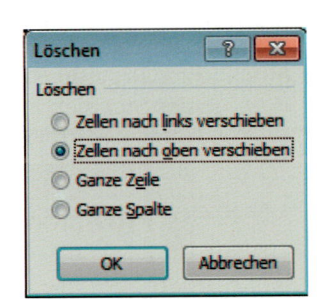

Zusammenfassung

- Eingabe- und Ausgabebereich sollten deutlich erkennbar getrennt sein, z. B. durch Benutzung unterschiedlicher Spalten und Akzentfarben.
- Veränderung der Spaltenbreite:
  - mit der Maus im Spaltenkopf den rechten Rand einer Spalte verschieben oder doppelklicken (Optimierung)
  - Spalte im Spaltenkopf markieren und Kontextmenü (rechte Maustaste) aufrufen
  - <Start> → <Zellen> → <Format>
- Veränderung mehrerer Spalten auf die gleiche Breite:
  - Markieren Sie die Spalten im Spaltenkopf. Liegen die Spalten nicht nebeneinander, halten Sie gleichzeitig die Strg-Taste gedrückt.
  - Spaltenbreite mit der Maus einstellen
- Fixieren:
  - Zelle als Fixierungsgrenze anklicken
  - <Ansicht> → <Fenster> → <Fenster einfrieren>
- Tabellenblatt verschieben/kopieren:
  - Verschieben: Tabellenregister mit der Maus ziehen
  - Kopieren: Tabellenregister mit der Maus ziehen und Strg-Taste gedrückt halten
- Zeilenumbruch:
  - <Start> → <Ausrichtung> → <Zeilenumbruch>   Alt + Enter
- Zellen verbinden/zentrieren:
  - Zellen markieren und <Start> → <Ausrichtung> → <Verbinden und zentrieren>
  - Zellen markieren und <Start> → <Ausrichtung> → Dialogfenster <Zellen formatieren> → <Zellen verbinden>
- Spalten/Zeilen einfügen:
  - Markieren der Spalten rechts bzw. Zeilen unterhalb des einzufügenden Bereichs
  - <Start> → <Zellen> → <Einfügen> → <Zellen einfügen> bzw. <Blattspalten einfügen>
- Zellen löschen:
  - Zellen markieren
  - <Kontextmenü> → <Zellen löschen>

Aufgabe Öffnen Sie die Mappe *Umsatz*, benennen Sie ein neues Tabellenblatt „Provision" und geben Sie nach unten stehendem Muster das Schema zur Provisionsberechnung ein. Tragen Sie die Formeln zur Berechnung der Summen in D5 bis D7 und B8 bis D8 sowie die Formeln zur Berechnung der Provisionen in F5 bis F8 ein.

	A	B	C	D	E	F
1	Provisionsermittlung für die Verkaufsleiter					
2						
3					Provision	
4	Name	1. Halbjahr	2. Halbjahr	Summe	Anteil	Betrag
5	Kramer (Verk. Nord)	513.281,00 €	503.698,00 €	1.016.979,00 €	2,00%	20.339,58 €
6	Bruckner (Verk. Mitte)	435.618,00 €	419.638,00 €		1,75%	
7	Huber (Verk. Süd)	360.653,00 €	392.361,00 €		1,50%	
8	Rudolph (Leiter Verkauf)				0,80%	

Tabellenkalkulation mit MS-Excel

Aufgaben Beantworten Sie in der Arbeitsmappe *Aufgaben* auf einem neuen Tabellenblatt „Zeilen – Spalten" die folgenden Fragen:
1. Wie optimiert man die Zeilenhöhe
   a) mit der Maus?
   b) über Menübefehle?
2. Was bedeutet „Optimierung der Spaltenbreite"?
3. Beschreiben Sie die Vorgehensweise beim Markieren nicht nebeneinander liegender Zellen.
4. Was bedeutet die Einstellung **<Zeilenumbruch>** im Register **<Ausrichtung>**?

4.5 Ansichten und Druckvorbereitung

4.5.1 Ansichten und Seiteneinrichtung

Situation Kerstin benötigt Ausdrucke der erstellten Tabellen für den Chef.

Aufgabe Drucken Sie das von Ihnen erstellte Tabellenblatt „Papier" in der Arbeitsmappe *Angebotsvergleich*. Nehmen Sie dabei die folgenden Seiteneinstellungen vor:
— keine Gitternetzlinien
— **<Querformat>**
— Skalierung **<Blatt auf einer Seite darstellen>**
— horizontale Zentrierung
— Kopfzeile links: Blattname, Schriftgröße 14 pt
— Kopfzeile Mitte: Datum
— Kopfzeile rechts: Dateiname (s. unten)
— Fußzeile: (keine)

Normalansicht

Beim Aufruf einer neuen Seite wird das Arbeitsblatt in der Normalansicht, in der Sie bisher gearbeitet haben, angezeigt. Excel stellt über das Menüband **<Ansicht>** → **<Arbeitsmappenansichten>** weitere Optionen für die Ansicht zur Verfügung. Für einen schnellen Zugriff sind unten rechts drei Ansichtstypen als Symbole eingeblendet. Beim Öffnen einer gespeicherten Arbeitsmappe wird diese in der zuletzt gespeicherten Ansicht angezeigt.

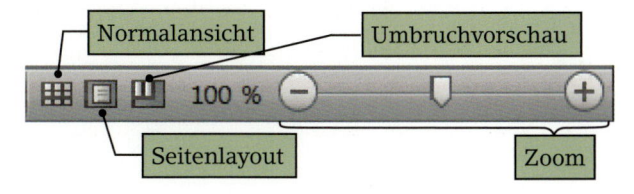

Zoom

Die Zoomfunktion in Excel ermöglicht es, die Bildschirmanzeige zu vergrößern oder zu verkleinern. Ziehen Sie mit der Maus den Zoomregler auf die gewünschte Position oder klicken Sie auf das Plus- bzw. Minuszeichen, um die Anzeige anzupassen.

Gitternetzlinien

Die Anzeige der Gitternetzlinien und der Überschriften in der Bildschirmansicht können Sie unterdrücken:

<Seitenlayout> → <Blattoptionen>

Das Unterdrücken/Anzeigen der Gitternetzlinien sowie der Spalten- und Zeilenköpfe in der Bildschirmansicht ist nicht zu verwechseln mit der Option, die Linien und Überschriften in den Ausdruck zu übernehmen.

<Datei> → <Drucken> → <Seite einrichten> → <Blatt> → <Drucken>

Beide Einstellungen sind völlig unabhängig, d. h., die Gitternetzlinien können im Ausdruck zu sehen sein, obwohl sie in der Ansicht am Bildschirm unterdrückt sind, und umgekehrt. Kontrollieren Sie deshalb vor dem Ausdruck immer in der **<Druckvorschau>**, wie das gedruckte Dokument aussehen wird. So können vor dem Ausdruck das Seitenbild kontrolliert und gegebenenfalls die Randeinstellungen und Spaltenbreiten mit der Maus verändert werden.

Seitenansicht

Die Einstellungsoptionen für den Druck und eine Druckvorschau erhalten Sie über den Befehl: **<Datei> → <Drucken> → <Seite einrichten>**

Zum Einstellen der Orientierung klicken Sie auf **<Seite einrichten>** und erhalten ein Dialogfenster mit vier Registern:

Papierformat:
Neben der Größe und Ausrichtung des Papiers lässt sich hier auch die Vergrößerung bzw. Verkleinerung der Tabelle auf dem Ausdruck einstellen.

Seitenränder:
Einstellung der Tabellenposition auf dem Ausdruck (Vorschau beachten)

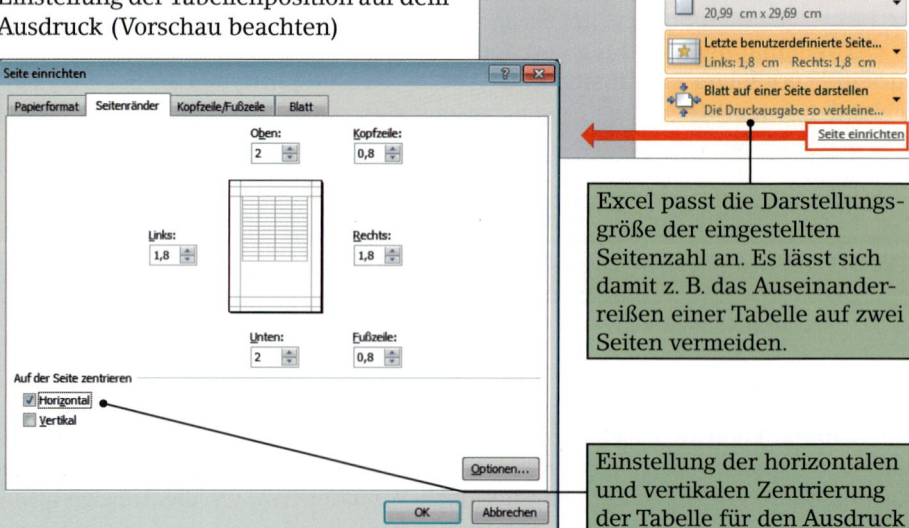

Excel passt die Darstellungsgröße der eingestellten Seitenzahl an. Es lässt sich damit z. B. das Auseinanderreißen einer Tabelle auf zwei Seiten vermeiden.

Einstellung der horizontalen und vertikalen Zentrierung der Tabelle für den Ausdruck

Tabellenkalkulation mit MS-Excel

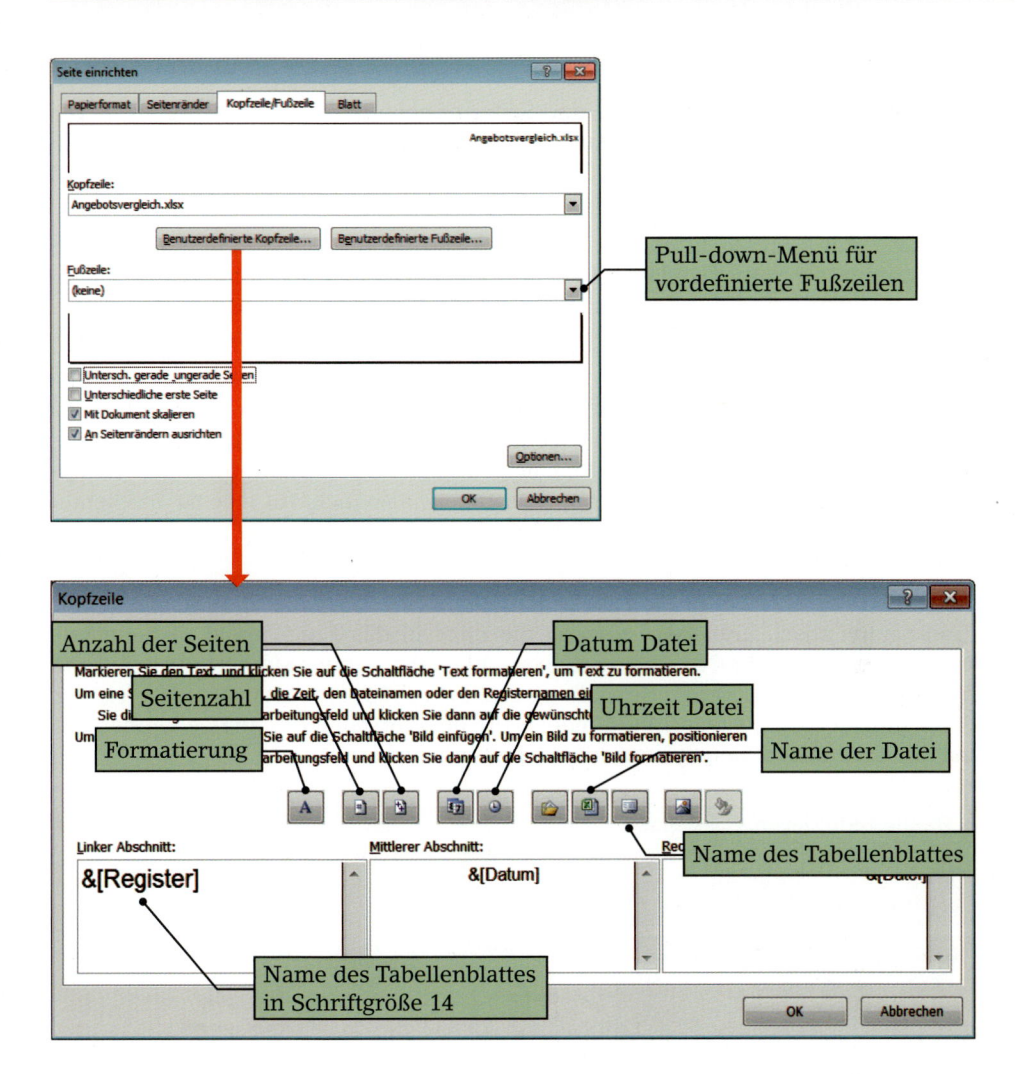

Ansichten und Druckvorbereitung

Kopfzeile/Fußzeile:

Hier können Sie zwischen diversen Vorgaben des Programms oder eigenen benutzerdefinierten Kopf- und Fußzeilen wählen. Bei Aufruf der Schaltfläche **<Benutzerdefinierte Kopfzeile>** erscheint ein Dialogfenster, in dem verschiedene Platzhalter angeboten werden. Sie können entscheiden, ob die Eingabe auf dem linken, mittleren oder rechten Abschnitt der Seite erscheinen soll. Klicken Sie auf eine der angebotenen Schaltflächen oder geben Sie einen eigenen Text ein. Wenn Sie die Eingabe markieren, können Sie anschließend Formatierungen mit der entsprechenden Schaltfläche (s. o.) zuweisen.

Klicken Sie zum Beispiel die Schaltfläche für **<Seitenzahl>** an, fügen anschließend einen Schrägstrich ein und klicken dann auf **<Anzahl der Seiten>,** so erscheint in der Anzeige „&[Seite]/& [Seiten]". Das bedeutet, dass auf jeder ausgedruckten Seite dieses Druckauftrages die Zahl der Seiten des Tabellenblattes insgesamt wie auch die der jeweiligen Seite angezeigt werden (z. B. 1/8 für „die erste von insgesamt 8 Seiten").

Blatt:

Einstellung des Druckbereiches, der Seitenreihenfolge, der Titel und weiterer Druckoptionen. Die Einstellungsmöglichkeiten für den Druckbereich und die Drucktitel erhalten Sie nur, wenn Sie das Dialogfenster über den folgenden Befehl aufrufen: **<Seitenlayout>** ➔ **<Seite einrichten>** ➔ **<Drucktitel>**.

Um nur einen Bereich Ihres Tabellenblattes zu drucken, klicken Sie auf **<Dialog reduzieren>** des Eingabefeldes **<Druckbereich>** und markieren mit der Maus die zu druckenden Zellen Ihres Tabellenblattes. Sie können anschließend das Dialogfenster mit derselben Schaltfläche wieder vollständig anzeigen lassen. Mit **<OK>** speichern Sie die Einstellungen. Bei Eingabe des Druckbefehls auf dieser Seite wird nur der von Ihnen ausgewählte Bereich gedruckt.

Falls Sie eine größere Tabelle über mehrere Seiten erstellt haben, so können Sie die Titelzeilen ihrer Tabelle auf jedem ausgedruckten Blatt wiederholen lassen. Sie müssen bei einer sehr langen oder breiten Tabelle also nicht für jede zu druckende Seite eine neue Tabelle erstellen. Excel fügt am oberen Rand die von Ihnen definierten Wiederholungszeilen ein.

Falls Sie weitere Zeilen in die Tabelle einfügen, wird Excel die Titelzeilen im Ausdruck automatisch anpassen. Klicken Sie dazu in das Eingabefeld **<Wiederholungszeilen oben>** und markieren Sie anschließend mit der Maus Ihre Titelzeilen. Mit **<OK>** speichern Sie die Einstellung und es werden bei jedem Druckbefehl für diese Tabelle die Titelzeile(n) auf jeder Seite oben erscheinen. Analog können Sie mit den Spalten zur Benennung auf der linken Seite verfahren.

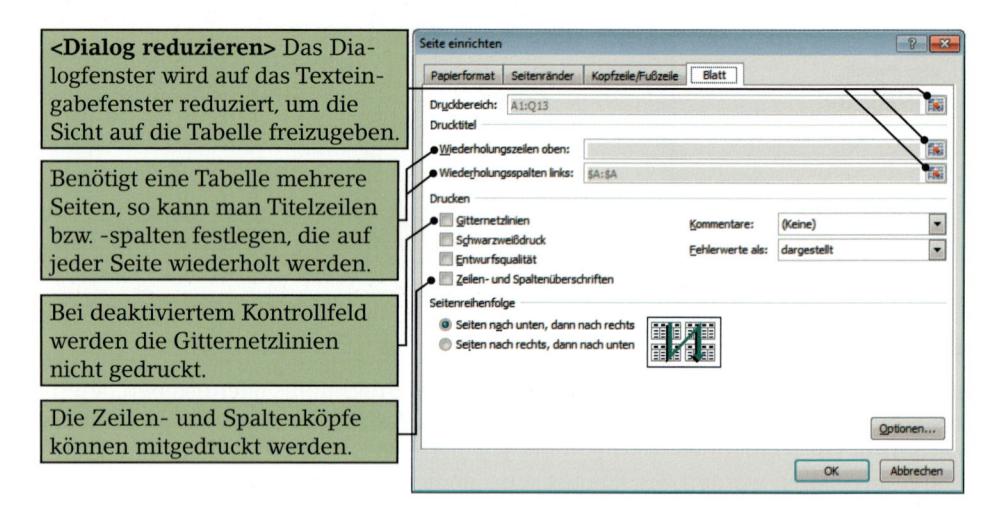

<Dialog reduzieren> Das Dialogfenster wird auf das Texteingabefenster reduziert, um die Sicht auf die Tabelle freizugeben.

Benötigt eine Tabelle mehrere Seiten, so kann man Titelzeilen bzw. -spalten festlegen, die auf jeder Seite wiederholt werden.

Bei deaktiviertem Kontrollfeld werden die Gitternetzlinien nicht gedruckt.

Die Zeilen- und Spaltenköpfe können mitgedruckt werden.

Seitenumbruchvorschau

Erstreckt sich der Druckbereich über mehr als eine Seite, so führt Excel automatisch einen Seitenumbruch durch, gemäß den im Register **<Seitenlayout>** eingestellten Regeln. Umbrüche können Sie kontrollieren über die Umbruchvorschau:

<Ansicht> → <Arbeitsmappenansichten> → <Umbruchvorschau>

Die automatischen Seitenwechsel werden mit gestrichelten Linien dargestellt. Sie haben in dieser Ansicht die Möglichkeit, die Seitenumbrüche an Ihre Tabelle(n) anzupassen, indem Sie die Linien mit der Maus verschieben. Sie werden anschließend als manuell veränderte Umbrüche mit durchgehenden Linien dargestellt. Excel passt die Skalierung an, d. h., je größer Sie die Tabelle wählen, desto kleiner wird die einzelne Zelle im Ausdruck.

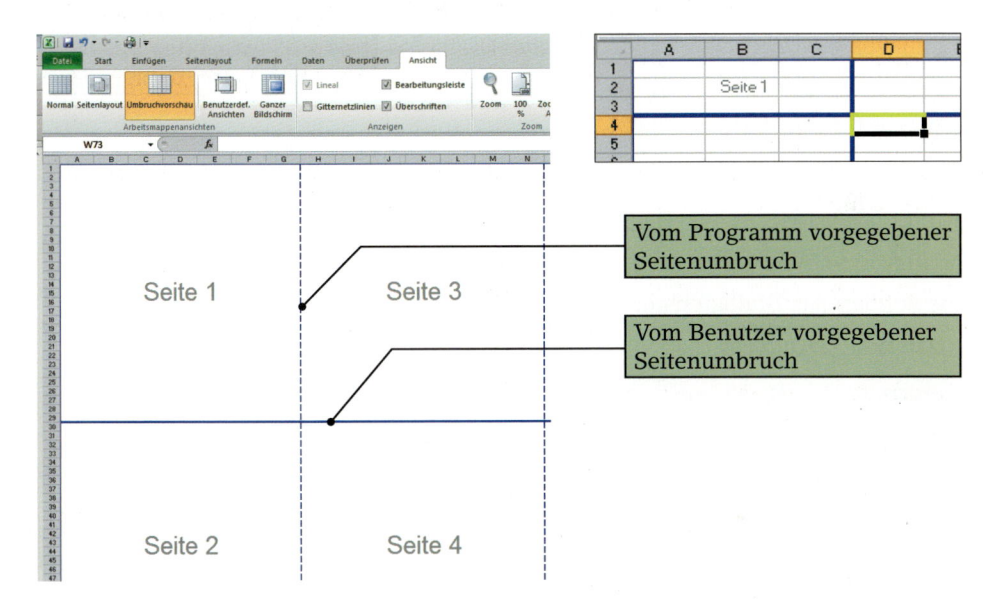

Um einen Seitenumbruch zu definieren, setzen Sie den Cursor **über die bzw. links von der Stelle,** wo ein Seitenumbruch stattfinden soll. Geben Sie anschließend den folgenden Befehl ein:

<Seitenlayout> → <Seite einrichten> → <Umbrüche> → <Seitenumbruch einfügen>

Seitenlayoutansicht

Eine sehr komfortable Lösung zur Festlegung der Seitenlayouts ist die Seitenlayoutansicht.

<Ansicht> → <Arbeitsmappenansichten> → <Seitenlayout>

Hier können Sie das Seitenlayout individuell gestalten und sehen sofort die Ergebnisse.

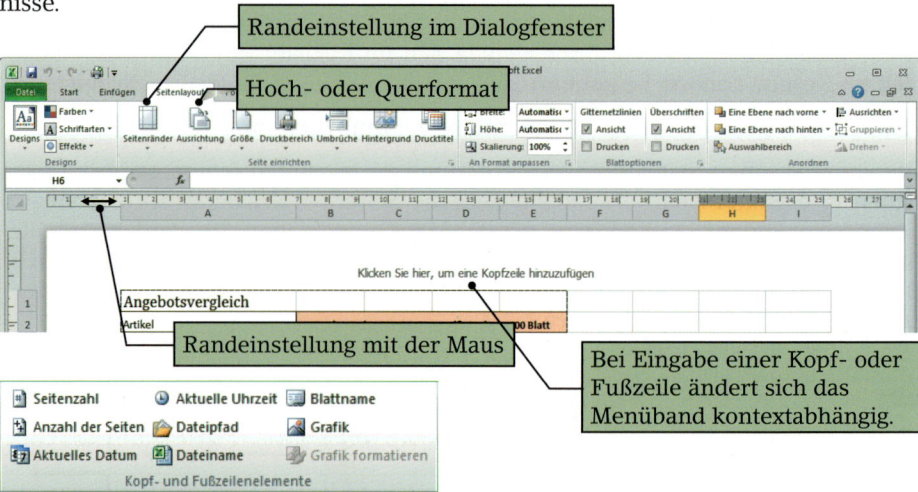

- Randeinstellung im Dialogfenster
- Hoch- oder Querformat
- Randeinstellung mit der Maus
- Bei Eingabe einer Kopf- oder Fußzeile ändert sich das Menüband kontextabhängig.

4.5.2 Drucken

Sie können das Dialogfenster **<Drucken>** über das Menüband aufrufen:

<Datei> → <Drucken>

> **Shortcut**   Drucken: `Strg` + `P`

Hier lassen sich der Druckbereich (z. B. Seite 2–4 oder Markierung) und die Anzahl der Exemplare festlegen. Wenn Sie keine Einstellungen vornehmen wollen, können Sie, statt das Dialogfeld aufzurufen, auch die Schaltfläche **<Drucken>** in der **<Symbolleiste für den Schnellzugriff>** wählen. Es werden dann alle Seiten des Tabellenblattes gedruckt, sofern nicht vorher im Dialogfenster **<Seite einrichten>** im Register **<Blatt>** ein Druckbereich festgelegt worden ist.

Mit dem Pull-down-Menü der Schaltfläche **<Aktive Tabellen drucken>** erhalten Sie eine Auswahl zum Druckbereich.

Druckoptionen	
Aktive Tabellen drucken	Nur die vorher von Ihnen im Tabellenregister markierten Tabellenblätter werden gedruckt. Ohne Markierung ist es das geöffnete Tabellenblatt.
Gesamte Arbeitsmappe drucken	Sämtliche beschriftete Tabellen der Arbeitsmappe werden gedruckt.
Auswahl drucken	Der aktuell von Ihnen markierte Bereich wird gedruckt.
Druckbereich ignorieren	Falls vorher im Dialogfenster **<Seite einrichten> → <Blatt>** ein Druckbereich definiert worden ist, kann er mit Aktivierung dieser Schaltfläche ignoriert werden.

Tabellenkalkulation mit MS-Excel

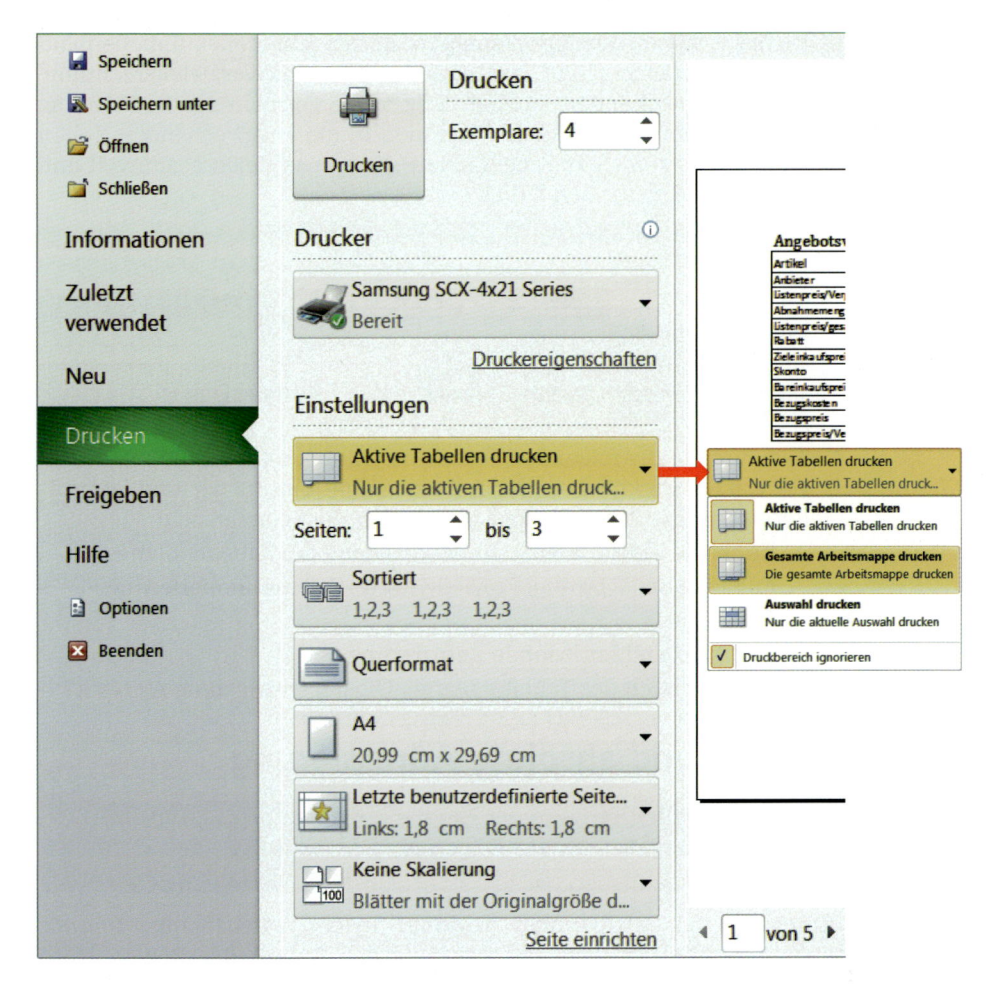

Stellen Sie ein, welche Seiten (z. B. Seiten 1 bis 3) und wie oft (z. B. 4 Exemplare) sie gedruckt werden sollen. Anschließend können Sie die Form der Sortierung (1111;2222;3333 oder 123, 123, …) eingeben. Mit der Skalierung können Sie die Größe der Tabelle auf eine Seite anpassen.

Zusammenfassung

- Vor dem Drucken sollte die Seite über die **<Seitenansicht>** kontrolliert werden.
- Zum Druck des Tabellenblattes mit den Standardeinstellungen reicht das Anklicken der Schaltfläche **<Drucken>** in der **<Symbolleiste für den Schnellzugriff>**.
- Sind Kopf- oder Fußzeilen eingerichtet, so werden sie auf jeder Seite des Druckauftrages eingefügt.
- Als Ansichten stehen die Normalansicht, Seitenansicht, die Seitenumbruchvorschau und die Seitenlayoutansicht zur Verfügung.

Relative und absolute Adressierung

Aufgaben

1. Richten Sie in der Arbeitsmappe *Kosten* ein neues Tabellenblatt „Kostenvergleich I" ein und erstellen Sie eine Vergleichsrechnung nach untenstehendem Muster. Tragen Sie Formeln zur Berechnung der Veränderungen und der Summen in die entsprechenden Zellen ein. Gestalten Sie das Tabellenblatt „Kostenvergleich I" sinnvoll und bereiten Sie es für den Druck vor.

	A	B	C	D	E	F	G
1	Kostenvergleich						
2							
3		Januar	Februar		März		1. Quartal
4		Aufwendungen	Aufwendungen	Veränderungen	Aufwendungen	Veränderungen	Aufwendungen
5	Aufwendungen für Energie	7.145,00 €	7.452,00 €	4,3%	7.245,00 €	-2,8%	
6	Gehälter	180.152,00 €	172.365,00 €		168.523,00 €		
7	Büromaterial	1.120,00 €	1.253,00 €		1.036,00 €		
8	Aufwendungen für Werbung	5.460,00 €	6.312,00 €		3.640,00 €		
9	Summe						

2. Nehmen Sie die folgenden Seiteneinstellungen für das Tabellenblatt „Umsatzentwicklung" in der Arbeitsmappe *Umsatz* vor und kontrollieren Sie Ihre Arbeit anschließend über die Seitenansicht.
   - Kopfzeile links: Dateiname; Mitte: Name des Tabellenblattes
   - Fußzeile links: Datum; Fußzeile Mitte: Seitennummerierung
   - Querformat
   - Vertikale und horizontale Zentrierung
   - Druckbereich des Tabellenblattes Umsatzentwicklung A2 bis E7

4.6 Relative und absolute Adressierung

Situation
Kerstin verzweifelt fast: Bei der Bearbeitung der Tabelle Umsatzerlöse erhält sie immer die Fehlermeldung „#DIV/0". Sie geht der Sache auf den Grund.

Aufgabe
Öffnen Sie das Tabellenblatt „regional" in der Arbeitsmappe *Umsatz*, geben Sie die Formel zur Berechnung des Anteils der Region Nord (Kramer) am Gesamtumsatz in die Zelle C5 ein und kopieren Sie die Formel in die Zelle C6.

Beim Kopieren von Formeln und Funktionen wird in Excel automatisch die Adressierung um die gleichen Werte verändert. Will man also die Formel B5/B8 in die darunter liegende Zelle kopieren, so wird der Zellbezug in der Formel gleichzeitig mitverändert, d. h. in diesem Fall die Zeilennummer um 1 erhöht. Da in Zelle B9 kein Wert eingegeben ist, ergibt sich eine Division durch 0 und es wird der Fehler „#DIV/0" gemeldet.

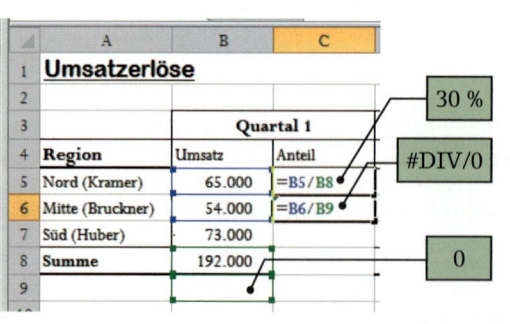

	A	B	C
1	Umsatzerlöse		
2			
3			Quartal 1
4	Region	Umsatz	Anteil
5	Nord (Kramer)	65.000	=B5/B8
6	Mitte (Bruckner)	54.000	=B6/B9
7	Süd (Huber)	73.000	
8	Summe	192.000	
9			

30 %
#DIV/0
0

Die Adressierung ist also immer relativ zu der Zelle, in der die Formel steht.

Möchten Sie, dass nach dem Kopieren in der Zelle C6 die Formel =B6/B8 steht, so müssen Sie in der Quellzelle eine absolute Adressierung vornehmen, indem Sie ein Dollarzeichen vor die Zeilenangabe setzen (Funktionstaste F4), also B6/B$8.

Ohne das Dollarzeichen ist die Adressierung relativ, das heißt, Excel passt beim Kopieren oder Verschieben die Adressierung an.

Tabellenkalkulation mit MS-Excel

Hinweis: Um den Vorteil der Anpassung von Zelladressen beim Formelkopieren nutzen zu können, ist es erforderlich, bei der Eingabe von Rechenoperationen Zelladressen zu verwenden. Wenn man absolute Zahlen eingibt, kann keine Anpassung vorgenommen werden. Auch wenn Zahlen oder Formeln in irgendeiner Zelle der Tabelle geändert werden, kann Excel die Berechnung nur anpassen, wenn mit Zelladressen gearbeitet wurde.

Aufgabe: Ändern Sie das Tabellenblatt „regional" entsprechend der Vorlage (siehe Abbildung unten) und berechnen Sie die Anteile der Region Nord (Zeile 5). Nehmen Sie in den Formeln eine Adressierung vor, die Ihnen das Kopieren in die darunter liegenden Zellen ermöglicht.

	A	B	C	D	E	F	G	H	I	J
1	**Umsatzerlöse**									
2										
3		Quartal 1		Quartal 2		Quartal 3		Quartal 4		
4	Region	Umsatz	Anteil	Umsatz	Anteil	Umsatz	Anteil	Umsatz	Anteil	Summe
5	Nord (Kramer)	65.000	33,85%	56.000		54.000		52.000		
6	Mitte (Bruckner)	54.000	28,13%	58.000		62.000		65.000		
7	Süd (Huber)	73.000	38,02%	69.000		73.000		72.000		
8	Summe	192.000	100%							

Situation: Kerstin soll die Erfolgsrechnungen der letzten beiden Geschäftsjahre miteinander vergleichen.

Aufgaben:

1. Öffnen Sie die Arbeitsmappe *Kosten*, richten Sie ein Tabellenblatt „Kostenvergleich II" ein und übernehmen Sie die Werte der abgebildeten Tabelle.

Fehlermeldung **#Name?** siehe: **Texteingabe** auf S. 226

	A	B	C	D	E
1		**Kostenvergleich**			
2		Jahr 01		Jahr 02	
3		Aufwendungen und Erträge	Anteil am Umsatz	Aufwendungen und Erträge	Anteil am Umsatz
4	Umsatzerlöse für Waren	656.750,00 €	100,0%	830.700,00 €	
5	- Wareneinsatz (Aufw. Waren)	355.000,00 €	54,1%	461.500,00 €	
6	= Rohgewinn	301.750,00 €	45,9%		
7	- Aufwendungen Energie	4.300,00 €		3.600,00 €	
8	- Fremdinstandhaltung	2.300,00 €		1.600,00 €	
9	- Abschreibungen	21.800,00 €		18.700,00 €	
10	- Gehälter	121.600,00 €		112.900,00 €	
11	- Miete	56.900,00 €		56.900,00 €	
12	- Beratungskosten	19.600,00 €		22.300,00 €	
13	- Büromaterial	2.600,00 €		2.800,00 €	
14	- Zeitungen u. Fachliteratur	400,00 €		400,00 €	
15	- Postgebühren	3.600,00 €		4.100,00 €	
16	- Aufwendungen Werbung	12.900,00 €		21.300,00 €	
17	- Versicherungen	13.400,00 €		14.200,00 €	
18	- Betriebliche Steuern	17.100,00 €		18.100,00 €	
19	= Reingewinn	25.250,00 €		276.900,00 €	

Zeile 1	Zeichengröße 12 Punkt
Zeilen 2–19	Zeichengröße 8 Punkt
Spalten B und D	Breite 13 Zeichen; Formatierung #.##0,00 €
Spalten C und E	Breite 10 Zeichen; Formatierung: Prozent 0,00 %
Spalte A	Breite 22,71 Zeichen

Relative und absolute Adressierung

2. Berechnen Sie den Anteil am Umsatz in Prozent in C5 und geben Sie dabei eine absolute Adressierung für die Zelle B4 ein.
3. Kopieren Sie anschließend die Formel in die Zellen der Spalte C.
4. Verfahren Sie entsprechend mit der Berechnung des Umsatzanteils.

Texteingabe:

Wenn Sie die Eingabe in einer Zelle mit einem Operator (z. B. + oder –) beginnen, so „erwartet" das Programm eine Formel und setzt automatisch ein Gleichheitszeichen davor. Folgt keine Formel, meldet das Programm den Fehler **„#NAME?"**. Um eine Texteingabe trotzdem mit einem Operator beginnen zu können, haben Sie drei Möglichkeiten:

1. Eingabe eines Leerschrittes vor dem Operator
2. Eingabe von Gleichheits- und Anführungszeichen
   (z. B.: = „– Wareneinsatz")
3. Formatierung der betreffenden Zelle(n) als Text: **<Start>** → **<Zahl>** → **Listenpfeil <Zellen formatieren>** → **<Text>**

Zusammenfassung

- ▶ Die Standardadressierung in Excel ist die relative Adressierung.
- ▶ Zur Eingabe einer absoluten Adressierung in eine Formel stellen Sie vor die Spalten und/oder Zeilenangabe ein Dollarzeichen.
- ▶ Texteingaben mit vorangestelltem Operator müssen als solche kenntlich gemacht werden durch:
  — Leerzeichen bzw. Apostroph
  — „=…Text…"
  — Formatierung als Text: **<Start>** → **<Zahl>** → **Listenpfeil <Zellen formatieren>** → **<Text>**

Situation: Kerstin soll die optimale Bestellmenge für Druckplatten bei einem Einstandspreis von 3,97 € und einem Jahresbedarf von 9 000 Stück bestimmen. Die Lagerkosten sind mit 35 % des durchschnittlichen Lagerbestandes ermittelt worden.

Aufgabe: Berechnen Sie die optimale Bestellmenge und speichern Sie die Arbeitsmappe unter dem Dateinamen *Einkauf*.

	A	B	C	D	E	F
1	Berechnung der optimalen Bestellmenge					
2					Artikel	DP 1103
3			Jahresbedarf	9.000 Stück	Einstandspreis	3,97 €
4			Kosten je Bestellung	26,00 €	Mindestbestellmenge	200 Stück
5			Lagerkostensatz	35%	Mindestbestand	200 Stück
6						
7		Bestellmenge	Bestellhäufigkeit	Ø Lagerbestand	Bestellkosten	Lagerkosten	Gesamtkosten
8		200 Stück	45	300 Stück	1.170,00 €	416,85 €	1.586,85 €
9		400 Stück					
10		600 Stück					
11		800 Stück					
12		1.000 Stück					
13		1.200 Stück					
14		1.400 Stück					
15		1.600 Stück					
16		1.800 Stück					
17		2.000 Stück					

Tabellenkalkulation mit MS-Excel

Hinweise zur Berechnung:

Bestellmenge . . . . . . ganzzahliges Vielfaches der Mindestbestellmenge
Bestellhäufigkeit . . . Jahresbedarf/Bestellmenge
⌀ Lagerbestand . . . . Bestellmenge/2 + Mindestbestand
Bestellkosten . . . . . . Bestellhäufigkeit x Kosten der Bestellung
Lagerkosten . . . . ⌀ Lagerbestand x Einstandspreis x Lagerkostensatz
Gesamtkosten . . . . . Bestellkosten + Lagerkosten

4.7 Funktionen

4.7.1 Statistische Funktionen

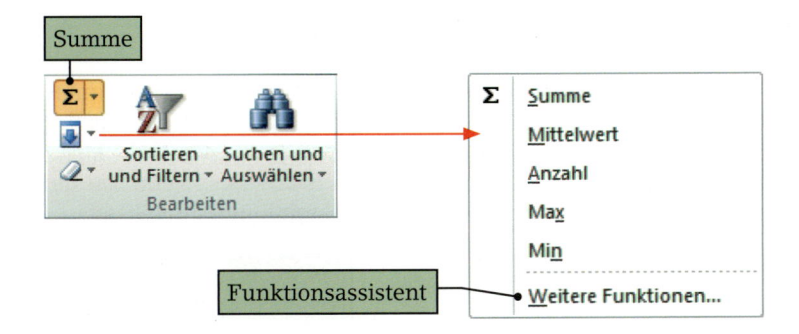

Summe

Funktionsassistent

Aufgaben Geben Sie die Tabelle A2 bis B5 ein und lassen Sie die folgenden Berechnungen mithilfe von statistischen Funktionen durchführen:

Berechnen Sie ...	Funktion
– die Anzahl der in der Tabelle enthaltenen Zahlen	Anzahl
– die Anzahl der beschrifteten Zellen	Anzahl 2
– den Durchschnitt der in der Tabelle enthaltenen Zahlen	Mittelwert
– den größten Wert der Tabelle	Maximum
– den kleinsten Wert der Tabelle	Minimum

	A	B	C	D	E
1	Tabelle			Berechnung	Ergebnis
2	6	8		Anzahl der Zahlen	5
3	2	5		Anzahl der beschrifteten Zellen	7
4	B			Durchschnitt der Werte	5
5	4	m		größter Wert	8
6				kleinster Wert	2

Leere Zellen und Textzellen werden mit Ausnahme der Funktion **<Anzahl 2>** bei der Berechnung nicht berücksichtigt. Wenn Sie eine Null in die Zelle B4 eingeben, ändern sich die berechneten Werte, da eine Null als Wert mit berechnet wird.

Funktionsassistent

Wenn Sie nicht genau wissen, welche Funktion für Ihre Problemstellung relevant ist, oder wenn Sie Unterstützung bei der Eingabe der Argumente benötigen, ist der Funktionsassistent hilfreich. Um den Funktionsassistenten aufzurufen, haben Sie drei Möglichkeiten:

▶ Schaltfläche **<Funktion einfügen>** in der Bearbeitungsleiste anklicken

▶ **<Formeln>** → **<Funktionsbibliothek>** → **<Funktion einfügen>**

▶ **<Formeln>** → **<Funktionsbibliothek>** → **<Mehr Funktionen>** → **<Statistisch>**

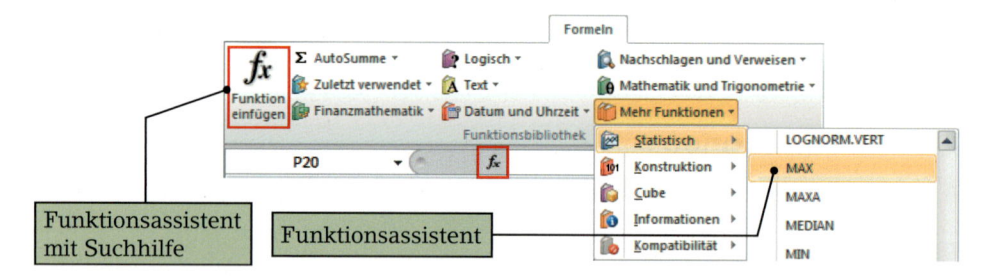

Sie können den Assistenten nach Funktionen suchen lassen. Geben Sie unter **<Funktion suchen>** einen Suchbegriff ein und wählen Sie die Kategorie, aus der Sie eine Funktion benötigen. Die Funktionen zur Berechnung von Maximal-, Minimal- und Mittelwerten befinden sich in der Kategorie **<Statistik>**. Wenn Sie die Kategorie **<Alle>** wählen, werden sämtliche verfügbare Funktionen aufgelistet.

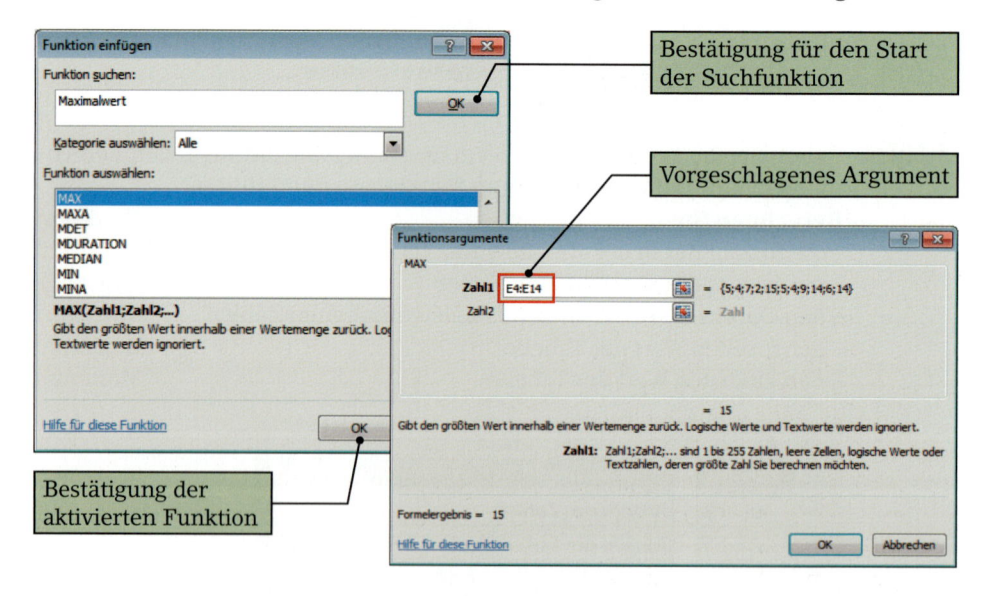

Nachdem Sie die Funktion (z. B. MAX) gewählt haben, erscheint das Dialogfenster **<Funktionsargumente>**, in dem Sie einen Bereich, aus dem der Maximalwert ermittelt werden soll, angeben können. Wenn Sie bei **<Zahl1>** einen Bereich eingegeben haben, so erscheinen rechts daneben die in den Zellen enthaltenen Zahlen und unten der für die Funktion errechnete Wert. Um die Funktion einzufügen und den Funktionsassistenten zu verlassen, wählen Sie **<OK>**.

Tabellenkalkulation mit MS-Excel

Situation Kerstin erstellt für CMS die quartalsbezogene Umsatzstatistik pro Kunde und lernt so die gebräuchlichsten Funktionen in Excel kennen.

Aufgaben

1. Öffnen Sie eine neue Arbeitsmappe *Statistik* und geben Sie auf einem Tabellenblatt „Kunden" die Kundenstatistik ein.
2. Berechnen Sie die Summen, Maximal-, Minimal- und Mittelwerte, indem Sie die entsprechenden Funktionen eingeben. Benutzen Sie dabei zur Übung sowohl die Schaltfläche **<Summe>** in der Gruppe **<Bearbeiten>** als auch den Funktionsassistenten.

	A	B	C	D	E	F	G	H	I	J	K	L
1	**Kundenstatistik**											
2			Quartal 1		Quartal 2		Quartal 3		Quartal 4		Summe	
3	Kd.-Nr	Firma	Aufträge	Umsatz in €	Aufträge	Umsatz in €	Aufträge	Umsatz in €	Aufträge	Umsatz in €	Aufträge	Umsatz in €
4	D24001	Fritz Meier KG	3	42.315	5	39.867	4	39.867	8	69.301	20	191.350
5	D24002	Versandhaus Rabe AG	8	168.903	4	29.865	7	276.340	3	124.068		
6	D24003	Versand - Conrad	12	145.268	7	94.672	0	-	5	69.160		
7	D24004	Bürokette- Ost GmbH	4	97.360	2	75.369	7	39.681	9	73.016		
8	D24005	Büro-Modern GmbH	12	204.698	15	306.981	9	102.390	4	86.003		
9	D24006	Der Büromark GmbH	2	90.365	5	35.068	1	75.036	4	63.172		
10	D24007	Papeterie Fachmärkte GmbH	7	42.603	4	58.136	2	19.638	6	39.035		
11	D24008	Sommer Werbegesch. GmbH	7	84.657	9	170.698	7	126.089	3	52.036		
12	D24009	Büro-Aktuell GmbH	11	78.603	14	169.384	17	210.364	8	49.360		
13	D24010	Volkswagen AG	12	42.013	6	36.198	2	45.036	4	76.398		
14	D24011	Andre Steller	13	136.298	14	201.306	16	169.830	12	301.611		
15		Summe	91	1.133.083								
16		Maximum	13	204.698								
17		Minimum	2	42.013								
18		Mittelwert	8,273	103.008								

4.7.2 WENN-Funktion

Situation Kerstin will ein Rechnungsformular erstellen, mit dem ein Rabatt in Abhängigkeit vom Warenwert berechnet werden kann.

Aufgaben

1. Geben Sie das folgende Rechnungsformular auf einem Arbeitsblatt „Warenwert" in einer neuen Arbeitsmappe *Rechnung* ein.
2. Lassen Sie Excel in der Spalte F den jeweiligen Gesamtbetrag der einzelnen Positionen berechnen.
3. Lassen Sie Excel die Summe der einzelnen Gesamtbeträge in F13 berechnen.
4. In Zelle E14 soll der Rabattsatz in Abhängigkeit vom Warenwert stehen. Ab 3.000,00 € Warenwert soll ein Rabatt von 5 % gewährt werden.
5. Der Netto-Rechnungsbetrag wird als Differenz aus Warenwert und Rabatt berechnet.

	A	B	C	D	E	F
1	**Rechnung**					
3	Position	Art.-Nr.	Bezeichnung	Menge	Einzelpreis	Betrag
4	1	10003	Visitenkarten, Leinenstruktur, 500 Stck	55	83,24 €	4.578,20 €
5	2	20002	Motivkarten Cartoon, 10,5 x 14,5 cm	15	98,17 €	1.472,55 €
6	3	50001	T-Shirts, 100% Baumwolle, 145 g Gewicht, weiß	30	4,09 €	122,70 €
7						
8						
9						
10						
11						
12						
13			Warenwert			6.173,45 €
14			Rabatt (ab 3.000,00 € Warenwert)		5%	308,67 €
15			Netto-Rechnungsbetrag			5.864,78 €
16			Umsatzsteuer		19%	1.114,31 €
17			Rechnungsbetrag			6.979,09 €

6. In Zelle E16 steht der Umsatzsteuersatz von 19 %, in F16 der Umsatzsteuerbetrag und in F17 der Rechnungsbetrag.
7. Differenzieren Sie bei der Formatierung der Ein- und Ausgabebereiche, indem Sie unterschiedliche Akzente verwenden, speichern Sie die Arbeitsmappe und geben Sie als Dateiname *Rechnung* ein.

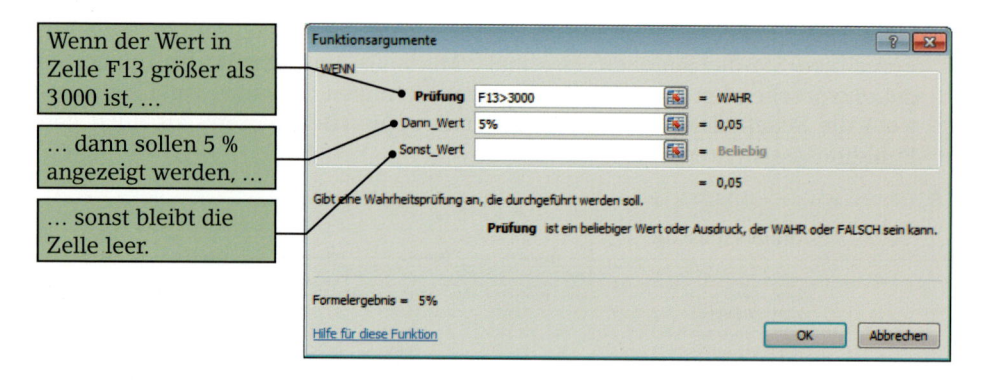

Wenn der Wert in Zelle F13 größer als 3000 ist, …

… dann sollen 5 % angezeigt werden, …

… sonst bleibt die Zelle leer.

Excel fügt in die Zelle die Funktion ein:
= WENN (Wahrheitsprüfung; Dann-Wert; Sonst-Wert)
= WENN(F13>3000;5%;)

Mit folgenden Operatoren kann bei der Wahrheitsprüfung ein Wert A (Inhalt der Zelle F13) mit einem Wert B (3000) verglichen werden:

- = gleich
- < kleiner
- \> größer
- <> kleiner oder größer
- <= kleiner gleich
- \>= größer gleich

Aufgaben

1. Sorgen Sie mithilfe einer WENN-Funktion dafür, dass in dem erstellten Rechnungsformular in den freien Zellen der Spalte F weder eine Null noch ein Währungszeichen steht. Gehen Sie nach der folgenden Aussage vor:

   „Wenn in der betreffenden Zeile keine Artikelnummer eingegeben ist, dann soll in der Spalte „Betrag" nichts stehen, sonst soll das Produkt aus Einzelpreis und Menge angezeigt werden."

   Hinweis: Damit in einer Zelle nichts angezeigt wird, kann man mithilfe von Anführungszeichen ("") einen Text erzeugen, ohne dass man etwas hineinschreibt.

2. Die Position soll fortlaufend nummeriert immer dann erscheinen, wenn in Spalte B (Artikelnummer) eine Eingabe erfolgt. Gehen Sie nach der folgenden Aussage vor:

   „Wenn in der betreffenden Zeile keine Artikelnummer eingegeben ist, dann soll in der Spalte „Position" nichts stehen, sonst soll ein Wert angezeigt werden, der dem um 1 erhöhten Wert in der Zelle darüber entspricht."

3. Kennzeichnen Sie die Spalte A farblich als Ausgabespalte.

4. Richten Sie in der Arbeitsmappe *Rechnung* das Arbeitsblatt „Menge" ein und erstellen Sie das nachfolgend abgebildete Rechnungsformular. Der Rabatt soll in Abhängigkeit von der jeweiligen Bestellmenge berechnet werden. Ab einer Bestellmenge von 20 Einheiten werden 5 % Rabatt gewährt. Lassen Sie in der Spalte F mithilfe der WENN-Funktion den Rabattsatz festlegen und geben Sie

Tabellenkalkulation mit MS-Excel

die Formeln zur Berechnung des Rabatts, der Beträge, des Nettorechnungsbetrages, der Umsatzsteuer und des Rechnungsbetrages ein.

	A	B	C	D	E	F	G	H	I
1	**Rechnung**								
2									
3	Position	Art.-Nr.	Bezeichnung	Menge	Einzelpreis	Gesamtpreis	Rabattsatz	Rabatt	Betrag
4	1	10003	Visitenkarten, Leinenstruktur, 500 Stck	55	83,24 €	4.578,20 €	5%	228,91 €	4.349,29 €
5	2	20002	Motivkarten Cartoon, 10,5 x 14,5 cm	15	98,17 €	1.472,55 €			1.472,55 €
6	3	50001	T-Shirts, 100% Baumwolle, 145 g Gewicht, weiß	30	4,09 €	122,70 €	5%	6,14 €	116,57 €
7									
8									
9									
10									
11									
12									
13						Netto-Rechnungsbetrag			5.938,41 €
14						Umsatzsteuer		19%	1.128,30 €
15						Rechnungsbetrag			7.066,70 €

Sie können zur Arbeitserleichterung das bereits erstellte Rechnungsformular vom Arbeitsblatt „Warenwert" kopieren, in das Arbeitsblatt „Menge" einfügen und anpassen.

Aufgabe Ändern Sie die Formeln in Spalte F dahingehend, dass Sie eine dritte Rabattstufe von 7 % ab einer Bestellmenge von 50 Verpackungseinheiten einrichten.

Die Wenn-Dann-Beziehungen müssen ineinander verschachtelt werden, indem der Sonst-Wert durch eine weitere Wenn-Dann-Beziehung ersetzt wird.

= Wenn (Prfg. 1; Dann **A**; Wenn (Prfg. 2; Dann **B**; Sonst **C**))
= Wenn (Prfg. 1; Dann **A**; Sonst)
= WENN(D4<20;0;WENN(D4<50;5%;7%))

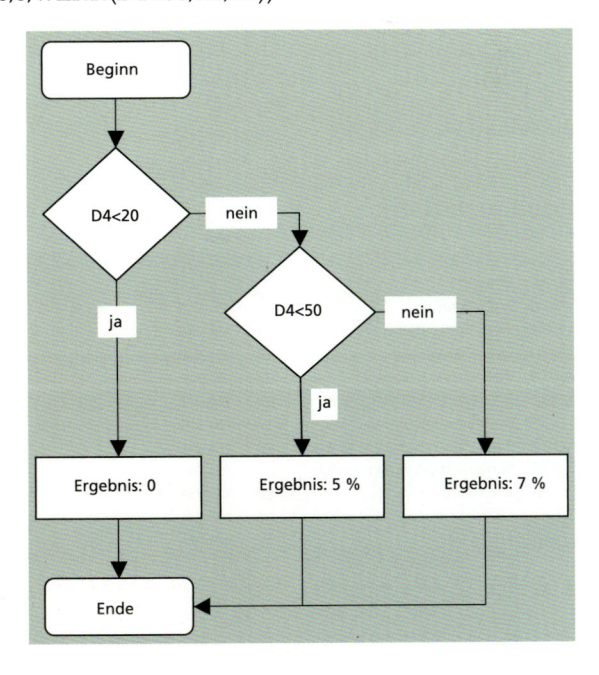

Zusammenfassung

▶ Mithilfe des Funktionsassistenten können Sie ermitteln, welche Funktion Sie zur Lösung Ihres Problems benötigen, und sie dann Schritt für Schritt bearbeiten.

▶ Funktionen lassen sich auch direkt unter Umgehung des Assistenten einfügen, indem man ein Gleichheitszeichen, den Namen der Funktion und dahinter in Klammern die jeweiligen durch Semikolon voneinander getrennten Argumente eingibt.

▶ Mit einer Wenn-Funktion können Sie die Ausführung einer Formel oder einer weiteren Funktion vom Eintreten einer Bedingung abhängig machen.

Aufgaben

1. Öffnen Sie die Tabelle „Provision" in der Arbeitsmappe *Umsatz* und ändern Sie in Spalte E den Provisionsanteil, indem Sie eine verschachtelte Wenn-Funktion einsetzen. Es sollen folgende Provisionssätze bezogen auf den Gesamtumsatz gelten:

	bis 500.000 €	1,00 %
mehr als 500.000 €	bis 700.000 €	1,25 %
mehr als 700.000 €	bis 800.000 €	1,50 %
mehr als 800.000 €	bis 900.000 €	1,75 %
mehr als 900.000 €		2,00 %

2. Ergänzen Sie die Tabelle „Kunden" in der Arbeitsmappe *Statistik* um die Bonusberechnung am Jahresende. Benutzen Sie dabei eine verschachtelte Wenn-Funktion. Es sollen folgende Boni auf den Gesamtumsatz gewährt werden:

   ab 150.000,00 €   0,5 %
   ab 200.000,00 €   0,8 %
   ab 300.000,00 €   0,9 %
   ab 400.000,00 €   1,0 %

Kundenstatistik

			Summe		Bonus	
Kd.-Nr	Firma	Aufträge	Umsatz in €		Satz	Rückvergütung in €
D24001	Fritz Meier KG	20	191.350		0,5 %	957
D24002	Versandhaus Rabe AG	22	599.176			
D24003	Versand - Conrad	24	309.100			
D24004	Bürokette- Ost GmbH	22	285.426			
D24005	Büro-Modern GmbH	40	700.072			
D24006	Der Büromark GmbH	12	263.641			
D24007	Papeterie Fachmärkte GmbH	19	159.412			
D24008	Sommer Werbegesch. GmbH	26	433.480			
D24009	Büro-Aktuell GmbH	50	507.711			
D24010	Volkswagen AG	24	199.645			
D24011	Andre Steller	55	809.045			
	Summe	314	4.458.058			
	Maximum	55	809.045			
	Minimum	12	159.412			
	Mittelwert	28,55	405.278			

4.7.3 Fehlermeldungen

Diverse Fehlermeldungen geben Hinweise auf die Art des Eingabefehlers.

Fehlermeldung	mögliche Ursachen	Lösungswege
########	– Datum oder Uhrzeit mit negativem Ergebnis – Zeichen sind breiter als die Zelle	Formeln überprüfen Formatierung ändern (verkleinern) Spalten verbreitern
#Wert!	Der Datentyp eines Arguments stimmt nicht mit der erforderlichen Syntax überein, z. B. Eingabe von Text statt Zahl in einem Argument.	Überprüfen Sie die Zellen, auf die sich die Formel bezieht.
#DIV/0!	In einer Formel erfolgt eine Division durch 0.	– Zellbezug überprüfen – Werte ändern
#Name?	– Der Text in einer Formel wird von Excel nicht erkannt. – Namen von Funktionen, Zellen oder Zellbereichen sind falsch geschrieben.	Überprüfen Sie die Schreibweise der Namen, die Sie vergeben haben.
#Null!	Sie haben eine Schnittmenge angegeben, die nicht existiert.	Überprüfen Sie die Definition der angegebenen Bereiche.
#Zahl!	Es ist ein Problem mit einer Zahl in einer Formel oder Funktion aufgetreten.	– Stellen Sie sicher, dass Sie die richtigen Argumenttypen verwendet haben. – Stellen Sie sicher, dass das Ergebnis nicht größer als 1×10^{307} und nicht kleiner als -1×10^{307} ist.
#NV	– Ein Wert in einer Funktion oder Formel ist nicht verfügbar. – Es ist ein Bezug zu einer leeren Zelle hergestellt worden.	Stellen Sie sicher, dass nicht anstelle eines Wert- oder Zellbezugs ein Bereichsbezug hergestellt worden ist.
#Bezug!	Ein Zellbezug ist ungültig.	Das Problem entsteht häufig durch Löschen von Zellen. Ändern Sie die Formeln oder stellen Sie die Zellen über den Befehl **<Rückgängig>** wieder her.
Zirkelbezug	Die Formel in einer Zelle bezieht sich auf sich selbst.	Untersuchen Sie die Formel mithilfe der Fehlerüberprüfung. Sie erscheint nur in der Auswahlliste, wenn ein Zirkelbezug vorhanden ist.

Microsoft Excel stellt eine Formelüberwachung zur Verfügung, die Sie bei der Erkennung und Korrektur von Fehlern unterstützt. Es können Zellbezüge visualisiert und Funktionen überprüft werden.

<Formeln> → <Formelüberwachung>

- Visualisierung von Zellbezügen
- Fehlerüberprüfung
- Formelauswertung

	A	B	C	D	E
1					
2		Artikel:	KA 35 126		
3		Preis:	14,36 €		
4					
5		Sollbestand			
6		Stück	€		
7		291	4.178,76 €		
8		Istbestand		Differenz	
9		Stück	€	Stück	€
10		284	4.078,24 €	7	100,52 €

=B7*C3

=C3*D10

Für die Rechtschreibkorrektur befindet sich eine Rechtschreib- und Grammatikprüfung im Programm.

<Überprüfen> → <Dokumentprüfung>

4.8 Textfeld/Grafik

Situation

Es müssen neue Druckplatten bestellt werden. Kerstin hat bereits einen Angebotsvergleich durchgeführt. Über die Anbieter liegen folgende Informationen vor:

- Konzak ist ein Lieferant, bei dem wir bisher noch nicht bestellt haben. Wir haben daher keine Erfahrungen hinsichtlich seiner Zuverlässigkeit, Qualität, Kulanz usw.
- Dodenhoff ist uns als unzuverlässig hinsichtlich der Einhaltung von Lieferterminen bekannt, ist ansonsten aber kulant und liefert gute Qualität.
- Die Druck-Logistik GmbH ist unser bisheriger Hauslieferant für Druckplatten und diverse andere Betriebsstoffe.

Aufgaben

1. Öffnen Sie die Mappe *Angebotsvergleich* und wählen Sie das Tabellenblatt „Druckplatten". Geben Sie aufgrund der oben gegebenen Informationen und dem vorliegenden Angebotsvergleich in einem Textfeld eine Empfehlung für einen der drei Lieferanten (mit Begründung).
2. Kontrollieren Sie die Rechtschreibung.
   <**Überprüfen**> → <**Rechtschreibung und Grammatik**>
3. Fügen Sie in der Arbeitsmappe *Statistik* auf dem Tabellenblatt „Kunden" die Grafik *Statistik.gif* ein.

Textfeld erzeugen

- Klicken Sie auf das Register <**Einfügen**> und anschließend in der Gruppe <**Text**> auf das Symbol <**Textfeld**>.
- Positionieren Sie das Fadenkreuz an der Stelle, an der sich eine Ecke des Textfeldes befinden soll.
- Ziehen Sie die Maus, bis das Textfeld die gewünschte Größe und Form hat.
- Geben Sie den Text ein.

Größe und Form verändern

- Wenn Sie auf das Textfeld klicken, erscheinen Ziehpunkte.
- Fassen Sie mit der Maus an einen Punkt und verändern Sie die Größe (Eckpunkte) oder Form (Seitenpunkte).
- Wenn Sie bei der Größenänderung die Proportionen beibehalten wollen, müssen Sie beim Ziehen die Shift -Taste gedrückt halten.

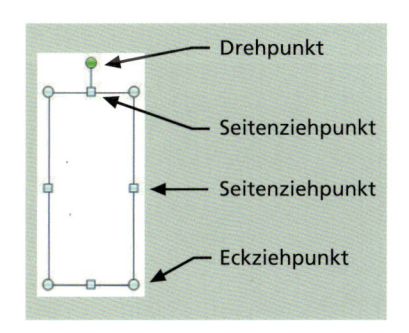

Drehpunkt
Seitenziehpunkt
Seitenziehpunkt
Eckziehpunkt

Position verändern

▶ Bewegen Sie den Mauspfeil auf den Rand zwischen zwei Punkten.

▶ Ziehen Sie das Textfeld an die gewünschte Position.

Textfeld löschen

▶ Klicken Sie auf den Rand des Textfeldes.

▶ Betätigen Sie die [Entf]-Taste.

Grafik einfügen

▶ <Einfügen> ➔ <Illustrationen> ➔<Grafik>

oder

▶ Markieren Sie die Grafik, die Sie einfügen möchten (z. B. im Webbrowser).

▶ Kopieren Sie sie in die Zwischenablage ([Strg] + [C]).

▶ Wechseln Sie zur Excel-Tabelle ([Alt] + [Tab]).

▶ Fügen Sie die Grafik ein ([Strg] + [C]).

Kundenstatistik

Ku.-Nr	Firma	Quartal 1 Aufträge	Quartal 1 Umsatz in €	Quartal 2 Aufträge	Quartal 2 Umsatz in €	Quartal 3 Aufträge	Quartal 3 Umsatz in €	Quartal 4 Aufträge	Quartal 4 Umsatz in €	Summe Aufträge	Summe Umsatz in €
D24001	Fritz Meier KG	3	42.315	5	39.867	4	39.867	8	69.301	20	191.350
D24002	Versandhaus Rabe AG	8	168.903	4	29.865	7	276.340	3	124.068	22	599.176
D24003	Versand - Conrad	12	145.268	7	94.672	0	-	5	69.160	24	309.100

Zusammenfassung

▶ Einfügen eines Textfeldes mit **<Einfügen>** ➔ **<Text>** ➔ **<Textfeld>**.

▶ Zum Einfügen einer Grafik benutzen Sie die Zwischenablage.

▶ Ein Textfeld oder eine Grafik wird durch Anklicken aktiviert.

▶ Mithilfe der Ziehpunkte lassen sich Größe und Form variieren.

▶ Durch Anfassen und Ziehen des Randes zwischen den Punkten kann ein Textfeld verschoben werden.

▶ Um ein Objekt zu löschen, aktivieren Sie es und betätigen dann die [Entf]-Taste.

Tabellenkalkulation mit MS-Excel

4.9 Diagramme

4.9.1 Diagramme erstellen

Situation Für eine Präsentation soll Kerstin die folgende Tabelle in Diagrammen darstellen.

Aufgaben
1. Öffnen Sie die Arbeitsmappe *Statistik* und geben Sie in das Tabellenblatt „Artikelgruppen" die Werte für den Umsatz der Handelswaren und Eigenerzeugnisse ein.
2. Erstellen Sie ein Säulendiagramm für die Umsätze der „Handelswaren 1".
3. Erweitern Sie den Datenbereich um die drei restlichen Datenreihen.
4. Wechseln Sie die Darstellung der Spalten und Zeilen.
5. Stellen Sie die Datenreihen „Handelswaren 1" und „Handelswaren 3" als Liniendiagramm auf einem gesonderten Tabellenblatt „HW1-HW3" dar.

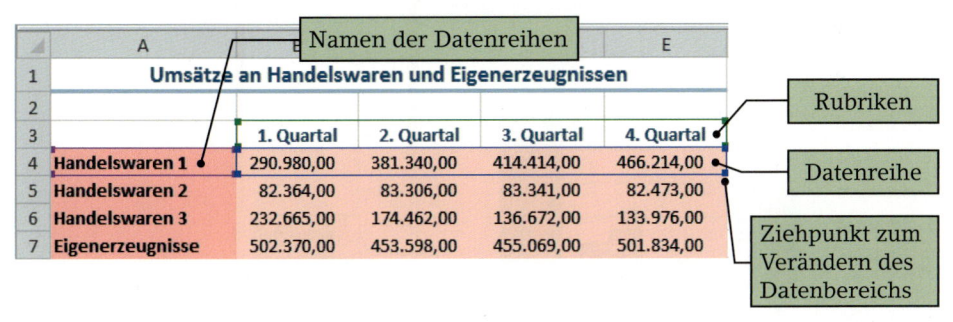

	A	B	C	D	E
1	Umsätze an Handelswaren und Eigenerzeugnissen				
2					
3		1. Quartal	2. Quartal	3. Quartal	4. Quartal
4	Handelswaren 1	290.980,00	381.340,00	414.414,00	466.214,00
5	Handelswaren 2	82.364,00	83.306,00	83.341,00	82.473,00
6	Handelswaren 3	232.665,00	174.462,00	136.672,00	133.976,00
7	Eigenerzeugnisse	502.370,00	453.598,00	455.069,00	501.834,00

Beschriftungen: Namen der Datenreihen; Rubriken; Datenreihe; Ziehpunkt zum Verändern des Datenbereichs

▶ Markieren Sie zunächst den in Form eines Diagramms darzustellenden Bereich (hier A3 bis E4).
▶ Klicken Sie auf die Schaltfläche
 <Einfügen> → **<Diagramme>** → **<Säule>** → **<3D-Säule>**.
▶ Wählen Sie den passenden Diagrammuntertyp.

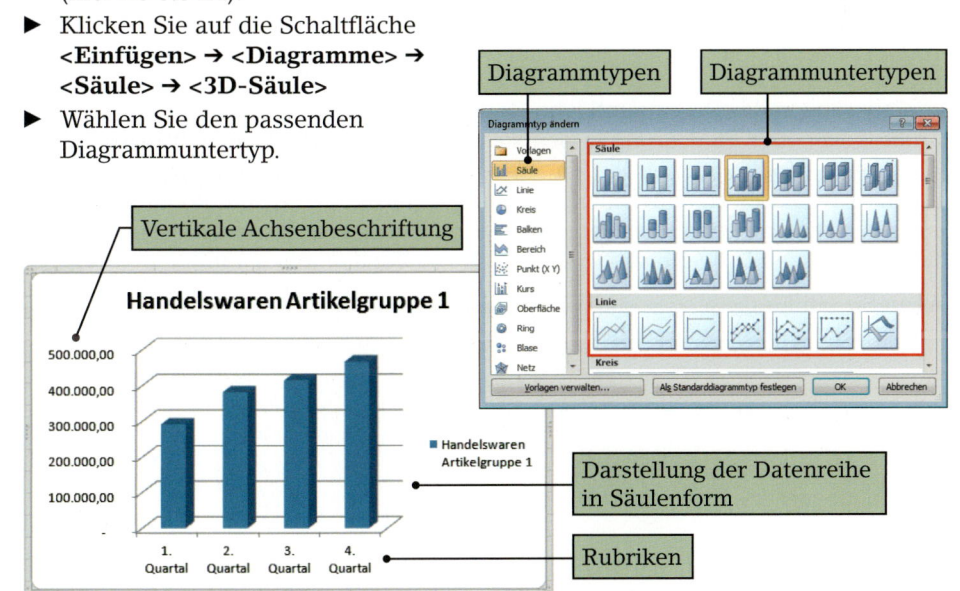

Beschriftungen: Diagrammtypen; Diagrammuntertypen; Vertikale Achsenbeschriftung; Darstellung der Datenreihe in Säulenform; Rubriken

Diagramm: Handelswaren Artikelgruppe 1

Solange das Diagramm aktiviert ist, wird der Datenbereich in der Tabelle farbig umrandet. An den Eckpunkten dieser Umrandung lässt sich der Datenbereich mit der Maus variieren. Da die Daten aus der Tabelle mit dem Diagramm verknüpft sind, werden sämtliche Änderungen in der Tabelle analog im Diagramm übernommen.

▶ Rubrikenbeschriftungen beziehen sich auf die x-Achse.
▶ Legenden (Reihen) beziehen sich auf die y-Achse.

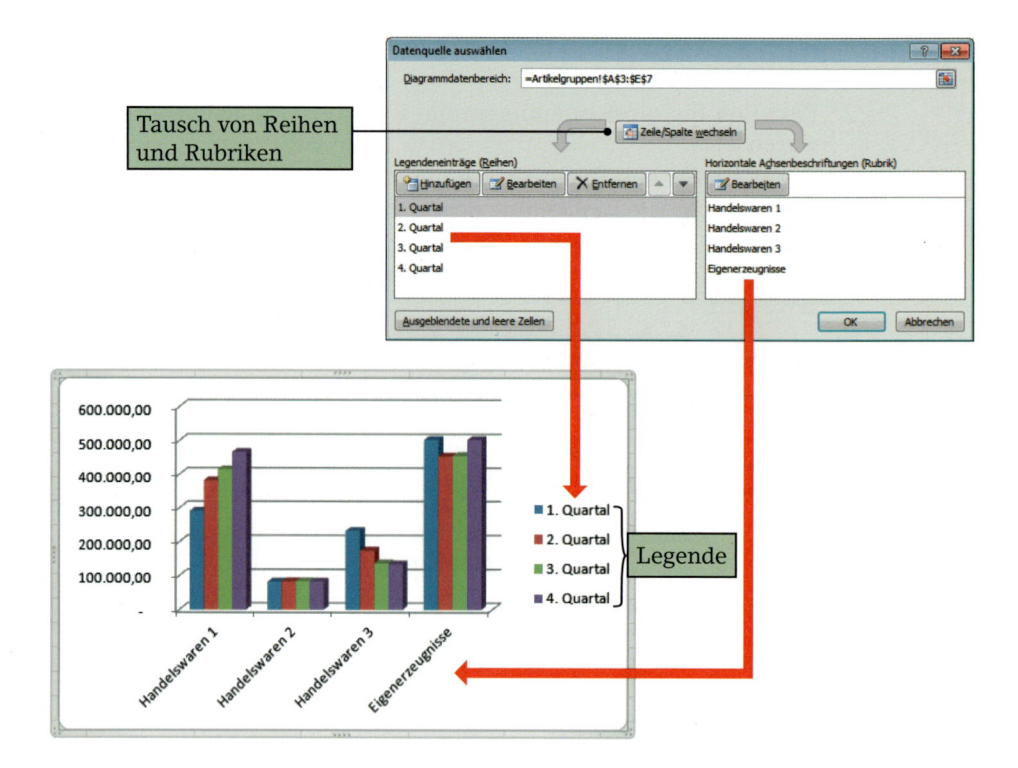

Veränderungen der Diagrammfläche, Zeichnungsfläche, Legende und des Titels in Größe, Form oder Platzierung lassen sich genauso wie beim Textfeld vornehmen. Für weitere Modifikationen in den Farben, der Schriftart, dem Diagrammtyp usw. klicken Sie auf das zu ändernde Diagrammelement. Es erscheint kontextabhängig unter den Diagrammtools Entwurf, Layout und Format das jeweils passende Menüband, mit dessen Hilfe Sie das Diagramm Ihren Vorstellungen anpassen können.

Wenn Sie ein Element oder eine Fläche löschen wollen, so klicken Sie es einmal an und betätigen anschließend die Entf -Taste.

Tabellenkalkulation mit MS-Excel

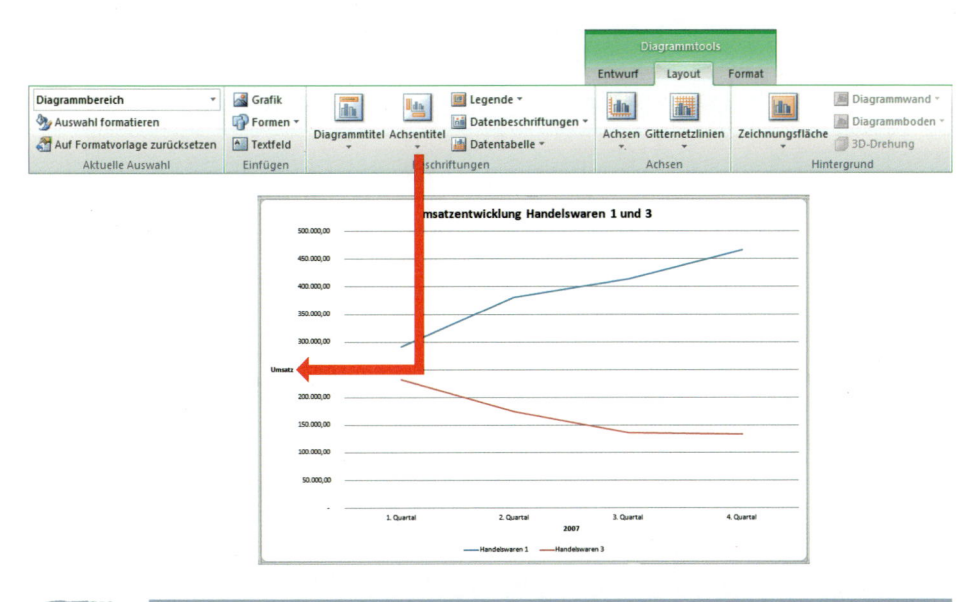

Situation: Ein neues Absatzgebiet soll erschlossen und die Betreuung einem Vertreter übertragen werden. Die Personalabteilung steht vor der Entscheidung, das Gebiet einem Handelsvertreter auf Provisionsbasis (5 % des Umsatzes) oder einem Reisenden mit einem Festgehalt von 1.100,00 € und einer Provision von 2,5 % zu übergeben. Kerstin soll eine begründete Empfehlung erarbeiten.

Aufgaben

1. Öffnen Sie die Arbeitsmappe *Lohn-Gehalt*, richten Sie ein Tabellenblatt „Vertreter" ein und erstellen Sie einen Kostenvergleich für Umsätze von 25.000,00 € bis 75.000,00 € in Schritten von jeweils 5.000,00 €.
2. Lassen Sie die Kostenverläufe in einem Liniendiagramm darstellen.
3. Beschriften Sie die Achsen und formatieren Sie das Diagramm, wie in der nachfolgenden Abbildung dargestellt.
4. Formulieren Sie in einem Textfeld eine begründete Entscheidungsempfehlung. CHRISTIAN MÜLLER WERBEDRUCK rechnet für das betroffene Absatzgebiet mit einem monatlichen Umsatz von 40.000,00 bis 55.000,00 €.

	A	B	C
1	Umsatz	Handelsvertreter	Reisender
2	25.000 €	1.250 €	1.725 €
3	30.000 €	1.500 €	1.850 €
4	35.000 €	1.750 €	1.975 €
5	40.000 €	2.000 €	2.100 €
6	45.000 €	2.250 €	2.225 €
7	50.000 €	2.500 €	2.350 €
8	55.000 €	2.750 €	2.475 €
9	60.000 €	3.000 €	2.600 €
10	65.000 €	3.250 €	2.725 €
11	70.000 €	3.500 €	2.850 €
12	75.000 €	3.750 €	2.975 €

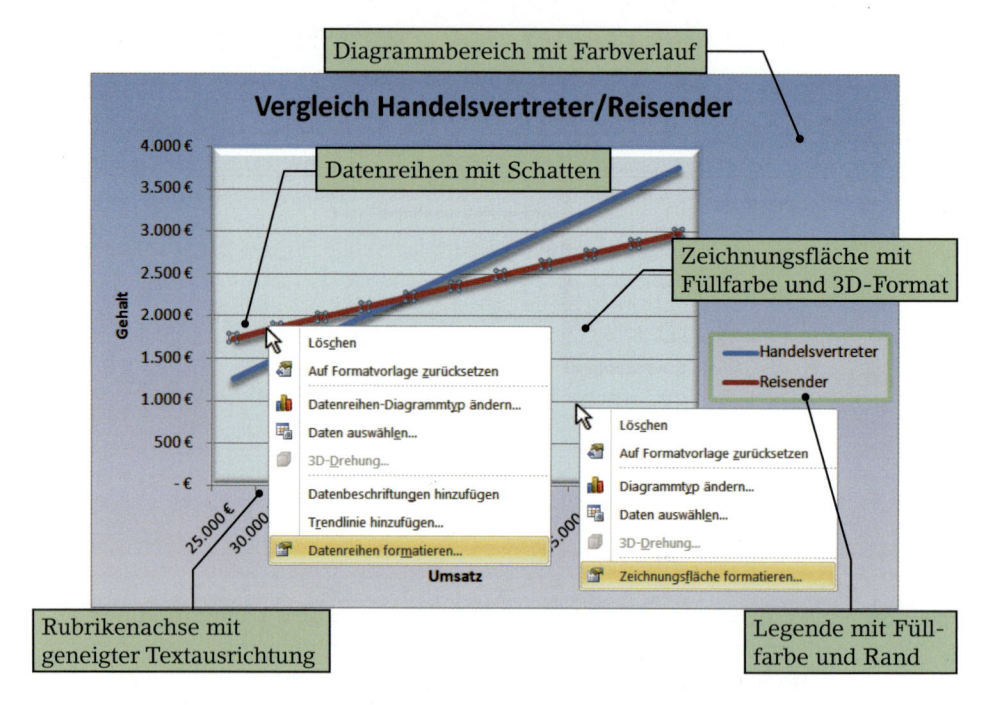

Diagramme

Vergleich Handelsvertreter/Reisender

- Diagrammbereich mit Farbverlauf
- Datenreihen mit Schatten
- Zeichnungsfläche mit Füllfarbe und 3D-Format
- Rubrikenachse mit geneigter Textausrichtung
- Legende mit Füllfarbe und Rand

Kontextmenü (Datenreihe):
- Löschen
- Auf Formatvorlage zurücksetzen
- Datenreihen-Diagrammtyp ändern…
- Daten auswählen…
- 3D-Drehung…
- Datenbeschriftungen hinzufügen
- Trendlinie hinzufügen…
- Datenreihen formatieren…

Kontextmenü (Zeichnungsfläche):
- Löschen
- Auf Formatvorlage zurücksetzen
- Diagrammtyp ändern…
- Daten auswählen…
- 3D-Drehung…
- Zeichnungsfläche formatieren…

Die Dialogfenster zum Formatieren der Diagrammobjekte (Zeichnungsfläche, Legende, Datenreihen, Achsen, Titel, Datenbeschriftungen, …) können Sie jeweils über das Kontextmenü aufrufen. Wählen Sie im Dialogfenster eine Formatoption in der linken Leiste und nehmen Sie die Einstellungen im rechten Bereich vor. Die Veränderungen werden sofort sichtbar.

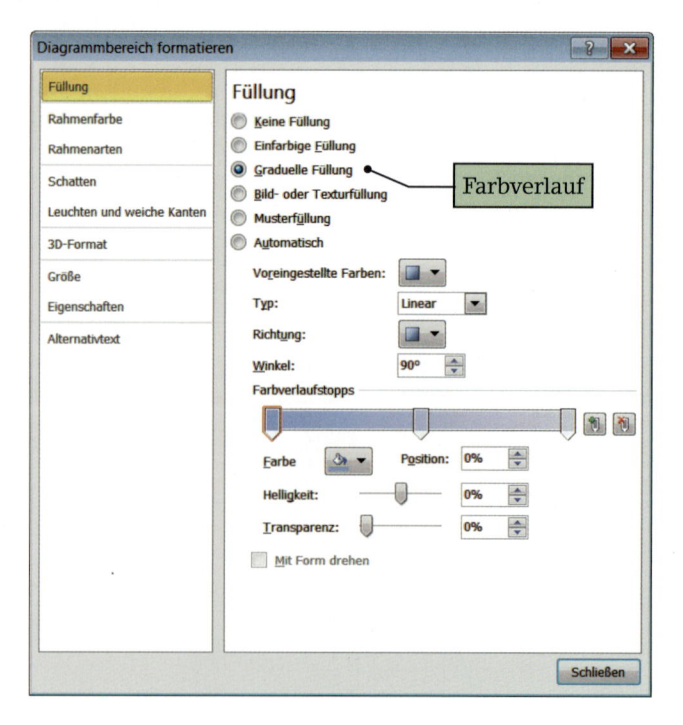

Diagrammbereich formatieren

Linke Leiste:
- Füllung
- Rahmenfarbe
- Rahmenarten
- Schatten
- Leuchten und weiche Kanten
- 3D-Format
- Größe
- Eigenschaften
- Alternativtext

Füllung:
- Keine Füllung
- Einfarbige Füllung
- Graduelle Füllung ← Farbverlauf
- Bild- oder Texturfüllung
- Musterfüllung
- Automatisch

- Voreingestellte Farben:
- Typ: Linear
- Richtung:
- Winkel: 90°
- Farbverlaufstopps
- Farbe   Position: 0%
- Helligkeit: 0%
- Transparenz: 0%
- Mit Form drehen

Schließen

Tabellenkalkulation mit MS-Excel

4.9.2 Diagramme kopieren/verschieben

Diagramme lassen sich ähnlich wie Zellinhalte verschieben oder kopieren. Markieren Sie das Diagramm und kopieren Sie es mit Strg + C in die Zwischenablage. Zum Einfügen klicken Sie auf die gewünschte Position und geben Strg + V ein. Soll das Diagramm an der ursprünglichen Position gelöscht werden, so geben Sie Strg + X anstelle des Kopierbefehls Strg + C ein. Beachten Sie, dass zur Darstellung des Diagramms die Daten aus der zugrunde liegenden Tabelle benötigt werden. Excel stellt einen Bezug zu den Originaldaten her. Wenn Sie das Diagramm in eine andere Datei kopieren, muss gewährleistet sein, dass Excel auf die Datei mit den Originaldaten zugreifen kann. Dazu darf der Speicherort der Originaldatei nicht verändert werden. Um Komplikationen zu vermeiden, können die Originaldaten mitkopiert werden, indem Sie das Tabellenblatt, auf dem sich sowohl das Diagramm als auch die Daten befinden, als Ganzes kopieren oder verschieben.

<Kontextmenü des Tabellenregisters> → <Verschieben/kopieren>

Aufgaben

1. Geben Sie auf einem neu einzurichtenden Tabellenblatt „Geschäftsfelder" in der Arbeitsmappe *Statistik* die folgende Tabelle ein.
2. Stellen Sie die Entwicklung der Veränderungen in einem Diagramm Ihrer Wahl sinnvoll dar.
3. Fügen Sie ein Textfeld ein und beschreiben Sie das Diagramm.

	A	B	C	D	E
1	Umsatzentwicklung des Druckgewerbes nach Geschäftsbereichen				
2		Veränderung in %			
3		2007	2008	2009	2010
4	Werbedrucke	2,3	3,5	3,5	2,1
5	Geschäftsdrucksachen	-0,9	-1,6	-1,6	-0,6
6	Zeitschriften	1,8	2,7	1,6	1,5
7	Anzeigenblätter	3,4	4,4	1,9	2,9
8	Bücher	1,4	0,9	1,1	1,1
9	Etiketten	3,1	-1,3	5,2	3
10	Kalender/Karten	-8,4	-5,3	-4,2	-3,6
11	Sonstige Druckerzeugnisse	4,3	3,1	5,2	3,8
12	Summe Druckerzeugnisse	0,7	1,3	2,8	2,1

Aufgabe

Öffnen Sie die Arbeitsmappe *Einkauf* und stellen Sie die Kostenverläufe für die Ermittlung der optimalen Bestellmenge (Druckplatten) in einem Diagramm dar.

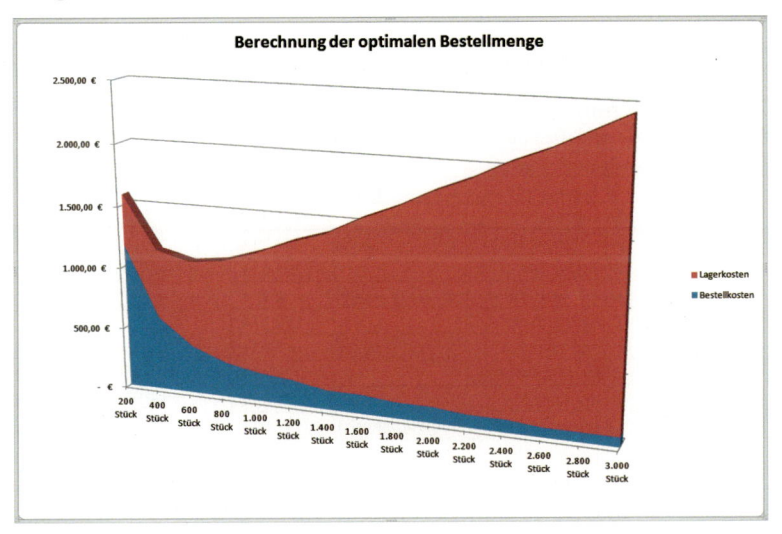

4.9.3 Diagramm drucken

Diagrammblätter drucken

▶ Aktivieren Sie das Diagrammblatt bzw. die Diagrammblätter mit gedrückter <kbd>Strg</kbd>-Taste.
▶ Klicken Sie auf **<Datei>** und wählen Sie **<Drucken>**. Die Option **<Ausgewählte Blätter>** ist bereits aktiviert.
▶ Bestätigen Sie mit **<OK>**.

Im Tabellenblatt eingefügte Diagramme separat drucken

Aktivieren Sie das Diagramm mit einem Mausklick und wählen Sie **<Datei>** → **<Drucken>** → **<Drucken>**. Das Diagramm wird ohne die zugehörige Tabelle gedruckt. Es wird in der Größe dem Ausdruck so angepasst, dass es das Blatt ausfüllt.

Tabellenblatt mit eingefügtem Diagramm drucken

Diagramme werden automatisch mit dem Tabellenblatt gedruckt, sofern das Diagramm nicht vorher mit der Maus aktiviert worden ist.

4.10 Zellen schützen

Situation: Um das versehentliche Überschreiben von Formeln zu verhindern, richtet Kerstin einen Zellschutz in der Tabelle Handelskalkulation ein.

Aufgaben:
1. Öffnen Sie eine neue Arbeitsmappe, richten Sie eine Tabelle „Handel" ein und speichern Sie unter dem Dateinamen *Kalkulation*. Erstellen Sie eine Tabelle nach dem folgenden Schema:

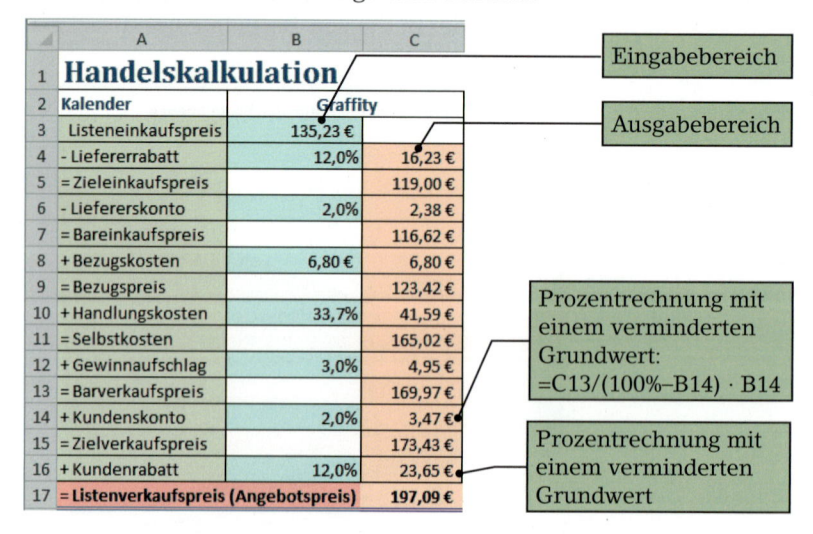

	A	B	C
1	**Handelskalkulation**		
2	Kalender		Graffity
3	Listeneinkaufspreis		135,23 €
4	- Liefererrabatt	12,0%	16,23 €
5	= Zieleinkaufspreis		119,00 €
6	- Liefererskonto	2,0%	2,38 €
7	= Bareinkaufspreis		116,62 €
8	+ Bezugskosten	6,80 €	6,80 €
9	= Bezugspreis		123,42 €
10	+ Handlungskosten	33,7%	41,59 €
11	= Selbstkosten		165,02 €
12	+ Gewinnaufschlag	3,0%	4,95 €
13	= Barverkaufspreis		169,97 €
14	+ Kundenskonto	2,0%	3,47 €
15	= Zielverkaufspreis		173,43 €
16	+ Kundenrabatt	12,0%	23,65 €
17	= Listenverkaufspreis (Angebotspreis)		197,09 €

- Eingabebereich
- Ausgabebereich
- Prozentrechnung mit einem verminderten Grundwert: =C13/(100%–B14) · B14
- Prozentrechnung mit einem verminderten Grundwert

2. Heben Sie die Zellsperrung für den Eingabebereich auf und geben Sie in den Ausgabebereich die Formeln ein.

Tabellenkalkulation mit MS-Excel

Wollen Sie nur bestimmte Bereiche eines Blattes — z. B. die Formeln (Ausgabebereich) — vor versehentlichem Überschreiben schützen, so müssen Sie zunächst die Zellen, die weiterhin als Eingabezellen genutzt werden sollen, markieren und für die Dateneingabe freigeben:

<Start> → <Zellen> → <Format> → <Schutz> → <Zellen sperren>

Deaktivieren Sie das Kontrollkästchen, so werden die vorher markierten Zellen freigegeben, das heißt, wenn Sie das Tabellenblatt anschließend schützen, ist in diesen Zellen (Eingabebereich) weiterhin eine Bearbeitung möglich.

Um ein Blatt zu schützen, wählen Sie:

<Start> → <Zellen> → <Format> → <Schutz> → <Blatt schützen>

- Nicht geschütztes Tabellenblatt kann geschützt werden
- Geschütztes Tabellenblatt, der Blattschutz kann aufgehoben werden
- Gesperrte Zellen können freigegeben werden
- Freigegebene Zellen können gesperrt werden

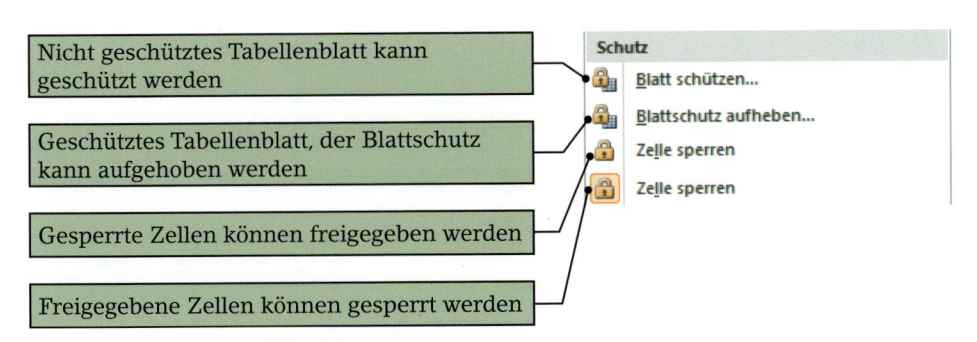

<Kontextmenü> → <Zellen formatieren> → <Schutz>

In gesperrte Zellen können nach dem Schützen des Tabellenblattes keine Daten eingegeben werden.

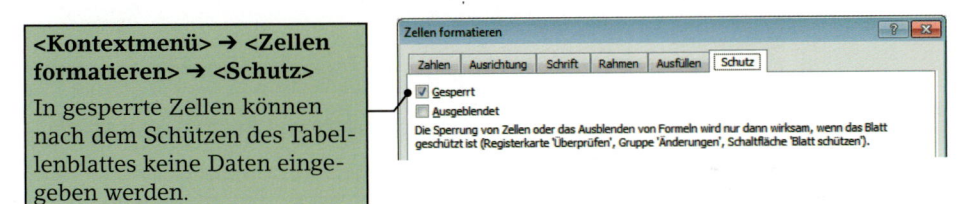

Zellen schützen

Aufgaben

1. Ein zweiter Artikel, der Kalender „Techno", mit einem Listeneinkaufspreis von 109,58 €, soll kalkuliert werden. Da es sich um denselben Lieferanten handelt, sind die Konditionen identisch. Erweitern Sie das Schema um die zwei Spalten zur Kalkulation des zweiten Artikels.

2. Kalkulieren Sie einen Verkaufspreis für die Poster:
   „Hip-Hop", Art.-Nr. 60001, 24 St. im Kart., Listeneinkaufspreis 85,39 €
   „Techno", Art.-Nr. 60002, 24 St. im Kart., Listeneinkaufspreis 82,77 €

   Kalkulationsgrundlagen:

Rabatt	0 %
Lieferantenskonto	2 %
Bezugskosten	5,98 €
Gemeinkostenzuschlagssatz	33,7 %
Gewinnzuschlagssatz	3 %
Kundenskonto	2 %
Kundenrabatt	12,0 %

4.11 Suchen/Ersetzen

Situation: Aus einer fehlerhaften Rechnung ist als Information nur der Preis eines Artikels (4,03 €) vorhanden. Kerstin will den korrekten Preis für diesen Artikel einsetzen.

Aufgabe: Suchen Sie den Artikel mit dem Preis 4,09 € in der Arbeitsmappe *Rechnung* und ersetzen Sie den Preis durch 5,93 €.

Excel sucht für Sie die Zelle mit einem mehr oder weniger genau definierten Zellinhalt:

<Start> → <Bearbeiten> → <Suchen und Auswählen>

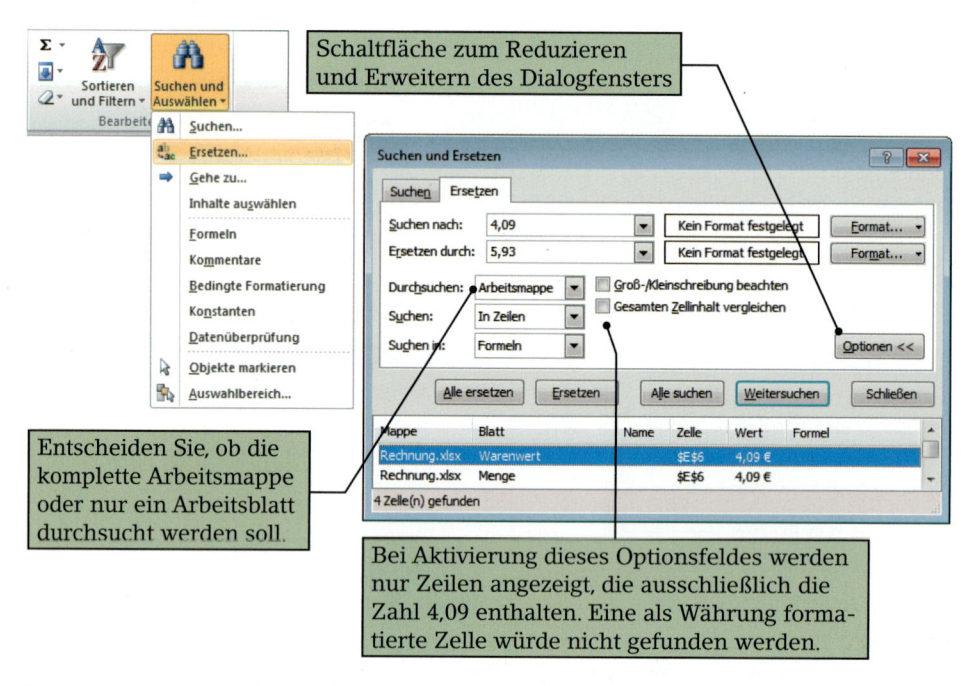

Schaltfläche zum Reduzieren und Erweitern des Dialogfensters

Entscheiden Sie, ob die komplette Arbeitsmappe oder nur ein Arbeitsblatt durchsucht werden soll.

Bei Aktivierung dieses Optionsfeldes werden nur Zeilen angezeigt, die ausschließlich die Zahl 4,09 enthalten. Eine als Währung formatierte Zelle würde nicht gefunden werden.

Ist vor dem Aufrufen des Dialogfensters ein Bereich markiert, so sucht Excel nach Eingabe des Befehls **<Weitersuchen>** nur dort nach der eingegebenen Zeichenkette. Ohne vorherige Markierung wird das gesamte Tabellenblatt bzw. bei entsprechender Festlegung die komplette Arbeitsmappe durchsucht. Im Eingabefeld **<Suchen>** können Zahlen, Formeln, Wörter oder Ausdrücke eingegeben werden. Das Format der zu suchenden Zellen kann festgelegt werden, indem man mit der Schaltfläche **<Format>** den Befehl **<Format>** aufruft und im Dialogfenster die Formatierung angibt. Alternativ dazu lässt sich auch eine Zelle mit dem gesuchten Format markieren und mit dem Befehl **<Format von Zelle wählen>** auswählen.

Eine gefundene Zeichenkette kann mit dem Befehl **<Ersetzen>** ausgetauscht werden. Der Befehl **<Alle ersetzen>** tauscht sämtliche Zeichenketten des Suchfeldes ohne Kontrollabfrage aus. Im Eingabefeld **<Ersetzen>** lassen sich genauso wie im Suchen-Feld Zahlen, Formeln, Wörter und Ausdrücke eingeben. Auch die Formatierung kann analog zur Suche festgelegt werden.

4.12 Hilfefunktion

Situation Kerstin hat gehört, dass Excel für bestimmte Situationen und Problemstellungen Vorlagen bereithält, mit denen sie, ohne selbst Formeln und Funktionen eingeben zu müssen, Standardberechnungen durchführen kann. Um Näheres herauszufinden, verwendet sie die Excel-Hilfe.

Aufgabe Finden Sie mit der Hilfefunktion heraus, wie man eine Vorlage für eine Kreditberechnung aufrufen kann.

Mit einem Klick auf das Fragezeichen in der oberen rechten Ecke, oder mit der Funktionstaste F1 wird die Hilfefunktion aufgerufen. Sie haben die Möglichkeit, einen Suchbegriff (z. B. Vorlage) einzugeben oder über das Inhaltsverzeichnis zu suchen.

Hilfefunktion

① Zurück: Nur anwählbar, wenn man bereits einen Befehl eingegeben hat.

② Weiter: Nur anwählbar, wenn man mindestens einen Befehl rückgängig gemacht hat.

③ Anhalten: Der Download des Onlineinhalts wird gestoppt.

④ Aktualisieren: Erneutes Downloaden des Onlineinhalts

⑤ Rückkehr zur Startseite

⑥ Druck des aktuellen Inhalts

⑦ Die Schriftgröße kann in fünf Stufen gewählt werden, um sich die Anzeige nach der individuellen Sehschärfe einstellen zu können.

⑧ Das Inhaltsfenster auf der linken Seite lässt sich ausblenden, um mehr Platz für den Inhalt zu haben, und zum Navigieren wieder einblenden.

⑨ Die Anzeige der Hilfeseite kann, um parallel im Programm zu arbeiten und gleichzeitig die Hilfe lesen zu können, eingeblendet bleiben (**<Im Vordergrund anzeigen>**) oder, um mehr Platz für die Excel-Tabelle zu haben, ausgeblendet werden (**<Im Hintergrund anzeigen>**).

Suchen

Jedes Vorkommen eines Wortes oder Ausdrucks in der Hilfe wird über diese Funktion gefunden. Sie können im Pull-down-Menü des Suchen-Eingabefeldes wählen, ob Sie die Online- oder Offlinehilfe verwenden möchten. Sofern Sie eine Internetverbindung haben, empfiehlt sich die weitaus umfassendere Onlinehilfe.

Inhaltsverzeichnis

Alternativ zur Eingabe eines Suchbegriffs können Sie im Inhaltsverzeichnis suchen. Die Suche im Inhaltsverzeichnis empfiehlt sich z. B., wenn Sie das Problem nicht mit den Fachbegriffen benennen können oder die Sucheingabe zu viele Ergebnisse liefert.

Kontexthilfe

Fast alle Dialogfenster besitzen eine eigene Hilfe, die Sie rechts oben neben der Schaltfläche **<Schließen>** finden. Sie erhalten Auskunft darüber, wie Sie dieses Dialogfenster verwenden und welche Optionen Ihnen zur Verfügung stehen.

4.13 Sortieren

Situation: Kerstin hat in der Berufsschule eine Schülerliste erstellt, die sie nun nach verschiedenen Kriterien sortieren möchte.

Aufgaben
1. Sortieren Sie in der Arbeitsmappe *Persönlich* das Arbeitsblatt „Nr." nach der Schüler-Nummer.
2. Kopieren Sie das Arbeitsblatt „Nr." und benennen Sie es um in „Ort". Sortieren Sie in einem Durchgang nach dem „Ort" aufsteigend und mit dem 2. Sortierattribut „Vorname" absteigend.
3. Kopieren Sie die Tabelle erneut und erstellen Sie eine vom ältesten zum jüngsten Schüler sortierte Geburtstagsliste unter dem Namen *Geburtstage*.

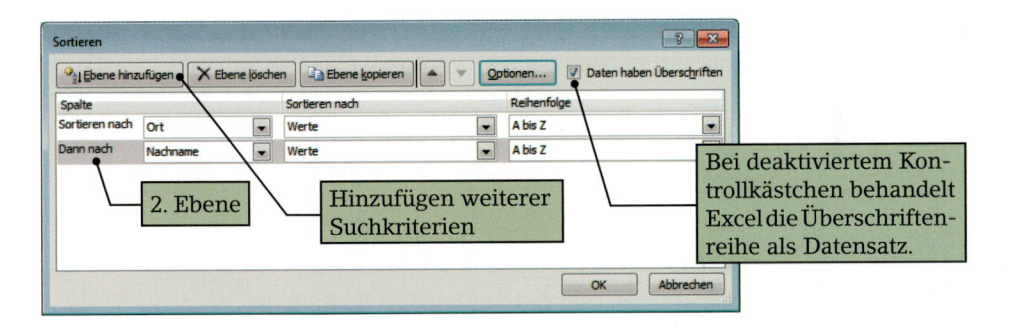

Markieren Sie die Tabelle „Schüler" und rufen Sie über die Schaltfläche **<Sortieren>** das entsprechende Dialogfenster auf. Über die Schaltfläche **<Ebene hinzufügen>** können weitere Datenattribute ausgewählt werden. Zusätzlich kann eingestellt werden, wonach sortiert werden und ob die Reihenfolge auf- oder absteigend sein soll. Über den Menüpunkt **<Optionen>** kann die Sortierrichtung (anstelle Sortierung der Spalten Sortierung der Zeilen) geändert und die Berücksichtigung der Groß-/Kleinschreibung aktiviert werden.

Hinweis: Damit nach allen Kriterien sortiert werden kann, ist es wichtig, dass beim Erstellen einer Tabelle darauf geachtet wird, pro Zelle immer nur ein Element (z. B. Vor- und Nachname in je einer Zelle) einzutragen. Achten Sie auch darauf, keine leeren Zeilen oder Spalten in einer Liste zu haben und die an eine Liste angrenzenden Zellen nicht zu beschriften. Um die Übersichtlichkeit zu erhöhen, können Sie die Ergebniszeile (z. B. Summenzeile) mit einer Leerzeile von der Tabelle absetzen.

Modul 4: Aufgaben zur Wiederholung (ECDL-Test s. S. 2)

[x] bedeutet die Anzahl richtiger Antworten.

Aufgaben zu Modul 4.1 Einführung:

1. Sie haben in der Zelle B3 die Zahl 600 eingegeben und mit der Schaltfläche <€> als Währung formatiert. Was wird in der Bearbeitungsleiste angezeigt? [1]
   a) 600
   b) 600,00
   c) 600,00 €
   d) B3
   e) Wert

2. Was wird in der Zelle A4 nach Betätigung der Enter-Taste angezeigt, wenn vorher keine Formatierung zugewiesen worden ist? [1]
   a) 5,00 €
   b) A2+A3
   c) 5

3. Welche Aussagen zu den Spalten- und Zeilenköpfen sind richtig? [2]
   a) Die Zeilenköpfe befinden sich direkt über den Spalten.
   b) Ein Spaltenkopf wird hervorgehoben, wenn eine Zelle in der Spalte aktiv ist.
   c) Die Spaltenköpfe befinden sich unter der Bearbeitungsleiste.
   d) Zwischen den Zeilenköpfen lässt sich die Spaltenbreite verändern.

4. Ordnen Sie zu:
   a) Aktives Tabellenblatt
   b) Umbenanntes Tabellenblatt
   c) Registerlaufpfeil
   d) Bildlaufpfeil
   e) Neues Tabellenblatt

5. Welche Eingaben in Zelle B6 führen zu dem gezeigten Ergebnis? [3]
   a) =Summe(B2:B5)
   b) =Summe(B2;B5)
   c) =B2:B5
   d) =B2+B3+B4+B5
   e) 63.000

Tabellenkalkulation mit MS-Excel

Aufgaben zu Modul 4.2 Formatieren:

6. Ordnen Sie zu:
   a) Ausrichtung
   b) Zentrieren über mehrere Spalten
   c) Dezimalstelle hinzufügen
   d) 1 000er-Trennzeichen
   e) Dezimalstelle löschen
   f) Auszeichnung
   g) Rahmung

7. Mit welchen Tastaturbefehlen lassen sich die folgenden Markierungen vornehmen?
   a) Markieren der gesamten Spalte   1) Strg + A
   b) Markieren der gesamten Zeile   2) Strg + Leer
   c) Markieren des gesamten Tabellenblattes 3) Shift + Leer
   d) Markieren des aktuellen Bereichs   4) Strg + Shift + *

8. Welche Aussagen zu Zellenformatvorlagen in Excel sind richtig? [2]
   a) Eine Zellenformatvorlage lässt sich nur auf einzelne Zellen anwenden.
   b) Zellenformatvorlagen passen sich an das gewählte Design an.
   c) Man kann aus einer Liste von Vorlagen eine passende Zellenformatvorlage auswählen.
   d) Nach der Zuweisung einer Zellenformatvorlage lassen sich keine Veränderungen mehr an der Tabelle vornehmen.

9. Über welche Befehlsketten ist das Dialogfenster mit dem Befehl zur Unterdrückung der Gitternetzlinien aufzurufen? [2]
   a) <Einfügen> → <Tabellen> → <Gitternetzlinien>
   b) <Start> → <Blattoptionen> → <Gitternetzlinien>
   c) <Seitenlayout> → <Blattoptionen> → <Gitternetzlinien>
   d) <Ansicht> → <Anzeigen> → <Gitternetzlinien>

10. Welche Eingabe zur benutzerdefinierten Formatierung bewirkt die Datumsformatierung 2011-10-03? [1]
    a) JJ-MM-TT
    b) Jahr.Mo.Ta
    c) TT.MM.JJ
    d) JJJJ-MM-TT
    e) Jahr-Mo-Ta

Aufgaben zu Modul 4.3 Kopieren und Verschieben:

11. Sie kopieren durch Ziehen mit der Maus die Zelle B2 in die Zelle B3. Was zeigt Excel in B3 an? [1]
    a) Februar
    b) Januar
    c) #WERT!

12. Sie kopieren die Zelle B2 mit der Schaltfläche **<Kopieren>** in die Zwischenablage. Anschließend markieren Sie die Zellen B3 bis B4 und betätigen die Schaltfläche **<Einfügen>**. Was zeigt Excel in der Zelle B4 an? [1]
    a) Februar
    b) März
    c) #WERT!
    d) Januar

13. Ordnen Sie zu:
    a) Wechsel zum nächsten Tabellenblatt   1) Strg + Bild ↑
    b) Wechsel zur nächsten Arbeitsmappe   2) Strg + Bild ↓
    c) Wechsel zum vorherigen Tabellenblatt   3) Alt + Tab

14. Wie lässt sich das Dialogfenster **<Reihe>** aufrufen? [1]
    a) Mit der rechten Maustaste auf eine Reihe klicken und im Kontextmenü **<Reihe>** wählen.
    b) Auf den ersten Eintrag einer Reihe doppelklicken und im Kontextmenü **<Reihe>** wählen.
    c) Die erste Zelle einer Reihe mit der rechten Maustaste in eine benachbarte Zelle ziehen und im Kontextmenü **<Reihe>** wählen.

15. Wie lässt sich beim Kopieren mit der Maus eine Reihenbildung erzeugen? [1]
    a) Alt während des Kopierens gedrückt halten.
    b) Strg während des Kopierens gedrückt halten.
    c) Die Reihenbildung erfolgt automatisch.
    d) Eine Reihenbildung ist nicht möglich.

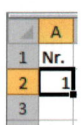

Tabellenkalkulation mit MS-Excel

Aufgabe zu Modul 4.4 Zeilen und Spalten:

16. Wie optimiere ich die Breite der Spalte C? [1]
    a) Doppelklick auf den Spaltenkopf C
    b) Doppelklick zwischen die Spaltenköpfe B und C
    c) Doppelklick zwischen die Spaltenköpfe C und D

	A	B	C	D
1				
2			Jahreskennz	Monate

Aufgaben zu Modul 4.5 Ansichten und Druckvorbereitung:

17. Was bewirkt der Befehl <Ansicht> → <Fenster> → <Fenster einfrieren>? [1]
    a) In dem betroffenen Fenster kann kein Bildlauf mehr durchgeführt werden.
    b) Zellen sind vor dem Verändern geschützt, sofern die Sperrung nicht aufgehoben ist.
    c) Formeln sind vor Veränderungen geschützt.
    d) Der Bereich oberhalb und links von der aktivierten Zelle bleibt beim Bildlauf fest.

18. Wie können Sie innerhalb einer Zelle einen Zeilenumbruch eingeben? [2]
    a) <Ansicht> → <Zellen> → <Zeilenumbruch>
    b) <Start> → <Ausrichtung> → <Zeilenumbruch>
    c) [Strg] + [Enter]
    d) [Alt] + [Enter]
    e) <Seitenlayout> → <Seite einrichten> → <Umbrüche> → <Zeilenumbruch>

19. Sie haben die Ansicht Seitenumbruchvorschau eingestellt und ziehen die gestrichelte blaue Linie zwischen Seite 1 und Seite 2 nach rechts. Welche Aussagen sind richtig? [2]
    a) Die gestrichelte Linie wird zu einer durchgehenden Linie.
    b) Die Schrift auf der Seite 1 wird im Ausdruck größer dargestellt.
    c) Die Schrift auf der Seite 1 wird im Ausdruck kleiner dargestellt.
    d) Die Linie lässt sich nur nach links ziehen, da der Druckbereich nicht vergrößert werden kann.

20. Ordnen Sie zu:
    a) Speicherort
    b) Seitengesamtzahl
    c) Arbeitsmappe
    d) Seitennummerierung

Aufgaben zu Modul 4.6 Relative und absolute Adressierung:

21. Die Zelle A4 enthält die Formel =A3+A2. Sie wird nach B4 kopiert. Was wird in der Zelle B4 anschließend angezeigt? [1]
    a) 15.000
    b) 23.000
    c) A3+A2
    d) B3+B2
    e) #WERT!

22. Welche Formeln können in Zelle B2 stehen, wenn nach dem Kopieren in B3, B4, B5, …5 % des jeweiligen Umsatzes von Spalte A als Wert angezeigt werden sollen? [2]
    a) A2*B1
    b) A2*B1
    c) A2*B$1
    d) A2*B1
    e) A$2*B1

23. Mit welcher Eingabe erhalten Sie diese Anzeige, ohne dass die Zelle vorher formatiert wurde? [2]
    a) – Büromaterial
    b) = – Büromaterial
    c) = „– Büromaterial"
    d) =(Leerschritt) – Büromaterial
    e) (Leerschritt) – Büromaterial

Aufgabe zu Modul 4.7 Funktionen:

24. Welche Bedeutung hat diese Schaltfläche? [1]
    a) Kopieren einer Funktion
    b) Einfügen einer Funktion in eine andere Funktion
    c) Dialog reduzieren
    d) Verschieben einer Funktion

Tabellenkalkulation mit MS-Excel

Aufgaben zu Modul 4.8 Textfeld/Grafik:

25. Ein Textfeld lässt sich in seiner Form und Position verändern. Welche Wirkung hat ein Ziehen mit der Maus an der gezeigten Stelle? [1]
    a) Verändern der Breite
    b) Verändern der Höhe
    c) Positionswechsel
    d) Verändern in der Breite und Höhe

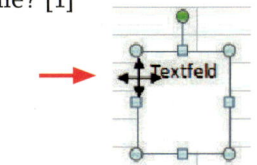

26. Wie lässt sich ein Textfeld löschen? [1]
    a) In das Textfeld klicken und Entf drücken.
    b) Auf den Rand des Textfeldes klicken und Entf drücken.
    c) In das Textfeld klicken, Alt gedrückt halten und Entf drücken.

Aufgaben zu Modul 4.9 Diagramme:

27. Sie möchten nach dem Erstellen eines Diagramms den Diagrammtyp ändern. In welchen Registern finden Sie Schaltflächen zum nachträglichen Ändern? [2]
    a) **<Start>**
    b) **<Diagrammtools>** → **<Format>**
    c) **<Diagrammtools>** → **<Layout>**
    d) **<Diagrammtools>** → **<Entwurf>**
    e) **<Einfügen>**

28. Ordnen Sie zu:
    a) Rubrikenachse
    b) Größenachse
    c) Legende
    d) Titel

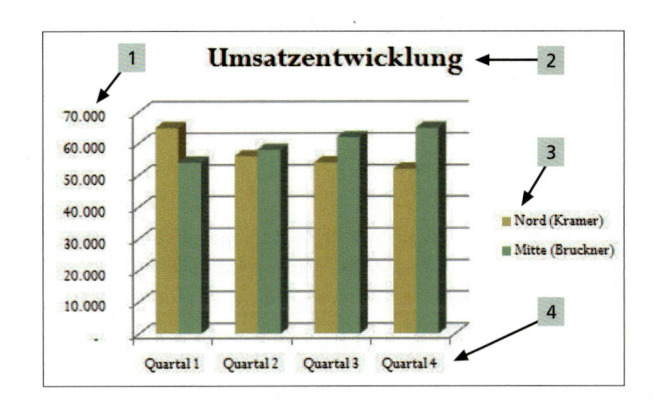

29. Um welchen Typ handelt es sich bei dem oben stehenden Diagramm „Umsatzentwicklung"?
    a) Balkendiagramm
    b) Flächendiagramm
    c) Zylinderdiagramm
    d) Säulendiagramm

Aufgabe zu Modul 4.10 Zellen schützen:

30. Bringen Sie die folgenden Schritte in die richtige Reihenfolge.
    a) **<Start> → <Zellen> → <Format> → <Schutz> → <Blatt schützen>**
    b) Kennwort bestätigen
    c) **<Start> → <Zellen> → <Format> → <Schutz> → <Zelle sperren>**
    d) Kennwort eingeben
    e) Zellen, die nicht gesperrt sein sollen, markieren

Aufgabe zu Modul 4.11 Suchen/Ersetzen:

31. Welche Aussagen zum nebenstehenden Dialogfenster sind richtig? [3]
    a) Es werden nur Zellen gefunden, die ausschließlich den Wert 15,60 enthalten.
    b) Es werden auch Zellen gefunden, die 15,60 € als Wert enthalten.
    c) Es werden auch Zellen gefunden, die 115,60 als Wert enthalten.
    d) Um eine Zelle zu finden, die den Wert enthält, muss zu Beginn auf **<Weitersuchen>** geklickt werden.
    e) Ein Klick auf **<Ersetzen>** bewirkt, dass ausschließlich die gefundene Zelle ersetzt wird.

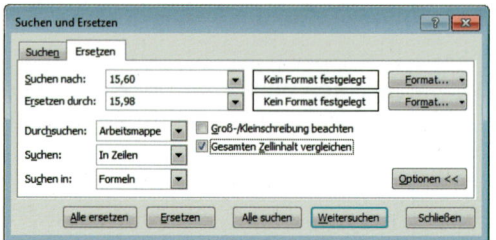

Aufgaben zu Modul 4.13 Sortieren:

32. In welcher Hauptregisterkarte befindet sich der Befehl zum Sortieren von Tabellen?
    a) **<Start>**   d) **<Formeln>**
    b) **<Einfügen>**   e) **<Daten>**
    c) **<Seitenlayout>**

33. Welche Wirkung hat das Aktivieren des Optionsfeldes **<Daten haben Überschriften>** im Dialogfenster **<Sortieren>**?
    a) Die erste Reihe wird in die Sortierung nicht einbezogen.
    b) Die erste Spalte wird in die Sortierung nicht einbezogen.
    c) Die erste Reihe wird in die Sortierung einbezogen.
    d) Die erste Spalte wird in die Sortierung einbezogen.
    e) Die Aktivierung des Optionsfeldes hat keine Auswirkung auf die Sortierung.

5 Datenbankprogramm MS-Access

5.1 Einführung

Situation Kerstin will das Datenbankprogramm Access 2010 kennenlernen, das bei CMW zum Einsatz kommt.

Access 2010 ist die überarbeitete Version von Access 2007. Beide Versionen unterscheiden sich in der Handhabung erheblich von den Vorgängerversionen 2003 und 2000. Seit 2007 wurde auch ein neues Dateiformat (**.accdb** statt **.mdb** als Dateiendung) eingeführt. Um die Daten aus den neueren Versionen in den älteren Access-Versionen verwenden zu können, müssen sie konvertiert werden; dabei werden allerdings nicht alle Funktionen aus 2007/2010 übernommen.

Hinweise zu Vorlagen- und Lösungsdateien

Auf der CD zum Buch finden Sie für die Arbeit mit **Access 2010** Lösungsdateien und Datei-Vorlagen für Access 2007 und 2010. Kopieren Sie dafür die Unterordner *Vorlagen* und *Lösungen* im Ordner *Modul5* in Ihr Schüler- bzw. Arbeitsverzeichnis auf dem PC. Markieren Sie die Ordner und rufen Sie mit der rechten Maustaste die Funktion **<Eigenschaften>** auf. Ändern Sie das Attribut „Schreibgeschützt" auf „nein" (kein Haken), falls hier noch der Schreibschutz aktiv ist. Für die Arbeit mit **älteren Programmversionen** als Access 2007 können Sie die Dateien im Unterverzeichnis *Access 2000* der CD verwenden. In den folgenden Kapiteln werden jeweils Dateien vorgeschlagen, die Sie als Vorlagen zur Erarbeitung verwenden können. Alternativ können Sie für die selbstständige Arbeit auch Dateien, wie angegeben, neu anlegen und jeweils weiter bearbeiten. Lösungsdateien können Sie parallel aufrufen, um Ihre Arbeit zu überprüfen bzw. anhand der Lösungen die Aufgabenstellungen besser zu verstehen.

5.1.1 Von der Kartei zur Datei

Situation Kerstin hat bisher noch nie mit einem Datenbankprogramm gearbeitet. Sie benötigt eine kurze Einführung in die Struktur von Datenbanken.

Eine Datenbank ist ein System zur Verwaltung von großen Datenmengen mit vielen Informationen. Ohne Computer werden Informationen beispielsweise auf Karteikarten verwaltet, die in verschiedenen Karteikästen abgelegt sind. Nehmen wir an, eine Schulklasse möchte die Informationen zu den Schülern in Schülerkarteien verwalten.

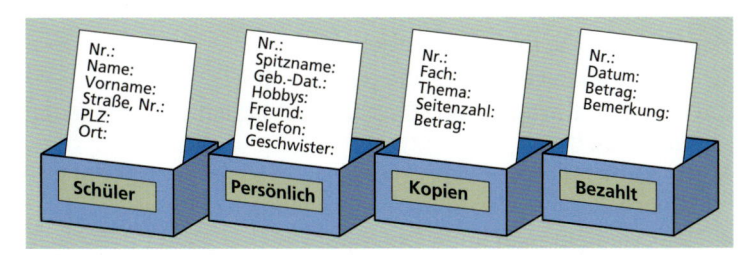

Einführung

Um Informationen auf Karteikarten zu erfassen, werden für die Information geeignete Text- und Zahlenelemente sowie Verweise eingetragen. Werden Informationen systematisch erfasst, spricht man von **Daten.** Die Karteien werden folgendermaßen angelegt:

Kartei „Schüler": Jeder Schüler erhält eine Schülernummer (Reihenfolge im Klassenbuch) und trägt seine Anschrift in die dazugehörigen Datenfelder seiner Karteikarte. Insgesamt enthält die Kartei 22 Karteikarten der Schülerinnen und Schüler.

Kartei „Persönlich": Um den Datenschutz zu verbessern, wurde für die persönlichen Daten eine gesonderte Kartei angelegt. Diese enthält ebenfalls 22 Karteikarten.

Kartei „Kopien": In dieser Kartei werden für jeden Schüler und jede Schülerin einzeln die von der Schule erstellten Kopien festgehalten. Sobald jemand von der Schule weitere Kopien erhält, wird erneut eine Karteikarte ausgefüllt. Jede Karteikarte enthält 5 Informationsfelder.

Kartei „Bezahlt": Wenn eine Schülerin oder ein Schüler Kopien bezahlt, wird für jeden Zahlungsvorgang eine Karteikarte ausgefüllt.

Pflegen der Karteien

Die Datenbestände, und damit auch diese Karteien, müssen ständig gepflegt werden, um aktuell zu bleiben:

- Karteikarten hinzufügen
- Karteikarten entnehmen, entwerten und entsorgen
- Eintragungen, Änderungen und Löschungen in Karteikarten vornehmen
- Karteikarten sortieren
- Karteien gegen unberechtigten Zugriff schützen

Auswertungen der Karteien

Karteien enthalten wichtige Daten, die auf vielfältige Weise ausgewertet werden können. Es können dabei einzelne Karteien oder gleich mehrere Karteien für die Auswertung hinzugezogen werden. Beispiele für Auswertungen sind:

- **Abfragen:** Geburtsdatum, Anschrift, Hobbys, Anzahl der Kopien
- **Listen/Übersichten:** Erstellung von Listen, Statistiken und anderen Übersichten zu verschiedenen Zwecken, z. B. Adressliste, Adressetiketten, Geburtstagsliste, Übersicht bezahlter Kopien

Aufgabe Beantworten Sie folgende Fragen:
1. Welche Daten enthalten die o. g. Karteien?
2. Wie viele Karteikarten sind maximal in den verschiedenen Karteien enthalten?
3. Ist der Schülername notwendig, um Eintragungen in die Karteien *Persönlich, Kopien* oder *Bezahlt* vorzunehmen?
4. Was versteht man unter Datenpflege?

Datenbankprogramm MS-Access

5.1.2 EDV-gestützte Datenbank

Eine EDV-Datenbank ist ein Programm zur Verwaltung großer Datenmengen bzw. vieler Informationen. Anstelle von handschriftlichen Karteikarten und Karteikästen liegt die Überlegung nahe, einen Computer einzusetzen, der diese Daten elektronisch verwaltet. Denn die Erfassung der Daten auf den Karteikarten, das Sortieren und Suchen bestimmter Karteikarten und das Auswerten vieler verschiedener Karteikästen ist i. d. R. viel einfacher mit einem Computer. Für die Erfassung der Informationen in einem Datenverwaltungsprogramm müssen die **Informationen** (Kenntnisse (Details) über Dinge oder Vorgänge) als systematische und vergleichbare Informationen = **Daten** abgespeichert werden. Jedes Feld einer Datentabelle sollte möglichst nur ein Datenelement bzw. eine nutzbare Information (z. B. PLZ oder Ort) enthalten, damit man diese Felder genauer auswerten kann.

Die meisten Datenbankverwaltungsprogramme speichern Daten in Datentabellen, wie wir sie schon von Tabellenkalkulationsprogrammen wie Excel kennen. In den Feldern einer Tabellenspalte werden gleichartige Daten gespeichert (z. B. die Vornamen), in den Zeilen sind die Daten so kombiniert, dass sie einen besonderen Informationsgehalt haben (z. B. die Adresse). Man spricht in diesem Zusammenhang auch von einem **Datensatz**.

Die Datenverwaltung des Programms unterscheidet verschiedene Objekte oder Komponenten, die vom Anwender individuell oder über Assistenten erstellt werden müssen.

1. **Tabellen:** Die Informationen werden als Daten in Tabellen gespeichert. Die Tabellen sind folgendermaßen aufgebaut:

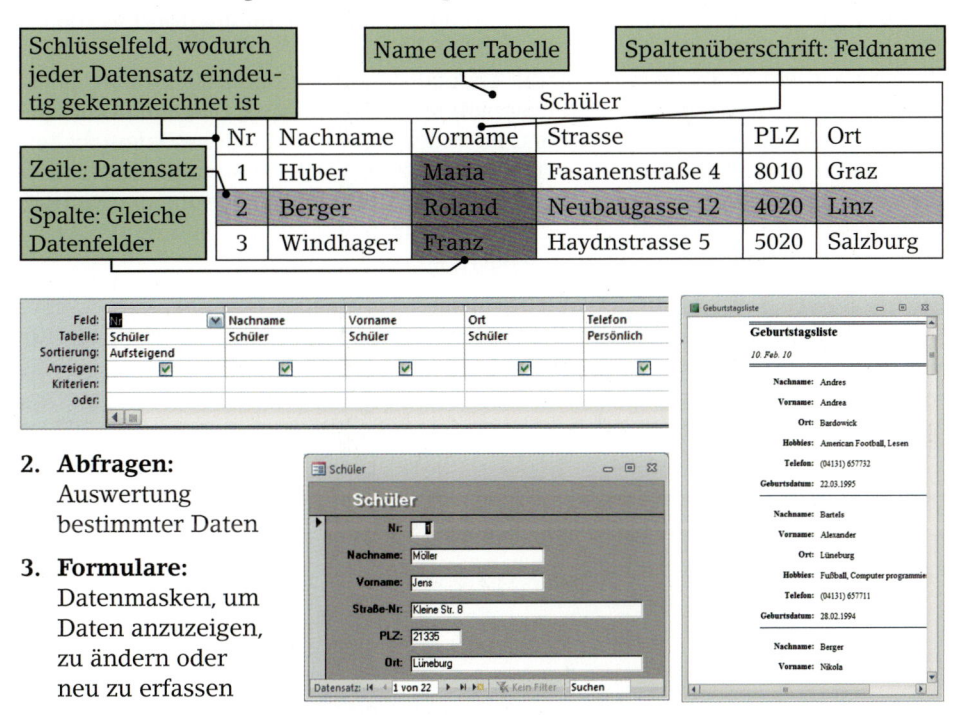

Schüler

Nr	Nachname	Vorname	Strasse	PLZ	Ort
1	Huber	Maria	Fasanenstraße 4	8010	Graz
2	Berger	Roland	Neubaugasse 12	4020	Linz
3	Windhager	Franz	Haydnstrasse 5	5020	Salzburg

- Schlüsselfeld, wodurch jeder Datensatz eindeutig gekennzeichnet ist
- Name der Tabelle
- Spaltenüberschrift: Feldname
- Zeile: Datensatz
- Spalte: Gleiche Datenfelder

2. **Abfragen:** Auswertung bestimmter Daten

3. **Formulare:** Datenmasken, um Daten anzuzeigen, zu ändern oder neu zu erfassen

4. **Berichte:** Übersichten und Listen mit Daten zum Ausdrucken

5. **Makros:** Automatisierte Abfragen, die vorab programmiert wurden

Vorteile einer EDV-Datenbankverwaltung

- Große Datenmengen können einfach verwaltet werden.
- Informationen können schnell gefunden werden.
- Veränderungen können einfach vorgenommen werden.
- Beliebig viele Tabellen oder Dateien können eingerichtet werden.
- Die Datensatzstruktur (Aufbau des Datensatzes) kann fast beliebig groß und vielfältig angelegt werden.
- Zwischen den Tabellen können Verknüpfungen (Beziehungen) hergestellt werden, sodass bei Auswertungen auf mehrere Tabellen zugegriffen werden kann.
- Die Speicherung der Daten kann so organisiert werden, dass die Daten möglichst redundanzfrei (ohne Mehrfachspeicherung und doppelte Datenpflege) gespeichert werden können.
- Die Erfassung der Daten kann über Tabellen und Formulare schnell erfolgen.
- Hilfemeldungen können ergänzt werden und helfen bei der Arbeit.
- Abfragen ermöglichen eine schnelle Suche und Auswertung in Datenbanken.
- Abfrageergebnisse können als Bericht ausgegeben werden.
- Auswertungslisten und Formulare können schnell und einfach geändert werden.
- Die Daten und ihre Auswertungen können in andere Programme übertragen werden (Datenexport) und Daten von anderen Programmen können in die Datenbank aufgenommen werden (Datenimport).
- Mit Makros können immer wiederkehrende Handgriffe automatisiert werden.

Programme wie Word oder Excel, die ebenfalls Informationen oder Daten speichern können, stoßen bei der Datenverwaltung aus vielen verschiedenen Datentabellen schnell an ihre Grenzen. Access ist in der Lage, verschiedene Datentabellen zu verknüpfen und Auswertungen mehrerer Datentabellen vorzunehmen. Durch die Verbindung mehrerer Datentabellen können Mehrfachspeicherungen **(Redundanz)** vermieden und damit zahlreiche Änderungen, wie sie bei anderen Programmen wie Excel notwendig wären, erheblich reduziert werden.

Microsoft Access ist das auf der Welt am meisten eingesetzte Datenbankprogramm, da es sehr bekannt, relativ schnell zu erlernen, benutzerfreundlich und auch für anspruchsvolle Aufgaben einsetzbar ist.

Datenbankprogramm MS-Access

Einsatzbereiche für Datenbanken

Unternehmen, Verwaltungen oder Vereine müssen viele Informationen speichern und verwalten, sodass sie entweder Spezialprogramme zur Verwaltung ihrer Daten oder ein Standardprogramm wie Microsoft Access einsetzen. Datenbanken werden in Unternehmen und Organisationen vielfältig eingesetzt, z. B.:

- **Finanzamt:** Datenbank zur Verwaltung der Daten der Steuerpflichtigen
- **Banken:** Verwaltung der Daten der Bankkunden und der Zahlungsvorgänge oder der Mitarbeiter
- **Krankenhaus:** Datenbank zur Verwaltung der Patientendaten
- **Reiseunternehmen:** Datenbank zur Verwaltung der Reisedaten und der Kundendaten
- **Verkehrsbetriebe:** Verwaltung der Daten der Fahrpläne, Fahrzeuge und Fahrer

Auch Privatanwender speichern private Daten aus den verschiedensten Anlässen und möchten ihre Daten bequem verwalten. Hier kann der Einsatz eines Datenbankprogramms wie Access ebenfalls eine bedienerfreundliche Lösung sein.

Wie man an den Beispielen erkennen kann, ist es keine einfache Aufgabe für Organisationen und Unternehmen große Datenbanksysteme zu entwerfen und einzurichten. Daher werden professionelle Datenbanken von **Datenbankentwicklern** entworfen und eingerichtet. Datenbankverwalter bzw. **Datenbankadministratoren** verwalten die Zugriffsrechte der Benutzer und sorgen für die Anpassung der Datenbank an die Bedürfnisse der Benutzer. Benutzer der Datenbanken können Mitarbeiter, aber auch Lieferanten oder Kunden sein. Für externe Nutzer muss die Datenbank sehr benutzerfreundlich und einfach zu handhaben sein. Mitarbeiter wollen evtl. eigene Abfragen, Formulare oder Berichte erstellen oder Objekte der Datenbank auf ihre Bedürfnisse anpassen können. In diesem Fall sind Grundkenntnisse im Umgang mit einem Datenbanksystem notwendig.

Von der Datenbankentwicklung zur Datenbanknutzung	
Datenbankentwickler	**entwerfen** und **erstellen** professionelle Datenbanksysteme.
Datenbankadministratoren	verwalten die **Zugriffsrechte** auf die Datenbank und stellen die **Lauffähigkeit der Datenbank** in Unternehmen und Organisationen sicher und sind für die **Wiederherstellung** einer Datenbank nach einem Zusammenbruch oder einem größeren Fehler verantwortlich.
Datenbankbenutzer	nutzen die Datenbank (Eingabe und Auswertung von Daten), führen **Dateneingaben, Datenpflege** und **Informationsabfragen** durch, d. h. erstellen evtl. für ihren eigenen Arbeitsbereich und im Rahmen der Zugriffsrechte Abfragen und Berichte

Die in den folgenden Kapiteln gezeigten Datenbanken auf der Basis von Microsoft Access 2010 sollen einerseits einen Eindruck von der Leistungsfähigkeit dieser Software vermitteln, andererseits einen schnellen und breit angelegten Einstieg in dieses Standardprogramm ermöglichen.

Aufgaben

1. Wählen Sie jeweils den passenden Begriff (Datenbank, Tabelle, Abfrage, Formular, Bericht, Feldname, Datensatz, Daten, Datenfeld) für die nachfolgenden Elemente einer Musikdatenbank aus.
    a) Eintragung „Beatles"
    b) Eintragung aller Daten eines Musiktitels
    c) Eintragung aller Musiktitel
    d) Eintragung aller Informationen in verschiedenen Tabellen
    e) Bezeichnung für das Feld „Musiktitel"
    f) Maske, in der die Musiktitel erfasst werden
    g) Seitenansicht der ausgeliehenen Titel
    h) Suchauftrag, alle HipHop- und Rap-Titel anzuzeigen
    i) Speicherbereich für alle Daten der Musiktitel

2. Was sind Informationen in einer Datenbank?
    a) Daten, die mir bislang unbekannt waren
    b) Daten, die eine Bedeutung haben
    c) Daten, die keine Bedeutung haben
    d) Daten, die mir bekannt sind

3. Wählen Sie Vorteile der Karteikarte.
    a) Karteikarten können verloren gehen.
    b) Karteikarten können sortiert werden.
    c) Karteikarten können falsch einsortiert sein.
    d) Karteikarten sind manchmal schlecht lesbar.
    e) Daten können auf Karteikarten geändert werden.
    f) Karteikarten können hinzugefügt werden.
    g) Karteikarten können im Aufbau schnell angepasst werden.

4. Was sind Daten?
    a) Informationen, ausschließlich im Buchstabenformat
    b) Informationen, ausschließlich im Zahlenformat
    c) Sammlung von Zeichen, die gesammelt wurden, um sie später auszuwerten
    d) Informationen in Form von Zeichen

5. Was ist ein Datensatz?
    a) Eine komplette Reihe von Feldern in einer Tabelle
    b) Eine komplette Spalte von Feldern in einer Tabelle
    c) Eine komplette Datenbank
    d) Eine komplette Tabelle mit Feldern

6. Was ist eine Tabelle?
    a) Eine Zeile mit Daten, welche die gleichen Felder beinhalten
    b) Eine Spalte mit Daten, welche die gleichen Felder beinhalten
    c) Eine Sammlung von Datensätzen, welche die gleichen Felder beinhalten
    d) Alle Datensätze mit derselben Datenstruktur

7. Was ist ein Feld einer Datenbank?
   a) Eine Zeile mit Informationen in einer Tabelle
   b) Eine Zelle in der Tabelle, in der Informationen enthalten sind
   c) Mehrere Zellen, in denen Informationen enthalten sind
   d) Ein Datensatz mit Informationen in der Tabelle

8. Was ist eine Datenbank?
   a) Eine Sammlung von Themen, die wichtig sind
   b) Eine unstrukturierte Sammlung von Informationen
   c) Eine auf Karteikarten angelegte Datensammlung
   d) Eine strukturierte Sammlung von Informationen zu einem Thema

9. Wo werden große Datenbanken tagtäglich eingesetzt?
   a) Datenbanken in der öffentlichen Verwaltung
   b) Kundendaten einer Eisdiele
   c) Buchungssystem von Reiseunternehmen
   d) EDV-Systeme der Banken
   e) Patientendatenbanken in Krankenhäusern

10. Was sind wesentliche Aufgaben eines Datenbanksystems?
    a) Große Datenmengen speichern
    b) Daten grafisch darstellen
    c) Daten organisieren
    d) Mit Daten rechnen
    e) Abfragen beantworten

11. Was sind Vorteile eines Datenbanksystems?
    a) Berichte können als Abfragen dargestellt werden.
    b) Große Datenmengen können einfach verwaltet werden.
    c) Informationen können schnell aufgefunden werden.
    d) Aus Berichten können Tabellen erstellt werden.
    e) Änderungen der Daten können schnell vorgenommen werden.
    f) Mehrere Benutzer haben gleichzeitig Zugriff auf die Daten.
    g) Abfragen und Berichte können aus Tabellen leicht erzeugt werden.

12. Ordnen Sie die Begriffe Datensatz, Datenbank, Feld, Tabelle den Aussagen richtig zu:
    a) Zelle, in der Informationen stehen
    b) Eine oder mehrere Tabellen
    c) Komplette Reihe mit Feldern zu einem Element
    d) Sammlung von Datensätzen, welche die gleichen Felder beinhalten

13. Ordnen Sie die Begriffe Datenbank, Datensatz, Feld und Tabelle den folgenden Aussagen richtig zu:
    a) Alle Adressen der Schüler
    b) Eine Information oder Angabe, z. B. Vorname
    c) Schülerkartei der Schule mit allen Adressen und Zeugnisdaten
    d) Adressdaten des Schülers Jens Möller

14. Wer erstellt professionelle Datenbanken?
    a) Jeder, der im DV-Unterricht aufgepasst hat
    b) Datenbankentwickler
    c) Datenbankadministratoren
    d) Datenbankanalytiker

15. Wer hat Zugriff auf die Daten der Datenbank?
    a) Jeder Benutzer hat Zugriff auf alle Daten.
    b) Der Datenbankadministrator hat Zugriff auf alle Daten.
    c) Sensible Daten können nur die Benutzer sehen, die schon einmal mit der Datenbank gearbeitet haben.
    d) Der Datenbankadministrator kann den Benutzern unterschiedliche Zugriffsrechte geben.

16. Wen sollten Sie informieren, wenn die Datenbank zusammenbricht oder Fehler hat?
    a) Datenbankanalytiker
    b) Datenbankadministrator
    c) Alle Benutzer
    d) Presse

17. Ordnen Sie Tabelle, Abfrage, Formular, Bericht den Aussagen richtig zu:
    a) Aufbereiten von Daten für die Ausgabe am Drucker
    b) Anzeige von Datensätzen
    c) Speicherung der Informationen
    d) Auswertung der Tabelle

Datenbankprogramm MS-Access

5.2 Die Benutzeroberfläche

5.2.1 Hauptregisterkarte Datei (Backstage-Bereich)

Situation Kerstin möchte die Benutzeroberfläche von Access kennenlernen und stößt als Erstes auf den neuen Backstage-Bereich des Programms.

Das Programm Access 2010 kann über **<Start>** → **<Alle Programme>** → **<Microsoft Office>** → **<Microsoft Access 2010>** aufgerufen werden. Nach dem Aufruf des Programms und der Hauptregisterkarte **<Datei>** öffnet sich folgende Ansicht:

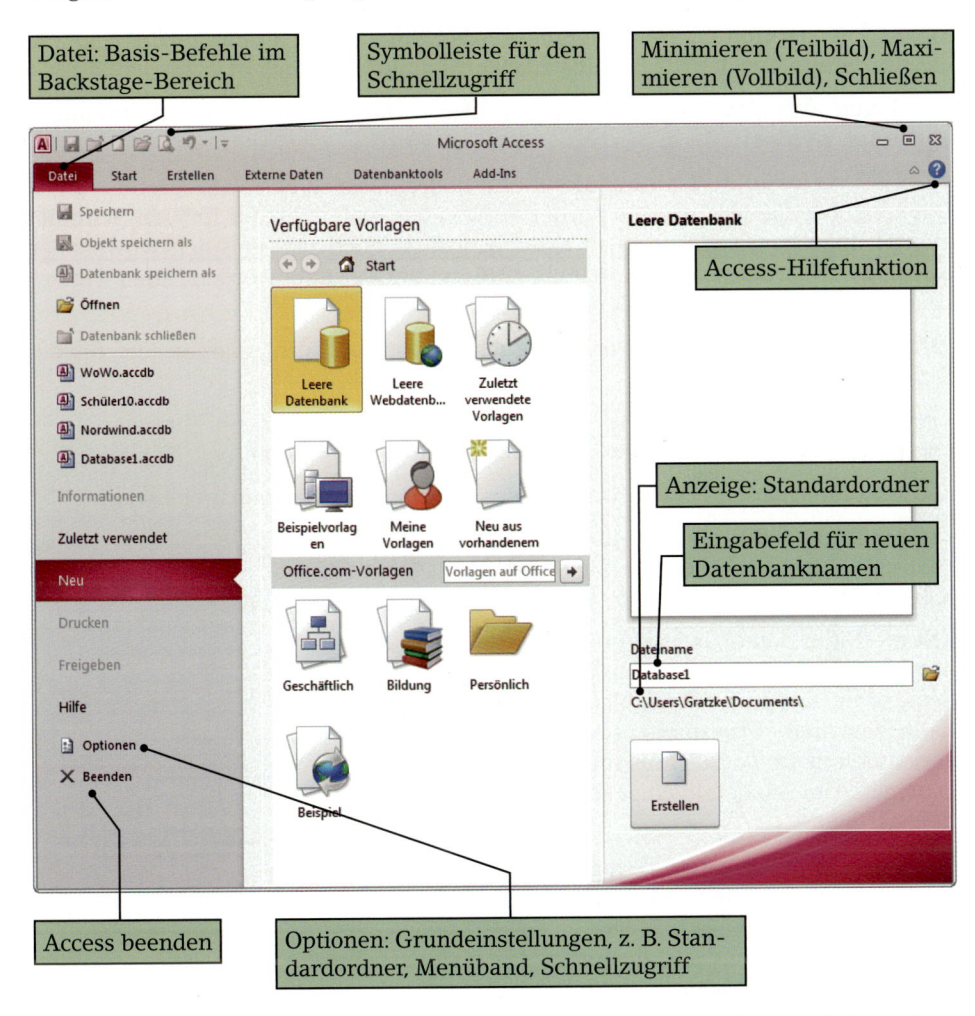

- Datei: Basis-Befehle im Backstage-Bereich
- Symbolleiste für den Schnellzugriff
- Minimieren (Teilbild), Maximieren (Vollbild), Schließen
- Access-Hilfefunktion
- Anzeige: Standardordner
- Eingabefeld für neuen Datenbanknamen
- Access beenden
- Optionen: Grundeinstellungen, z. B. Standardordner, Menüband, Schnellzugriff

Diese Startoberfläche soll Ihnen für den Einstieg schnelle Handlungsmöglichkeiten oder **Features** eröffnen.

Hier finden Sie die Basisbefehle **<Öffnen, Speichern, Drucken, Hilfe, Optionen und Datenbank schließen>**. Diese Ansicht wird auch als Backstage-Bereich oder Hintergrundansicht bezeichnet.

Die Benutzeroberfläche

Access speichert nach der Neuanlage bzw. dem Öffnen der Datenbank die Daten automatisch (vgl. hierzu Kapitel 5.9).

> **Hinweis zur Microsoft Office Schaltfläche:**
> Die Befehle der Hauptregisterkarte **<Datei>** in Access 2010 waren in der Vorgängerversion 2007 über die **<Office-Schaltfläche>** anwählbar.

<Öffnen>: Ein Explorer-Fenster wird aufgerufen, sodass Sie schnell den Datenträger, das Verzeichnis und die Datenbankdatei aufrufen können. Stellen Sie unter **<Datei>** ➔ **<Optionen>** ➔ **<Allgemein>** den **Standarddatenbankordner** so ein, dass in diesem Fenster Ihr Arbeitsverzeichnis angezeigt wird.

<Vorlagen aufrufen>: Eigene Vorlagen oder Vorlagen aus dem Internet können abgerufen werden.

<Zuletzt verwendete Datenbanken>: Im linken Bereich des Datei-Menüs (unter Datenbank schließen) werden vorher verwendete Datenbanken für den **Schnellzugriff** angezeigt, sodass ein direkter Aufruf möglich ist (Beispiel: *WoWo* oder *Schüler10*). Bei Anklicken des Befehls **<Zuletzt verwendet>** werden Ihnen weitere zuletzt verwendete Datenbanken angezeigt.

<Drucken>: Hier befinden sich die Druckoptionen und die Seitenansicht für die Druckobjekte.

<Freigeben>: Hier können Sie die Datenbank in verschiedenen Formaten speichern und für eine gemeinsame Nutzung in das Netz einstellen (vgl. Kapitel 5.9).

<Hilfe>: Verschiedene Hilfen werden hier oder mit der F1-Taste angeboten.

<Datenbank schließen>: Eine geöffnete Datenbank können Sie hier schließen.

<Neu> (Neue Datenbank): Hierüber oder über **<Erstellen>** (siehe Screenshot Benutzeroberfläche) kann eine neue Datenbank eingerichtet und ein Verzeichnis und Dateiname im Dialogfeld eingegeben werden.

Nach der Erstellung der Datenbank werden unter **<Datei>** zudem verschiedene **<Informationen>** und Hilfen zu dieser Datenbank für Fortgeschrittene angeboten.

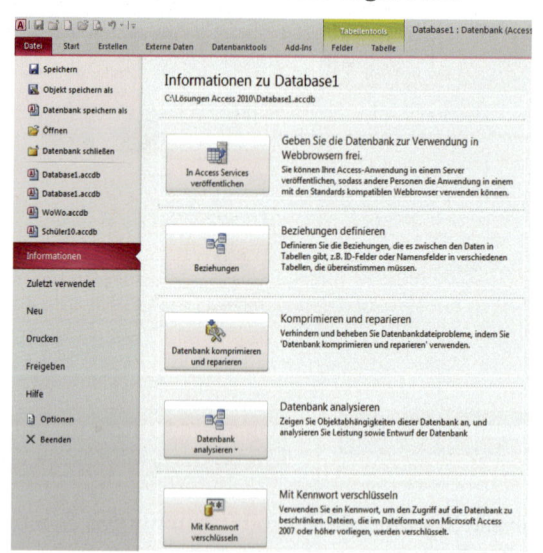

Datenbankprogramm MS-Access

5.2.2 Symbolleiste für den Schnellzugriff

Bei geöffneter Datenbank ist auch die **Symbolleiste für den Schnellzugriff** aktiv.

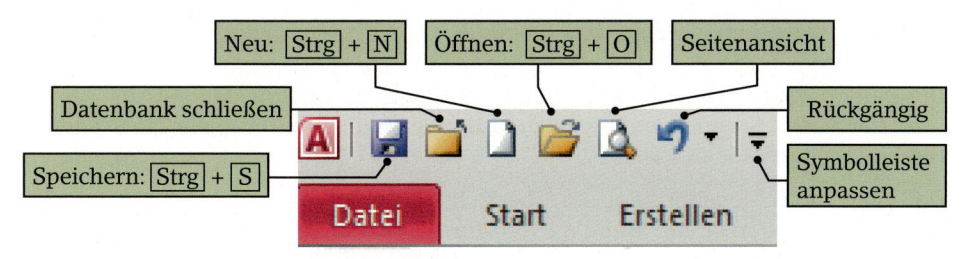

Die Symbolleiste für den Schnellzugriff wird oberhalb des Menübandes angezeigt und bietet häufig verwendete Befehle wie **<Öffnen>**, **<Speichern>**, **<Drucken>**, **<Rückgängig>** an. Sie kann über den Listenpfeil rechts angepasst werden (vgl. Aufgabe 2). Diese Befehle können auch über **Tastenkürzel** (Shortcuts) aufgerufen werden (vgl. Access-Hilfefunktionen, Kapitel 5.2.4).

Aufgaben

Rufen Sie den Befehl **<Optionen>** im Hauptregister **<Datei>** auf.
1. Stellen Sie über **<Allgemein>**
    a) das Farbschema so ein, wie es Ihnen am besten gefällt: blau, silber oder schwarz;
    b) den Standarddatenbankordner auf Ihr persönliches Verzeichnis ein. In dieses Verzeichnis sollten Sie auch die auf der CD unter Vorlagen und Lösungen gespeicherten Access-Dateien kopiert haben.
2. Fügen Sie der Schnellzugriffsleiste über **<Symbolleiste für den Schnellzugriff>** das Symbol **<Datenbank schließen>** hinzu.

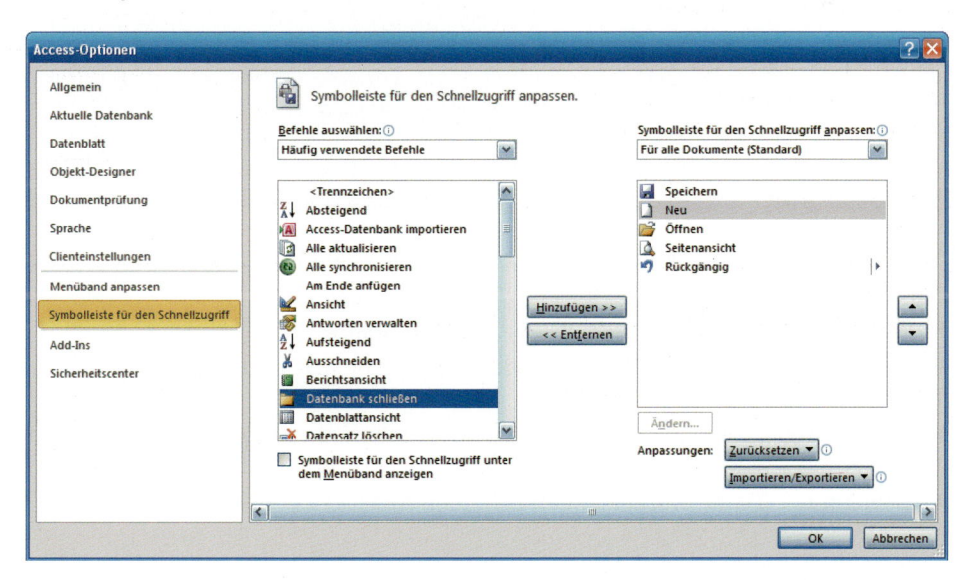

5.2.3 Menüband, Navigationsbereich und Arbeitsbereich

Situation Kerstin möchte die Datenbank *WoWo* aufrufen und erkunden.

Die Datenbank *WoWo* befindet sich auf der CD im Verzeichnis *Modul5* und *Vorlagen*. Hier finden Sie auch weitere Lösungsdatenbanken und Beispiele, die Sie gerne vorab einmal erkunden können.

Der folgende Screenshot zeigt ein Übersichtsformular zur geöffneten Datenbank. Hier können wie in einem Menü die einzelnen Objekte der Datenbank (z. B. Tabellen, Formulare) aufgerufen werden. **Das Menüband (Ribbon)** enthält verschiedene Hauptregister, die je nach aufgerufenem Objekt wechseln. Die Register können jedoch auch manuell über die Registerblattbezeichnungen oder das Laufrad der Maus gewechselt werden.

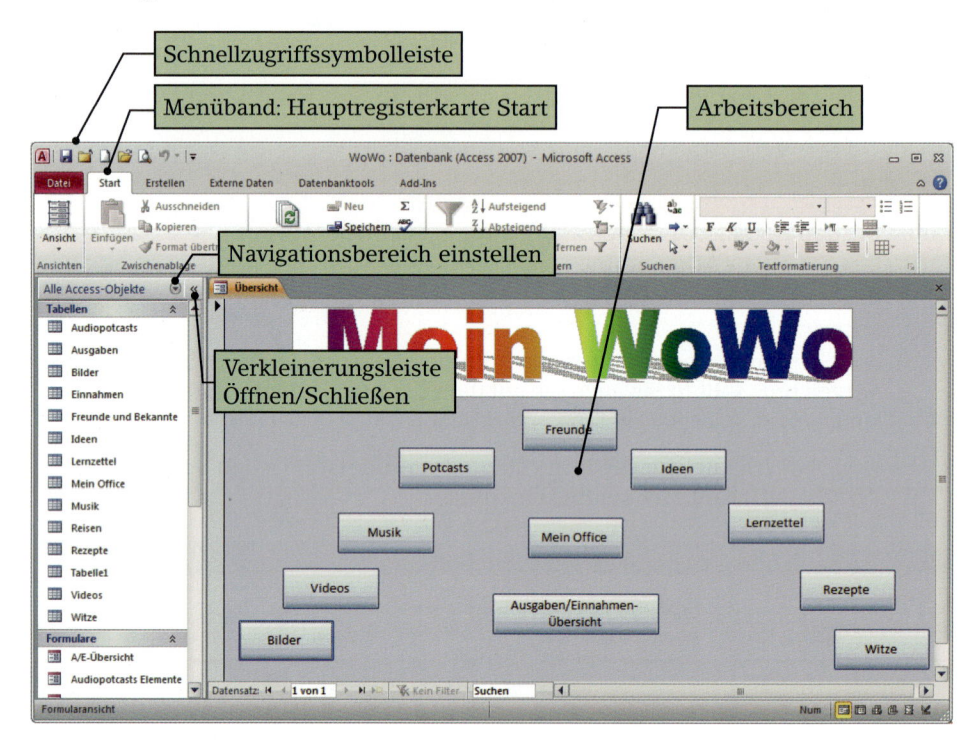

Als **Objekte** oder **Komponenten der Datenbank** können im Navigationsbereich am linken Bildschirmrand z. B. aufgelistet sein:

- ▶ **Tabellen:** Sie enthalten die Daten der Datenbank.
- ▶ **Abfragen:** Damit können ausgewählte Daten der Datenbank angezeigt werden.
- ▶ **Formulare:** Damit werden Oberflächen angeboten, mit denen Daten erfasst oder angezeigt werden können.
- ▶ **Berichte:** Damit werden Daten für einen Ausdruck vorbereitet.

Datenbankprogramm MS-Access

Über einen Doppelklick auf einen Objektnamen im Navigationsbereich kann das Objekt geöffnet werden. Es wird dann rechts ein gesonderter Arbeitsbereich anstelle des Übersicht-Formulars angezeigt. Über die Registerreiter können Sie zwischen den einzelnen geöffneten Objekten wechseln. Objekte können über den in diesem Formular extra angelegten **<Schließen-Button>,** über die Schaltfläche **<Schließen>** rechts oben im Arbeitsbereich oder über das **<Kontextmenü>** (rechter Mausklick auf das Register des Objektes) geschlossen werden. Die gesamte Datenbank kann über die Hauptregisterkarte **<Datei>** oder die **<Schnellzugriffssymbolleiste>** geschlossen werden.

In der Hauptregisterkarte **<Start>** → Gruppe **<Ansichten>** kann über das Pull-Down-Menü **<Ansicht>** festgelegt werden, wie die Objekte im Navigationsbereich angeordnet werden sollen.

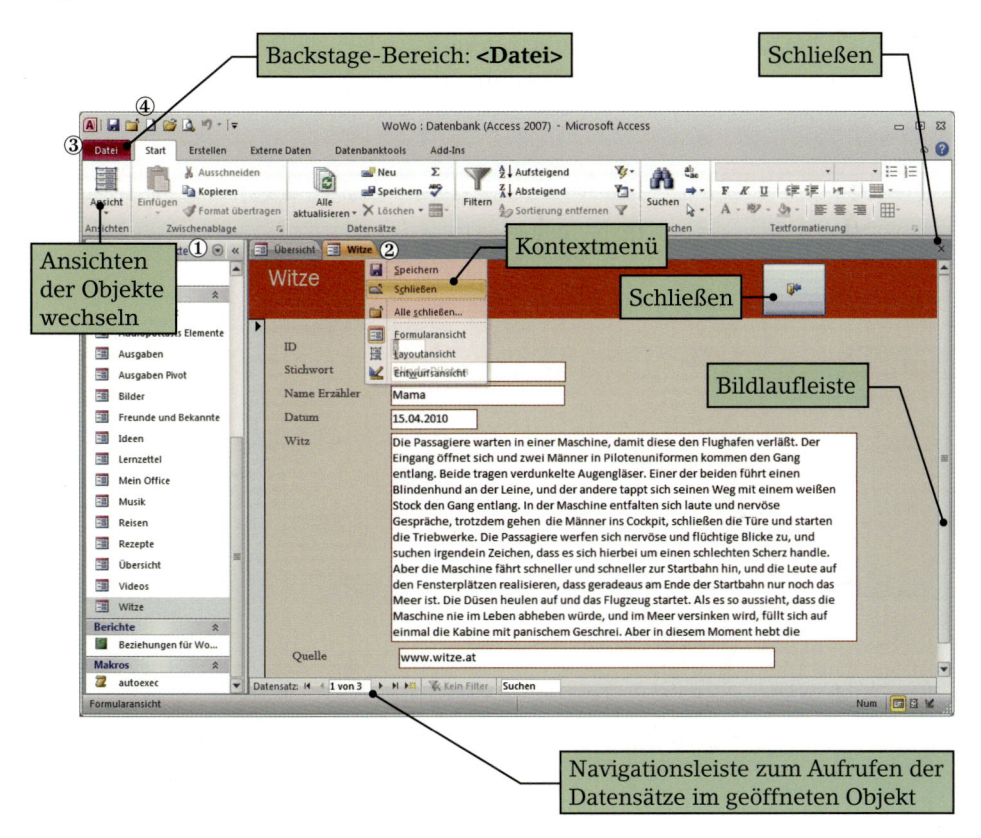

Ansichten:

- ▶ **Datenblattansicht:**   z. B. als Tabelle, Formular, Bericht
- ▶ **Entwurfsansicht:**   zur Konstruktion oder Einrichtung der Tabelle, des Formulars oder Berichts
- ▶ **Seitenansicht:**   Anzeige der Druckansicht, z. B. bei Berichten oder über **<Drucken>**

Menüband anpassen

Situation: Kerstin möchte ihr Menüband (engl. Ribbon) anpassen und eine neue Registerkarte „Mein Ribbon" mit den Gruppen „Kontrolle" und „Daten bearbeiten", wie nachfolgend gezeigt, neu einrichten.

Über **<Datei>** und den Menüpunkt **<Optionen>** unterhalb von **<Hilfe>** öffnet sich das Dialogfenster **<Access-Optionen>**, über das das Menüband angepasst werden kann.

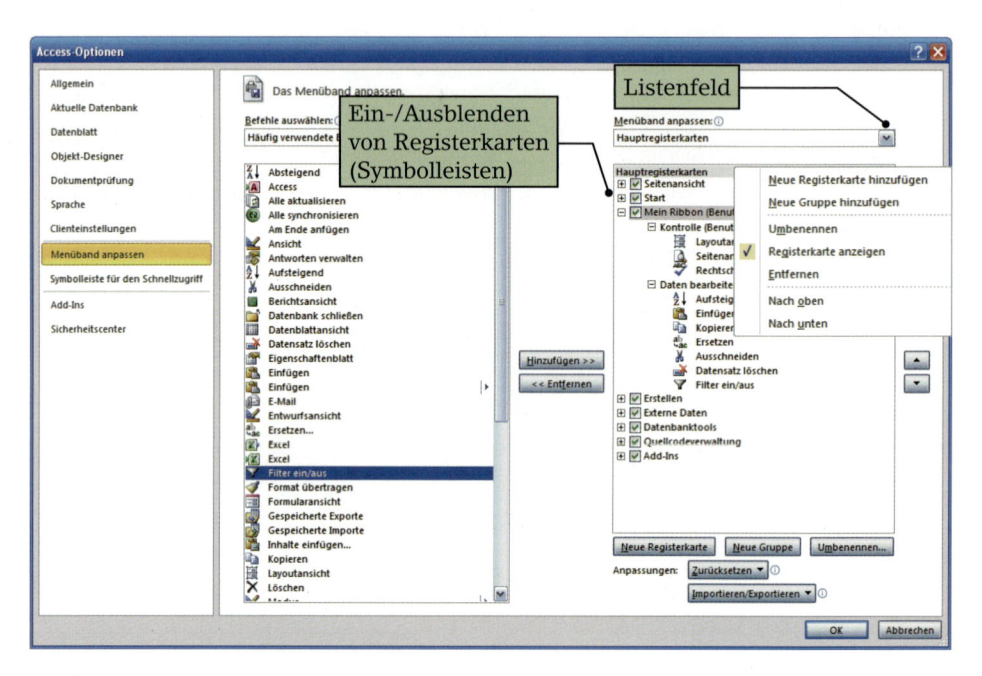

Über das Listenfeld rechts oben können die Hauptregisterkarten oder alle Registerkarten angezeigt werden. Möchte man ganze Registerkarten ausblenden und so das Menüband minimieren, so muss man nur die Ein-/Aus-Schaltflächen (☑) bedienen. Im Beispiel wurde über den Befehl **<Neue Registerkarte>** die Karte „Mein Ribbon" hinzugefügt. In der neuen Registerkarte wurden die **Gruppen** „Kontrolle" und „Daten bearbeiten" ergänzt. Die einzelnen **Befehle** können über die Maus in die neu eingerichteten Gruppen gezogen werden oder durch Markieren über die Schaltfläche **<Hinzufügen>**. Über das Kontextmenü kann jedes Element des Bandes nach oben oder unten gesetzt werden. Möchten Sie das komplette Menüband ausblenden, dann machen Sie einen rechten Mausklick auf das Ribbon und gehen ebenfalls im Kontextmenü auf **<Menüband minimieren>**.

Datenbankprogramm MS-Access

Aufgaben

1. Öffnen Sie die Datenbank *WoWo* (auf CD im Verzeichnis *Modul5/Vorlagen*), rufen Sie über das Formular *Übersicht* (startet automatisch) die einzelnen Menüpunkte (Objekte) auf und erkunden Sie die Datenbank. Öffnen Sie bei Bild-, Ton- oder Videodateien die einzelnen Felder der Tabellen oder Formulare über einen Doppelklick auf die passenden Felder (Inhalt: Paket). Schließen Sie die Objekte über **<Schließen>** im Arbeitsbereich rechts oben oder mithilfe des **<Kontextmenüs>** über einen rechten Mausklick auf die Titelleiste des Objekts. Arbeiten Sie auch mit dem Navigationsbereich am linken Bildschirmrand, indem Sie ihn öffnen und Einstellungen ① (Seite 267) vornehmen. Rufen Sie zur Erkundung einzelne Tabellen, Abfragen, Formulare und Berichte auf. Es müssten nun mehrere Registerblätter ② geöffnet sein. Schließen Sie diese und dann auch die gesamte Datenbank über die Hauptregisterkarte **<Datei>** ③ oder die **<Schnellzugriffssymbolleiste>** ④.

2. Öffnen Sie die Datenbank *Schüler* (auf CD im Verzeichnis *Modul5/Vorlagen*). Stellen Sie den Navigationsbereich so ein, dass alle Datenbankobjekte nach dem Objekttyp angezeigt werden oder nur der Objekttyp „Formular". Öffnen Sie über den Navigationsbereich das Formular *Hauptmenue* und erkunden Sie die Datenbank, indem Sie Befehle im Startformular *(Hauptmenue)* bedienen. Schließen Sie die geöffneten Objekte wieder über **<Schließen>** oder das **<Kontextmenü>** der jeweiligen Registerkarte. Schließen Sie die Datenbank.

3. Welche Aussage steht im Zusammenhang mit den nummerierten Aktionen im Screenshot?
    a) In der Tabelle soll der nächste Datensatz markiert werden.
    b) Um Text farbig darzustellen, soll das Hauptregister gewechselt werden.
    c) Die Schnellsymbolleiste soll angepasst werden.
    d) Die A/E-Übersicht soll per Rechtsklick geschlossen werden.
    e) Die A/E-Übersicht soll geöffnet werden.
    f) Die Tabelle soll gedruckt werden.
    g) Im Navigationsbereich soll ein anderes Objekt aufgerufen werden.
    h) Der Navigationsbereich soll geschlossen werden.

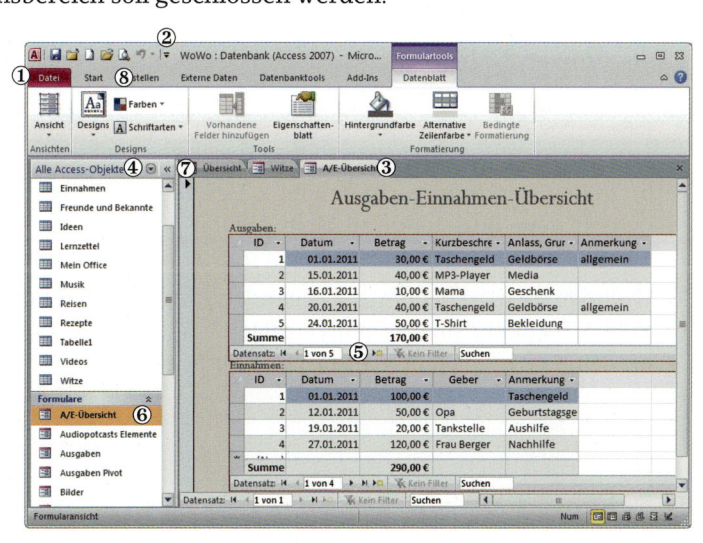

Die Benutzeroberfläche

4. Was ist richtig, was ist falsch?
   a) Wenn man Access startet, erhält man zunächst eine Oberfläche mit zusätzlichen Informationen.
   b) Öffnet man eine Datenbank, werden Objekte in einem Navigationsbereich angezeigt.
   c) Durch Doppelklick auf Objekte im Navigationsbereich werden diese geöffnet und im Arbeitsbereich angezeigt.
   d) Objekte des Arbeitsbereiches werden automatisch geschlossen, wenn ein anderes Objekt geöffnet wird.
   e) Objekte können über **<Schließen>** oder das **<Kontextmenü>** des jeweiligen Registers geschlossen werden.
   f) Die letzte Aktion kann über die Symbolleiste für den Schnellzugriff rückgängig gemacht werden.

5. Wo muss man klicken, wenn man bei geöffneter Datenbank
   a) den Navigationsbereich verändern will?
   b) den Navigationsbereich schließen will?
   c) ein Formular öffnen will?
   d) ein Formular schließen will?
   e) eine Tabelle ausdrucken will?
   f) das Menüband über den Schnellzugriff minimieren will?
   g) eine Datenbank schließen will?
   h) eine Tabelle löschen will?

6. Wie kann man Access öffnen?
   a) **<Start>** → **<Alle Programme>** → **<Datenbanken>**
   b) **<Start>** → **<Datenbanken>** → **<Microsoft Access>**
   c) **<Start>** → **<Microsoft Office>** → **<Microsoft Access>**
   d) **<Start>** → **<Alle Programme>** → **<Microsoft Office>** → **<Microsoft Access>**

7. Welche Möglichkeiten gibt es, eine bestehende Datenbank zu öffnen?
   a) **<Ansicht>** → **<Öffnen>**
   b) Schaltfläche **<Öffnen>**
   c) **<Datei>** → **<Öffnen>**
   d) **<Datei>** → **<Neu>**
   e) Schaltfläche **<Neu>**

8. Passen Sie das Menüband nach Ihren Wünschen an, indem Sie z. B.:
   a) nicht benötigte Registerkarten ausblenden,
   b) in Registerkarten nicht benötigte Befehle entfernen,
   c) eine neue Registerkarte „Mein Ribbon" mit den o. a. Gruppen einrichten und
   d) zuletzt alle Anpassungen wieder auf die Standardeinstellungen zurücksetzen.

9. Wohin muss man in der nachfolgenden Abbildung klicken, um
   a) das Formular Übersicht anzuzeigen?
   b) den Navigationsbereich zu schließen?
   c) das Formular Musik auszudrucken?
   d) die Datenbank zu schließen?
   e) die Entwurfsansicht des Formulars Musik aufzurufen?
   f) eine Tabelle aufzurufen?
   g) den aktuellen Stand zu speichern?

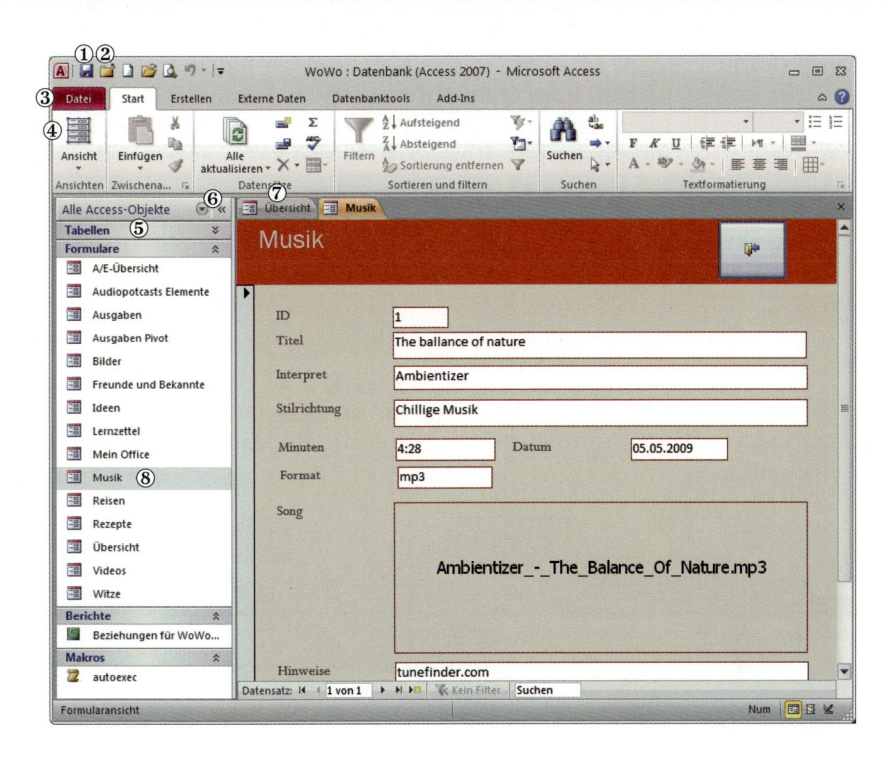

5.2.4 Access-Hilfefunktion

Situation Kerstin will sich nach Hilfemöglichkeiten erkundigen.

Access bietet für Anwender verschiedene Hilfen an. Schon beim Start über die Einstiegsübersicht (vgl. Kap. 5.2) werden Onlineschulungen, Vorlagen und Downloads sowie Neuigkeiten angeboten. Während der Arbeit mit Access steht die Hilfe über die Taste **<F1>** oder Doppelklick auf das **<?>** zur Verfügung. Es öffnet sich das gezeigte Dialogfenster **<Access-Hilfe>**. Hier befindet sich eine Liste mit Einstiegs-Hilfethemen; ebenfalls besteht die Möglichkeit, über die **Stichwortsuche** nach Hilfetexten gezielt zu suchen.

Die Benutzeroberfläche

Direkthilfe: Wird mit dem Mauszeiger auf einen Befehl (Schaltfläche) gezeigt, so wird eine **Quickinfo** angezeigt, wozu der Befehl dient. Drückt man zusätzlich die **<F1-Taste>**, werden, bezogen auf diesen Befehl, weitere Hilfetexte angezeigt.

Hilfefunktionen verwenden

> **Situation:** Kerstin will weitere Möglichkeiten zu Menübändern über die Hilfe erkunden.

Über die Hilfe-Schaltfläche im Backstage-Bereich kann man weitere Unterstützung (Support) in Anspruch nehmen und die **Startseite** des Hilfefensters (F1) aufrufen.

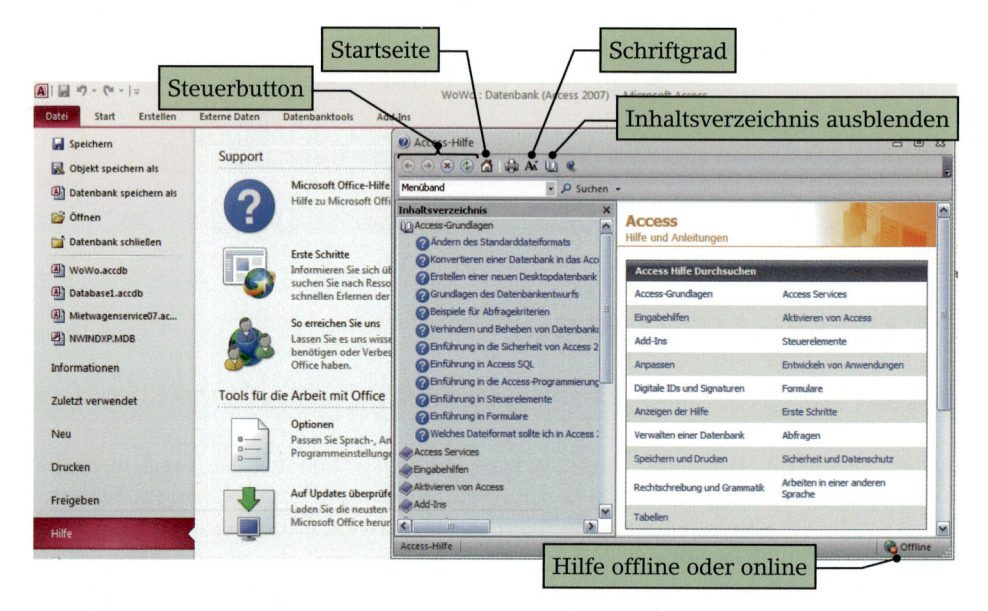

Das Hilfefenster zeigt auf der linken Hälfte das Inhaltsverzeichnis und rechts passende Hilfetexte. Um den Hilfetext breiter laufen zu lassen, kann das **Inhaltsverzeichnis** auch **ausgeblendet** werden. Im Inhaltsverzeichnis kann man sich Unterkapitel anzeigen lassen, indem man auf die Stichworte klickt.

Im Fenster unten rechts wird der Verbindungsstatus (hier: Offline) angezeigt. Möchte man die **Onlinehilfe** in Anspruch nehmen, öffnet man hierüber ein kleines Auswahlfenster. Gezielt kann über das Suchfenster nach Begriffen (hier: Menüband) gesucht werden. Über die **Suchen**-Schaltfläche können optional die Offline- oder die Onlinesuche ausgewählt werden.

Die Hilfetexte enthalten für weitergehende Informationen **Links** zu weiteren Hilfeseiten. Möchte man zur besseren Lesbarkeit die Schrift vergrößern, so ist dies über die Schaltfläche **<Schriftgrad>** möglich. Insbesondere auch für die Onlinerecherche sind die Steuer-Schaltflächen (**<Zurück>**, **<Weiter>**, **<Anhalten>**, **<Aktualisieren>**) hilfreich. Hilfetexte lassen sich auch ausdrucken, kopieren und sogar per E-Mail exportieren.

Datenbankprogramm MS-Access

Für den direkten Aufruf von Programmfunktionen sind für viele Funktionen Tastenkombinationen festgelegt worden, die über die Access-Hilfe (Suchen: Tastenkombinationen) und über die Quickinfo angegeben werden. Einige Tasten und Tastenkombinationen sind in der folgenden Übersicht beschrieben:

Auswahl besonderer Tasten und Tastenkombinationen
[Esc] = Escape, Flüchten, Abbrechen, Zurück
[Tab] (Tabulator) = Wechseln zum nächsten Element
[Entf] = Entfernen, Löschen
[Ende] = Wechseln zum letzten Element, Seitenende
[F1] = Hilfe, auch Online-Hilfe
[F2] = Wechsel zwischen Eingabemodus und Navigationsmodus
[Strg] + Eingabetaste ([Enter]) = Öffnen des markierten Objekts (z. B. Tabelle) im Entwurfsmodus
[Strg] + [N] = Öffnen einer neuen Datenbank
[Strg] + [P] = Öffnen des Dialogfensters **<Drucken>** in der Seitenansicht

Aufgaben

1. Testen Sie die Quickinfo, indem Sie mit dem Mauszeiger auf verschiedene Befehle des Menübandes gehen und die Quickinfo abrufen. Lassen Sie sich auch zusätzliche Informationen über die [F1]-Taste anzeigen.

2. Erforschen Sie Tastenkombinationen mithilfe der Access-Hilfe oder der Quickinfo und probieren Sie verschiedene Tastenkombinationen aus.

3. Gehen Sie in das Dialogfenster Access-Hilfe und erkundigen Sie sich über das Hilfeangebot.

4. Suchen Sie, wie oben gezeigt, offline und online Informationen zum Menüband und erstellen Sie ggf. über Word durch Kopieren und Einfügen einen eigenen Hilfetext.

5. Mit welcher Taste gelangen Sie im Formular *Kunden* direkt in das Feld „Telefax"?

5.3 Daten bearbeiten und drucken

5.3.1 Daten anzeigen

Situation: In erster Linie muss Kerstin mit schon erstellten betrieblichen Datenbanken arbeiten. Über die Übungsdatenbank von CMW lernt sie, wie Daten geändert, erfasst und gedruckt werden können.

Zunächst müssen Sie die Datenbank *cmw* (CD im Verzeichnis Modul5/Vorlagen) mit dem Formular *Übersicht* öffnen.

Rufen Sie danach über *Übersicht/Stammdaten* das Formular *Kunden* auf. Am unteren Rand des Formulars erscheinen **Navigationsschaltflächen,** mit denen Sie in den Datensätzen an den Anfang ①, zurück ② oder vor ③ navigieren können. In der Anzeige im unteren Screenshot sieht man, dass derzeit der 3. Datensatz von insgesamt 14 gespeicherten Datensätzen angezeigt wird. Wollen Sie einen neuen Datensatz (Kunden) erfassen, so klicken Sie auf die Navigationsschaltfläche mit dem Stern ④.

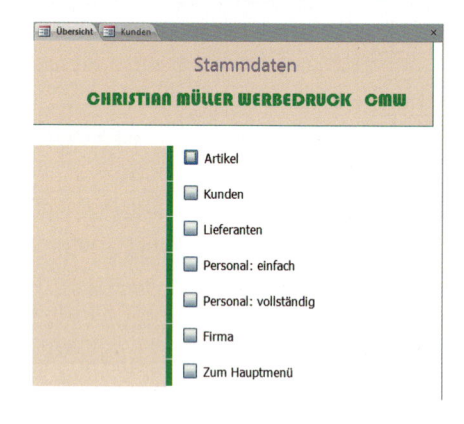

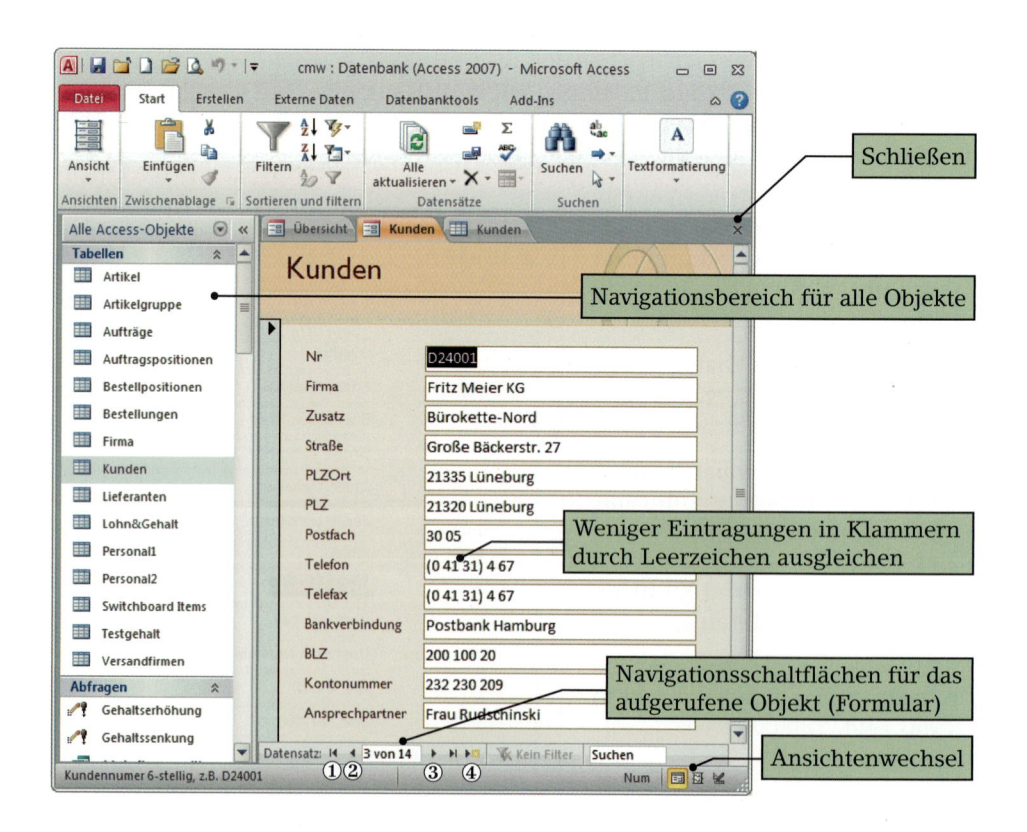

Datenbankprogramm MS-Access

5.3.2 Datentabellen erfassen und ändern

Alle Daten werden in Tabellen erfasst. Zum Formular *Kunden* gehört in dieser Datenbank eine Datentabelle *Kunden,* in der die Daten als Datensätze (in einer Zeile) gespeichert sind. Es ist möglich, statt über das Formular, die Daten in der Tabelle direkt zu erfassen oder zu ändern. Im Beispiel wurde der Datensatz *(Kunde)* D24006 mit den Navigationsschaltflächen ausgewählt. Im Feld „Firma" wurde ein Zeichen gelöscht. Diese Änderung wird durch das **Stiftsymbol** am Zeilenanfang angezeigt. Die Änderungen werden **automatisch gespeichert.**

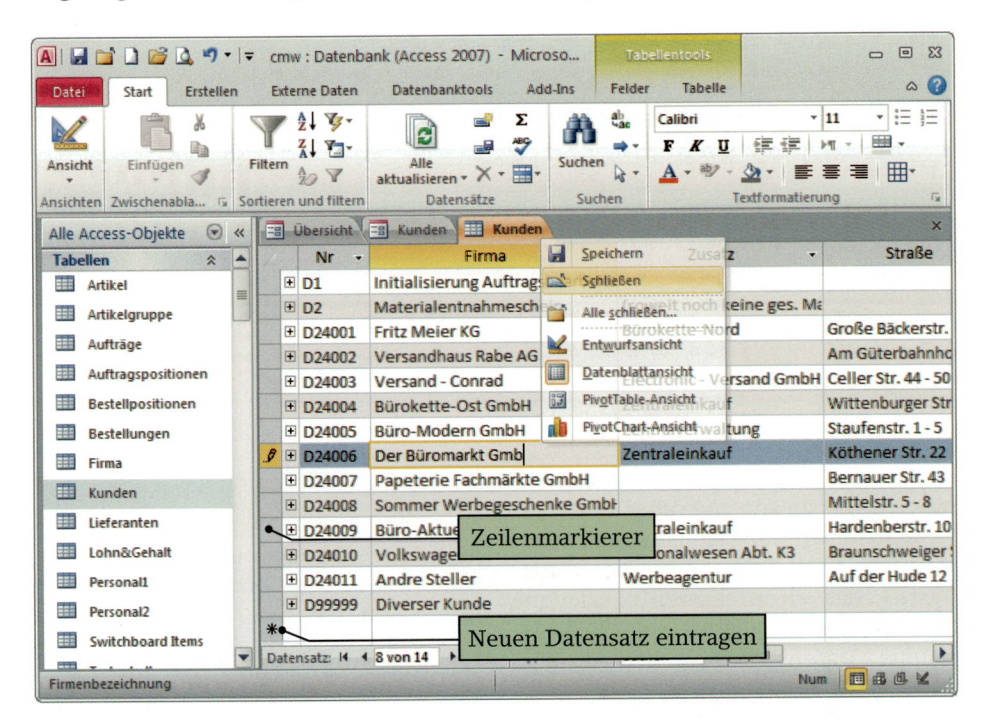

Wenn die Spalten zu schmal sind und die Inhalte nicht vollständig angezeigt werden, gehen Sie mit dem Cursor zwischen die beiden Spaltenköpfe ① (der Cursor nimmt die Form eines Kreuzes an) und verbreitern mit gedrückter Maustaste die Spalte.

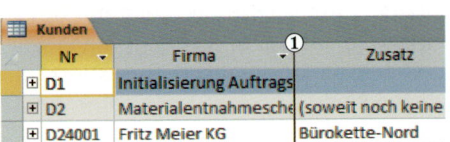

Wollen Sie das Layout einer Tabelle oder eines anderen Objektes ändern, steht Ihnen in der Hauptregisterkarte **<Start>** die Befehlsgruppe **<Textformatierung>** zur Verfügung. Bei einer Tabelle können jedoch nur Formatänderungen für Spalten, Zeilen oder die ganze Tabelle vorgenommen werden. Falls eine Formatierung für ein Objekt nicht zulässig ist, wird die betreffende Schaltfläche nur schwach angezeigt.

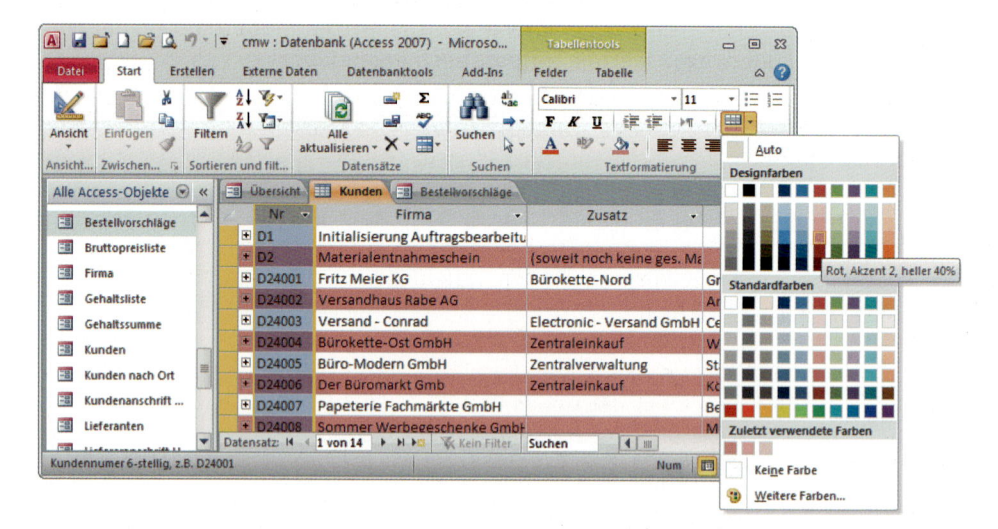

Wollen Sie einen Datensatz löschen, müssen Sie diesen nur über den **Zeilenmarkierer** (am Zeilenanfang) kennzeichnen und dann über die **<Entf-Taste>,** das **<Kontextmenü>** oder die Schaltfläche **<Löschen>** in der Befehlsgruppe **<Datensätze>** löschen.

Ein neuer Datensatz wird (zunächst) als letzter Datensatz in die Zeile mit dem * eingefügt und evtl. später je nach Sortiervorgabe automatisch einsortiert und gespeichert.

Formulare und Tabellen werden über **<Schließen>** in der rechten oberen Ecke des Arbeitsbereichs oder über das **<Kontextmenü>** des Registers geschlossen.

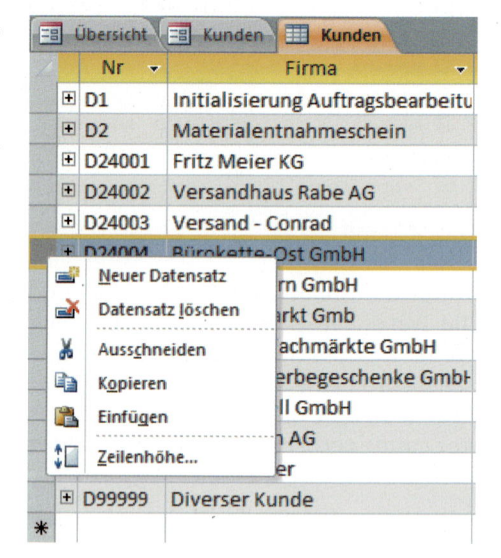

Datenbankprogramm MS-Access

Tabellen bearbeiten

Situation Kerstin will mit der Tabelle *Artikel* einige Übungen durchführen.

Öffnen Sie über den Navigationsbereich ① per Doppelklick die Tabelle *Artikel*. Es erscheint dann im Arbeitsbereich die Datenblattansicht (Tabelle), wie sie schon aus Excel bekannt ist. Die einzelnen Datensätze werden mit den **Navigationsschaltern** aufgerufen. Der aktuelle Datensatz (Zeile) wird durch eine Markierung angezeigt. Wechseln Sie in der Tabelle *Artikel* durch Anklicken des Navigationsschalters bzw. des Datensatzzeigers ② am unteren Rand der Tabelle von Datensatz zu Datensatz. Ändern Sie einen Datensatz. In der ersten Spalte im markierten Datensatz erscheint ein Stift ③, um anzuzeigen, dass dieser Datensatz geändert wurde. Korrigieren Sie die Eingabe durch Anklicken der Schaltfläche **<Rückgängig>** ④.

Öffnen Sie auch einmal die anderen Datentabellen. Ein Stern (*) in der letzten Zeile der Datentabelle zeigt einen leeren Datensatz an. In dieser Zeile kann ein neuer Datensatz ergänzt werden. Über Markieren einer Zeile und die Taste **<Entf>**, das **<Kontextmenü>** oder die Schaltfläche **<Löschen>** in der Befehlsgruppe **<Datensätze>** ⑤ kann ein Datensatz gelöscht werden. Schließen Sie die Tabellen wieder ⑥.

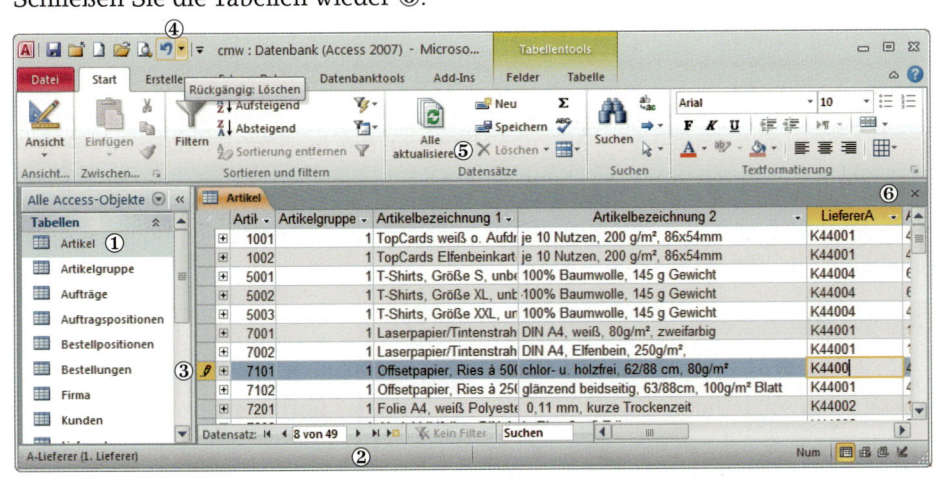

Manche Datentabellen haben so viele Datenfelder (Spalten), dass evtl. nicht alle zu ändernden Felder angezeigt werden sollen. Hier wird über die Befehlsgruppe **<Datensätze>** die Möglichkeit geboten, Spalten **auszublenden** (Hide Fields). Die Spaltenbreite kann verbreitert werden, um den gesamten Inhalt eines Feldes lesen zu können (Field Width). Die Option **<Fixieren (Freeze Fields)>** bedeutet, dass markierte Spalten in der Ansicht festgestellt werden können und die anderen Spalten durch den Positionsanzeiger bewegt werden können. Eine Aufhebung der Fixierung geschieht über dieselbe Schaltfläche.

Daten bearbeiten und drucken

5.3.3 Daten drucken

Situation Kerstin hat in der Tabelle *Artikel* mehrere Datensätze markiert und möchte diese ausdrucken.

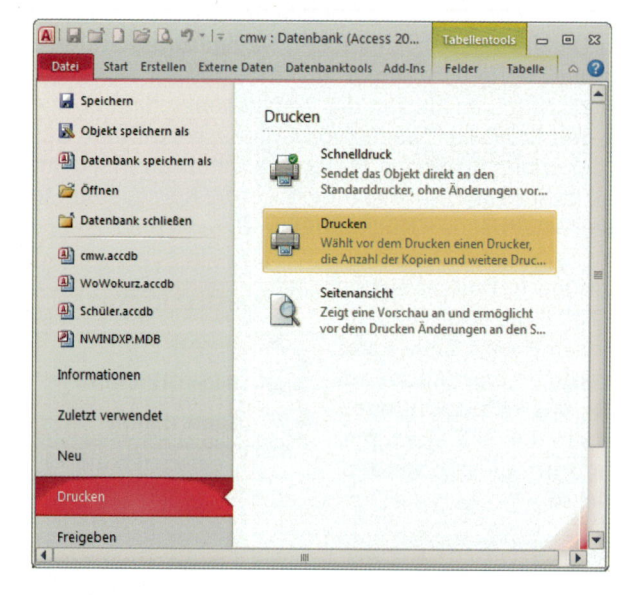

Rufen Sie die Tabelle *Artikel* der Datenbank *cmw* auf und kennzeichnen Sie die auszudruckenden Datensätze mit der Maus (Zeilenmarkierer). Wechseln Sie dann zur Hauptregisterkarte **<Datei>** und wählen Sie **<Drucken>** → **<Drucken>**.

Im Dialogfenster **<Drucken>** muss zunächst der Drucker ausgewählt und dann ggf. der Druckbereich festgelegt werden. Sollen nur die markierten Datensätze ausgedruckt werden, reicht ein Klick auf „Markierte Datensätze". Wie in allen Office-Programmen können auch nur einzelne Seiten einer Tabelle/eines Objektes oder mehrere Exemplare ausgedruckt werden oder über **<Einrichten>** Optionen wie das Einstellen der Ränder genutzt werden.

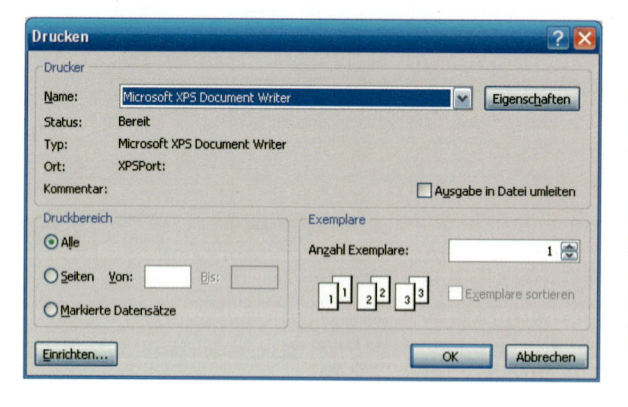

Soll das Dokument für das Internet gespeichert werden, ohne dass dabei Formatierungen verloren gehen, wählt man den „Microsoft XPS Document Writer". Er speichert das Druckdokument im XPS-Format, sodass Daten nicht ohne Weiteres geändert werden können.

Datenbankprogramm MS-Access

Aufgaben

1. Öffnen Sie im Formular *Übersicht/Stammdaten* die Formulare *Artikel, Lieferanten* und *Personal: vollständig*. Verwenden Sie die Navigationsschaltflächen zum Navigieren. Schließen Sie die Formulare wieder über **<Schließen>**.

2. Öffnen Sie das Formular *Kunden* über einen entsprechenden Doppelklick im Navigationsbereich und fügen Sie einen neuen Datensatz über die Navigationsschaltfläche ein. Erfassen Sie folgende Daten: D24012, Papierland GmbH, Nordmannpassage 6, 30159 Hannover, Postfach 50 00, Tel. 0511 180-40, Fax 0511 180-41, Sparkasse Hannover, BLZ 250 501 80, Konto-Nr. 110920, Ansprechpartner Herr Franz Felber.

3. Rufen Sie die Berichte *Bestellvorschläge, Personalliste Lohn&Gehalt* sowie *Bestellungen* und *Rechnungen* über das Formular *Übersicht/Stammdaten* oder den Navigationsbereich auf und lassen Sie sich die Seitenansicht anzeigen. Ändern Sie auch die Seitenränder für den Ausdruck, indem Sie über das **<Kontextmenü (rechter Mausklick)>** → **<Seite einrichten>** aufrufen.

4. Öffnen Sie die Tabelle *Artikel* und blenden Sie das Feld (Spalten) *Artikelbezeichnung2* aus und wieder ein.

5. Fixieren Sie in der Tabelle *Artikel* die ersten drei Felder (Spalten) und lassen Sie sich mit der Bildlaufleiste unterhalb der Tabelle die anderen Felder anzeigen. Heben Sie die Fixierung wieder auf.

6. Wo können Sie klicken, um bei geöffneter Tabelle
   a) einen bestimmten Datensatz aufzurufen/zu markieren?
   b) in das erste Feld eines neuen Datensatzes zu wechseln?
   c) einen markierten Datensatz zu löschen?
   d) eine Spalte breiter oder schmaler zu machen?
   e) eine Löschaktion wieder rückgängig zu machen?
   f) zwei markierte Spalten auszublenden?
   g) ein bestimmtes Datenfeld zu ändern?
   h) zwei markierte Spalten zu fixieren?
   i) die Tabelle zu schließen?
   j) nicht angezeigte Felder (Spalten) durch Verschieben anzuzeigen?
   k) den letzten Datensatz anzuzeigen/zu markieren?
   l) den ersten Datensatz anzuzeigen/zu markieren?

7. Rufen Sie die Datenbank *WoWo* auf, erfassen und ändern Sie Daten über die Hauptregisterkarte **<Start>**. Recherchieren Sie im Internet nach Witzen und geben Sie neue Witze ein. Haben Sie Fotos von Freunden, dann erweitern Sie die Datenbank. MP3-Dateien und Videos (MPG) können auch in die Datenbank aufgenommen werden. Welcher Schüler hat die Datenbank am besten in 60 Minuten erweitert? Wenn Sie Bilder, Video- oder Ton-Dateien in die dafür vorgesehenen Felder eingeben wollen, müssen Sie mit der **rechten Maustaste** auf das Feld klicken – es öffnet sich das Kontextmenü – und dann über den Befehl **<Objekt einfügen>** folgende Auswahlmaske aufrufen. Sie können dann eine Datei **<Neu erstellen>** oder eine bereits abgespeicherte Bild-, Ton- oder Videodatei über **<Durchsuchen>** aufrufen.

Datenbankprogramm MS-Access

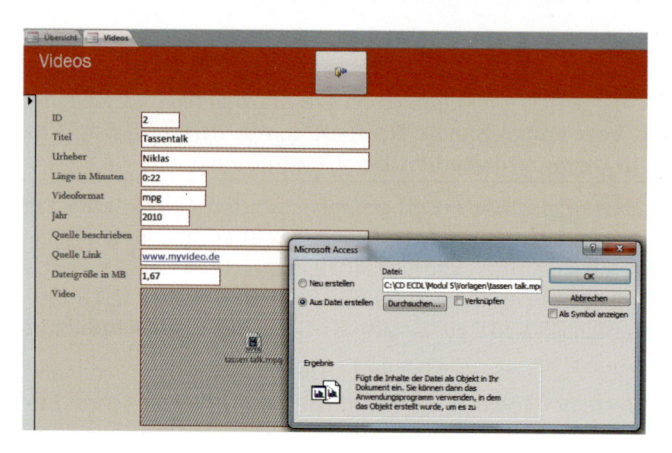

Die Dateien werden dann wie im Beispiel *tassen talk.mpg* mit Namen angezeigt. Über einen Doppelklick auf dieses Feld wird die Datei (hier das Video) geöffnet.

8. Was ist wahr?
   a) Daten in einem Datensatz können durch Klicken in das zu ändernde Feld hinzugefügt, geändert oder gelöscht werden.
   b) Ein Datensatz kann geändert werden, indem man in das zu ändernde Feld klickt und den Eintrag ändert. Danach muss man auf **<Datei> → <Speichern>** gehen, damit die Änderungen gespeichert werden.

9. Ordnen Sie die Ziffern und Buchstaben im nachfolgenden Screenshot der richtigen Beschreibung zu:
   a) Zum ersten Datensatz
   b) Zum nächsten Datensatz
   c) Neuen Datensatz am Ende einfügen
   d) Zum vorherigen Datensatz

10. Geben Sie an, worauf Sie für folgende Aufgaben gehen müssen (Ziffer, Buchstabe):
    a) Den ersten Datensatz markieren.
    b) Die Tabelle schließen.
    c) In die Entwurfsansicht umschalten.
    d) Die Tabelle in Kursivschrift darstellen.
    e) Den aktuellen Datensatz löschen.
    f) Zum nächsten Datensatz wechseln.
    g) Einen neuen Datensatz eingeben.
    h) Die Tabellenansicht maximieren.
    i) Die Datenbank minimieren.
    j) Die Tabelle drucken.
    k) Die Spalte PLZ verbreitern.

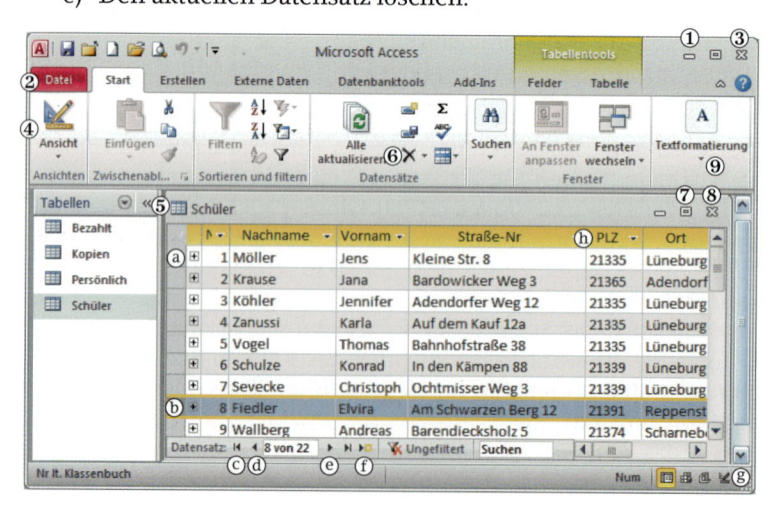

Datenbankprogramm MS-Access

5.4 Daten suchen und filtern

Situation: Kerstin will in den Datenbanken bestimmte Daten suchen oder herausfiltern. In der bisherigen Übungsdatenbank sind jedoch noch nicht so viele Daten enthalten, dass sich das Filtern lohnt. Von Microsoft wird zum Programm Access eine Übungsdatenbank *NWIND* geliefert, mit der sich Kerstin zunächst vertraut macht.

Nach dem Start von Access öffnen Sie die Übungsdatenbank *NWINDXP* (auf CD im Verzeichnis *Modul5/Vorlagen,* (Hinweis: Hier wird die ältere NWIND-Datenbank aus Vereinfachungsgründen verwendet). Über dem Arbeitsbereich erscheint eine Sicherheitswarnung mit dem Hinweis „Einige Inhalte wurden deaktiviert. Klicken Sie hier um weitere Details anzuzeigen." Gehen Sie auf **<Inhalt aktivieren>**.

Rufen Sie danach im **Navigationsbereich** das Formular „Hauptübersicht" auf, das dann im Arbeitsbereich erscheint. Sie haben nun die Möglichkeit, Datenbankobjekte per Klick über die Hauptübersicht oder per Doppelklick über den Navigationsbereich zu öffnen.

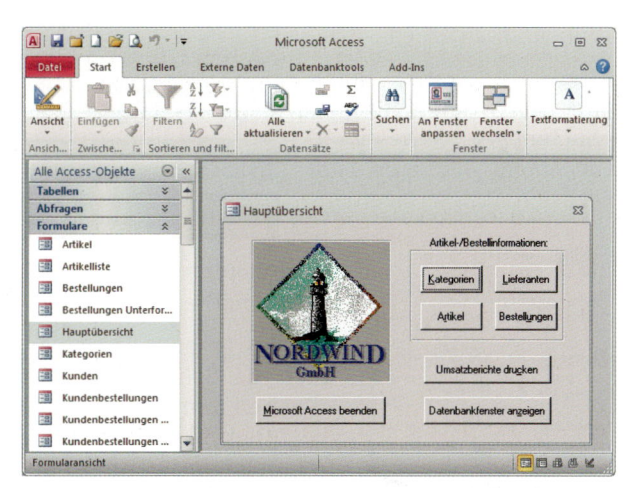

Aufgaben:

Rufen Sie die Datenbank *NWINDXP* auf. Öffnen Sie das Formular „Hauptübersicht". Erkunden Sie die Datenbank. Bearbeiten Sie dazu auch folgende Teilaufgaben:
1. Wie viele Artikel bietet *NWIND* an? (Hinweis: Schließen Sie danach das Formular *Artikel,* um zur Hauptübersicht zurückzukehren.)
2. Was wird in der Tabelle *Artikel* unter „Kategorie" verstanden?
3. Werden zu den Kategorien auch Bilder angezeigt?
4. Werden pro Kunde mehrere Rechnungen angezeigt?
5. Werden in *NWIND* Personaldaten der Firma gespeichert und wenn ja, wie viele Mitarbeiter werden angezeigt?
6. Besteht ein Unterschied zwischen dem Lieferdatum und dem Versanddatum und wie ist dieser begründet?
7. In welche Länder liefert *NWIND*?
8. Wie viele Bestellungen hat die Firma „Comércio Mineiro" aus São Paulo aufgegeben?
9. Sie werden gefragt, ob *NWIND* auch Fischprodukte liefern kann.
10. Sie sollen prüfen, welche Kunden die Thüringer Rostbratwurst bestellen.
11. Sie sollen Naturprodukte für maximal 30,00 € suchen.
12. Sie sollen die Namen aller Kunden in Schweden auflisten.

5.4.1 Suchen in Formularen und Tabellen

Situation Kerstin möchte im Formular *Artikel* nach Dosenware suchen.

Nach Aufruf des Formulars *Artikel* kann zunächst eine einfache Suche gestartet werden, indem das **Suchfeld** neben den **Navigationsschaltflächen** unterhalb des Formulars mit dem Suchbegriff gefüllt wird. Es wird der **erste** Datensatz im Formular mit diesem Teilbegriff angezeigt.

Alternativ kann auch über die Befehlsgruppe **<Suchen>** ➔ **<Gehe zu>** ① von einem Datensatz zum nächsten navigiert werden.

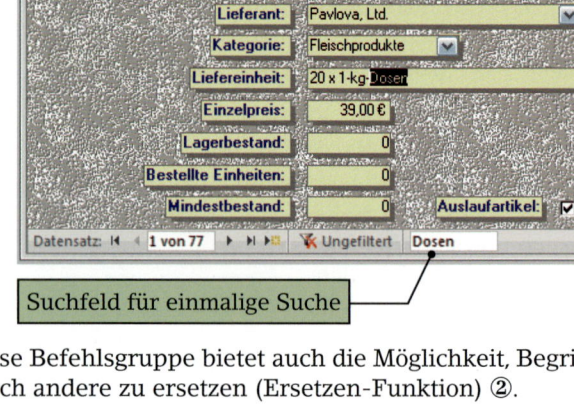

Suchfeld für einmalige Suche

Diese Befehlsgruppe bietet auch die Möglichkeit, Begriffe durch andere zu ersetzen (Ersetzen-Funktion) ②.

Soll das gesamte Formular durchsucht werden, so kann über die Schaltfläche **<Suchen>** ③ das Dialogfenster **<Suchen und Ersetzen>** aufgerufen werden. Hier besteht die Möglichkeit, ein aktuelles Feld oder das aktuelle Dokument insgesamt zu überprüfen:

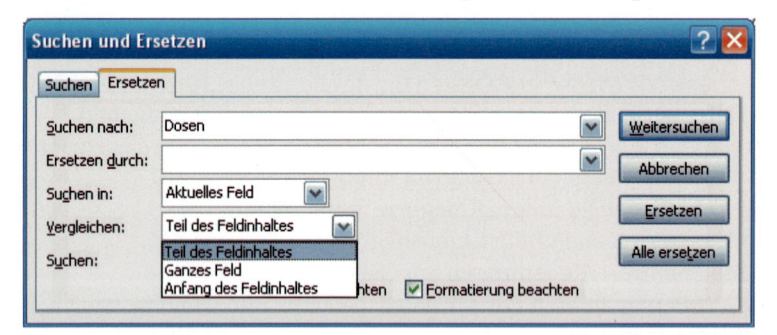

Die Textsuche kann sich auf das ganze Feld, aber auch auf ein Teilfeld oder den Anfang des Feldes konzentrieren: z. B. **<Vergleichen>** ➔ **<Teil des Feldinhalts>**. Über das Register **<Ersetzen>** kann der gefundene Inhalt durch einen anderen Inhalt ersetzt werden.

Über den Befehl **<Weitersuchen>** kann nach dem nächsten Datensatz gesucht werden, in dem der Begriff auch vorkommt. In der Navigationsleiste wird immer der aktuell gefundene Datensatz, z. B. 17 von 77 angezeigt. Über **<Gehe zu>** in der Befehlsgruppe **<Suchen>** kann ebenfalls von Datensatz zu Datensatz navigiert werden: **Erster, Nächster, Letzter**.

Datenbankprogramm MS-Access

Aufgaben

1. Suchen Sie im Formular *Artikel* nach „Dosen" und dann nach „Getränken".
2. Suchen Sie im Formular *Bestellungen* nach dem Lieferanten „Lehmanns" (Vergleichen: Anfang des Feldinhalts oder Teil des Feldinhalts).
3. Suchen Sie im Formular *Artikel* nach „Gnocchi".
4. Wo müssen Sie klicken, um über oben angegebene Masken oder die Befehlsgruppe
   a) einen Begriff durch einen anderen zu ersetzen?
   b) den ersten Datensatz anzuzeigen?
   c) den letzten Datensatz anzuzeigen?
   d) statt im Feld *Liefereinheit* das gesamte Formular *Artikel* zu durchsuchen?
   e) einmalig nach einem bestimmten Begriff zu suchen?
   f) im Formular einen neuen Datensatz einzugeben?
5. Wo wird angezeigt, welcher Datensatz gerade gefunden wurde?
6. Rufen Sie alle vier Tabellen der Datenbank *Schüler* auf und ordnen Sie die Tabellen *Schüler* und *Persönlich* über die Befehlsgruppe **<Fenster>** im Hauptregister **<Start>** nebeneinander an. Öffnen Sie dann auch die anderen beiden Tabellen und versuchen Sie, die Fenster optimal einzustellen. Schließen Sie evtl. die eine oder andere Tabelle wieder.
7. Beantworten Sie folgende Fragen:
   a) Welcher Schüler wohnt in Salzhausen?
   b) Wer hat am 22.03.1995 Geburtstag?
   c) Welcher Schüler hat Karaoke als Hobby?
   d) Wie heißt die Schülerin Nr. 15?
   e) Wo wohnt der Schüler Roland?
   f) Welche Hobbys hat Doreen?
   g) Wie heißen die Schüler, die eine Anzahlung getätigt haben?
   h) Wie viele Schüler spielen Fußball?
8. Sie wollen der Reihe nach in der Tabelle *Schüler* im Feld „Strasse-Nr" alle Schüler suchen, die in der angezeigten Straße wohnen. Wohin müssen Sie im nachfolgenden Dialogfenster klicken, um die Einstellungen so zu ändern, dass die gesuchten Schüler auch angezeigt werden?

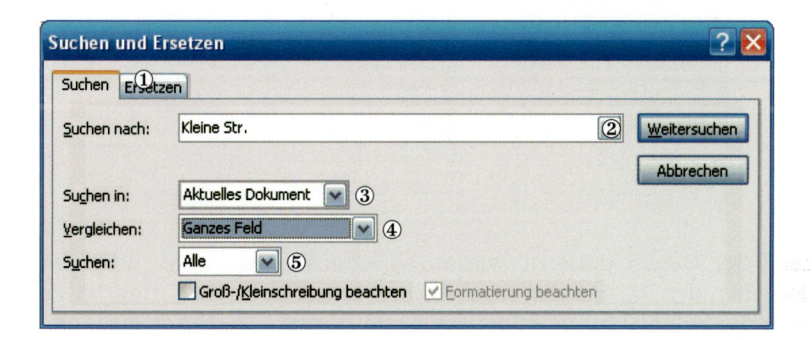

5.4.2 Sortieren und filtern

Situation: Kerstin möchte sich in der Datenbank *NWIND* alle Datensätze mit einem Lagerbestand von 0 anzeigen lassen und über **<Sortieren und filtern>** Ergebnisse erzielen.

Für bestimmte Auswertungen kann die Befehlsgruppe **<Sortieren und filtern>** des Hauptregisters **<Start>** hilfreich sein. Die Sortieren-Funktion kann z. B. genutzt werden, wenn Daten in einer aufsteigenden oder absteigenden Reihenfolge anzeigt werden sollen. Setzt man den Cursor z. B. in das Feld „Lagerbestand" des Formulars *Artikel* und betätigt den Befehl **<Aufsteigend>** ①, so werden alle Datensätze mit einem Lagerbestand von 0 aufsteigend angezeigt. Durch die Navigationsschaltflächen kann zum nächst größeren Datensatz gewechselt werden. Durch den Befehl **<Absteigend>** ② werden die Lagerbestände vom höchsten abwärts angezeigt. Über **<Sortierung entfernen>** ③ wird die Sortierung wieder aufgehoben, sodass Datensatz 1 wieder als Erstes angezeigt wird.

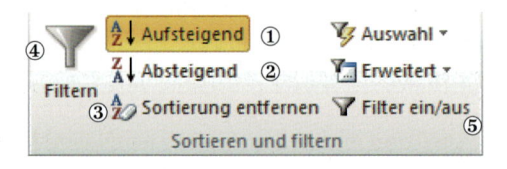

Um nach einem ausgewählten Filterkriterium, wie z. B. Chai, zu suchen, muss zunächst der Cursor im Formular in das Feld gesetzt werden, das das Auswahlkriterium enthält (im folgenden Beispiel das Feld „Artikelname"). Durch einen Klick auf die Schaltfläche **<Filtern>** ④ öffnet sich ein Auswahlmenü für das Feld „Artikelname". Soll z. B. nach Chai-Tee gesucht werden, so muss die Checkbox **<Alle auswählen>** deaktiviert werden, um dann die Checkbox **<Chai>** zu markieren. Alternativ kann über **<Textfilter>** → **<Gleich>** der Begriff „Chai" von Hand eingegeben werden.

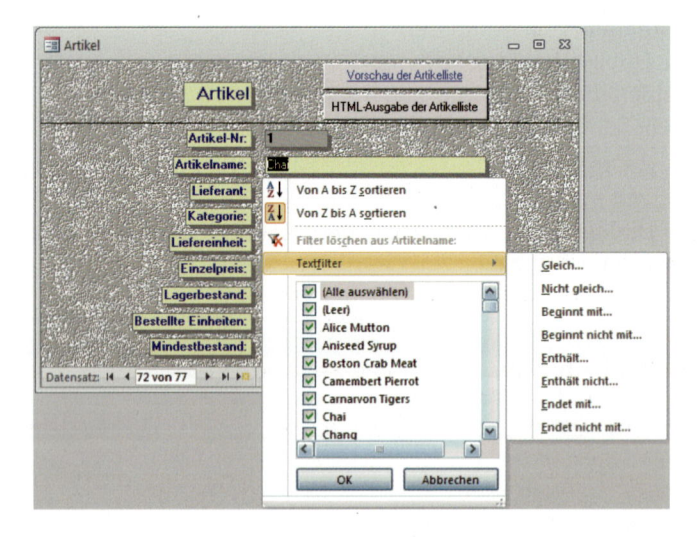

Soll der Filter wieder entfernt werden, so kann dies entweder über das Filtern-Symbol neben den Navigationsschaltflächen unten im Formularfenster geschehen oder über die Befehlsgruppe **<Sortieren und filtern>** → **<Filter ein/aus>** ⑤.

Datenbankprogramm MS-Access

Soll im Feld „Lagerbestand" nach der Lagermenge=0 gefiltert werden, so wird über die Schaltfläche **<Filtern>** der „Zahlenfilter" aufgerufen. Bei Eingabe **<Gleich = 0>** werden 5 Datensätze gefiltert. In der **Navigationsleiste** am unteren Rand des Formularfensters wird dies durch „1 von 5" und die Anzeige „Gefiltert" angezeigt.

Ebenso lassen sich die Befehle der Befehlsgruppe **<Sortieren und filtern>** auf Tabellen anwenden. Öffnen Sie die Tabelle *Artikel* und wählen Sie **<Auswahlfilter>** ➔ **<Ist gleich „Gewürze">** aus. Wie viele Gewürzartikel werden insgesamt angeboten?

Über **<Filter ein/aus>** wird wieder die vollständige Tabelle angezeigt.

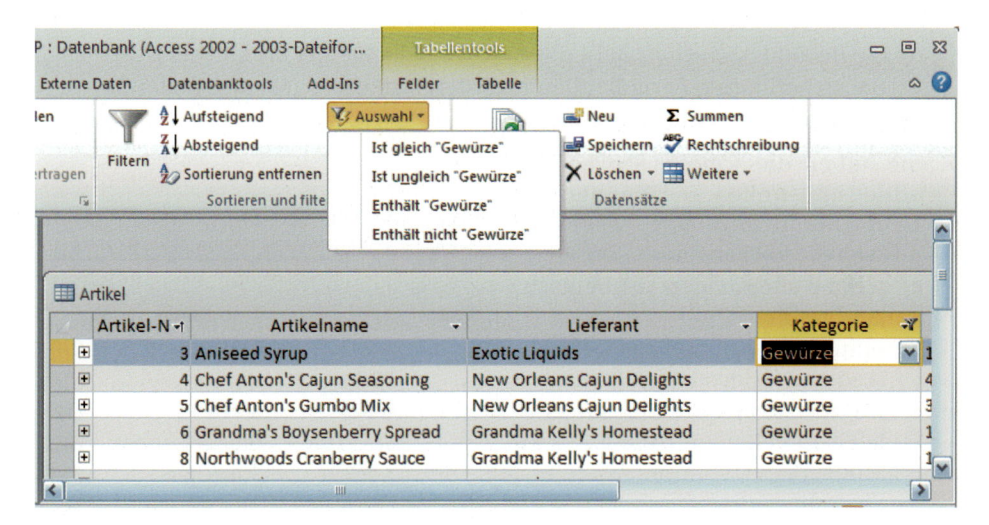

Aufgaben

1. Filtern Sie im Formular *Artikel* nach Dosen. Wie viele Dosenartikel werden angezeigt? Entfernen Sie den Filter wieder.

2. Filtern Sie im Formular *Kunden* nach allen Kunden aus Deutschland. Wie viele Kunden werden angezeigt? Entfernen Sie den Filter wieder. Filtern Sie nach allen Kunden außerhalb Österreichs.

3. Filtern Sie im Formular *Personal* alle Mitarbeiter, die zwischen dem 01.06.1993 und dem 31.12.1994 eingestellt wurden. Wie viele Mitarbeiter werden angezeigt? Entfernen Sie den Filter wieder.

4. Filtern Sie in der Abfrage *Bestellungen Abfrage* alle Datensätze von „Ernst Handel". Rufen Sie dazu die Abfrage auf, setzen Sie den Cursor in das Feld „Kunde" und betätigen Sie dann den Filter. Wie viele Bestellungen werden angezeigt?

5. Wo wird Ihnen angezeigt,
   a) wie viele Datensätze Access gefiltert hat?
   b) ob die angezeigten Datensätze gefiltert wurden?

6. Wo müssen Sie klicken, wenn
   a) Sie in einem Feld nach mehreren Daten filtern wollen?
   b) für ein Feld nach dem aktuellen Inhalt gefiltert werden soll (Auswahl)?
   c) Sie im Feld nach einer Zahl größer als 100 filtern wollen (Zahlenfilter)?
   d) Sie im Feld nach einer Zahl filtern wollen, die kleiner als im Feld ist?
   e) Sie im gefilterten Formular den nächsten Datensatz ansehen wollen?
   f) Sie den Filter entfernen wollen?

7. Sie haben die Tabelle *Kunden* geöffnet und wollen alle Kunden aus Deutschland anzeigen lassen. Wo müssen Sie klicken, um
   a) schnell alle Kunden aus Deutschland zu filtern?
   b) schnell alle Kunden aus Deutschland und Österreich zu filtern?
   c) wieder zurück zur Ausgangstabelle zu gelangen (Alle Filter löschen)?

8. Roland Mendel hat angerufen und bittet um Rückruf. In welcher Tabelle müssen Sie suchen und wie finden Sie die Telefonnummer schnell durch Suchen ohne Filter?

9. Stellen Sie in der Abfrage *Rechnungen* fest, ob und zu welchem Preis an „Ernst Handel" Sauerkraut geliefert wurde.

10. Stellen Sie in der Abfrage *Bestelldetails erweitert* fest, zu welchen Konditionen bisher Tofu und Thüringer Bratwurst bezogen werden konnte.

11. Filtern Sie im Formular *Kundenbestellungen* alle Bestellungen aus Österreich und danach aus Frankreich.

12. Filtern Sie im Formular *Bestellungen* alle Bestellungen von Verkaufsberaterin Margaret Peacock. Wie viele Bestellungen sind es?

13. Für welche Tabellen, Abfragen und Formulare lassen sich weitere sinnvolle Filter erstellen?

Datenbankprogramm MS-Access

Erweiterte Filteroptionen

Situation: Kerstin will nach mehreren Begriffen und Werten und nach verschiedenen Kriterien filtern. Sie will dazu erweiterte Filteroptionen nutzen.

Über die Befehlsgruppe <Sortieren und filtern> → <Erweitert> können die Filteroptionen <Formularbasierter Filter> oder <Spezialfilter/-sortierung> (① und ②) aufgerufen werden, mit denen Kriterien (z. B. >=1 000) für ein Feld oder mehrere Felder eingegeben und bearbeitet werden können.

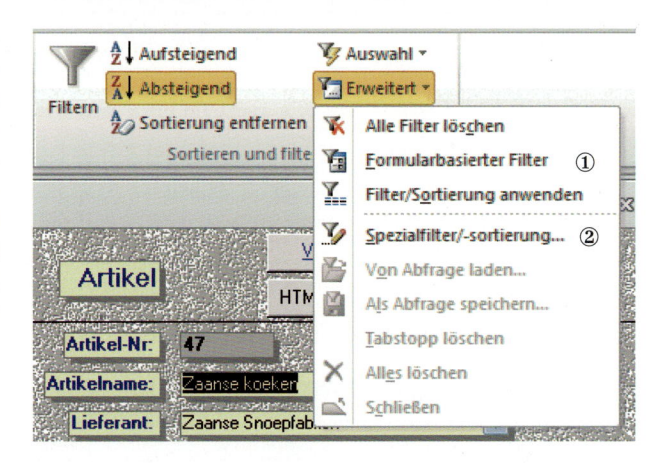

Formularbasierter Filter: Über <Erweitert> → <Formularbasierter Filter> kann man über ein leeres Datenobjekt (z. B. Formular oder Tabelle) Datensätze **nach verschiedenen Kriterien** filtern. Im Beispiel-Screenshot wurde das Formular *Artikel* aufgerufen, der formularbasierte Filter aktiviert ① und in der Kategorie *Naturprodukte* ausgewählt. Zusätzlich können über die **Oder-Register** ② am unteren Fensterrand weitere Kategorien (z. B. Milchprodukte, Getreideprodukte) gewählt werden und dann die Auswahl über die Schaltfläche <Filter ein/aus> selektiert werden. Es werden 17 Produkte angezeigt. Über die Schaltfläche <Filter ein/aus> ③ kann der Filter wieder entfernt werden.

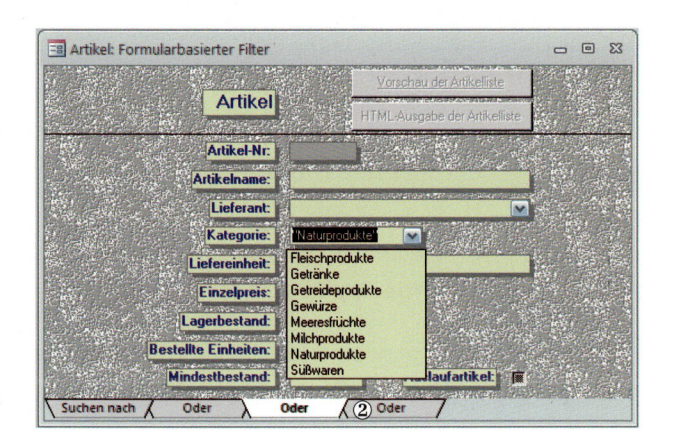

Im formularbasierten Filter können auch **Vergleichsoperatoren** zum Einsatz kommen. So wurden in dem Formular *Bestellungen Unterformular* alle Datensätze gefiltert, bei denen der Rabatt größer und gleich 5 % (Eintragung: >= 0,05) und kleiner 20 % (Eintragung: und <= 0,2) beträgt. Rufen Sie dazu das Formular und dann <Erweitert> → <Formularbasierten Filter> ① auf, tragen Sie im Feld die Vergleichsoperatoren ein und betätigen Sie <Filtern ein/aus> ③.

Daten suchen und filtern

| Vergleichs- und Verbindungsoperationen ||||
Operator	Bedeutung	Erläuterung: Findet alle Werte	Beispiel
=	gleich	gleich dem Suchwert	= Wien
<	kleiner als	kleiner als der Suchwert	< 5 000
>	größer als	größer als der Suchwert	> 10 000
<>	ungleich	ungleich dem Suchwert	<> Italien
<=	kleiner oder gleich	kleiner oder gleich dem Suchwert	<= 50 000
>=	größer oder gleich	größer oder gleich dem Suchwert	>= 10 000
und	Und-Bedingung	beide Ausdrücke treffen zu	>= 10 000 und <= 50 000
oder	Oder-Bedingung	ein Ausdruck trifft zu	Italien oder Frankreich

| Platzhalter |||
Platzhalter	Erläuterung: entspricht	Beispiel
*	beliebiger Anzahl von Zeichen	F*kiste für Futterkiste, Flaschenkiste
?	einem einzelnen alphabetischen Zeichen	?ut für Hut, gut, Mut
[]	einem einzelnen Zeichen in der Klammer	w[ae]r für war, wer
[!]	nicht dem einzelnen Zeichen in der []	w[!ae]r für wir, jedoch nicht war
-	einem beliebigen Zeichen eines Bereiches	B[a-c]d für Bad, Bbd, Bcd
#	einem einzelnen numerischen Zeichen	1#3 für 103, 113, 123 usw.

Beispiele	Filter
Lagerbestand zwischen 5 und 10	>5 und <10
Lagerbestand ab 50 und bis 100	>=50 und <=100
Nachnamen mit „T" am Anfang und „ei" an irgendeiner sonstigen Stelle. „Wie" wird verwandt, da hier Textdaten abgefragt werden.	**Wie T*** Oder **Wie *ei***

Datenbankprogramm MS-Access

Spezialfilter/-sortierung: Wollen Sie nach mehr als einem Kriterium filtern und/oder sortieren, so kann der Spezialfilter ① eingesetzt werden. Im folgenden Beispiel wurde die Tabelle *Schüler* aufgerufen und es wurden über den Spezialfilter die Felder „Strasse-Nr" und „Ort" nach verschiedenen Kriterien gefiltert. Zusätzlich kann auf- oder absteigende Sortierung ② ausgewählt werden.

Nach Klick auf den Befehl **<Filter ein/aus>** werden die gefilterten Datensätze angezeigt.

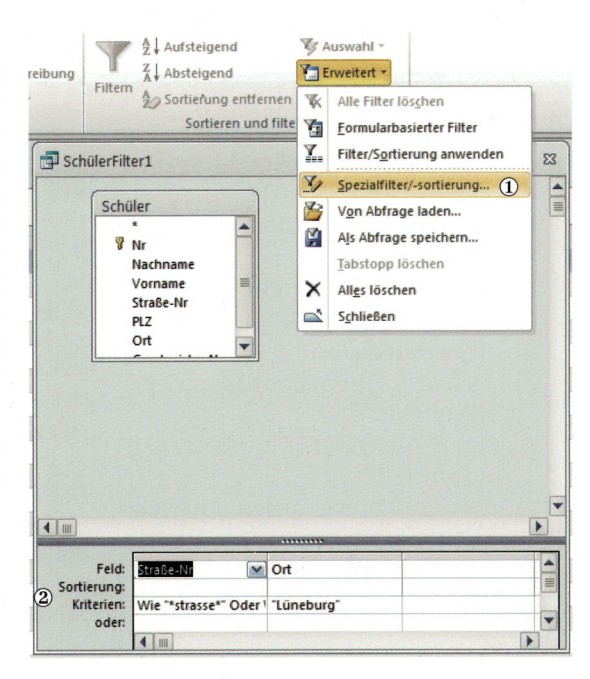

Aufgaben

1. Filtern Sie in der Datenbank *NWIND* mithilfe des formularbasierten Filters und geben Sie die Anzahl der gefilterten Datensätze an:
   a) Filtern Sie im Formular *Kunden* alle Kunden mit einem Anfangsbuchstaben >=A und <=C.
   b) Filtern Sie im Formular *Artikel* alle Artikel mit einem Lagerbestand <=10.
   c) Filtern Sie im Formular *Personal* alle Datensätze mit einem Einstellungsdatum >=01.01.94.
   d) Filtern Sie in der Tabelle *Bestellungen* alle Bestellungen mit einem Lieferdatum >=01.01.11.
   e) Filtern Sie alle Bestellungen mit mehr als 20 und unter 25 Stück.

2. Suchen Sie weitere Formulare und Tabellen, die sich gut mit Operatoren filtern lassen.

3. Drucken Sie gefilterte Seiten aus (evtl. nur als Seitenansicht anzeigen lassen).

4. Beantworten Sie folgende Fragen:
   a) Über welches Hauptregister im Menüband kann man die Befehlsgruppe **<Sortieren und filtern>** aufrufen?
   b) Welche Vorteile bietet der formularbasierte Filter gegenüber dem Filtern in einem Feld, der Schaltfläche **<Filtern>** aus der Befehlsgruppe **<Sortieren und filtern>** oder dem Auswahlfilter?
   c) Warum wird im Beispiel-Screenshot kein Datensatz gefiltert, obwohl es Straßen mit einer Endung „str." gibt?

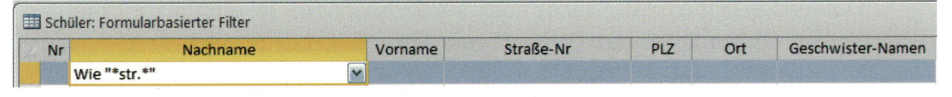

Daten suchen und filtern

5. Sie haben den Cursor in ein Feld einer Tabelle oder eines Formulars gesetzt. Wohin müssen Sie klicken, um
   a) alle Daten für den Textfilter im Dialogfenster angezeigt zu bekommen (Anzeige rechts)?
   b) zunächst keinen Filter auszuwählen?
   c) den Filter zu aktivieren?
   d) Textkriterien (z. B. nicht gleich) auszuwählen?
   e) nach dem Filtern den Filter wieder aufzuheben?
   f) einen Auswahlfilter „Getränke" aufzurufen?
   g) mehrere Filterkriterien mit Platzhalter einzugeben?
   h) alle Filter zu löschen, sodass alle Datensätze wieder angezeigt werden?

6. Was wird hier gefiltert?
   <210 und >140
   a) Schüler ab 140 und bis 210
   b) Schüler ab 210 und bis 140
   c) Schüler ab 141 und bis 209
   d) Schüler ab 141 und bis 210

7. Ordnen Sie die Platzhalter <*>, <?> und <#> richtig den Aussagen zu:
   a) Genau eine Ziffer (numerisches Zeichen)
   b) Beliebig viele (auch null) Zeichen
   c) Genau ein alphabetisches Zeichen

8. Rufen Sie die Datenbank *Schüler* auf und beantworten Sie die Fragen mithilfe von Filtern?
   a) Welche/r Schüler/in wohnt in Bardowick?
   b) Welche Vornamen haben die Schüler, die in Lüneburg wohnen und Fußball spielen?
   c) Wie viele Schüler wohnen in Lüneburg?
   d) Wie viele Vornamen haben den Anfangsbuchstaben S?
   e) Wie viele Schüler wohnen in einer Straße, die mit Straße (straße, str., Str.) endet?

9. Verwenden Sie in der Datenbank *NWIND* den Spezialfilter:
   a) Filtern Sie in der Tabelle *Artikel* alle Auslaufartikel (Eintragung: wahr) mit einem Lagerbestand >0, aufsteigend sortiert nach der Artikelnummer.
   b) Filtern Sie in der Tabelle *Bestelldetails* alle Bestellungen mit einem Rabatt >=20 % (Eintrag: >=0,2) und einer Anzahl <=10, sortiert nach der Artikelnummer.
   c) Filtern Sie in der Tabelle *Lieferanten* alle Lieferanten im Ausland mit einer Homepage (Eintragung: nicht null), sortiert nach der Firmenbezeichnung.
   d) Filtern Sie im Formular *Personal* alle Frauen, geboren nach dem 1. Januar 1965, sortiert nach dem Ort.

Datenbankprogramm MS-Access

5.5 Datenbanken erstellen

Situation Kerstin will nach Vorgabe verschiedene Datenbanken mit Access erstellen. Als Erstes legt sie die Datenbank *CMWTest* an, in der noch keine Datentabellen enthalten sind.

5.5.1 Neue Datenbank anlegen

Über das Hauptregister <Datei> → <Neu> können Sie entweder auf die Vorlage <Leere Datenbank> klicken oder gleich über die Verzeichnisauswahl im Dialogfenster rechts unten <Dateiname> ein neues Verzeichnis für die Datenbank eingeben. Dass es sich um eine Datei aus Access 2007 oder 2010 handelt, erkennt man an der Dateikennung **.accdb** im Vergleich zu **.mdb** (Dateiformate der Access-Versionen bis 2003). Dateien im Dateiformat **.accdb** (Access 2007 und 2010) können mit Access-Vorgängerversionen nicht aufgerufen werden. Diese Dateien müssen erst als **.mdb-Datei** gespeichert werden (vgl. Datenbank speichern auf S. 358).

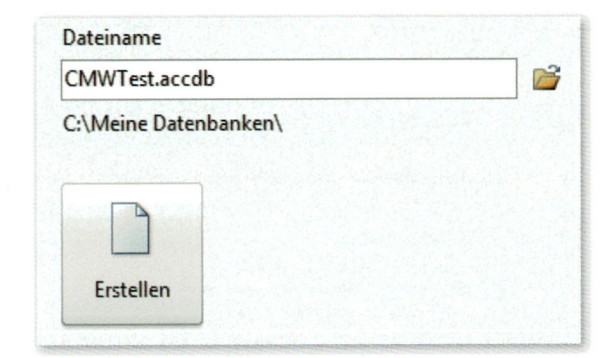

Wollen Sie allgemein den **Standarddatenbankordner** für die Speicherung der Datenbanken neu festlegen, so ist dies über das Registerblatt <Datei> → <Optionen> → <Allgemein> möglich.

Aufgaben

1. Erstellen Sie eine neue Datenbank *CMWTest* in Ihrem Arbeitsverzeichnis: einmal im Access 2010-Dateiformat und einmal im Access-2003-Dateiformat.
2. Sie möchten eine neue Datenbank erstellen. Wohin müssen Sie klicken?
3. Wohin müssen Sie klicken, um den Standarddatenbankordner festzulegen?

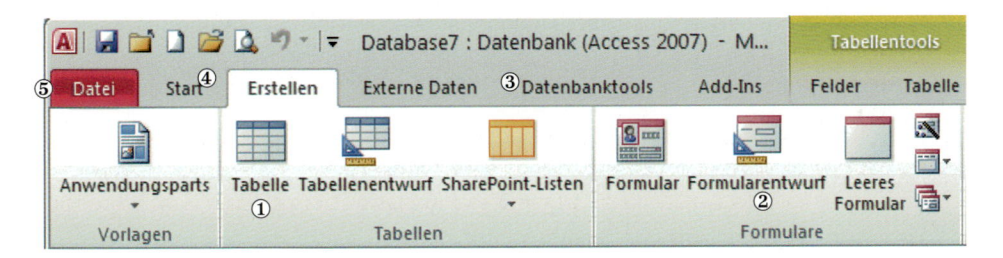

5.5.2 Importieren und Exportieren von Tabellen

Situation Da Kerstin bereits Excel-Tabellen angelegt hat, möchte sie diese jetzt importieren.

Aufgabe Öffnen Sie Ihre Arbeitsdatei *CMWTest*. Importieren Sie von der Datenbank *cmwvers1* alle angezeigten Access-Tabellen. Importieren Sie danach auch die Excel-Tabellen *Aufträge, Auftragspositionen, Lohn&Gehalt, Personal1* und *Personal2*. Die erste Zeile enthält jeweils die Spaltenüberschriften. Feldpositionen sollen unverändert bleiben. Es soll auch kein Primärschlüssel gesetzt werden.

Zunächst müssen Sie die Datei *CMWTest* öffnen **<Datei>** → **<Öffnen>**. Danach rufen Sie über das Hauptregister **<Externe Daten>** die Befehlsgruppe **<Importieren und Verknüpfen>** auf. Nach Doppelklick auf Access öffnet sich ein Dialogfenster.

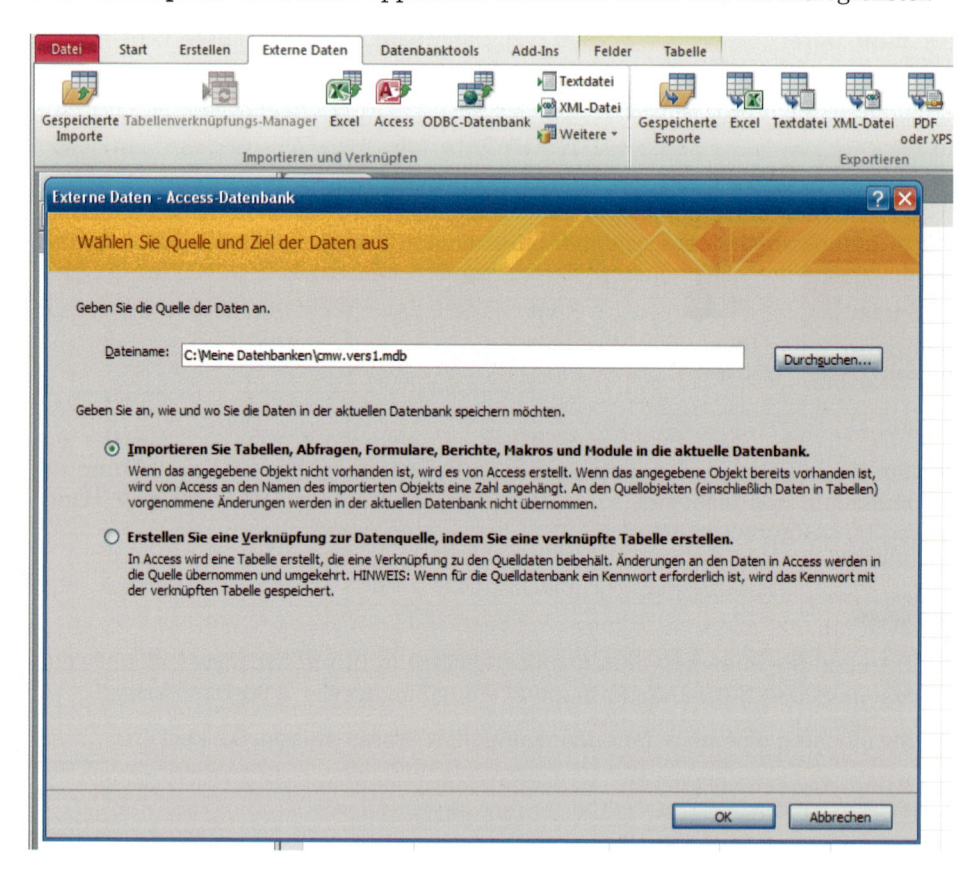

Datenbankprogramm MS-Access

Wählen Sie hierüber zunächst die Datenquelle aus, d. h. die Datei, aus der Sie die Tabellen importieren wollen. Über **<Durchsuchen>** wechseln Sie zum Vorlagen-Verzeichnis für das Buch und bestimmen die Datei *cmwvers1*. Weiterhin können Sie festlegen, ob Sie die Tabellen importieren wollen oder, um Speicherplatz zu sparen, nur eine **Verknüpfung** mit dieser Datei (Datenbank) herstellen wollen.

Das nebenstehende Dialogfenster zeigt die möglichen Tabellen für den Import an. Diese können alle oder einzeln importiert werden.

Ebenso kann der Import der Excel-Dateien durchgeführt werden. Wenn Sie das richtige Verzeichnis (Verzeichnis *Modul5/ Vorlagen*) gewählt haben, werden alle verfügbaren Dateien angezeigt (u. a. die Excel-Dateien *Aufträge, Auftragspositionen, Lohn&Gehalt, Personal1* und *Personal2*), die dann ausgewählt und in die geöffnete Datenbank importiert werden können. Ein **<Import-Assistent>** unterstützt Sie und fragt, ob die Spaltenüberschriften als Feldnamen verwendet werden sollen (ja), ob eine neue Tabelle angelegt werden soll (ja), ob Felder indiziert oder mit einem Primärschlüssel versehen werden sollen (zunächst nein). Die Importschritte sollen nicht gespeichert werden.

Importierte Tabellen werden als Kopie in eine Access-Datenbank übertragen und können wie jede Access-Tabelle formatiert und bearbeitet werden. Änderungen in der importierten Tabelle werden nicht wirksam für die Ursprungstabelle. Ganz anders verhält es sich, wenn über eine **<Verknüpfung>** nur Bezüge zur Ursprungstabelle hergestellt werden. In diesem Fall sind die Daten nur in der verknüpften Tabelle gespeichert und werden von Access dann auch in der Ursprungstabelle geändert. Formatierungen richten sich nach der Ursprungstabelle. Verknüpfungen sind sinnvoll, wenn nur ein Datenbestand gepflegt werden soll und über Verknüpfungen von mehreren Anwendungen auf die Tabelle zugegriffen werden soll.

Umgekehrt können Sie Tabellen der Datenbank auch in andere Access-Datenbanken oder Dateiformate exportieren, z. B. nach Excel, in eine XML-Datei oder eine PDF-Datei. Durch wenige Handgriffe können Sie zudem ein E-Mail-Programm aufrufen, um eine Access-Datei als Anlage zu versenden.

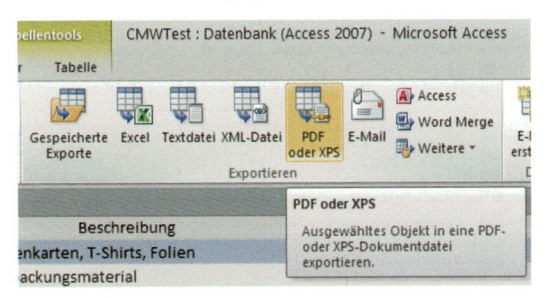

Die **Importieren- oder Exportieren-Funktion** können Sie nach Markieren einer Tabelle im Navigationsbereich auch einfach über das **<Kontextmenü>** aufrufen.

Tabellen oder andere Objekte der Datenbank können Sie bequem löschen, indem Sie das Objekt im Navigationsbereich markieren und die Aktion über das **<Kontextmenü>** ausführen.

Aufgaben

1. Richten Sie eine eigene Datenbank *MeinWoWo* ein und importieren Sie aus der Datenbank *WoWo* im Verzeichnis *Modul5/Vorlagen* die rechts im Screenshot farbig unterlegten Tabellen. Speichern Sie die Datenbank in Ihrem Arbeitsverzeichnis ab.

2. Suchen Sie zu folgenden Aussagen die richtige Nummer im Screenshot?
   a) Sie möchten eine weitere Tabelle in die geöffnete Datenbank importieren. Wohin müssen Sie klicken?
   b) Sie wollen die markierte Tabelle löschen. Wohin müssen Sie klicken?

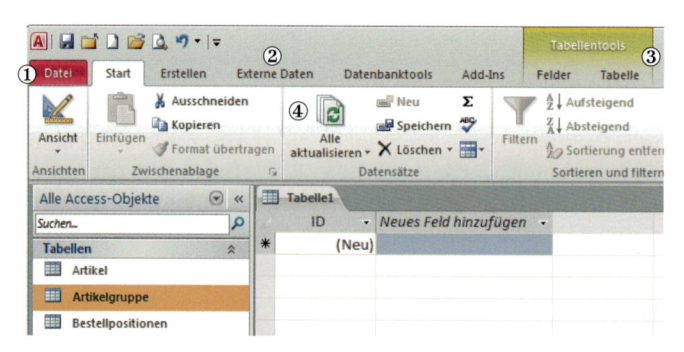

3. Wohin müssen Sie klicken, um die Datei *Kunden* exportieren zu können?

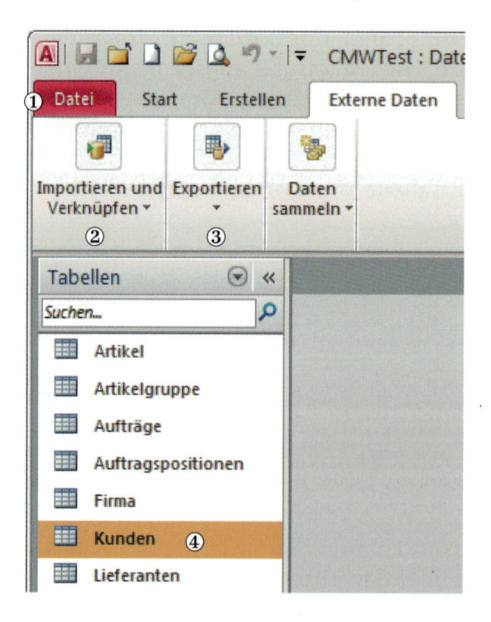

Datenbankprogramm MS-Access

5.5.3 Manuelles Entwerfen einer Datentabelle

Situation Kerstin will eine neue Datentabelle entwerfen und dabei erkunden, welche erweiterten Möglichkeiten Access bietet. Da die Möglichkeiten sehr umfangreich sind, wird ihr ein Informationstext gereicht, den sie vor der Bearbeitung der Aufgaben erst einmal durcharbeiten muss.

Die Datentabelle selbst ist, wie schon gezeigt, der Excel-Tabelle vergleichbar. Da in Access **Tabellen** miteinander über Verknüpfungsfelder (mit gleichem Datentyp und Inhalt) **verbunden** werden können, sollten Tabellen so entworfen werden, dass sie **Informationen** nur zu einem **Thema** (z. B. Adressen oder Noten) enthalten und **Mehrfachspeicherungen** von Datensätzen möglichst **vermieden** werden.

Wichtige Informationen zum Entwerfen von Datentabellen (siehe auch Kapitel 5.1.2):

- Eine Datenbank ist eine organisierte Sammlung von zusammenhängenden Informationen.
- Jede einzelne Tabelle einer Datenbank sollte nur Daten zu einem Thema enthalten.
- Tabellen umfassen mehrere Zeilen mit Datensätzen, welche dieselben Felder enthalten, z. B. alle Adressen der Schüler.
- Ein Feld ist ein Platzhalter für Daten und sollte nur einen einzelnen Teil der Information (ein Datenelement) zu einem Thema enthalten.
- Felder speichern Daten.
- Ein Datensatz besteht aus einer kompletten Reihe von Feldern zu einem Thema.
- Eine Datenbank besteht aus einer oder mehreren Tabellen, z. B. den Tabellen „Schüler", „Persönlich", „Kopien", „Bezahlt" aus dem Kapiteleinstiegsbeispiel, die miteinander verknüpft sein können.

Im Gegensatz zu Excel kann in Access eine **<Entwurfsansicht>** zur Tabelle mit den Formatierungsanweisungen für die Felder aufgerufen werden. Nebenstehender Screenshot zeigt, wie die Datentabelle *Artikel* aus der Datenbank *cmwvers2* in der Entwurfsansicht angezeigt werden kann. Dazu wird die Tabelle zunächst durch einen Doppelklick geöffnet. Danach kann über das Pull-Down-Menü der Schaltfläche **<Ansicht>** im Menüband **<Start>** die **<Entwurfsansicht>** aufgerufen werden. Hierüber kann auch wieder zur Datenblattansicht gewechselt werden.

Eine weitere Möglichkeit, zwischen Datenblatt- und Entwurfsansicht hin- und herzuschalten, bieten die Befehlsschaltflächen in der **Statusleiste** am rechten Bildschirmrand.

In der Entwurfsansicht werden Festlegungen für jedes Feld getroffen. So können hier die **Feldnamen, Datentypen, Beschreibungen** für Anwender und zusätzliche **Feldeigenschaften** festgelegt werden. Je nach Feld und Felddatentyp stehen spezielle Auswahlmöglichkeiten zur Verfügung. Wird z. B. ein Feld aus der Spalte Felddatentyp angeklickt, so wird ein Listenfeld aktiviert, über das die zur Verfügung stehenden Datentypen ausgewählt werden können. Ähnlich werden auch bei Feldeigenschaften Listenfelder aktiviert. Wird bei den Feldeigenschaften ein Schalter mit drei Punkten angezeigt, so lässt sich damit ein Assistent starten, der dem Anwender beim Entwurf hilft.

Wird der Datentyp nachträglich geändert, obwohl sich schon Daten in der Tabelle befinden, kann dies Konsequenzen für die anderen gespeicherten Daten haben: z. B.

- Wechsel in einen ganz anderen Datentyp (von Zahl auf OLE): Daten werden gelöscht.
- Verkleinern der Feldgröße (z. B. bei Text): Daten können bei Überlänge abgeschnitten werden.
- Vergrößern der Feldgröße (z. B. bei Text): keine Auswirkungen

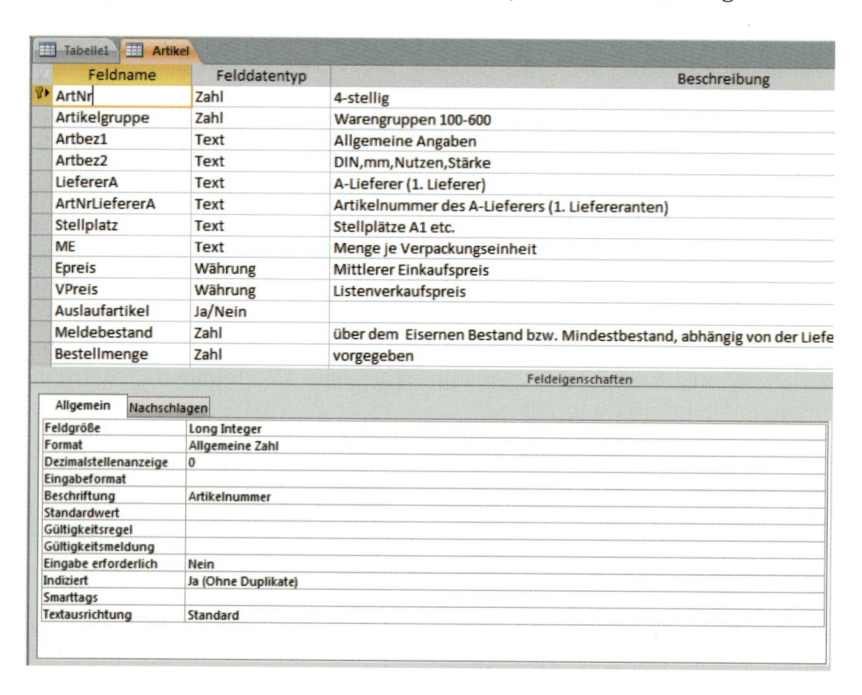

Feldname	Felddatentyp	Beschreibung
ArtNr	Zahl	4-stellig
Artikelgruppe	Zahl	Warengruppen 100-600
Artbez1	Text	Allgemeine Angaben
Artbez2	Text	DIN,mm,Nutzen,Stärke
LiefererA	Text	A-Lieferer (1. Lieferer)
ArtNrLiefererA	Text	Artikelnummer des A-Lieferers (1. Liefereranten)
Stellplatz	Text	Stellplätze A1 etc.
ME	Text	Menge je Verpackungseinheit
Epreis	Währung	Mittlerer Einkaufspreis
VPreis	Währung	Listenverkaufspreis
Auslaufartikel	Ja/Nein	
Meldebestand	Zahl	über dem Eisernen Bestand bzw. Mindestbestand, abhängig von der Liefe
Bestellmenge	Zahl	vorgegeben

Feldeigenschaften – Allgemein

Feldgröße	Long Integer
Format	Allgemeine Zahl
Dezimalstellenanzeige	0
Eingabeformat	
Beschriftung	Artikelnummer
Standardwert	
Gültigkeitsregel	
Gültigkeitsmeldung	
Eingabe erforderlich	Nein
Indiziert	Ja (Ohne Duplikate)
Smarttags	
Textausrichtung	Standard

Felddatentypen

Text:	alphanumerisch bis 255 Zeichen, die keine Berechnungen erfordern
Memo:	größere Texte, alphanumerisch bis zu 65 535 Byte (Zeichen), höherer Speicherbedarf
Zahl:	numerisch, ganze Zahl oder Dezimalzahl, für Berechnungen (vgl. Modul 5.5.5)
Datum/Zeit:	Datum und Uhrzeit
Ja/Nein:	Boolescher Wert für ja/nein, true/false, ein/aus
Währung:	Geldwert (z. B. €)

Datenbankprogramm MS-Access

AutoWert:	Fortlaufende Zahl, die automatisch bei jedem Datensatz um eins erhöht wird und nicht vom Benutzer geändert werden kann. Wird ein Datensatz gelöscht, wird die laufende Nummer ebenfalls gelöscht und die Datenbank aber nicht neu durchnummeriert.
OLE-Objekt:	OLE-Objekte (Klang, Grafik, Tabelle usw., bis 1 GB), die mit der Tabelle verknüpft oder darin eingebettet sind (Object Linking and Embedding)
Hyperlink:	Hyperlinkadressen, z. B. als Verweis auf Internetseiten oder eine E-Mail-Adresse
Anlage:	Zum Ergänzen von Anlagen (Dateien) ähnlich wie beim OLE-Objekt, nur dass hier mehrere Dateien (Anlagen) ergänzt werden können. Dieser Datentyp kann nur beim Erstellen eines Feldes gewählt werden. Später kann nicht mehr zu diesem Datentyp gewechselt werden.
Nachschlage-assistent:	Der Nachschlageassistent erstellt eine Liste mit Auswahlwerten, damit später die gezielte Eingabe über die Auswahlliste zügig und einfach erfolgen kann.

Für jedes Datenfeld kann eine **Beschreibung** ergänzt werden. Diese Beschreibung erscheint bei Verwendung der Datentabelle in der **Statusleiste** als Information, sobald das jeweilige Datenfeld angeklickt wird.

Möchte man nachträglich ein Feld zwischen zwei Feldern in der Entwurfsansicht ergänzen, so helfen das Kontextmenü oder die Optionen unter **<Tabellentools>** → **<Entwurf>** → **<Tools>** im Menüband weiter. Hierüber können Felder in der Entwurfsansicht auch schnell gelöscht werden.

Aufgaben

1. Öffnen Sie die Datenbank *cmwvers2* und rufen Sie die Tabellen *Artikel, Artikelgruppe* usw. auf. Erkunden Sie die Felddatentypen, Beschreibungen und Feldeigenschaften.

2. Sie haben die Excel-Tabellen *Personal1, Personal2* und *Lohn&Gehalt* importiert. Ändern Sie im Entwurf:
    a) Personal-Nr.: Felddatentyp Text, sechsstellige Personalnummer, Feldgröße 6
    b) Foto: OLE-Objekt, Beschreibung: JPG- oder GIF-Foto
    c) Sozialversicherungsnummer: Felddatentyp Text, Feldgröße 12
    d) BLZ und Kontonummer: Long Integer
    e) Gehalt und Lohn-Std: Währung
    f) Umsatzbeteiligung: Zahl (Single) mit 1 Dezimalstelle
    g) Ergänzen Sie die Beschreibung auch bei den anderen Feldern.

3. Öffnen Sie die Datenbank *MeinWoWo* oder *wowovers1* und ergänzen Sie folgende Tabellen mit den Datenfeldern, Feldtypen und Feldeigenschaften:
    a) Tabelle *Musik* mit den Feldern: Titel (Text, 100), Interpret (Text, 100), Stilrichtung (Text, 80), Minuten (Text, 10), Datum (Datum/Uhrzeit, kurz), Format (Text, 20), Song (OLE), Hinweise (Text, 70)

b) Tabelle *Reisen* mit den Feldern: Reiseziel (Text, 150), Datum (Datum/Uhrzeit, kurz), Begleiter (Text, 200), Reiseart (Text, 100), Hotel (Hyperlink), Anmerkungen (Text, 200), Erinnerungsfoto (OLE)
c) Tabelle *Rezepte* mit den Feldern: Bezeichnung (Text, 100), Quelle (Text, 40), Kategorie (Text, 30), Zutaten (Memo), Zubereitung (Memo), Anrichten (Memo), Preiskategorie (Zahl, Byte), Schwierigkeitsgrad (Zahl, Byte)
d) Tabelle *Videos* mit den Feldern: Titel (Text, 50), Urheber (Text, 40), Länge in Minuten (Text, 10), Videoformat (Text, 20), Jahr (Text, 4), Quelle beschreiben (Text, 50), Quelle Link (Hyperlink), Dateigröße in MB (Zahl, Single), Video (OLE-Objekt)
e) Tabelle *Witze* mit den Feldern: Stichwort (Text, 30), Name Erzähler (Text, 40), Datum (Datum/Uhrzeit, kurz), Witz (Memo), Quelle (Text, 50)
f) Ergänzen Sie in Ihrer Datenbank *MeinWoWo* bzw. in der Datenbank *wowovers1* die Beschreibungen der Felder in den Tabellen. Informieren Sie sich evtl. in der Musterdatenbank *WoWo*.

4. Sie sehen in der Abbildung den Entwurf einer Kundenstammtabelle. Welches Feld besitzt einen Datentyp, der für den Feldinhalt nicht sinnvoll ist?

Tab_Kunden	
Feldname	Felddatentyp
Kundennummer	AutoWert
Nachname	Text
Vorname	Text
Postleitzahl	Zahl
Wohnort	Text
Straße	Text
Telefon	Text
Email	Hyperlink
Erstkontakt	Datum/Uhrzeit

   a) Kundennummer
   b) Postleitzahl
   c) Telefon
   d) Email

5. Sie wollen die Adressangaben von Kunden in einer Tabelle speichern. Wie viele Felder verwenden Sie dazu?
   a) 1 Feld, in dem Straße, Hausnummer, Postleitzahl und Wohnort stehen
   b) 2 Felder, ein Feld für Straße und Hausnummer und ein Feld für Postleitzahl und Wohnort
   c) 3 Felder, je ein Feld für Straße und Hausnummer, für Postleitzahl und für den Wohnort
   d) 4 Felder, je ein Feld für Straße, für Hausnummer, für Postleitzahl und für den Wohnort

6. Sie sehen in der Abbildung den Entwurf einer Kundenstammtabelle. Welches Feld gehört auf keinen Fall in diese Tabelle?

Tab_Kunden	
Feldname	Felddatentyp
Kundennummer	AutoWert
Nachname	Text
Vorname	Text
Erstkontakt	Datum/Uhrzeit
Bestellnummer	Zahl
Wohnort	Text
Telefon	Text
Email	Hyperlink

   a) Kundennummer
   b) Erstkontakt
   c) Bestellnummer
   d) Email

Datenbankprogramm MS-Access

7. Wohin müssen Sie klicken, um:

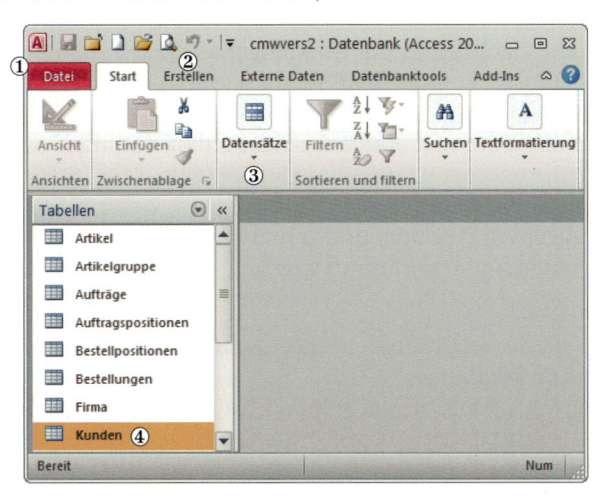

   a) die Tabelle *Kunden* löschen zu können.

   b) die Datenbank schließen zu können.

8. Sie haben die Spalte „Nr" im nachfolgenden Screenshot mit der Maus doppelt so breit gezogen, wie sie vorher war. Welche Auswirkungen hat dies?
   a) Die Feldgröße der Spalte „Nr" wurde verdoppelt.
   b) Beim Schließen der Tabelle werden Sie gefragt, ob die Änderung der Feldgröße dieser Spalte gespeichert werden soll.
   c) Beim Schließen der Tabelle werden Sie gefragt, ob die am Layout vorgenommenen Änderungen gespeichert werden sollen.
   d) Beim Schließen der Tabelle werden Sie gefragt, ob die Änderung der Daten in dieser Spalte akzeptiert werden soll.

9. Sie wollen in einer vorhandenen Tabelle ein neues Feld hinzufügen. In welcher Ansicht muss die Tabelle angezeigt werden?
   a) Datenblattansicht   b) PivotTable-Ansicht
   c) Entwurfsansicht   d) Formularansicht

10. Sie haben für ein Feld vom Datentyp „Text" die Feldgröße von 50 auf 80 verändert. Welche Auswirkungen hat dies für bereits vorhandene Daten?
    a) Vorhandene Daten werden abgeschnitten.
    b) Vorhandene Daten werden gelöscht.
    c) Vorhandene Daten werden am Ende mit 30 Leerzeichen erweitert.
    d) Keine

11. Welche Aussagen über Tabellen sind richtig?
    a) Tabellen speichern Daten.
    b) In einer Tabelle sollten alle Daten zu einem Themengebiet stehen, damit man möglichst mit einer Tabelle auskommt, auch wenn dadurch Mehrfachspeicherungen hinzunehmen sind.
    c) In einer Tabelle sollten nur Daten zu einem Thema stehen, damit sie übersichtlich ist und Mehrfachspeicherungen vermieden werden.
    d) Mehrere Tabellen können miteinander verknüpft werden, wenn beide ein Verknüpfungsfeld mit gleichem Datentyp und Inhalt haben.
    e) Tabellen können nicht miteinander verknüpft werden.

12. Was sollte in einem Feld stehen?
    a) In einem Feld sollten mehrere Datenelemente stehen, damit die Daten schneller gefunden werden können.
    b) In einem Feld sollte nur ein Datenelement stehen, da man sonst nur schwer danach suchen kann.
    c) In einem Feld sollten mehrere Datenelemente stehen, damit die Datenbank nicht zu groß wird.

13. Bei welchen der folgenden Antworten handelt es sich um Informationen und nicht um Daten? Suchen Sie nach zwei richtigen Antworten.
    a) 100   b) 100 Euro   c) Grad   d) 70 Grad Celcius

14. Welche der folgenden Datentypen gibt es in Access?
    a) männlich/weiblich   b) Zahl   c) Alter   d) Ja/Nein   e) Datum
    f) Text   g) Geburtsdatum   h) Hausnummer   i) AutoWert   j) Memo
    k) Euro   l) Währung

15. Sie wollen ein Feld in der Tabelle hinzufügen. Wohin müssen Sie klicken?

16. Welche der folgenden Beschreibungen von Datentypen ist richtig?
    a) Zahl = Zahlen zum Rechnen
    b) Ja/Nein = wahr/falsch
    c) Datum = nur für Datumseingaben
    d) Text = Zahlen (nicht zum Rechnen) und jede Art von kürzeren Texten
    e) OLE = Link, z. B. zum Foto
    f) Memo = Lange Texte, z. B. Rezepte
    g) AutoWert = Zahl wird automatisch für jeden Datensatz um 1 erhöht

5.5.4 Primärschlüssel setzen und entfernen

Situation Kerstin will einen Primärschlüssel setzen, um die einzelnen Datensätze eindeutig zu identifizieren.

Sie haben in der Datenbank *cmw* den Entwurf der Tabelle *Kunden* aufgerufen. In der 1. Spalte ist in der Zeile des Feldes „Nr" ein **Schlüsselsymbol,** auch **Primärschlüssel** genannt, zu erkennen. Dies bedeutet, dass für dieses Datenfeld nicht zweimal ein identischer Inhalt gespeichert werden kann; so kann anhand der gespeicherten Daten jeder Datensatz eindeutig erkannt werden. Access legt dann für dieses Feld gesondert eine **Indexdatei** an, die zum einen die Daten des Indexfeldes **sortiert** enthält und zum anderen die Adresse für einen direkten Zugriff auf den jeweiligen Datensatz der **unsortierten** Datentabelle (Index = Sortierte Suchliste) vorhält.

Indexdatei			Datentabelle					
Nr.	Adresse		Adresse	Nr.	Firma	Zusatz	Straße	usw.
D24004	5003		5011	D24006	Der Büro..	Zentrale..	Hauptstr.	...
D24005	5022		5003	D24004	Bürokette	Zentrale..	Hadikgasse..	...
D24006	5011							

Die Indexdatei kann nicht eingesehen werden, ermöglicht aber aufgrund der zugewiesenen Adresse einen direkten Zugriff auf die Datentabelle. **Indizes** verhelfen daher zu einem **schnelleren Datenzugriff** und beschleunigen so das **Durchsuchen** und **Sortieren** der Datei, da jeweils nur die Indexdatei sortiert vorgehalten wird. Die Indexdatei wird ständig aktualisiert. Sind allerdings für eine Tabelle mehrere Indizes vereinbart, muss Access auch entsprechend viele Indexdateien einrichten und laufend aktualisieren, was bei großen Datenmengen zu Wartezeiten führen kann. Für die Kundennummer in der Tabelle *Kunden* ist ein Primärschlüssel gut geeignet, da in der Tabelle jeweils nur einmal die Kundennummer existiert.

Um einen **Primärschlüssel** zu **setzen,** klickt man zunächst den Feldmarkierer an und dann im Menüband auf **<Tabellentools Entwurf>** → **<Primärschlüssel>.** Alternativ kann man mit der rechten Maustaste das **Kontextmenü öffnen.** Es öffnet sich das folgende Auswahlmenü, mit dem man den Primärschlüssel festlegen kann.

Die rechte Maustaste kann ebenfalls bedient werden, wenn Zeilen in die Feldliste eingefügt werden sollen. Über das Kontextmenü oder das Menüband lässt sich der Primärschlüssel auch wieder **entfernen.**

Wird ein Primärschlüssel für das Feld „Nr" festgelegt, so setzt Access die Feldeigenschaft **„Indiziert"** automatisch auf **„Ja (Ohne Duplikate)"**. Wird kein Primärschlüssel festgelegt, kann die „Indiziert-Feldeigenschaft" trotzdem aktiviert werden, um Sortier- und Suchvorgänge zu beschleunigen. Für diesen Fall wird über Feldeigenschaft **„Indiziert: Ja (Duplikate möglich)"** aktiviert.

Manchmal müssen mehrere Felder zu **Kombinationsfeldern** verknüpft werden (Mehrfelderindex), um eindeutige Schlüssel zu erhalten. Will man mehreren Feldern einen Primärschlüssel zuweisen, so muss man zunächst über die Taste <Shift> oder <Strg> mehrere Zeilen markieren und dann den Primärschlüssel als **Mehr-Felder-Index** setzen. Der Primärschlüssel kann ebenso mit der Schaltfläche <Primärschlüssel> im Menüband gesetzt und entfernt werden.

Anzeige der Indizes

Situation Kerstin klickt bei geöffneter Entwurfsansicht der Tabelle *Kunden* (Tabellentools: Entwurf) auf die Schaltfläche **Indizes** und erhält so für dieses Feld Indexeigenschaften in einem zusätzlichen Dialogfenster angezeigt.

Über die Schaltfläche <Indizes> im Hauptregister <Entwurf> der Tabellentools wird ein Dialogfenster geöffnet, das die eingerichteten Indizes/Indexdateien der geöffneten Datentabelle anzeigt. Im Beispiel wurde für das Datenfeld „Nr" ein Primärschlüssel eingegeben und für das Feld „Kontonummer" ein einfacher Index mit Duplikaten. Löschen können Sie den Index für die Kontonummer, indem Sie im Dialogfenster <Indizes> die jeweilige Zeile markieren und über die Taste <Entf> löschen.

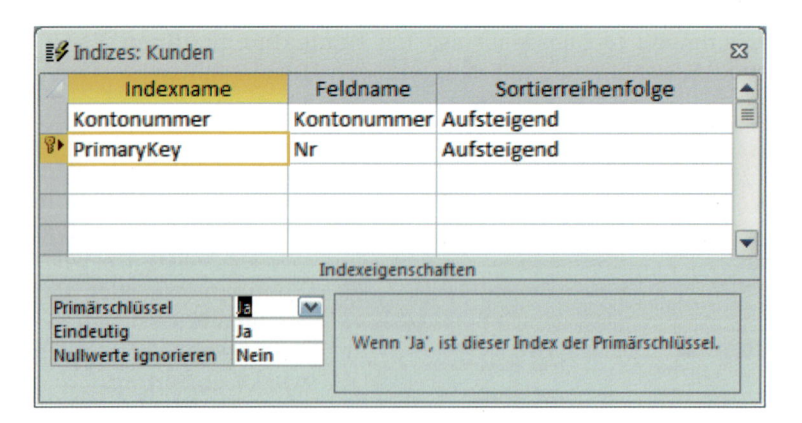

Datenbankprogramm MS-Access

Aufgaben

1. Öffnen Sie in der Datenbank *cmwvers3* die Datentabelle *Artikel* und setzen Sie einen Primärschlüssel für das Datenfeld „Artikelgruppe". Versuchen Sie dann, die Tabelle zu speichern. Access lässt dies nicht zu, da im Feld „Artikelgruppe" die Artikelnummern mehrfach vorkommen, also die Daten nicht eindeutig jeden Datensatz identifizieren. Löschen Sie den Index wieder und legen Sie stattdessen einen Index für „ArtNr" fest.

2. Öffnen Sie in der Datenbank *cmwvers3* den Entwurfsmodus der Tabelle *Kunden* und geben Sie für „Nr" und „Firma" einen Mehr-Felder-Index ein, indem Sie beide Felder markieren und dann den Primärschlüssel setzen. Speichern Sie die Datentabelle und überprüfen Sie so, ob Access den Index akzeptiert. Löschen Sie anschließend den Mehr-Felder-Index und legen Sie einen Index für „Nr" fest.

3. Legen Sie jeweils einen Index für „Personal-Nr" in den Tabellen *Personal1*, *Personal2* und *Lohn&Gehalt* fest.

4. Öffnen Sie die Datenbank *MeinWoWo* oder *WoWoVers2* und ergänzen Sie in den Tabellen *Musik, Reisen, Rezepte, Videos* und *Witze* folgendes Primärschlüsselfeld als 1. Feld: Feldname „ID", Felddatentyp „Autowert", Primärschlüssel gesetzt. Überprüfen Sie ob in den anderen Tabellen Primärschlüssel festgelegt worden sind.

5. Legen Sie im Entwurfsmodus der Datentabelle versuchsweise Primärschlüssel für einzelne Felder oder auch einen Mehr-Felder-Index fest. Setzen Sie für einzelne Felder auch die Feldeigenschaft „Indiziert" auf „Ja" und erkunden Sie, was nun im Dialogfenster **<Indizes>** angezeigt wird. Überprüfen Sie für jede einzelne Tabelle, ob einfache Indizes festgelegt wurden.

6. Welche Aussagen zum Thema „Index" sind richtig?
    a) Er speichert alle Felder, welche nicht indiziert wurden, gesondert, um schnelleres Suchen und Sortieren zu ermöglichen.
    b) Er speichert das Feld, welches indiziert wurde, gesondert, um schnelleres Suchen und Sortieren großer Tabellen zu ermöglichen.
    c) Es sollten vorwiegend solche Felder indiziert werden, die selten gebraucht werden.
    d) Es sollten vorwiegend solche Felder indiziert werden, die sehr viele Datensätze haben und häufig sortiert werden müssen.

7. Ordnen Sie die folgenden Indexarten den Aussagen richtig zu:
    1) Index ohne Duplikate 2) Index mit Duplikaten 3) Zusammengesetzter Index

    Aussagen:
    a) Er besteht aus mehreren Feldern.
    b) Jeden Eintrag gibt es nur einmal in der zugehörigen Tabelle zum Feld wie beim Primärschlüsselfeld.
    c) Für diese Felder können Einträge mehrfach vorkommen, wie z. B. beim Feld „Hobbys".

8. Welche Aufgabe hat ein Primärschlüssel?
   a) Er verhindert die mehrfache Eingabe unterschiedlicher Daten in einem Feld.
   b) Er verschlüsselt die wichtigen Daten in einem Feld.
   c) Er verhindert die mehrfache Eingabe der gleichen Daten für ein Feld.
   d) Er ist ausschließlich für das Sortieren der Daten in einem Feld zuständig.

9. Welche Aufgabe hat ein Index?
   a) Er verhindert die mehrfache Eingabe unterschiedlicher Daten in einem Feld.
   b) Er ist für die Sortierung von Daten für ein Feld zuständig.
   c) Er verhindert die mehrfache Eingabe der gleichen Daten in einem Feld.
   d) Er ist für die Kennzeichnung wichtiger Daten in einem Feld zuständig.

10. Sie haben ein Feld einer Tabelle als Primärschlüssel festgelegt. Welche Auswirkungen hat dies?
    a) Für dieses Feld kann kein Wert mehrfach eingetragen werden.
    b) Für dieses Feld kann nur ein einziger Wert eingetragen werden.
    c) Dieses Feld kann nicht mehr gelöscht werden.
    d) Die Werte dieses Feldes können nicht mehr verändert werden.

11. Wohin muss man klicken?
    a) Das markierte Feld soll als Primärschlüsselfeld festgelegt werden.
    b) Für das markierte Feld soll kein Primärschlüssel, jedoch ein Index mit Duplikaten festgelegt werden.

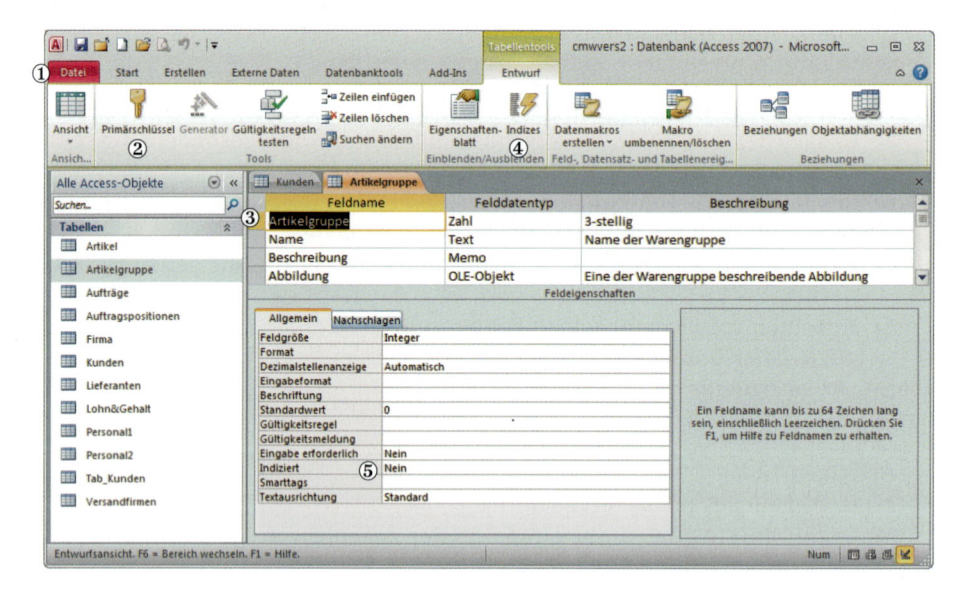

Datenbankprogramm MS-Access

5.5.5 Feldeigenschaften

Situation: Damit die Datenverarbeitung wie gewünscht funktioniert, müssen die Feldeigenschaften so genau wie möglich festgelegt werden. Kerstin will sich genauer informieren, was dabei zu beachten ist.

Die Feldeigenschaften werden im unteren Bereich der Entwurfsansicht der Tabellen angezeigt. Durch Setzen des Cursors in das jeweilige Feld können Sie die gewünschte Eigenschaft festlegen.

Feldgröße: Die Größe eines Datenfeldes vom **Datentyp „Text"** kann zwischen 1 und 255 Zeichen betragen. Von der Größe ist der belegte Speicherplatz abhängig. Nachträgliches Reduzieren der Feldgröße kann Daten teilweise löschen. Wird die Feldgröße verkleinert, muss entsprechend auch die Gültigkeitsprüfung angepasst werden, da Access sonst die Datenspeicherung ablehnt.

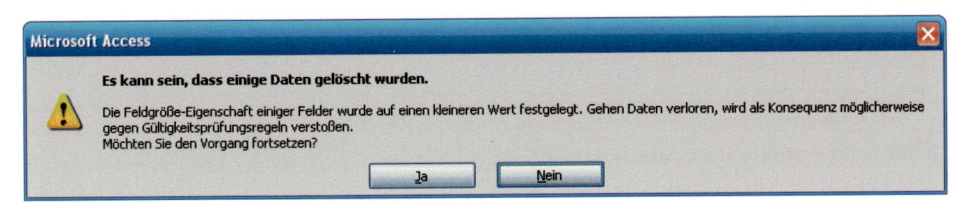

Microsoft Access

Es kann sein, dass einige Daten gelöscht wurden.

Die Feldgröße-Eigenschaft einiger Felder wurde auf einen kleineren Wert festgelegt. Gehen Daten verloren, wird als Konsequenz möglicherweise gegen Gültigkeitsprüfungsregeln verstoßen.
Möchten Sie den Vorgang fortsetzen?

Ja   Nein

Beim **Datentyp „Zahl"** wird der Wertebereich der Zahl festgelegt. Wird z. B. „Byte" gewählt, so nimmt Access nur ganze Datenwerte bis 255 an. Soll eine 400 eingetragen werden, lehnt Access diese Zahl ab.

- **Byte:** ganze Zahl – Wertebereich 0 bis 255
- **Integer:** ganze Zahl – Wertebereich –32 768 bis 32 767
- **Long Integer:** ganze Zahl – Wertebereich –2 147 483 648 bis 2 147 483 647
- **Single:** Dezimalzahl mit 7 Dezimalstellen – Wertebereich –3,4E38 bis 3,4E38
- **Double:** Dezimalzahl mit 15 Dezimalstellen – Wertebereich –1,797E308 bis 1,797E308

Beim **Datentyp „Währung"** ist eine genaue Berechnung von bis zu 15 Stellen vor dem Komma und 4 Stellen nach dem Komma gewährleistet. Unterschiedliche Formatierungen können ausgewählt werden.

Format: Für den **Datentyp „Zahl"** kann z. B. eine Anzeige als Festkommazahl, Standardzahl oder Prozentzahl ausgewählt werden. Beim **Datentyp „Datum/Uhrzeit"** werden verschiedene Anzeigemöglichkeiten zur Auswahl gestellt.

Eingabeformat: Bei den Datenfeldtypen Text und Datum/Uhrzeit können über einen Assistenten Formate für Eingabefelder ausgewählt werden.

Für den **Datentyp „Text"** können weitgehende Vereinbarungen für die Eingabe getroffen werden, z. B. für das Feld Kontonummer: 999\ 999\ 999\ 999 Telefon: 99999\ 9999999999.

Klicken Sie im Eingabeassistenten auf die Schaltfläche **<Weiter>,** so wird Ihnen das Eingabeformat mit den Formatierungszeichen angezeigt (z. B. /, „" oder #).

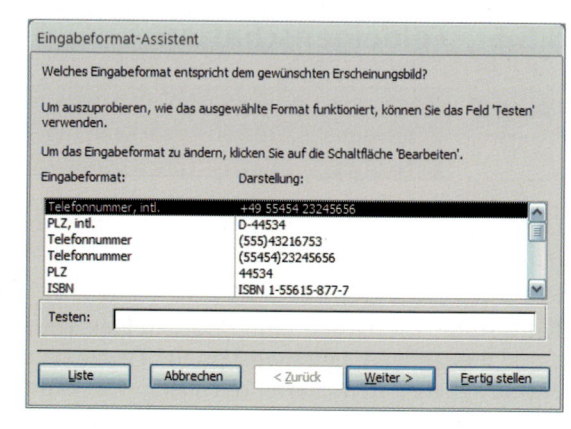

Hinweis: Wird ein \ oder werden „" gesetzt, so wird das folgende Zeichen nach dem \ oder das in „" eingeschlossene Zeichen fest vorgegeben, z. B.: \(LLL") _" bewirkt: die Klammern () werden immer angeben, 3 Buchstaben müssen im Klammerbereich eingegeben werden.

Zeichen	Eingabe möglich	Hinweis
0	Ziffern 0–9	
9	Ziffern oder Leerzeichen	Eingabe erforderlich
#	Ziffern oder Leerzeichen	ohne Vorzeichen
L	Buchstaben A–Z	Eingabe erforderlich
?	Buchstaben A–Z	Eingabe nicht erforderlich

Beschriftung: Wenn nicht der Feldname zur Beschriftung des Feldes (z. B. in Formularen) verwendet werden soll, wird hier eine entsprechende Beschriftung eingegeben.

Standardwert: Wenn das Feld automatisch immer einen Standardwert erhalten soll, so kann er hier eingegeben werden. Soll z. B. das Systemdatum angezeigt werden, wird hier eingegeben: =Datum().

Gültigkeitsregel: Hier können Vorgaben gemacht werden, wie die Eintragung in das Feld beschaffen sein muss:

Gültigkeitsregeln	
Typ	Beispiele
Zahl	<>0 (ungleich 0), 10 oder <5
Datum/Zeit	<#1/1/98# (Datum vor 1998-01-01)
Text	wie „BBS?????" (Eingabe beginnt mit BBS und 5 beliebigen Zeichen)
	wie „W*.???" (Eingabe beginnt mit W, es folgen beliebig viele Zeichen, ein Punkt und 3 Zeichen)

Gültigkeitsregeln	
Typ	**Beispiele**
Gültigkeitsmeldung	Eine Meldung, die dem Anwender bei einer Falscheingabe mitgeteilt wird.
Eingabe erforderlich	Es kann eine Eingabe vorgeschrieben werden.
Leere Zeichenfolge	Es muss mindestens ein Zeichen eingegeben werden.
Indiziert (Indexiert)	Wird für ein Datenfeld ein **Index** (indiziert) festgelegt, so organisiert die Datenbank über eine interne Indextabelle die Daten so, dass über dieses Feld schnell gesucht oder sortiert werden kann. Ein Feld, das einen Primärschlüssel erhalten hat, wird automatisch indiziert, da in der Regel nach dem Primärschlüsselfeld gesucht und sortiert wird.

Gültigkeitsregel erstellen

Situation: Kerstin will in der Datenbank *MeinWoWo* oder *WoWoVers3* und der Tabelle *Audiopotcasts* das Feld „Jahr" mit einer Gültigkeitsregel versehen.

In der Entwurfsansicht der Tabelle *Audiopotcasts* wird in der Feldeigenschaft **Gültigkeitsregel** die untenstehende Regel und eine passende **Gültigkeitsmeldung** eingetragen, falls die Daten nicht der Regel entsprechen.

Standardwert	
Gültigkeitsregel	Wie "201*"
Gültigkeitsmeldung	Bitte Jahreszahl, z.B. 2011 eingeben!
Eingabe erforderlich	Nein

Beim **Datentyp „Text"** müssen die Regeln mit einem **„Wie ..."** beginnen und der gültige Text in Anführungszeichen stehen. Der Joker * steht für beliebige Eingaben. Beim **Datentyp „Zahl"** könnte die Gültigkeitsregel z. B. lauten: >= 2011. Über die Befehlsgruppe **<Tools>** im Register **<Entwurf>** der Tabellentools kann die Gültigkeitsregel getestet werden. Eine entsprechende Meldung bestätigt dann die Gültigkeit der bisher erfassten Daten.

Aufgaben

1. Rufen Sie für die Datentabellen die Entwurfsansichten auf und erkunden Sie die Beschreibung der Feldnamen, Felddatentypen und Feldeigenschaften.
2. Geben Sie, soweit noch nicht geschehen, für „BLZ" und „Kontonummer" ein geeignetes Eingabeformat ein.
3. Erkunden Sie über den **<Eingabeformat-Assistenten>** (in **<Feldeigenschaften>** → **<Eingabeformat>**, auf ... klicken), was für Zeichen bei Benutzung folgender Eingabeformate möglich sind, und nennen Sie je ein Beispiel für folgende Formate: (000)000-000, ISBN 0-000-0000-0 , LL-00-L-00 , >LLL-00-<LL
4. Erstellen Sie eine Übersicht aller Formatierungszeichen mit Erläuterung und Beispiel.
5. Prüfen Sie in den Tabellen der Datenbank *MeinWoWo* oder *WoWoVers3*, ob Feldeigenschaften angepasst werden können.
6. Erfassen Sie Gültigkeitsregeln und Gültigkeitsmeldungen für verschiedene Felder.
7. Legen Sie folgende Datenbank *FEWWS* (Ferienwohnungen am Wörthersee) an:

Buchungen				
ANR	RNR	KNAME	FNR	BWOCHE
5001	103	Steiner	51	16
5001	103	Steiner	51	17
5002	102	Kunz	54	24
5003	101	Maier	52	32
5003	101	Maier	52	33
5003	101	Maier	52	34
5004	102	Weyer	55	36
5005	103	Kaiser	53	29
5006	102	Moser	51	26
5006	102	Moser	51	27

Reisebüro		
RNR	RNAME	RORT
101	Burgstaller	Innsbruck
102	Elwein	Bocker
103	Reiseladen	Wien

Ferienwohnung		
FNR	FORT	TPREIS
51	Velden	80
52	Portschach	100
53	Krampendorf	90
54	Lind	75
55	Dellach	95

Hinweise:
ANR = Auftragsnummer
RNR = Reisebüronummer
KNAME = Kundenname
FNR = Nummer der Ferienwohnung
BWOCHE = Buchungswoche

RNAME = Reisebüronummer
RORT = Reisebüroort
FORT = Ort der Ferienwohnung
TPREIS = Tagespreis der Ferienwohnung

Primärschlüssel werden gesetzt auf RNR und FNR. Feldnamen „...NR" ohne Punkt.

8. Richten Sie eine neue Datenbank *biblio* ein:
   a) Importieren Sie die Datentabelle *Schüler* oder erstellen Sie eine neue Datentabelle mit den Datenfeldern „SchülerNr", „Vorname", „Nachname", „PLZ", „Ort", „Telefon".
   b) Entwerfen Sie eine neue Datentabelle *Bücher* mit den Datenfeldern „BuchNr" (Zahl), „Autor" (Text), „Titel" (Text), „gekauft" (Datum), „Preis" (Währung) und „Bemerkung" (Text). Primärschlüsselfeld ist „BuchNr".
   c) Entwerfen Sie eine neue Datentabelle *Entliehen* mit den Datenfeldern „BuchNr" (Zahl), „SchülerNr" (Zahl), „EDatum" (Datum), „RDatum" (Datum).
   d) Öffnen Sie die Datentabelle *Bücher* und geben Sie verschiedene Bücher mit unterschiedlicher „BuchNr" an.
   e) Öffnen Sie die Datentabelle *Entliehen* und erfassen Sie für einige gespeicherte Bücher die Entleihe und Rückgabe.

9. Welche der folgenden Beschreibungen der Datentypen sind richtig?
   a) Long Integer = Kommazahl
   b) Byte = Kleine ganze Zahl
   c) Integer = Größere ganze Zahl
   d) Single = Kommazahl

10. Sie haben für ein Feld vom Datentyp „Text" die Feldgröße von 80 auf 50 verändert. Welche Auswirkungen hat dies für bereits vorhandene Daten?
    a) Vorhandene Daten werden abgeschnitten.
    b) Vorhandene Daten werden gelöscht.
    c) Vorhandene Daten werden am Ende mit 30 Leerzeichen erweitert.
    d) Keine

11. Sie haben für ein Feld einer Tabelle den Felddatentyp „Zahl" und die Feldgröße „Byte" gewählt. Welche Auswirkungen hat dies?
    a) In dieses Feld können nur Zahlen zwischen 0 und 255 eingegeben werden.
    b) In dieses Feld können nur Zeichen mit einer Länge bis 255 eingegeben werden.
    c) In dieses Feld können nur Zahlen zwischen –255 und +255 eingegeben werden.
    d) In dieses Feld können nur Zahlen zwischen 0 und 35.767 eingegeben werden.

12. Sie wollen in der Tabelle *Kunden* in einem Feld „Land" das Bundesland speichern, aus dem der Kunde kommt. Die meisten Kunden werden aus Bayern kommen. Welche Feldeigenschaft können Sie verwenden, um die Eingabe des Bundeslandes „Bayern" in diesem Feld zu erleichtern?
    a) Eine Gültigkeitsregel für „Bayern" einrichten
    b) „Bayern" als Standardwert eingeben
    c) Ein Kombinationsfeld mit einer Liste der Bundesländer einrichten
    d) Die Feldgröße auf mindestens 6 Zeichen festlegen

13. Sie haben für ein Feld vom Datentyp „Datum/Uhrzeit" die Gültigkeitsregel <Datum() eingegeben. Welche Auswirkung hat dies?
    a) In dieses Feld können keine Datumswerte eingetragen werden.
    b) In dieses Feld können nur vergangene Datumswerte eingetragen werden.
    c) In dieses Feld können nur zukünftige Datumswerte eingetragen werden.
    d) In dieses Feld können nur aktuelle Datumswerte eingetragen werden.

5.5.6 Vereinfachtes Erstellen von Datentabellen

Situation: Kerstin ist das manuelle Entwerfen von Datentabellen zu aufwendig. Sie will Tabellenvorlagen und andere Hilfen nutzen.

1. Möglichkeit: über Daten in die Datentabelle

Sie rufen eine neue Tabelle über das Hauptregister **<Erstellen>** → **<Tabellen>** → **<Tabelle>** auf und tippen einfach Beispieldaten in neue Felder, z. B. Schreibtisch (Bezeichnung), 06.07.2011 (Anschaffungsdatum), Büromarkt (Herkunft), 119,90 € (Preis), Geschenk von Opa (Sonstiges).

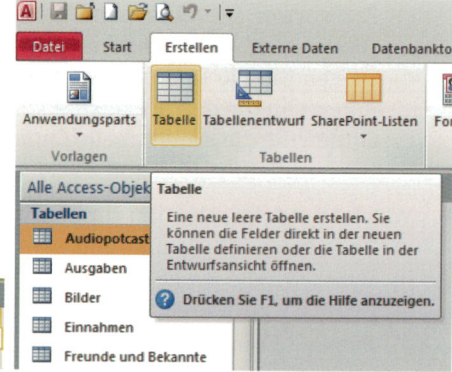

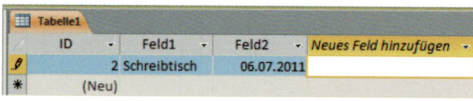

Durch einen Doppelklick auf die erste Zeile (z. B. auf „Feld1") können die Feldnamen direkt erfasst werden. Access vergibt Datentypen so, wie es der Inhalt vorgibt. Datentypen wie „Text" oder „Memo" müssen in der Entwurfsansicht später noch präzisiert werden.

2. Möglichkeit: Mithilfe des Menübands und der Tabellentools

Sie können über **<Erstellen>** → **<Tabellen>** → **<Tabelle>** eine leere Tabelle aufrufen und über die **<Tabellentools>** → **<Felder>** die Befehlsgruppe **<Hinzufügen und löschen>** nutzen. Alle Felddatentypen können per Klick dem aktuellen Feld zugeordnet oder auch gelöscht werden. Weitere Erleichterungen bieten die Befehlsgruppen **<Eigenschaften>** und **<Formatierung>**.

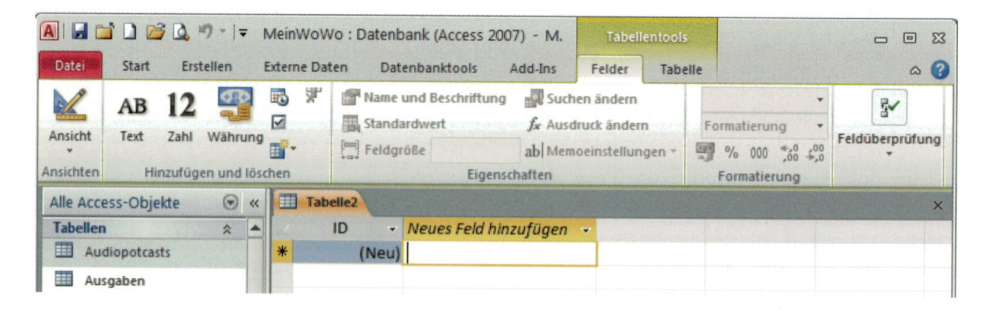

Aufgabe

Erstellen Sie in Ihrer Datenbank *MeinWoWo* oder in *WoWoVers3* eine Tabelle mit folgenden Angaben und 3 Musterdatensätzen: Tabelle: Hausinventar, Datenfelder: „Nr", „Bezeichnung", „Raum", „Kaufdatum", „Kaufpreis", „Sonstiges".

5.5.7 Beziehungen zwischen Daten herstellen
Beziehungen zwischen Datentabellen

Situation: Mit Access ist es möglich, Tabellen miteinander zu verbinden oder Beziehungen herzustellen, um bei Abfragen und Auswertungen auf mehrere Tabellen zugreifen zu können. Kerstin möchte Beziehungen zwischen Tabellen herstellen.

Jede echte relationale Datenbank bietet die Möglichkeit, auf Daten mehrerer Tabellen gleichzeitig zuzugreifen und deren Daten auch ändern zu können. Beziehungen dienen insbesondere dazu, Tabellen (zu einem Thema) miteinander zu vernetzen, um **Wiederholungen von Daten** (Duplikate) zu **vermeiden.** Beziehungen zwischen zwei Tabellen können hergestellt werden, wenn in beiden Tabellen ein Feld vorhanden ist, das die **gleichen Daten** und **denselben Datentyp** enthält.

Beziehungen zwischen zwei Tabellen können eine **1:1** oder eine **1:n**-Beziehung aufweisen. Bei einer 1:1-Beziehung müssen Primärschlüssel auf beide Felder gesetzt sein, die verknüpft wurden.

Bei einer 1:n-Beziehung darf nur auf ein Feld, auf das die „1" im Register **<Beziehungen>** der Tabelle (vgl. unten) zeigt, ein Primärschlüssel gesetzt werden. Dieses Feld wird **Primärschlüsselfeld** genannt und die Tabelle in Access **Primär-** oder **Mastertabelle.** Das Feld, auf das im Register **<Beziehungen>** (vgl. unten) das „n" weist, wird **Fremdschlüsselfeld** genannt, hat keinen Primärschlüssel. Diese Tabelle wird **Sekundär-** oder **Detailtabelle** genannt. Sie enthält im Fremdschlüsselfeld die Daten des verknüpften Primärschlüsselfeldes in beliebiger Anzahl (0 bis n mal).

Da es wichtig ist, die **referentielle Integrität** (Widerspruchsfreiheit in der Datenspeicherung) zu erhalten, kann Access diese prüfen.

Beziehungen zwischen Tabellen		
Beziehung	Erläuterung	Beispiel
1:1	In beiden Tabellen enthalten die verknüpften Felder genau dieselben Daten. Für beide Felder muss zur Feststellung der Widerspruchsfreiheit (referentiellen Integrität) ein Primärschlüssel gesetzt worden sein.	Zwei Tabellen (Personal1 und Personal2) enthalten in den verknüpften Feldern (PNr) genau dieselben Daten.
1:n	Die Tabelle (Mastertabelle), die den Primärschlüssel auf das verknüpfte Feld enthält, kann Daten nur einmalig (1) speichern. Die Tabelle (Detailtabelle), die keinen Primärschlüssel auf das verknüpfte Feld (Fremdschlüsselfeld) enthält, kann Daten des Feldes der Mastertabelle vielfach (n) enthalten, d. h. z. B. keine Daten oder Daten des Feldes der Mastertabelle mehrfach.	Die Mastertabelle (Bücher) enthält im Verknüpfungsfeld (BuchNr) genau einmalig Daten, im Fremdschlüsselfeld der verknüpften Tabelle (Bestellungen) je nach Bestellungen keine oder vielfach die Buchnummern.

Datenbankprogramm MS-Access

Im nachfolgenden Screenshot sehen Sie das Tabellenregister **<Beziehungen>** für die Datenbank *cmwvers4* und die Beziehungen, die eingerichtet werden sollen. Hier werden die Beziehungen zwischen den Datentabellen angezeigt: Bei den Tabellen, auf die eine „1" zeigt, handelt es sich jeweils um eine **Mastertabelle** (Haupttabelle), die anderen Tabellen sind jeweils als **Detailtabellen** angelegt. Die Tabellen *Lieferanten* und *Bestellungen* werden über die „Lieferanten-Nr" zu einer 1:n- bzw. 1:∞-Beziehung verknüpft, was bedeutet, dass in der *Lieferantentabelle* jede Lieferanten-Nr. nur ein einziges Mal und in der Tabelle *Bestellungen* ∞ (vielfach) vorkommen kann. Die Verknüpfungsfelder, auf die die „1" gerichtet ist, werden **Primärschlüsselfelder** und die Felder, auf die das „n" gerichtet ist, **Fremdschlüsselfelder** genannt.

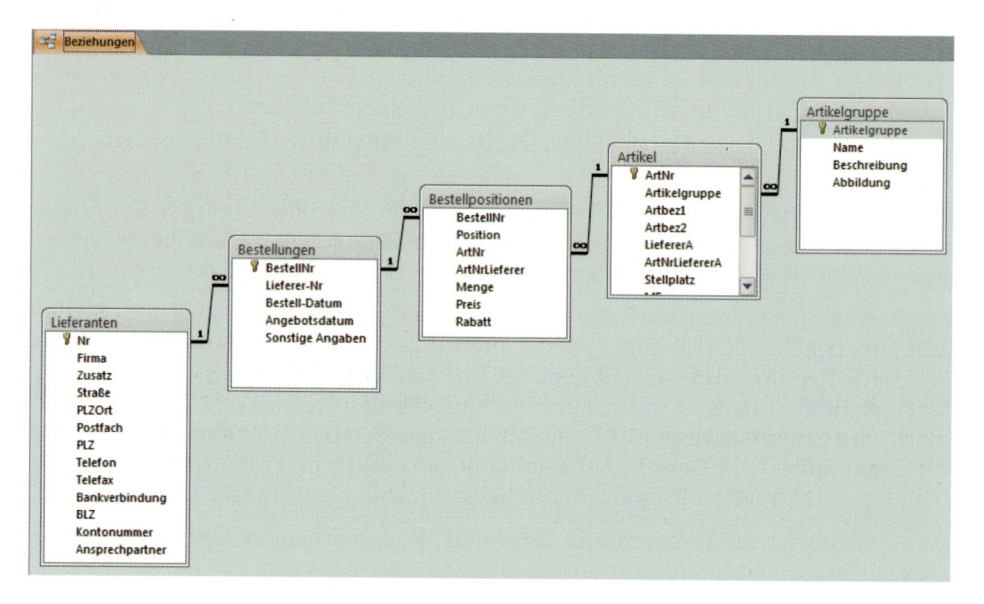

Um das Tabellenregister **<Beziehungen>** zu öffnen, müssen Sie zunächst die Datenbank öffnen und über das Hauptregister **<Datenbanktools>** → **<Beziehungen>** die Schaltfläche **<Beziehungen>** anklicken. Falls es schon Beziehungen zwischen den verschiedenen Datentabellen gibt, werden diese jetzt, wie oben abgebildet, angezeigt. Gleichzeitig erscheinen im Menüband die **<Beziehungstools>,** über die Sie die Beziehungen zwischen den Datentabellen bearbeiten können.

Möchten Sie Beziehungen zwischen verschiedenen Datentabellen neu erstellen, können Sie dies direkt über das **<Kontextmenü>** (rechter Mausklick) oder über die **<Beziehungstools>** → **<Entwurf>** machen.

Gehen Sie auf die Schaltfläche **<Tabelle anzeigen>** ① der Befehlsgruppe **<Beziehungen>** in den Beziehungstools Register **<Entwurf>** ② (siehe nachfolgende Seite). Hier können die in Beziehung zu setzenden Tabellen über ein Dialogfenster ausgewählt werden.

Datenbankprogramm MS-Access

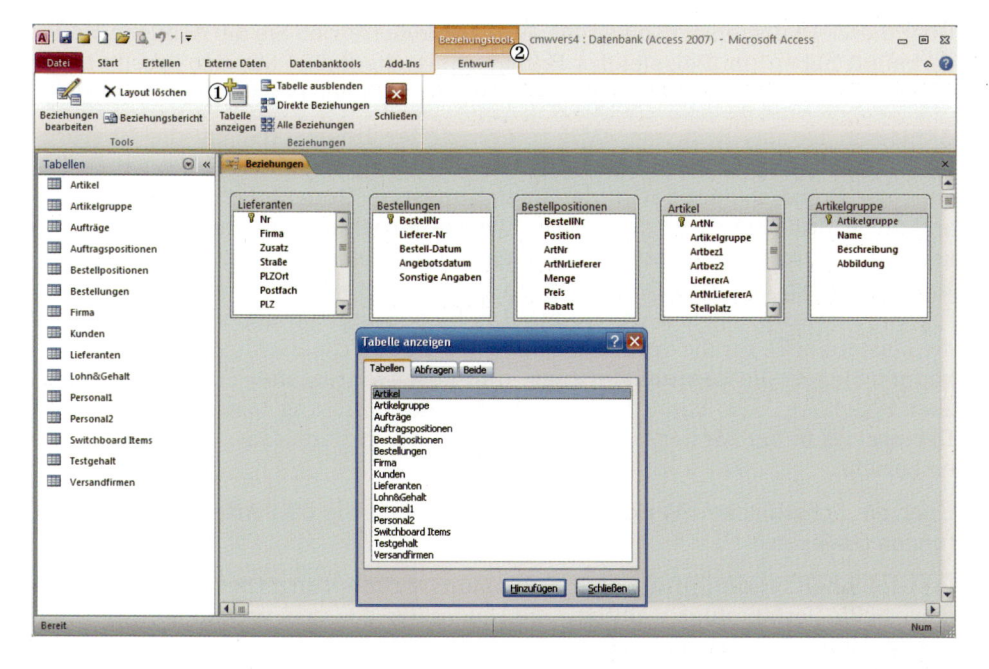

Danach ordnen Sie die hinzugefügten Tabellen mithilfe der Maus so an (Klicken und Ziehen an der Titelleiste), dass Platz für die Darstellung der Beziehungen untereinander ist. Markieren Sie in der **Mastertabelle** das zu verbindende Feld und verknüpfen Sie dies mit dem passenden Feld der **Detailtabelle,** indem Sie bei **gedrückter Maustaste** eine Verbindung von der Mastertabelle zur Detailtabelle herstellen. Es öffnet sich ein Dialogfenster, in dem die einzelnen Beziehungen genauer festgelegt werden (siehe nachfolgenden Screenshot).

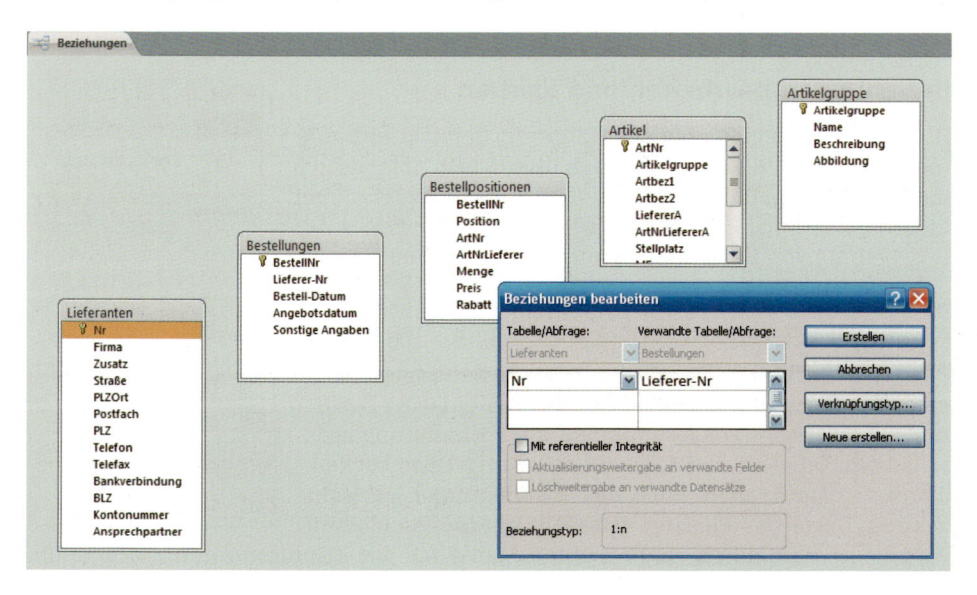

Über dieses Dialogfenster sollten Sie auch kontrollieren, ob Sie die richtigen Felder verknüpft haben (im Beispiel das Primärschlüsselfeld „Nr" aus der Tabelle *Lieferanten* mit dem Fremdschlüsselfeld „Lieferer-Nr" aus der Tabelle *Bestellungen*).

Aktivieren Sie das Kästchen **<Mit referenzieller Integrität>**, um die Überprüfung der **Widerspruchsfreiheit** in der Beziehung zu veranlassen. Je nach Festlegung der Primärschlüssel wird der **Beziehungstyp** „Undefiniert", „1:1" oder „1:n" angezeigt. **Undefiniert** ist der vorgeschlagene Beziehungstyp immer dann, wenn keine Primärschlüssel für die verbundenen Datenfelder festgelegt sind. Ein **1:1-Beziehungstyp** liegt dann vor, wenn für beide in Verbindung stehende Felder ein Primärschlüssel festgelegt wurde. Ein **1:n-Beziehungstyp** ergibt sich, wenn nur die Mastertabelle für die verbundenen Felder einen Primärschlüssel enthält. Auch können Sie hier die **<Aktualisierungs- und Löschweitergabe>** einstellen, müssen aber bedenken, dass dann automatisch die Aktualisierung bzw. Löschung eines Datensatzes in der Mastertabelle alle dazugehörigen Datensätze der Detailtabelle einbezieht.

Über die Schaltfläche **<Verknüpfungstyp>** können Sie drei Arten von Verknüpfungen festlegen:

[1] Gleichheitsverknüpfung oder Exklusionsverknüpfung: Diese standardmäßig eingestellte Verknüpfung wählt nur die Datensätze aus zwei verknüpften Tabellen aus, in denen die Werte der verknüpften Felder gleich sind.
[2] und [3] Inklusionsverknüpfungen: Alle Datensätze der linken [2] bzw. rechten [3] Datentabelle und nur die gemeinsamen Datensätze (Feldgleichheit) der rechten [2] bzw. linken [3] Datentabelle werden ausgewählt.

Nach Festlegung der Beziehungsdaten wird die gewählte Verknüpfung, wie auf Seite 313 abgebildet, angezeigt. Entspricht die angezeigte Verbindung nicht den Vorstellungen, kann die **Verknüpfung** durch Doppelklick auf die Verbindung oder **das Kontextmenü bearbeitet** oder mithilfe der Entf -Taste gelöscht werden.

Beziehungen bearbeiten und löschen

Beziehungen können über das Hauptregister **<Datenbanktools>** aufgerufen werden. Danach öffnen sich automatisch die **<Beziehungstools>** mit dem Register **<Entwurf>**. Über die Befehlsgruppe **<Tools>** können folgende Optionen zur Bearbeitung von Beziehungen ausgewählt werden:

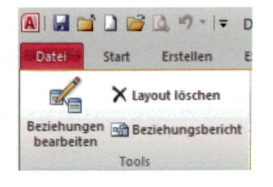

<Beziehungen bearbeiten>: Es öffnet sich das bereits oben beschriebene Dialogfenster, das auch bei der erstmaligen Verknüpfung von Datentabellen erscheint.

<Layout löschen>: Es werden alle Beziehungen nach einer Vorwarnung gelöscht. Wollen Sie nur einzelne Beziehungen löschen, so müssen Sie auf die Verknüpfung zwischen den Tabellen und dann auf die Entf -Taste klicken, alternativ kann auch über das Kontextmenü gelöscht werden. Bevor das Register **<Beziehungen>** geschlossen wird, sollten Sie durch einen rechten Mausklick das **<Kontextmenü>** öffnen, um das neue **Layout zu speichern.**

<Beziehungsbericht>: Über diesen Bericht kann kontrolliert werden, ob die Beziehungen eingerichtet wurden.

Datenbankprogramm MS-Access

Zusammenfassung

- Beziehungen dienen dazu, Tabellen (zu einem Thema) miteinander zu verknüpfen, um Mehrfachspeicherungen von Daten (Duplikate) zu verhindern.
- Beziehungen zwischen zwei Tabellen können hergestellt werden, wenn in beiden Tabellen ein Feld vorhanden ist, das die gleichen Daten und denselben Datentyp enthält.
- Beziehungen zwischen zwei Tabellen können eine 1:1 oder eine 1:n-Beziehung aufweisen.
- Da es wichtig ist, die referentielle Integrität (Widerspruchsfreiheit in der Datenspeicherung) zu erhalten, kann Access diese prüfen.
- Primärschlüsselfeld: Feld(er) der Master- oder Primärtabelle, worauf der Primärschlüssel gesetzt wurde.
- Fremdschlüssel: Verknüpfte/s Feld(er) der Detail- oder Sekundärtabelle, auf das kein Primärschlüssel gesetzt wurde.

Aufgaben

1. Stellen Sie in der Datenbank *cmwvers4* Beziehungen zwischen den Tabellen *Lieferanten, Bestellungen, Bestellpositionen, Artikel* und *Artikelgruppe* (mit referenzieller Integrität) her.
2. Fügen Sie die Tabellen *Personal1, Personal2* und *Lohn&Gehalt* hinzu und stellen Sie mit referenzieller Integrität 1:1-Beziehungen über die „Personal-Nr" her.
3. Stellen Sie Beziehungen zwischen den Tabellen *Aufträge, Auftragspositionen, Artikel* und *Kunden* her.
4. Stellen Sie eine 1:n-Beziehung zwischen den Tabellen *Aufträge* und *Versandfirmen* her.
5. Richten Sie weitere Beziehungen ein und löschen Sie diese wieder. Schließen Sie das Register **<Beziehungen>** und lassen Sie sich einen Beziehungsbericht anzeigen.
6. Der abgebildete Screenshot zeigt eine Beziehung zwischen den Tabellen *Lieferanten* und *Bestellungen*. Welche der folgenden Antworten ist richtig?
   a) Die Anschrift jedes Lieferanten muss nur einmalig in der Lieferantentabelle erfasst werden.
   b) Die Anschrift jedes Lieferanten muss bei jeder Bestellung neu erfasst werden.
   c) Pro Lieferant ist nur eine einzige Bestellung möglich.
   d) Das Feld „Lieferer-Nr" muss in der Tabelle *Bestellungen* an erster Stelle stehen.

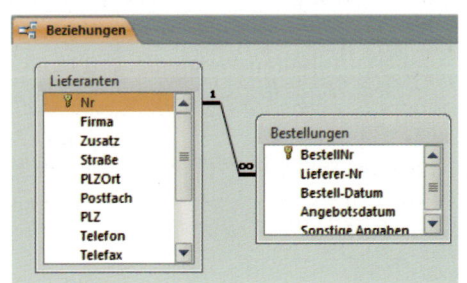

7. Welche Felder lassen eine Beziehung zu? Ordnen Sie die Buchstaben dem Beziehungstyp (1:n oder 1:1) zu.
   Artikel: A: ArtNr, B: Artikelgruppe, C: Artbez1
   Artikelgruppe: a: Artikelgruppe, b: Name, c: Beschreibung

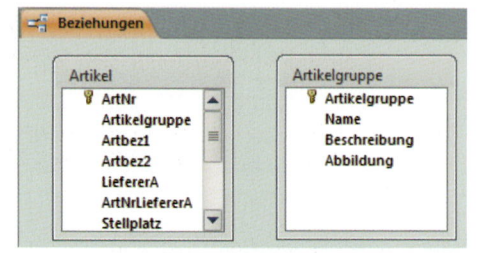

8. Welche Aussage passt zu nebenstehenden verknüpften Datentabellen?
   a) Die falschen Felder sind miteinander verknüpft.
   b) Es wurde kein eindeutiger Index für das Feld „Nr" der Primär-/Mastertabelle *Kunden* angegeben.
   c) In der Primär- oder Mastertabelle *Aufträge* wurde der Primärschlüssel auf „Kunden-Nr" nicht gesetzt.
   d) Obwohl referentielle Integrität gegeben ist, wurde der Haken für referentielle Integrität nicht gesetzt und somit die Beziehung nicht definiert.
   e) Hier wurden zwei Detail- oder Sekundärtabellen miteinander verbunden.

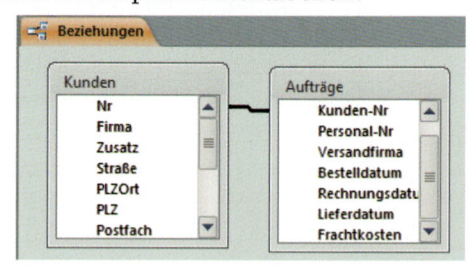

9. Welche Aussagen passen zu nebenstehenden verknüpften Datentabellen?
   a) In der Tabelle *Personal2* muss die „Personal-Nr" immer zweifach vorkommen.
   b) In der Tabelle *Lohn&Gehalt* darf die „Personal-Nr" nur einmal vorkommen, da das Personal nur einmal im Monat Gehalt bekommt.
   c) In der Tabelle *Personal1* darf jede „Personal-Nr" nur einmal vorkommen.
   d) In der Tabelle *Personal2* darf jede „Personal-Nr" nur einmal vorkommen.
   e) Die Tabellen *Personal1* und *Personal2* haben gleich viele Datensätze.
   f) Die Tabelle *Lohn&Gehalt* hat immer mehr Datensätze als die Tabelle *Personal1*.
   g) Die Tabelle *Lohn&Gehalt* kann auch keinen Datensatz enthalten.

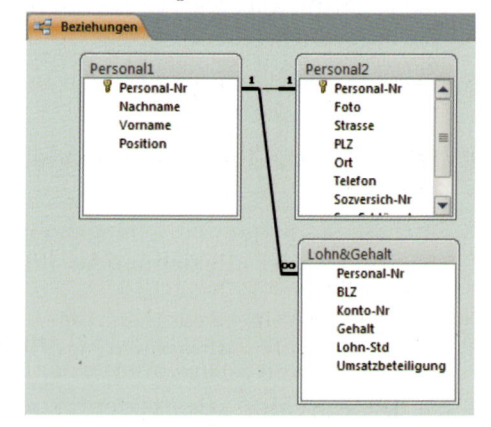

Referentielle Datenintegrität

Situation Kerstin aktiviert im Dialogfenster **<Beziehungen bearbeiten>** die Checkbox **<Mit referentieller Integrität>**.

Wenn der Anwender eine Prüfung der referenziellen Datenintegrität vornimmt, dann untersucht Access die verknüpften Tabellen auf **Widerspruchsfreiheit** in der Datenspeicherung.

Folgende Fälle werden überprüft:
- Die verbundenen Tabellen müssen **gleiche Datentypen** für die verbundenen Felder haben.
  Abhilfe: Über den Entwurf der Datentabellen den Datentyp so einrichten, dass die zu verknüpfenden Felder den identischen Datentyp (z. B. AutoWert, Text, Zahl) aufweisen.
- Beziehungen zwischen Datentabellen mit Feldern der **Datentypen „Memo", „OLE-Objekt", „Ja/Nein"** oder **„Hyperlink"** sind **nicht erlaubt.**
  Abhilfe: Den Datentyp ändern, z. B. in „AutoWert", „Text" oder „Zahl", bzw. die Verknüpfung über ein anderes/neues Feld herstellen.
- Bei 1:1-Beziehungen muss in beiden Tabellen die **gleiche Anzahl** von Datensätzen mit **identischem Feldinhalt** (für das verbundene Feld) existieren.
  Abhilfe: Beide Datentabellen öffnen und überprüfen, ob die Anzahl der Datensätze übereinstimmt und ob der Inhalt für die verknüpften Datenfelder identisch ist.
- Bei 1:n-Beziehungen muss vorab für die **Haupt-** oder **Mastertabelle** (1:) ein **Primärschlüssel** bzw. ein **eindeutiger Schlüssel** festgelegt worden sein. Für die Detailtabelle (n) darf **kein eindeutiger Index** festgelegt sein. Abhilfe: Über die Entwurfsansicht der beiden Datentabellen überprüfen, ob die Schlüssel richtig gesetzt wurden.

Folgende Fehlermeldungen sind möglich:
- Für Beziehung ist dieselbe Anzahl von Feldern mit denselben Datentypen erforderlich.
- Es wurde kein eindeutiger Index für das in Beziehung stehende Feld der Primärtabelle angegeben.
- Sie können keine Beziehung zwischen Feldern herstellen, die einen der folgenden Datentypen haben: Memo, OLE-Objekt, Ja/Nein oder Hyperlink.

Auch im Zuge der Datenpflege (Erfassung, Änderung und Löschung von Daten) prüft Access Widersprüche in der Datenspeicherung und weist im Konfliktfall auf die referenzielle Datenintegrität hin. Der Benutzer kann nicht immer einen Löschvorgang durchführen. Access verhindert, falls nicht explizit zugelassen:
- das Hinzufügen von Datensätzen in der Detailtabelle, ohne dass in der Mastertabelle ein Primärdatensatz existiert,
- Änderungen von Werten in der Mastertabelle, die in einer Detailtabelle nicht mehr zugeordnete Datensätze zur Folge hätten,
- das Löschen von Datensätzen aus einer Mastertabelle, wenn übereinstimmende verknüpfte Datensätze vorhanden sind.

Sollen Beziehungen später bearbeitet werden, geschieht dies über die Schaltfläche <Beziehungen bearbeiten> in der Befehlsgruppe <Tools> in den <Beziehungstools>. Einfacher geht es jedoch über das <Kontextmenü>.

Aufgaben

1. Richten Sie für die von Ihnen erstellte Datenbank *FEWWS* sinnvolle Beziehungen zwischen den Tabellen ein.

2. Öffnen Sie Ihre Datenbank *biblio*. Stellen Sie über <Tools> → <Beziehungen bearbeiten> nachfolgende Beziehungen zwischen den Datentabellen her:
   Bücher: Entliehen = 1:n
   Schüler: Entliehen = 1:n

3. Erläutern Sie die Beziehungen zwischen den Datentabellen innerhalb der Datenbank *MeinWoWo*. Öffnen Sie die Datenbank *MeinWoWo* oder *WoWoVers3* und richten Sie nachfolgende Beziehungen ein:

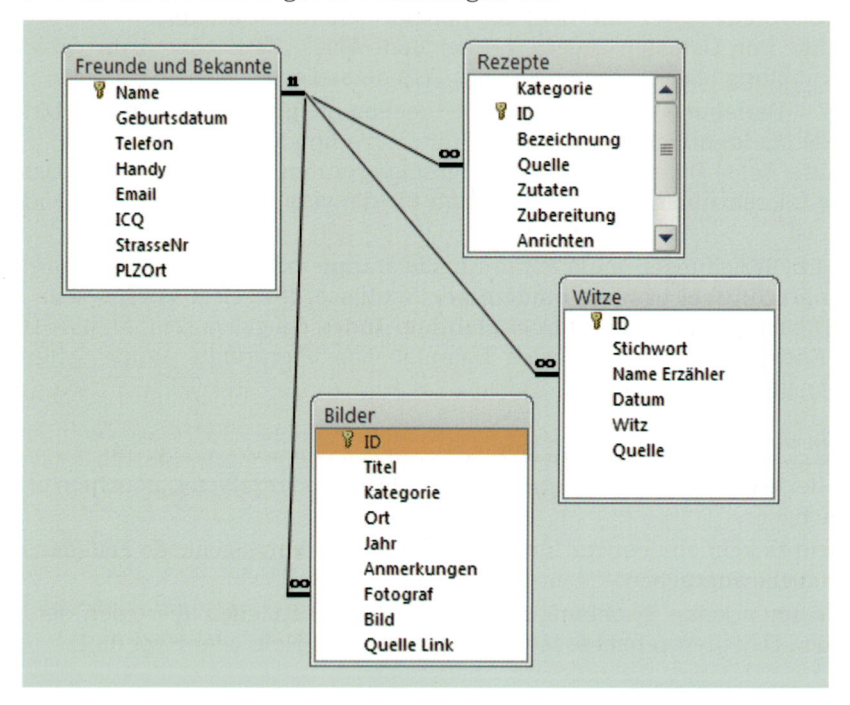

4. Kleiner Test zur Wiederholung: Ordnen Sie den unten stehenden Erläuterungen folgende Begriffe zu: „Microsoft-Datenbanksoftware", „Redundanz", „Objekte der Datenbank", „Ansichten der Datenbank", „Datenattribut", „Feldname", „Datensatz", „Felddatentyp", „Feldbeschreibung", „Listenfeld", „Feldeigenschaften", „Primärschlüssel":
   a) Beschleunigt Abfragen/muss eindeutig für einen Datensatz sein
   b) Legen das Format fest wie Text, Zahl, Memo
   c) Ein Datensatz *Schüler* setzt sich aus ... Name, Vorname, ... zusammen.
   d) Access
   e) Gleichartige, durch bestimmte Felder strukturierte Daten

f) Die Bezeichnung der Datenattribute
g) Ein Listenfenster mit einer Auswahl von Eingaben wird angezeigt.
h) Hier kann die Größe des Datenfeldes oder das Eingabeformat festgelegt werden.
i) Es handelt sich um Auswertungsmöglichkeiten wie Tabelle, Abfrage, Formular oder Bericht.
j) Doppelnennungen/Wiederholungen
k) Zusatzangaben erläutern jedes Feld.
l) Das Objekt „Tabelle" kann im Entwurf oder als Datenblatt angezeigt werden.

5. Im abgebildeten Screenshot können Sie erkennen, dass die Beziehung zwischen den Tabellen *Lieferanten* und *Bestellungen* mithilfe der Option „referentielle Integrität (1:n)" kontrolliert wird. Welche Konsequenz hat diese Kontrolle?
    a) In der Tabelle *Lieferanten* können keine neuen Lieferanten mehr eingetragen werden.
    b) In der *Bestellungen*-Tabelle können nur Lieferantennummern eingetragen werden, die es in der Tabelle *Lieferanten* noch nicht gibt.
    c) In der *Bestellungen*-Tabelle können nur Lieferantennummern eingetragen werden, die es in der Tabelle *Lieferanten* auch gibt.
    d) In der *Lieferanten*-Tabelle können nur solche Lieferanten gelöscht werden, die bereits etwas bestellt haben.

6. Sie wollen eine Beziehung mit „referentieller Integrität" zwischen zwei Tabellen herstellen. Welche der beiden folgenden Antworten beschreiben die dafür nötigen Voraussetzungen?
    a) Beide Tabellen müssen das gleiche Feld als Primärschlüsselfeld aufweisen.
    b) Die Haupt- oder Mastertabelle muss ein Primärschlüsselfeld aufweisen.
    c) Die Haupt- oder Mastertabelle darf kein Primärschlüsselfeld aufweisen.
    d) Die Detailtabelle oder untergeordnete Tabelle darf kein Primärschlüsselfeld aufweisen.
    e) Die Detailtabelle oder untergeordnete Tabelle darf keinen Primärschlüssel für das verknüpfte Feld aufweisen.

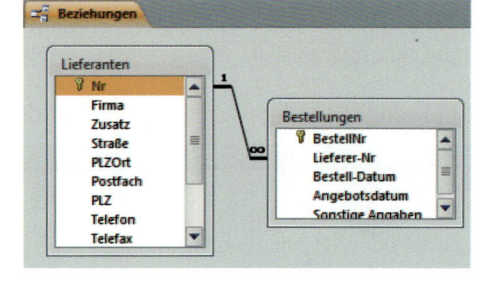

5.6 Abfragen in Datenbanken

Situation: Kerstin möchte nun Abfragen oder Auswertungen über mehrere Tabellen durchführen. Der Abfrage-Assistent soll zunächst nicht eingesetzt werden.

Abfragen stellen das wichtigste Auswertungsinstrument in Access dar. In der Tabelle *Kunden* der Datenbank *cmwvers5* könnte z. B. eine Abfrage nach Kunden aus Wien oder Berlin erfolgen. Abfragen können zu beliebig vielen Datenfeldern beliebiger Datentabellen erstellt werden. Eine Abfrage kann darüber hinaus wieder Grundlage für eine weitere Abfrage, ein Formular, einen Bericht oder ein Diagramm sein.

Hinweis: Abfragen haben die Aufgabe, Daten zu extrahieren (herauszufiltern) und zu analysieren.

Man unterscheidet verschiedene Arten von Abfragen in Access:

Abfragearten	
Auswahlabfragen	Auswahlabfragen stellen Daten einer oder mehrerer Tabellen nach einzugebenden Auswahlkriterien zusammen.
Parameterabfragen	eine besondere Variante der Auswahlabfrage, wobei für festgelegte Felder Parameterwerte abgefragt werden und nach diesen Werten die Abfrage erfolgt
Aktionsabfragen	Datensätze einer oder mehrerer Tabellen können hinzugefügt, geändert, gelöscht oder in eine neue Tabelle eingestellt werden. Man unterscheidet daher die Anfügeabfrage, die Aktualisierungsabfrage, die Löschabfrage und die Tabellenerstellungsabfrage.
SQL-Abfragen	SQL-Befehle (der Datenbanksprache) erlauben die flexible Pflege von Daten (Abfragen, Aktualisieren, Verwalten).

5.6.1 Auswahlabfragen

Situation: Kerstin möchte sich zunächst erst einmal über Auswahlabfragen informieren.

Nach dem Öffnen der Datenbank *cmwvers5* richten Sie den Navigationsbereich so ein, dass als **Objekttyp** nur **Abfragen** angezeigt werden. Dazu klicken Sie oberhalb des Navigationsbereichs auf den Listenpfeil ① und öffnen die Kategorienauswahl „Abfragen".

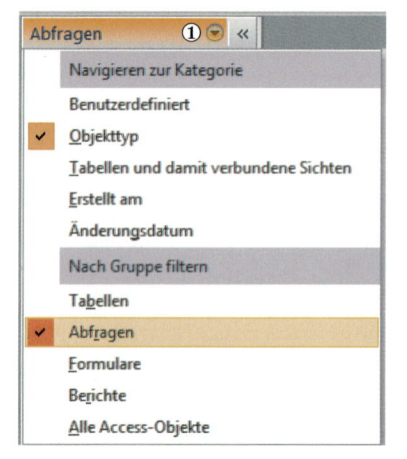

Datenbankprogramm MS-Access

Der folgende Screenshot zeigt auf der linken Seite den Navigationsbereich mit den Abfragen und der ausgewählten Abfrage *Verbrauchsartikel*. Durch **Doppelklicken** oder **Öffnen** der Abfrage *Verbrauchsartikel* wird die Ergebnisansicht/Ergebnistabelle dieser Abfrage im Arbeitsbereich angezeigt. Sie sehen, dass aus den Datentabellen *Artikel* und *Artikelgruppen* solche Datensätze abgefragt wurden, die im Feld „Artikelnummer" den Dateiinhalt „<10000" enthalten.

Diese **Ergebnistabelle** nennt man auch ein **Dynaset**. Ein **Dynaset** ist eine Gruppe von Datensätzen, die aus einer Abfrage oder dem Anwenden eines Filters resultiert. Wenn Sie an einem Dynaset **Änderungen** vornehmen, aktualisiert **Access** automatisch die dieser Ergebnistabelle zugrunde liegenden Datentabellen. Über die **Navigationsschaltflächen** ① ② unterhalb des Arbeitsbereichs kann jeder der 25 Datensätze angezeigt, zum ersten oder letzten Datensatz gewechselt oder ein leerer (neuer) Datensatz (>*) aufgerufen werden. Durch die Bildlaufleisten ③ am unteren und rechten Rand kann man die Tabelle nach unten oder nach rechts scrollen, um sich die seitlichen und unteren Randbereiche der Tabelle – Zeilen (Datensätze) oder Spalten (Felder) – anzeigen zu lassen. Über die Schaltfläche **<Schließen>** ④ kann die Abfrage schnell wieder geschlossen werden.

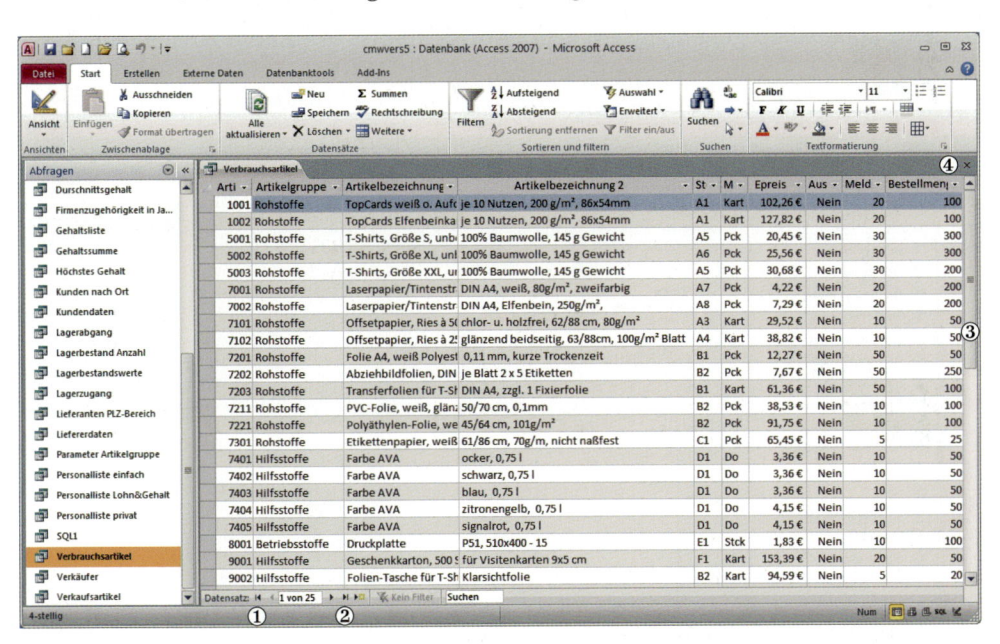

Auswahlabfragen erstellen

Situation Kerstin will eine einfache Auswahlabfrage nach Verbrauchsartikeln (Artikelnummer <10000) erstellen und sich zunächst die Entwurfsansicht der gespeicherten Abfrage ansehen.

Um zu sehen, wie diese Abfrage entworfen wurde, müssen Sie die Abfrage *Verbrauchsartikel* öffnen und dann die Entwurfsansicht über **<Menüband>** → **<Start>** → **<Ansicht>** aufrufen.

Noch schneller kann man zwischen der **Datenblattansicht** und der **Entwurfsansicht** über die kleinen Ansichtsschaltflächen (Ansichtssteuerung) ① in der Statusleiste unterhalb des Arbeitsbereichs rechts hin- und herwechseln.

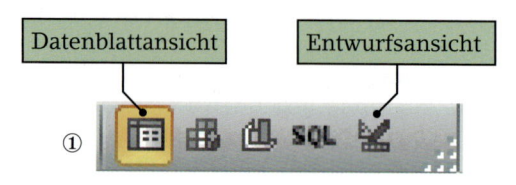

Beim Wechsel in die nachfolgende Entwurfsansicht wurde gleichzeitig auch eine neue kontextbezogene Registerkarte **<Abfragetools>** ➔ **<Entwurf>** aktiviert ②.

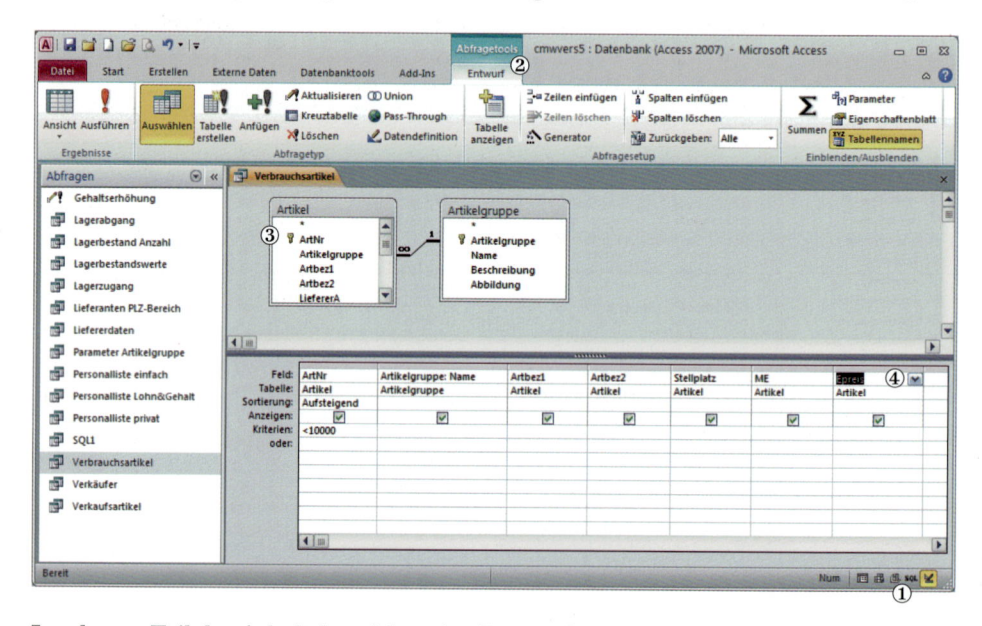

Im oberen Teil des Arbeitsbereiches der Entwurfsansicht werden die einbezogenen und verknüpften Tabellen angezeigt. Im unteren Teil, dem sog. **QBE-Bereich = Query-By-Example,** wurden die für die Abfrage relevanten Felder und Eigenschaften ausgewählt. Dazu klickt man entweder mit einem Doppelklick auf das entsprechende Feld ③ im oberen Arbeitsbereich oder man benutzt das jeweilige Listenfeld ④ im unteren Arbeitsbereich. Sollen alle Datenfelder einer Tabelle übernommen werden, so wählt man das zuerst aufgeführte Listenelement (z. B. Artikel.*) aus.

Datenbankprogramm MS-Access

Weiterhin kann für jedes ausgewählte Datenfeld festgelegt werden, ob in dieser Abfrage danach (aufsteigend, absteigend) **sortiert** werden soll, ob es **angezeigt** werden soll oder ob weitere Kriterien zur Auswahl (als Filter) verwendet werden sollen. In unserem Beispiel wurde als Kriterium im Feld „ArtNr" „<10000" angegeben. Soll ein weiteres **Feld eingefügt werden,** so muss man das Feld rechts von der gewünschten Einfügeposition anklicken und über **<Menüband>** → **<Abfragesetup>** eine Spalte einfügen. Man kann auch Felder nach links oder rechts **verschieben,** indem man diese markiert und bei gedrückter Maustaste entlang der Kopfleiste verschiebt.

Aufgaben

1. Erkunden Sie die gespeicherten Abfragen in der Datenbank *cmwvers5,* indem Sie Abfragen im Navigationsbereich per Doppelklick öffnen und die Auswahl der Datenfelder sowie den Zweck der Abfrage ermitteln. Rufen Sie auch die Entwurfsansichten der gespeicherten Abfragen auf.

2. Rufen Sie den Abfrageentwurf *Verbrauchsartikel* auf und verändern Sie die Abfrage:
   a) Löschen Sie ein Feld und fügen Sie es wieder ein.
   b) Ändern Sie die Vorgabe „Anzeigen", sodass nur noch die ArtNr angezeigt wird und wechseln Sie in die Datenblattansicht, um das Ergebnis zu überprüfen. Wechseln Sie wieder zurück in die Entwurfsansicht und lassen Sie wieder alle Felder anzeigen.
   c) Ändern Sie die Sortierung auf „Absteigend" und überprüfen Sie das Ergebnis in der Datenblattansicht. Setzen Sie die Sortierung wieder auf „Aufsteigend".
   d) Ändern Sie das Kriterium auf <500 und überprüfen Sie das Ergebnis. Setzen Sie das Kriterium wieder zurück auf <10000 und schließen Sie die Entwurfsansicht.
   e) Rufen Sie über **<Abfragetools Entwurf>** → **<Tabelle anzeigen>** die Tabellenauswahl auf und ergänzen Sie die Tabellen *Lieferanten* und *Aufträge*. Markieren Sie danach die neuen Tabellen und löschen Sie diese wieder. Rufen Sie die Übersicht „Tabelle anzeigen" über das Kontextmenü auf.

3. Wo müssen Sie klicken, um im Abfrageentwurf
   a) Tabellen aufzurufen?
   b) einzelne Felder in die QBE einzubeziehen?
   c) alle Felder mit einem Klick einzubeziehen?
   d) ein Feld zu löschen?
   e) als zweites Feld ein Feld einzufügen?
   f) die Anzeige des Feldes auszuschalten?
   g) die Sortierung zu ändern?

4. Wann sollte man eine Abfrage verwenden?
   a) Wenn man nach mehreren Namen suchen will, auf die das Kriterium passt.
   b) Wenn ein Filter nur einmal benötigt wird.
   c) Wenn man alphabetisch sortieren will.
   d) Wenn man Felder auswählen will und ein Filter mehrfach benötigt wird.

Abfragen in Datenbanken

5. Wohin muss man in der folgenden Ansicht klicken, um
   a) die Ergebnisliste der Abfrage aufzurufen?
   b) weitere Tabellen in den Abfrageentwurf einzufügen?
   c) eine Sortierung absteigend nach der Schülernummer vorzunehmen?
   d) das Feld „Vorname" als zusätzliches Feld des Abfrageentwurfs zu ergänzen?
   e) nach Hobbys zu selektieren?
   f) die Abfrage Hobbys als Ergebnisliste (Dynaset) aufzurufen?
   g) die Abfrageergebnisse auszudrucken?
   h) die Tabelle *Kunden* im Navigationsbereich anzuzeigen?

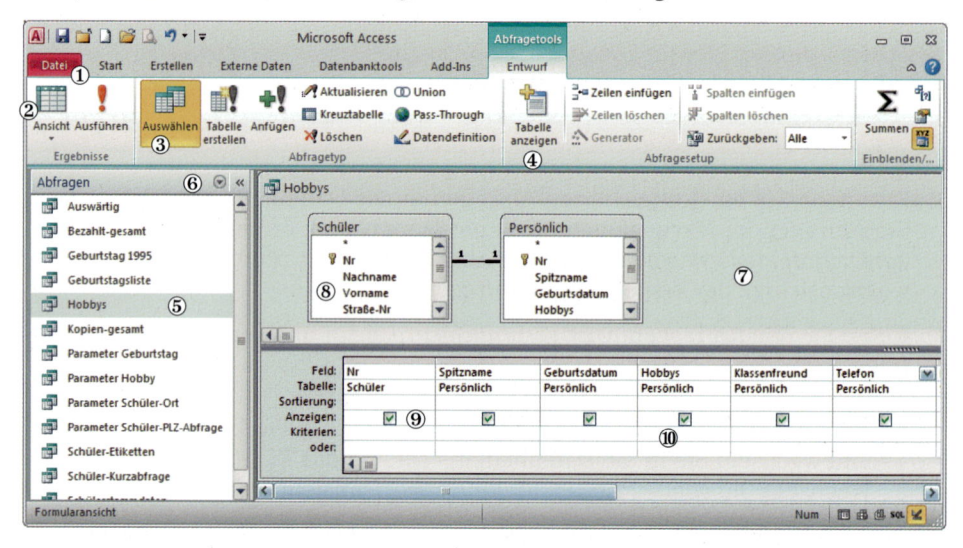

6. Wohin muss man klicken, um
   a) die Entwurfsansicht der Abfrage aufzurufen?
   b) die Ergebnistabelle auszudrucken?
   c) das Feld „Nachname" schmaler auszudrucken?
   d) die Ergebnisliste so anzuzeigen, dass die Vornamen mit dem Anfangsbuchstaben A zuerst aufgelistet sind?
   e) den Navigationsbereich zu schließen?

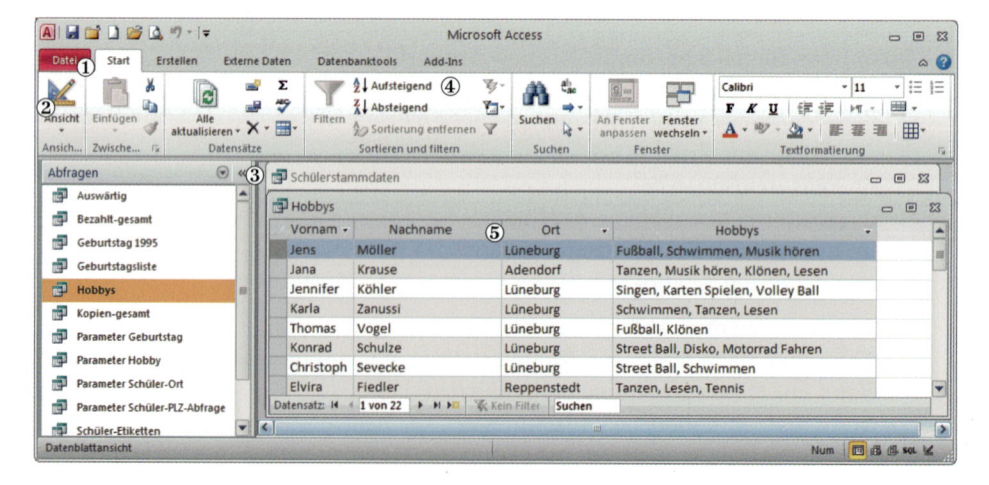

Datenbankprogramm MS-Access

Abfrageentwurf

Situation Jetzt will Kerstin in ihrer eigenen Datenbank ebenfalls Auswahlabfragen entwerfen. Dazu öffnet sie zunächst einen leeren Abfrageentwurf.

Zunächst öffnen Sie die Übungsdatenbank *cmwvers4* und prüfen, ob Sie bereits die beschriebenen Beziehungen eingerichtet haben oder rufen die Version *cmwvers4b* auf. Über **<Erstellen>** → **<Makros und Code>** → **<Abfrageentwurf>** rufen Sie für die Abfrageerstellung einen leeren Entwurf auf. Fügen Sie die Tabellen *Artikel* und *Artikelgruppe* hinzu (anschließend **<Schließen>**). Im oberen Teil des Arbeitsbereichs werden nun die beiden verknüpften Tabellen angezeigt, der Cursor befindet sich unten im QBE-Bereich in der Zelle „**Feld**". Über das **Listenfeld** werden hintereinander alle Datenfelder (ausgenommen „Artikelgruppe") von *Artikel* und das Datenfeld „Name" von *Artikelgruppe* aufgerufen. Wenn Sie das Datenfeld „Name" von *Artikelgruppe* nicht als zweites Feld aufgerufen haben, so können Sie es nachträglich nach Markieren des Feldes an die zweite Position verschieben. Das Feld „ArtNr" erhält eine aufsteigende Sortierung. Als Kriterium wird „<10000" angegeben, um alle Verbrauchsartikel zu selektieren. Für das Feld „Name" der Tabelle *Artikelgruppe* muss die Bezeichnung in „Artikelgruppe" geändert (Artikelgruppe: Name) werden. Alle aufgerufenen Felder sollen angezeigt werden. Nun müssen Sie nur noch die Entwurfsansicht schließen, einen Namen für die Abfrage (z. B. Verbrauchsartikel) vergeben und können sich danach das Abfrageergebnis über einen **Doppelklick im Navigationsbereich** ansehen.

1. Abfrageentwurf starten:

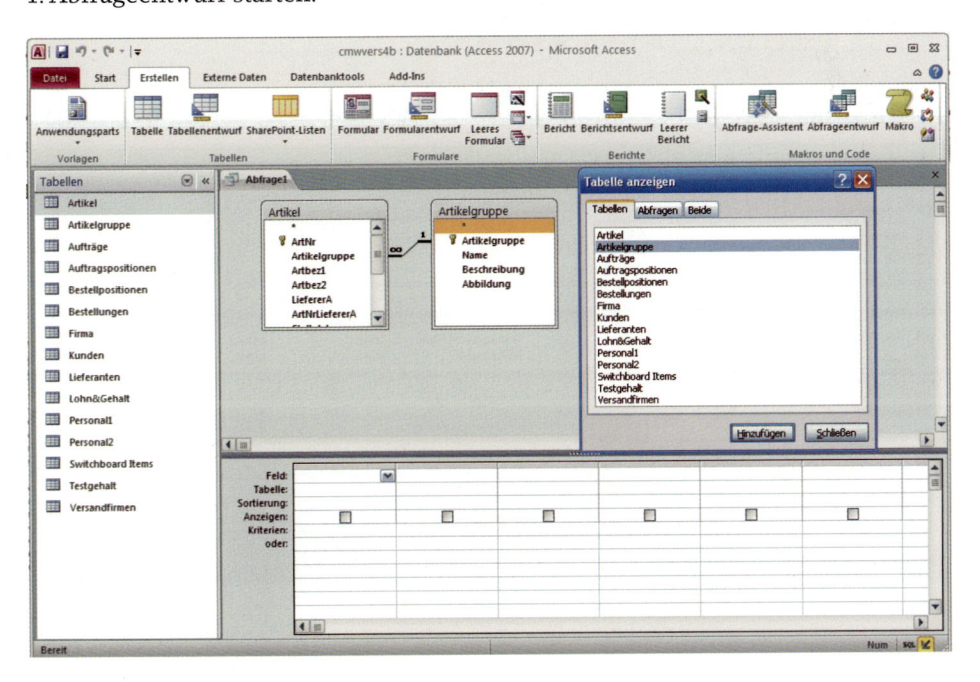

Abfragen in Datenbanken

2. Datenfelder im QBE-Bereich auswählen:

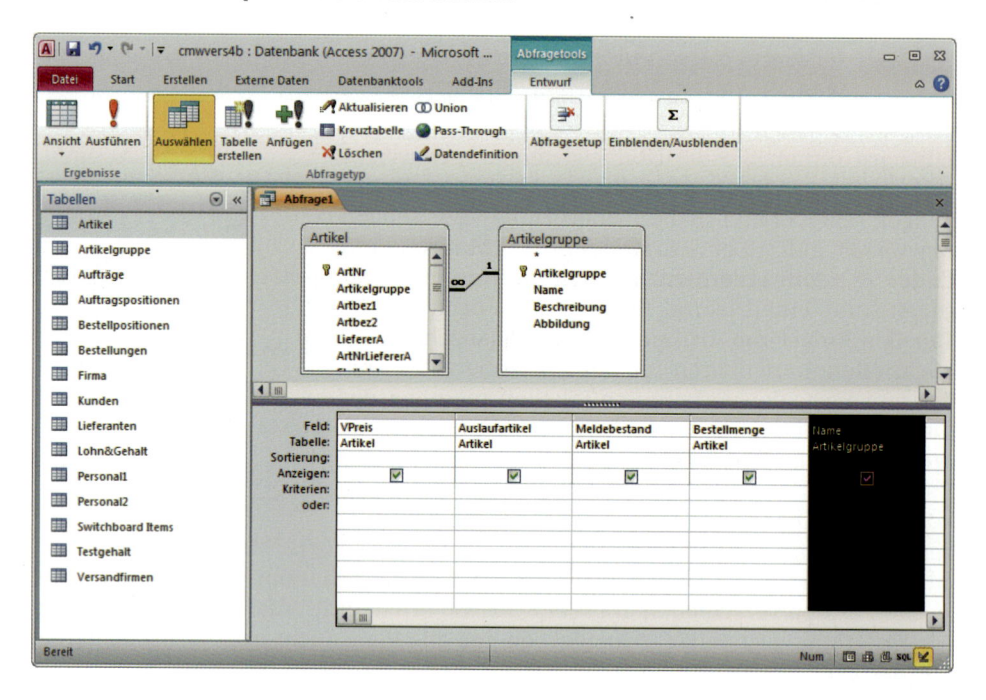

3. Anpassungen in Abfrage vornehmen:

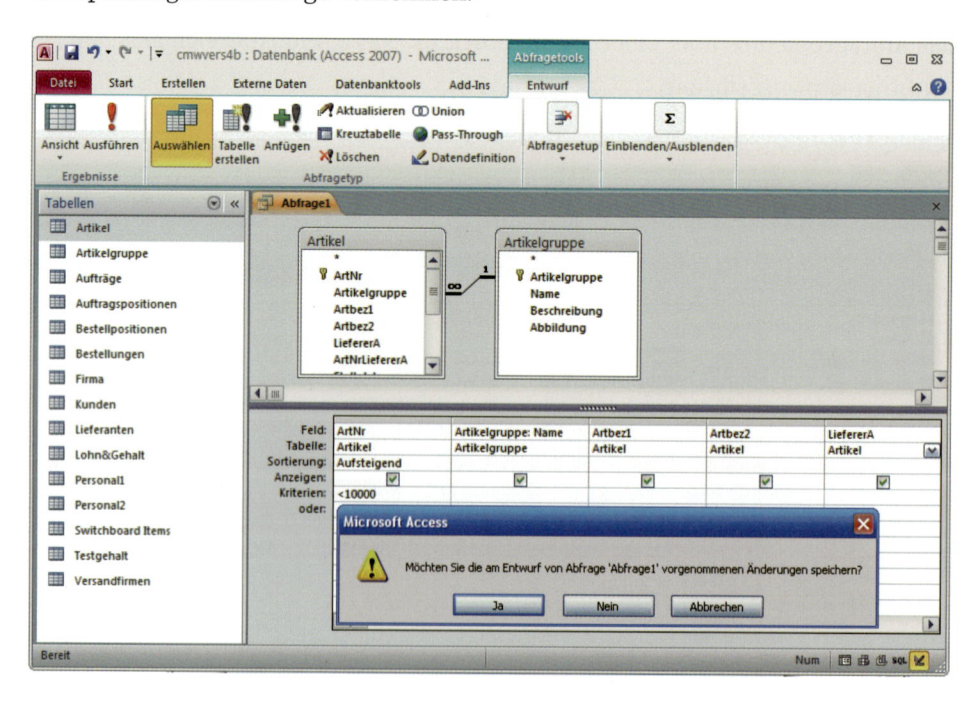

Datenbankprogramm MS-Access

Kriterien für Auswahlabfragen

Situation Kerstin will weitere Auswahlabfragen erstellen. Welche anderen Kriterien sind möglich? Sie stellt folgende Liste zusammen.

Eingabe/Kriterium	Abfrageergebnis
Wien	Der Inhalt/Wert ist Wien.
1000	Der Wert ist 1000.
>500	Der Wert ist größer 500.
<7400 und <7500	Der Wert liegt zwischen 7400 und 7500.
<200	Der Wert ist kleiner 200.
<=1-Jan-05	Das Datum ist kleiner oder gleich dem 1. Januar 2005.
=#31.12.06#	Das Datum ist der 31.12.06.
<Datum()-7	Mehr als 7 Tage vor dem heutigen Datum.
Nicht Null	Das Feld enthält einen Inhalt/Wert.
IN („Meier"; „Müller")	Das Feld enthält Inhalte mit „Meier" oder „Müller".
Wie *.05.*	Bei Geburtstag alle im Mai.
Nicht Wie „C*"	Der Inhalt hat keinen Anfangsbuchstaben „C".
Wie „[D,E]*"	Zum Beispiel alle mit Namen, beginnend mit D oder E.
Wie „[!D,!E]*"	Zum Beispiel alle mit Namen, die nicht mit D oder E beginnen.
Zwischen 30 und 40	Der Wert liegt zwischen 30 und 40.
Zwischen #01.01.98# und #31.12.06#	Das Datum liegt zwischen dem 01.01.98 und 31.12.06.
München und Wien	Datensätze, die sowohl „München" als auch „Wien" enthalten
München oder Wien	Datensätze, die „München" oder „Wien" enthalten

Übungsbeispiel: Vereinsabrechnung

Situation Wir haben eine neue Datenbank *Verein* mit den abgebildeten Tabellen und Beziehungen eingerichtet und Daten erfasst (vgl. auch Vorlage *Verein* der CD).

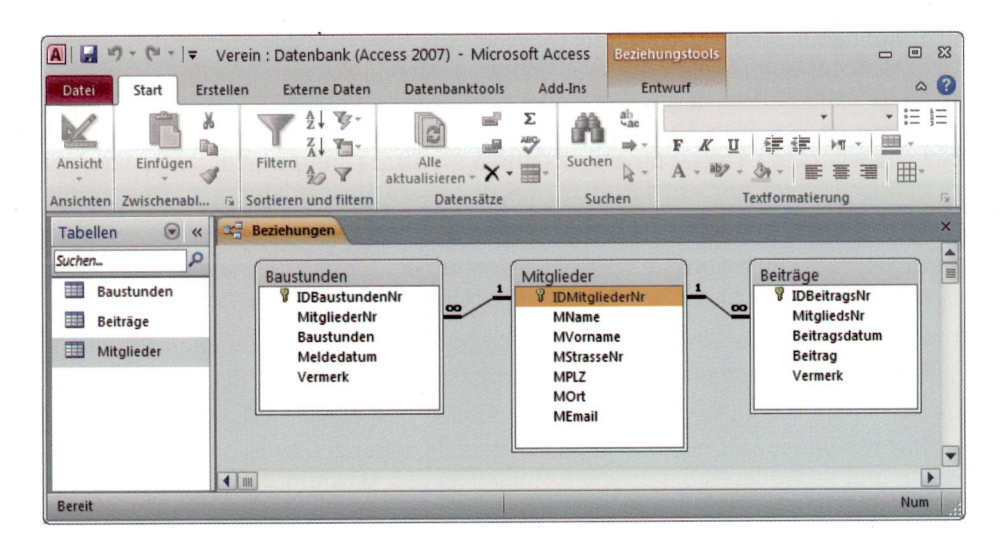

Hierzu haben wir eine erste Abfrage *Adendorf* entworfen, indem wir alle Tabellen mit den oben angezeigten Feldern eingefügt haben. Sollte ein Feld in einer anderen Reihenfolge eingebunden werden, lässt es sich über ein Ziehen mit der Maus (Markieren des Feldkopfes und mit gedrückter Maus verschieben) an den richtigen Platz bringen. Zu viel eingebundene Felder können mit der Entf -Taste gelöscht werden, wenn sie vorher markiert wurden.

Das Feld „MOrt" soll nicht angezeigt werden (Haken entfernen). Für das Feld „MOrt" soll das Kriterium „Adendorf" eingegeben werden und für das Feld „Baustunden" „>2", um alle Mitglieder aus Adendorf mit mehr als 2 Baustunden abzufragen.

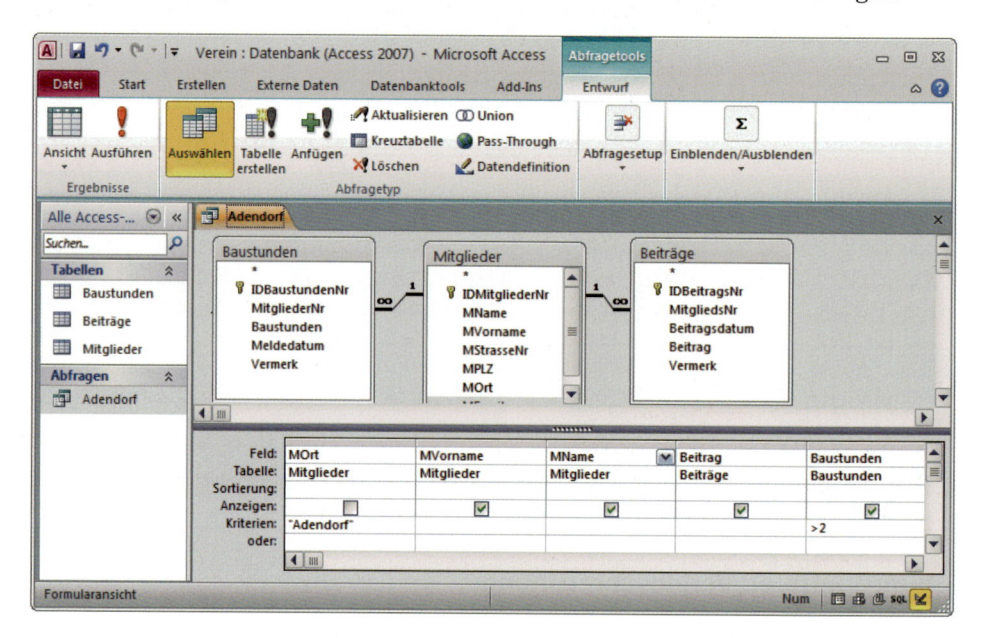

Aufgaben

1. Erkunden Sie in der Datenbank *cmwvers5* die Entwürfe der Abfragen *Verkaufsartikel, Auslaufartikel* und *Personal:einfach*. Stellen Sie fest, welche Datenfelder ausgewählt und sortiert wurden oder nach welchen Kriterien gefiltert/selektiert wurde. Lassen Sie sich über die Schaltfläche **<Datenblattansicht>** die Ergebnistabelle/das Dynaset anzeigen. Öffnen Sie Ihre Übungsdatenbank *cmwvers4* bzw. *cmwvers4b* und entwerfen Sie vergleichbare Auswahlabfragen. Überprüfen Sie, ob das Dynaset wunschgemäß angezeigt wird.

2. Erstellen Sie eine Abfrage *Personal: privat* mit den Tabellen *Personal1* und *Personal2*. Wählen Sie die Felder „Vorname", „Nachname", „Position" und „Foto" aus.

3. Erstellen Sie eine Abfrage *Personal: Lohn&Gehalt* mit den Tabellen *Personal1*, *Personal2* und *Lohn&Gehalt* sowie allen Feldern außer „Foto", „Anschrift" und „Telefon".

4. Richten Sie, soweit noch nicht geschehen, Beziehungen zwischen den Tabellen ein und formulieren Sie eigene Abfragen zu den verknüpften Tabellen. Ändern Sie auch die Sortierung und berücksichtigen Sie verschiedene Kriterien.

Datenbankprogramm MS-Access

5. Rufen Sie zu den Ergebnislisten der Abfragen die Seitenansicht für den Ausdruck auf und passen Sie die Seitenansicht an.

6. Überlegen Sie, für welche Tabelle und welche Felder folgende Kriterien eingesetzt werden können:
   a) 01
   b) Nein
   c) <31/12/85
   d) in („Rohstoffe";„Hilfsstoffe";„Betriebsstoffe")
   e) ist null
   f) Konrad
   g) >10

7. Sie wollen aus der Tabelle *Artikel* alle Artikel abfragen, deren Preis höher als 100 Euro ist. Wie lautet das Kriterium, das Sie für die Spalte „Preis" (Datentyp: „Währung") eintragen müssen?
   a) <> 100 Euro   b) > 100   c) > 100 Euro   d) >= 100   e) >= 100 €

8. Sie wollen aus der *Artikel*-Tabelle alle Artikel abfragen, die an vierter und fünfter Stelle der Artikelnummer die Ziffern 3 und 5 aufweisen. Welches Kriterium müssen Sie dazu verwenden?
   a) Wie "***35?"   b) Wie "???35*"   c) Circa "***35*"   d) Circa "?35***"

9. Wohin müssen Sie klicken, um
   a) die Datenblattansicht (Dynaset) aufzurufen?
   b) die Abfragebedingung zu ändern?
   c) die Abfrage zu schließen?
   d) der Abfrage einen Name zu geben?
   e) das Datenfeld „ArtNr" auszublenden?

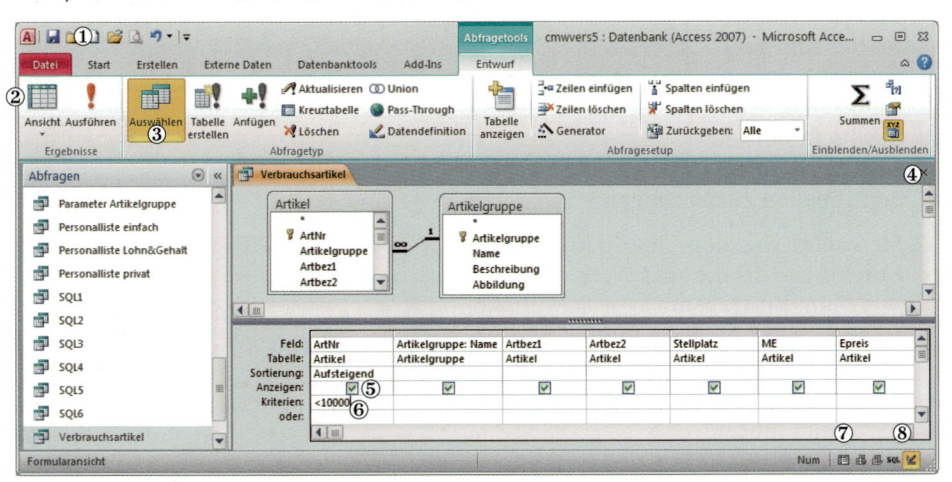

10. Wohin müssen Sie in der Abbildung auf der Folgeseite oben klicken, um
    a) das Abfrageergebnis auszudrucken bzw. die Seitenansicht aufzurufen?
    b) den Entwurf der Abfrage aufzurufen?
    c) nach dem „Epreis" absteigend zu sortieren?
    d) nach der „ArtNr" aufsteigend zu sortieren?

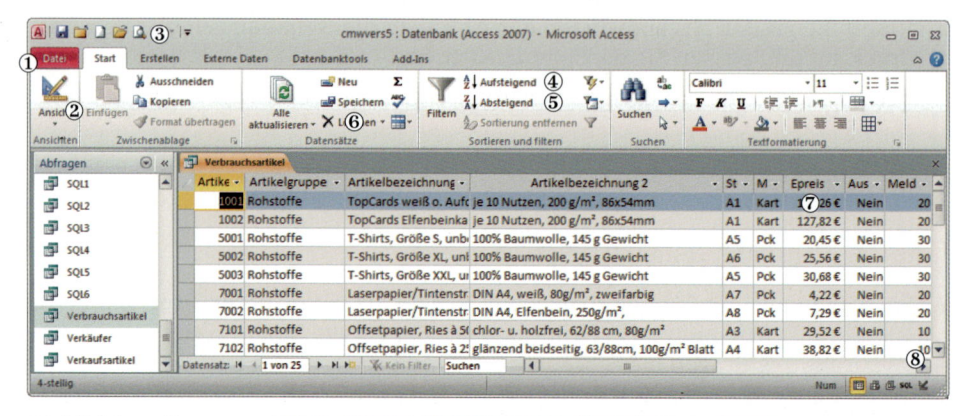

11. Wohin müssen Sie klicken,
    a) um weitere Tabellen in dem Abfrageentwurf aufzurufen?
    b) um alle Mitarbeiter aus einem bestimmten Ort zu ermitteln?
    c) um die Auswahlliste (das Ergebnis der Abfrage, Dynaset) aufzurufen?
    d) um die Beziehung zwischen den beiden Tabellen zu bearbeiten?

12. Sie wollen aus der Tabelle *Kunden* alle Kunden aus Berlin und Wien ermitteln. Welchen Eintrag müssen Sie im Abfrageentwurf in der Zeile „Kriterien" – Spalte „Wohnort" vornehmen?
    a) "Berlin, Wien"
    b) "Wien;"Berlin"
    c) "Berlin" und "Wien"
    d) "Berlin" oder "Wien"

13. Beantworten Sie folgende Fragen, indem Sie die Datenbank *NWINDXP* öffnen und per Abfragen die Antworten finden.
    a) Wie viele Kunden kommen aus Paris?
    b) Wie heißt der Lieferant aus Deutschland mit einer Homepage?
    c) Wie viele Lieferanten kommen aus Deutschland oder Österreich?
    d) Wie viel Mal wurde auf Artikel im Jahre 2011 Rabatt von 15 % bis 20 % gewährt?

5.6.2 Parameterabfragen

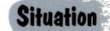

Situation Kerstin möchte Artikelabfragen nach verschiedenen Artikelgruppen durchführen, ohne jedes Mal eine gesonderte Abfrage erstellen zu müssen. Sie will daher für die Tabelle *Artikel* und das Feld „Artikelgruppe" eine Parameterabfrage [Bitte Artikelgruppe eingeben] entwerfen.

Bei Parameterabfragen wird der Abfrageentwurf so eingerichtet, dass beim Öffnen der Abfrage in einem Dialogfenster ein oder mehrere Parameterwerte eingegeben werden müssen (im Beispiel die Artikelgruppe). Nach dem eingegebenen Parameterwert erstellt Access das Dynaset. Bei der Eingabe des Parameterwertes kann auch der Joker * vor oder nach dem Wert gesetzt werden, um eine vollständige Abfrage bei Datenfeldern mit mehreren Angaben oder bei Teilabfragen zu ermöglichen. Parameter sind Hilfsvariablen, die als Kriterium des Abfrageentwurfs in **eckige Klammern** (über Taste <AltGr>) gesetzt werden müssen. Die Anzeige des Kriterienfeldes kann über <Kontextmenü> → <Zoom> vergrößert werden. Im Beispiel wurde die Tabelle *Artikel* im Abfrageentwurf geöffnet und mit „Artikel.*" in der Zeile „Feld" der gesamte Datensatz übernommen. Zusätzlich wurde das Feld „Artikelgruppe" (ohne Anzeige) aufgerufen und als Kriterium der Parameter eingegeben. Die Abfrage wurde als **Parameter Artikelgruppe** gespeichert.

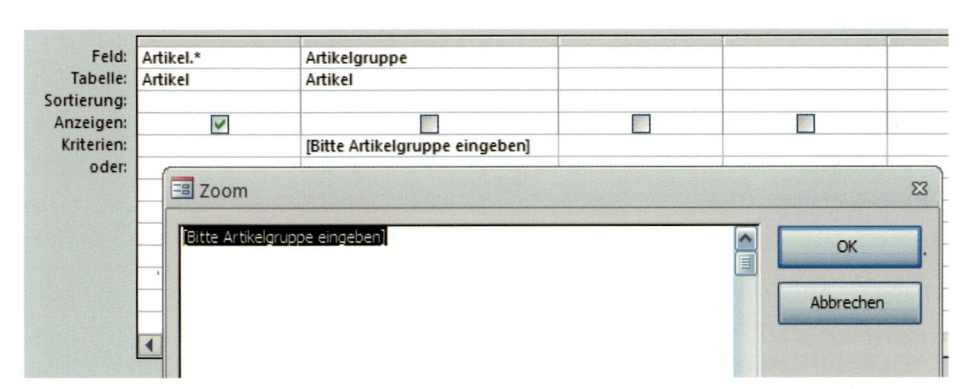

Möchte man die Eingabe des Jokers bei der Parameterabfrage vermeiden, so kann er auch direkt im Abfrageentwurf ergänzt werden. Beispiele für Parameterabfragen:

Feldname	Parametereingabe in „Kriterien"	Mögliche Abfragen
Artikelgruppe	[Bitte Artikelgruppe eingeben:]	2, 300
PLZOrt	Wie *&[Bitte Ort oder PLZ eingeben:]&*	1100, Wien
PLZOrt	Zwischen [Anfang PLZ-Bereich]&* Und [Ende PLZ-Bereich:]&*	2000/4000 2/4

Aufgaben

1. Erstellen Sie drei Parameterabfragen zu den Beispielen und speichern Sie diese unter *Parameter Artikelgruppe*, *Kunden nach Ort* und *Lieferanschriften PLZ-Bereich*.

2. Welche Aussagen zu nebenstehender Abfrage sind richtig?
   a) Es werden zwei Felder angezeigt.
   b) Es werden alle Felder angezeigt.
   c) Es werden alle Felder ohne Ort angezeigt.
   d) Zunächst wird der Parameter „Wohnort" abgefragt.
   e) Die eckige Klammer wird mit der <AltGr>-Taste aufgerufen.
   f) Der Wohnort muss genau angegeben werden.
   g) Es können auch Teilangaben des Wohnorts abgefragt werden.

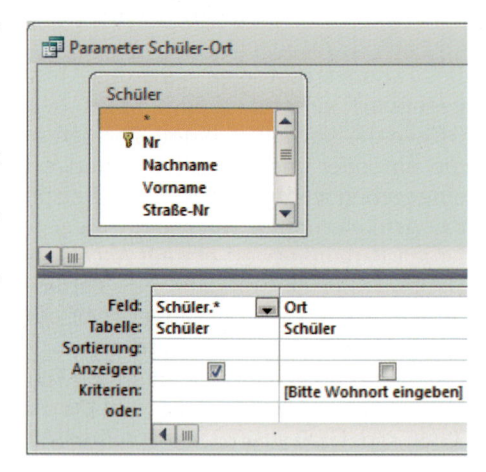

3. Welche Aussage ist zu folgender Abfrage richtig?
   a) Access prüft, ob alle Datensätze Hobbys enthalten.
   b) Access bietet an, weitere Hobbys in die Datenbank einzutragen
   c) Vor Ausführung wird der Parameter „Bitte Hobby eingeben" abgefragt.
   d) Es muss genau ein Hobby vollständig eingegeben werden.
   e) Die Abfrage lässt auch Teile des Hobbys, z. B. „Fu" für „Fußball", zu.

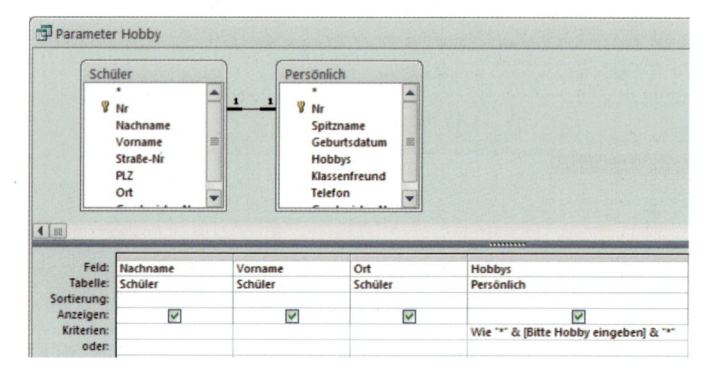

4. Erstellen Sie zur Datenbank *Verein* Parameterabfragen:
   a) Abfrage *Mitglieder nach Ort* mit dem Parameter [Ort Mitglieder] als Kriterium im Feld „MOrt"
   b) Abfrage *Vorname* mit dem Parameter [Vorname] als Kriterium im Feld „MOrt"
   c) Abfrage *Name* mit den zwei Parametern [Vorname] und [Nachname]
   d) Abfrage *Meldedatum Monat* mit dem Parameter *&[Monat Meldedatum]&*

5.6.3 Berechnungen in Abfragen

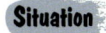

Situation: Kerstin will folgende Auswahlabfrage *Lagerbestandswerte* erstellen, wobei im Entwurf die Felder „ArtNr", „Artbez1", „Epreis" und „Istbestand" aufgerufen werden sollen und zusätzlich der Gesamtwert jedes Artikels als „Gesamtwert:Epreis*Istbestand" berechnet werden soll.

Artikel	Artikelbezeichnung 1	Epreis	Istbestand	Gesamtwert
1001	TopCards weiß o. Aufdruck, 1000 Blatt	102,26 €	100	10.226,00 €
1002	TopCards Elfenbeinkarton o. Aufdruck, 1000	127,82 €	100	12.782,00 €
5001	T-Shirts, Größe S, unbedruckt, 10 Stück, weiß	20,45 €	120	2.454,00 €
5002	T-Shirts, Größe XL, unbedruckt, 10 Stück, we	25,56 €	150	3.834,00 €
5003	T-Shirts, Größe XXL, unbedruckt, 10 Stück, w	30,68 €	28	859,04 €
7001	Laserpapier/Tintenstrahlpapier, 500 Blatt	4,22 €	200	844,00 €
7002	Laserpapier/Tintenstrahlpapier, 100 Blatt	7,29 €	200	1.458,00 €
7101	Offsetpapier, Ries à 500 Bogen, 10 Pack	29,52 €	40	1.180,80 €
7102	Offsetpapier, Ries à 250 Bogen, 10 Pack	38,82 €	40	1.552,80 €
7201	Folie A4, weiß Polyester, Packung à 200 Blatt	12,27 €	30	368,10 €

Über die Befehlsgruppe **<Erstellen>** → **<Abfrageentwurf>** können Sie eine neue Abfrage *Lagerbestandswerte* in der Entwurfsansicht erstellen, wobei Sie die Tabelle *Artikel* und die Abfrage *Aktueller Lagerbestand* hinzufügen. Im Abfrageentwurf sind die Felder „ArtNr", „ArtBez1", „Epreis" und „Istbestand" aufzurufen. Das Feld „Gesamtwert" wird zusätzlich eingetragen und kann durch eine Funktion berechnet werden. Dazu wird eine sog. **Aggregatfunktion** (Gruppierungsfunktion) ergänzt, indem z. B. die Summenfunktion über **<Abfragetools>** → **<Entwurf>** → **<Einblenden/Ausblenden>** → **<Summen>** ① aktiviert wird. Es erscheint dann in der QBE-Übersicht eine zusätzliche Zeile „Funktion" ②. Allen genannten Feldern wird automatisch die Funktion „Gruppierung" zugewiesen. Im Feld „Gesamtwert" wird anstelle der Funktion „Gruppierung" „Ausdruck" ③ ausgewählt und hinter dem Doppelpunkt der Feldbezeichnung „Gesamtwert" die Berechnung des Gesamtwertes mithilfe von Feldern der Abfrage angegeben. Über das **<Kontextmenü>** → **<Eigenschaften>** kann für dieses Feld das Format auf € umgestellt werden.

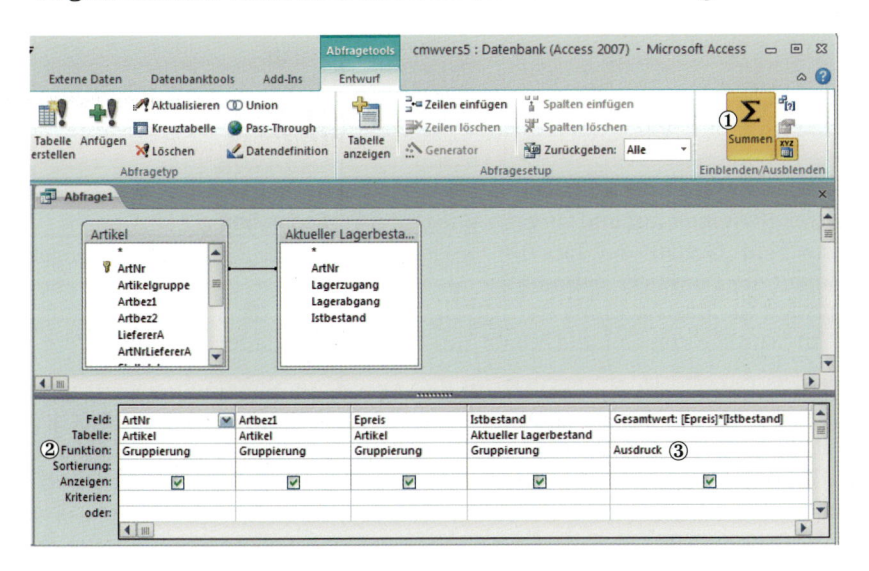

Aufgaben

1. Erstellen Sie eine neue Abfrage *Lagerbestandswerte,* wie weiter oben angezeigt. Rufen Sie dazu die Felder „ArtNr", „Artbez1", „Epreis" der Tabelle *Artikel* und „Istbestand" der Abfrage *Aktueller Lagerbestand* auf. Aktivieren Sie über die <Abfragetools> im Menüband die Schaltfläche <Summe> und geben Sie „Gesamtwert: Epreis*Istbestand" und „Ausdruck" ein.

2. Erstellen Sie eine Abfrage *Bestellvorschläge* mit allen Feldern der Tabelle *Artikel* und mit folgenden zusätzlichen Kriterien für Lagerbestand „<=Artikel.Meldebestand" und Bestellmenge „>0".

Funktion „Gruppierung"

Situation: Kerstin hat gehört, dass im QBE-Entwurf Funktionen wie „Summe" einbezogen sind. Sie will jetzt ausprobieren, wie man diese aufruft.

Bei Anwendung der Schaltfläche <Summen> wird für alle Felder die Funktion „Gruppierung" standardmäßig angezeigt. Diese Funktion hat eine Gruppierung der Datenfelder zur Folge, wobei eine Sortierung entsprechend des zuerst genannten Feldes ausgeführt wird und danach eine Gruppierung der folgenden Felder erfolgt. Es sollte daher sichergestellt sein, dass das zu gruppierende Feld möglichst als erstes Feld genannt wird (vgl. folgende Aufgabe 2).

Das Listenfeld zeigt neben der Gruppierung noch weitere Funktionen an. **Alle Funktionen** sind für die **Felddatentypen** „Zahl", „Datum/Zeit", „Währung" und „AutoWert" anwendbar, die Funktionen **Min, Max** und **Anzahl** auch für den Typ „Text".

Aufgaben

1. Rufen Sie den Entwurf für eine neue Abfrage *Gehaltssumme* auf und geben Sie für das Feld „Gehalt" der Tabelle *Lohn&Gehalt* die Funktion „Summe" an. Erkunden Sie das Ergebnis der Abfrage. Ändern Sie die Feldbezeichnung „Gehalt" in „Summe von Gehalt:Gehalt" um. Was hat sich dadurch geändert?

2. Rufen Sie die Datenbank *NWINDXP* auf und entwerfen Sie eine neue Abfrage mit dem Feld „Ort" aus der Tabelle *Kunden* und dem Feld „Lieferdatum" aus der Tabelle *Bestellungen.* Rufen Sie für beide Felder die Funktion „Gruppierung" auf. Welches Ergebnis ergibt die Abfrage? Vertauschen Sie die Felder in der Reihenfolge und prüfen Sie erneut das Ergebnis. Erläutern Sie an diesen Beispielen die Funktion „Gruppierung".

Datenbankprogramm MS-Access

Die Funktionen ziehen nachfolgende Aktionen nach sich, wobei die Werte beim Öffnen der Abfrage immer wieder neu berechnet und nicht gespeichert werden:

Funktionen	Zweck/Berechnung
Gruppierung	Für das Feld werden die Daten zu einer Gruppe zusammengefasst; insbesondere im Zusammenhang mit Berechnungsfunktionen wirkt sich die Gruppierung aus.
Summe	Summe der Werte eines Feldes berechnen
Mittelwert	Durchschnitt der Werte eines Feldes berechnen
Min	niedrigsten Wert eines Feldes anzeigen
Max	höchsten Wert eines Feldes anzeigen
Anzahl	Anzahl der Werte eines Feldes ohne Nullwerte berechnen
StdAbw	Standardabweichung der Werte eines Feldes berechnen
Varianz	Varianz der Werte eines Feldes berechnen
Ausdruck	Als Feldname wird ein berechnetes Feld mit einem Formelausdruck angegeben, z. B.: Brutto: Betrag*1,19.
Bedingung	Es wird in „Kriterien" eine Bedingung angegeben und das Feld ausgeblendet.

Aufgaben

1. Erstellen Sie eine Abfrage *Höchstes Gehalt*. Rufen Sie die Tabelle *Lohn&Gehalt* mit dem Feld „Gehalt" und der Funktion „Max".

2. Erstellen Sie eine Abfrage *Durchschnittsgehalt* mit der Tabelle *Lohn&Gehalt,* dem Feld „Gehalt" und der Funktion „Mittelwert".

3. Erstellen Sie eine Abfrage *Bruttopreisliste* mit der Tabelle *Artikel* und den Feldern „ArtNr", „Artbez1", „Vpreis" und geben Sie in zwei zusätzlichen Feldern „MWSt:(VPreis*0,19)" und „Bruttopreis:Vpreis+ MWSt" und als Funktion „Ausdruck" ein. Ergänzen Sie unter „ArtNr" das Kriterium: „>10000 und <99999".

4. Erstellen Sie eine Abfrage *Anzahl Bestellungen* mit den Tabellen *Bestellungen* und *Lieferanten* sowie den Feldern „Lieferer-Nr", „Firma" und „BestellNr" (Funktion: Anzahl).

5. Welche Vorteile haben Abfragen?
   a) Datenfelder aus mehreren Tabellen können einbezogen werden.
   b) Die Suche über Abfragen ist immer die schnellste Variante.
   c) Abfrageergebnisse können sortiert ausgegeben werden.
   d) Datensätze können gezählt, Mittelwerte oder Summen gebildet werden.
   e) Abfragen können gespeichert und immer wieder ausgeführt werden.
   f) Neue Felder können durch Berechnungen anderer Felder aufgerufen werden.

6. Wohin muss in der Abbildung auf der Folgeseite oben geklickt werden, um
   a) die Zusatzzeile „Funktion:" im Entwurfsmodus aufzurufen?
   b) die Datenblattansicht aufzurufen?
   c) die Abfrage zu speichern?
   d) die Abfrage zu schließen?

e) weitere Tabellen in der Abfrage anzuzeigen und sie einzubeziehen (Kontextmenü)?
f) das Format von „Summe von Gehalt" mit dem Zusatz „Euro" anzugeben (Kontextmenü)?

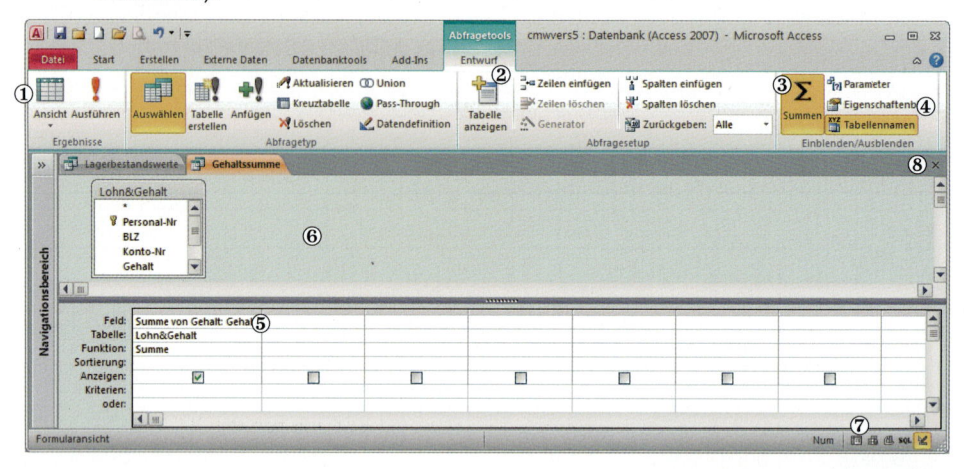

7. Sie möchten die durchschnittliche Betriebszugehörigkeit mit einer Abfrage berechnen lassen. Wohin müssen Sie klicken, um
   a) den Mittelwert einzugeben?
   b) die Betriebsjahre als Standardwert anzuzeigen?
   c) die Abfrage unter dem Namen *Mittlere Betriebszugehörigkeit* zu speichern?

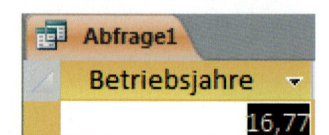

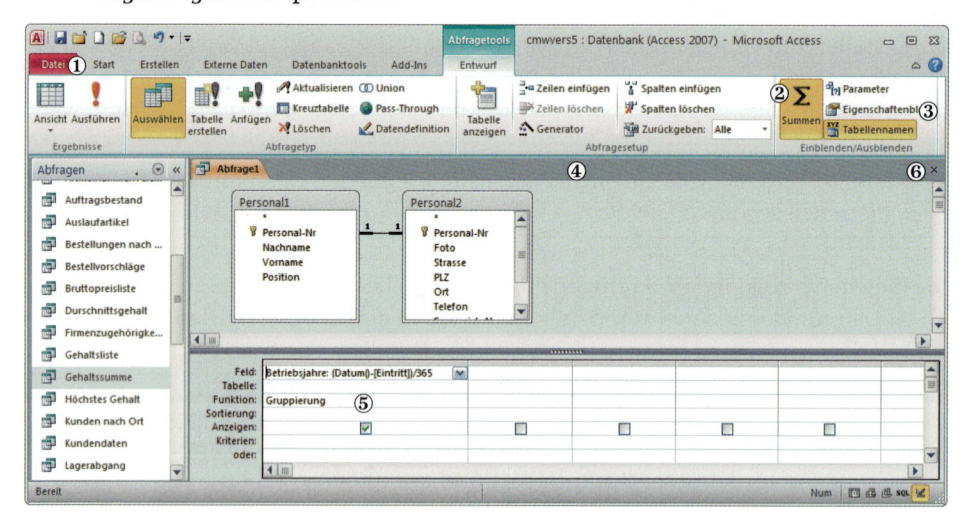

8. Erstellen Sie zur Datenbank *Verein* Abfragen, mit denen Sie
   a) alle Beiträge und Baustunden aufsummieren lassen,
   b) das Mitglied mit den meisten Baustunden anzeigen lassen.

Datenbankprogramm MS-Access

5.6.4 Abfragen mit dem Abfrage-Assistenten

Situation: Kerstin findet in der Befehlsgruppe **<Andere>** des Hauptregisters **<Erstellen>** den Abfrage-Assistenten. Sie möchte Abfragen mit dem Assistenten erstellen.

In Access stehen für gebräuchliche Abfragearten **Abfrage-Assistenten** zur Verfügung. Sie werden automatisch aktiviert, sobald über das Datenbankfenster eine Abfrage neu entworfen werden soll. Die einzelnen Abfragearten sollen hier nur kurz erläutert werden:

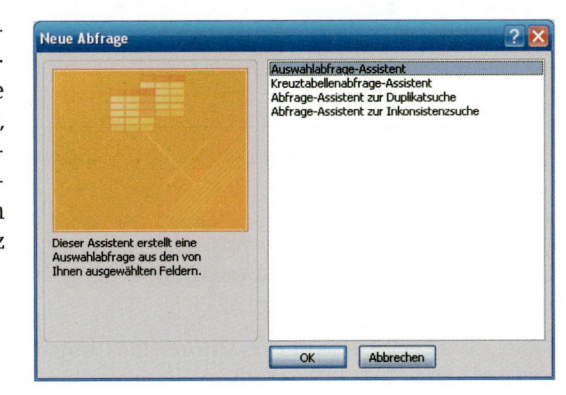

- ▶ **Auswahlabfrage:** Der Anwender kann aus einer oder mehreren Tabellen Felder auswählen, sodass daraus eine Auswahlabfrage erstellt werden kann.
- ▶ **Kreuztabellenabfrage:** Eine Abfrage, die gefilterte Informationen in einer Tabellendarstellung anzeigt. Sie kann gut für Berichte und Diagramme verwendet werden.
- ▶ **Duplikatsuche:** Eine Abfrage, die alle Datensätze mit gleichem Inhalt in einer Tabelle oder Abfrage sucht und findet.
- ▶ **Inkonsistenzsuche:** Eine Abfrage, die alle Datensätze in einer Tabelle oder Abfrage findet, die sich nicht auf Datensätze in einer anderen Tabelle oder Abfrage beziehen.

Abfrage-Assistent auswählen

Situation: Kerstin will eine Auswahlabfrage **Personaleintritt** mit den Feldern „Personal-Nr", „Vorname", „Nachname" aus der Tabelle *Personal1* und den Feldern „PLZ", „Ort" und „Eintritt" aus der Tabelle *Personal2* mithilfe des Auswahl-Abfrageassistenten erstellen.

Zunächst wird der Abfrage-Assistent über das Hauptregister **<Erstellen>** → **<Makros und Code>** → **<Abfrage-Assistent>** aufgerufen und der entsprechende Auswahlabfrage-Assistent gewählt. Über das Listenfeld können im sich öffnenden Dialogfenster die Felder beliebiger Tabellen und Abfragen angezeigt und über die Button (>, >>, <, <<) in den Auswahlbereich eingestellt werden.

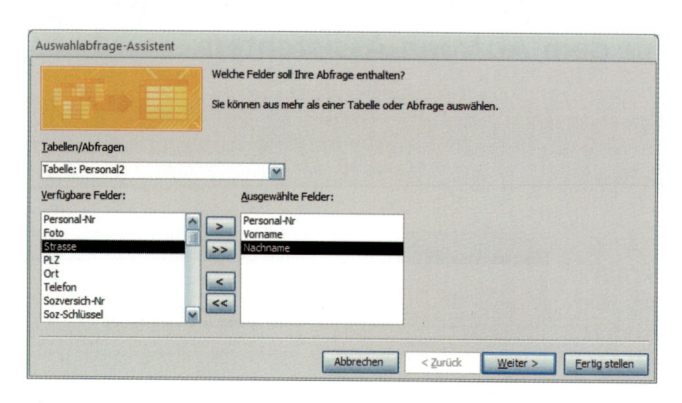

Im Beispiel wurden bereits aus der Tabelle *Personal1* drei Felder ausgewählt und nun die Tabelle *Personal2* aufgerufen. Über den Button >> wurden dazu zunächst alle Felder in den Auswahlbereich übernommen und dann das überzählige Feld mit dem Button < wieder entfernt.

Über **<Weiter>** können **Zusammenfassungsoptionen** (Gruppierungen) festgelegt werden. Über **<Fertig stellen>** kann zudem der Namen der Abfrage bestimmt werden und angeben werden, in welcher Ansicht die Auswahlabfrage angezeigt werden soll.

Aufgaben

1. Erstellen Sie mit Ihrer Übungsdatenbank (bzw. *cmwvers4b*) die beschriebene Abfrage *Personaleintritt* und beliebige Abfragen mittels des Assistenten und vergleichen Sie Entwurf- und Ergebnistabelle (Dynaset).

2. Wohin müssen Sie klicken, um
   a) das Feld „Telefax" wieder aus der Auswahlübersicht zu entfernen.
   b) eine andere Tabelle oder Abfrage auszuwählen.
   c) alle verfügbaren Felder in die Auswahl zu nehmen.
   d) alle ausgewählten Felder wieder aus der Auswahlliste zu entfernen.
   e) den Namen der Abfrage festzulegen.

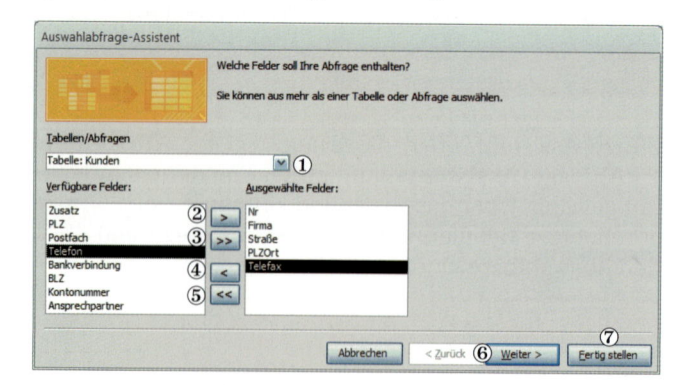

Datenbankprogramm MS-Access

5.7 Formulare erstellen

Situation Kerstin will Formulare oder Eingabemasken für die Datenbank *Mein-WoWo* erstellen.

5.7.1 Automatisch Formulare erstellen und designen

Situation Kerstin wählt zunächst die einfachste Möglichkeit der Formularerstellung.

Formulare dienen als Erfassungsmaske oder zum Anzeigen von Daten. Im Gegensatz zur Tabelle, in der die Datensätze immer als Zeilen und die Datenfelder als Spalten angezeigt werden, bieten Formulare verschiedene Möglichkeiten der Datenansicht. Es können in einem Formular sogar Daten mehrerer Tabellen oder Abfragen erfasst und angezeigt werden und zusätzliche Daten und Informationen bereitgestellt werden. Darüber hinaus stehen verschiedene Möglichkeiten offen, Formulare auch im Design und in der Bedienung den Anforderungen anzupassen.

Im Hauptregister **<Erstellen>** des Menübandes werden über die Befehlsgruppe **<Formulare>** verschiedene Optionen zur Formularerstellung angeboten:

Formularansichten	
Formularansicht	Diese Ansicht ist die Anwenderansicht mit der Anzeige der Daten. Änderungen am Design oder am Entwurf können nicht vorgenommen werden.
Layoutansicht	Diese Ansicht ist die Anwendersicht auf die Daten, lässt jedoch auch Änderungen am Design zu.
Entwurfsansicht	In dieser Ansicht wird die Konstruktion des Formulars ohne Daten angezeigt. Alle Änderungen in der Konstruktion und im Design sind möglich.

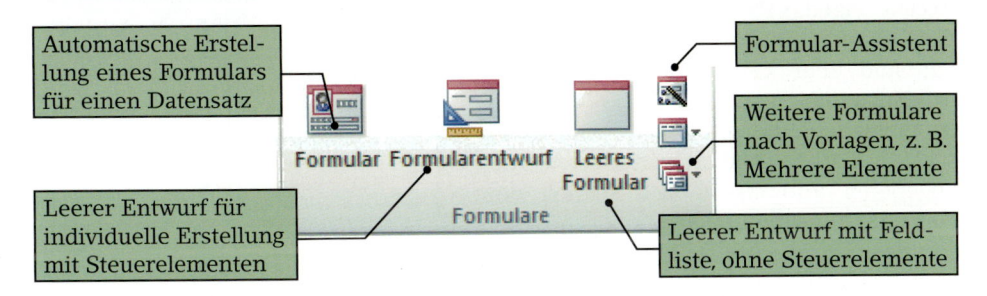

- Automatische Erstellung eines Formulars für einen Datensatz
- Leerer Entwurf für individuelle Erstellung mit Steuerelementen
- Formular-Assistent
- Weitere Formulare nach Vorlagen, z. B. Mehrere Elemente
- Leerer Entwurf mit Feldliste, ohne Steuerelemente

(Formular, Formularentwurf, Leeres Formular — Formulare)

Die einfachste und schnellste Variante zur Formularerstellung ist die automatische Erstellung eines Formulars für die Anzeige jeweils eines Datensatzes über die Schaltfläche **<Formular>**.

Um z. B. ein Formular für die Tabelle *Audiopotcasts* zu erstellen, wird die Tabelle im Navigationsbereich zunächst markiert und über **<Erstellen>** → **<Formulare>** → **<Formular>** ein entsprechendes Formular *Audiopodcasts* generiert.

Access verwendet dabei für den Aufbau das am häufigsten verwendete einspaltige Format, sodass die Datenfelder untereinander aufgeführt werden und über die Navigationsschalter jeweils der nächste Datensatz ① angezeigt werden kann.

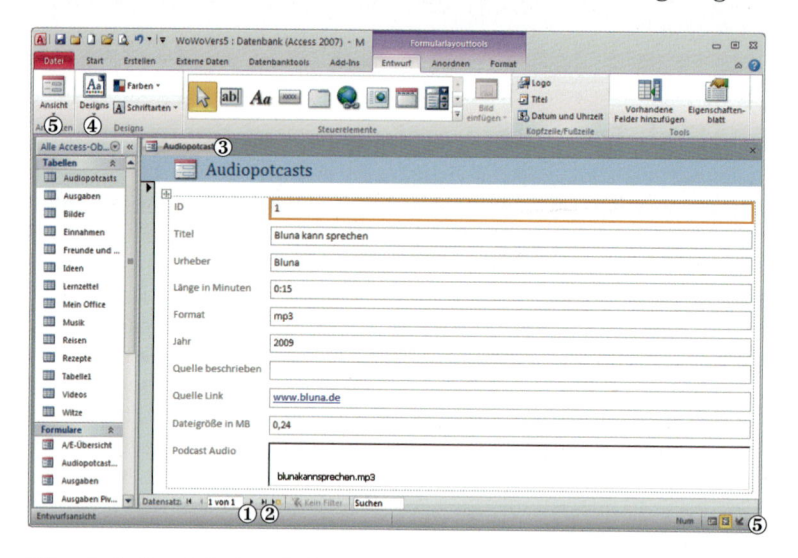

Die einfache Arbeit mit bereits bestehenden Formularen wurde schon zu einem früheren Zeitpunkt behandelt (siehe Modul 5.3). Sollen Daten im Formular geändert werden, so wirkt sich dies automatisch auf die Daten der zugehörigen Tabelle aus. Soll im Formular ein neuer Datensatz eingegeben werden, so muss man als Erstes über den Navigationsschalter zum leeren Datensatz (>*) ② wechseln.

Aus dem Namen der Tabelle wird dann automatisch ein **Formulartitel** ③ generiert. Access zeigt das Formular standardmäßig in der **Layoutansicht** an. Änderungen im Layout sind über **<Formularentwurfstools>** → **<Entwurf>** → **<Designs>** → **<Design>** ④ möglich. Unterschiedliche Designvorschläge, Farben und Schriftarten werden angeboten und lassen sich schnell dem Formular zuordnen.

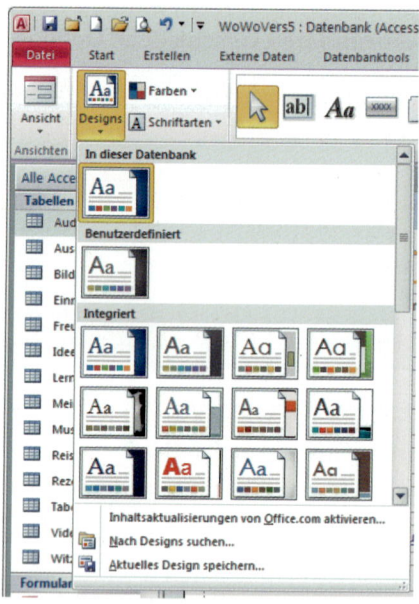

Über die Funktion **Ansicht** ⑤ und **Formularansicht** bzw. die Schaltflächen unterhalb des Arbeitsbereiches auf der rechten Seite kann die Layoutansicht schnell aufgerufen werden. Den Audiopotcast können Sie in der Formularansicht per **Doppelklick** aufrufen und abspielen.

Aufgabe Rufen Sie Ihre Datenbank *MeinWoWo* oder die Datenbank *WoWoVers4* auf und erstellen Sie Formulare für die Tabellen *Audiopotcasts* oder *Mein Office*.

Formularfunktion <Mehrere Elemente>

Ein Formular, das im Aufbau einer Datentabelle entspricht, ist das Formular mit **mehreren Elementen.** Es wird ebenfalls automatisch aus einer Tabelle (hier: Einnahmen) über **<Erstellen>** → **<Weitere Formulare>** → **<Mehrere Elemente>** erstellt und zeigt gleichzeitig mehrere Datensätze an. Auch hier haben Sie wieder die Möglichkeit, das Formular über die Schaltfläche **<Designs>** zu gestalten.

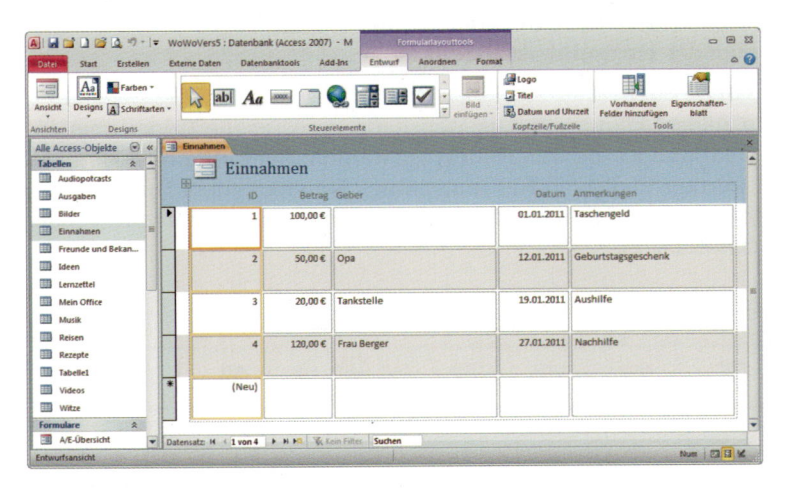

Formularfunktion <Geteiltes Formular>

Ebenfalls ist es möglich, **geteilte Formulare** zu erstellen. Im oberen Arbeitsbereich wird hier ein Datensatz und im unteren Bereich eine Datentabelle zur Eingabe von Informationen für den gewählten Datensatz angezeigt. Vorteil: Man kann den Datensatz bearbeiten und sieht gleichzeitig das Ergebnis der Veränderung angezeigt.

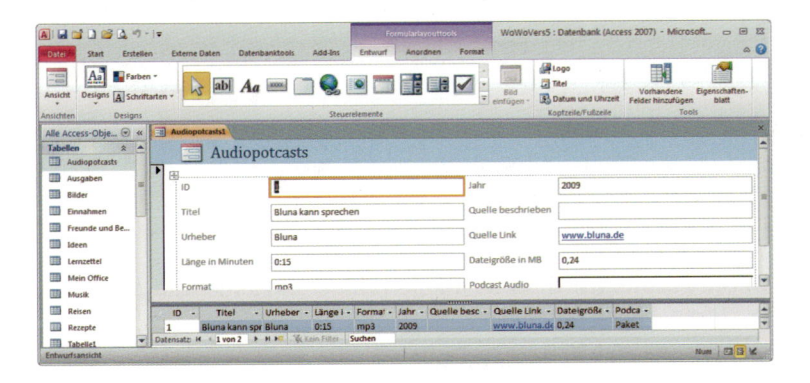

Entspricht ein Formular nicht den Wünschen, kann es wieder **gelöscht** werden, indem man zunächst das Formular rechts oben im Arbeitsbereich über **<Schließen>** schließt und über **Markieren** des Formularnamens im **Navigationsbereich** sowie durch Klick auf die Taste Entf das Formular löscht.

Aufgabe Erstellen Sie, soweit noch nicht geschehen, die beschriebenen Formulare.

5.7.2 Formulare mit dem Formular-Assistenten erstellen

Situation: Kerstin hat in der Befehlsgruppe **<Formulare>** den Formular-Assistenten entdeckt und will ihn einsetzen.

Um ein Formular zu erstellen, wird die Tabelle im **Navigationsbereich** markiert und dann über **<Erstellen>** ➔ **<Formulare>** der **Formular-Assistent** aufgerufen.

Unter „Verfügbare Felder" können Sie aus der markierten Tabelle Felder über die Button > (für ein Feld) und >> (für alle Felder) auswählen. Über **<Weiter>** kann ein **Layout** festgelegt werden, in diesem Fall „Einspaltig". Nun muss dem Formular nur noch ein Name gegeben werden, um dann über **<Weiter>** in die Entwurfs- oder Formularansicht zu wechseln.

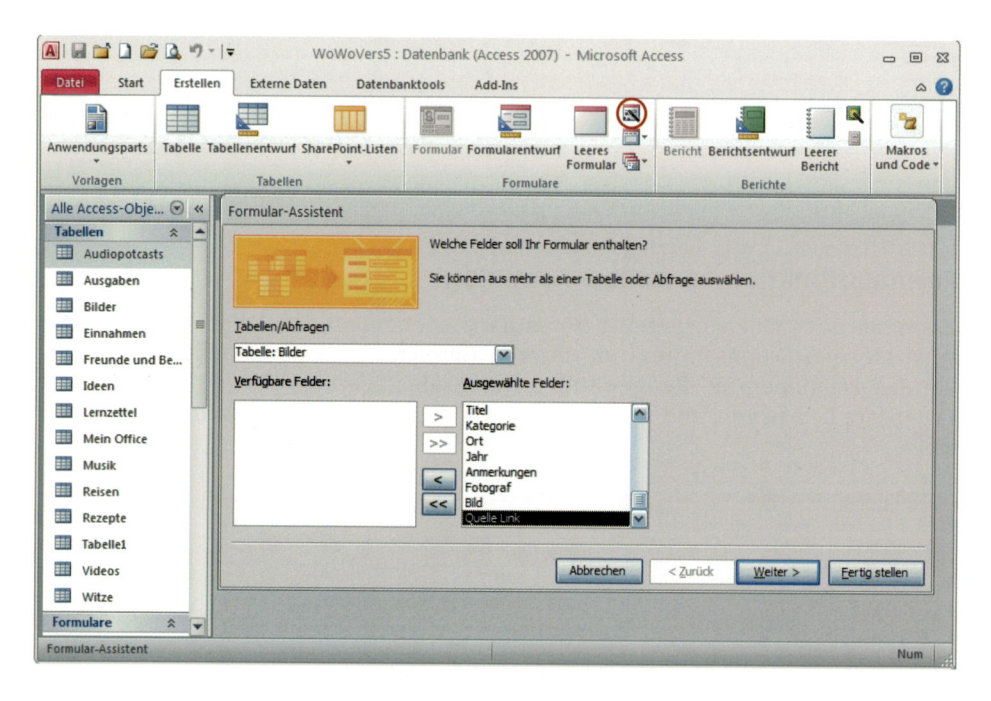

Aufgabe: Erstellen Sie Formulare zu den Tabellen *Bilder, Freunde* und *Bekannte, Lernzettel, Ideen, Musik* und *Reisen*.

5.7.3 Formularentwürfe überarbeiten

Situation: Kerstin hat sich das Layout der einzelnen Formulare angesehen und festgestellt, dass die Gestaltung immer gleich ist. Um die Formulare besser voneinander unterscheiden zu können, möchte sie das Design einiger Formulare verändern.

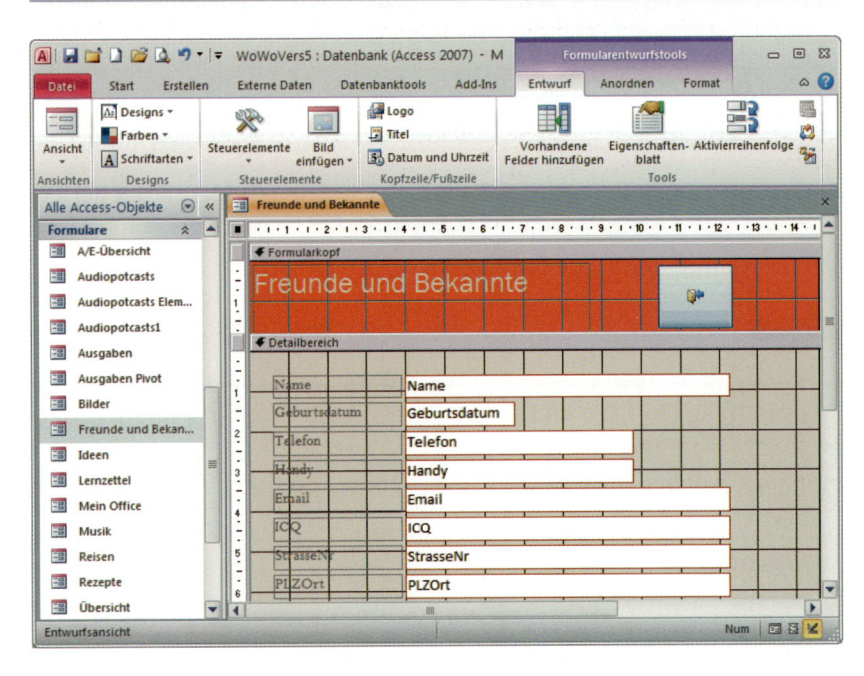

Über die Entwurfs- oder Layoutansicht können einzelne Elemente des Formulars (z. B. Text- oder Bezeichnungsfelder) verschoben oder verändert werden und weitere Steuerelemente (z. B. Schaltflächen) hinzugefügt werden.

Im oben abgebildeten Screenshot soll z. B. das Textfeld im **Formularkopf** „Freunde und Bekannte" anders ausgerichtet und in fetter Schrift (**<Formularentwurfstools>** → **<Format>**) dargestellt werden. Darüber hinaus soll im Formularkopf eine Schaltfläche mit der Formularoption „Formular schließen" ergänzt werden. Dazu wird das Steuerelement **<Schaltfläche>** in der Befehlsgruppe **<Steuerelemente>** angeklickt und eine Schaltfläche im Formularkopf aufgezogen. Der Assistent führt im Dialog zur richtigen Schaltflächenauswahl (**<Formularoperationen>** → **<Formular schließen>**).

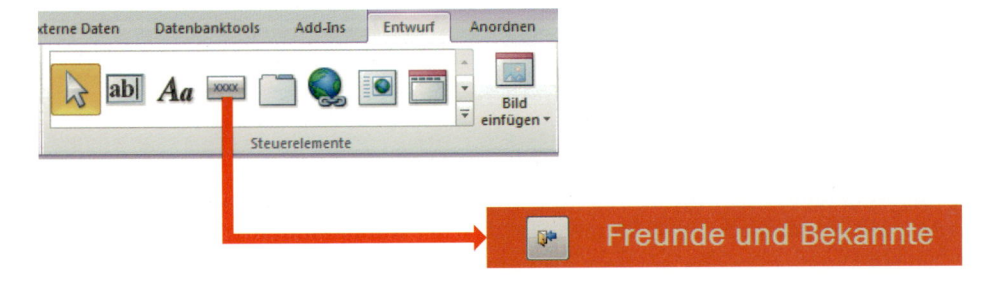

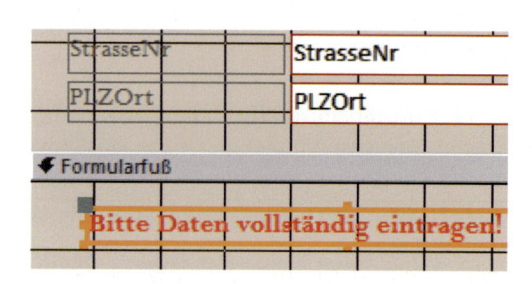

Mit der Maus können Sie nicht nur den **Kopfbereich** vergrößern, sondern auch unterhalb des Detailbereichs mit den beschriebenen Datenelementen einen **Fußbereich** öffnen. Im sogenannten **Formularfuß** können Zusatzinformationen, Steuerelemente, versteckte Berechnungsfelder eingefügt werden. Diese Angaben werden dann im Fußbereich des Formulars angezeigt. Je nach Umfang der eingefügten Elemente kann dieser Bereich mit der Maus größer oder kleiner gezogen werden.

Auch die Größe der einzelnen Felder lässt sich durch Markieren der Felder in der Entwurfs- oder Layoutansicht und anpassen.

Aufgaben

1. Rufen Sie Entwurfsansichten der Formulare im Verzeichnis *Vorlagen* auf und passen Sie die Lage und Größe der Felder im Hinblick auf den Inhalt und die Bedienerfreundlichkeit an.

2. Fügen Sie Steuerelemente, z. B. Bezeichnungsfelder, im Kopf- und Fußbereich ein.

3. Was ist wahr?

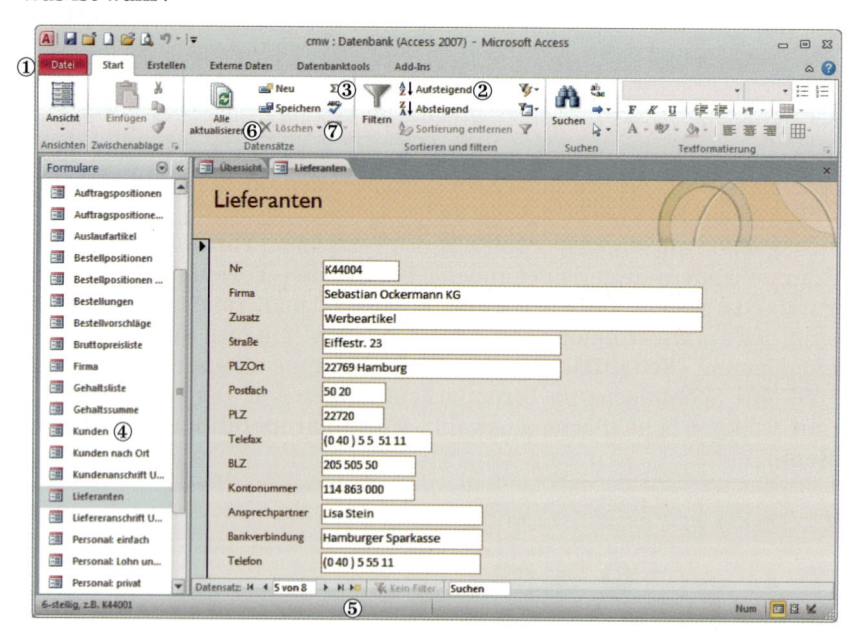

    a) Mit der TAB-Taste können Sie in das Feld Firma wechseln.
    b) Mit einem Klick auf ① können Sie das Formular ausdrucken.
    c) Mit einem Klick auf ② können Sie nach der Kundennummer aufwärts sortieren.

Datenbankprogramm MS-Access

d) Mit einem Klick auf ③ können Sie den Filter aufrufen und Datensätze des Formulars selektieren.
e) Mit einem Doppelklick auf ④ können Sie das Formular *Kunden* öffnen.
f) Mit einem Klick auf ⑤ erhalten Sie ein leeres Formular und können einen neuen Datensatz eingeben.
g) Um das Formular neu zu designen, müssen Sie entweder in die Formularansicht oder in die Layoutansicht wechseln.
h) Um ein neues Formular zu erstellen, müssen Sie in das Hauptregister **<Erstellen>** wechseln.
i) Um den ganzen Datensatz zu löschen, müssen Sie auf ⑥ klicken.
j) Um nur das Element des Feldes „Nr" zu löschen, müssen Sie auf ⑦ klicken.

4. Welche Aufgabe erfüllt ein Formular in einer Datenbank?
   a) Indizieren von Datensätzen
   b) Aufbereiten von Datensätzen für den Ausdruck
   c) Ändern des Tabellenentwurfs
   d) Anzeigen von Datensätzen
   e) Anzeigen der Beziehungen zwischen den Tabellen

5. Wohin müssen Sie klicken, um basierend auf die aktuell geöffnete Abfrage ein Formular zu erstellen?

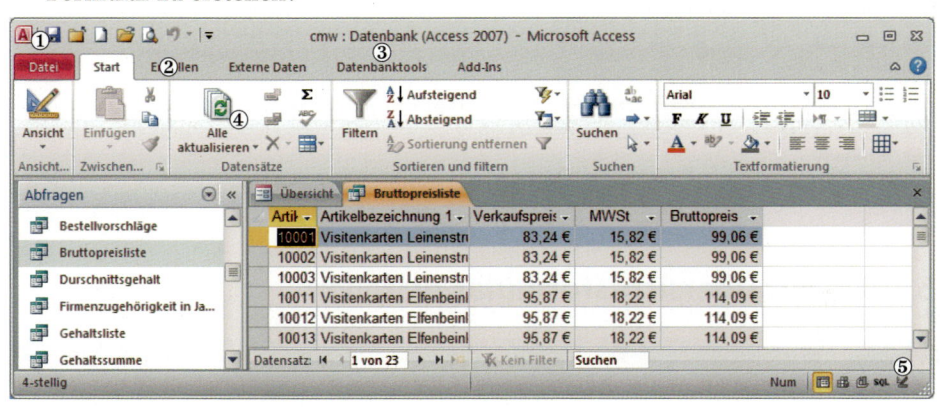

6. In welchen Ansichten können Sie im Kopfbereich eines Formulars Änderungen vornehmen?
   a) Formularansicht
   b) Entwurfsansicht
   c) Layoutansicht
   d) Seitenansicht
   e) Kopfbereichsansicht

Formulare

7. Wohin müssen Sie klicken, um
   a) das Bezeichnungsfeld „Lieferanten" im Kopf in größerer Schrift anzuzeigen?
   b) ein Hintergrundbild einzufügen?
   c) Vorlagen für Farben und Schriftarten aufzurufen?
   d) von der Entwurfs- in die Formular- oder Layoutansicht zu wechseln?
   e) eine Schaltfläche „Formular schließen" in den Formularkopf einzufügen?
   f) den Formularentwurf abzuspeichern?
   g) den Formularentwurf auszudrucken?
   h) das heutige Datum in der Kopfzeile anzuzeigen?

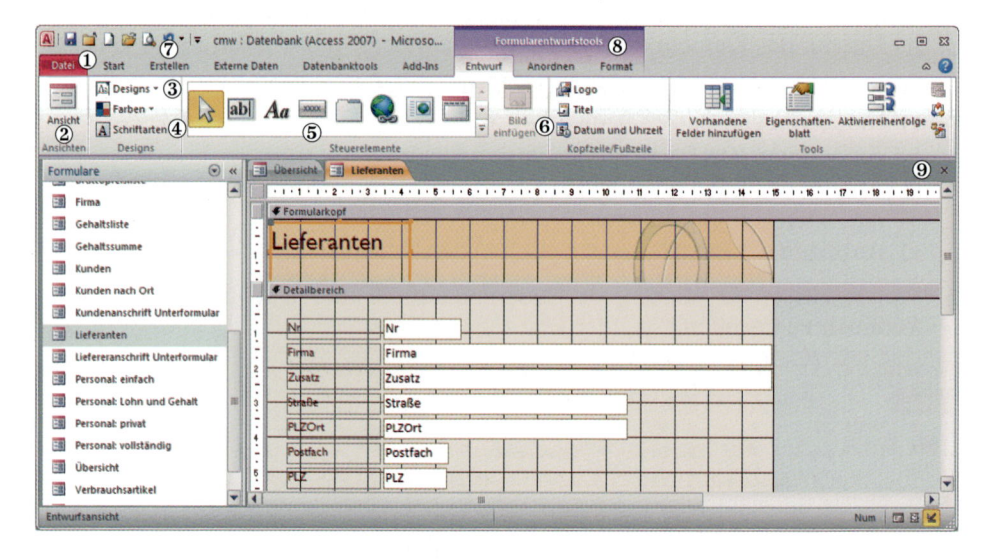

5.7.4 Ein Übersichtsformular erstellen

Situation: Kerstin will ein Formular als Übersichtsformular erstellen, sodass sie die einzelnen Formulare direkt über Buttons aufrufen kann.

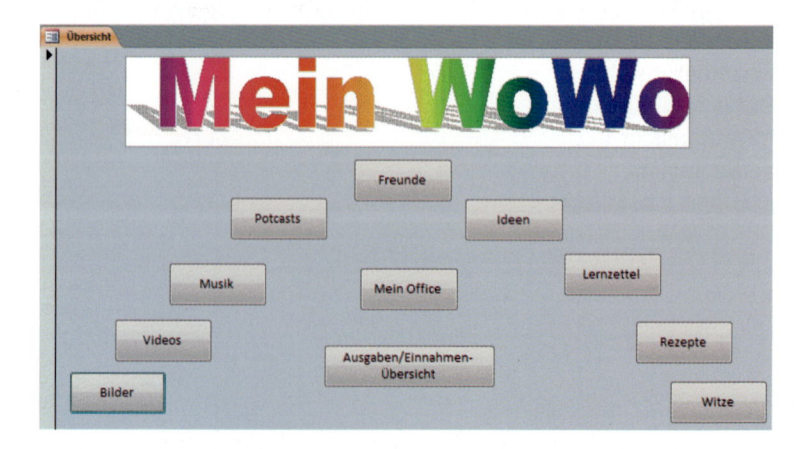

Für dieses Übersichtsformular ist zunächst ein leerer Formularentwurf zu öffnen.

Um rationell zu arbeiten, sollte zunächst ein Button erstellt werden, um dann über **Kopieren** und **Einfügen** alle anderen Button einzurichten. Es müssen so nur noch die Beschriftung und das Ereignis beim Klick auf den jeweiligen Button angepasst werden. Rufen Sie zunächst über **<Formularlayouttools>** → **<Entwurf>** → **<Steuerelemente>** das Element **<Schaltfläche>** auf und ziehen Sie, wie bereits beschrieben, eine Schaltfläche im Arbeitsbereich des Formulars auf. Ändern Sie die Beschriftung dann in „Bilder". Über das **<Kontextmenü (rechter Mausklick)>** → **<Ereignis>** öffnet sich das Eigenschaftenblatt „Ereignis": Gehen Sie auf **<Beim Klicken>** → Schaltfläche **<Generator auswählen>** → **<Makro auswählen>**: Wählen Sie **<ÖffnenFormular>,** geben Sie als Formularname „Bilder" ein, speichern Sie das Ereignis und schließen Sie das Dialogfenster. Duplizieren Sie den Button über Markieren, Kopieren, Einfügen zehn Mal, ziehen Sie ihn per Maus an die gewünschte Stelle und ändern Sie die Beschriftungen der Buttons. Danach müssen Sie noch für **jeden**
Button, wie beschrieben, das passende Ereignis auswählen.

Die Überschrift „MeinWoWo" erstellen Sie in Word über **WordArt** in der gewünschten Größe und fügen diese als Grafik über Markieren, Kopieren und Einfügen in den Formularentwurf ein. Ändern können Sie die Überschrift nur noch in Word, indem Sie eine neue Grafik erstellen.

Es ist sinnvoll, jedes Formular mit der Option **<Formular schließen>** zu versehen (siehe untenstehenden Screenshot). Hierzu muss wieder eine Schaltfläche im Arbeitsbereich aufgezogen werden und über den **<Befehlsschaltflächen-Assistent>** die Kategorie **<Formularoptionen>** mit der Aktion **<Formular schließen>** gewählt werden.

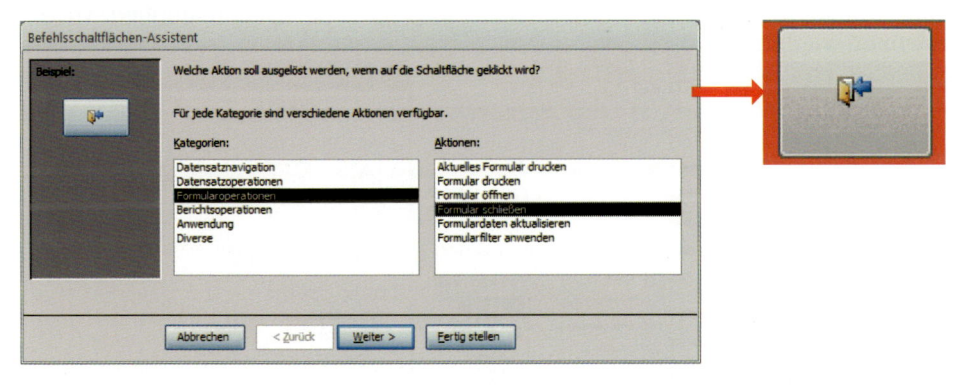

Über **<Schließen>** speichern Sie das Formular mit dem Namen *Übersicht* ab und testen es in der Formularansicht. Jetzt müsste es der Vorlage entsprechen.

5.8 Berichte

Situation: Kerstin will als Letztes lernen, wie Berichte zum Ausdrucken erstellt werden. Sie setzt dazu den Berichts-Assistenten ein.

Berichte sind Datenbankobjekte, die speziell für den Ausdruck konzipiert werden. In der Datenbank *MeinWoWo* kann dies z. B. eine Liste der Freunde sein oder eine Ausgaben-Einnahmen-Übersicht als Ausdruck; in der Datenbank *cmw* ergeben sich vielfältige Berichtsmöglichkeiten: Kundenliste, Preisliste, Bestellungen, Rechnungen, Adressetiketten etc.

Im Hauptregister <**Erstellen**> finden sich in der Befehlsgruppe <**Berichte**> zahlreiche Funktionen für die Erstellung von Berichten.

Über die Schaltfläche <**Bericht**> kann schnell und automatisch ein **Basisbericht** aus einer Tabelle, Abfrage oder einem Formular gezogen werden.

Unten rechts in der <**Statusleiste**> befinden sich die bereits bekannten Schaltflächen, über die Sie schnell zwischen der Berichts-, Seiten-, Layout- und Entwurfsansicht wechseln können. Ist die Seitenansicht aktiviert, können Sie über einen **Schieberegler** die **Zoomfunktion** nutzen.

Seitenansicht

Über das **Kontextmenü** (rechter Mausklick) können in der Seitenansicht ebenfalls wichtige Befehle aufgerufen werden. Für eine schnelle Einschätzung des Ausdrucks kann z. B. die Option <**Mehrere Seiten**> genutzt werden.

Über <**Seite Einrichten**> können zudem wichtige Seiteneinstellungen (Hoch-, Querformat), Druckoptionen (Randeinstellungen) oder Spaltenoptionen vorgenommen werden.

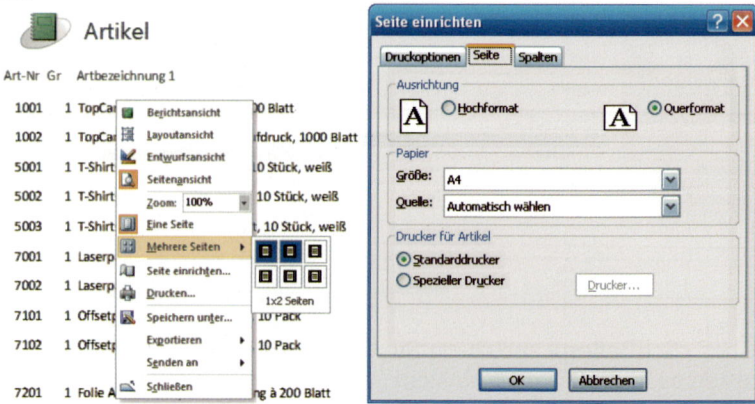

Datenbankprogramm MS-Access

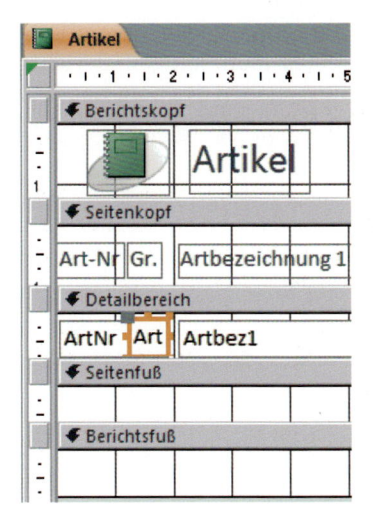

Hierüber kann z. B. auch schnell überprüft werden, ob der Wechsel zum Querformat dazu geführt hat, alle Felder in der Breite auf eine Seite zu bekommen. Da dies beim Bericht *Artikel* nicht der Fall ist, müssen die Felder im **Detailbereich** mit der Maus über die Verkleinerungsanfasser schmaler gezogen werden. Die Kopfbezeichnungen passen dann die Breite **automatisch** an. In den Bezeichnungsfeldern darüber müssen jedoch Inhalte/die Bezeichnungen abgekürzt werden.

Wie im Formular gibt es nicht nur einen **Detailbereich.** Für Berichte kann neben **dem Seitenkopf** und **-fuß** (nur für Angaben auf jeder Seite) auch noch ein **Berichtskopf** und **-fuß** eingerichtet werden.

Nachfolgend sehen Sie als Bericht einen Entwurf einer Bestellung. Im **Seitenkopf** befindet sich der Briefkopf – Name, Adresse und Logo – von CHRISTIAN MÜLLER WERBEDRUCK, im **Detailbereich** finden Sie die Felder für die Anschrift und die Bestelldaten. Die Bestellpositionen sind im Detailbereich in einem Unterbericht (Unterformular) eingefügt. Hier wurden zudem Berechnungsfelder wie „Warenwert" und „Rechnungsbetrag" ergänzt. Der **Seitenfuß** enthält die Pflicht- und Geschäftsangaben, die für Geschäftsbriefe gesetzlich vorgeschrieben sind.

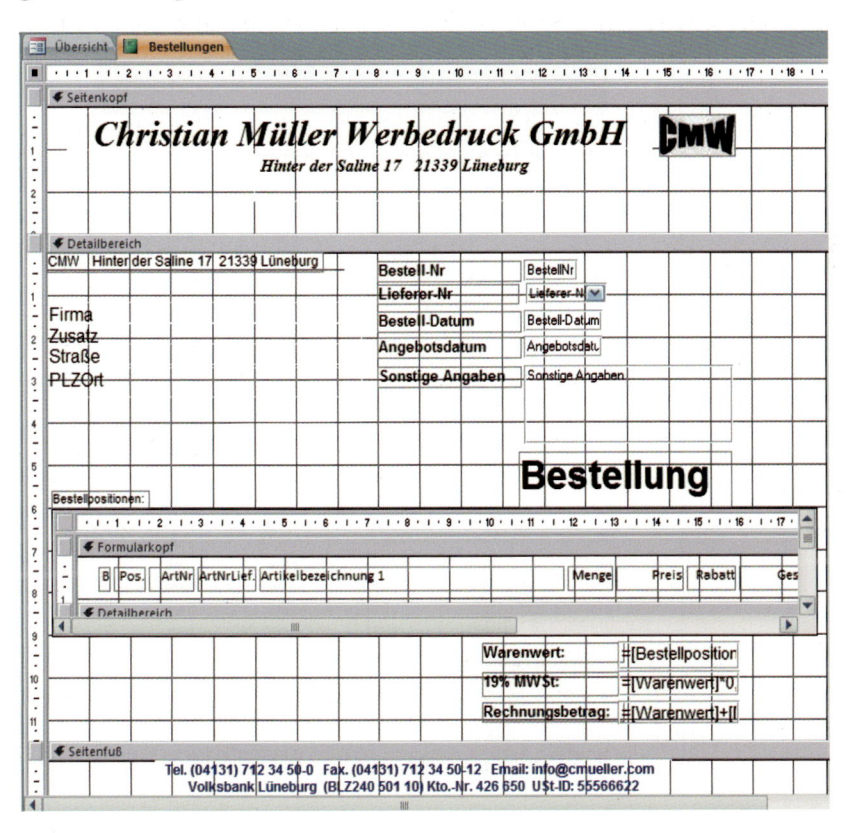

Der folgende Bericht aus der Datenbank *NWINDXP* hat Steuerfelder in verschiedenen Bereichen des Berichtsentwurfs. Am Anfang eines mehrseitigen Berichts werden die Angaben im Berichtskopf gedruckt, dann die Angaben des Seitenkopfes auf jeder Seite und zum Schluss die Gesamtsumme am Ende des Berichts.

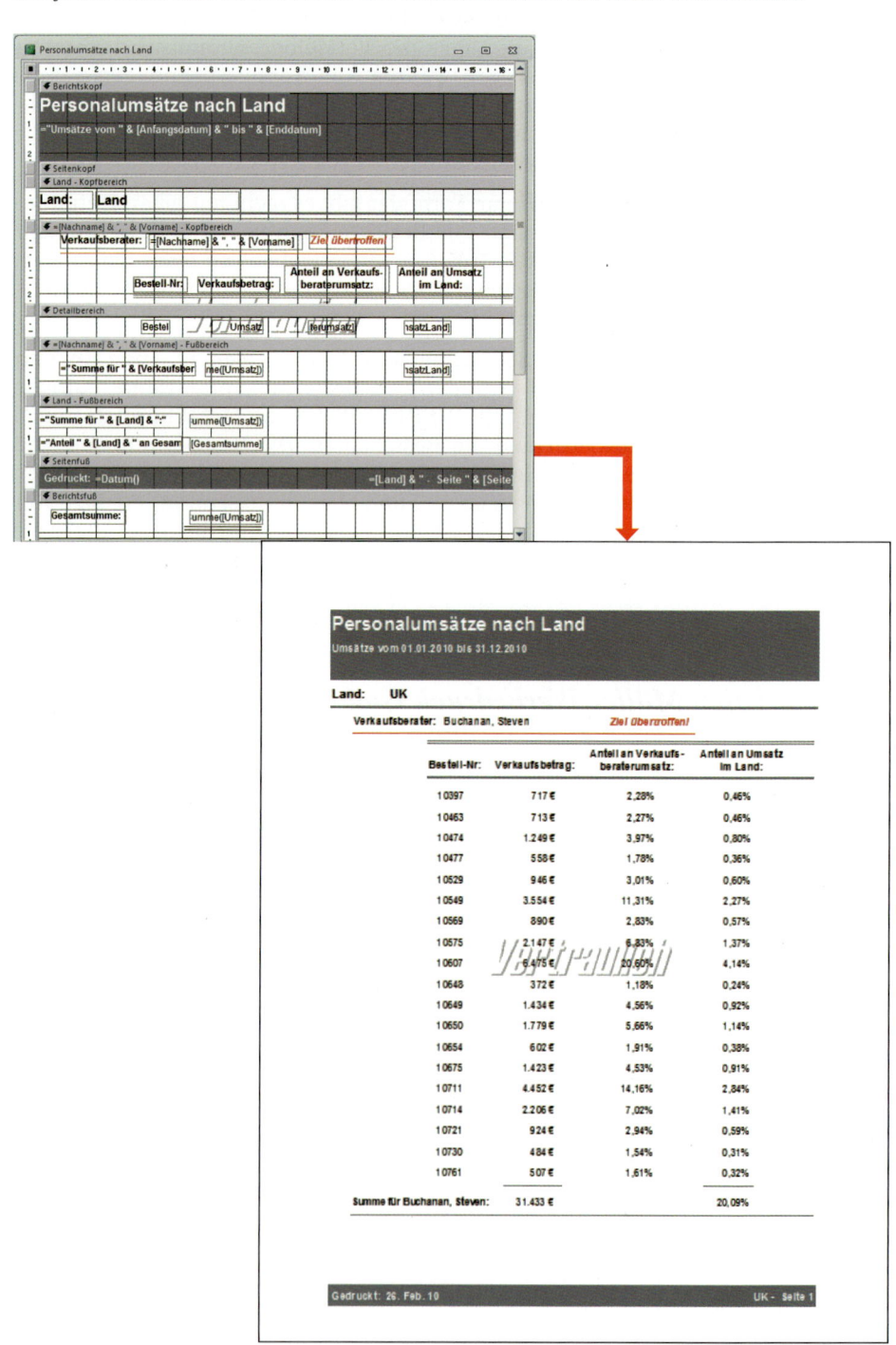

Datenbankprogramm MS-Access

Der folgende Bericht stellt die Quartalsumsätze zusammen, wobei der Detailbereich selbst leer ist und nur Kopf- und Fußbereiche für Steuerelemente verwendet wurden:

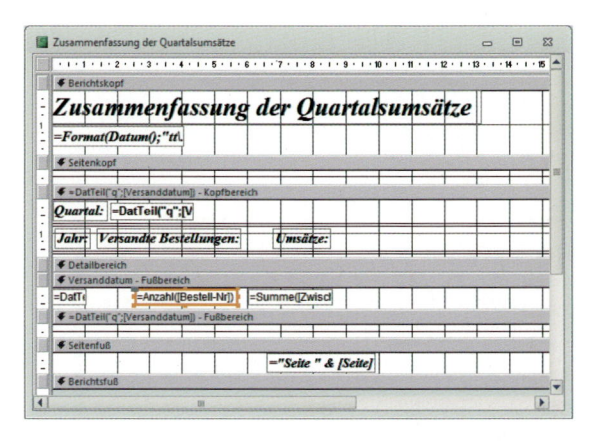

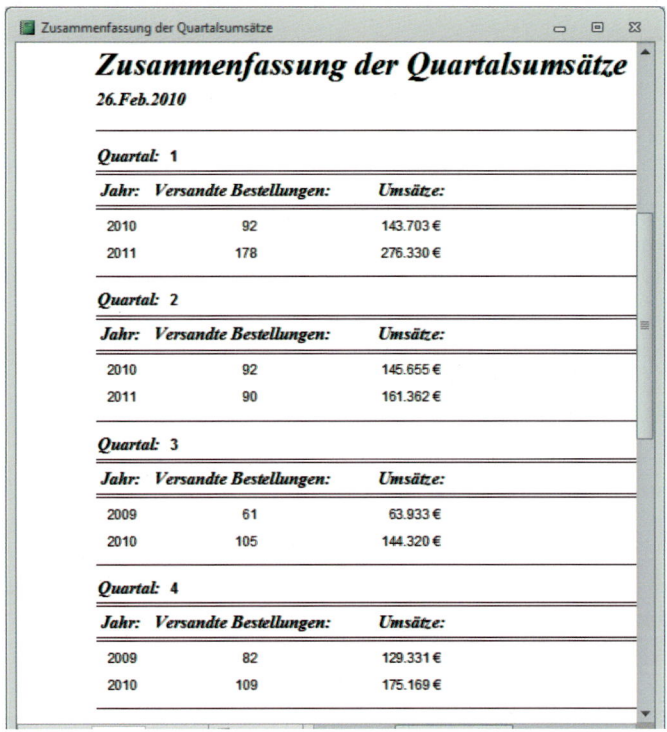

Berichte

Besonders schnell lassen sich Berichte mit dem **Berichts-Assistenten** entwerfen. Dazu bietet Access vielfältige Auswahlmöglichkeiten, Gruppierungen und Funktionen an. Im nachfolgenden Beispiel wurde ein Bericht *Umsätze nach Kategorien* entworfen.

Umsätze nach Kategorie1

Kategoriename	Artikelname	Artikelumsätze
Fleischprodukte		
	Alice Mutton	8.131,50 €
	Mishi Kobe Niku	291,00 €
	Pâté chinois	5.660,40 €
	Perth Pasties	4.808,48 €
	Thüringer Rostbratwurst ohne BSE	33.683,27 €
	Tourtière	658,95 €
Zusammenfassung für 'Kategoriename' = Fleischprodukte (6 Detaildatensätze)		
Mittelwert		8.872,27 €
Getränke		
	Chang	6.299,45 €
	Ipoh Coffee	7.525,60 €
	Guaraná Fantástica	2.317,50 €
	Côte de Blaye	67.324,25 €

Hierzu wurde der **<Berichts-Assistent>** aufgerufen und aus der Abfrage *Umsätze nach Kategorien* die Felder „Kategoriename", „Artikelname" und „Artikelumsätze" ausgewählt. Als Gruppierungsebene wurde der Kategorienname herausgestellt.

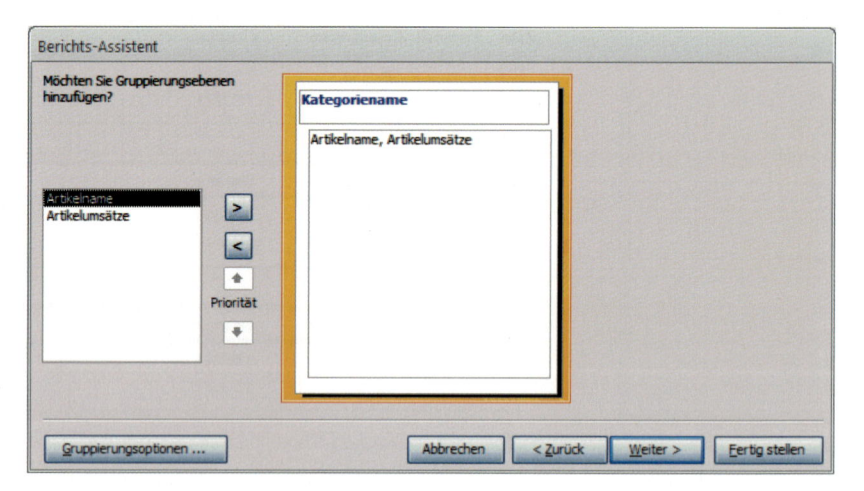

Datenbankprogramm MS-Access

Für das Feld „Artikelumsätze" bietet Access verschiedene Berechnungsmöglichkeiten (Funktionen) an:

- Berechnung der **Summe**
- Berechnung des **Mittelwerts** (hier der Artikelumsätze)
- Angabe des **Minimum**- oder **Maximumwertes**

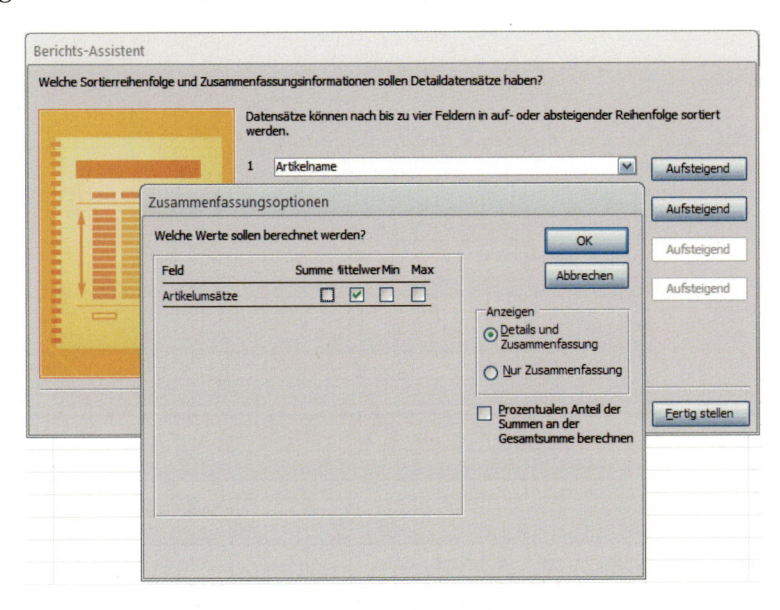

Zuletzt kann über den Berichts-Assistent das **<Layout>** bestimmt werden und über **<Weiter>** der *Dateiname* zum Abspeichern des Berichts.

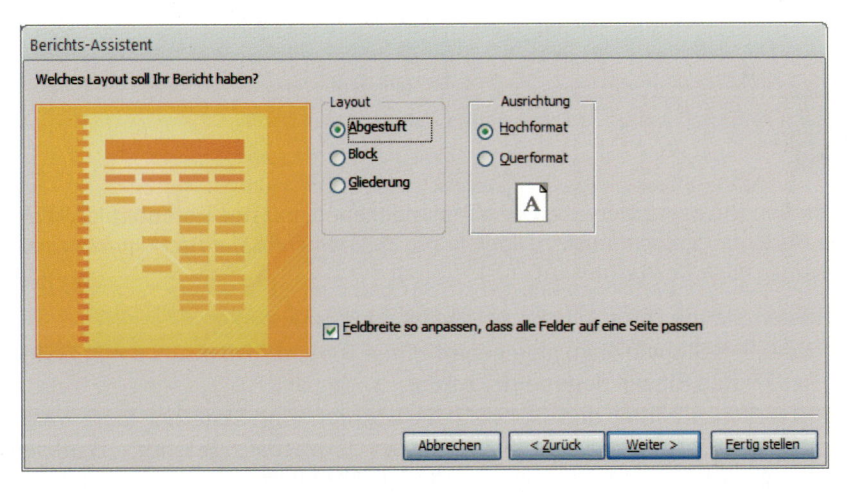

Das Ergebnis des Berichts zeigt alle Artikel in der Kategorie „Fleischprodukte" und den Mittelwert der zusammengefassten Artikelumsätze in der Kategorie „Fleischprodukte" (siehe auch Muster auf vorheriger Seite).

Entwurfsansicht

Werden die Entwurfsansichten der Berichte aufgerufen, lassen sich die über den Berichts-Assistenten erstellten Berichte anpassen und verändern. Insbesondere können dabei die Kopf- und Fußzeilen angepasst werden.

Im nachfolgenden Beispiel wurde der erstellte Bericht in der Entwurfsansicht geöffnet, der **Berichtsfuß erweitert** und ein **Bezeichnungsfeld ergänzt**.

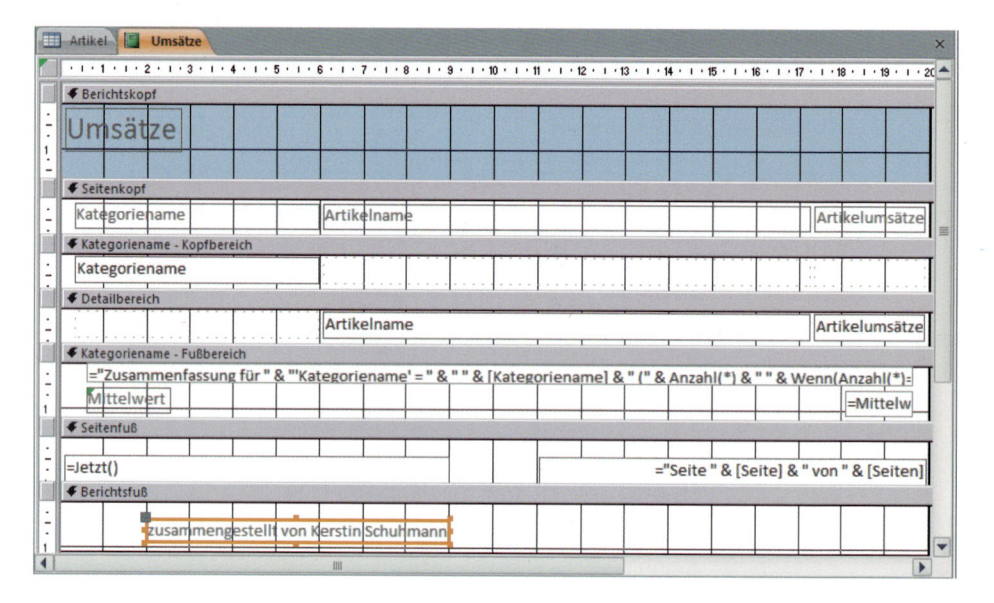

Aufgaben

1. Erstellen Sie bzw. rufen Sie, wie oben angegeben, mit der Datenbank *NWINDXP* die Berichte *Personalumsätze nach Land, Zusammenfassung der Quartalsumsätze, Umsätze nach Kategorien* auf.

2. Arbeiten Sie mit Ihrer Arbeitsdatenbank oder *cmwvers7*.
   a) Erstellen Sie, wie oben angegeben, einen Bericht *Artikel* aus der Tabelle *Artikel*. Prüfen Sie die Seiteneinrichtung.
   b) Erstellen Sie über den Berichts-Assistenten eine Liste der *Lieferanten* mit den Feldern „Firma", „Straße", „PLZOrt", „Telefon", „Telefax", „Bankverbindung", „BLZ", „Kontonummer" und „Ansprechpartner". Überarbeiten Sie den Entwurf auch über die Eigenschaften-Funktion. Prüfen Sie die Seiteneinrichtung.
   c) Erstellen Sie eine *Personalliste Privat* mit den Feldern „Personal-Nr", „Vorname", „Nachname", „Position", „Straße", „PLZOrt" und „Telefon". Überarbeiten Sie den Entwurf, bis die Vorschau ein gutes Ergebnis liefert.
   d) Erstellen Sie über den Etiketten-Assistenten *Kunden-Etiketten* (Anschriften).

Datenbankprogramm MS-Access

e) Erstellen Sie eine Liste Lohn und Gehalt aus der Abfrage *Personalliste Lohn&Gehalt*.

f) Fügen Sie die Berichte und Listen in das Formular *Hauptübersicht* oder über einen Button „Öffnen Bericht" ein.

3. Erstellen Sie Berichte für Ihre Datenbank *MeinWoWo* oder *WoWo*.

4. Erstellen Sie, soweit noch nicht geschehen, Berichte zu den Datenbanken *biblio* und *FEWWS*.

5. Erstellen Sie in *cmwvers7* den folgenden Bericht *Bestellungen* mit zwei Unterformularen, vergleichbar dem Formular *Bestellungen*. Machen Sie vorab aus dem Formular *Bestellpositionen* eine Kopie *Bestellpositionen Bericht* (Markieren des Formulars *Bestellpositionen* im Navigationsbereich und Kopieren, Einfügen über das Kontextmenü sowie Umbenennen der Kopie) und gestalten Sie den Berichtsentwurf ansprechend, indem Sie Farben, Schriftgröße etc. für den Bericht anpassen.

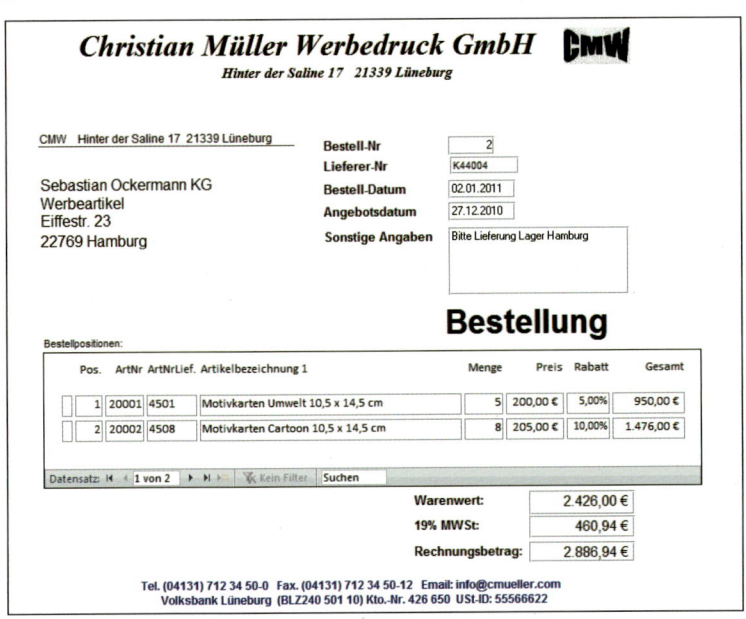

6. Erstellen Sie einen Bericht *Rechnungen*.

7. Testen Sie Ihr Wissen über Berichte. Wo muss man klicken, um
   a) einen Bericht zu öffnen und zu schließen?
   b) die Seitenansicht aufzurufen?
   c) von Hochformat auf Querformat umzuschalten?
   d) die Seitenränder zu verändern?
   e) einen neuen Basisbericht automatisch zu erstellen?
   f) ein anderes Autoformat zu wählen?
   g) einen Bericht mit ausgewählten Feldern aus mehreren Tabellen zu erstellen?

8. Welche Hauptaufgabe erfüllt ein Bericht in der Datenbank?
   a) Erstellen eines Berichts über die referentielle Integrität von Daten
   b) Dokumentieren der Änderungen an einer Datenbank
   c) Aufbereiten der Daten für die Ausgabe am Drucker
   d) Aufbereiten der Datentypen für die Ausgabe am Drucker

9. Sie wollen mit möglichst wenig Aufwand die ersten zehn Datensätze einer geöffneten Tabelle ausdrucken. Wie gehen Sie vor?
   a) Abfrage mithilfe der gewünschten Datensätzen erstellen und Abfrage drucken
   b) Datensätze in der Tabelle markieren und per rechtem Mausklick im Kontextmenü den Befehl <Drucken> aufrufen
   c) Datensätze markieren und über das Hauptregister <Datei> den Befehl <Drucken> aufrufen und hierbei die Option <Markierte Datensätze> und <OK> wählen
   d) Einen Bericht erstellen, der über die Kriterienauswahl die zehn Datensätze filtert, und dann den Bericht drucken

10. Sie wollen den im Navigationsbereich markierten Bericht *Artikelliste* komplett ausdrucken. Wie gehen Sie vor?
    a) Den Bericht Artikelliste mit der rechten Maustaste im Navigationsbereich anklicken und den Befehl <Senden an – Drucker> wählen
    b) Den Bericht Artikelliste mit der rechten Maustaste anklicken und den Befehl <Drucken> auswählen
    c) Im Hauptregister <Datei> den Befehl <Drucken> → <Seitenansicht> auswählen
    d) Im Hauptregister <Datei> den Befehl <Veröffentlichen> auswählen

11. In welchen Ansichten können Felder und Überschriften eines Berichts geändert werden?
    a) Berichtsansicht
    b) Entwurfsansicht
    c) Layoutansicht
    d) Seitenansicht
    e) Steuerelementeansicht

12. Geben Sie jeweils an, in welcher Ansicht Sie einfach folgende Aktionen im Bericht durchführen können:
    A: Berichtsansicht   B: Seitenansicht   C: Entwurfsansicht
    a) Von Hoch- auf Querformat wechseln.
    b) Filter- und Suchfunktion aufrufen.
    c) Das Design des Berichts verändern.
    d) Ausgewählte Datensätze durch Kopieren in die Zwischenablage legen.
    e) Ein Logo oder ein Bild einfügen.
    f) Seitenzahlen ergänzen.
    g) Die Seitenränder verändern.
    h) Nur die Daten drucken.
    i) Das aktuelle Datum ergänzen.

Datenbankprogramm MS-Access

13. Wohin müssen Sie klicken, um
    a) ein Bezeichnungsfeld für den Berichtskopf zu erstellen?
    b) das Layout durch Vorlagen zu verändern?
    c) in die Berichtsansicht zu wechseln?
    d) eine aktivierte Schaltfläche im Berichtskopf aufzuziehen?
    e) ein Logo in den Berichtskopf einzufügen?
    f) den Bericht in der Seitenansicht auszudrucken?
    g) den Bericht zu speichern?
    h) in die Layoutansicht zu wechseln?

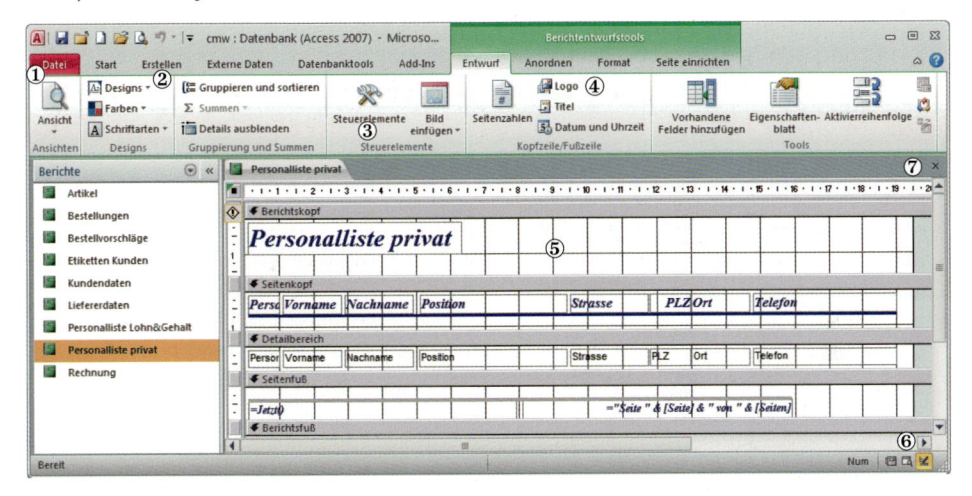

14. Wohin müssen Sie klicken, um
    a) in die Entwurfsansicht zu wechseln?
    b) den Bericht in der Seitenansicht größer anzuzeigen (zoomen)?
    c) in die Berichtsansicht zu wechseln?
    d) die Seitenansicht zu schließen?
    e) die Seitenränder zu verändern?
    f) über das Kontextmenü zu drucken oder zu speichern?

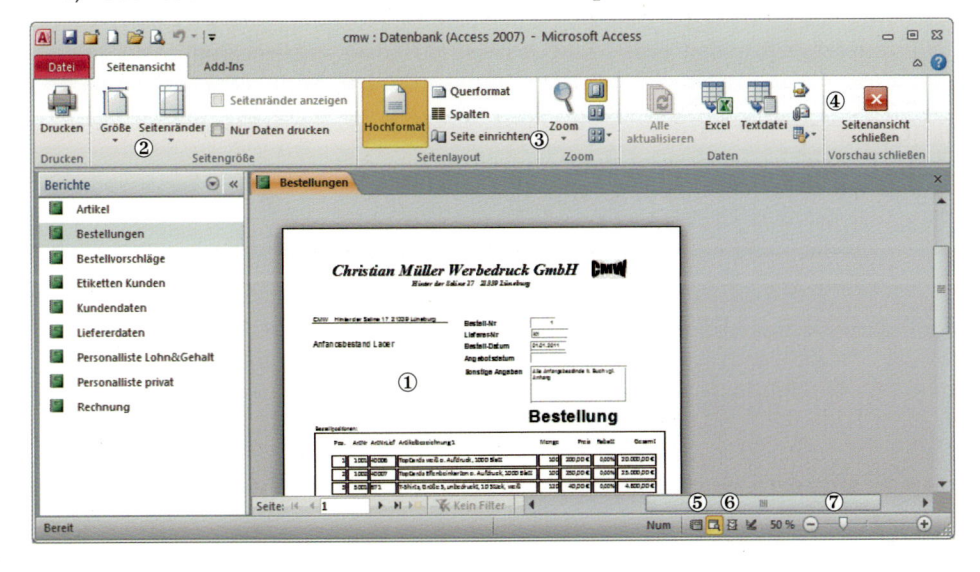

5.9 Datenbank speichern und freigeben

Situation: Kerstin will die Datenbank speichern und an Freunde weiterversenden.

Über das Hauptregister **<Datei>** kann die Datenbank im Dateiformat 2010 gespeichert werden. **(<Datenbank speichern als>).** Über **<Freigeben>** können Kopien der ganzen Datenbank in ein anderes Datenbankformat (z. B. Access 2003) konvertiert werden. Auch können Sie die Datenbank für den E-Mailversand gezippt speichern oder die Datenbank sichern (Datensicherung).

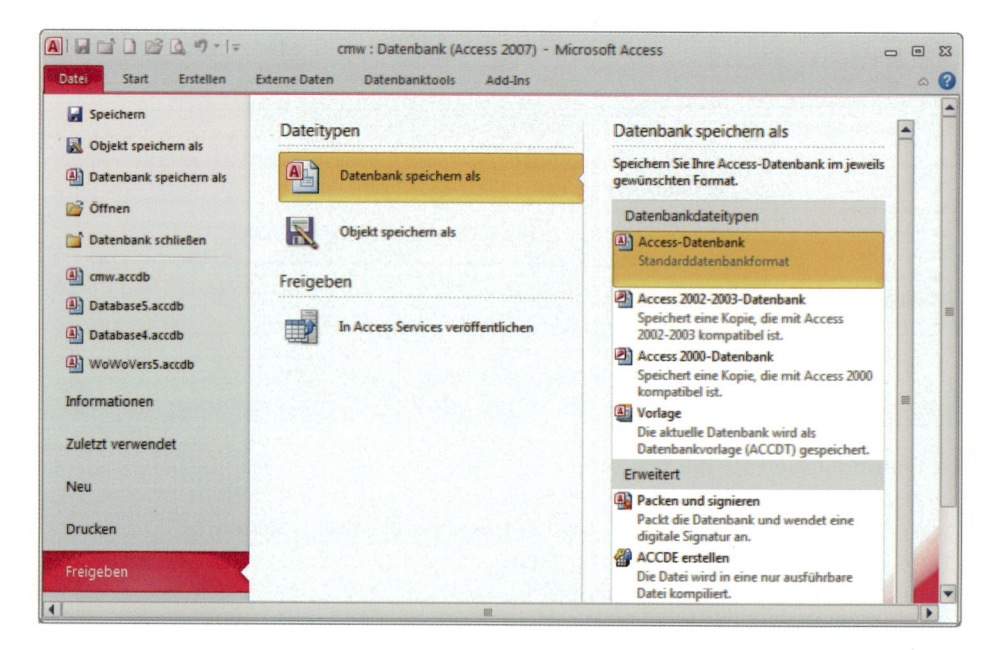

Hinweis: Sie können die Datenbank auch im Dateiformat 2003 speichern, wenn ein anderer Anwender nicht über Access 2007 oder 2010 verfügt. Andernfalls könnte er die Datenbank nicht öffnen und bearbeiten. Neue Funktionen aus der in Access 2007 oder 2010 erstellten Datenbank, die in Access 2003 noch nicht enthalten waren, gehen dabei allerdings verloren.

Modul 5: Aufgaben zur Wiederholung (ECDL-Tests s. S. 2)

1. Erstellen Sie eine Datenbank *Mietwagenservice* mit folgenden Tabellen:

Mietwagen:	WNr, Fabrikat, Kennzeichen, Bemerkung
Kunden:	KNr, Name, Vorname, StrNr, PLZ, Ort, Tel
Reparaturen:	WNr, Datum, Art, Preis, Firma
Mietdauer:	ANr, KNr, WNr, Adatum, Edatum, Tage, Akm, Nkm, TagPreis, KmPreis, Bemerkung
Beziehungen:	Mietwagen : Reparaturen = 1:n
	Mietwagen : Mieten = 1:n
	Kunden : Mieten = 1:n

   Hinweis Abkürzungen:
   WNr = Wagennummer
   KNr = Kundennummer
   AN = Auftragsnummer
   Akm = Anfangskilometer
   Nkm = Neue Kilometer

2. Erstellen Sie ein Glossar der Fachbegriffe zum Thema Datenbanken. Verwenden Sie alphabetisch alle Fachbegriffe, die im Kapitel enthalten sind. Erarbeiten Sie das Glossar in Arbeitsgruppen/im Team und besprechen Sie die Gruppenergebnisse im Plenum.

6 Präsentationen mit MS-PowerPoint

Microsoft PowerPoint 2010 ist ein Programm zur Erstellung von wirkungsvollen Präsentationen für Konferenzen, Referate, Workshops, Internetseiten, Bewerbungen, Schulungen usw. Sie können Texte, Bilder, Tabellen, Klänge, Sprache, Diagramme oder Videosequenzen eingeben und mit Animationseffekten das Design der Präsentation individuell gestalten. Mithilfe der Vorlagen lassen sich herzeigbare Ergebnisse mit nur wenigen Eingaben erzielen. Da die Vorlagen aber selten genau mit den eigenen Ideen übereinstimmen, bedarf es einiger grundlegender Kenntnisse, um eine Präsentation so anzupassen, dass sie Ihren persönlichen Designvorstellungen entspricht. Viele Arbeitstechniken und Handhabungen lassen sich aus anderen Office-Programmen – in erster Linie Word – übertragen, darüber hinaus werden Sie einige spezielle Leistungsmerkmale von PowerPoint auf den folgenden Seiten kennenlernen.

6.1 Erste Schritte

Situation: Das Unternehmen CHRISTIAN MÜLLER WERBEDRUCK soll in Form einer PowerPoint-Präsentation vorgestellt werden. Kerstin will sich in das Programm einarbeiten.

Aufgaben:
1. Starten Sie PowerPoint.
2. Beschriften Sie die Titelfolie mit „Christian Müller Werbedruck stellt sich vor".
3. Wählen Sie als Design „Ananke" und als Farbschema „Deimos".
4. Speichern Sie unter dem Dateinamen *Christian Müller Werbedruck* und schließen Sie die Präsentation.

<Start> → <Alle Programme> → <Microsoft PowerPoint>

Das Programm öffnet sich standardmäßig mit der Titelfolie für eine neue Präsentation.

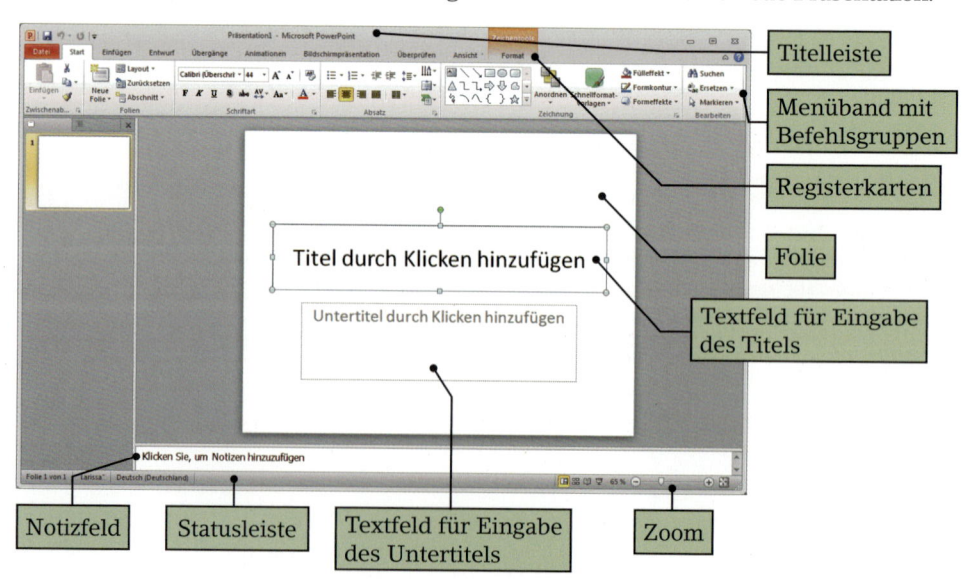

Präsentationen mit MS-PowerPoint

Erste Schritte

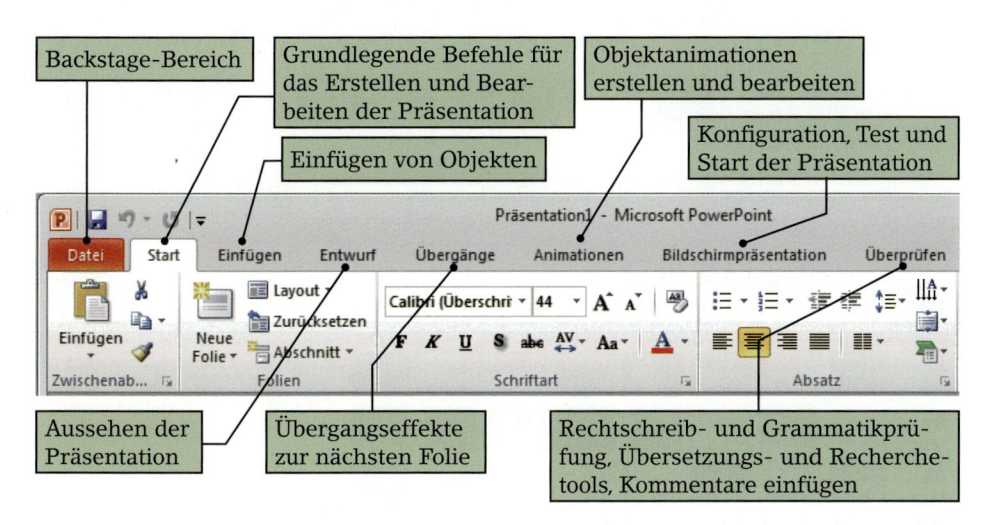

Bildbeschriftungen der PowerPoint-Oberfläche:
- Backstage-Bereich
- Grundlegende Befehle für das Erstellen und Bearbeiten der Präsentation
- Einfügen von Objekten
- Objektanimationen erstellen und bearbeiten
- Konfiguration, Test und Start der Präsentation
- Aussehen der Präsentation
- Übergangseffekte zur nächsten Folie
- Rechtschreib- und Grammatikprüfung, Übersetzungs- und Recherchetools, Kommentare einfügen

Zum Anpassen der Fenstergrößen ziehen Sie mit der Maus an den Begrenzungsrändern zwischen den Fenstern. Zum Verändern der Foliengröße verwenden Sie die Zoomeinstellung unten rechts neben der Statusleiste.

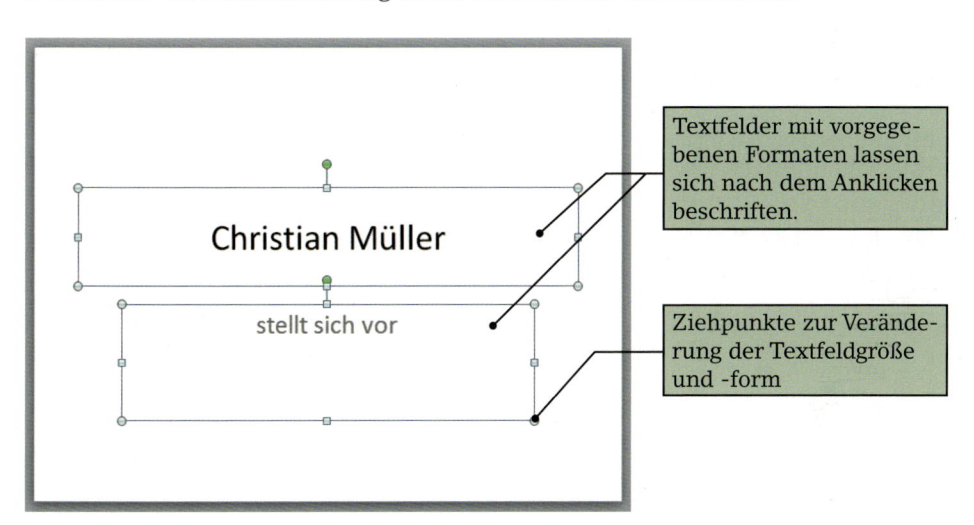

Bildbeschriftungen der Folie mit "Christian Müller – stellt sich vor":
- Textfelder mit vorgegebenen Formaten lassen sich nach dem Anklicken beschriften.
- Ziehpunkte zur Veränderung der Textfeldgröße und -form

Für eine wirkungsvolle Gestaltung stehen **Designs** zur Verfügung. Damit können Sie vorgefertigte Hintergrundgrafiken, Schriften, Aufzählungszeichen, Farbkombinationen sowie Positionen der Textfelder und Platzhalter Ihrer Präsentation oder einzelnen Folien zuweisen.

In der Registerkarte **<Entwurf>** und der Befehlsgruppe **<Designs>** befindet sich ein Pull-down-Menü, über das weitere Designs aufgerufen werden können. Wählen Sie zur Fertigstellung der Titelfolie die Vorlage „Ananke". Sie können auf diesem Weg jederzeit das Design wechseln (siehe auch Screenshots auf S. 349, oben).

Nach der Auswahl eines passenden Designs können Sie ein Farbschema mit aufeinander abgestimmten Farbtönen für die unterschiedlichen Elemente des Layouts zuweisen. Die Farbschemata sind so abgestimmt, dass der für die Lesbarkeit notwendige Kontrast in Farbe und Helligkeit immer gewährleistet ist. Seien Sie deshalb bei Farbänderungen einzelner Elemente vorsichtig, da es schnell zu unerwünschten Effekten wie „helle Schrift auf hellem Hintergrund" kommen kann.

Auf der linken Seite im Register **<Entwurf>** befindet sich die Schaltfläche **<Seite einrichten>.** Hierüber können Sie die Folien im Hoch- oder Querformat ausrichten und die genaue Größe festlegen.

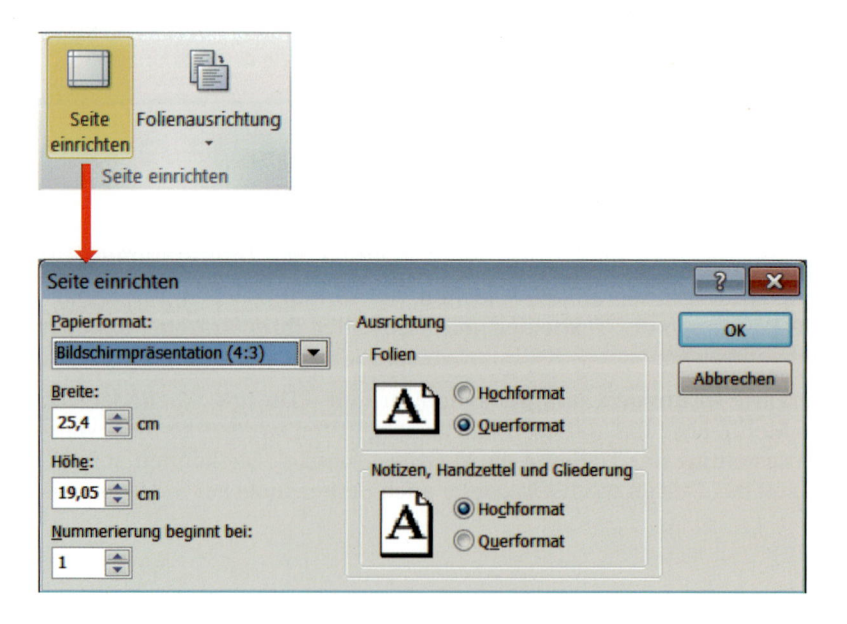

Präsentationen mit MS-PowerPoint

Sichern Sie die Präsentation, indem Sie auf **<Datei>** ➔ **<Speichern>** klicken, das Dialogfenster **<Speichern unter>** wird eingeblendet. Anschließend bestätigen Sie im Ordner *Präsentationen* den vom Programm vorgeschlagenen Dateinamen *Christian Müller Werbedruck*. Wenn die Präsentation mit einer älteren Vorgängerversion von PowerPoint 2010 ebenfalls zu öffnen sein soll, so wählen Sie als Dateityp: *PowerPoint-97-2003-Präsentationen*. Es werden bei einer Speicherung unter diesem Dateityp möglicherweise nicht alle Elemente korrekt übernommen. Sie sollten in diesem Fall die Präsentation vor Ihrem Vortrag nochmals überprüfen.

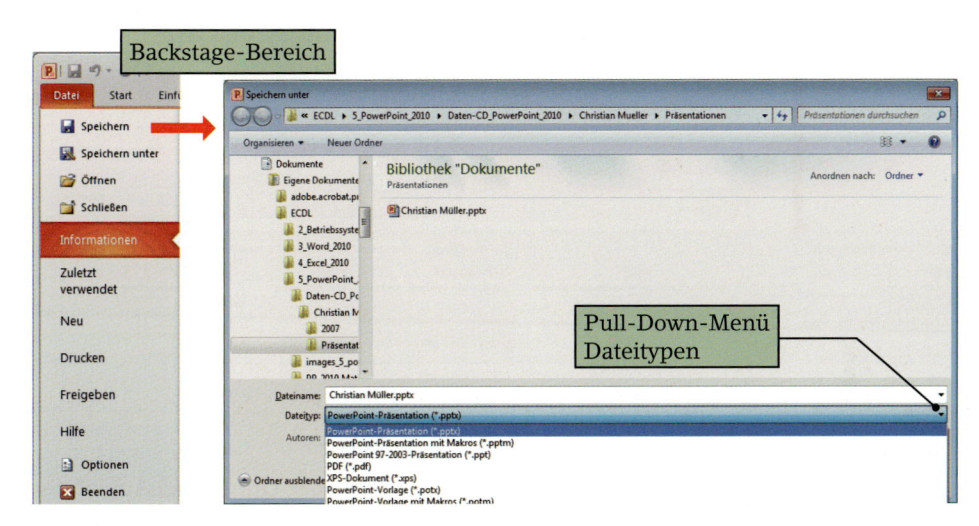

Wenn Sie eine Präsentation gespeichert haben und später weiter bearbeiten möchten, sollten Sie beim erneuten Speichern eine neue Versionsnummer vergeben. Wählen Sie **<Datei>** ➔ **<Speichern unter>** und hängen Sie dem Dateinamen einen Index an (z. B. Christian Müller 1), damit haben Sie die Vorgängerversion erhalten. Es steht Ihnen dann jederzeit frei – falls Sie zwischenzeitliche Änderungen doch wieder verwerfen wollen –, auf Ihre früheren Versionen zurückzugreifen.

Aufgabe Erstellen Sie eine Dateiinfo und passen Sie die Basisoptionen an, indem Sie sich selbst als Autor eingeben und den Ordner *PowerPoint* als Standardspeicherort einstellen.

Sie rufen den Eigenschaftendialog auf über: **<Datei>** ➔ **<Informationen>** ➔ **<Eigenschaften>** ➔ **<Erweiterte Eigenschaften>**. Die im Dialogfenster Eigenschaften eingegebenen Benutzerinformationen erscheinen in der Dateiinfo, die Sie über den Explorer im Kontextmenü der Datei mit dem Befehl **<Eigenschaften>** aufrufen können.

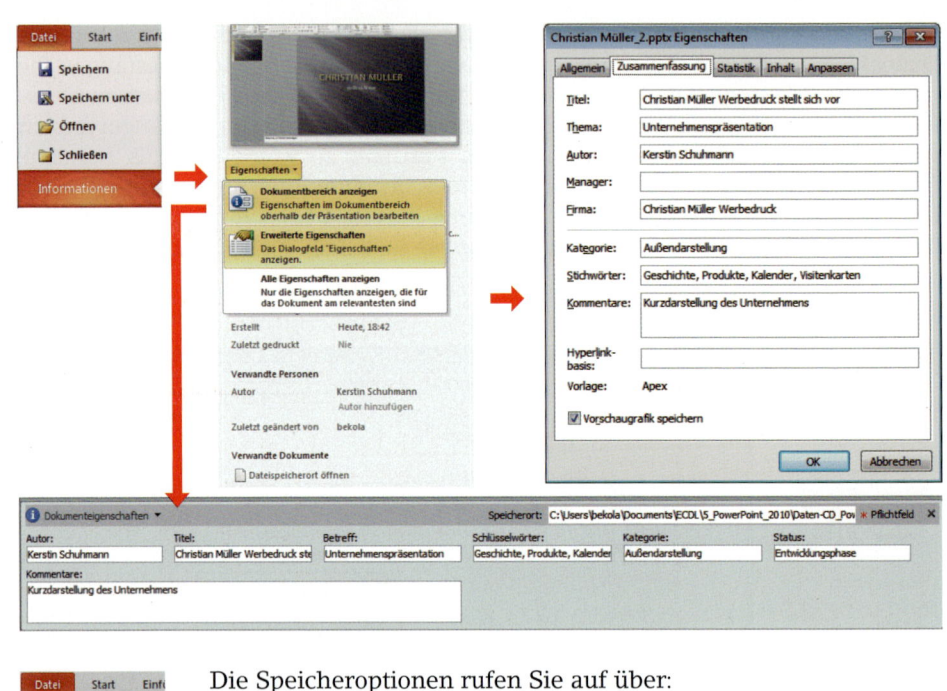

Die Speicheroptionen rufen Sie auf über:
<Datei> ➔ <Optionen> ➔ <Speichern>

Der Standardspeicherort legt fest, welcher Ordner bei Aufruf der Befehle **<Speichern unter>** und **<Öffnen>** angesteuert wird.

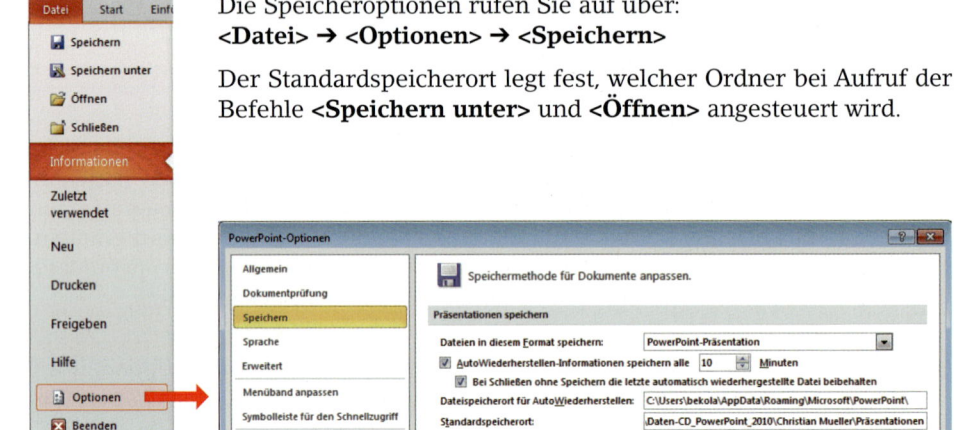

Anpassen der Symbolleiste für den Schnellzugriff

Auf der **<Symbolleiste für den Schellzugriff>** können Sie die häufig benutzten Befehle schnell durch Anklicken der jeweiligen Schaltfläche ausführen. Standardmäßig befinden Sich hier die Befehle **<Speichern>**, **<Rückgängig>** und **<Wiederherstellen>**. Mit der Schaltfläche **<Rückgängig>** lassen sich die letzten Befehle wieder rückgängig machen und mit der Schaltfläche **<Wiederherstellen>** lassen sich rückgängig gemachte Befehle zurückholen. Um das Angebot an Schaltflächen zu verändern, klicken Sie auf den Pfeil **<Symbolleiste für den Schnellzugriff anpassen>** am rechten Rand der Leiste und wählen den Befehl **<Öffnen>**. Für eine größere Auswahl von Befehlen klicken Sie auf **<Weitere Befehle>**. Sie können anschließend unter der Rubrik **<Häufig verwendete Befehle>** die gewünschte Schaltfläche der Symbolleiste hinzufügen (siehe nachfolgende Seite).

Präsentationen mit MS-PowerPoint

[Screenshot: PowerPoint-Optionen-Dialogfenster "Symbolleiste für den Schnellzugriff anpassen" mit Befehlsliste und markierter Schaltfläche "Hinzufügen >>"]

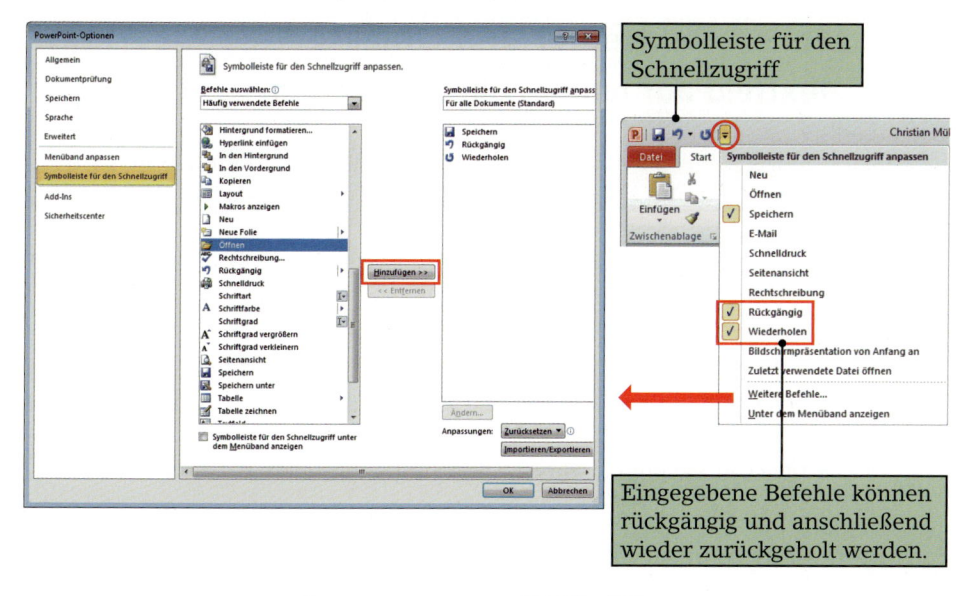

- **Symbolleiste für den Schnellzugriff** (oben rechts im PowerPoint-Fenster, mit Dropdown "Symbolleiste für den Schnellzugriff anpassen": Neu, Öffnen, Speichern, E-Mail, Schnelldruck, Seitenansicht, Rechtschreibung, Rückgängig ✓, Wiederholen ✓, Bildschirmpräsentation von Anfang an, Zuletzt verwendete Datei öffnen, Weitere Befehle…, Unter dem Menüband anzeigen)
- **Eingegebene Befehle können rückgängig und anschließend wieder zurückgeholt werden.**

Tastenkombination zum Öffnen einer Datei: ⌐Strg¬ + ⌐O¬

Kontextmenü

Mit einem Rechtsklick auf ein Objekt rufen Sie das Kontextmenü mit objektbezogenen Befehlen auf. Wenn Sie mit der rechten Maustaste auf eine Schaltfläche des Menübands klicken, wird das folgende Kontextmenü angezeigt.

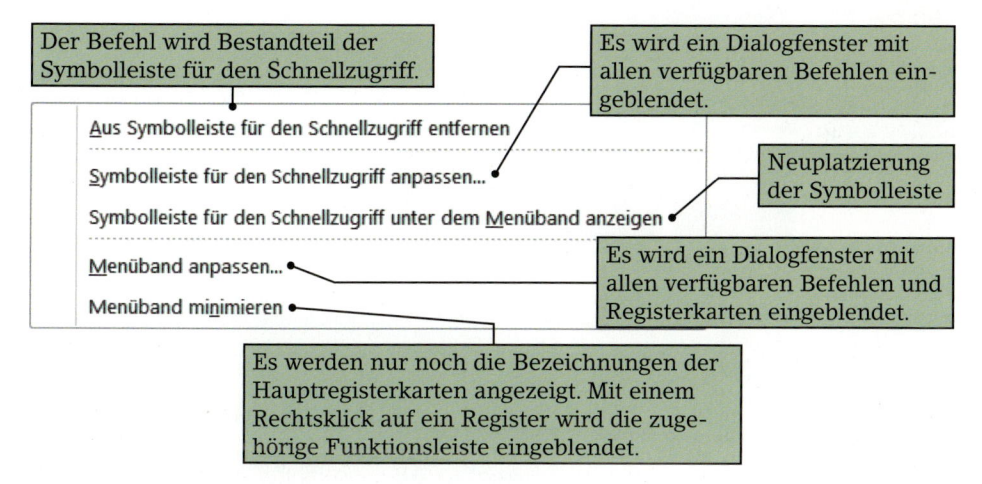

Kontextmenü-Einträge mit Erläuterungen:

- **Aus Symbolleiste für den Schnellzugriff entfernen**
- **Symbolleiste für den Schnellzugriff anpassen…** — Es wird ein Dialogfenster mit allen verfügbaren Befehlen eingeblendet.
- **Der Befehl wird Bestandteil der Symbolleiste für den Schnellzugriff.**
- **Symbolleiste für den Schnellzugriff unter dem Menüband anzeigen** — Neuplatzierung der Symbolleiste
- **Menüband anpassen…** — Es wird ein Dialogfenster mit allen verfügbaren Befehlen und Registerkarten eingeblendet.
- **Menüband minimieren** — Es werden nur noch die Bezeichnungen der Hauptregisterkarten angezeigt. Mit einem Rechtsklick auf ein Register wird die zugehörige Funktionsleiste eingeblendet.

6.2 Folien, Textfelder und Objekte
6.2.1 Textfeld auf neuer Folie bearbeiten

Situation Kerstin soll eine Folie zur Geschichte des Unternehmens erstellen. Diese soll in der Präsentation direkt nach der Titelfolie folgen.

Aufgaben
1. Fügen Sie der Symbolleiste für den Schnellzugriff den Befehl **<Öffnen>** hinzu.
2. Öffnen Sie die Präsentation *Christian Müller Werbedruck*.
3. Fügen Sie eine Folie mit dem Layout „Titel und Inhalt" hinzu.
4. Geben Sie den Text ein und formatieren Sie das Textfeld entsprechend der Abbildung.
5. Lassen Sie eine Rechtschreibprüfung vornehmen.

Einfügen einer neuen Folie

<Start> ➔ <Folien> ➔ <Neue Folie> oder Tastenkombination: Strg + M

Vom Design zu unterscheiden sind die **Layoutvorlagen.** Darunter versteht man die Anordnung von Elementen wie Textfelder, Diagramme und Bilder auf einer Folie. Ein Layout enthält Platzhalter, die wiederum mit Text oder Grafiken gefüllt werden können.

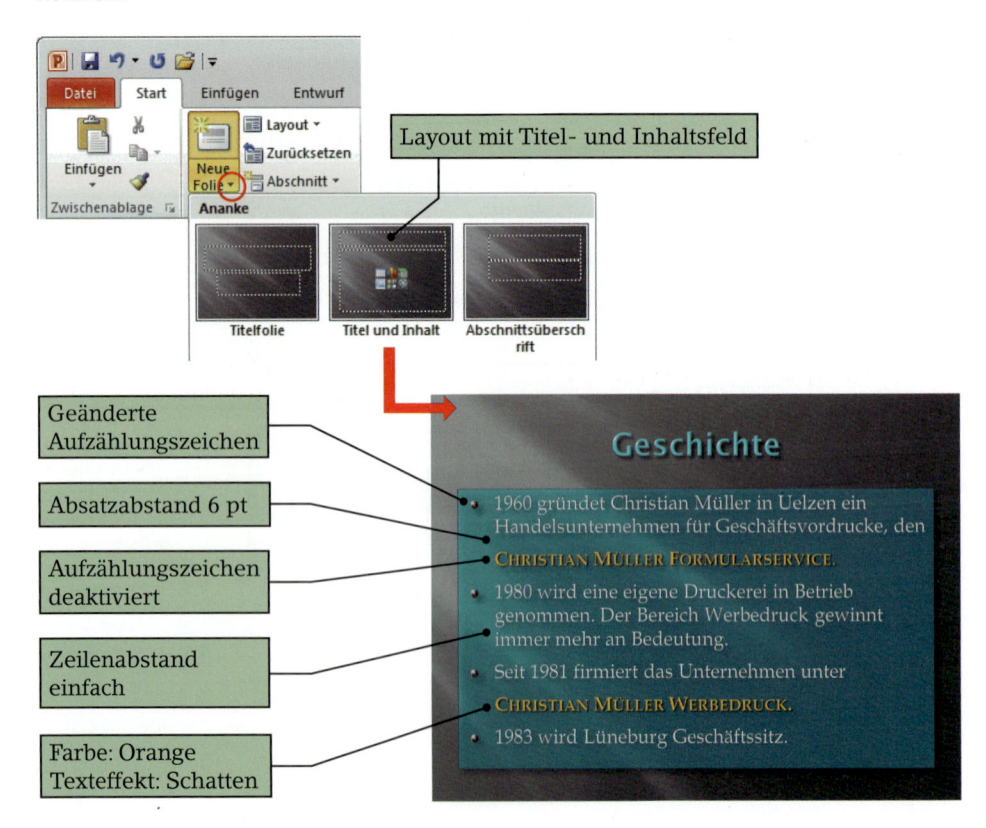

Präsentationen mit MS-PowerPoint

Formatierung

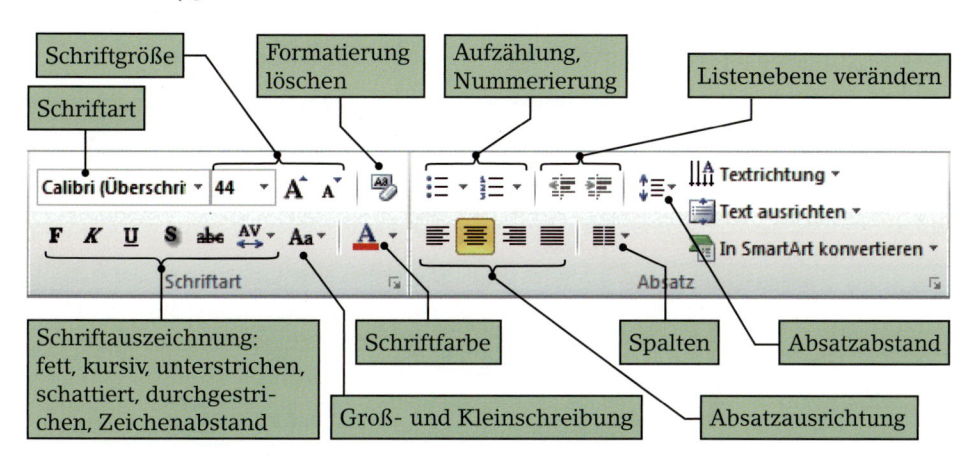

Beschriftungen zur Abbildung der Schaltflächen:
- Schriftgröße
- Schriftart
- Formatierung löschen
- Aufzählung, Nummerierung
- Listenebene verändern
- Schriftauszeichnung: fett, kursiv, unterstrichen, schattiert, durchgestrichen, Zeichenabstand
- Schriftfarbe
- Groß- und Kleinschreibung
- Spalten
- Absatzausrichtung
- Absatzabstand

Mit den Schaltflächen zur Einrückung lässt sich die Ebene der Gliederungsliste erhöhen bzw. verringern. Sie haben damit die Möglichkeit, eine Liste mehrstufig zu gliedern. Listen besitzen einen hängenden Einzug, d. h., es wird ab der zweiten Zeile nach rechts eingerückt. Wenn Sie die Aufzählung oder Nummerierung entfernen, bleibt der hängende Einzug bestehen. Um den linken Rand bündig anzeigen zu lassen, müssen Sie das Lineal einblenden lassen, in den Text klicken und den unteren Einzug nach links schieben.

<Ansicht> → **<Anzeigen>** → **<Lineal>**

Ausrichtung:

linksbündig	zentriert	rechtsbündig	Blocksatz
1960 gründet Christian Müller in Uelzen ein Handelsunternehmen für Geschäftsvordrucke, den Christian Müller Formularservice. 1980 wird eine eigene Druckerei in Betrieb genommen.	1960 gründet Christian Müller in Uelzen ein Handelsunternehmen für Geschäftsvordrucke, den Christian Müller Formularservice. 1980 wird eine eigene Druckerei in Betrieb genommen.	1960 gründet Christian Müller in Uelzen ein Handelsunternehmen für Geschäftsvordrucke, den Christian Müller Formularservice. 1980 wird eine eigene Druckerei in Betrieb genommen.	1960 gründet Christian Müller in Uelzen ein Handelsunternehmen für Geschäftsvordrucke, den Christian Müller Formularservice. 1980 wird eine eigene Druckerei in Betrieb genommen.

Für weitere Formatierungsoptionen können Sie jeweils mit dem Pfeil unten rechts in den Befehlsgruppen **<Absatz>** und **<Schriftart>** die gleichnamigen Dialogfenster aufrufen.

Um die Schrift z. B. in Kapitälchen oder Großbuchstaben anzeigen zu lassen, aktivieren Sie das entsprechende Optionsfeld im Dialogfenster **<Schriftart>**.

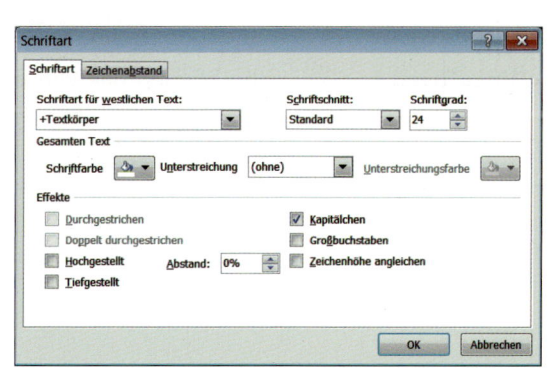

Zur genauen Einstellung von Absatz- und Zeilenabstand rufen Sie das Dialogfenster **<Absatz>**:

<Start> → **<Absatz>** → **<Zeilenabstand>** → **<Zeilenabstandsoptionen>**

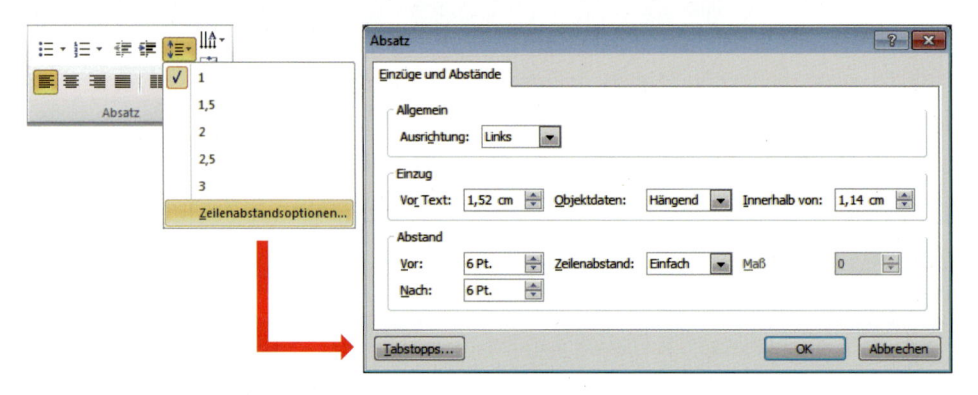

Im Dialogfenster **<Absatz>** lassen sich sowohl der Abstand zwischen zwei Absätzen als auch der Abstand zwischen den Zeilen einstellen. Während der Absatzabstand immer für den markierten Absatz eingestellt wird, kann der Zeilenabstand nur für das komplette Textfeld einheitlich eingestellt werden. Ein Absatz wird mit der ⎡Enter⎤-Taste erzeugt und der Zeilenumbruch erfolgt entweder automatisch (Fließtexteingabe) oder manuell mit ⎡Shift⎤ + ⎡Enter⎤.

Die Rechtschreibung können Sie mit dem folgenden Befehl prüfen lassen:

<Überprüfen> → **<Dokumentprüfung>** → **<Rechtschreibung>**

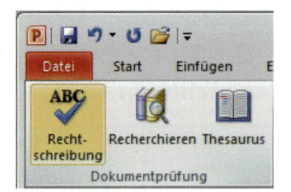

Es werden alle Wörter angezeigt, die sich nicht im Wörterbuch befinden. Sie haben die folgenden Möglichkeiten:

<Ignorieren>	An dieser Stelle nicht verbessern.
<Alle ignorieren>	In der gesamten Präsentation nicht verbessern.
<Ändern>	An dieser Stelle ersetzen.
<Alle ändern>	In der gesamten Präsentation ersetzen.
<Hinzufügen>	Sie können das von Ihnen geschriebene Wort dem Wörterbuch hinzufügen, damit es nicht mehr mit einem Korrekturvorschlag versehen wird.
<Autokorrektur>	Wenn Ihnen der Fehler häufiger passiert, können Sie ihn zukünftig automatisch (ohne Rückfrage) korrigieren lassen.

Präsentationen mit MS-PowerPoint

Zum Ändern der Aufzählungszeichen klicken Sie zunächst auf den Rand des Textfeldes, um den Bereich für die Änderung zu definieren. Mit dem Befehl **<Start>** → **<Absatz>** → **<Aufzählungszeichen>** rufen Sie ein Pull-down-Menü mit einer Reihe von Vorschlägen für Aufzählungszeichen auf. Über die Schaltfläche **<Nummerierung und Aufzählungszeichen>** gelangen Sie zu einem Dialogfenster, in dem Sie die Art, Farbe und Größe der Aufzählungszeichen festlegen können. Zum Einfügen einer Grafik als Aufzählungszeichen klicken Sie auf die Schaltfläche **<Bild>** und wählen entweder eine vorhandene oder importieren eine eigene Grafik.

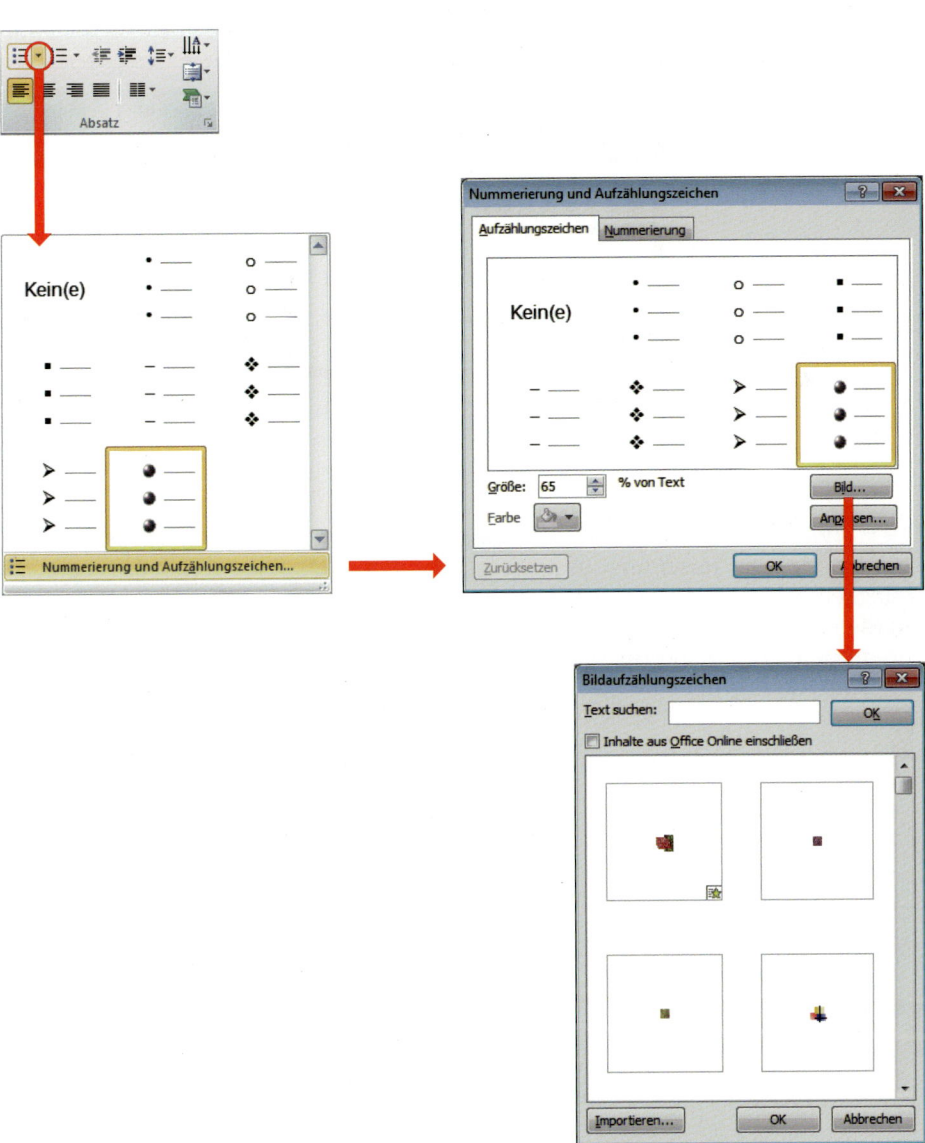

Beim Hinzufügen einer neuen Folie wird automatisch das zuvor gewählte Design zugewiesen. Der Hintergrund eines Textfeldes ist standardmäßig transparent eingestellt. Zum Färben des Hintergrundes klicken Sie auf den Rand des Textfeldes. Die Registerkarte **<Format>** wird eingeblendet und in der Gruppe **<Formenarten>** mit dem Befehl **<Fülleffekt>** ➔ **<Farbverlauf>** wird eine Palette von Farbverläufen angeboten.

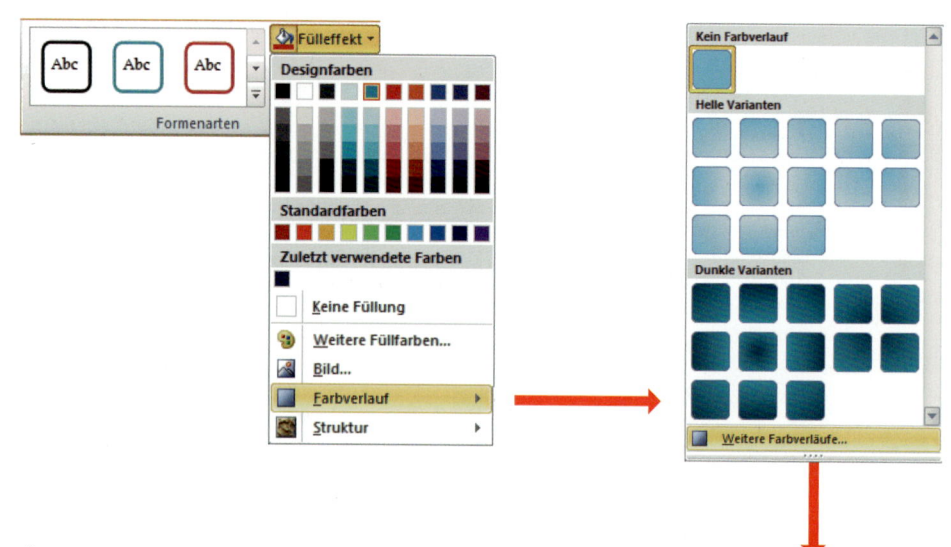

Über **<Weitere Farbverläufe>** können Sie die Mischung und Helligkeit selbst einstellen. Wählen Sie einen eher dunklen Farbverlauf, damit die weiße Textfarbe vor dem Hintergrund gut lesbar bleibt.

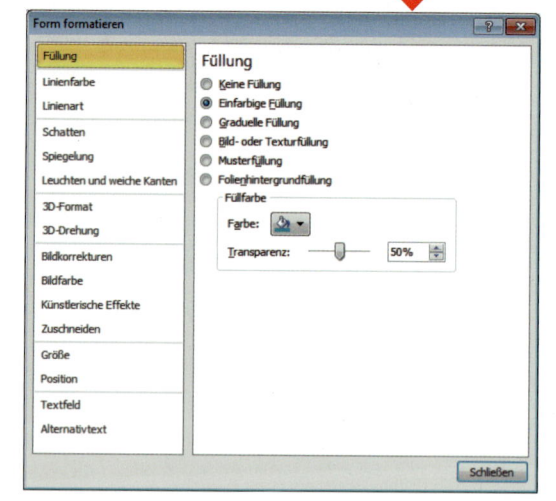

Präsentationen mit MS-PowerPoint

Die Auswahl der Linienfarbe für den Textfeldrand funktioniert nach dem gleichen Prinzip. Wählen Sie **<Format>** ➔ **<Formenarten>** ➔ **<Formkontur>** ➔ **<Weitere Linienfarben ...>**

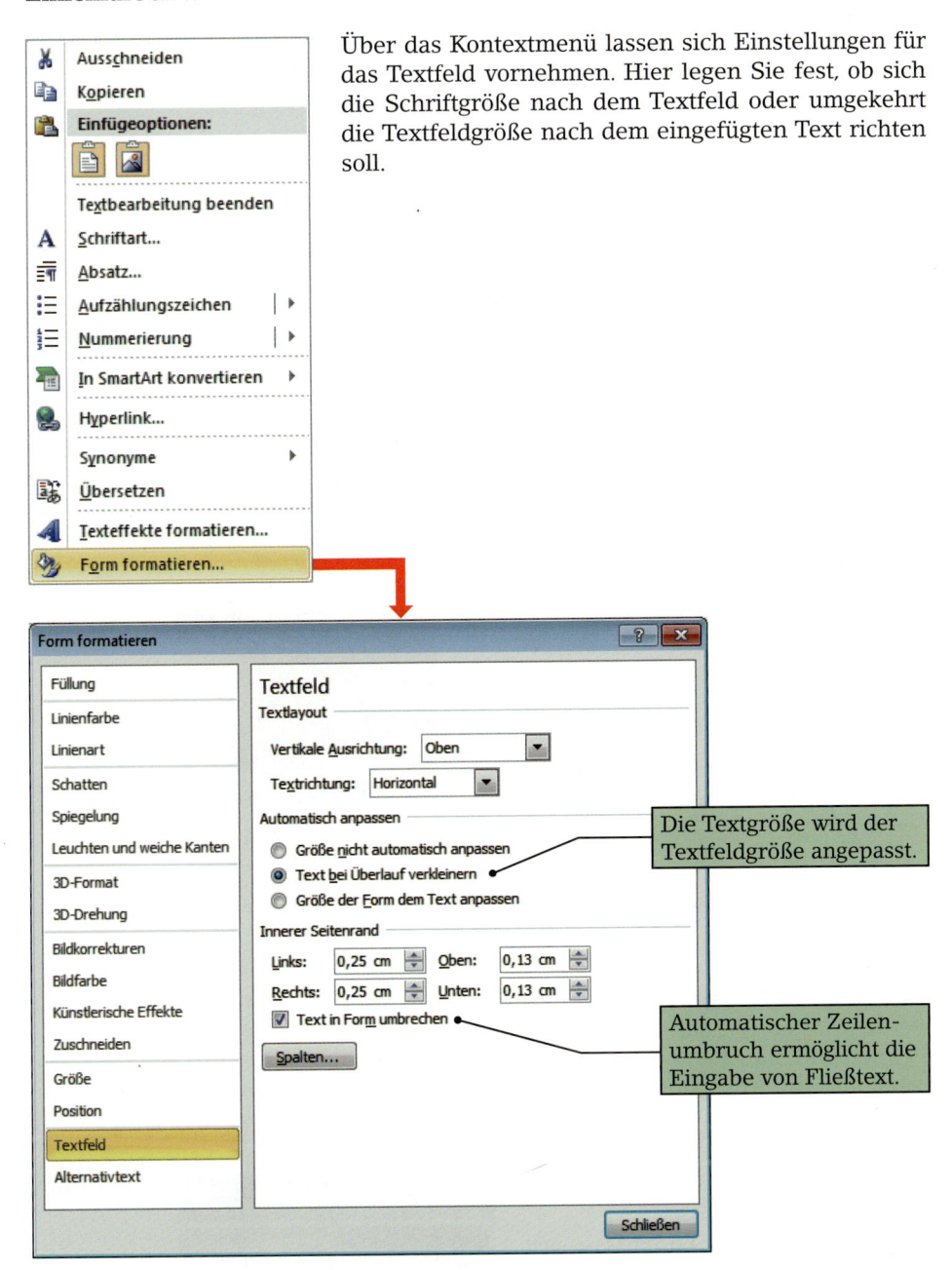

Über das Kontextmenü lassen sich Einstellungen für das Textfeld vornehmen. Hier legen Sie fest, ob sich die Schriftgröße nach dem Textfeld oder umgekehrt die Textfeldgröße nach dem eingefügten Text richten soll.

Die Textgröße wird der Textfeldgröße angepasst.

Automatischer Zeilenumbruch ermöglicht die Eingabe von Fließtext.

6.2.2 Bilder

Situation Kerstin will die bereits hergestellten Folien nachträglich illustrieren.

1. Fügen Sie das Bild *Senior.jpg* ein, platzieren Sie es rechts oben auf der Folie und lassen Sie es in Graustufen anzeigen.
2. Illustrieren Sie die Titelfolie mit den Bildern *Gebäude.jpg* und *Druckerei.jpg* (Bilder zu dieser Präsentation finden Sie unter den Übungsdateien). Formatieren Sie nach der Vorlage.

Einfügen eines Bildes: **<Einfügen>** → **<Bilder>** → **<Grafik>**

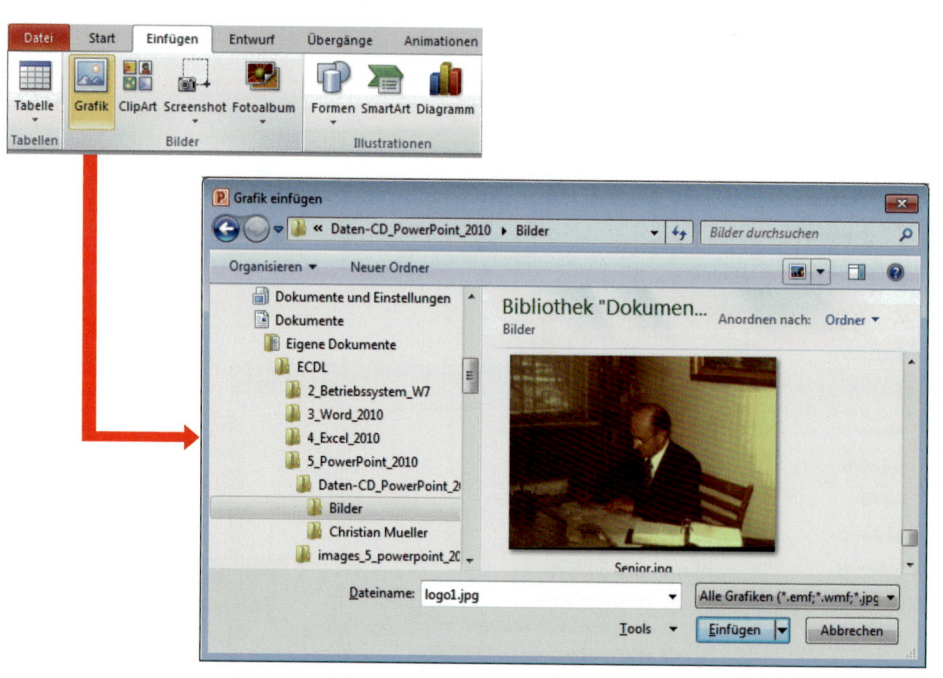

Bilder layouten

Zum Vergrößern und Verkleinern verwenden Sie die Eckpunkte, die sichtbar werden, sobald Sie das Bild angeklickt haben. Während Sie die Ziehpunkte zum Dehnen und Stauchen benutzen können, sollten Sie die Größenänderung zur Beibehaltung der Proportionen nur an den Eckpunkten vornehmen.

Wollen Sie ein Bild löschen, klicken Sie mit der linken Maustaste auf das Bild und wählen im Kontextmenü **<Löschen>**.

An dem grünen Drehpunkt lässt sich das Bild per Maus in jede Richtung drehen.

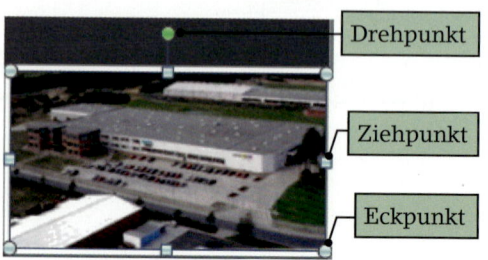

Für den Einsatz von Effekten klicken Sie auf das Bild und wählen **<Bildtools>** → **<Format>** → **<Bildeffekte>.** Die Effekte werden Ihnen per Mouseover als Vorschau angezeigt.

Zum Verschieben eines Bildes oder Textfeldes fassen Sie es mit der Maus an und ziehen es an die gewünschte Position. Halten Sie dabei die Strg-Taste gedrückt, so wird eine Kopie erstellt. Standardmäßig ist in PowerPoint eine Rasterung eingestellt. Um die Objekte unabhängig vom Raster positionieren zu können, halten Sie die Alt-Taste gedrückt. Wollen Sie mehrere Bilder gleichzeitig verschieben, markieren Sie die Objekte mit gehaltener Shift-Taste und ziehen sie dann gemeinsam an die gewünschte Position. Alternativ können Sie zum Verschieben auch die Pfeiltasten verwenden.

Klicken Sie einmal auf das Bild, so wird die Registerkarte **<Bildtools Format>** zusätzlich eingeblendet. Mit dem Menüband **<Bildtools Format>** erhalten Sie diverse Werkzeuge zur Bildbearbeitung.

Löschen

Objekt (Bild, Textfeld, Text, Folie …) anklicken und Entf-Taste drücken.

Verschieben und Kopieren

Wollen Sie das Bild in eine andere Präsentation oder sogar in eine andere Anwendung (z. B. Word) verschieben oder kopieren, so markieren Sie das Bild (mehrere Bilder mit gehaltener Shift-Taste) und benutzen die folgenden Befehle:

<Zwischenablage> → **<Ausschneiden>** Strg + X und auf der Zielfolie
<Zwischenablage> → **<Einfügen>** Strg + V

<Zwischenablage> → **<Kopieren>** Strg + C und auf der Zielfolie
<Zwischenablage> → **<Einfügen>** Strg + V

Zum Kopieren oder Verschieben einer Folie innerhalb einer Präsentation benutzen Sie die Navigationsleiste mit dem Register **<Folien>** auf der linken Seite. Sie können die Folien mit der Maus innerhalb der Präsentation verschieben. Sind Quelle und Ziel in unterschiedlichen Präsentationen, können Sie das Kontextmenü zum Kopieren, Ausschneiden und Einfügen benutzen oder die oben genannten Tastaturbefehle verwenden.

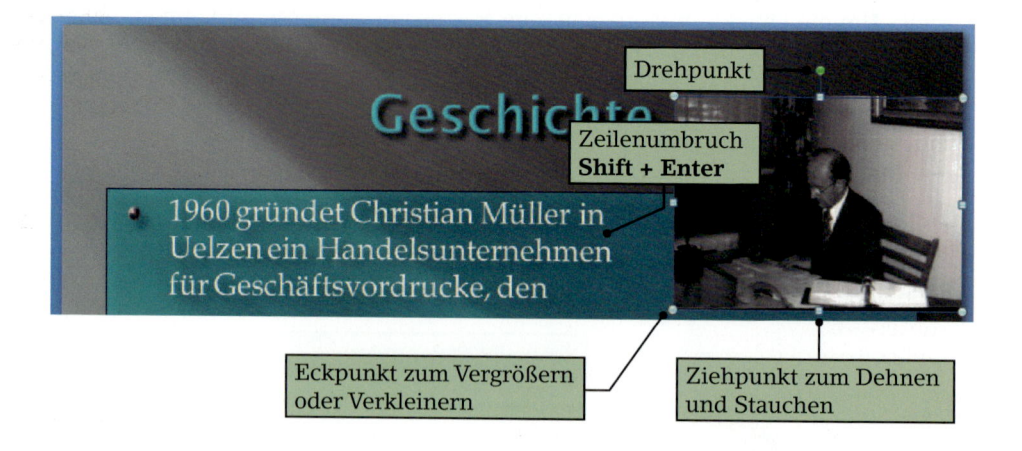

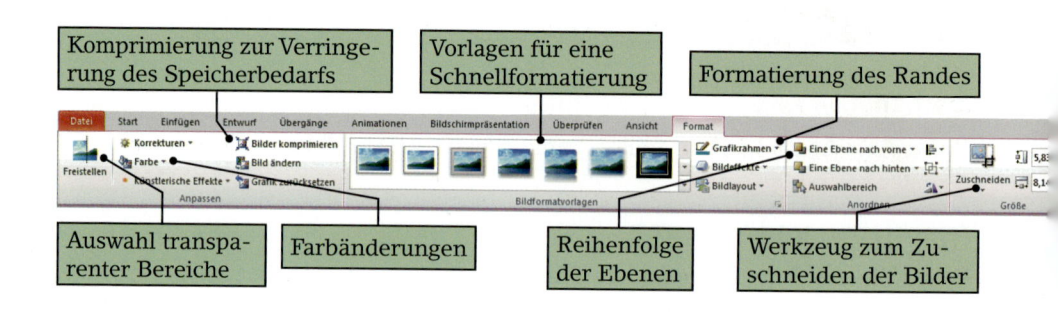

Schneiden

Falls ein Bild Randbereiche hat, die Sie entfernen möchten, so können Sie mithilfe des Schneidewerkzeugs diese Bereiche verbergen. Aktivieren Sie zunächst das Bild, klicken Sie einmal auf das Schneidewerkzeug und ziehen Sie schließlich mit der Maus an den Eck- oder Ziehpunkten des Bildes. PowerPoint löscht die abgeschnittenen Bereiche beim Speichern, um Speicherplatz zu sparen. Um die Löschung zu verhindern, wählen Sie:

<Bildtools Format> → **<Anpassen>** → **<Bilder komprimieren>**

Präsentationen mit MS-PowerPoint

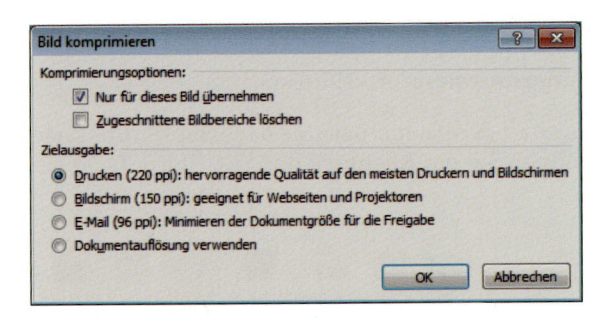

Wenn Sie das Optionsfeld **<Zugeschnittene Bildbereiche löschen>** deaktivieren, dann können Sie die abgeschnittenen Bereiche auch nach dem Speichern mit dem Schneidewerkzeug wieder hervorholen.

Good Practice zur Foliengestaltung

▶ Hintergrund und Layout sollten schlicht, einheitlich und zum Inhalt passend sein.
▶ Die Informationsmenge pro Folie ist sinnvoll zu begrenzen.
▶ Der Folieninhalt soll eine Sinneinheit bilden.
▶ Farben sparsam und funktionell einsetzen – z. B. zur Hervorhebung und Strukturierung.

▶ Gliedern Sie die Folie optisch (Über- und Zwischenüberschriften, Aufzählungszeichen, Rahmen und Linien, …).
▶ Nutzen Sie die Visualisierungsmöglichkeiten von PowerPoint mit grafischen Elementen, Bildern und Diagrammen, um die Anschaulichkeit zu erhöhen und Wesentliches zu verdeutlichen.

6.2.3 Formen

Situation: Als nächste Folie will Kerstin eine Grobübersicht über die Produkte von CHRISTIAN MÜLLER WERBEDRUCK erstellen. Außerdem will sie weitere Folien zu den Themen Kalender, Visitenkarten und Leitlinien gestalten.

Aufgaben:
1. Fügen Sie eine weitere Folie ein, die lediglich ein Textfeld für die Überschrift enthält, und beschriften Sie sie mit dem Titel: „Unsere Produkte".
2. Zeichnen Sie gemäß der Abbildung auf den folgenden Seiten Formen, die Sie zu 3D-Objekten formatieren und anschließend beschriften.
3. Fügen Sie unter den 3D-Objekten ein Textfeld ein, beschriften und formatieren Sie es gemäß Abbildung.
4. Erstellen Sie die Folien „Kalender, Visitenkarten und Leitlinien" nach den Abbildungen.

Zum Erstellen einer Form rufen Sie alternativ das Register **<Start>** ➔ **<Zeichnung>** oder **<Einfügen>** ➔ **<Illustrationen>** auf und wählen ein passendes Element. Über die Pfeile können Sie eine Palette mit weiteren Formen aufrufen.

Um ein Oval zu erstellen, wählen Sie:

<Einfügen> → <Formen> → <Standardformen> → <Ellipse>

Mit demselben Befehl erzeugen Sie einen **Kreis,** nur dass Sie dabei die Shift-Taste gedrückt halten müssen. Analog können Sie ein **Rechteck** und mit Shift-Taste ein **Quadrat** erzeugen.

Gruppe <Zeichnungen> im Register <Start>

Gruppen <Bilder> und <Illustrationen> im Register <Einfügen>

Nach dem Zeichnen einer Form auf der Folie können Sie über das Kontextmenü mit dem Befehl <**Text bearbeiten**> das Objekt beschriften. Anschließend nehmen Sie die Formatierungen vor, indem Sie zunächst auf das Objekt klicken und dann <**Zeichentools Format**> wählen. Um identische Zeichenobjekte zu erstellen, sollten Sie nach kompletter Fertigstellung eines Objektes Kopien anfertigen.

Es lassen sich auch mehrere Objekte gleichzeitig aktivieren und formatieren. Dazu ziehen Sie mit der Maus einen Rahmen um die betreffenden Zeichnungselemente oder klicken bei gehaltener Shift-Taste die Objekte nacheinander an.

Wenn ein oder mehrere Objekte aktiviert sind, können Sie mit dem Befehl <**Zeichentools**> → <**Format**> die folgenden Formatierungsmenüs anwählen:

Menü	Formatierungsoptionen
Fülleffekt	– das Objekt mit Farbe, Farbverlauf, Struktur oder Bild füllen
Formkontur	– Linienfarbe, -breite, -art
	– Pfeilrichtung und -art
Formeffekte	– Schatten-, Spiegel-, Leucht-, 3D-, Kanteneffekt

Größe und Position

Aktivierte Objekte lassen sich in der Größe anpassen und können mithilfe des grünen Punktes gedreht werden.

Reihenfolge

Um den nebenstehenden Effekt zu erzielen, müssen Sie die Reihenfolge der Objekte hinsichtlich der Ebenen bestimmen, indem Sie mit der rechten Maustaste auf das Objekt klicken und über das Kontextmenü oder das Register <**Zeichentools Format**> im Bereich <**Anordnen**> die Befehle <**Eine Ebene nach vorne**> oder <**Eine Ebene nach hinten**> aufrufen.

Verbindungen

Linien lassen sich an den Objekten verankern, indem Sie das Linienende auf einen der blauen Verbindungspunkte ziehen. Beim Verschieben der Objekte bleiben die Linien an den Ankerpunkten und werden mitverschoben. Pfeilrichtung und -art weisen Sie über den Befehl **<Zeichentools>** → **<Format>** → **<Formkontur>** zu.

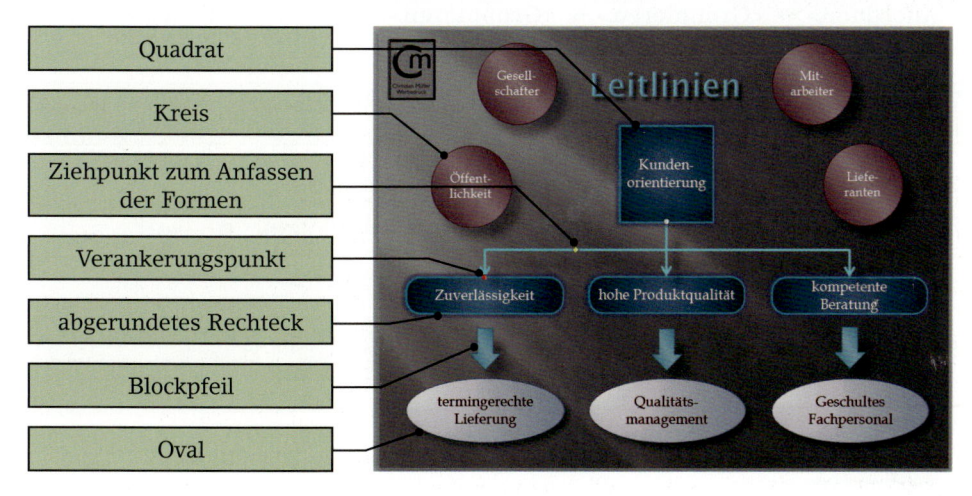

Ausrichten von Objekten

Wollen Sie mehrere Objekte bündig oder zentriert ausrichten, so stehen dafür die Ausrichtungsbefehle zur Verfügung. Markieren Sie die auszurichtenden Objekte und geben Sie ein:

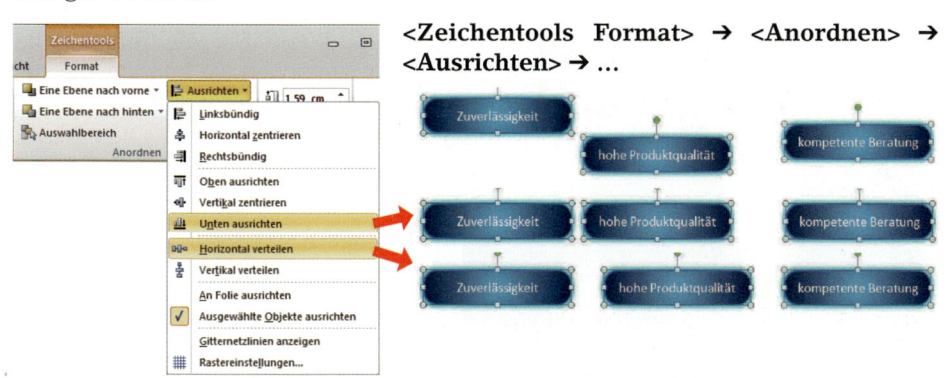

<Zeichentools Format> → **<Anordnen>** → **<Ausrichten>** → ...

Sie haben die Wahl, ob Sie die Objekte zueinander oder relativ zur Folie ausrichten wollen. Wenn Sie drei Objekte zueinander „unten ausrichten", so ist die Ausrichtungsgrenze das untere Objekt. Dieselbe Ausrichtung relativ zur Folie richtet die Objekte alle am unteren Folienrand aus. Entsprechendes gilt für die rechte, linke, obere und zentrierte Ausrichtung.

Gruppieren

Durch die Gruppierung mehrerer Objekte können Sie ein neues zusammengesetztes Objekt schaffen, das wie ein einzelnes Objekt zu behandeln ist. Die einzelnen Teile bleiben beim Verschieben in der relativen Position. Markieren Sie die Objekte und wählen über das Kontextmenü oder das Register **<Format>** in der Gruppe **<Anordnen>** → **<Gruppieren>** → **<Gruppieren>**. Auf demselben Weg lässt sich eine vorgenommene Gruppierung wieder aufheben.

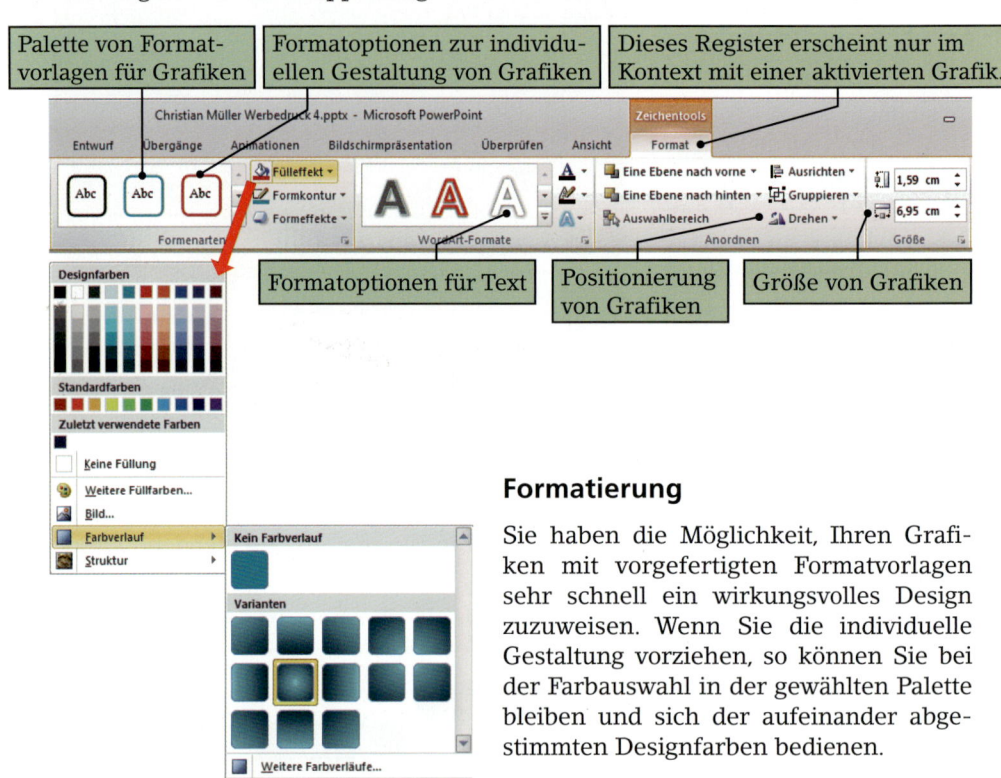

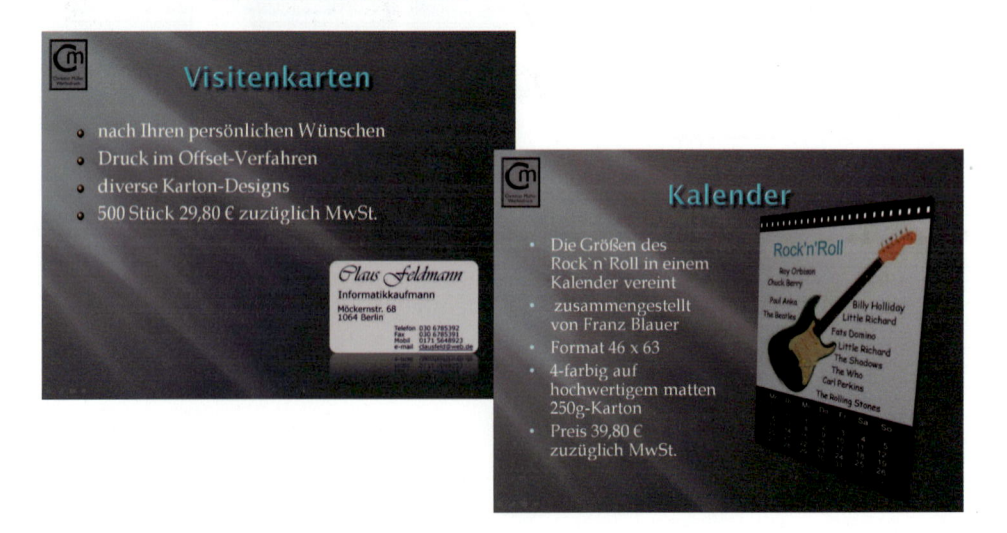

- Palette von Formatvorlagen für Grafiken
- Formatoptionen zur individuellen Gestaltung von Grafiken
- Dieses Register erscheint nur im Kontext mit einer aktivierten Grafik.
- Formatoptionen für Text
- Positionierung von Grafiken
- Größe von Grafiken

Formatierung

Sie haben die Möglichkeit, Ihren Grafiken mit vorgefertigten Formatvorlagen sehr schnell ein wirkungsvolles Design zuzuweisen. Wenn Sie die individuelle Gestaltung vorziehen, so können Sie bei der Farbauswahl in der gewählten Palette bleiben und sich der aufeinander abgestimmten Designfarben bedienen.

6.2.4 Tabellen

Situation: Ein Preisbeispiel für den Druck von Prospekten soll auf der nächsten Folie erscheinen. Kerstin versucht, ein entsprechendes Tabellenfeld zu erstellen.

Aufgaben:
1. Fügen Sie eine weitere Folie mit einem Tabellenfeld ein und schreiben Sie als Überschrift „Prospekte".
2. Geben Sie das Preisbeispiel in Form einer Tabelle (3 Spalten und 6 Zeilen) ein.

Wenn Sie eine neue Folie mit dem Layout „Titel und Inhalt" hinzugefügt haben, klicken Sie auf die Schaltfläche <Tabelle> inmitten der Folie. Das Dialogfenster zur Eingabe der Zeilen und Spalten wird eingeblendet.

Eine Alternative ist die Tabellenerstellung mit der Maus über das Register <Einfügen> → <Tabelle>.

Mit der Tabelle werden automatisch unter <Tabellentools> die Register <Entwurf> und <Layout> eingeblendet. Weisen Sie eine Formatvorlage zu und gestalten Sie die Tabelle entsprechend der Abbildung auf Seite 381.

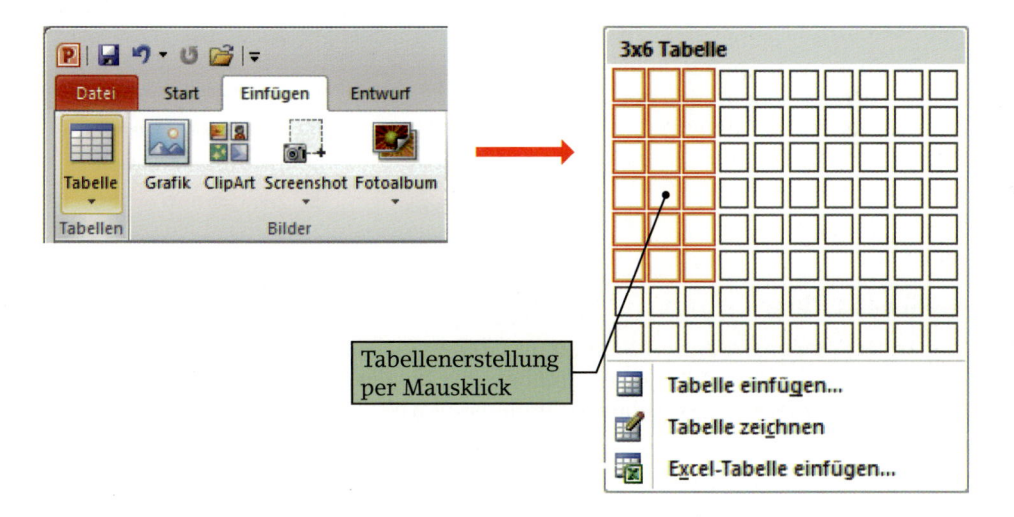

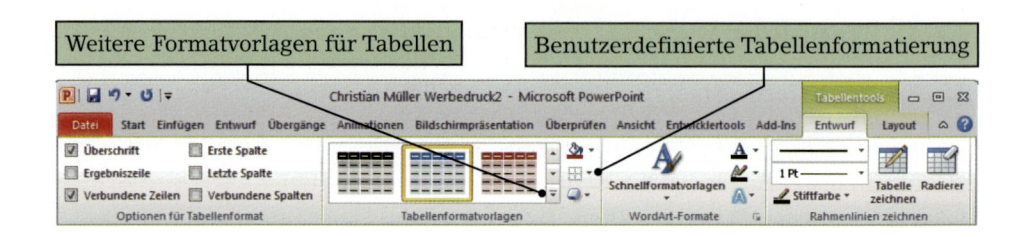

Markierungen

Um eine Zelle, Spalte oder Zeile zu markieren, klicken Sie so mit der Maus neben bzw. über das Objekt, dass der Mauszeiger schwarz dargestellt wird und in die dargestellte Richtung weist.

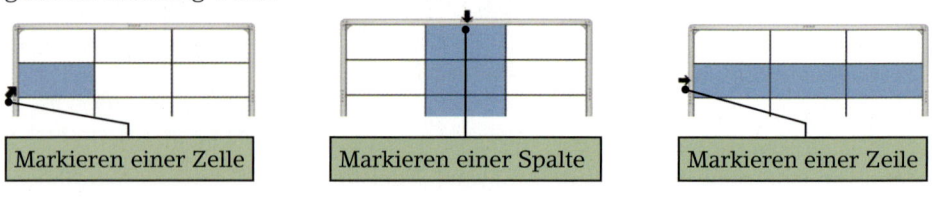

Markieren einer Zelle Markieren einer Spalte Markieren einer Zeile

Zur Markierung einer ganzen Tabelle klicken Sie auf den Rand.

Löschen:

Zum Löschen einer Spalte oder Zeile muss sie markiert sein. Im Kontextmenü finden Sie die Befehle zum Löschen.

Einfügen:

Das Einfügen von Spalten oder Zeilen erfolgt ebenfalls per Kontextmenü. Sie haben die Option, die Spalte bzw. Zeile relativ zur Markierung zu positionieren.

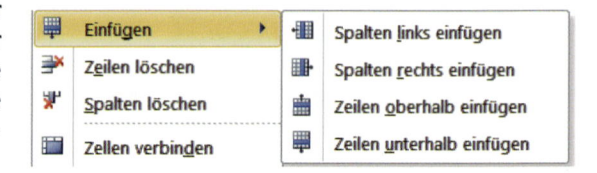

Größenänderung:

Zur Änderung der Größe von Spalten und Zeilen fassen Sie mit der Maus an einen Spalten- oder Zeilenrand und verschieben ihn, bis die gewünschte Größe erreicht ist. Ein Verschieben des Tabellenrahmens bewirkt eine Größenänderung der gesamten Tabelle.

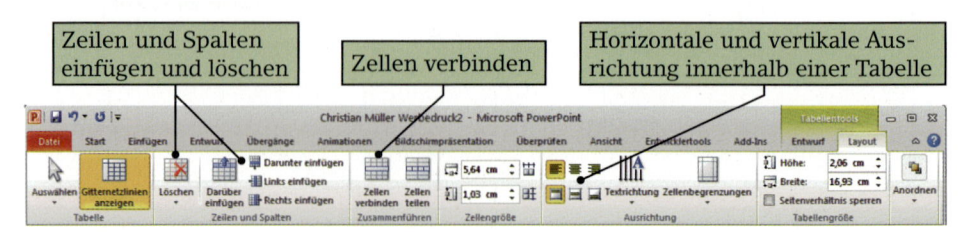

Um die Beträge an den Dezimalstellen auszurichten, benutzen Sie den dezimal zentrierenden Tabulator. Falls das Lineal nicht eingeblendet sein sollte, wählen Sie <Ansicht> → <Anzeigen> → <Lineal>. Setzen Sie den Cursor in eine Zelle und wählen Sie durch mehrfaches Klicken auf die Tabulatorauswahl den gewünschten Tabulator aus. Anschließend setzen Sie mit einem Klick auf das Lineal den Tabulator an die gewünschte Stelle. Um den Tabstopp in der Zelle anzusteuern, setzen Sie den Cursor vor die Zahl, halten die Strg-Taste gedrückt und betätigen die Tab-Taste.

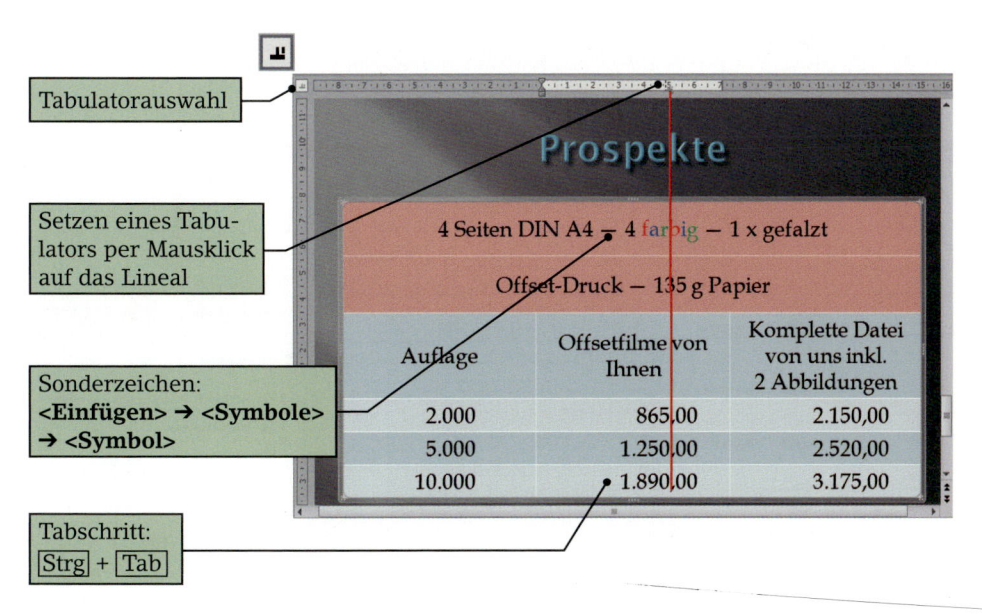

6.3 Animationen

Situation Kerstin will die Folien ihrer Präsentation mit Animationen versehen.

Aufgabe Stellen Sie die folgenden Animationen für die Objekte der Titelfolie ein:

Objekt	Effektart	Effekt	Start	Richtung	Dauer
Titel	Eingang	Wischen	Mit Vorherigen	Von links	1,0
Druckerei	Eingang	Teilen	Beim Klicken	Horizontal in	1,0
stellt sich vor	Eingang	Blenden	Nach Vorherigen	Vertikal	1,0
Betrieb	Eingang	Teilen	Nach Vorherigen	Horizontal in	1,0

Animationen

Den Aufgabenbereich **<Benutzerdefinierte Animation>** erhalten Sie über den Befehl:

<Animationen> → <Erweiterte Animation> → <Animationsbereich>

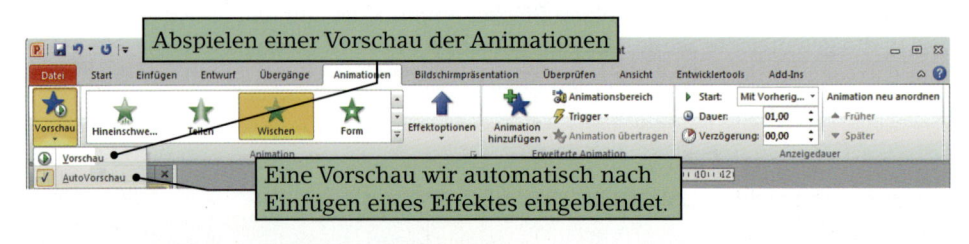

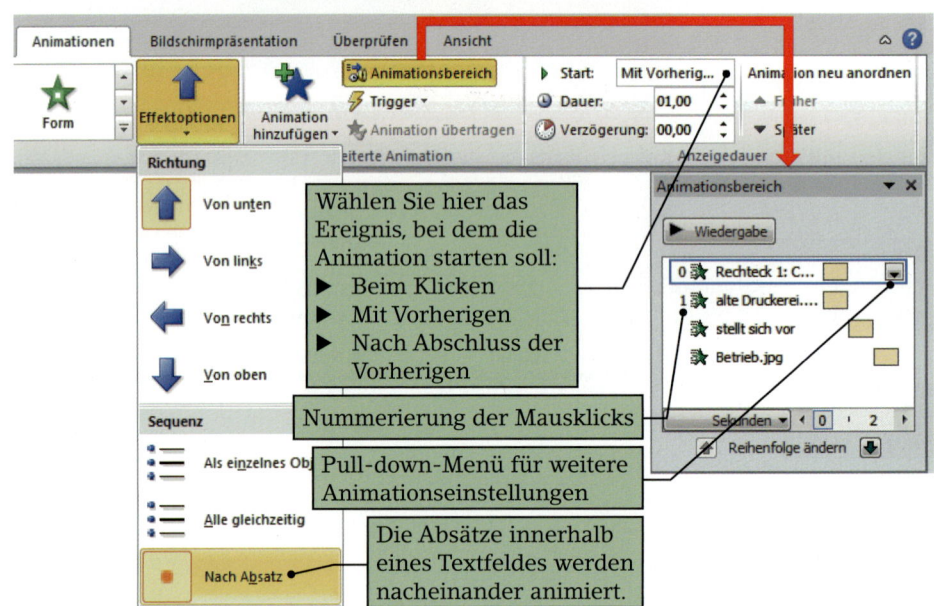

Abspielen einer Vorschau der Animationen

Eine Vorschau wir automatisch nach Einfügen eines Effektes eingeblendet.

Wählen Sie hier das Ereignis, bei dem die Animation starten soll:
- Beim Klicken
- Mit Vorherigen
- Nach Abschluss der Vorherigen

Nummerierung der Mausklicks

Pull-down-Menü für weitere Animationseinstellungen

Die Absätze innerhalb eines Textfeldes werden nacheinander animiert.

Um einen Eindruck von der Animationswirkung der Effekte zu erhalten, klicken Sie auf **<Vorschau>**. Die vollständige Animation der aktuellen Folie erhalten Sie, wenn Sie am unteren Fensterrand auf die Schaltfläche **<Bildschirmpräsentation>** klicken oder die Tastenkombination ⌜Strg⌝ + ⌜F5⌝ wählen. Sie können die Bildschirmpräsentation mit der ⌜Esc⌝-Taste wieder verlassen.

Aufgaben

1. Stellen Sie die angegebenen Animationen für die Folien „Geschichte" und „Leitlinien" ein (siehe Tabellen auf der Folgeseite).
2. Probieren Sie weitere Animationseffekte aus und animieren Sie die restlichen Folien sinnvoll.
3. Stellen Sie den Übergangseffekt „Wischen nach unten" für alle Folien ein.

Präsentationen mit MS-PowerPoint

Geschichte:

Objekt	Effektart	Effekt	Start	Richtung	Dauer	Option
Titel	Eingang	Verblassen	Nach Vorherigen		1,0	
Senior	Eingang	Blenden	Nach Vorherigen		2,0	
Text (Rechteck)	Eingang	Verblassen	Mit Vorherigen	Von unten	1,0	
Text (Absätze)	Eingang	Verblassen	Beim Klicken	Von unten	1,0	Bei 1. Abschnittsebene

Leitlinien:

Objekt	Effektart	Effekt	Start	Effektoption	Dauer
Titel	Eingang	Verblassen	Nach Vorherigen		1,0
Kreis links	Eingang	Rad	Beim Klicken	Speiche	1,0
Kreis rechts	Eingang	Rad	Beim Klicken	Speiche	1,0
Quadrat	Eingang	Rad	Beim Klicken	Speiche	1,0
Gewink. Verb.	Eingang	Wischen	Beim Klicken	Von oben	1,0
Abger. Rechteck	Eingang	Wischen	Nach Vorherigen	Von oben	1,0
Pfeil n. unten	Eingang	Wischen	Beim Klicken	Von oben	1,0
Ellipse	Eingang	Wischen	Nach Vorherigen	Von oben	1,0
Gerade Verb.	Eingang	Wischen	Beim Klicken	Von oben	1,0
Abger. Rechteck	Eingang	Wischen	Nach Vorherigen	Von oben	1,0
Pfeil n. unten	…	…	…	…	…

Für die Zuweisung von Animationseffekten zu einzelnen Elementen einer Folie (Formen, Bildern, Textfeldern, …) markieren Sie zunächst ein Element. Blenden Sie das Register **<Animationen>** ein und klicken Sie auf das Pfeilsymbol des Listenfeldes **<Animieren>.** Wenn Sie ein Symbol anklicken, wird Ihnen der Effekt in einer Vorschau gezeigt. Sie können abhängig vom gewählten Effekt weitere **<Effektoptionen>** festlegen. Außerdem lässt sich in der Gruppe **<Anzeigedauer>** festlegen, ob die Animation nach einem Mausklick, nach der vorigen oder gleichzeitig mit der vorigen Animation starten soll. Auch die Geschwindigkeit (**<Dauer>**) und der Startzeitpunkt (**<Verzögerung>**) lassen sich hier einstellen.

Wollen Sie einem Element einen zusätzlichen Effekt zuweisen, wählen Sie im Listenmenü **<Animation hinzufügen>** ein weiteres Symbol aus. Mit der Schaltfläche **<Animationsbereich>** wird Ihnen auf der rechten Seite eine Liste der eingestellten Animationen mit Ablaufsymbolen angezeigt. Sie können hier die Reihenfolge und den Startzeitpunkt der Effekte durch Verschieben mit der Maus verändern.

Hinweis: Bei der Animation von Texten beachten Sie, dass sie nach Ebenen gruppiert eingerichtet werden kann. Die Einstellungen nehmen Sie im Eigenschaftsfenster der Animation vor. Das Fenster erhalten Sie über das Pull-down-Menü zur Animation:

<Pull-down-Pfeil Effektoptionen> ➔ **<Textanimation>** ➔ **<Text gruppieren>**

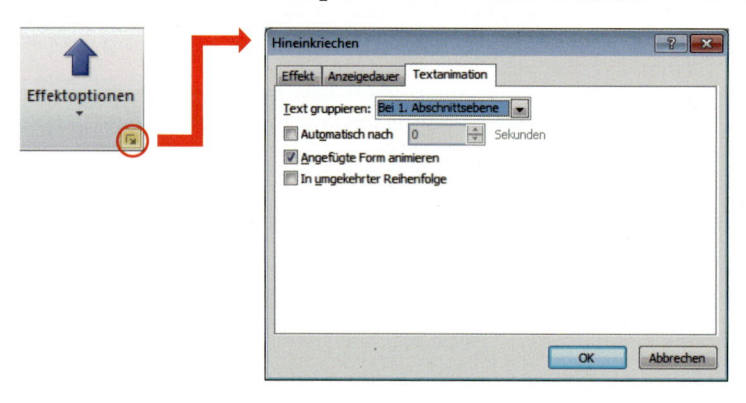

Übergangseffekte

Zur Einstellung von Übergängen von einer Folie zur nächsten markieren Sie zunächst in der Navigationsleiste die Folien, denen der Übergangseffekt zugewiesen werden soll. Wählen Sie anschließend im Menüband **<Übergänge>** einen in der Gruppe **<Übergänge zu dieser Folie>** angebotenen Effekt aus. Weitere Einstellmöglichkeiten haben Sie abhängig von dem ausgewählten Effekt in dem Pull-down-Menü **<Effektoptionen>** (siehe Folgeseite).

In der Gruppe **<Anzeigedauer>** lässt sich festlegen, ob der Effekt beim Klicken oder nach Ablauf einer bestimmten Zeit automatisch starten soll. Außerdem lässt sich die Geschwindigkeit (Dauer) des Effektes einstellen.

Der Effekt ist damit für die markierten Folien festgelegt. Soll er auf alle Folien der Präsentation angewendet werden, wählen Sie **<Für alle übernehmen>**. Mit dem Befehl **<Vorschau>** können Sie sich den Folienübergang der aktuellen Folie zeigen lassen (siehe Folgeseite).

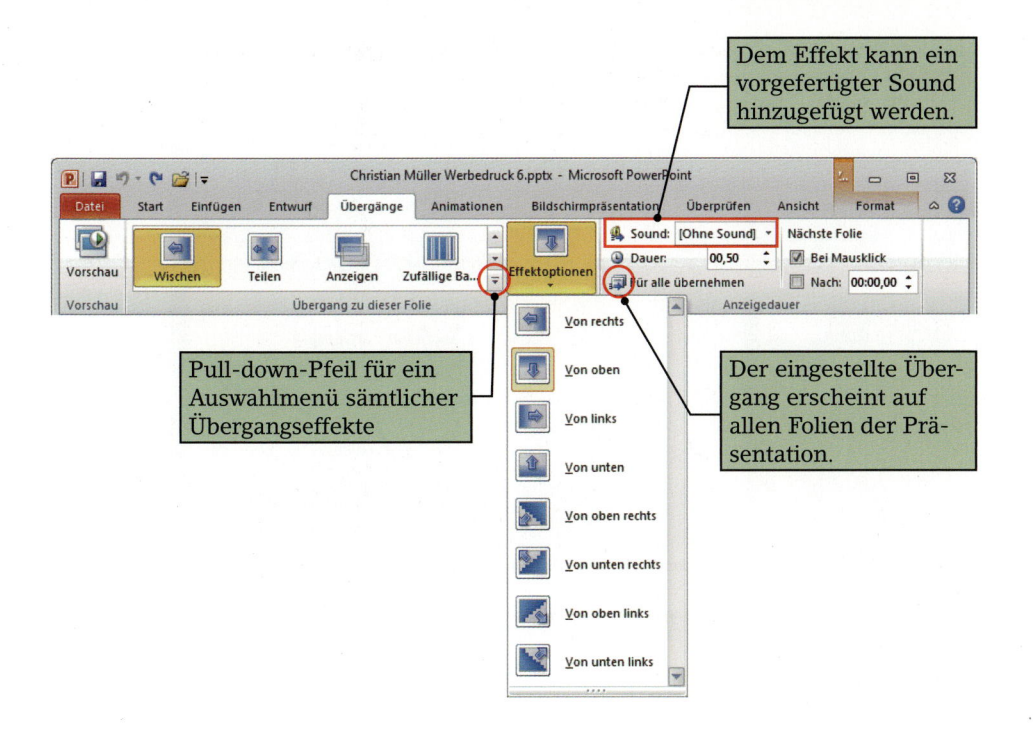

6.4 Ansichten

Situation Kerstin will die unterschiedlichen Ansichten, die das Programm bietet, näher kennenlernen.

Aufgaben
1. Rufen Sie die Titelfolie in der Ansicht „Notizenseite" auf.
2. Schreiben Sie die folgenden Vortragsnotizen zur Titelfolie.
    Gebäude
    630 m² betriebliche Nutzfläche
    400 m² Bürofläche
    alte Druckerei
    1200 m² betriebliche Nutzfläche
    140 m² Bürofläche

Normalansicht

Die Ansicht, in der Sie bisher gearbeitet haben, ist die Normalansicht. Am linken Rand befindet sich die Navigationsleiste mit den beiden Registern **<Folien>** und **<Gliederung>**. Das Register **<Folien>** zeigt Ihnen eine Miniansicht der Präsentation, sodass Sie eine optische Unterstützung beim Navigieren erhalten.

Präsentationen mit MS-PowerPoint

Navigationsleiste

Ansichtensteuerung

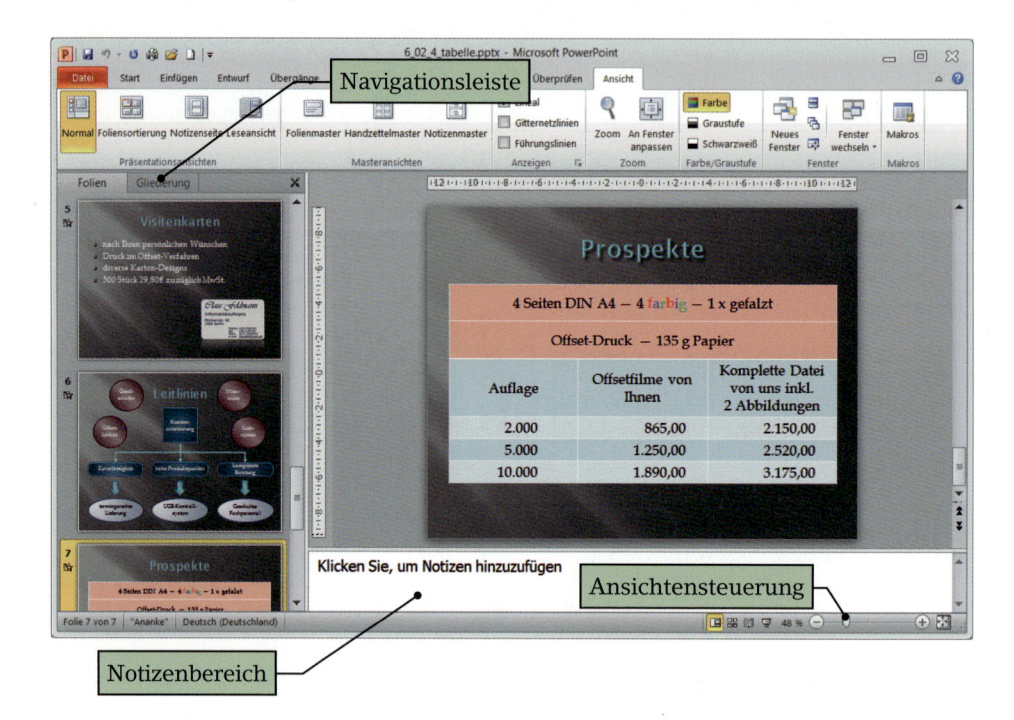

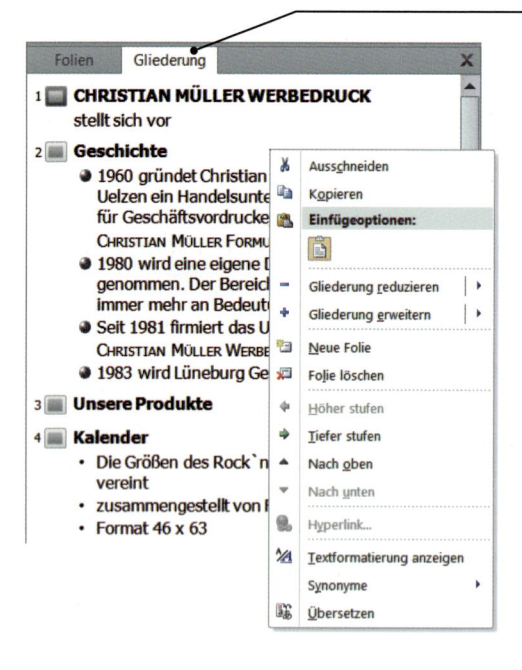

Notizenbereich

Gliederungsansicht in der Navigationsleiste

Das Register **<Gliederung>** zeigt Ihnen die Folientitel mit dem Text in den Textfenstern. Der Text in zusätzlich eingefügten Textfenstern, die nicht im Layout vorhanden sind, wird nicht angezeigt. Um Gliederungsebenen auszublenden, klicken Sie im Kontextmenü auf **<Gliederung reduzieren>.** Bei mehreren Gliederungsebenen können Sie auch alle Ebenen unterhalb der Titel mit einem Klick ausblenden, indem Sie den Pfeil anwählen und den Befehl **<Alle Gliederungsebenen reduzieren>** eingeben. Zum Einblenden der Gliederungsebenen wählen Sie entsprechend **<Gliederung erweitern>.** Sie können den Text in der Gliederungsansicht direkt eingeben.

Aufruf der Ansichten

In PowerPoint stehen verschiedene Ansichten zur Verfügung, die mit der Maus über die Ansichten-Symbolleiste am unteren rechten Bildschirmrand oder über das Menüband **<Ansicht>** aufgerufen werden können (siehe Folgeseite).

Präsentationen mit MS-PowerPoint

Ansichten

Beschriftungen der Ansicht:
- Ansichtensymbolleiste
- Normalansicht
- Foliensortieransicht
- Einblenden eines Lineals
- Referentenansicht erfordert einen zweiten Monitor (Beamer).
- Einstellung der Darstellungsgröße
- Zwischen offenen Fenstern wechseln

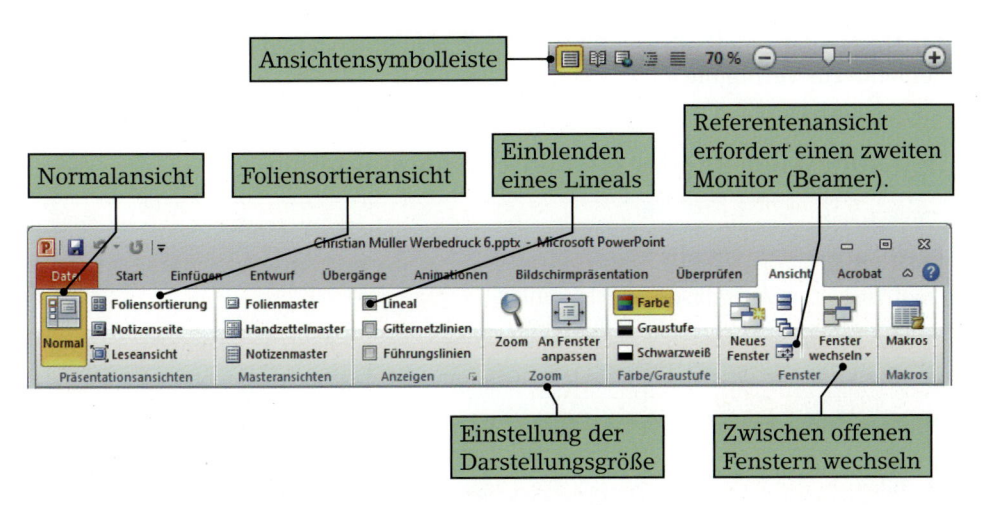

Sie können zu jeder Folie Notizen anfertigen. Sie lassen sich sowohl in der Normalansicht im Notizenfeld unterhalb der Folie als auch auf der Notizenseite eingeben:

<Ansicht> → <Präsentationsansichten> → <Notizenseite>

Aufgabe Erstellen Sie mithilfe der Befehlsgruppe **<Fenster>** eine zweite PowerPoint-Präsentation, in die Sie die Folien „Unsere Produkte", „Prospekte", „Kalender" und „Visitenkarten" übernehmen, und speichern Sie unter dem Dateinamen *Produkte*.

Foliensortieransicht

In der Foliensortieransicht erhalten Sie ein Gesamtbild der Präsentation. Die Folien werden ausschließlich im Miniaturformat angezeigt. Diese Ansicht eignet sich hervorragend zum Sortieren, Hinzufügen, Löschen oder Aus- und Einblenden von Folien. Sie können auf einfache Weise per **Drag-and-drop** die Folien neu anordnen. Die Standardbefehle [Strg] + [X] für Ausschneiden, [Strg] + [C] Kopieren und [Strg] + [V] Einfügen funktionieren ebenso. Zum Markieren mehrerer Folien klicken Sie diese mit gehaltener [Strg]-Taste an.

Um eine Folie in einer Präsentation nicht zu zeigen, wählen Sie im Kontextmenü **<Folie ausblenden>**.

Die Foliensortieransicht eignet sich auch zum Austausch von Ergebnissen in einem Arbeitsteam. Öffnen Sie eine zweite Präsentation und lassen Sie beide in der Foliensortieransicht über **<Ansicht>** → **<Fenster>** → **<Alle anordnen>** anzeigen. Sie können anschließend beliebig mithilfe des Kontextmenüs oder der Tastaturbefehle von einer Präsentation zur anderen verschieben oder kopieren.

Bildschirmpräsentation

Die Bildschirmpräsentation rufen Sie mit der Funktionstaste [F5] oder über die Befehlsgruppe **<Leseansicht>** auf. Sie beginnt mit der ersten Folie. Wollen Sie lediglich Ihre aktuelle Arbeit an einer Folie in der Bildschirmpräsentationsansicht kontrollieren, so benutzen Sie die Tastenkombination [Shift] + [F5] oder die Schaltfläche **<Bildschirmpräsentation>** am unteren rechten Bildschirmrand. Die Präsentation beginnt dann mit der aktuellen Folie.

Zur Navigation innerhalb der Bildschirmpräsentation stehen diverse Steuerungselemente zur Verfügung.

Steuerungselemente für die Bildschirmpräsentation

Verfahren	Zweck
[N], [Enter], [Bild ↓], [→], [↓], Leertaste oder Mausklick	Ausführen der nächsten Animation oder Wechsel zur nächsten Folie
[P], [Bild ↑], [←], [→] oder Rücktaste	Ausführen der vorangegangenen Animation oder Wechsel zur vorhergehenden Folie
Foliennummer + [Enter]	Wechseln zur Folie **<Nummer>**
[B] oder [Punkt]	Anzeigen eines schwarzen Bildschirms oder Zurückkehren von einem schwarzen Bildschirm zur Bildschirmpräsentation
[S] oder [+]	Anhalten einer automatischen Bildschirmpräsentation oder erneutes Starten
[Esc]	Beenden einer Bildschirmpräsentation
[H]	Wechseln zur nächsten ausgeblendeten Folie
[F1]	Hilfe zur Bildschirmpräsentation

Notizenseite

Sie können für jede Folie Notizen eingeben, die bei der Präsentation nur für den Vortragenden auf dem Bildschirm gezeigt werden, sofern Sie bei der Präsentation die Referentenansicht verwenden.

Referentenansicht

In Verbindung mit einem zweiten Monitor und einer entsprechenden Grafikkarte können Sie Ihre Präsentation in der Referentenansicht betrachten. Während der Hauptmonitor (Beamer) die normale Präsentation zeigt, werden auf dem zweiten Monitor die nachfolgenden Folien, Anzeigedauer und zusätzliche Notizen dargestellt.

<Bildschirmpräsentation> → <Bildschirme> → <Referentenansicht>

Leseansicht

Die Leseansicht entspricht weitgehend der Bildschirmpräsentation mit dem Unterschied, dass die Präsentation nicht im Vollbild-, sondern im Fenstermodus angezeigt wird.

> **Situation** Kerstin möchte auf allen erstellten Folien einheitlich ein Logo und ihren Namen eintragen.

Präsentationen mit MS-PowerPoint

Aufgaben
1. Importieren Sie das Logo von CHRISTIAN MÜLLER WERBEDRUCK *(logo.jpg)*.
2. Setzen Sie das Logo in die obere linke Ecke des Folienmasters.
3. Nummerieren Sie die Folien und geben Sie in die Fußzeile Ihren Namen ein.

Folienmaster

Ein Folienmaster ist Teil einer Vorlage, in der Layoutinformationen wie Platzierungen von Text und Objekten auf einer Folie, Text- und Objektplatzhaltergrößen, Textformate, Hintergründe, Farbdesigns, Effekte und Animationen gespeichert werden. Veränderungen wirken sich auf alle Folien aus, die auf der Vorlage basieren.

Zum Wechsel in die Folienmaster-Ansicht wählen Sie:

\<Ansicht\> → \<Masteransichten\> → \<Folienmaster\>

Wechsel in die Folienmaster-Ansicht

Damit ein Logo auf allen Folien der Präsentation erscheint, muss es in den Folienmaster eingefügt werden.

\<Einfügen\> → \<Bilder\> → \<Grafik\>

Folienmaster: Vorlage für alle Folien

Vorlage für Layout *Titel*

Vorlage für Layout *Titel und Inhalt*

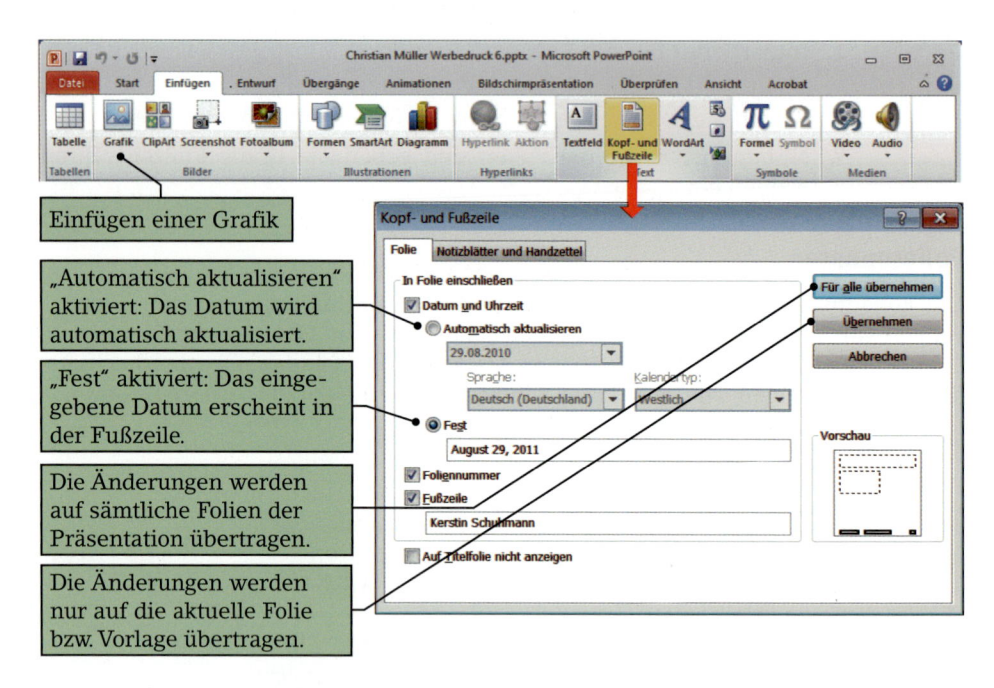

Screenshot des PowerPoint-Menübands mit dem Dialogfenster „Kopf- und Fußzeile" mit folgenden Beschriftungen:

- Einfügen einer Grafik
- „Automatisch aktualisieren" aktiviert: Das Datum wird automatisch aktualisiert.
- „Fest" aktiviert: Das eingegebene Datum erscheint in der Fußzeile.
- Die Änderungen werden auf sämtliche Folien der Präsentation übertragen.
- Die Änderungen werden nur auf die aktuelle Folie bzw. Vorlage übertragen.

Zum Einfügen der Fußzeile rufen Sie das Dialogfenster **<Kopf- und Fußzeile>** auf. Die Anzeige einer fortlaufenden Foliennummerierung und einer von Ihnen einzugebenden Fußzeile lassen sich hier einstellen. Nehmen Sie die erforderlichen Änderungen vor und klicken Sie anschließend auf **<Für alle übernehmen>,** um die Eintragungen auf allen Folien der Präsentation erscheinen zu lassen. Wenn die Titelfolie keine Fußzeile haben soll, müssen Sie **<Auf Titelseite nicht anzeigen>** aktivieren.

Screenshot der Folienmaster-Ansicht mit Beschriftung:

- Rückkehr zur Normalansicht

Zoom

Wird die Seite nicht vollständig dargestellt oder ist die Anzeige zu klein, hilft das Zoomen. Gehen Sie mit dem Mauspfeil auf die Zoomleiste in der rechten unteren Ecke des Bildschirmes, in dem die Bildschirmgröße prozentual angegeben ist.

- Die Anzeige der Foliengröße wird an die Fenstergröße angepasst.

Optimieren Sie die Größe Ihrer Bildschirmansicht, indem Sie die größtmögliche Darstellung wählen, bei der Ihnen die Folie in voller Breite angezeigt wird. PowerPoint speichert die Größeneinstellung mit dem Dokument.

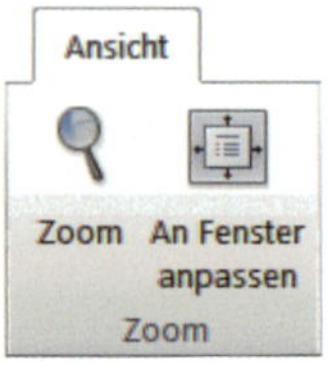

Eine andere Möglichkeit, Größeneinstellungen vorzunehmen, finden Sie unter **<Ansicht>** → **<Zoom>**. Hier können Sie mit der Schaltfläche **<An Fenster anpassen>** die Foliengröße automatisch an die Fenstergröße anpassen lassen.

Präsentationen mit MS-PowerPoint

6.5 Spezielle Layoutvorlagen
6.5.1 SmartArt-Grafik

Situation Kerstin möchte das Organigramm, das ihr in gedruckter Form vorliegt, in die Präsentation einfügen.

Aufgabe Geben Sie das abgebildete Organisationsdiagramm auf einer Folie mit dem Titel „Organisation" ein.

Eine SmartArt-Grafik ist eine visuelle Darstellung Ihrer Informationen, die Sie schnell und einfach erstellen können. Sie können dabei zwischen vielen verschiedenen Layouts auswählen und so wirkungsvoll Ihre Ideen vermitteln.

Fügen Sie eine neue Folie „Titel und Inhalt" hinzu und klicken Sie auf die Schaltfläche **<SmartArt-Grafik>**. Ein Dialogfenster mit einer Auswahl von vorgefertigten editierbaren Grafiken erscheint. Wählen Sie unter **<Hierarchie>** das **<Organigramm 1>** aus.

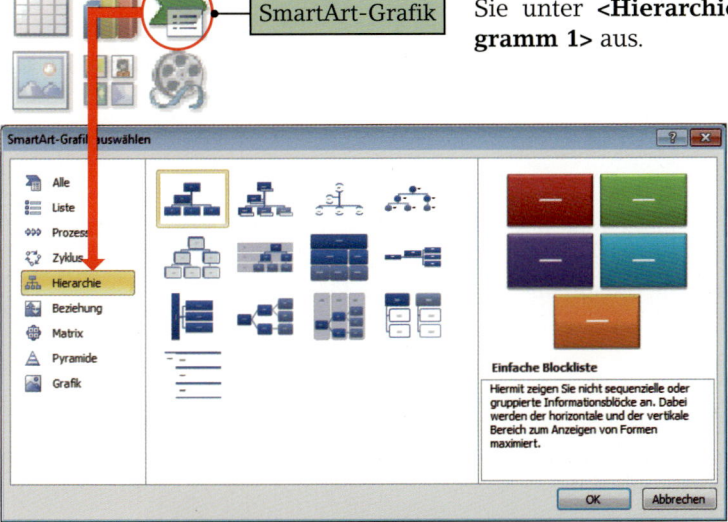

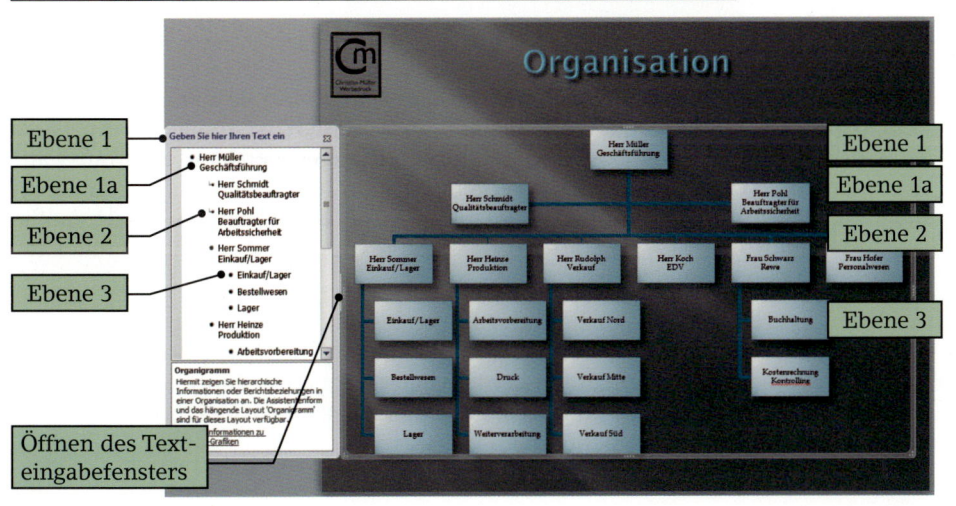

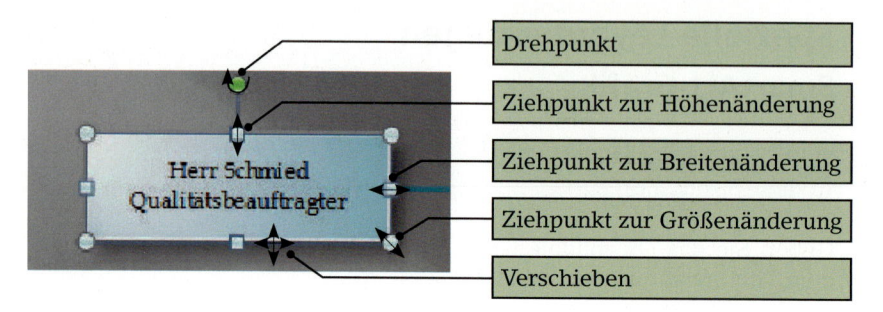

Drehpunkt
Ziehpunkt zur Höhenänderung
Ziehpunkt zur Breitenänderung
Ziehpunkt zur Größenänderung
Verschieben

Texteingabe

Geben Sie den Text im Texteingabefenster ein. Mit Shift + Enter gelangen Sie innerhalb eines Elements in die nächste Zeile. Mit der Tab-Taste stufen Sie das aktive Element eine Ebene tiefer. Zum Höherstufen benutzen Sie Shift + Tab.

Element einfügen

Um ein zusätzliches Element auf derselben Ebene einzufügen, betätigen Sie die Enter-Taste.

Element löschen

Markieren Sie das Element, indem Sie einmal auf den Rand klicken, und betätigen Sie anschließend die Entf-Taste. Alternativ können Sie auch im Texteingabefenster arbeiten und dort die entsprechenden Einträge löschen.

Element verschieben

Zum Verschieben eines Elementes klicken Sie zunächst auf eine beliebige Stelle im Diagramm und anschließend auf den Rand. Der Mauszeiger verwandelt seine Form entsprechend der Positionierung.

Schnellformatvorlage

Für die Zuweisung einer Schnellformatvorlage wählen Sie **<SmartArt-Tools>** → **<Entwurf>**. Sie können hier verschiedene zum Design passende Farbvorlagen (Primärdesignfarben) und diverse Objektformatierungen per Mouseover auswählen, in einer Vorschau die Zuweisungsergebnisse betrachten und sie per Mausklick endgültig zuweisen. Mit der Schaltfläche **<Grafik zurücksetzen>** machen Sie sämtliche benutzerdefinierte Formatzuweisungen rückgängig und setzen die Grafik wieder in den Ausgangszustand.

Das Menüband ist kontextspezifisch zusammengestellt, das bedeutet, die zur Verfügung stehenden Symbolschaltflächen und Befehle sind abhängig vom ausgewählten Objekt. Wenn Sie das „Organigramm 1" ausgewählt haben, können Sie Elemente (Formen) hinzufügen, die Seiten des Organigramms tauschen oder das Zweiglayout für das ausgewählte Element ändern.

Präsentationen mit MS-PowerPoint

Spezielle Layoutvorlagen

Elemente (Formen) hinzufügen und den Ebenen zuweisen

Texteingabefenster einblenden

Seitentausch

Sämtliche benutzerdefinierte Formatierungen für das Objekt werden rückgängig gemacht.

Zweiglayout zuweisen

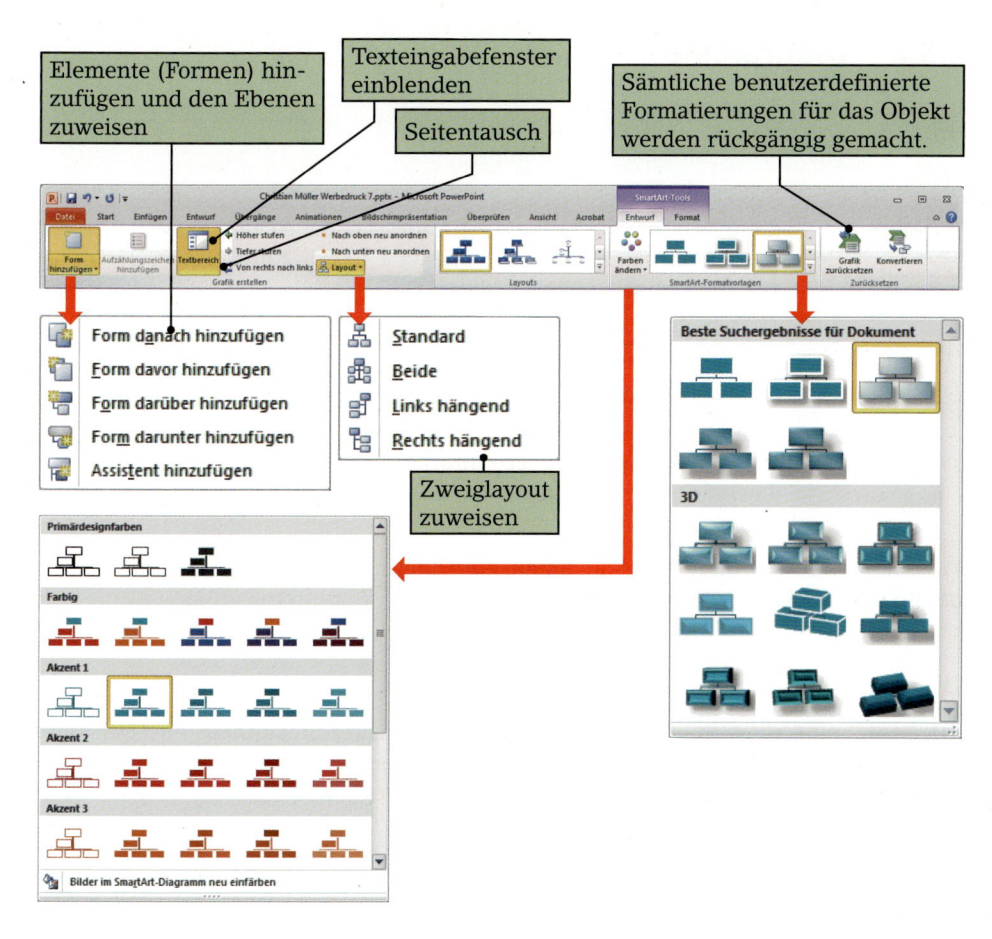

Element formatieren

Zum Formatieren einzelner oder mehrerer Diagrammelemente markieren Sie die Elemente mit gehaltener [Strg]-Taste und wählen anschließend im Kontextmenü **<Form formatieren>**. Für die Schnellformatierung mit Formatvorlagen stehen unter **<SmartArt-Tools>** → **<Format>** diverse Formatvorlagen zur Verfügung (s. 6.2.3 Formen).

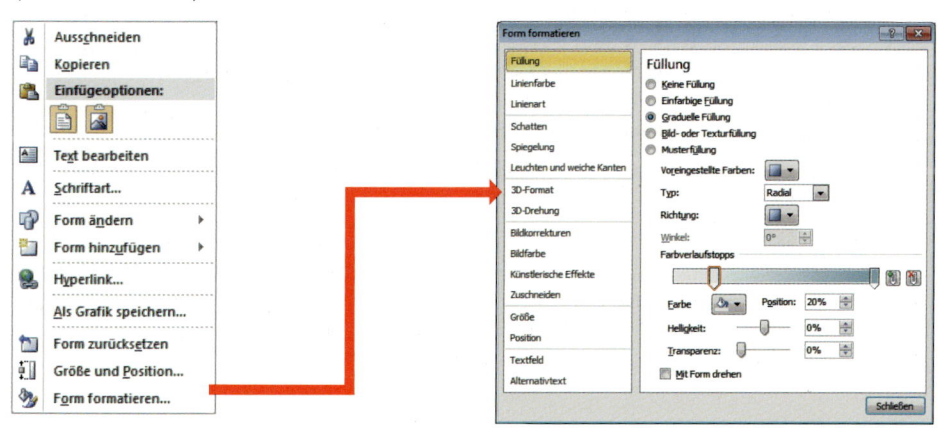

6.5.2 Diagramme

Situation: PowerPoint ermöglicht die Darstellung verschiedener Diagrammtypen. Das will Kerstin ausprobieren.

Aufgaben:
1. Erstellen Sie ein Säulendiagramm, das die Anzahl der Mitarbeiter bei CHRISTIAN MÜLLER WERBEDRUCK in der Entwicklung von 1960 bis 2010 zeigt.
2. Geben Sie als Folientitel *Mitarbeiterentwicklung* ein und löschen Sie den Diagrammtitel.
3. Löschen Sie die Legende und fügen Sie eine Beschriftung der vertikalen Achse hinzu.
4. Ändern Sie die Hintergrundfarbe des Diagramms, der Diagrammfläche und des Diagrammbodens.

PowerPoint bietet Ihnen die Möglichkeit, ein Diagramm in die Präsentation einzubetten oder einzufügen.

Diagrammtypen

Fügen Sie eine neue Folie mit der Layoutvorlage „Titel und Inhalt" ein. Der Diagrammtitel kann direkt auf der Folie eingegeben, gelöscht oder geändert werden. Mit einem Klick auf das Säulendiagrammsymbol öffnet sich das Auswahlfenster für den Diagrammtyp.

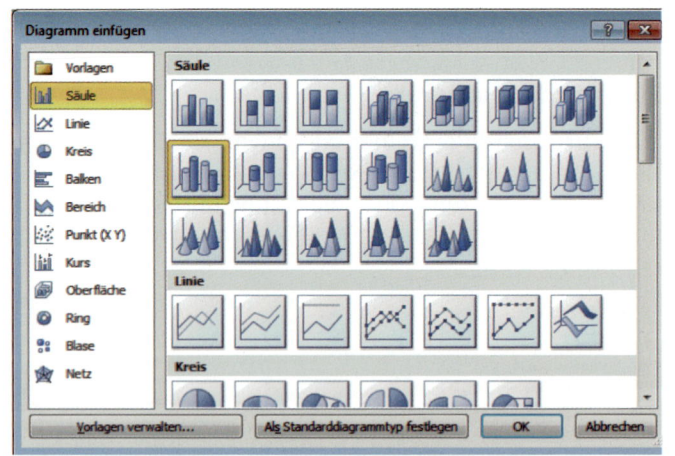

Präsentationen mit MS-PowerPoint

Es stehen die folgenden Diagrammtypen zur Auswahl:

Diagrammtyp	Symbol
Säulendiagramm	
Liniendiagramm	
Torten-/Ringdiagramm	
Balkendiagramm	
Bereichsdiagramm	
Punkt-/Oberflächendiagramm	
Kursdiagramm	
Blasen-/Netzdiagramm	

Wählen Sie als Diagrammtyp „Gruppierte Zylinder." Der Diagrammtyp lässt sich auch nachträglich über das Kontextmenü des Diagrammbereichs oder mit dem Befehl:

<Entwurf> → <Typ> → <Diagrammtyp ändern>

ändern.

Es öffnet sich ein Excel 2010-Arbeitsblatt, in dem Sie die voreingestellten Werte löschen und die Werte für Ihr Diagramm eingeben. Der Diagrammbereich wird durch die blauen Linien begrenzt. Passen Sie ihn entsprechend der Abbildung an.

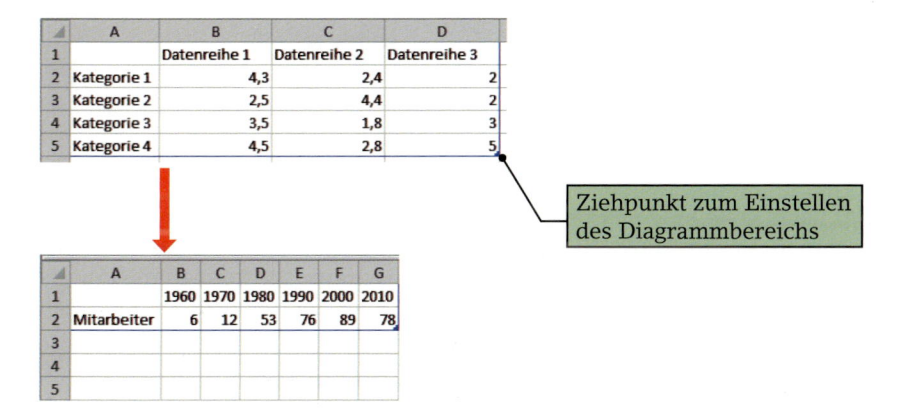

	A	B	C	D
1		Datenreihe 1	Datenreihe 2	Datenreihe 3
2	Kategorie 1	4,3	2,4	2
3	Kategorie 2	2,5	4,4	2
4	Kategorie 3	3,5	1,8	3
5	Kategorie 4	4,5	2,8	5

Ziehpunkt zum Einstellen des Diagrammbereichs

	A	B	C	D	E	F	G
1		1960	1970	1980	1990	2000	2010
2	Mitarbeiter	6	12	53	76	89	78
3							
4							
5							

Spezielle Layoutvorlagen

Einfügen aus Excel

Sie können ein Diagramm in die Präsentation auch einfügen, indem Sie es in Office Excel 2010 erstellen, anschließend kopieren und in die Präsentation einfügen. Die Daten im Diagramm sind automatisch mit dem Excel-Arbeitsblatt verknüpft. Wenn Sie an den Daten im Diagramm Änderungen vornehmen wollen, müssen Sie die Änderungen am verknüpften Arbeitsblatt in Office Excel 2010 vornehmen und anschließend aktualisieren. Das Arbeitsblatt befindet sich in einer getrennten Excel-Datei.

Layout anpassen

Um das Diagramm in Entwurf, Layout und Format weiterbearbeiten zu können, muss es zunächst aktiviert sein. Klicken Sie also einmal auf das Diagramm und wählen Sie anschließend ein passendes Layout aus.

<Diagrammtools> → <Entwurf> → <Diagrammlayouts>

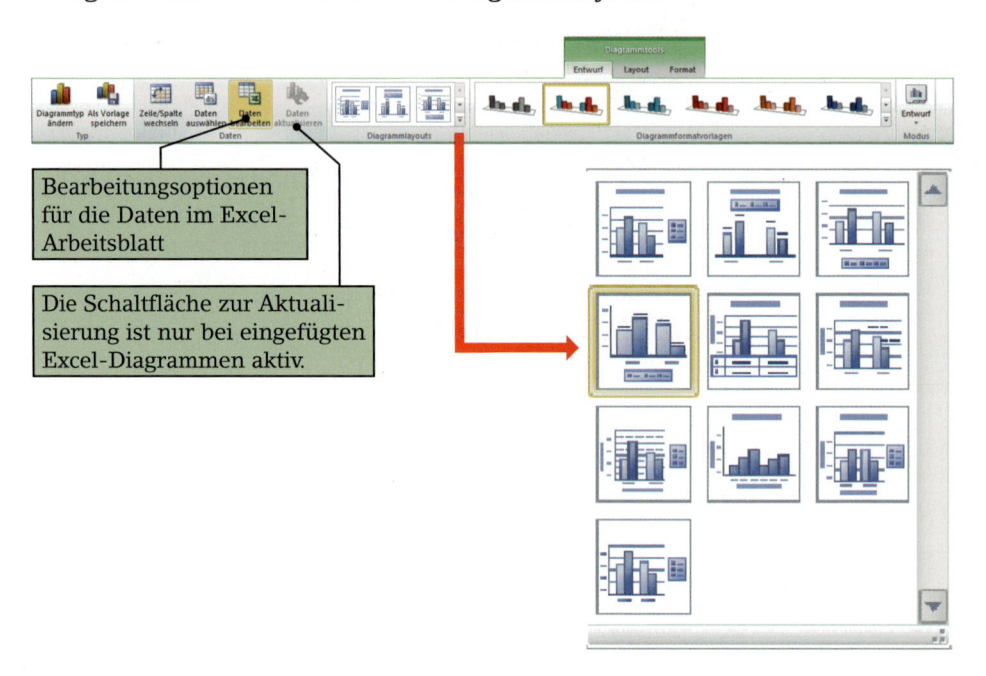

Bearbeitungsoptionen für die Daten im Excel-Arbeitsblatt

Die Schaltfläche zur Aktualisierung ist nur bei eingefügten Excel-Diagrammen aktiv.

Formatierungen

Sie können nach Erstellung des Diagramms Änderungen an allen Diagrammoptionen vornehmen. Da der Diagrammtitel mit dem Folientitel identisch ist, entfernen Sie ihn über das Kontextmenü mit dem Befehl **<Löschen>**. Sie können die einzelnen Bereiche und Objekte des Diagramms jeweils über das Kontextmenü löschen oder formatieren (siehe auch Folgeseite).

Farbenänderung	<Füllung> → <Einfarbige Füllung> → <Füllfarbe>
Muster einfügen	<Füllung> → <Musterfüllung> → <Vordergrundfarbe>

Präsentationen mit MS-PowerPoint

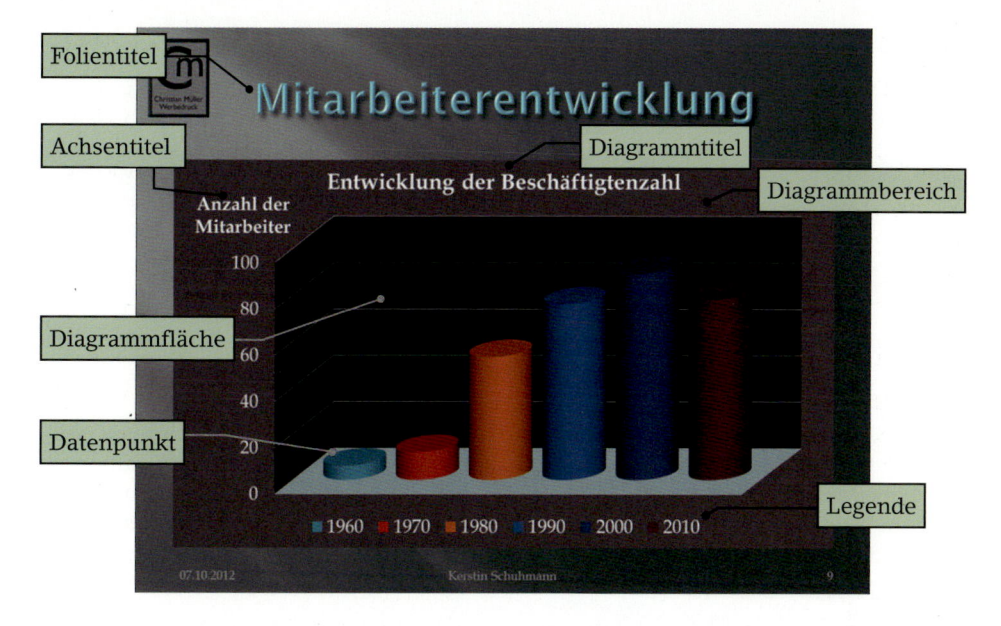

[Folienabbildung mit Beschriftungen: Folientitel, Achsentitel, Diagrammfläche, Datenpunkt, Diagrammtitel, Diagrammbereich, Legende — Diagramm "Mitarbeiterentwicklung / Entwicklung der Beschäftigtenzahl" mit Jahren 1960, 1970, 1980, 1990, 2000, 2010]

Wenn Sie die Beschriftung der vertikalen Achse mit der linken Maustaste anklicken, erhalten Sie im Kontextmenü die Möglichkeit, die Achse zu formatieren. Neben diversen Farb- und Effektoptionen können auch die Zahlen formatiert werden. Bei Auswahl der Formatierung **<Prozentsatz>** müssen die Zahlen in Prozent angegeben oder vorher durch 100 dividiert werden, weil sonst zu hohe Werte angezeigt werden.

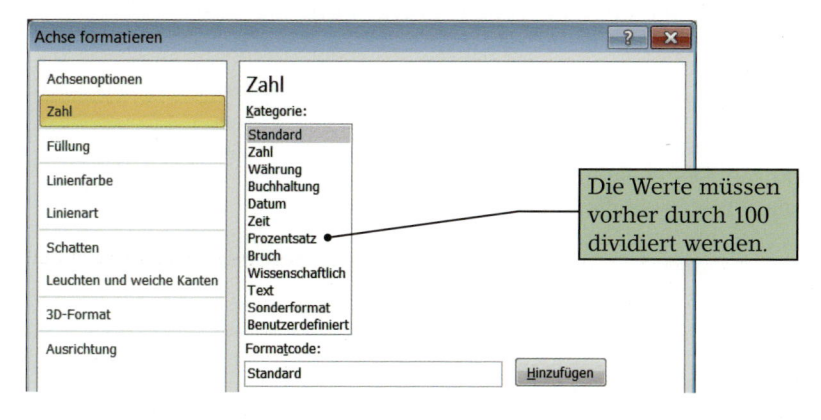

[Dialogfeld "Achse formatieren" mit Kategorien: Standard, Zahl, Währung, Buchhaltung, Datum, Zeit, Prozentsatz, Bruch, Wissenschaftlich, Text, Sonderformat, Benutzerdefiniert — Hinweis: "Die Werte müssen vorher durch 100 dividiert werden."]

Um die Datenpunkte der Datenreihe mit Werten zu versehen, klicken Sie auf die Diagrammfläche und gehen in den **<Diagrammtools>** → Registerkarte **<Format>** → Gruppe **<Beschriftungen>** auf die Schaltfläche **<Datenbeschriftungen>** und dann auf **<Anzeigen>**. Über **<Weitere Datenbeschriftungsoptionen>** können Sie die Werte über den Befehl **<Zahl>** z. B. als Zahl mit 2 Dezimalstellen, Prozentangaben oder Sonstiges formatieren.

6.6 Ausgabe

6.6.1 Drucken

Situation Kerstin hat ihre Präsentation fertiggestellt und möchte Handouts drucken.

Aufgabe Drucken Sie die Präsentation als Handzettel mit jeweils sechs Folien pro Seite horizontal im Querformat. Die Handzettel sollen die Firma, das Datum des Drucks, Seitenzahlen und in der Fußzeile den Namen des Präsentationserstellers enthalten.

Wenn Sie Ihre Präsentation über einen Beamer vorführen, kann es sinnvoll sein, Handouts mit den Folieninhalten oder Notizseiten zu verteilen, um den Zuhörern das Mitschreiben zu ersparen. Sie können den Inhalt anordnen, die Seite im Hoch- oder im Querformat ausrichten und die Anzahl der Folien pro Seite angeben. Möchten Sie die Folien mittels eines Tageslichtprojektors zeigen, benötigen Sie die Folien in dem entsprechenden Format als Druck.

Sie können Kopf- und Fußzeilen sowie Seitenzahlen hinzufügen und bearbeiten sowie eine Vorschau dafür anzeigen. Um die Darstellungsweise, Position und Größe des Kopf- und Fußzeilentextes, des Datums oder der Seitenzahlen auf allen Handzetteln zu ändern, sollten Sie die Änderungen am Handzettelmaster vornehmen. Wenn Sie einen Namen oder ein Logo einbinden möchten, der bzw. das auf jeder Seite des Handzettels aufgeführt werden soll, sollten Sie dem Master den Namen bzw. das Logo hinzufügen. Im Handzettelmaster vorgenommene Änderungen werden auch angezeigt, wenn eine Gliederung gedruckt wird.

Drucken der Handzettel

Klicken Sie auf **<Datei>**, anschließend auf ➜ **<Drucken>**. Sie erhalten eine Ansicht, die Ihnen zeigt, wie die Folien gedruckt aussehen werden. Die meisten Präsentationen sind für eine farbige Darstellung konzipiert, Folien und Handzettel werden hingegen im Allgemeinen in Schwarz-Weiß oder Graustufen gedruckt. Beim Drucken in Graustufen werden Farbbilder in unterschiedlichen Grautönen wiedergegeben.

In der Befehlsgruppe **<Einstellungen>** wählen Sie **<Seite>** ➜ **<Querformat>** und die gewünschte Handzettel-Layoutoption 6 Folien horizontal aus.

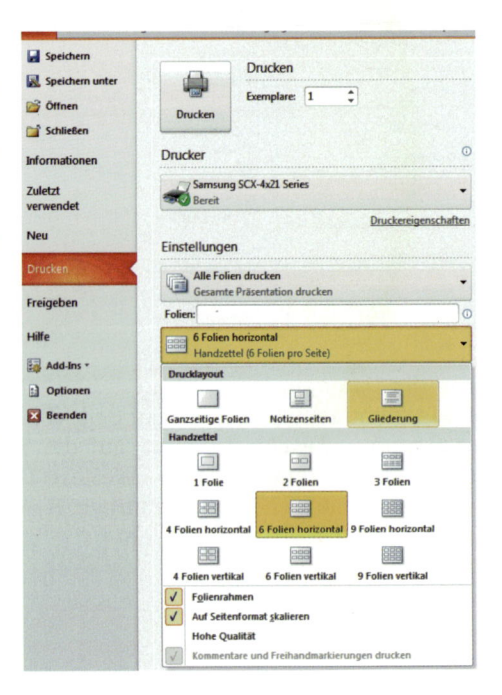

Präsentationen mit MS-PowerPoint

Die Eingaben für die Kopf- und Fußzeile nehmen Sie in einem Dialogfenster vor, das Sie einblenden über die Befehle:

<Datei> → <Drucken> → <Kopf und Fußzeile bearbeiten>

Druckoptionen

Sie können in dem Backstage-Bereich <Datei> → <Drucken> die folgenden Einstellungen vornehmen:

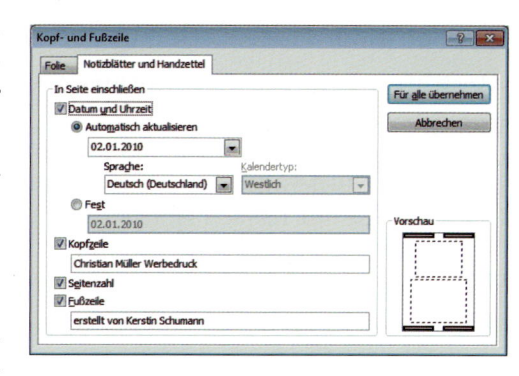

Drucker	Das Ausgabegerät
Exemplare	die Anzahl der zu druckenden Exemplare
Bereich	– <Alle Folien> → <Gesamte Präsentation> – <Auswahl drucken> → <Markierte Folien> – <Aktuelle Folie> – <Benutzerdefinierter Bereich> → <Angabe der Foliennummern im Eingabefeld>
Drucklayout	– ganzseitige Folien – Notizenseiten – Gliederung
Handzettel	mehrere Folien pro Seite
Sortiert	Druckreihenfolge bei mehreren Exemplaren
Farbe	Ein Schwarz-Weiß-Drucker druckt bei dieser Option in Graustufen.
Graustufen	Bei dieser Option werden Bilder gedruckt, die verschiedene Grautöne zwischen Schwarz und Weiß enthalten. Hintergrundfüllbereiche werden weiß gedruckt, um den Text lesbarer zu gestalten. (In einigen Fällen werden Graustufen wie reines Schwarz-Weiß angezeigt.)
Reines Schwarz-Weiß	Bei dieser Option werden die Handzettel ohne Graufüllung gedruckt.

Ausgabe

Drucken einer Präsentation in der Gliederungsansicht

<Ansicht> → <Präsentationsansichten> → <Normal>

Wählen Sie im Navigationsbereich unter **<Normal>**, der die Registerkarten **<Gliederung>** und **<Folie>** enthält, die Registerkarte **<Gliederung>**. Im Kontextmenü können Sie Gliederungsebenen ein- und ausblenden (erweitern und reduzieren). Es lassen sich nur Ebenen einblenden, die bereits im Layout als Textfenster vorhanden waren. Zusätzlich hinzugefügte Textfenster bleiben bei der Gliederung unberücksichtigt. Die ausgeblendeten Ebenen werden nicht gedruckt.

<Datei> → <Drucken> → <Einstellungen> → <Drucklayout> → <Gliederung>

6.6.2 Speichern

Situation Kerstin hat ihre Präsentation fertiggestellt und möchte sie so speichern, dass sie auch mit einer älteren PowerPoint-Version zu öffnen ist.

Wenn Sie die Office PowerPoint 2010-Präsentation im Dateiformat einer früheren Version von PowerPoint speichern, können Office PowerPoint 2010-spezifische Formatierungen und Leistungsmerkmale nicht erhalten werden. Neue visuelle Effekte, die in Office PowerPoint 2010 zur Verfügung stehen, werden in früheren PowerPoint-Versionen in nicht bearbeitbare Bilder konvertiert. Designs, Designfarben, -effekte und -schriftarten werden in eigenständige Formate konvertiert.

PowerPoint 2010 unterstützt das Speichern im PowerPoint 97-, 2000-, 2002-, 2003- und 2007-Format. Das Speichern in Formaten früherer Versionen ist nicht möglich. PowerPoint bietet darüber hinaus die Möglichkeit, die Präsentationen so zu speichern, dass sie in anderen Programmen gezeigt werden können. Angenommen Sie möchten die Präsentation auf einem PC betrachten, auf dem kein PowerPoint installiert ist. Wählen Sie z. B. einen Dateityp wie PDF, so können Sie die Präsentation im Adobe-Reader – einem frei zum Download stehenden PDF-Programm – öffnen.

Hier die wichtigsten Dateiformate, in denen gespeichert werden kann.

PPT	PowerPoint 97-2003-Präsentation	eine Präsentation, die Sie in einer früheren Version von PowerPoint, PowerPoint 97 bis Office PowerPoint 2003, öffnen können
Endung X	PowerPoint 2007- und 2010-Format	XML-aktiviertes Dateiformat
Endung M	enthält Makros	eine Präsentation, die VBA-Code (Visual Basic für Applikationen) enthält
Endung A	Enthält ein Add-In	eine Präsentation mit einer PowerPoint-Add-In Erweiterung
POT, POTX, POTM	Design	wird in einem speziellen Templates-Ordner gespeichert
Endung S statt T	PowerPoint-Bildschirmpräsentation	eine Präsentation, die immer in der Bildschirmpräsentationsansicht statt in der Normalansicht geöffnet wird

Präsentationen mit MS-PowerPoint

HTM; HTML	Webseite	eine Webseite als Ordner mit einer HTM-Datei und allen unterstützenden Dateien wie beispielsweise Bild-, Audiodateien, Cascading Stylesheets, Skripts usw. Eignet sich gut zum Bereitstellen auf einer Website oder zum Bearbeiten mit Microsoft Office FrontPage oder einem anderen HTML-Editor.
MHT; MHTML	Webseite in einer Datei	eine als einzelne HTM-Datei zusammengefasste Präsentation; eignet sich gut zum Senden einer Präsentation als E-Mail.
GIF, JPG, PNG, TIF, BMP	Bildformate	Jede Folie wird als separate Datei in einem Bildformat gespeichert.
PDF	PDF-Dokument	ein PostScript-basiertes elektronisches Dateiformat, das von Adobe Systems entwickelt wurde
XML	Datenaustauschformat	XML ist plattformunabhängig, d. h., XML-Daten können in jedem für die Verwendung von XML konzipierten Programm gelesen und verarbeitet werden, wobei weder Hardware noch Betriebssystem eine Rolle spielen.

Sie können eine Datei in einem Ordner auf Ihrer Festplatte, in einer Netzwerkadresse, auf einem Datenträger, auf einer CD, auf dem Desktop oder an einem anderen Speicherort speichern. Sie müssen den Zielspeicherort in der Strukturleiste des Dialogfensters <Speichern unter> auswählen. Unabhängig vom ausgewählten Speicherort ist die Vorgehensweise beim Speichern immer gleich.

<Datei> → <Speichern unter>

Geben Sie im Feld **Dateiname** einen neuen Namen für die Datei ein. Klicken Sie in der Liste **Dateityp** auf das Dateiformat, in dem Sie die Datei speichern möchten.

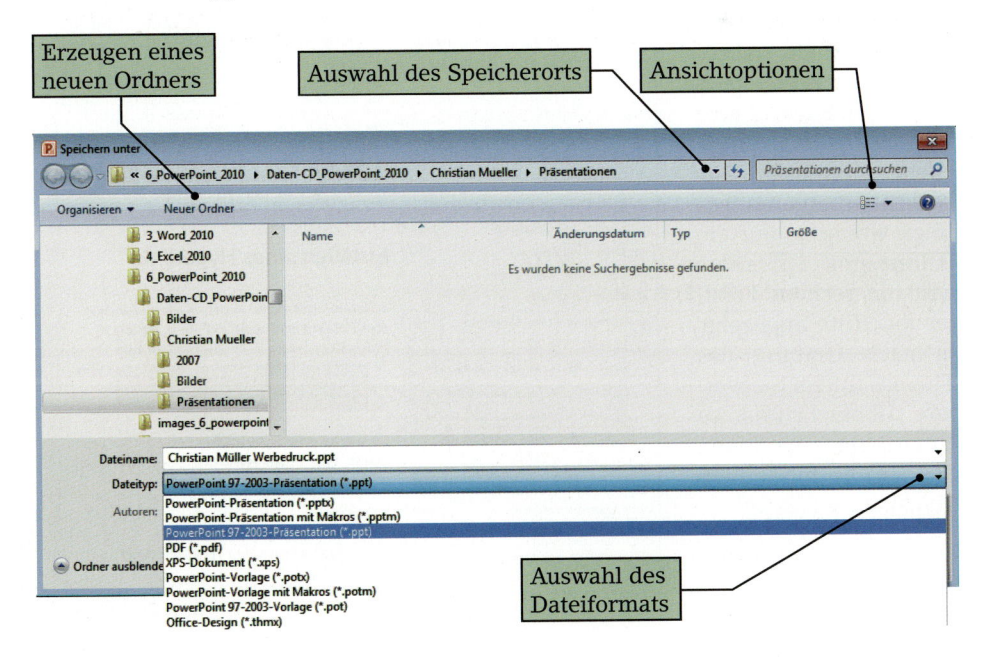

6.7 Hilfe

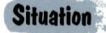

Situation: Kerstin möchte sich die Navigation während der Bildschirmpräsentation erleichtern, indem sie von der Inhaltsfolie aus alle anderen Folien ansteuern kann.

Aufgaben:
1. Klären Sie mit der Hilfefunktion, wie Sie Hyperlinks setzen können, und erstellen Sie ein Inhaltsverzeichnis mit Links zu den Folien.
2. Setzen Sie mithilfe der Masterfolie in die rechte untere Ecke eine interaktive Schaltfläche zum Zurückkehren auf das Inhaltsverzeichnis.

Rufen Sie die PowerPoint-Hilfe mit der Funktionstaste F1 oder mit dem **<Fragezeichen-Symbol>** in der oberen rechten Ecke des Bildschirms auf. Geben Sie den Suchbegriff ein und klicken Sie auf **<Suchen>**. Zeigen Sie mit der Maus auf das blau dargestellte Hilfethema, das Sie lesen möchten.

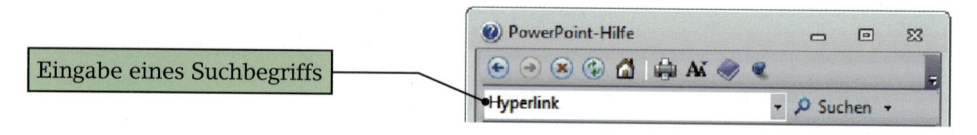

Eingabe eines Suchbegriffs

Es erleichtert den Umgang mit der Hilfefunktion, wenn Sie sich in der Terminologie des Programms auskennen, da andernfalls erst der zu suchende Begriff erkundet werden muss.

Ist der Suchbegriff nicht bekannt, empfiehlt sich die Suche über das Inhaltsverzeichnis. Um das Inhaltsverzeichnis einzublenden, klicken Sie auf der Symbolleiste des Hilfefensters das Buchsymbol an. Anschließend können Sie direkt Hilfethemen anwählen (Fragezeichen) oder weitere Buchsymbole im Inhaltsverzeichnis anklicken. Es wird eine weitere Gliederungsebene mit einer Liste von Hilfethemen angezeigt. Wenn sie auf ein Hilfethema klicken, wird im rechten Fenster die Hilfe angezeigt. Je nach Umfang des Themas finden Sie weitere Überschriften zu Unterthemen, zu denen Sie jeweils mit einem Mausklick gelangen.

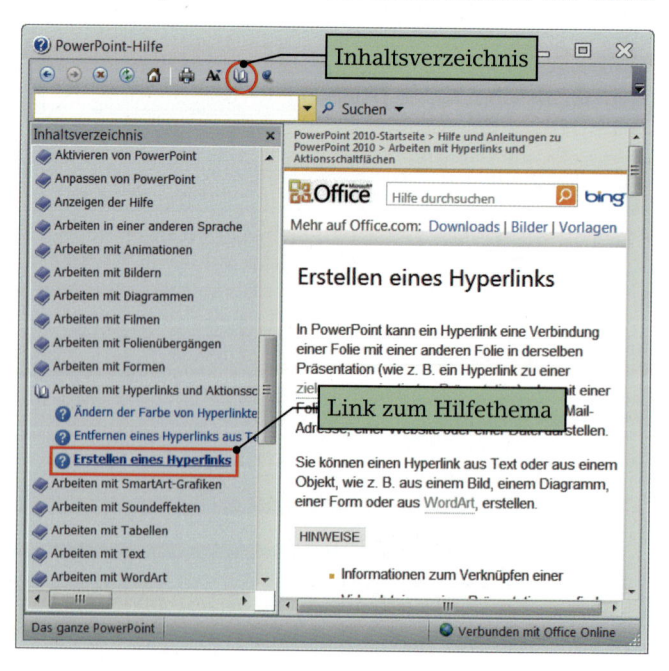

Inhaltsverzeichnis

Link zum Hilfethema

Modul 6: Aufgaben zur Wiederholung (ECDL-Tests s. S. 2)

[x] bedeutet die Anzahl richtiger Antworten.

Aufgaben zu Modul 6.1 Erste Schritte:

1. Ordnen Sie die Bestandteile des Bildschirms zu.
   a) Notizenfeld
   b) Menüband
   c) Schnellstartleiste
   d) Zoom
   e) Foliennavigationsleiste

2. Ordnen Sie die Befehlsbereiche den Registern zu.
   a) Kommentare einfügen, Übersetzungs- und Recherchetools
   b) Konfiguration der Präsentation
   c) Übergänge erstellen und bearbeiten
   d) Grundlegende Befehle für das Erstellen einer Präsentation
   e) Objekte einfügen

   1. Start
   2. Einfügen
   3. Entwurf
   4. Übergänge
   5. Überprüfen

3. Welche Aussagen sind richtig? Der Befehl **<Speichern>** [3]
   a) … aktiviert das Dialogfenster **<Speichern unter>**, falls die vorliegende Präsentation noch nicht gespeichert wurde.
   b) … gibt Ihnen auf keinen Fall die Gelegenheit, den gewünschten Namen und Speicherort für die Präsentation anzugeben.
   c) … löst den Befehl Speichern (genauer: eine Aktualisierungsspeicherung) aus, falls die Präsentation bereits gespeichert wurde.
   d) … gibt Ihnen in jedem Fall die Gelegenheit, den gewünschten Namen und Speicherort für die Präsentation anzugeben.
   e) … kann nicht verwendet werden, um eine geöffnete Präsentation umzubenennen.

4. Welche Aussage ist richtig? Sie speichern und wählen als Dateityp: *PowerPoint-97-2003-Präsentationen* [1]
   a) Es werden bei einer Speicherung unter diesem Dateityp möglicherweise nicht alle Elemente korrekt übernommen.
   b) Dieser Dateityp wird von Office 2010 nicht unterstützt.
   c) Die Datei wird konvertiert und kann in Office 2010 dann nicht mehr weiterbearbeitet werden.
   d) Eine Speicherung unter dem Dateityp *PowerPoint-97-2003-Präsentationen* ist nicht erforderlich, da in PowerPoint 2010 erstellte Präsentationen problemlos in Vorgängerversionen bis einschließlich PowerPoint 97 geöffnet und bearbeitet werden können.

5. Welche Aussage ist richtig? Sie haben den Ordner *Präsentationen* in PowerPoint als Standardspeicherort eingestellt. [1]
   a) Es kann nur noch im Ordner *Präsentationen* gespeichert werden.

b) Der Ordner wird bei Aufruf der Befehle **<Speichern unter>** und **<Öffnen>** angesteuert.
c) Der Ordner wird bei Aufruf des Befehls **<Speichern unter>,** nicht aber beim Befehl **<Öffnen>** angesteuert.
d) Es kann nur noch im Ordner *Präsentationen* und den eingerichteten Unterordnern gespeichert werden.

Aufgaben zu Modul 6.2 Folien, Textfelder und Objekte:

6. Sie möchten den Abstand zwischen zwei Zeilen vergrößern. Wie lautet der richtige Befehl? [1]
   a) **<Start>** → **<Format>** → **<Zeilenabstand>**
   b) **<Format>** → **<Absatz>** → **<Zeilenabstand>**
   c) **<Start>** → **<Bearbeiten>** → **<Zeilenabstand>**
   d) **<Format>** → **<Anordnen>** → **<Zeilenabstand>**
   e) **<Start>** → **<Absatz>** → **<Zeilenabstand>**

7. Sie möchten ein Textfeld mit einer Füllfarbe versehen. Wie lautet der richtige Befehl? [1]
   a) **<Ansicht>** → **<Farbe/Graustufe>** → **<Farbe>**
   b) **<Einfügen>** → **<Illustrationen>** → **<Farbverlauf>**
   c) **<Format>** → **<Formenarten>** → **<Fülleffekt>**
   d) **<Format>** → **<Farbverlauf>** → **<Fülleffekt>**
   e) **<Entwurf>** → **<Designs>** → **<Farben>**

8. Sie möchten ein Bild von einer Folie auf eine andere kopieren. Welche Befehlsfolge ist richtig? [1]
   a) Bild markieren, Strg + X, Zielfolie aufrufen, Strg + V
   b) Bild markieren, Strg + V, Zielfolie aufrufen, Strg + C
   c) Bild markieren, Strg + C, Zielfolie aufrufen, Strg + V
   d) Bild markieren, Strg + C, Zielfolie aufrufen, Strg + X

9. Was passiert, wenn Sie den Mauszeiger nach links bewegen? [1]
   a) Das Bild wird proportional vergrößert.
   b) Das Bild wird gezerrt.
   c) Das Bild wird verschoben.

10. Wenn Sie mit der rechten Maustaste auf ein Bild klicken, so erhalten Sie ein Kontextmenü. Welche Funktion hat der Befehl **<In den Hintergrund>**? [1]
    a) Das Bild wird hinter andere sich überlappende Objekte positioniert.
    b) Das Bild wird hinter der Folie verborgen und kann mit dem Befehl **<In den Vordergrund>** wieder sichtbar gemacht werden.
    c) Das Bild ist auf allen Folien der Präsentation als Hintergrundbild sichtbar.

11. Wie heißt dieses Folienlayout? [1]
    a) zweispaltiger Text
    b) Titel und Inhalt
    c) Aufzählung
    d) Bild mit Überschrift
    e) Abschnittsüberschrift

Präsentationen mit MS-PowerPoint

Aufgaben zu den Modulen 6.3 Animationen und 6.4 Ansichten:

12. Sie haben das Hauptregister **<Animationen>** aufgerufen. Welche Möglichkeiten bietet dieser Bereich? [3]
    a) Animationsreihenfolge festlegen
    b) Objekte löschen
    c) Animationseffekte festlegen
    d) vorgefertigte Sounds (z. B. Applaus) zuweisen
    e) Beleuchtungseffekte einstellen
    f) Objekte verknüpfen

13. Welche Aussagen zu Folienübergängen sind richtig? [3]
    a) Folienübergänge können im Register **<Animationen>** eingerichtet werden.
    b) Mit einem Folienübergang wird festgelegt, in welcher Reihenfolge die einzelnen Elemente auf einer Folie erscheinen.
    c) Folienübergänge können automatisiert werden.
    d) Ein Folienübergang kann wahlweise einer einzelnen oder allen Folien zugewiesen werden.
    e) Folienübergänge können in der Ansicht **<Übergänge>** zugewiesen werden.

14. Ordnen Sie die Steuerelemente der Bildschirmpräsentation den Funktionen zu.
    1. Enter
    2. ←
    3. Esc
    4. B

    a) Wechsel zur vorangegangenen Folie
    b) Wechsel zur nächsten Folie
    c) Beenden der Bildschirmpräsentation
    d) Anzeigen eines schwarzen Bildschirms

15. Um welche Ansichtsform handelt es sich? [1]
    a) Normalansicht
    b) Folienansicht
    c) Notizenseite
    d) Foliensortieransicht
    e) Bildschirmpräsentation

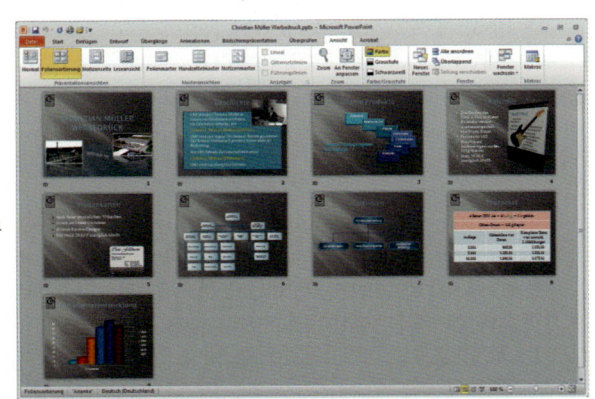

16. Ordnen Sie zu.
    a) Normalansicht
    b) Bildschirmpräsentation
    c) Foliensortieransicht
    d) Leseansicht

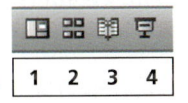

    1 2 3 4

Aufgaben zu den Modulen 6.5 Spezielle Layoutvorlagen, 6.6 Ausgabe und 6.7 Hilfe:

17. Was versteht man unter Handzetteln in PowerPoint ? [1]
    a) Es handelt sich um eine Druckoption, bei der immer 3 Folien auf einer Seite ausgedruckt werden.
    b) Die Einstellung „Handzettel" eröffnet Ihnen die Möglichkeit, eine oder mehrere Folien pro Seite zu drucken.
    c) Die Folien werden mit Vortragsnotizen gedruckt.
    d) Die Folien werden zusammen mit der Gliederung gedruckt.

18. Welchem Zweck dient die Speicherung einer PowerPoint-Präsentation im HTML-Format? [1]
    a) Die Präsentation wird komprimiert und benötigt deshalb weniger Speicherplatz.
    b) Die Präsentation kann im Internet veröffentlicht werden.
    c) Die Präsentation wird in Schwarz-Weiß-Ansicht gespeichert.

19. Welche Aussage zur Diagrammbearbeitung ist falsch? [1]
    a) Beim Einbetten von Daten aus einem Diagramm in PowerPoint bearbeiten Sie die Daten in Office Excel 2010 und das Arbeitsblatt wird mit der PowerPoint-Datei gespeichert.
    b) Sie betten ein Diagramm in die Präsentation ein, indem Sie es in Office Excel 2010 erstellen, anschließend kopieren und in die Präsentation einfügen.
    c) Beim Einfügen eines Diagramms aus Excel sind die Daten im Diagramm automatisch mit dem Excel-Arbeitsblatt verknüpft.
    d) Beim Einfügen eines Diagramms aus Excel wird das Excel-Arbeitsblatt als getrennte Datei gespeichert.

20. Ordnen Sie die Dateiformate richtig zu.
    a) Eine Präsentation, die Sie in einer früheren Version von PowerPoint, PowerPoint 97 bis Office PowerPoint 2003, öffnen können
    b) Eine Präsentation, die immer in der Bildschirmpräsentationsansicht statt in der Normalansicht geöffnet wird
    c) XML-aktiviertes Dateiformat von PowerPoint 2010
    d) Design, das in einem speziellen Templates-Ordner gespeichert wird

    1. PPT
    2. PPTX
    3. POT/POTX
    4. PPS/PPSX

21. Welche Aussagen zu Hyperlinks sind richtig? [3]
    a) Zum Erstellen eines Hyperlinks markiert man eine Textstelle oder ein Objekt und wählt im Kontextmenü **<Hyperlink>**.
    b) Hyperlinks können nur zu einer Zielfolie innerhalb derselben Datei angelegt werden.
    c) Von PowerPoint-Folien aus können Sie Hyperlinks zu einer bestimmten Stelle in einer Datei erstellen, die im Microsoft Office Excel- (XLSX) oder im Microsoft Office Word-Dateiformat (DOCX) gespeichert ist.
    d) Um in der Normalansicht einem Hyperlink zu folgen, hält man die Strg-Taste gedrückt und klickt auf den Hyperlink.
    e) Um in PowerPoint einen Hyperlink zu setzen, muss die Textstelle bzw. das Objekt zunächst markiert und anschließend mit der Maus auf die Zielfolie in der Navigationsleiste gezogen werden.

7 Informations- und Kommunikationsnetze im Web

7.1 Internet und Webbrowser

Situation Bei CHRISTIAN MÜLLER WERBEDRUCK sollen alle Mitarbeiterinnen und Mitarbeiter über gute Kenntnisse im Umgang mit dem Internetbrowser verfügen. Kerstin macht sich daher mit den wichtigsten Funktionen des Programms Internet Explorer von Microsoft vertraut.

Im Modul 1 wurde schon detailliert auf die Möglichkeiten und Gefahren des Internets und wie man sich vor ihnen schützt eingegangen. In den folgenden Unterkapiteln soll das Augenmerk speziell auf den Browser **Microsoft Internet Explorer** gelegt werden, u. a. auch im Hinblick darauf, wie man durch Einstellungen im Browser Gefahren aus dem Netz abwehren kann.

Die elektronische Post bzw. E-Mail ist heutzutage ebenfalls kaum wegzudenken, ist das Versenden elektronischer Post doch sehr schnell, einfach und kostengünstig zu bewerkstelligen. Im Modul 7.2 erfahren Sie, welche Möglichkeiten der elektronischen Post **Microsoft Outlook** bietet.

7.1.1 Die Funktionsweise von Webbrowsern am Beispiel von MS Internet Explorer

Situation Kerstin hat als Browser den Internet Explorer von Microsoft aufgerufen. Sie will ihn besser kennenlernen.

Der **Microsoft Internet Explorer** ist der am meisten eingesetzte Webbrowser auf der Welt, dicht gefolgt vom Webbrowser **Firefox.** Weitere bekannte Browser sind **Opera, Safari** (von Apple) oder **Google Chrome.** Browser werden i. d. R. kostenlos angeboten. Allerdings erhält man nicht automatisch einen Zugriff auf das Internet, wenn der gewünschte Browser installiert worden ist. Dazu wird ein Internetzugang eines Providers (ISP) gebraucht.

Wählen Sie Ihre(n) Webbrowser

mozilla Firefox	Windows Internet Explorer 8	Google chrome	Safari	Opera browser
Ihre Sicherheit hat höchste Priorität für Firefox. Firefox ist kostenlos, übernimmt nicht Ihren Computer und schützt Ihre Privatsphäre.	Speziell für mehr Datenschutz und sicheres Surfen im Internet entwickelt. Kostenlos von Microsoft!	Google Chrome. Der schnelle, neue Browser. Für alle.	Safari für Windows von Apple. Der innovativste Browser der Welt.	Der schnellste Browser der Welt. Sicher, leistungsstark und benutzerfreundlich mit ausgezeichnetem Datenschutz.

Das folgende Schaubild zeigt den **Internet Explorer** mit der geladenen Website der **URL** http://www.ecdl.de. Diese Seite kann aufgerufen werden, indem man die URL oder einfach nur die Webadresse in die Adressleiste eingibt und per Return-Taste bestätigt.

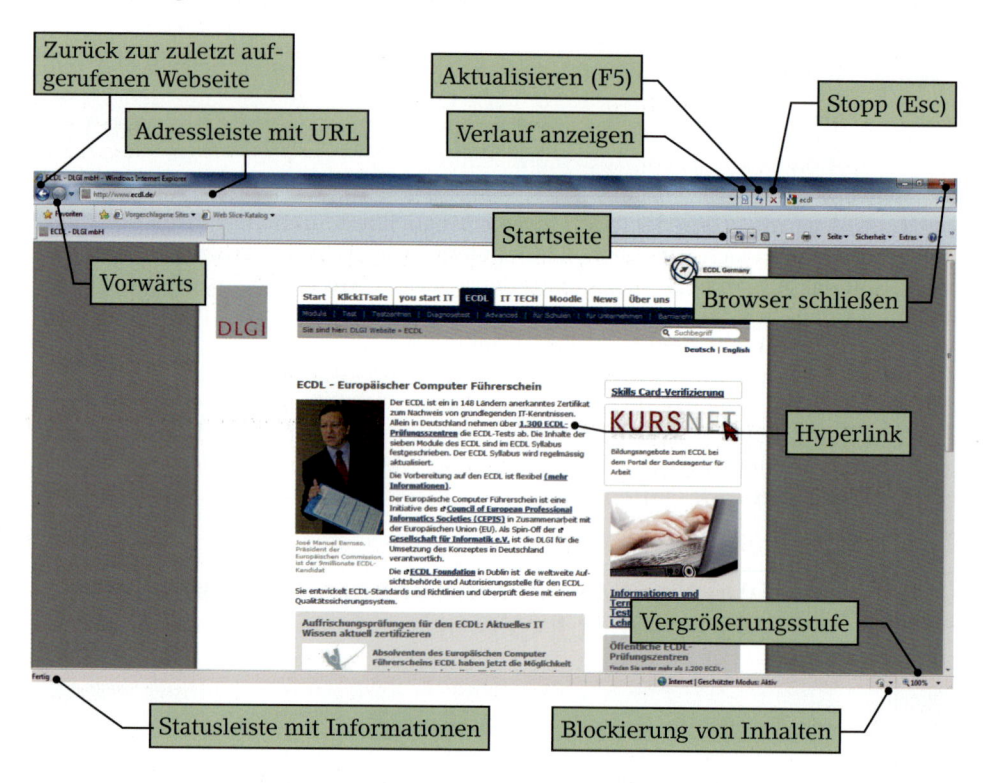

Zurück zur zuletzt aufgerufenen Webseite
Aktualisieren (F5)
Stopp (Esc)
Adressleiste mit URL
Verlauf anzeigen
Startseite
Vorwärts
Browser schließen
Hyperlink
Vergrößerungsstufe
Statusleiste mit Informationen
Blockierung von Inhalten

Eine Website kann als **Startseite** festgelegt werden. Diese Seite wird dann immer beim Neustart des Webbrowsers aufgerufen. Da der Browser die aufgerufenen Websites zwischenspeichert, kann es passieren, dass nicht die aktuelle Version aus dem WWW heruntergeladen wird, sondern dass die noch gespeicherte Website aufgerufen wird. In diesem Fall müssen Sie über die Schaltfläche **<Aktualisieren>** bzw. die Funktionstaste <F5> das erneute Herunterladen der Website auslösen, um evtl. aktuellere Informationen zu erhalten.

Startseite

In diesem Browser ist als Startseite die Homepage der ECDL-Zentrale eingestellt (siehe Bearbeitungsfenster oben). Die Startseite wird immer beim Start des Browsers geladen oder über den Button Startseite (Kleines Häuschen) aufgerufen.

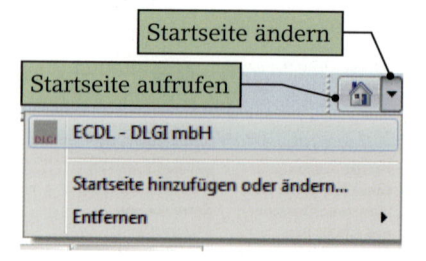

Startseite ändern
Startseite aufrufen

Soll eine andere Startseite festgelegt werden, so muss diese neue Startseite (z. B. www.bahn.de) aufgerufen und dann auf das Listenfeld für die Startseite geklickt werden. Als Änderungsoptionen werden Ihnen die rechts abgebildeten drei Varianten angeboten:

Wollen Sie zur vorher aufgerufenen Webseite zurückkehren, können Sie dafür die Schaltfläche **<Zurück>** verwenden, entsprechend gehen Sie mit der Schaltfläche **<Vorwärts>** zur nächsten schon einmal geladenen Website. Dauert das Herunterladen einer Website zu lange, können Sie über die Schaltfläche **<Stopp>** (bzw. die Taste Esc) das Herunterladen der Website abbrechen.

Über die **Hyperlinks** einer Webpage können häufig weitere Websites aufgerufen werden; diese können Sie sich auch in einem **neuen Fenster** oder **Registerblatt** anzeigen lassen (Über Strg → **<Klick auf den Link>**, **<Rechtsklick auf den Hyperlink>** oder das Pulldown-Menü **<Seite>**).

Symbolleisten oder Menüleiste anpassen

Über einen Rechtsklick auf die Symbolleiste bzw. über die Menüs **<Ansicht>** oder **<Extras>** können Sie einzelne Symbolleisten ein- oder ausblenden und anpassen.

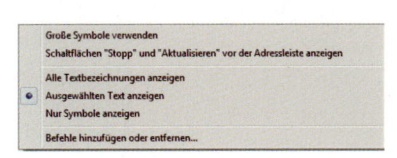

Schaltfläche <Verlauf> bzw. **<AutoVervollständigen für Adressleiste anzeigen>:** Klicken Sie am Ende der Adressleiste auf den Pfeil **<AutoVervollständigen für Adressleiste anzeigen>,** um eine Liste mit Webadressen in der Reihenfolge anzuzeigen, die zuvor in die Adressleiste eingegeben wurden.

Auch über die Schaltfläche **<Favoriten>** kann die Chronik des Verlaufs (alphabetisch sortiert) nach dem Datum des Besuchs der Website angezeigt werden. Über Markieren des Links und Rechtsklick können erweiterte Angaben angezeigt werden bzw. Links aus der Verlaufsübersicht gelöscht werden.

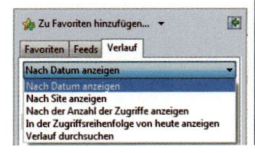

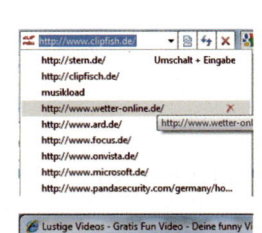

Fachbegriffe

Sicherlich kennen Sie schon den einen oder anderen Fachbegriff im Zusammenhang mit dem WWW. Die folgenden Begriffe sind grundlegend und häufig verwendet, sodass in der ECDL-Prüfung Wert darauf gelegt wird, dass sie gekannt und erläutert werden können.

Fachbegriffe rund um das WWW	
Internet	Das **Internet** ist ein weltweites Kommunikationsnetz mit Hunderttausenden von Verbindungsrechnern und mehreren Milliarden angeschlossenen Computern als Kommunikationseinrichtungen (vgl. auch Modul 1). Über dieses Kommunikationsnetz sind vielfältige Dienste möglich (WWW, E-Mail, FTP = File Transfer Protocol zur Dateiverwaltung, Internetforen, Internetchat, Internettelefonie, Internetradio etc.).
WWW	Der am meisten genutzte **Dienst** des Internets ist das **WWW = World Wide Web.** Er überträgt Webseiten über das Netz, die mit einem Browser angezeigt werden können. Heute können über das WWW auch Bilder, Podcasts und Videos übertragen werden. Das Herunterladen von Webseiten von einem Server bezeichnet man als **Download,** das Hochladen oder zur Verfügung stellen von Webseiten, Bildern, Videos etc. als **Upload.**
Browser (Webbrowser)	Computerprogramme, die das Betrachten von Websites (Surfen) ermöglichen: Zusatzfunktionen sind z. B. das Abspeichern von Dateien, Anlegen von Lesezeichen bzw. Favoriten. Besonders bekannte Webbrowser sind: Microsoft Internet Explorer, Firefox, Opera, Safari (für Apple-Computer) und Google Chrome.
Website	Als Website werden alle Webseiten (Webpages) einer Domain bezeichnet. Homepage wird die Startseite der Website genannt.
Internet Service Provider (ISP)	Internetdienstleister, der Dienste wie Breitbandzugänge, Mail-Hosting (Bereitstellung von E-Mail-Diensten), Domain- und Webhosting (Registrierung eigener Websites und Bereitstellung des Webservers für die Websites) anbietet
Uniform Resource Locator (URL)	Quellenanzeiger, verweist auf das verwendete Protokoll und die Quelle, wo die Datei lokalisiert ist. Bestandteile der URL: Protokoll → Dienst → Second-Level-Domain → Top-Level-Domain → Pfad → Dateiname z. B. http://www.ecdl.com/fragen/infoecdl.html Bei der Eingabe der URL reicht häufig nur die Domain z. B. ecdl.com.
Hyperlink (Link)	dt. Verknüpfung, elektronischer Verweis: Über einen Doppelklick auf einen Link wird automatisch die im Link angegebene Datei der Zieladresse aufgerufen. Über Links ist das Surfen zu verschiedenen Websites einfach möglich. Über <Strg> → <Klick auf den Link> können Sie den Link in einem neuen Fenster öffnen.

Informations- und Kommunikationsnetze im Web

	Fachbegriffe rund um das WWW
Hypertext Transfer Protocol (HTTP)	Hypertext-Übertragungsprotokoll: Es wird hauptsächlich verwendet, um Websites des WWW in einen Webbrowser zu laden. Diese Daten sind nicht verschlüsselt und daher von jedem auszulesen. Also keine vertraulichen Daten über dieses Protokoll mitteilen!
Hypertext Transfer Protocol Secure (HTTPS)	Sicheres Hypertext-Übertragungsprotokoll: Wird dieses Protokoll in der Adressleiste angezeigt, werden die Daten im WWW sicher und verschlüsselt übertragen. Erkennbar auch am Vorhängeschloss z. B. https://bank24.de

Hilfefunktionen verwenden

Situation: Kerstin möchte weitere Möglichkeiten des Internet Explorers über die Hilfe erkunden.

Über **F1** oder die Hilfe-Schaltfläche (Fragezeichen oben rechts) wird eine Übersichtsseite und per Klick auf die betreffende Schaltfläche die **Startseite** des Hilfefensters aufgerufen.

Das Hilfefenster enthält Links zu wichtigen Themen und Kategorien. Unten rechts wird der Verbindungsstatus angezeigt (hier: Offline). Soll die **Onlinehilfe** in Anspruch genommen werden, kann hier ein kleines Auswahlfenster geöffnet werden. Gezielt kann über das Suchfenster nach Begriffen (z. B. „Startseite") gesucht werden.

Die Hilfetexte enthalten **Links** zu weiteren themenbezogenen Hilfeseiten. Soll zur besseren Lesbarkeit die Schrift vergrößert werden, so ist dies über die Schaltfläche **<Optionen>** möglich. Insbesondere auch für die Onlinerecherche sind die Steuer-Schaltflächen **(<Zurück>, <Weiter>)** hilfreich. Hilfetexte lassen sich auch ausdrucken.

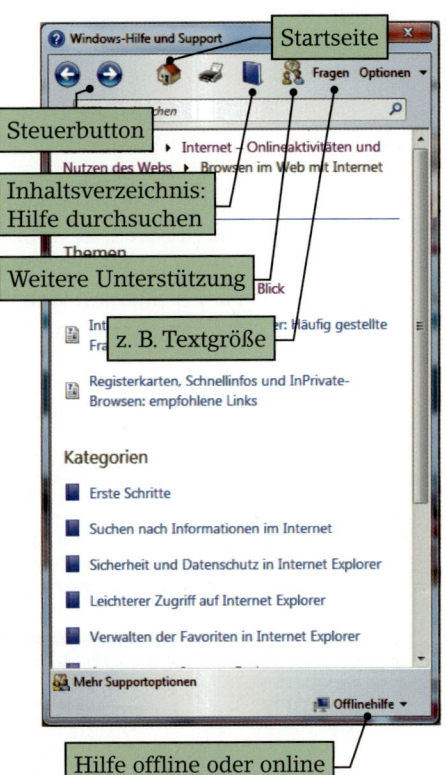

Aufgaben

1. Arbeiten Sie praktisch mit dem Windows Internet Explorer.
   a) Rufen Sie Ihre Lieblingsseiten oder Websites wie www.musicload.de, www.ebay.de, www.wetter-online.de, www.clipfish.de jeweils in einer eigenen Registerkarte auf. Surfen Sie auf den Seiten und lassen Sie sich über Links Webseiten (über [Strg] oder <Rechtsklick> → <Kontextmenü>) ebenfalls in eigenen Registerkarten oder alternativ in einem neuen Fenster anzeigen. Schließen Sie nicht benötigte Webseiten bzw. Registerkarten und Fenster.
   b) Probieren Sie beim Aufrufen einer Internetseite die Abbruchfunktion (Stopp) aus.
   c) Verfolgen Sie Links einer aufgerufenen Website und verwenden Sie danach die Schaltflächen <Zurück> und <Vorwärts>.
   d) Ändern Sie bei der Anzeige einer Webseite die Vergrößerungsstufe.
   e) Legen Sie Ihre Lieblingsseite über die Schaltfläche <Startseite> als Ihre Startseite fest.
   f) Lassen Sie sich den Verlauf Ihrer besuchten Websites anzeigen.
   g) Passen Sie über <Rechtsklick auf die Symbolleiste> → <Kontextmenü> die Anzeige der Symbolleiste Ihren Wünschen an.

2. Geben Sie jeweils an, wohin Sie klicken müssen, um folgende Aktionen auszuführen:
   a) Die Website aktualisieren bzw. erneut aufrufen.
   b) Den Verlauf der besuchten Websites anzeigen.
   c) Zu einer besuchten Website zurück wechseln.
   d) Den Browser schließen.
   e) Die Website zoomen (größer oder kleiner anzeigen).
   f) Den Download der Website abbrechen.
   g) Eine Startseite einrichten bzw. ändern.
   h) Zu einer vorher besuchten Website vorwärts wechseln.
   i) Die Website wird nicht richtig angezeigt, da sie nicht kompatibel zum Browser ist.

3. Erläutern Sie mit eigenen Worten, was **WWW, ISP, URL, Hyperlink** bedeuten.

Informations- und Kommunikationsnetze im Web

4. Beantworten Sie folgende Fragen:
   a) Wie kann zwischen zuvor besuchten Webseiten vorwärts und rückwärts navigiert werden?
   b) Wie kann der Browser Microsoft Internet Explorer gestartet und beendet werden?
   c) Welche Browser gibt es? (Nennen Sie mindestens 4 verschiedene.)
   d) Wie wird eine URL in die Adressleiste des Browsers eingegeben?
   e) Wie kann eine neue Website in einem neuen Fenster oder Registerblatt angezeigt werden?
   f) Wie kann eine Website aktualisiert werden?
   g) Wie kann eine bestimmte Website als Startseite festgelegt werden?
   h) Wie kann die Menüleiste ein- und ausgeblendet werden?

5. Ordnen Sie die Begriffe
   1) Internetdienst, 2) Top-Level-Domain 3) Second-Level-Domain
   4) Internetprotokoll richtig zu:
   a) http
   b) www
   c) ecdl
   d) at oder de

6. Was ist das Internet?
   a) Abkürzung für „Internes Internet"
   b) Weltweites Netzwerk zum Austausch von Daten
   c) Internet ist ein Teil des WWW
   d) Programm, das die Suche im Internet ermöglicht

7. Was ist das WWW?
   a) Abkürzung, die in jeder Webadresse enthalten sein muss
   b) Informationsdienst oder -system, das den weltweiten Zugriff auf digitale Informationen ermöglicht
   c) Informationssystem, das auch als Internet bezeichnet wird
   d) Das übergeordnete System zum Internet

8. Was ist ein Hyperlink?
   a) Bezeichnung für die URL
   b) Bezeichnung für http
   c) Verweis auf eine andere Internetseite
   d) Bezeichnung für das Herunterladen von Dateien

9. Was ist ein Webbrowser?
   a) Betriebssystem des Internets
   b) E-Mail-Programm
   c) Besonderes Programm für die Speicherung der Favoriten
   d) Programm zum Anzeigen von Internetseiten

10. Wofür wird der Browser hauptsächlich genutzt?
    a) Zum Speichern von Webseiten
    b) Zum Registrieren von Webseiten
    c) Zur Erstellung von Webseiten
    d) Zur Anzeige von Webseiten

11. Welche der folgenden Namen sind Bezeichnungen für bekannte Browser?
    a) Vista   b) Firefox   c) Firewall   d) Opera
    e) Google Chrome f) Safari   g) Microsoft Internet Explorer

12. Was versteht man unter „http" der URL http://www.ecdl.com?
    a) Internetprotokoll
    b) Second-Level-Domain
    c) Benutzername
    d) Top-Level-Domain
    e) Internetdienst

13. Wie bezeichnet man den Textteil „ecdl" der URL in http://www.ecdl.com?
    a) Internetprotokoll
    b) Second-Level-Domain
    c) Benutzername
    d) Top-Level-Domain
    e) Internetdienst

14. Wie bezeichnet man die Endung „com" der URL in http://www.ecdl.com?
    a) Protokoll
    b) Second-Level-Domain
    c) Benutzername
    d) Top-Level-Domain
    e) Internetdienst

15. Was gibt das „www" der URL in http://www.ecdl.com an?
    a) Internet
    b) Internetdienst
    c) Abkürzung für „world wide wonder"
    d) Homepage

16. Welche beiden Internetadressen sind formal korrekt?
    a) https://www.ecdl.com/de/mitglied/index.asp
    b) http://www.ard.de/mediathek
    c) www://http.wien.de
    d) www://schnellsuchen.ftp/index.aspx

17. Was bedeutet URL?
    a) Adresse der Internetseite
    b) Favoriten
    c) Universal Reload Language
    d) Internetprotokoll

18. Was ist eine URL (Uniform Resource Locator)?
    a) Es ist die Adresse, mit der man auf bestimmte Informationen auf dem Server-Computer zugreifen kann.
    b) Es handelt sich um eine einheitliche Adresse im Internet, die First-Level-Domain.
    c) Es ist ein Querverweis auf der Website zu anderen Webseiten oder Bildern.
    d) Es ist das uniforme Internetprotokoll.

19. Mit welchem Menü kann die Startseite des Browsers geändert werden?
    a) <Ansicht> → <Symbolleisten>
    b) <Extras> → <Internetoptionen>
    c) <Datei> → <Startseite>
    d) <Datei> → <Favoriten>

20. Was bewirkt die Taste F5 im Internetexplorer?
    a) Hilfe wird gerufen.
    b) Es wird in den Vollbildmodus gewechselt.
    c) Die Website wird aktualisiert.
    d) Ein neues Fenster wird geöffnet.

21. Was versteht man unter ISP?
    a) International Service Provider
    b) Internet Service Program
    c) Internet Service Provider
    d) International Service Program

22. Welche der folgenden Angebote sind ausschließlich Suchmaschinen?
    a) Google, Firefox
    b) Yahoo, Google
    c) Real-Player, Google, Outlook
    d) Explorer, Google, Safari

23. Was ist die Startseite eines Browsers?
    a) Website, die beim Starten des Browsers angezeigt wird
    b) Homepage des Internetproviders
    c) Homepage des Browseranbieters
    d) Zuletzt gespeicherter Favorit

24. Sie möchten die Website eines Links in einem neuen Fenster öffnen. Welche Taste müssen Sie dazu drücken, wenn Sie mit der Maus auf den Link klicken?
    a) Strg-Taste
    b) Alt-Taste
    c) Tabulator-Taste
    d) Umschalt-Taste

25. Was bedeutet die Hand auf dem Bild einer Website, wenn man mit der Maus auf das Bild zeigt?
    a) Dieses Bild kann verschoben werden.
    b) Hier ist ein Link hinterlegt.
    c) Das Bild kann vergrößert werden.
    d) Es gibt mehrere Bilder dazu.

7.1.2 Mit Lesezeichen bzw. Favoriten arbeiten

Situation Kerstin möchte sich gerne Links zu Websites, die sie des Öfteren aufrufen will, als Lesezeichen oder Favoriten abspeichern.

Um einen Link zu einer aufgerufenen Webseite als Favoriten abzuspeichern, muss man auf die Schaltfläche **<Favoriten>** klicken. Es öffnet sich das nebenstehende Fenster mit den zur Verfügung stehenden Ordnern, in denen der Favorit bzw. das Lesezeichen (Link) abgelegt werden kann. Als Favoriten oder Lesezeichen bezeichnet man eine Sammlung Links beliebter und häufig aufzurufender Webseiten. Hierbei können die beliebten Links entweder auf eine Favoritenleiste unterhalb des Menüs aufgenommen werden oder in einem Registerordner Favoriten.

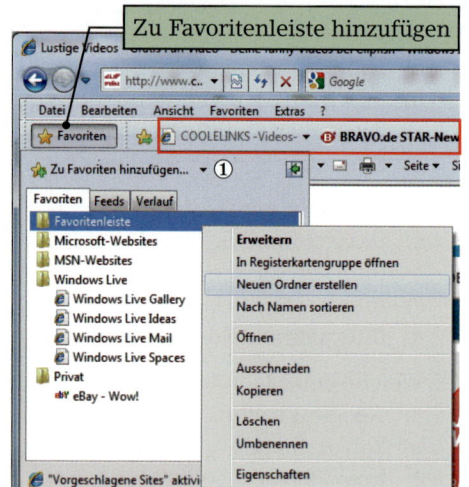

Über einen Klick auf **<Zu Favoriten hinzufügen>** öffnet sich ein weiteres Fenster (**<Favoriten hinzufügen>**). Hierüber kann der Ordner ausgewählt werden, in dem der Favorit (Link) ablegt werden soll. Es ist auch möglich, einen neuen Ordner anzulegen.

Ist die Favoritenübersicht geöffnet, können über das Kontextmenü (Rechte Maustaste) die Darstellung erweitert oder reduziert (nur Ordner werden angezeigt), die Webseiten in Registergruppen geöffnet, neue Ordner angelegt oder Ordner und Favoriten gelöscht oder umbenannt werden. Soll ein Favorit von einem in den anderen Ordner verschoben werden, so geht dies entweder über das **<Markieren und Ziehen>** des Favoriten mit der Maus in den Zielordner oder über **<Ausschneiden>** und **<Einfügen>**. Gelöscht werden kann ein Favorit durch **<Markieren>** und die Taste `Entf` bzw. über **<Kontextmenü>** → **<Löschen>**.

Neben der Schaltfläche **<Favoriten>** steht eine **Favoritenleiste** (s. o. rot umrandet) zur Verfügung, in die die aktuell geöffnete Webseite aufgenommen werden kann. Dazu klicken Sie auf die Schaltfläche **<Zu Favoritenleiste hinzufügen (Sternsymbol)>** links neben der Favoritenleiste.

Informations- und Kommunikationsnetze im Web

Funktionen zur Verwaltung (z. B. auch <Verschieben>) können ebenso über das Listenfeld (1) aufgerufen werden (siehe Screenshot 1 auf der vorherigen Seite).

Aufgaben

1. Was passiert beim Festlegen von Lesezeichen oder Favoriten?
   a) Eine Suchmaschine wird aufgerufen.
   b) Weiterleitung eines Links an einen Freund per E-Mail
   c) Der Link wird gespeichert.
   d) Ein Cookie wird gespeichert.

2. Beantworten Sie folgende Fragen:
   a) Wie können Sie Webseiten als Lesezeichen/Favoriten ablegen?
   b) Wie können Sie einen Lesezeichen- bzw. Favoritenordner erstellen?
   c) Wie können Sie einen Favoriten wieder als Lesezeichen löschen?

3. Sie wollen die Website www.wetter.de
   a) als Favoriten speichern,
   b) in Ihre Favoritenleiste aufnehmen.
   Wohin müssen Sie klicken?

4. Wohin müssen Sie klicken,
   a) um die aktuelle Website als Favoriten in den Ordner *Privat* abzulegen (siehe Screenshot 1);
   b) um den Favoriten www.bravo.de zu löschen (siehe Screenshot 2).

5. Schauen Sie einmal auf die Website www.mister-wong.de. Hier veröffentlichen über 2 Mio. Mitglieder ihre Favoriten.

7.1.3 Sicherheit im Web

Situation Kerstin hat Sicherheitsbedenken im Umgang mit dem Browser. Sie will sich erkundigen, welche Schutzmaßnahmen es gibt.

Folgende Übersicht soll die wichtigsten Begriffe zum Thema **„Sicherheit beim Surfen"** zusammenfassend darstellen (vgl. auch Modul 1):

Sicher Surfen im Web	
Risiken	Bei Onlineaktivitäten müssen Sie mit gezielten feindlichen Attacken auf Ihren Computer rechnen. Auch Mobbing und Bedrohungen sind über das Netz möglich. Lassen Sie nicht zu, dass irgendjemand durch unbeabsichtigte Handlungen persönliche oder geheime Daten von Ihnen „abfischen" kann (Phishing).
Malware	schädliche Dateien, z. B. Viren, Würmer, Trojaner, Spyware
Cookies	Dies sind Informationsdateien, die Websites auf dem PC anlegen und die das Surfverhalten speichern. Internetshops können so das Navigationsverhalten des Besuchers besser kontrollieren und steuern. Cookies können auch über den Browser wieder gelöscht werden (vgl. <Extras> → <Internetoptionen>).
Popups	In einem Aufklappfenster werden zusätzliche Informationen, Funktionen und Links angeboten (z. B. als Kontextmenü). Im Browser werden sie häufig im Vordergrund als kleines Browserfenster nach dem Besuch der Website als störende Werbepopups verwendet. Manchmal lassen sie sich auch schwer oder gar nicht wieder schließen. Den **Popupblocker** zum Unterdrücken dieser Fenster kann man über den Menüpunkt <Extras> einstellen (siehe auch unten).
Verschlüsselung	Mithilfe von Verschlüsselungsverfahren (Kryptosystem, Encryption) werden Daten verschlüsselt (in nicht lesbare Daten umgewandelt) und können vom Empfänger wieder entschlüsselt werden, wenn er seinen geheimen, privaten Schlüssel verwendet (vgl. <Extras> → <Internetoptionen> → <Erweitert>).
Digitales Zertifikat	Mithilfe digitaler Zertifikate wird die Identität des Dateiinhabers nachgewiesen. Zertifikataussteller sollten geprüfte Zertifizierungsstellen, z. B. VeriSign oder T-Systems sein. Diese stellen öffentliche Schlüssel zur Verfügung, mit denen die Identität nachgewiesen wird.
Firewall	Einrichtung (i. d. R. Software), die den Datenverkehr zwischen Internet und Computer(netz) wie eine besondere „Schutzmauer" überwacht und nach festgelegten Regeln entscheidet, welche Netzpakete durchgelassen werden oder nicht. So sollen unerlaubte Netzwerkzugriffe unterbunden werden.
Anti-Viren-Software	Durchsucht (scannt) den Computer nach Malware, identifiziert, desinfiziert oder löscht schädliche Dateien. Wichtig ist, die Software regelmäßig zu aktualisieren (Updating), da täglich neue Malware in das Web gestellt wird.

Informations- und Kommunikationsnetze im Web

	Sicher Surfen im Web
Passwortschutz	Netzwerke (z. B. WLAN) sollten durch Benutzername und Passwort vor einem unberechtigten Zugriff geschützt werden (vgl. auch Modul 7.1.6).
Elterliche Kontrolle	Lassen Sie Kinder und Jugendliche wegen der Risiken nicht unbeschränkt online surfen. Beaufsichtigung, Webbrowsing-Beschränkungen auf geeignete Websites, Einschränkung bei Computerspielen, Zeitlimits bei der Computernutzung sind wichtige Maßnahmen der elterlichen Kontrolle.

Zusätzliche wichtige Hinweise

Kontoinformationen: Antworten Sie niemals auf eine nicht angeforderte Aufforderung zur Aktualisierung Ihrer Kontoinformationen. Bei derartigen E-Mails oder Sofortnachrichten kann es sich um betrügerische Versuche handeln, Ihre Identität auszuspähen. Seriöse Unternehmen und Banken senden niemals solche nicht angeforderten E-Mails oder Sofortnachrichten, in denen zur Angabe von Kennwörtern oder anderen persönlichen Informationen aufgefordert wird.

Logout unbedingt benutzen: Haben Sie sich in eine sichere Internetseite per Benutzername und Passwort eingeloggt, so beenden Sie die Sitzung unbedingt über **<Ausloggen>** und nicht über **<Fenster schließen>**. Andernfalls könnte (z. B. in einem Internetcafe) der Folgenutzer des PC diese Seite aufsuchen und schädliche Angriffe starten.

Microsoft Security Essentials: Um den Schutz des PC zu verbessern, hat Microsoft nicht nur eine Firewall in Windows 7 integriert, sondern bietet mit Microsoft Security Essentials kostenlos zum Herunterladen eine vollwertige Antiviren-, Antispam- und Antispywaresoftware an.

Erkennen Sie gefälschte Webadressen: Der Internet Explorer 8 unterstützt Sie dabei, betrügerische Websites zu umgehen, die mit irreführenden Adressen versuchen, Sie hereinzulegen. Die Domain (der Domänenname) wird in der Adressleiste schwarz hervorgehoben, damit Sie die wahre Identität einer Website einfacher erkennen können.

Vertrauliche Daten nur über Verschlüsselung: Überprüfen Sie, ob eine Website zur Verarbeitung von Kreditkarteninformationen Verschlüsselung verwendet. Dies wird durch folgende Kennzeichen im Internet Explorer sichtbar:
▶ an dem „s" nach „http" in der Webadresse, also **https,**
▶ an einem kleinen verschlossenen **Vorhängeschloss** in der Adressleiste oder in der Ecke unten rechts im Fenster,
▶ an einer **grünen** Adressleiste, um anzuzeigen, dass die Website vertrauenswürdig ist.

Menü <Sicherheit>

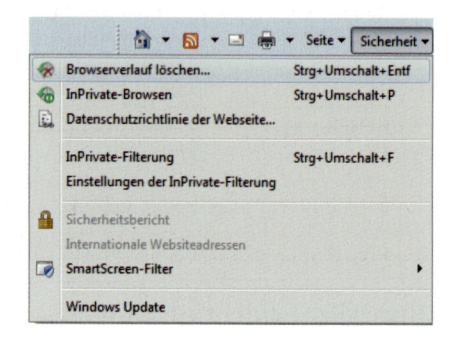

Für eine bessere Sicherheit stellt der **Windows Internet Explorer** in einem eigenen Menü **<Sicherheit>** zahlreiche Funktionen zur Verfügung.

Browserverlauf löschen: Beim Browsen im Web speichert der Internet Explorer Informationen zu den besuchten Webseiten und den Daten, die Sie häufig für die Webseiten bereitstellen müssen (z. B. Name und Adresse). Der Browser speichert dazu temporäre Internetdateien, Cookies, den Verlauf der besuchten Webseiten, auf Webseiten oder in Adressleisten eingegebene Daten und gespeicherte Webkennwörter. Das Speichern dieser Informationen auf dem Computer ist im Allgemeinen hilfreich, da es die Geschwindigkeit beim Surfen erhöhen kann und das wiederholte Eingeben derselben Informationen erspart. Sie sollten diese Informationen jedoch löschen, wenn Sie an einem öffentlich zugänglichen Computer arbeiten und alle persönlichen Informationen auf dem Computer entfernen möchten. Über den Listbefehl **<Browserverlauf löschen>** wird ein weiteres Fenster geöffnet, über das Sie passende Einstellungen vornehmen können. Alternativ kann der Browserverlauf auch über **<Extras>** → **<Internetoptionen>** → **<Browserverlauf beim Beenden löschen>** gelöscht werden. Über **<Internetoptionen>** können darüber hinaus weitere wichtige Einstellungen zur Sicherheit, zum Datenschutz und andere Grundeinstellungen vorgenommen werden, sodass Sie die Registerkarten genau durchsehen und nach Ihren Wünschen anpassen sollten. Um zu sehen, ob über die aktuell aufgerufene Website **Cookies** angelegt werden und ob auf der Website Datenschutzbestimmungen hinterlegt sind, kann der Listbefehl **<Datenschutzrichtlinie der Website>** genutzt werden.

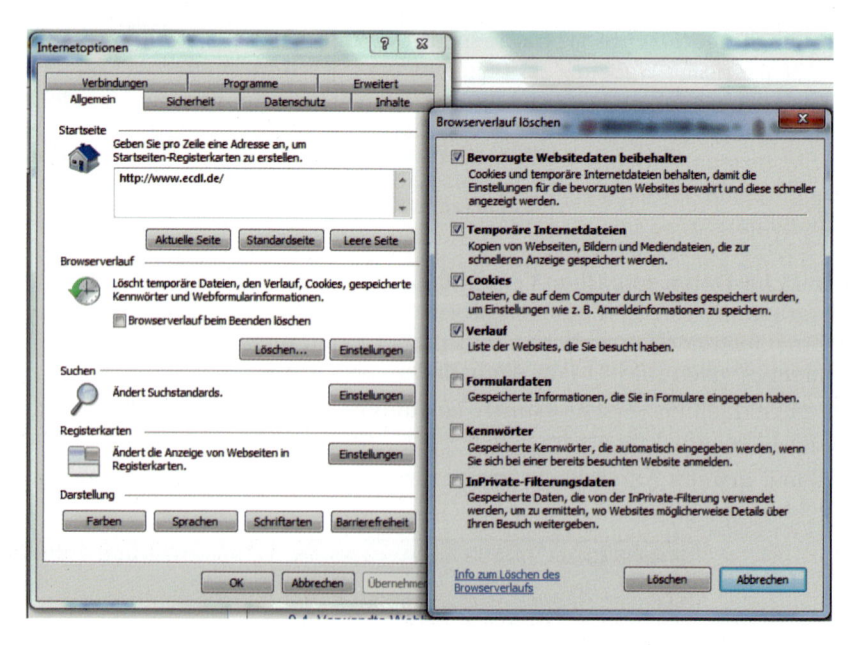

Informations- und Kommunikationsnetze im Web

InPrivate-Filterung: InPrivate-Browsen verhindert, dass der Internet Explorer den Verlauf, temporäre Internetdateien oder andere private Daten speichert. Symbolleisten und Erweiterungen sind standardmäßig deaktiviert. Durch Schließen des Browserfensters wird das InPrivate-Browsen wieder deaktiviert. Über **<Einstellungen der InPrivate-Filterung>** kann vorgegeben werden, inwieweit der Browser das unbemerkte automatische Versenden von Daten und Browserverläufen zu Websiteanbietern zulassen bzw. dieses Ausspähen ganz blockieren soll.

SmartScreen-Filter: Standardmäßig führt der Internet Explorer den **SmartScreen-Filter** aus, um Schadsoftware (Malware) oder Bedrohungen durch Phishing abzuwehren und Nutzer davor zu warnen. Er warnt, wenn man eine als unsicher gemeldete Website öffnen will, und schützt den User so vor unsicheren Websites. Erkennbar ist dies an einer rot gekennzeichneten Adressleiste und einem Warnhinweis.

Popupblocker: Popupfenster sind kleine Browserfenster, die plötzlich im Vordergrund der angezeigten Website erscheinen. Sie werden häufig automatisch zu Werbezwecken geöffnet, sobald eine Website angesteuert wird. Da dies sehr lästig werden kann, ist ein Popupblocker sehr hilfreich. Der Popupblocker wird über das Menü **<Extras>** aufgerufen. Sie können für das Blocken den gewünschten Grad wählen, und zwar vom Blocken aller Popups bis zum Zulassen der Popups, die angezeigt werden sollen. Wenn der Popupblocker aktiviert ist, wird auf der Informationsleiste die folgende Meldung angezeigt: „Ein Popup wurde geblockt. Klicken Sie hier, um das Popup bzw. weitere Optionen anzuzeigen." Der Popupblocker ist im Internet Explorer standardmäßig aktiviert. Über **<Popupblockereinstellungen>** können Sie für festgelegte Seiten Popups zulassen.

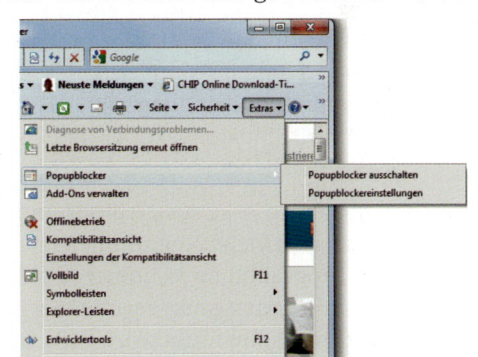

Aufgaben

1. Prüfen Sie wichtige Listenelemente des Menüs **<Sicherheit>** und **Einstellungen zum Popupblocker** sowie zu den **Internetoptionen.**

2. Lösen Sie folgende Aufgaben:
   a) Geben Sie an, woran Sie eine sichere Website erkennen können.
   b) Nennen Sie Gefahren und Risiken durch das Surfen im WWW.
   c) Erläutern Sie, was unter Encryption, Firewall, Antivirensoftware und Passwortschutz verstanden wird.
   d) Wie sollten sich Eltern verhalten, um Kindern geschützt Zugang zum Web zu gewähren?
   e) Wie können bestimmte Popups oder gesperrte Popups trotzdem aufgerufen werden?
   f) Wie können Sie Cookies zulassen oder blockieren?

3. Wie können PCs vor ungewünschten Eindringlingen von außen geschützt werden?
   a) Durch regelmäßige Sicherung der Daten
   b) Durch regelmäßiges Neuinstallieren der Programme
   c) Durch Verschlüsselung der Daten
   d) Durch eine Firewall

4. Woran erkennt man eine sichere Website?
   a) Vorhängeschloss   b) Kein Vorhängeschloss   c) http   d) https

5. Welche Gefahren gehen von Websites aus?
   a) Pollen   b) Trojaner   c) Malware   d) Firewalls   e) Spyware
   f) Shareware   g) Viren   h) Würmer

6. Wie können Eltern den Zugriff der Kinder auf das Internet einschränken?
   a) Beschränkungen im Browser einstellen
   b) Kinder beaufsichtigen
   c) Zeitlimits für die Computernutzung setzen
   d) PC nur für geeignete Computerspiele freischalten

7. Welche beiden Aussagen über Popupblocker sind richtig?
   a) Wenn der Popupblocker aktiviert ist, werden keine Popups mehr angezeigt.
   b) Auch wenn der Popupblocker aktiviert ist, können Sie gezielt Seiten bestimmen, auf denen Popups zugelassen werden.
   c) Sie können Einstellungen des Popupblockers jederzeit ändern.
   d) Seiten, die Sie einmal über den Popupblocker freigegeben haben, sind dauerhaft freigegeben.

8. Was muss man bei einem Antivirenprogramm beachten?
   a) Es müssen viele Programme gleichzeitig laufen.
   b) Das Programm muss immer kostenpflichtig erworben werden.
   c) Das Programm muss regelmäßig upgedatet werden.
   d) Das Programm muss wöchentlich neu installiert werden.

9. Was sind Spams?
   a) Abonnierte Informationsdienste, die massenhaft zu den Adressaten versendet werden
   b) Massenhafte Verbreitung von Nachrichten oder Werbung ohne Einwilligung der Adressaten
   c) Massenhafte Verbreitung von Nachrichten oder Werbung mit Einwilligung der Adressaten
   d) E-Mails, die über einen Gruppenverteiler versandt werden

10. Wie heißt die Datei, in der Informationen über den Besuch einer Internetseite gespeichert werden?
    a) Tabelle   b) Favorit   c) Cookie   d) Meta-Tag

11. Was bedeutet das „Digitale Zertifikat"?
    a) Nachweis der Internetgültigkeit
    b) Bestätigung einer Identität
    c) Bestätigung von Datum und Uhrzeit
    d) Bestätigung der Übertragungsgeschwindigkeit

Informations- und Kommunikationsnetze im Web

12. Wozu wird die Verschlüsselung benutzt?
    a) Um einen unbefugten Zugriff auf Daten zu verhindern
    b) Um Dateien mit einem Kopierschutz zu versehen
    c) Um den Verlust von Webseiten zu verhindern
    d) Um das Löschen der Dateien zu verhindern

13. Was ist ein Cache?
    a) Festplatte
    b) Virenschutzprogramm
    c) Zwischenspeicher für Daten
    d) Zwischenspeicher für Favoriten

14. Was sind Cookies?
    a) Grafik-Dateien
    b) Informationsdateien
    c) Favoriten
    d) E-Mail-Kontakte

15. Wann kann ein PC von Viren befallen werden?
    a) Beim Surfen im Internet
    b) Beim Herunterladen unbekannter Dateien
    c) Beim Anlegen von Favoriten
    d) Beim Öffnen von Attachements der E-Mails

16. Was bedeutet Phishing?
    a) Es wird versucht, E-Mails aus Outlook zu lesen.
    b) Der Nutzer wird auf Internetshops umgelenkt.
    c) Der Nutzer wird auf eine gefälschte und präparierte Website umgelenkt.
    d) Der Nutzer wird auf Favoriten umgelenkt.

17. Durch welche Aktivität kann ein Virus auf den Computer übertragen werden?
    a) Durch das Entfernen eines E-Mail-Anhangs
    b) Durch das Öffnen von E-Mail-Anhängen
    c) Durch das Speichern von E-Mail-Anhängen
    d) Durch das Hinzufügen von E-Mail-Anhängen

18. Auf welches Register in den Internetoptionen müssen Sie klicken, um einstellen zu können, dass Cookies für eine bestimmte Seite zugelassen werden?

19. Wann verstößt man gegen die Netiquette?
    a) Beim Antworten auf E-Mails
    b) Beim Surfen auf Spieleportalen, die nicht jugendfrei sind
    c) Beim Senden von Spam-Mails
    d) Durch unhöfliche Kommentare in Foren

20. Worauf müssen Sie klicken, um den Browserverlauf zu löschen?

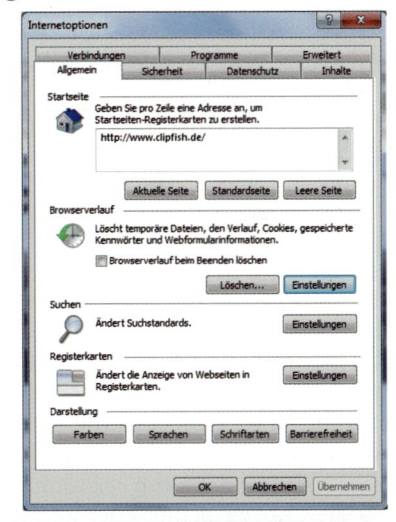

7.1.4 Suchmaschinen und Suchoptionen

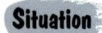

Situation Kerstin hat schon des Öfteren mit Google nach Begriffen gesucht. Viele Suchergebnisse halfen manchmal nicht so richtig weiter. Sie will mehr über Suchmöglichkeiten und Suchmaschinen wissen.

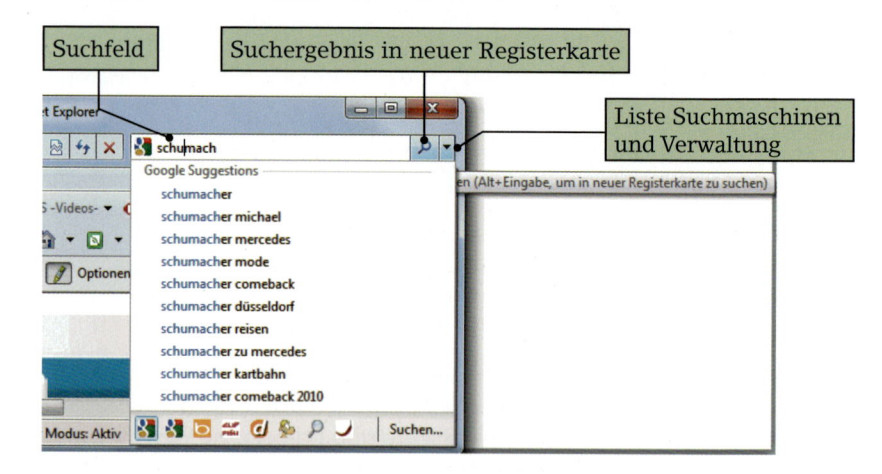

Suchfeld — *Suchergebnis in neuer Registerkarte* — *Liste Suchmaschinen und Verwaltung*

Das Internet hat Milliarden von Webseiten. Die Suchmaschine, die möglichst schnell aus dieser Menge die richtige Webseite auswählen kann, gewinnt die Gunst der Surfer. Bevor **Google** entwickelt wurde, gab es auch schon zahlreiche Suchmaschinen. **Altavista** und **Yahoo** waren damals die führenden Suchprogramme im Web. Aber kein Programm setzte sich so richtig durch.

Yahoo ist eine typische Katalogsuchmaschine, die ihre Suchdatenbank nach Themen aufbereitet und dafür Redakteure beschäftigt. **Altavista** hat als Indexsuchmaschine mit vielen patentierten Suchverfahren, dem Übersetzungsservice und der Themensuche einen guten Namen.

Google kam erst später auf den Markt, stach dann aber aufgrund der präzisen Suchergebnisse alle anderen Suchmaschinen schnell aus, sodass sich Google heute über einem Marktanteil von etwa 80 % freuen kann und die restlichen über 2 000 Suchmaschinen um das Überleben kämpfen. Die Google-Suchmaschine setzt sogenannte **Webcrawler** ein, die automatisch den gefundenen Links folgen und so versuchen, möglichst viele publizierte Seiten in ihren Suchindex aufzunehmen. Dabei werden die Seiten nach Suchbegriffen und Schlüsselworten erfasst. Mehr als 200 verschiedene Faktoren bestimmen bei Google den Rang einer Website im Index. Da die Crawler bisher eher zufällig neueste Meldungen in ihre Indexdatenbanken integriert haben, wurde die Google-Suche um eine **News-Variante** ergänzt, die allein in Deutschland fast 1 000 Nachrichtenquellen nach neuesten Informationen befragt.

Die Suchmaschinenanbieter bemühen sich, immer wieder neue Suchverfahren zu entwickeln, um in Teilbereichen bessere Suchergebnisse als der Marktführer abzuliefern oder den Marktführer ganz auszustechen. Es lohnt sich daher, Suchmaschinenportale wie **www.suchfibel.de** aufzusuchen und andere Suchmaschinen gezielt einzusetzen.

Informations- und Kommunikationsnetze im Web

Viele Suchmaschinen, und so auch Google, bieten eine **<Erweiterte Suche>** an, mit der die Suche und damit die Suchergebnisse verbessert werden können.

Zum Beispiel kann auch ein **Save Search-Filter** eingeschaltet werden, wenn keine Websites mit nicht jugendfreien Inhalten in den Suchergebnissen angezeigt werden sollen, insbesondere, wenn der gleiche Computer auch von Kindern genutzt wird. Eine ähnliche **<Erweiterte Suche>** findet sich auch bei **Altavista**.

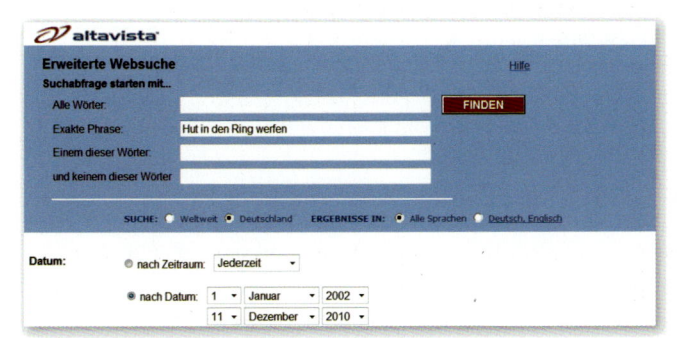

Neben den Suchmaschinen sind freie Enzyklopädien, Lexika und Wörterbücher hilfreich bei der Suche nach und der Auswertung von Informationen.

Die wohl am meisten aufgerufene und damit beliebteste Stichwortsammlung ist die Seite **Wikipedia,** die kostenlos und werbefrei genutzt werden kann und von der Internetgemeinde selbst immer weiter verbessert wird. Um eine Enzyklopädie bzw. ein Wörterbuch zu durchsuchen, kann man über das Suchfeld und die Eingabe eines Suchbegriffs das richtige Kapitel anzeigen lassen oder den angezeigten Links auf der Textseite folgen.

Suchmaschinen und Suchen im Web
Es gibt laut Suchmaschinenportal www.klug-suchen.de über 1 000 und nach www.suchfibel.de sogar über 2 700 Suchmaschinen. Google wird mit einem Marktanteil von ca. 80 % genutzt. Von größerer Bedeutung sind z. B. auch yahoo.de, bing.de, web.de, altavista.de, fireball.de, allesklar.de, fastbot.de, webinhalt.de, verkehrsinformation.de (vgl. auch www.webhits.de und www.recherchetipps.de)
Arten von Suchmaschinen ▶ **Katalogsuchmaschine** (redaktionell geführte Linkverzeichnisse, z. B. yahoo) ▶ **Index-** oder **Robotsuchmaschinen** (Kleine Informationssammler, auch Crawler genannt, durchsuchen das Netz und indizieren alles nach Bedeutung in einer Suchdatenbank, z. B. Google.) ▶ **Misch-** und **Metasuchmaschinen** (Kooperieren mit und suchen in verschiedenen Suchmaschinen, z. B. Metacrawler)
Allgemeiner Suchhinweis Wichtig ist, **Stichwörter** (kommen im Suchtext vor) und **Schlagwörter** (wird als bedeutender Suchbegriff für diesen Text festgehalten) zu unterscheiden.
Erweiterte Suche Die meisten Suchmaschinen bieten auch eine „Erweiterte Suche" an, mit der Wörter ausgeschlossen werden können, nach Daten gesucht oder eine Phrasensuche gestartet werden kann. Folgende Eingaben und Verknüpfungen erkennen Suchmaschinen: a) **+** : +rosen +tulpen (Beide Begriffe müssen vorkommen!) b) **-** : rosen -tulpen (Begriff „tulpen" darf nicht enthalten sein!) c) ***** : *rosen (Der * als Joker ersetzt beliebige Zeichen davor; nicht möglich bei Google.) d) **"** : „der rosenkavalier" (Text in Anführungszeichen soll exakt so gesucht werden.) e) Eingabe von Startdatum und Endedatum **Livesuche:** Hier können Sie live sehen, was gerade gesucht wird. **Thematische Suche:** Auf Suchanfrage werden thematische Suchergebnisse in Bildern geliefert, z. B. „Wetter in Lüneburg" liefert die Vorschau auf das aktuelle Wetter.
Enzyklopädien oder Wörterbücher ▶ Schauen und durchsuchen Sie folgende Onlineangebote im www: www.wikipedia.de, www.wissen.de, www.encarta.msn.de, www.wiktionary.org, www.woxikon.de, www.canoo.net, www.babylon.com, www.fremdwort.de, www.infoplease.com, www.britannica.com, www.xipolis.net ▶ **Archive durchsuchen:** Google News, Sender- und Verlagswebsites, z. B. www.br-online.de, www.paperball.de (Newssuche), international www.magportal.com, www.findarticles.com, www.totalnews.com ▶ **Biografien:** Mehr über andere erfahren z. B. www.dhm.de, www.bunte.de, www.biogaphie.net
Google-Suche ▶ Je genauer und kürzer, desto besser das Ergebnis ▶ **Satzzeichen,** Frage- und Bindewörter werden ignoriert. ▶ **Groß-/Kleinschreibung** muss nicht beachtet werden. ▶ Falls nicht die gebräuchliche Schreibweise eingegeben wurde, wird ein Suchvorschlag oberhalb der Suchliste nach „Meinten Sie: .." unterbreitet. ▶ Unterhalb der Suchliste werden weitere Suchhilfen als **verwandte Suchbegriffe** angeboten. ▶ Über den Link **„Sucheinstellungen"** kann die Suche an den Nutzer angepasst werden.

Informations- und Kommunikationsnetze im Web

Suchmaschinen und Suchen im Web

- Besondere Funktionen:
  - **Zugauskunft,** wenn man zwei Orte eingibt
  - **Kino** + Ort zeigt das aktuelle Kinoprogramm des Ortes an
  - **Wetter** + Ort ergibt einen Wetterbericht der nächsten drei Tage
- Wer eine bestimmte Internetseite sucht, kann vor den Suchbegriff bestimmte Schlüsselwörter setzen, die die Suchmaschine genauer steuern, z. B. **define:** hasardeur (liefert eine Erklärung, was dieser Begriff bedeutet), z. B. **info:**ecdl.com (nennt interessante gesammelte Informationen zu dieser Website), z. B. **site:** wien.com (sucht Websites mit dieser Domain) oder **insubject:**obama (sucht alle Webseiten mit dem Wort Obama in der Überschrift) oder **music:**(tokio hotel) (ruft eine besondere Suchmaschine auf und sucht nach Alben, Songs und Videos).
- Wer **Übersetzungen** vom Deutschen in das Englische oder umgekehrt sucht, gibt hinter dem Suchwort **de-en** oder **en-de** ein oder ruft den **Google Übersetzer** auf.
- Man kann auch per **filetype** nach Dokumenten mit einer bestimmten Dateiendung (z. B. pdf oder doc) suchen lassen, z. B. grundgesetz filetype:pdf
- Über www.google.de/scholar wird die Suchmaschine für **wissenschaftliche Recherche** aufgerufen und z. B. nach Magister-, Diplom-, Doktorarbeiten o. Ä. durchsucht.

Aufgaben

1. Beantworten Sie folgende Fragen:
   a) Wie kann man eine spezielle Suchmaschine in die Liste der Suchanbieter aufnehmen und dann auswählen?
   b) Wie kann man nach bestimmten Informationen suchen, auch unter Verwendung von Schlüsselwörtern oder ganzen Sätzen?
   c) Wie kann man die Suche verfeinern?
   d) Was wird bei dieser Eingabe gesucht: +"gegen Grippe" +impf*

2. Praktisches Arbeiten:
   a) Recherchieren Sie bei www.suchfibel.de nach geeigneten Suchmaschinen.
   b) Stöbern Sie bei www.recherchetipps.de.
   c) Probieren Sie die „Erweiterte Suche"!
   d) Welche Mehrleistungen bietet Google gegenüber anderen Suchmaschinen an? Probieren Sie es aus!
   e) Richten Sie im Browser die Suchmaschinenverwaltung nach Ihren Wünschen aus.

3. Was ist eine Suchmaschine?
   a) Programme zum Anzeigen der Internetseiten
   b) Funktion zum Suchen von Webadressen in E-Mail-Programmen
   c) Programme, die eine Stichwortsuche im Internet durchführen
   d) Programm zum Suchen gelöschter Dateien

4. Es soll nach Tieren, jedoch nicht nach Katzen gesucht werden. Was muss in die Suchmaschine eingegeben werden?
   a) Tiere #Katzen   b) Tiere –Katzen   c) Katzen –Tiere   d) Tiere_Katzen

5. Mit welchen Begriffen sollte in Suchmaschinen gesucht werden?
   a) Mit möglichst vielen Begriffen
   b) Mit die Suche einschränkenden Begriffen
   c) Begriffe immer in „ "
   d) Mit möglichst langen Begriffen

6. Wozu werden Suchmaschinen verwendet?
   a) Zum Anzeigen von Verzeichnissen und Dateien des Computers
   b) Zur Suche von Webseiten innerhalb der Favoriten
   c) Zur Suche von Webseiten auf dem Computer
   d) Zur Suche von Webseiten und Dokumenten im Internet

7. Sie suchen nach einem alten Hochzeitslied, können sich aber nur an die Worte „Vögel wollten Hochzeit machen" erinnern. Wie geben Sie diese am besten in die Suchmaschine ein, um möglichst genaue Treffer zu erhalten?
   a) Vögel wollten Hochzeit machen
   b) Vögel wollten Hochzeit machen"
   c) (Vögel wollten Hochzeit machen)
   d) „Vögel wollten Hochzeit machen"

8. Sie wollen nach Nussecken suchen, jedoch nicht nach Rezepten. Wohin müssen Sie klicken, um
   a) Suchergebnisse im Registerblatt,
   b) Suchergebnisse im neuen Registerblatt,
   c) die Auswahl der Suchmaschinen oder
   d) die Verwaltung der Suchmaschinen angezeigt zu bekommen?

9. Wo geben Sie einen Suchbegriff ein, damit Wikipedia danach sucht?

Informations- und Kommunikationsnetze im Web

7.1.5 Webseiten ausdrucken und Dateien speichern

Webseiten ausdrucken

Situation Kerstin möchte ganze Webseiten bzw. markierten Text einer Webseite ausdrucken.

Im Internet Explorer stehen ähnliche Funktionen für den Ausdruck wie bei allen Office-Programmen zur Verfügung. Entweder können diese über das Menü **<Datei>** (Einblenden über Rechtsklick auf Favoritenleiste bzw. **<Ansicht>** → **<Symbolleisten>**) oder die Schaltfläche **<Drucken>** ① der Befehlsleiste aufgerufen werden.

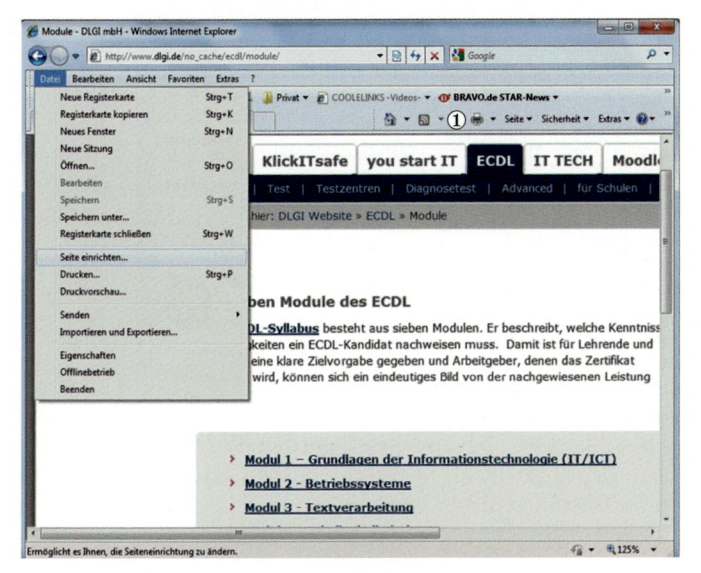

Wichtig für Ausdrucke aus dem Web ist die Druckvorschau, da häufig das Druckbild anders als die Bildschirmdarstellung aussieht. Markierte Bereiche können schnell auch über das **<Kontextmenü>** (Rechtsklick nach Markierung) ausgedruckt werden. Hierüber können auch Einstellungen für den Druck vorgenommen werden. Bei der Einrichtung für den Druck sollte auch das Format (Hoch-/Querformat) über die Schaltfläche **<Einstellungen>** sinnvoll eingerichtet werden.

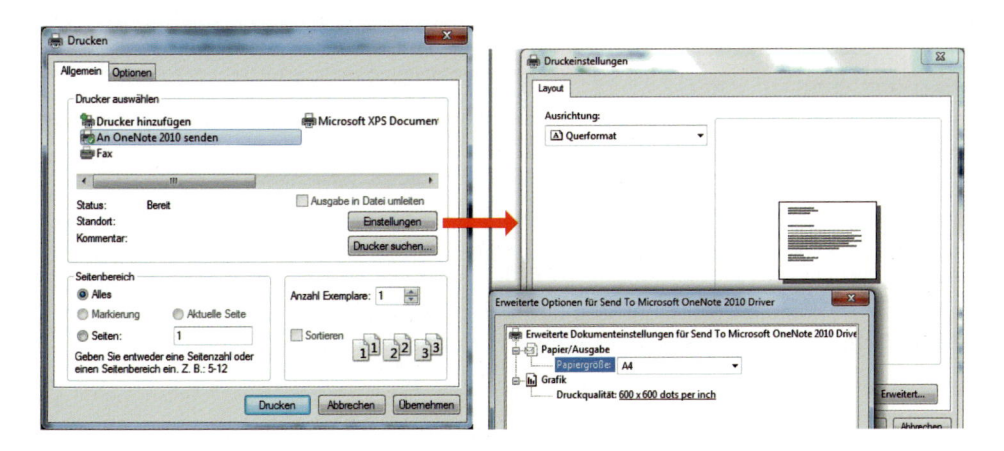

Webseiten aus dem Internet speichern

Situation: Kerstin möchte zunächst die ganze Webseite zu Modul 4 des ECDL-Führerscheins speichern.

Klicken Sie mit einem Rechtsklick (Kontextmenü) auf den Link und speichern Sie das Ziel, die Webseite, über **<Ziel speichern unter>** in ein noch zu bestimmendes Verzeichnis (z. B. im eingerichteten Verzeichnis ECDL auf dem Laufwerk C:) ab.

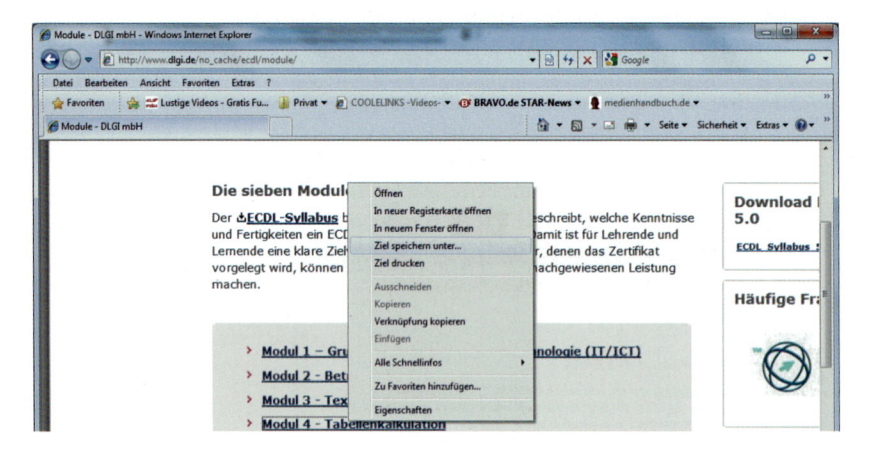

Die aktuell aufgerufene Webseite kann auch über das Menü **<Datei>** oder die Schaltfläche **<Seite>** der Befehlsleiste abgespeichert werden. Wichtig ist, dass das Zielverzeichnis und der Dateityp (htm, html) bestimmt werden, damit die Webseite auch offline über das Menü **<Datei>** geöffnet werden kann.

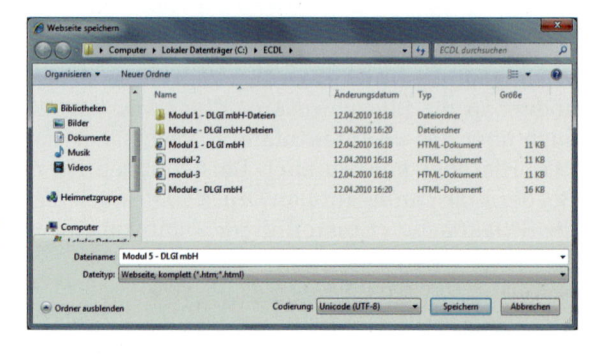

Jede Webseite wird als HTML-Dokument (Hyper Text Markup Language) gespeichert. Jeder Browser kann HTML-Dokumente öffnen und verwalten.

Möchten Sie nur Bereiche von Webseiten abspeichern, geht dies über Copy-and-Paste: Dazu muss ein Bereich markiert und dann über den Zwischenspeicher **(Strg+C:** Speichert markierten Bereich in den Zwischenspeicher/Cache) in ein geöffnetes Worddokument eingefügt werden **(Strg+V:** Einfügen des Inhalts aus dem Zwischenspeicher).

Bildschirminhalte können zudem auch gut über einen **Screenshot** als Bild abgespeichert werden. Hierzu wählt man den geeigneten Bildschirminhalt aus, kopiert per Druck-Taste (Rechts neben F12) das Bild des ausgewählten Bildschirminhalts in den Zwischenspeicher und kann es nach Wechsel zum Worddokument per Tastenkombination **Strg+V** bzw. über das **<Kontextmenü>** einfügen.

Dateien aus dem Internet speichern

Situation: Kerstin möchte dann den Syllabus des ECDL-Führerscheins als PDF-Datei herunterladen und abspeichern.

Zum Downloaden und Abspeichern von Dateien aus dem Internet machen Sie einen Rechtsklick auf den Link. Es öffnet sich ein Kontextmenü. Über die Option **<Ziel speichern unter>** können Sie die Datei in einer Bibliothek, einem neuen Ordner oder einem beliebigen Verzeichnis des Computers abspeichern. Alternativ können Sie die PDF-Datei zunächst öffnen und dann über **<Datei>** bzw. **<Seite>** den Speicherbefehl aufrufen.

Im Internet werden Dateien in verschiedenen **Dateiformaten** (z. B. pdf, doc, xls, exe, gif, jpg) oder auch gepackt (z. B. zip oder rar) zum Download angeboten. Das PDF-Format ist speziell für das Internet zur Darstellung von Informationsseiten konzipiert worden. Bei xls- und exe-Dateien kann es aufgrund der Möglichkeit, dass hierüber Malware eingeschleust wird, zur Weigerung der Firewall beim Download kommen. Diese Dateiformate sollten daher nur dann heruntergeladen und geöffnet werden, wenn sie aus einer vertrauenswürdigen Quelle stammen, um eben diese Aktivierung von Malware auf dem Rechner zu verhindern.

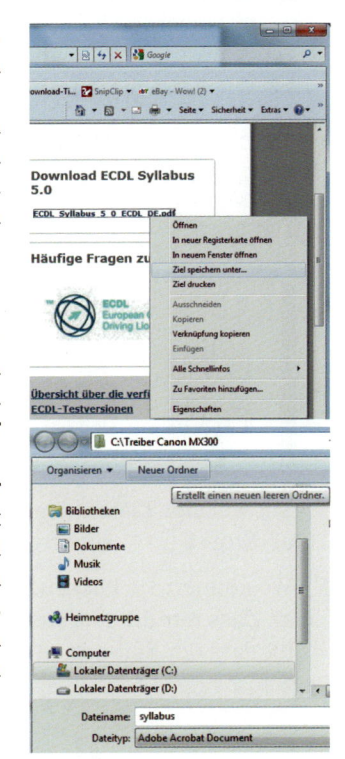

Aufgaben

1. Arbeiten Sie praktisch:
   a) Legen Sie sich ein Downloadverzeichnis auf Ihrer Festplatte an und laden Sie (Dateityp in Klammern) Bilder (jpg, gif), Webseiten (htm, html), PDF-Dateien (pdf), Powerpoint-Dateien (ppt), Ton-Dateien (mp3) und Videos (mpg, wmv) herunter.
   b) Öffnen Sie ein leeres Worddokument und recherchieren Sie zu einem beliebigen Thema, z. B. „Neues aus der Werbung", indem Sie zunächst nach geeigneten Webseiten suchen, dann geeignete Texte markieren und in das Worddokument kopieren sowie die Quellen (URLs) ergänzen. Gute Bilder sollten im Bildformat gespeichert werden und zusätzlich in das Worddokument mit Angabe der Quellen kopiert werden.

2. Beantworten Sie folgende Fragen:
   a) Wie wird der Druck einer Webseite vorbereitet?
   b) Wie kann die Seitenausrichtung des Ausdrucks geändert werden?
   c) Wie kann die Papiergröße eingestellt werden?
   d) Wie können die Seitenränder eingestellt werden?
   e) Über welches Menü kann die Webseite in der Druckvorschau angesehen werden?

f) Welche Optionen gibt es, um nicht die ganze Webseite auszudrucken?
g) Wie kann eine Webseite auf einem Laufwerk gespeichert werden?
h) Wie kann eine Datei heruntergeladen und auf einem Laufwerk gespeichert werden?
i) Wie kann ein Text, ein Bild oder die URL einer Website in ein Dokument kopiert werden?
j) Wie kann der Download einer Seite abgebrochen werden?
k) Wie kann die Anzahl der Ausdrucke festgelegt werden?

3. Wo klicken Sie, um eine Druckvorschau der Webseite zu erhalten?

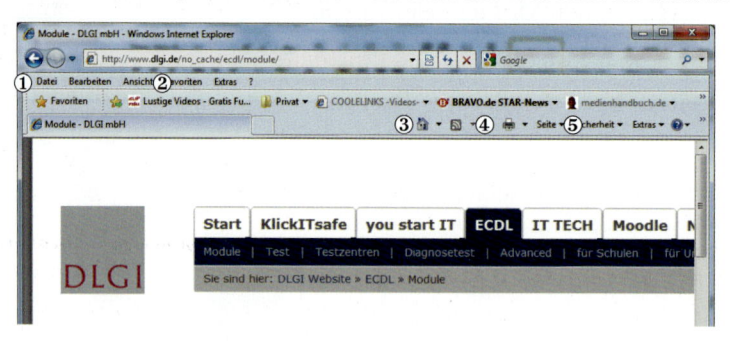

4. Mit welcher Tastenkombination können Sie markierten Text kopieren?
   a) Strg+V   b) Strg+C   c) Strg+H   d) Strg+K

5. Wo können Sie klicken, um einzustellen,
   a) dass nur der markierte Text gedruckt wird?
   b) dass der Seitenrand 3 cm beträgt?

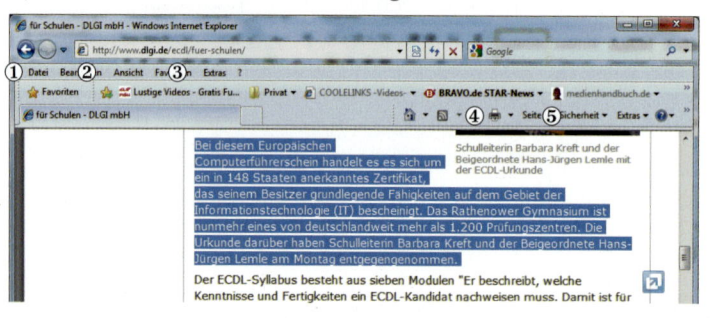

6. Ein Bild aus dem Internet soll auf dem PC gespeichert werden. Wie gehen Sie vor?
   a) Rechtsklick auf das Bild und dann <Speichern unter>
   b) <Datei> → <Speichern>
   c) <Datei> → <Speichern unter>
   d) <Ansicht> → <Speichern>

7. Ein markierter Text einer Webseite soll in Word eingefügt werden. In welcher Reihenfolge gehen Sie vor?
   a) Text in Zwischenspeicher kopieren
   b) Text markieren
   c) Text aus der Zwischenablage einfügen
   d) Cursor an Einfügestelle im Worddokument setzen

Informations- und Kommunikationsnetze im Web

7.1.6 Elektronische Kommunikation

Situation: Kerstin möchte mehr über die vielfältigen Möglichkeiten der Internetkommunikation erfahren.

Das Internet als Basisnetz für die unternehmerische und private Kommunikation wird immer beliebter. Interessierten sich die Surfer am Anfang besonders für die vielfältigen Informationen im Netz, so sind es heute vermehrt auch die neuen Kommunikationsmöglichkeiten, die User anziehen. So ist es heute möglich, Mitglied einer Internetgemeinschaft (Community) zu werden und in diesem sozialen Netz Interessen, Meinungen und Dateien auszutauschen. Bei in sich geschlossenen Gemeinschaften ist es notwendig, seine Identifikationsdaten, Benutzername und Passwort anzugeben. Ohne die Eingabe in Pflichtfelder wird i. d. R. keine Mitgliedschaft gewährt. Wichtig ist dabei, sich die Nutzungs- und Geschäftsbedingungen anzusehen und nicht ohne Kenntnisnahme zu akzeptieren, da viele Betreiber von Communitys daran interessiert sind, persönliche Daten für Werbezwecke gegen Entgelt weiterzugeben.

Die folgenden Internetformulare sollen die Möglichkeiten der Datenerfassung und Weiterverarbeitung im Internet aufzeigen. Bei dem direkt nachfolgenden Formular werden Daten für eine Registrierung aufgenommen, um ECDL-Moodle-Tests durchführen zu können. Über die Schaltfläche **<Meinen neuen Zugang anlegen (Registrierung)>** wird das Formular **versendet,** durch **<Abbrechen>** zurückgesetzt.

Die Eingabemaske von www.bahn.de ist wohl eines der am häufigsten verwendeten Formulare in Deutschland, um schnell eine Bahnverbindung zu ermitteln und zu buchen. Neben Textfeldern werden Listenfelder und Radio-Button im Formular verwendet.

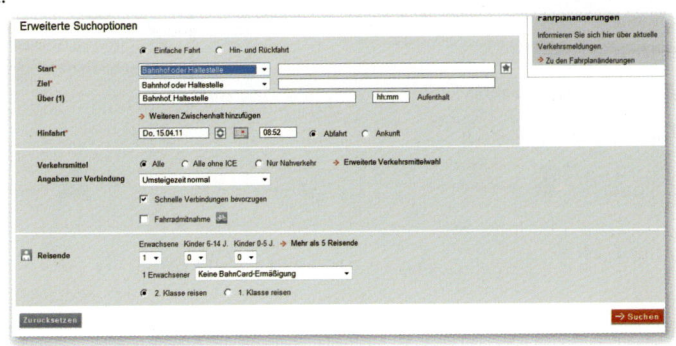

Mit besonderer Vorsicht sind Formulare von Banken zu behandeln. Im folgenden Formular wird der Kauf von Aktien durch eine TAN (Transaktionsnummer), die die Bank dem Kunden vorab zugesandt hat, unwiderruflich bestätigt. Benutzername, PIN oder Passwort von Bank-Websites sowie TANs dürfen daher nicht in falsche Hände gelangen. Diese Seiten müssen unbedingt als sichere Seiten angezeigt werden (https, Vorhängeschloss beachten!). Wichtig ist auch, dass man solche Websites immer über das „Logout" verlässt und nicht einfach das Fenster schließt, da sonst evtl. ein Folgenutzer des Computers die Daten einsehen kann.

1. Wertpapier wählen > 2. Order ergänzen > **3. Order freigeben** > 4. Bestätigung	
INFINEON TECHNOLOGIES AG NAMENS-AKTIEN O.N. (623100)	zum Snapshot
| DE0006231004 | Namens-Stammaktie |	

BITTE PRÜFEN SIE IHRE ORDER UND GEBEN DIESE MIT EINER TAN FREI.			
Orderart	Kauf	Wertpapiername	INFINEON TECH.AG NA O.N.
WKN	623100	Handelsplatz	Cortal Consors Preis (OTC)
Stück	10,00	Orderzusatz	kein Orderzusatz
Limit	5,30	Limittyp	längerfristiges Limit (Cortal Consors Preis ☺) mehr
Order gültig bis	22.12.2012		
Abrechnungskonto	88776655123		
TAN*			

« Zurück   Kauf »

Durch soziale Netze wie Myspace, Facebook, Youtube, StudiVZ, XING oder ElitePartner sind Communitys, also Interessengemeinschaften im Web, sehr populär geworden, sodass heute Tausende von Mitgliedschaften möglich sind. Die meisten Community-Anbieter haben gemeinsam, dass sie (interessante) Daten der Mitglieder verwalten und gemeinsames Handeln, Treffen im Internet, Präsentationen der Mitglieder, Echtzeitkommunikation und Events unterstützen. Bei der Menge an Informationen, die die Betreiber von Communitys auf diese Weise sammeln, wäre es ein Leichtes, Persönlichkeitsprofile aus den Daten zu erstellen und diese Erkenntnisse weiterzuverwenden. Einer der größten Bereiche, mit dem sich über das Internet viel Geld verdienen lässt, ist der Banken- und Finanzbereich. Gerade daher gibt es auch hierfür zahlreiche Communitys, die über kostenpflichtige Premiummitgliedschaften zusätzliche Leistungen anbieten.

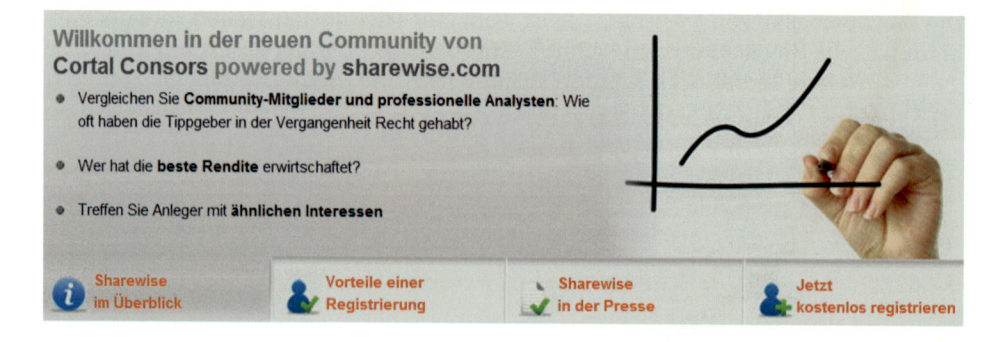

**Willkommen in der neuen Community von
Cortal Consors powered by sharewise.com**

- Vergleichen Sie **Community-Mitglieder und professionelle Analysten**: Wie oft haben die Tippgeber in der Vergangenheit Recht gehabt?
- Wer hat die **beste Rendite** erwirtschaftet?
- Treffen Sie Anleger mit **ähnlichen Interessen**

Sharewise im Überblick	Vorteile einer Registrierung	Sharewise in der Presse	Jetzt kostenlos registrieren

Informations- und Kommunikationsnetze im Web

Weitere Kommunikationstechnologien wie die immer beliebteren **Podcasts** (Ton- und Videodateien) für Nachrichten und Kommentare oder zur Information und zum Lernen wurden bereits in Modul 1 (insbesondere Modul 1.6) beschrieben. Über einen RSS-Feed kann man Podcasts auch abonnieren und erhält dann eine Meldung, wenn ein neues Podcast ins Netz gestellt wurde.

Obama zieht positive Bilanz

Hinweis: Testaufgaben aus Modul 1 können daher auch für Modul 7 als Vorbereitung für eine Prüfung zum Einsatz kommen. Folgende Kommunikationsmöglichkeiten werden bei der ECDL-Prüfung zu Modul 7 abgefragt:

Elektronische Kommunikation (Internetkommunikation)	
Formulare	für die Erfassung und Weitersendung von Daten
RSS	Really Simple Syndication: Kurznachrichten können abonniert werden und werden dann den Abonnenten automatisch über den Browser angezeigt (vgl. Modul 1.6.).
Podcast	Ton- und Videodateien werden im Internet zur Information angeboten (Abk. pod = playable on demand = abspielbar nach Abruf; cast = casting = Verbreitung von Nachrichten, Vorträgen).
Foren	Zur Diskussion und für Anfragen sind Diskussionsforen im Internet sehr beliebt. Bei den meisten Foren muss man sich registrieren.
Instant Messaging	Chatten oder Echtzeitkommunikation mit Textnachrichten sind sehr beliebt und kostengünstig, z. B. über icq, msn etc. Der Benutzer installiert über einen IM-Dienst ein Client-Programm (IM-Messenger) und trägt sich als Mitglied in sogenannte Buddy-Listen ein. Wenn der Nutzer online ist, wird dies allen Mitgliedern angezeigt, sodass Mitglieder Kontakt mit einem aufnehmen und viele Möglichkeiten der Echtzeitkommunikation nutzen können (z. B. Chatten, Nachrichten oder Dateien austauschen, gemeinsam an Projekten arbeiten.
IP-Telefonie	Internettelefonie mit einer Spezialsoftware (z. B. Skype) ist von PC zu PC bis auf die anteiligen Flatratekosten meistens ohne Verbindungskosten möglich; von PC zum Festnetzanschluss werden i. d. R. vom Anbieter/Provider der Internettelefonie Zusatzkosten in Rechnung gestellt (vgl. Modul 1.6).
Short-Message-Service (SMS)	Das Versenden von kurzen Textnachrichten, die meistens von Handy zu Handy gesendet werden, jedoch auch über das Internet versendet werden können, kostet i. d. R. ein Übertragungsentgelt.
Blogs (Weblogs)	Tagebücher im Internet, die jeder schnell einrichten und bearbeiten kann (vgl. Blogverzeichnisse im Netz oder Modul 1.6)
Communitys	Soziale Netzwerke wie Facebook oder StudiVz haben Millionen von Mitgliedern mit gleichen Interessen, die ihre Daten auf ihre selbst angelegten Seiten einstellen, mit anderen Mitgliedern in Kontakt bleiben wollen oder neue Kontakte bzw. Kontakte über mehrere Ecken knüpfen wollen (vgl. Modul 1.6).
E-Mail	Elektronische Post (vgl. Modul 1 und 7.2)

Aufgaben

1. Arbeiten Sie praktisch:
   a) Holen Sie über www.bahn.de eine Reiseauskunft von Ihrem Wohnort nach Berlin für den morgigen Tag ein, Abfahrt etwa 7 Uhr morgens. Sie wollen spätestens um 22.00 Uhr wieder zurück sein.
   b) Erstellen Sie eine PowerPoint-Präsentation Ihrer fünf besten Communitys und nennen Sie deren Möglichkeiten, Vorteile oder auch Nachteile.
   c) Bearbeiten Sie auch die Aufgaben aus Modul 1.6.

2. Ordnen Sie die Begriffe ICQ, SMS, IP-Telefonie und http richtig zu:
   a) Kurzmitteilung   b) Nachrichtensofortversand
   c) Internetprotokoll   d) Ferngespräche über Internet

3. Was finden Sie in jeder E-Mail?
   a) http   b) @   c) &   d) www

4. Was bedeutet RSS?
   a) Internetradio und Internetfernsehen
   b) Service, mit dem man Überschriften von Nachrichtenseiten im Internet abonnieren kann
   c) Dienst, der Nachrichten per E-Mail meldet
   d) Dienst von Suchmaschinen, um neue Sucheinträge zu melden

5. Was sind 2 Vorteile von RSS?
   a) Aktuelle Informationen von abonnierten Seiten werden kurz angezeigt.
   b) Neue Informationen werden ausführlicher gemeldet.
   c) Man erhält zusätzlich zur E-Mail einen Podcast.
   d) Änderungen auf Lieblingsseiten werden gemeldet.

6. Was versteht man unter Podcast oder Podcasting?
   a) Zusammensetzung der Wörter iPod und Broadcasting
   b) Medienproduktionen (Audio und Video) über das Internet
   c) Mitteilungsdienst für Kurznachrichten im Internet per Link
   d) Möglichkeit, Radio- und Videosendungen zu jeder Zeit im Internet aufzurufen

7. Warum wird normalerweise ein Podcast abonniert?
   a) Um sich automatisch Webseiten zusenden zu lassen
   b) Um automatisch die neuesten Nachrichten zu bestimmten Themen in Form von Audio- und Videodateien zu erhalten
   c) Um das Recht zu erhalten, Texte und Bilder aus dem Internet herunterzuladen
   d) Um das Recht zu erhalten, Videodateien aus dem Internet herunterzuladen

8. Welche beiden Aussagen zum Nachrichtensofortversand (Instant Messaging) sind richtig?
   a) Das Versenden von Dateien ist hier nicht möglich.
   b) Die Kommunikation erfolgt in Echtzeit.
   c) Dieser Nachrichtendienst ist in der Regel teurer als SMS.
   d) Man kann i. d. R. festlegen, ob der Onlinestatus für andere Nutzer sichtbar ist.

Informations- und Kommunikationsnetze im Web

9. Was versteht man unter einer Onlinecommunity?
   a) Gruppen mit gemeinsamen Interessen treffen sich im Internet.
   b) Schneller Kurznachrichtendienst
   c) Eine Gemeinschaft im Internet, über die sich Menschen begegnen und austauschen
   d) SchuelerVz, Wow oder Facebook

10. Was ist eine E-Mail?
    a) ICQ
    b) SMS
    c) Elektronische Post
    d) Forum

11. Finden Sie die zwei Aussagen zur Internettelefonie (VoIP), die richtig sind?
    a) Jeder Telefondienstleister bietet auch Internettelefonie ohne weitere Installation an.
    b) Jedes handelsübliche Telefon ist per Zusatzsoftware auch zur Internettelefonie geeignet.
    c) Über VoIP kann man mit Internetteilnehmern und Festnetzteilnehmern telefonieren.
    d) Es entstehen beim Gespräch von PC zu PC nur die anteiligen Internetkosten (z. B. DSL-Flatrate).

12. Was versteht man unter SMS?
    a) Dienst, durch den kurze Nachrichten vom PC in das Internet hochgeladen werden können
    b) Dienst, bei dem Textnachrichten meistens von Mobiltelefon zu Mobiltelefon übertragen werden
    c) Dienst, der das kurze Telefonieren über das Internet erlaubt
    d) Dienst, der in Echtzeit Kommunikation mit anderen Teilnehmern ermöglicht

13. Was versteht man im Internet unter sozialen Netzwerken?
    a) Gruppe von Unternehmen, die aus arbeitsrechtlichen Gründen vernetzt sind
    b) Gruppe von Menschen, die zu einem Sozialverband gehören
    c) Gruppe von Menschen, die sich zu sozialen Fragen im Intranet austauschen
    d) Gruppe von Menschen, die sich über das Internet zu bestimmten Themen privat oder geschäftlich austauschen

Modul 7.1: Aufgaben zur Wiederholung (ECDL-Tests s. S. 2)

Beantworten Sie folgende Fragen allein oder arbeitsteilig!

1. Erläutern Sie mit eigenen Worten, was WWW, ISP, URL, Hyperlink bedeuten.
2. Wie kann zwischen zuvor besuchten Webseiten vorwärts und rückwärts navigiert werden?
3. Nennen Sie mindestens 4 verschiedene Browser.
4. Wie wird der Browser Microsoft Internet Explorer gestartet und beendet?
5. Wie wird eine URL in die Adressleiste des Browsers eingegeben?
6. Wie kann eine Website aktualisiert werden?

Informations- und Kommunikationsnetze im Web

Vorbereitung für Tests

7. Wie kann eine bestimmte Website als Startseite festgelegt werden?
8. Wie kann der Verlauf (zuletzt angezeigte Webseiten) angezeigt und auch gelöscht werden?
9. Wie kann eine neue Website in einem neuen Fenster oder Registerblatt angezeigt werden?
10. Geben Sie an, woran eine sichere Website zu erkennen ist.
11. Nennen Sie Gefahren und Risiken durch das Surfen im WWW.
12. Erläutern Sie, was unter Encryption, Firewall, Antivirensoftware und Passwortschutz verstanden wird.
13. Wie sollten sich Eltern verhalten, um Kindern geschützt Zugang zum Web zu gewähren?
14. Über welches Menü kann der Popupblocker eingestellt werden?
15. Wie können bestimmte Popups oder gesperrte Popups trotzdem aufgerufen werden?
16. Wie können Sie Cookies zulassen oder blockieren?
17. Wie können Sie Webseiten als Lesezeichen/Favoriten ablegen?
18. Wie können Sie einen Lesezeichen- bzw. Favoritenordner erstellen?
19. Wie können Sie einen Favoriten wieder als Lesezeichen löschen?
20. Wie kann eine Website auf einem Laufwerk gespeichert werden?
21. Wie kann eine Datei heruntergeladen und auf einem Laufwerk gespeichert werden?
22. Wie kann ein Text, ein Bild oder die URL einer Website in ein Dokument kopiert werden?
23. Wie kann der Download einer Seite abgebrochen werden?
24. Was sind webbasierte Formulare und wie können diese Formulare ausgefüllt werden?
25. Wie können Sie eine spezielle Suchmaschine in die Liste der Suchanbieter aufnehmen und auswählen?
26. Wie können Sie nach bestimmten Informationen suchen, auch unter Verwendung von Schlüsselwörtern oder ganzen Sätzen?
27. Wie können Sie die Suche verfeinern?
28. Wie kann der Druck einer Website vorbereitet werden?
29. Wie kann die Seitenausrichtung des Ausdrucks geändert werden?
30. Wie kann die Papiergröße eingestellt werden?
31. Wie können die Seitenränder eingestellt werden?
32. Über welches Menü kann die Website in der Druckvorschau angesehen werden?
33. Welche Optionen gibt es, um nicht die ganze Website auszudrucken?
34. Wie kann die Anzahl der Ausdrucke festgelegt werden?

7.2 E-Mail – MS-Outlook

Zu den am meisten genutzten und wichtigsten Funktionen des Internets zählt das Mailen von Nachrichten und Dokumenten. Für das Einrichten eines E-Mail-Accounts kann eines der vielen kostenlosen Angebote im Internet genutzt werden. Eine Adresse wie z. B. cm-werbedruck-wvd kann über einen Internetdienstanbieter (ISP = Internet-Service-Provider) wie gmx, web oder hotmail registriert werden und mit einem Passwort geschützt werden.

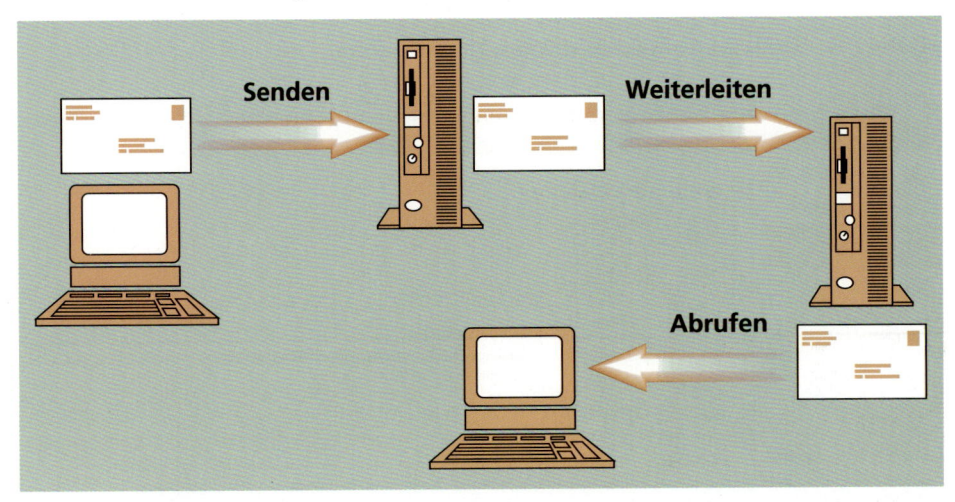

Sofern man über eine eigene Domain wie z. B. www.cm-werbedruck-wvd.de verfügt, ist meist auch ein eigener E-Mail-Account damit verbunden. Die Adresse der Webdomain steht dann hinter dem @ (engl. at = bei), also ...@cm-werbedruck-wvd.de, und davor steht der Name (meyer@cm-werbedruck-wvd.de), die Funktion (info@cm-werbedruck-wvd.de) oder z. B. die Abteilung (marketing@cm-werbedruck-wvd.de).

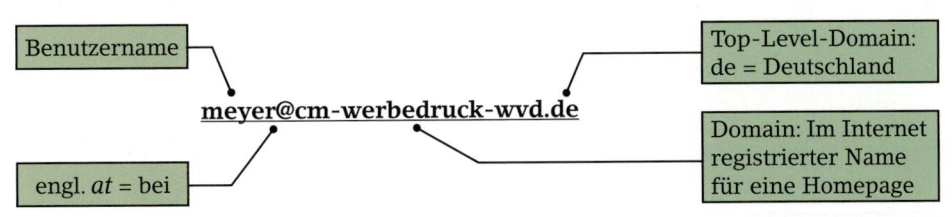

| Benutzername | | Top-Level-Domain: de = Deutschland |

meyer@cm-werbedruck-wvd.de

| engl. *at* = bei | | Domain: Im Internet registrierter Name für eine Homepage |

E-Mails bestehen grundsätzlich ausschließlich aus Text. Sie können auch in HTML-Code bearbeitet werden, sodass damit einerseits mehr Gestaltungsmöglichkeiten bestehen, andererseits können im HTML-Code aktive Inhalte wie Java-Script und ActiveX-Controls eingebettet sein, und damit besteht das Risiko, sich durch das bloße Öffnen einer E-Mail einen Virus auf den Rechner zu laden. Deshalb werden HTML-Mails von vielen Empfängern geblockt.

Selbstverständlich können Sie per E-Mail auch ohne ein Client-Programm direkt mit dem Browser über das Internet korrespondieren, wenn Sie sich auf der Seite Ihres Anbieters auf dem Server einloggen und dort Nachrichten online eingeben, versenden, empfangen und verwalten. Komfortabler ist es jedoch, die Verwaltung mit einem E-Mail-Client-Programm wie z. B. Outlook vorzunehmen. Outlook bietet darüber hinaus Module zur Kontakt-, Termin- und Aufgabenverwaltung an.

7.2.1 Einrichten der E-Mail-Verbindung

Situation: Das Programm Outlook bietet viele Möglichkeiten, die Kerstin Schritt für Schritt kennenlernen will.

Zum Einrichten des Programms müssen Sie zunächst ein E-Mail-Konto installieren. Beim ersten Start von Outlook wird automatisch der entsprechende Assistent eingeblendet. Er lässt sich aber auch über den folgenden Befehl aufrufen:

<Datei> → <Informationen> → <Konto hinzufügen>

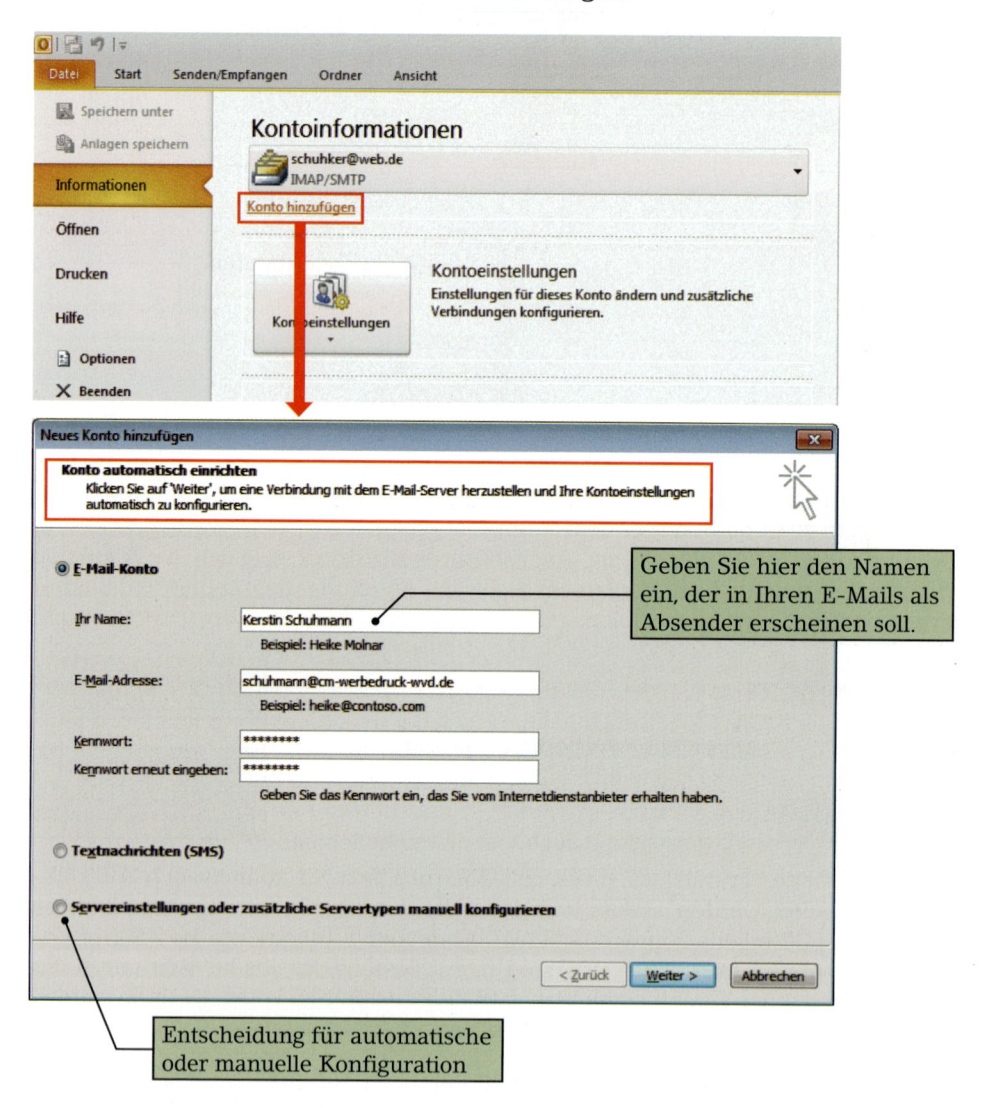

„Konto automatisch einrichten" bedeutet, dass Outlook auf dem E-Mail-Server die Einstellungen sucht und die Anmeldung testet. Sie kann nur vorgenommen werden, wenn dieser Konfigurationstyp von Ihrem ISP unterstützt wird. Andernfalls ist die manuelle Konfiguration zu wählen.

IMAP und POP3

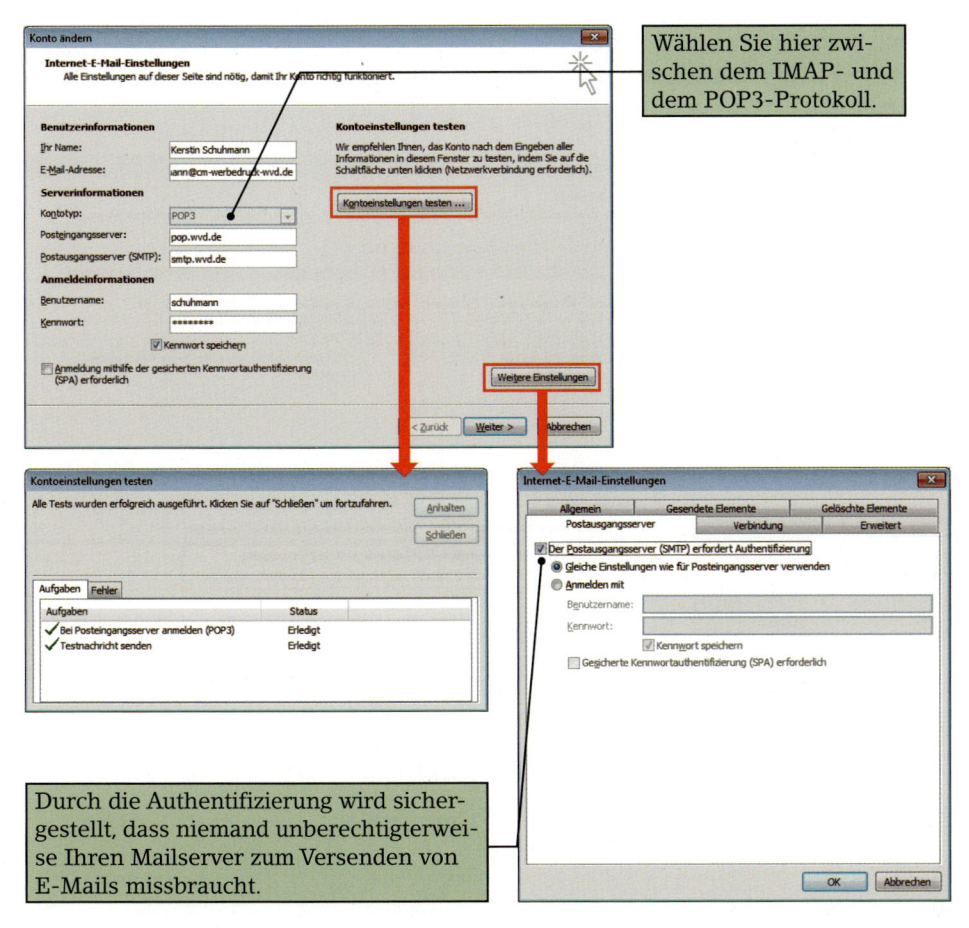

Wählen Sie hier zwischen dem IMAP- und dem POP3-Protokoll.

Durch die Authentifizierung wird sichergestellt, dass niemand unberechtigterweise Ihren Mailserver zum Versenden von E-Mails missbraucht.

Sie können wählen, ob Sie die E-Mails mittels **POP3 (Post Office Protokoll Version 3)** vom Mailserver auf Ihren Rechner laden und anschließend löschen lassen. Eine Alternative stellt **IMAP (Internet Message Access Protokoll)** dar. Beim IMAP verbleiben die E-Mails auf dem Server und können dort gelesen, verschoben und gelöscht werden. Es ist möglich, direkt auf dem Server eine Ordnerstruktur anzulegen, die dem User deshalb auch von jedem beliebigen Rechner aus zur Verfügung stehen. Es ist nicht mehr erforderlich, die gesamte E-Mail herunterzuladen. Sie können anhand der Kopfzeile vorsortieren und gleich löschen, ohne sie lokal speichern zu müssen. Ein Nachteil von IMAP liegt in der Outlook-Ordner-Struktur. Während alle POP3-Konten in einem „Persönlichen Ordner" gespeichert werden, legt Outlook für jedes IMAP-Konto einen zusätzlichen, separaten „Persönlichen Ordner" an.

Der **Exchange Server** ist ein Produkt von Microsoft zur Verwaltung von E-Mails, Zeitplänen, Terminen, Kontakten, Dokumenten usw. Er unterstützt das IMAP- sowie das POP3-Protokoll. Sie können mit Outlook eine Verbindung zu einem Exchange-Server herstellen.

E-Mail – MS-Outlook

Die Nachrichten eines IMAP-Kontos oder POP3-Kontos in Outlook werden in der lokal erstellten PST-Datei gespeichert. Den Speicherort für diese PST-Datei finden Sie mit dem Befehl:

<Datei> ➔ <Informationen> ➔ <Kontoeinstellungen> ➔ <Persönlicher Ordner\Posteingang>

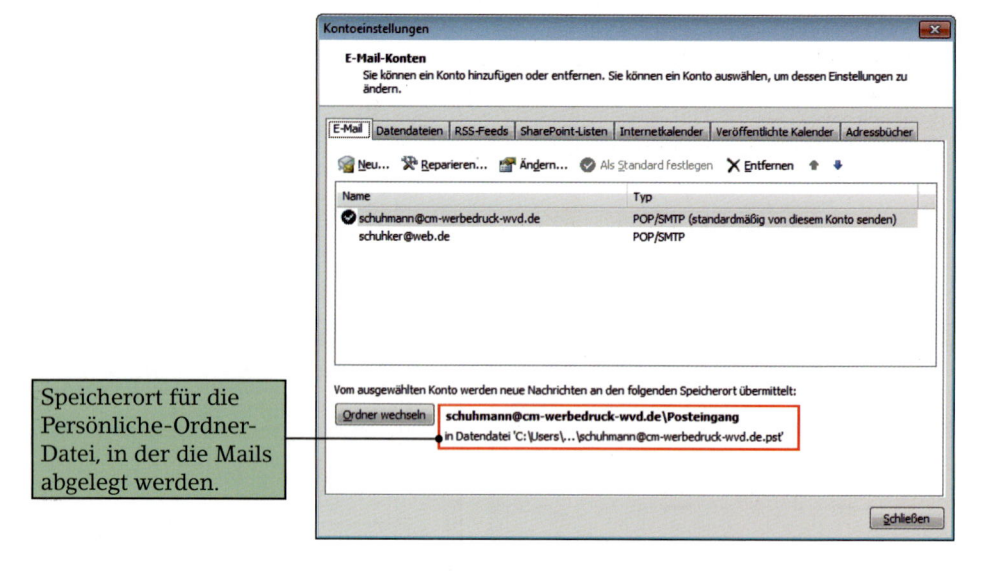

Speicherort für die Persönliche-Ordner-Datei, in der die Mails abgelegt werden.

7.2.2 E-Mails schreiben und formatieren

Klicken Sie im Menüband auf die Schaltfläche <Neu>.

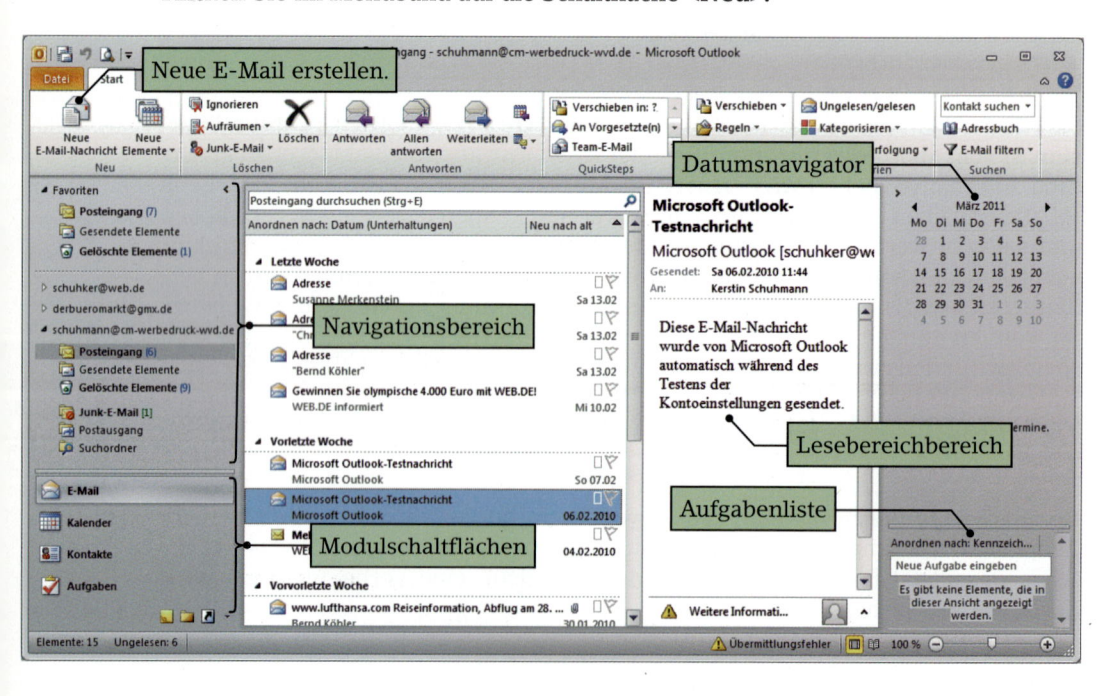

Neue E-Mail erstellen.
Datumsnavigator
Navigationsbereich
Lesebereichbereich
Aufgabenliste
Modulschaltflächen

Informations- und Kommunikationsnetze im Web

Schicken Sie zu Übungszwecken eine E-Mail an cm-werbedruck@web.de. Die Zeile <Cc...> (Carbon Copy) können Sie freilassen. Die hier eingetragenen Adressaten würden eine Kopie der E-Mail erhalten. Tragen Sie als Betreff *„Test"* und als Text *„Hallo, Herr Müller, dies ist ein Test."* ein.

Sie haben die Möglichkeit, den Text mit der Registerkarte **<Start>** zu formatieren, sofern Sie unter dem Menü **<Format>** die Option **<Rich-Text>** oder **<HTML>** aktiviert haben. Beachten Sie aber, dass auch der Empfänger diese Einstellung vorgenommen haben muss, um die Formatierungen angezeigt zu bekommen. Die Einstellung **<HTML>** ist Standard und überträgt neben Formatierungen auch Hintergründe und Bilder. Die Einstellung **<Text>** bewirkt, dass die Nachricht unformatiert als reiner Text erstellt wird.

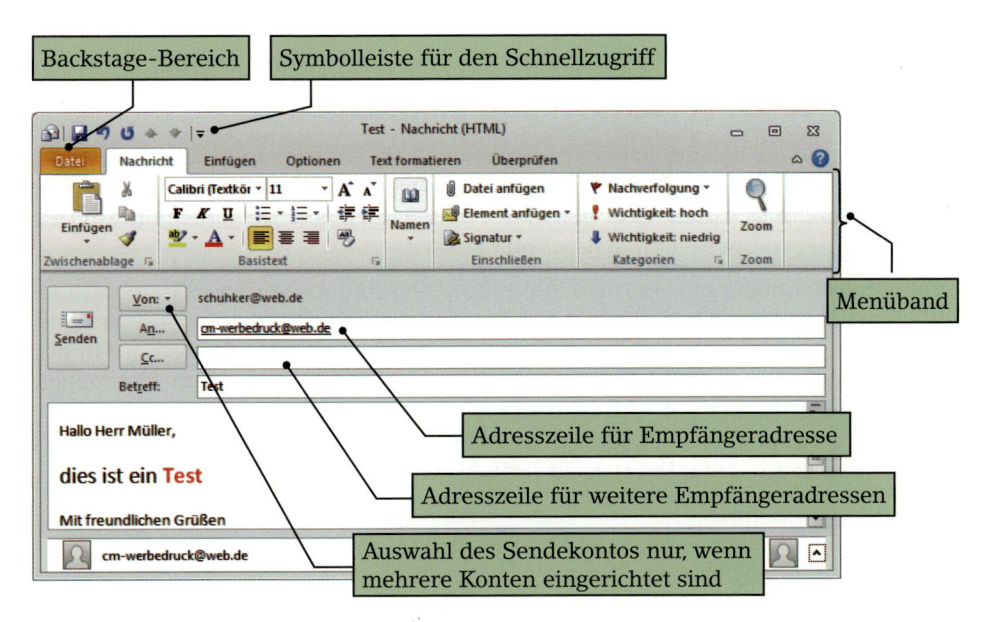

Netiquette

Für das Mailen haben sich im Internet Verhaltensregeln etabliert, die unter der sogenannten Netiquette zusammengefasst sind. Hier die wichtigsten Regeln:

▶ Fassen Sie sich kurz, denn niemand liest gerne E-Mails, die mehr als 50 Zeilen lang sind.

▶ Wenn Sie E-Mails verfassen, achten Sie auf den Inhalt der Betreff- oder Kopfzeile. Hier sollte in kurzen Worten (möglichst unter 40 Zeichen) der Inhalt der E-Mail beschrieben werden. Empfänger mit knappem Zeitbudget entscheiden u. a. anhand des Betreffs, ob Sie Ihre E-Mail lesen oder ungelesen löschen.

▶ Durch Groß- und Kleinschreibung wird der Text leserlicher.

▶ Absätze lockern den Text auf und sorgen für Übersichtlichkeit.

▶ Korrekte Rechtschreibung und Zeichensetzung sollten auch in E-Mails selbstverständlich sein. In Outlook steht hierfür eine Rechtschreibprüfung zur Verfügung.

Ohne die Möglichkeiten der Körpersprache und der Stimme kommt es leicht zu Missverständnissen beim Einsatz von humoristisch gemeinten Äußerungen. Subtil eingesetzter Humor geht in schriftlicher Kommunikation leicht verloren. Grober Humor wird leicht missverstanden oder wirkt verletzend.

Um dieser Problematik zu begegnen, wurde eine Zeichensprache entwickelt: Smileys. Nutzen Sie also diese Smileys, wenn Sie humorvoll verstanden sein wollen. Sagen Sie: „dies ist nicht ernst gemeint" oder „ich bin enttäuscht".

Falls Sie nicht sehen, dass Gesichtsausdrücke dargestellt sind, legen Sie einfach Ihren Kopf auf die linke Schulter. Es ist das uralte Kinderbild: „Punkt, Punkt, Komma, Strich, fertig ist das Mondgesicht", nur dass es von der Seite angesehen werden muss.

:-) klassisches Smiley
:-(Enttäuschung
;-) Augenzwinkern, „war nicht so ernst gemeint"

7.2.3 E-Mails versenden und empfangen

Klicken Sie auf die Schaltfläche **<Senden>**, um die E-Mail abzuschicken. Sofern Sie über mehrere E-Mail-Konten verfügen und sie in Outlook verwalten, so können Sie entscheiden, mit welchem Konto die Mail versendet werden soll, indem Sie auf den Listenpfeil neben der Schaltfläche **<Von>** klicken.

Sollten Sie nicht über eine permanente Internetverbindung verfügen, ist es ratsam, die Nachrichten zunächst offline zu verfassen, zu überprüfen und sich erst dann in das Netz einzuwählen (**<Senden/Empfangen>** → **<Offline arbeiten>**) und mit einem Befehl sämtliche Nachrichten im Block zu versenden und zu empfangen (**<Senden/Empfangen>** → **<Alle Ordner senden/empfangen>**). Kopien der abgeschickten E-Mails werden im Ordner *Gesendete Elemente* aufbewahrt. Die empfangenen Nachrichten befinden sich im Ordner *Posteingang*.

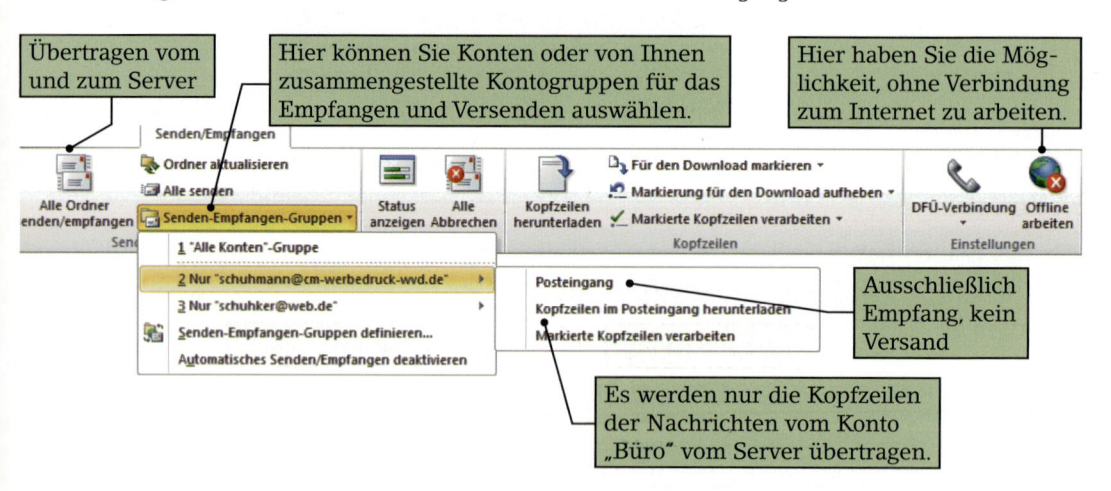

Sofern Sie über mehrere E-Mail-Konten verfügen, können Sie Gruppen bilden und ihnen bestimmte Einstellungen zuweisen, z. B. die Häufigkeit, mit der von Outlook zum Senden und Empfangen von Elementen eine Verbindung zum entsprechenden Server hergestellt wird. Es lassen sich auch von einzelnen Konten ausschließlich die Kopfzeilen herunterladen. Das kann sinnvoll sein, wenn Sie nur über eine langsame Verbindung verfügen und erst später entscheiden, ob Sie Anhänge herunterladen möchten.

7.2.4 E-Mails öffnen, kennzeichnen und kategorisieren

Um eine empfangene E-Mail in der Vorschau anzusehen, klicken Sie auf den Ordner *Posteingang* und wählen aus der Liste eine E-Mail. Im Lesebereich wird der Inhalt angezeigt. Zur Bearbeitung lässt sich die E-Mail mit einem Doppelklick in einem separaten Fenster öffnen.

Wenn Sie zwischen mehreren geöffneten E-Mails wechseln wollen, so benutzen Sie die Tastenkombination Alt + Tab. Sie halten die Alt-Taste gedrückt, während Sie mit der Tab-Taste die geöffneten E-Mails anwählen.

Damit Sie einen Überblick behalten, welche E-Mails von Ihnen noch nicht gelesen worden sind, markiert Outlook die nicht gelesenen E-Mails standardmäßig mit Fettschrift; das Nachricht-Symbol ist ein geschlossener Briefumschlag und die ersten Zeilen der Nachricht werden im Anzeigebereich für E-Mails dargestellt. Nachdem Sie 5 Sekunden die Anzeige aktiviert haben, stuft Outlook die E-Mail als gelesen ein. Im Kontextmenü kann die E-Mail von Ihnen wieder als ungelesen markiert werden.

Eine weitere Möglichkeit, E-Mails zu kennzeichnen, haben Sie mit der Schnellklick-Kennzeichnung, indem Sie rechts neben der Nachrichtenanzeige auf die Spalte Kennzeichnungsstatus klicken. Hier können Sie festlegen, innerhalb welcher Frist die E-Mail bearbeitet werden soll.

Auf die gleiche Art lässt sich eine Kennzeichnung wieder entfernen. Eine Schnellklick-Kennzeichnung ist eine Standardkennzeichnung. Die Standardzeit, das Standarddatum oder andere Kriterien für die Kennzeichnung bestimmen Sie im Menü **<Nachverfolgung>** unter **<Schnellklick festlegen>.** Beim Anwenden einer Kennzeichnung auf eine Nachricht oder einen Kontakt wird ein Fähnchen als Erinnerung hinzugefügt, damit Sie nicht vergessen, das Element nachzuverfolgen. Sollten Sie es dennoch vergessen, wird die Kopfzeile nach Ablauf der Frist rot gefärbt.

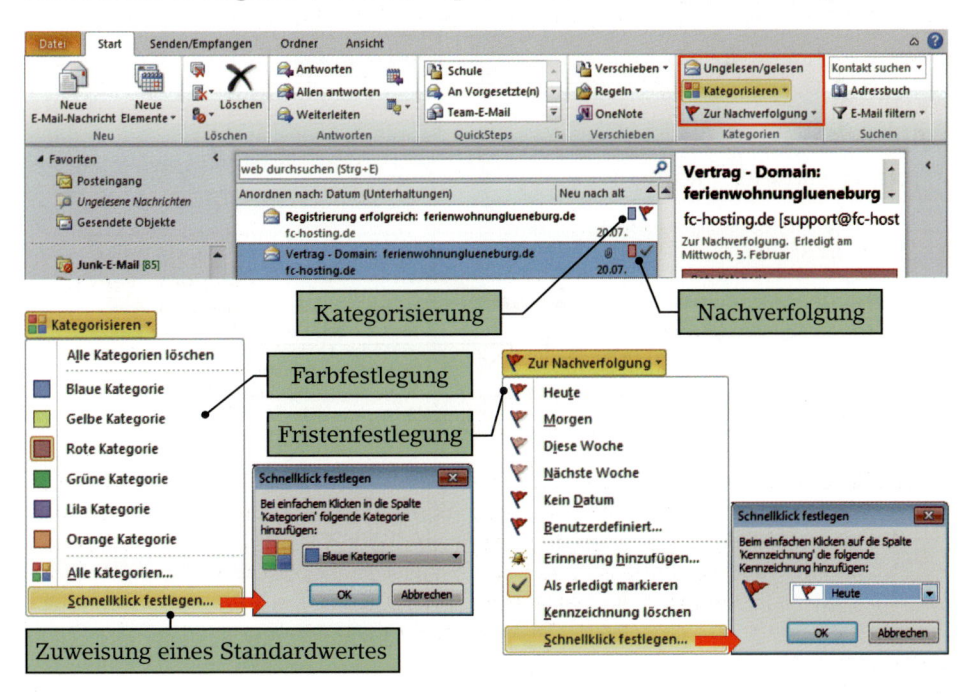

Es stehen eine Reihe von Standardkennzeichnungen mit Daten (beispielsweise Heute, Morgen oder Nächste Woche) zur Verfügung. Sie können gekennzeichneten Elementen benutzerdefinierte Daten oder Erinnerungen zuweisen. Gekennzeichnete Elemente werden auch in der **Aufgabenliste** sowie im Kalender unter **Tägliche Aufgabenliste** und im Aufgabenmodul angezeigt.

Zur Verbesserung der Übersicht lassen sich Nachrichten kategorisieren, d. h. Sie weisen unterschiedliche Farbmarkierungen zu und können anschließend nach diesen Kategorien sortieren.

Problembehandlung mit der Hilfefunktion

Aufgabe Klären Sie mit der Outlook-Hilfe, wie man eine Regel erstellt, nach der ein akustisches Signal bei Eintreffen von Nachrichten eines bestimmten Absenders zu hören ist.

Mit der F1-Taste starten Sie die **<Outlook-Hilfe>** und geben in das Eingabefeld den Begriff ein, zu dem Sie Hilfestellung benötigen. Sie erhalten Themenbereiche, aus denen Sie den passenden auswählen. Anschließend werden zu den Themenbereichen konkrete Hilfethemen vorgeschlagen. Klicken Sie auf Ihr Hilfe-Thema und folgen Sie den Anweisungen. Alternativ bietet die Outlook-Hilfe eine Suche über das Inhaltsverzeichnis an. Wenn Sie auf die Schaltfläche **<Inhaltsverzeichnis>** klicken, erhalten Sie eine alphabetisch sortierte Inhaltsliste, aus der Sie einen Themenbereich auswählen können, um die zugehörigen Hilfethemen angezeigt zu bekommen.

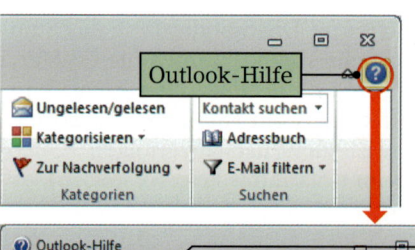

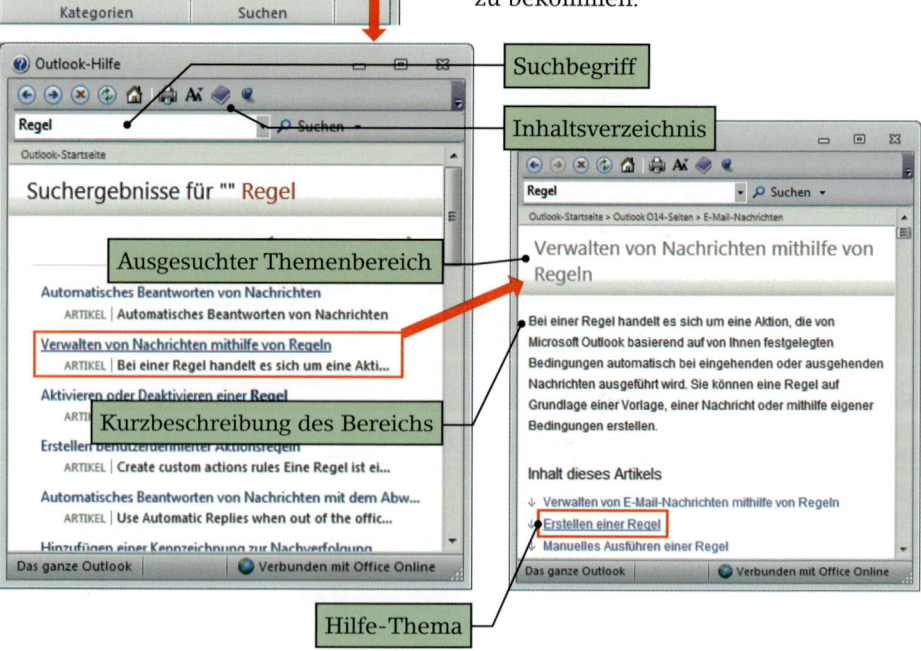

Informations- und Kommunikationsnetze im Web

Zusammenfassung

- Eine E-Mail-Adresse besteht aus dem Benutzernamen, dem „Klammeraffen" für das englische at = bei, einer Domain und der Top-Level-Domain.
- Um mit einem E-Mail-Client Nachrichten zu verwalten, muss zunächst ein E-Mail-Konto als POP3- oder IMAP-Konto eingerichtet werden.
- Das Schreiben und Formatieren von Nachrichten kann offline erfolgen. Es sollte dabei die Netiquette beachtet werden.
- Nachrichten können in Outlook zur späteren Bearbeitung mit einer Kennzeichnung zur Nachverfolgung und farbigen Kategorisierungen versehen werden.

7.2.5 Texte kopieren und korrigieren

Aufgabe Rufen Sie das Dokument *Reklamation-v.doc* auf (Die Datei befindet sich im Ordner *Vorlagen* des *Modul3*). Um den Text in eine E-Mail zu kopieren, markieren Sie ihn und wählen:

<Kontextmenü> → **<Kopieren>** (Strg + C).

Der Text befindet sich jetzt in der Zwischenablage und kann in eine E-Mail eingefügt werden. Öffnen Sie eine neue Nachricht, indem Sie zunächst das Programm Outlook starten und anschließend die Schaltfläche **<Neu>** oder (Strg + N) wählen. Klicken Sie mit der Maus einmal auf das Texteingabefeld, um den Cursor dort zu positionieren, und fügen Sie dann den Text aus der Zwischenablage ein:

<Kontextmenü> → **<Einfügen>** (Strg + V).

Um den Betreff in die entsprechende Zeile zu verschieben, markieren Sie den Text mit einem Dreifachklick (Zeilenmarkierung) und schneiden ihn aus, um ihn anschließend aus der Zwischenablage in der Betreffzeile einzufügen:

<Kontextmenü> → **<Ausschneiden>** (Strg + X).

<Kontextmenü> → **<Einfügen>** (Strg + V).

Alternativ können Sie den markierten Text auch mit der Maus an die gewünschte Position ziehen.

Zur Kontrolle der Rechtschreibung wählen Sie **<Überprüfen>** → **<Rechtschreibung und Grammatik>**.

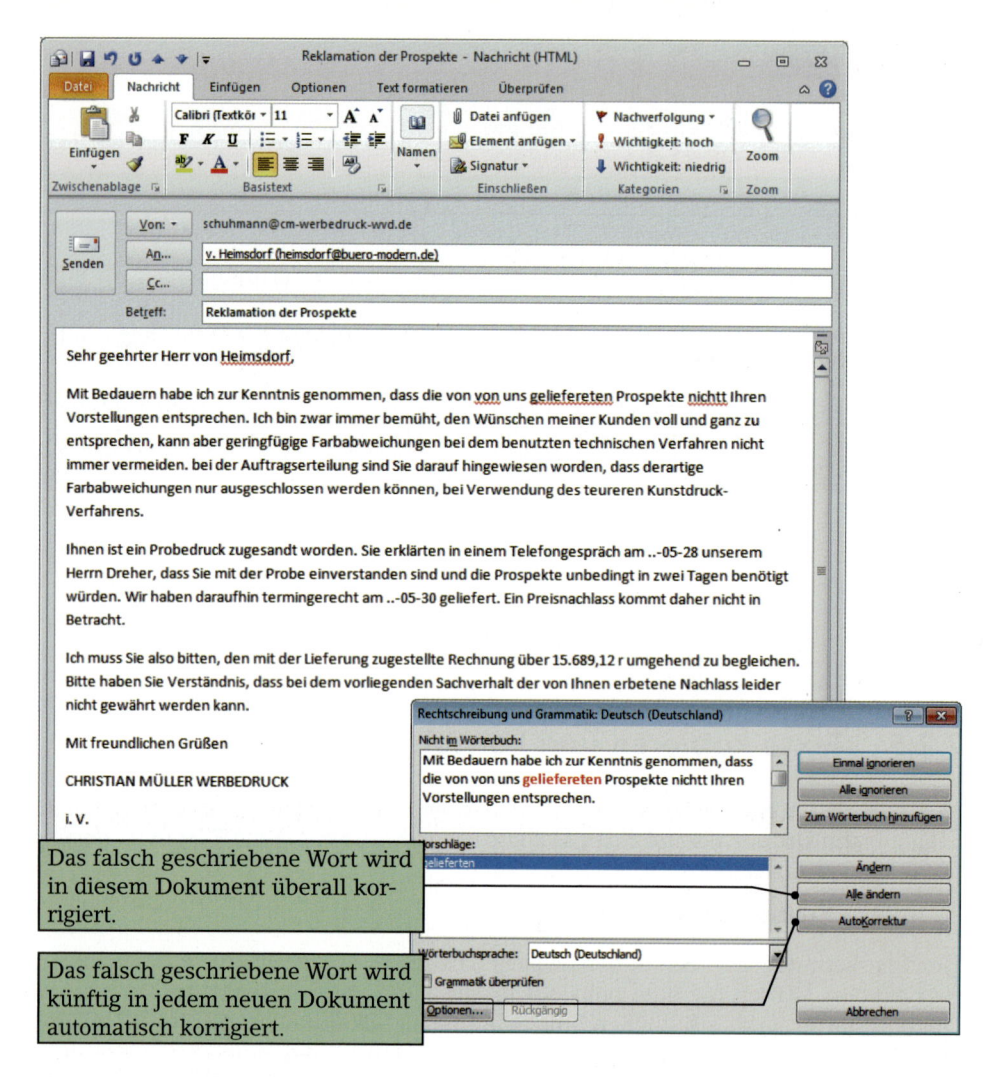

Das falsch geschriebene Wort wird in diesem Dokument überall korrigiert.

Das falsch geschriebene Wort wird künftig in jedem neuen Dokument automatisch korrigiert.

Es werden alle Wörter angezeigt, die sich nicht im Wörterbuch befinden. Sie haben die folgenden Möglichkeiten:

<Einmal Ignorieren>	An dieser Stelle nicht verbessern
<Alle ignorieren>	In der gesamten E-Mail nicht verbessern
<Ändern>	An dieser Stelle ersetzen
<Alle ändern>	In der gesamten E-Mail ersetzen
<Zum Wörterbuch hinzufügen>	Sie können das von Ihnen geschriebene Wort dem Wörterbuch hinzufügen, damit es nicht mehr mit einem Korrekturvorschlag versehen wird.
<Autokorrektur>	Wenn Ihnen der Fehler häufiger passiert, können Sie ihn zukünftig automatisch (ohne Rückfrage) korrigieren lassen.

7.2.6 Datei anhängen

Aufgaben

1. Fügen Sie den Brief *Angebot Hoffmann.doc* als Anlage Ihrer E-Mail hinzu und versenden Sie die Nachricht ebenfalls an *derbueromarkt@gmx.de* mit dem Betreff *Angebot Bildpostkarten*.
2. Weisen Sie eine hohe Wichtigkeitsstufe zu, damit der Empfänger die E-Mail vorrangig behandelt. Um sicher zu sein, dass die Nachricht gelesen wird, fordern Sie eine Bestätigung an, die Sie über den Zeitpunkt des Lesens durch den Empfänger informiert.

Zum Anhängen einer Datei an eine Nachricht geben Sie nach dem Öffnen einer neuen Nachricht den Befehl **<Einfügen>** → **<Einschließen>** → **<Datei anfügen>** ein. Es wird ein Dialogfenster zum Auswählen der anzuhängenden Datei eingeblendet. Wählen Sie die gewünschte Datei aus und klicken Sie auf **<Einfügen>**.

Die angehängte Datei wird in einer zusätzlichen Zeile **<Angefügt>** im Mailfenster angezeigt. Achten Sie darauf, dass die Gesamtgröße der Nachricht die von Ihrem Mailserver oder dem des Empfängers zugelassene Kapazität nicht überschreitet, da andernfalls die E-Mail nicht versendet wird.

Zum Löschen einer Anlage klicken Sie in der Zeile **<Angefügt>** auf die Anlage und drücken anschließend die Entf-Taste.

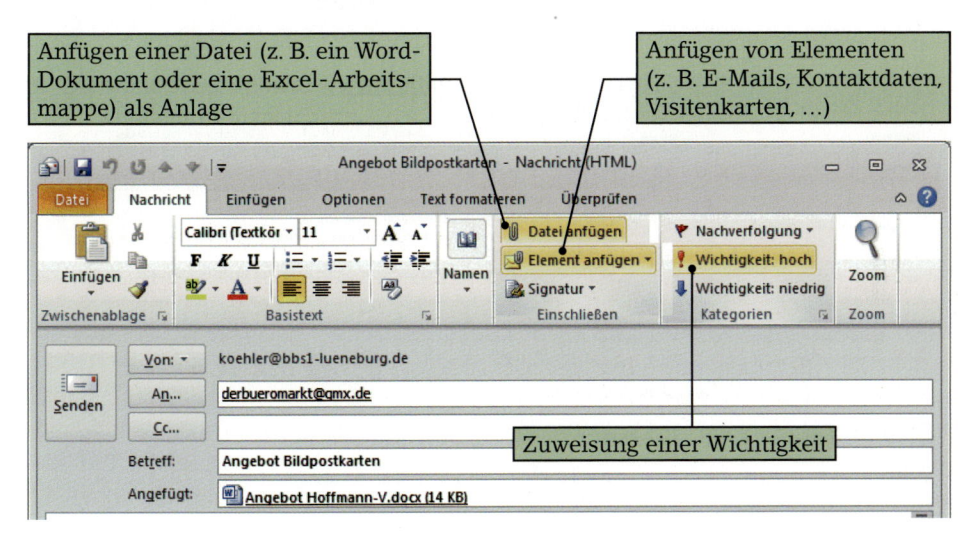

Outlook blockiert beim Empfang etliche Dateitypen, um Ihren PC vor Viren zu schützen. Wenn Sie eine potenziell gefährliche Datei versenden möchten, erhalten Sie von Outlook die Warnung, dass die Anlage von einem Empfänger, der MS Outlook verwendet, nicht empfangen werden kann. Damit Outlook die Datei als ungefährlich einstuft, müssen Sie die Dateinamenerweiterung (z. B. *exe*) umbenennen (z. B. in *docx*). Der Empfänger kann der Datei dann wieder die richtige Dateinamenerweiterung (hier z. B. *exe*) anhängen. Eine Auflistung der blockierten Dateitypen finden Sie in der Outlook-Hilfe, wenn Sie als Suchbegriff „blockierte Anlagendateitypen" eingeben.

7.2.7 Wichtigkeit und Bestätigung

Sie möchten den Empfänger darauf hinweisen, dass diese E-Mail wichtig ist. Weisen Sie der Nachricht dazu eine hohe Wichtigkeitsstufe zu, indem Sie die Schaltfläche <Kategorien> → <Wichtigkeit hoch> wählen. Dem Empfänger wird die Nachricht nach dem Abrufen mit einem roten Ausrufezeichen als Symbol für eine hohe Wichtigkeit angezeigt. Entsprechendes gilt auch für eine geringe Wichtigkeit.

Das Anfordern einer Bestätigungsmail kann einzeln für jede Nachricht, die Sie versenden, festgelegt werden, indem Sie im Nachrichtenfenster im Menüband <Optionen> → <Verlauf> → <Lesebestätigung anfordern> wählen. Der Empfänger erhält beim Öffnen der Nachricht die Frage, ob er die angeforderte Bestätigung versenden möchte.

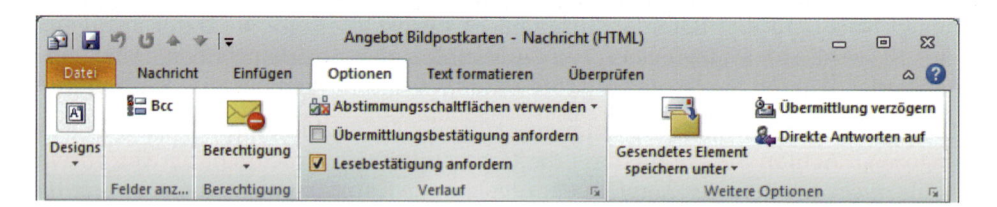

Sofern Sie für alle versandten E-Mails eine Bestätigung wünschen, finden Sie auf dem Hauptbildschirm von Outlook unter <Datei> → <Optionen> den Bereich <E-Mail>. Scrollen Sie zur Rubrik <Verlauf> und aktivieren Sie die <Lesebestätigung> (siehe nachfolgenden Screenshot).

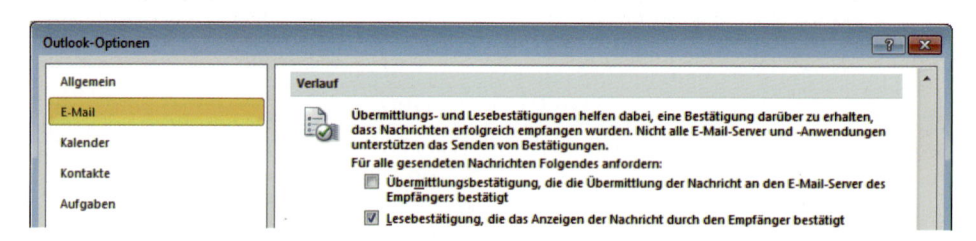

7.2.8 Empfangene Anhänge öffnen, speichern und löschen

Wenn ein Anhang empfangen wird, so ist dies an der Büroklammer in der Vorschauliste zu erkennen. Eine Anlage kann vom Empfänger geöffnet, gespeichert oder z. B. bei Virengefahr gelöscht werden. Mit einem Klick auf das Anlagensymbol im Kopf des Lesebereichs erhalten Sie ein Auswahlmenü zum Speichern oder Öffnen der Anlage. Das Öffnen funktioniert nur, wenn ein entsprechendes Programm zum Ausführen installiert ist.

Anlage öffnen

Sie können eine Anlage in der Vorschau anzeigen lassen, indem Sie auf das Anlagensymbol klicken. Der Inhalt wird, sofern das entsprechende Vorschaumodul installiert ist, im Lesebereich angezeigt.

Zum Öffnen einer Anlage klicken Sie mit der rechten Maustaste auf das Anlagesymbol im Kopf des Lesebereichs und wählen **<Öffnen>** → **<Öffnen>**. Das Programm zum Öffnen der Datei wird gesucht und gestartet.

Anlage speichern

Zum Speichern einer Anlage klicken Sie mit der rechten Maustaste auf das Anlagesymbol im Kopf des Lesebereichs und wählen **<Speichern unter>**. Ein Dialogfenster zur Auswahl des Speicherorts wird geöffnet. Wählen Sie das Laufwerk und den Ordner, unter denen Sie die Datei ablegen wollen. Den Dateinamen können Sie neu vorgeben, andernfalls wird die Datei unter dem bestehenden Namen gespeichert. Wenn Sie mehrere Anhänge speichern wollen, markieren Sie sie vorher mit gedrückter Strg-Taste.

Anlage löschen

Da Anhänge Viren enthalten können, sollten Sie ein Antivirenprogramm auf Ihrem Rechner installiert haben, das alle eingehenden E-Mails scannt. Wenn Sie sich nicht sicher sind, ob eine Anlage mit einem Virus infiziert ist, sollten Sie weder öffnen noch speichern, sondern die Nachricht löschen:

<Kontextmenü> → **<Anlage entfernen>**

7.2.9 Signatur

Aufgabe Erstellen Sie eine Standard-Signatur mit der Grußformel „Mit freundlichen Grüßen …" und eine weitere Signatur mit Ihrer Adresse.

Das Hinzufügen einer Signatur vereinfacht das Verfassen von Nachrichten, da z. B. bestimmte, immer wiederkehrende Textblöcke oder Bilder mit nur einem Befehl eingegeben werden können. Sie können beliebig viele Signaturen erstellen, sodass Sie für eine Vielzahl von Anlässen über geeignete Signaturen verfügen. Öffnen Sie mit der Schaltfläche **<Neu>** ein Nachrichtenfenster und wählen Sie:

<Einfügen> → **<Signatur>** → **<Signaturen>**

Geben Sie den Text für die Grußformel ein und speichern Sie ihn unter der Bezeichnung *Standard*.

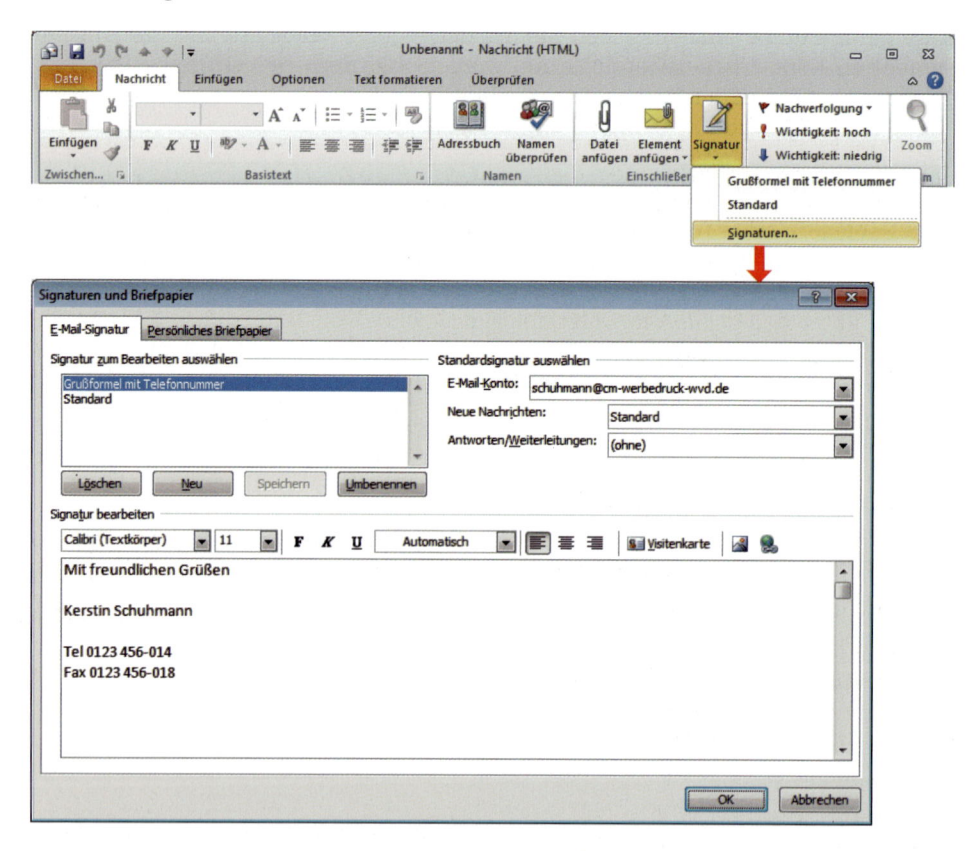

Diese Signatur wird jetzt als Standard jeder ausgehenden E-Mail mit Ausnahme der Weiterleitungen und Antworten hinzugefügt. Geben Sie als weitere Signatur die Grußformel mit Telefonnummer ein. Sie kann anschließend ausgehenden Nachrichten wahlweise hinzugefügt werden. Nennen Sie die Signatur *„Grußformel mit Telefonnummer"*.

Sie können jede beliebige Signatur zum Standard umwandeln, indem Sie die Signatur auswählen und in *Standard* umbenennen. Es kann aber immer nur maximal eine Signatur als Standard verwendet werden.

Informations- und Kommunikationsnetze im Web

Digitale Signatur

Nicht zu verwechseln mit der hier beschriebenen Signatur ist die als digitale Signatur bekannte elektronische Unterschrift. Der Empfänger einer Nachricht kann nie ganz sicher sein, ob die erhaltene Nachricht nicht auf dem Transportweg verändert wurde und ob der vermeintliche Absender tatsächlich seinen richtigen Namen oder seine richtige Adresse verwendet hat. Weil aber ein großes Bedürfnis nach manipulationssicherer Kommunikation besteht und im Hinblick auf die spätere Beweisbarkeit z. B. eines abgeschlossenen Vertrages auch die Identifikation des Kommunikationspartners dringend erforderlich ist, musste ein Verfahren entwickelt werden, das diese Kriterien erfüllt. Eine mögliche Lösung ist die Verwendung von digitalen Signaturen (s. Modul **7.2.3 E-Mails verwalten**).

7.2.10 Kopien versenden

Neben dem Hauptempfänger können weitere gleichberechtigte Empfänger unter **<An>** eingetragen und durch Komma oder Semikolon getrennt werden. Sie können die Kopieempfänger auch unter **<Cc>** (Carbon copy) eintragen. Wenn Sie jemandem eine Kopie zuschicken wollen, ohne dass die anderen Empfänger darüber informiert werden, so nutzen Sie hierfür **<Bcc>** (Blind carbon copy).

In unserem Beispiel sehen also Ludwig, Anna und auch Julia, dass diese Nachricht an sie drei gesendet wurde. Dass die E-Mail auch an Lukas ging, können sie nicht sehen. Lukas wird über keinen Empfänger informiert.

Falls also E-Mail-Adressen nicht angezeigt werden sollen, muss die Bcc-Funktion genutzt werden. Soll eine E-Mail an mehrere Empfänger geschickt werden, ohne dass diese über die anderen Empfänger informiert werden, empfiehlt es sich, den eigenen Namen unter **<An>** einzutragen (da hier immer eine Angabe stehen muss), die anderen Empfänger alle unter **<Bcc>**.

Wenn Sie häufiger Blindkopien versenden, lässt sich das Feld dauerhaft einblenden. Öffnen Sie eine neue E-Mail und wählen Sie im Menüband das Register **<Optionen>**. Klicken Sie dort auf **<Felder anzeigen>**. Es werden in Zukunft sämtliche Kopfzeilen inklusive **<Bcc>** angezeigt, bis Sie über den gleichen Befehlsweg die Anzeige wieder deaktivieren.

7.2.11 Drucken

Situation Kerstin möchte mehrere kurze Nachrichten zusammen auf einer Seite ausdrucken.

Zum Aufruf einer Druckvorschau markieren Sie die E-Mail und klicken Sie auf **<Datei>** → **<Drucken>**. Wenn Sie eine Nachricht geöffnet haben, können Sie die Seitenansicht und auch das Druckmenü über **<Datei>** → **<Drucken>** oder mit dem Tastaturbefehl [Strg] + [P] aufrufen.

Wenn Sie nur Teile des Dokumentes gedruckt haben wollen, geben Sie unter **<Optionen>** die Seiten an. Beim Druck mehrerer Exemplare haben Sie die Möglichkeit, die Druckreihenfolge mit der Sortierfunktion festzulegen. Wenn Sie Anlagen drucken, beachten Sie, dass sie immer auf dem Standarddrucker ausgedruckt werden.

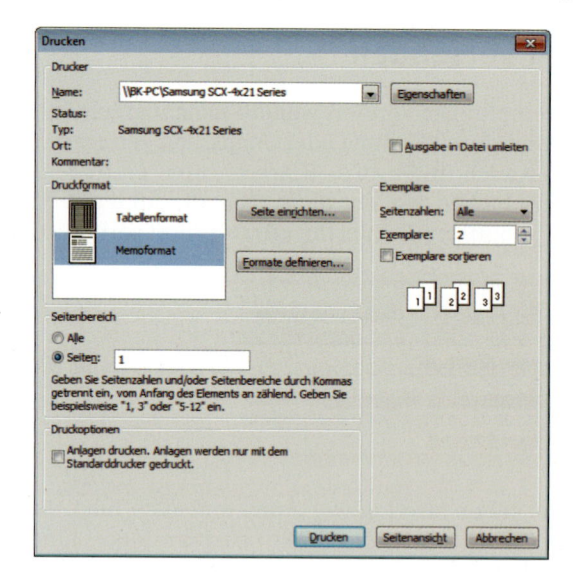

7.2.12 E-Mails weiterleiten oder beantworten

Situation Kerstin hat eine E-Mail erhalten, die an eine Kollegin weitergeleitet werden soll.

Aufgabe Leiten Sie eine empfangene E-Mail weiter.

Klicken Sie im Anzeigebereich die E-Mail an und wählen Sie im Menüband **<Start>** → **<Antworten>** → **<Weiterleiten>** oder die Tastenkombination [Strg] + [F]. Es erscheint die empfangene Originalnachricht im Nachrichtenfenster und Sie haben die Gelegenheit, Text hinzuzufügen.

Geben Sie den oder die Empfänger ein und versenden Sie die Nachricht. Als Betreff wird dem Originalbetreff ein „*WG:*" (weitergeleitet) vorangestellt.

Informations- und Kommunikationsnetze im Web

Wenn ein Absender häufig per E-Mail korrespondiert, so ist es für das Zuordnen zu einem Vorgang hilfreich, einer Antwort die Ursprungsmail hinzuzufügen. Der Absender ist bei Erhalt der Antwort sofort über die vorangegangene Korrespondenz informiert. Eine Standardeinstellung zum Beifügen der Originalnachricht können Sie vornehmen unter:

<Datei> → <Optionen> → <E-Mails> → <Anworten und Weiterleitungen>

Klicken Sie auf die E-Mail und anschließend auf <Start> → <Antworten> → <Antworten>. Wenn es mehrere Empfänger dieser E-Mail gibt, so können Sie mit dem Befehl <Allen antworten> die Antwort an alle Empfänger der Mailliste schicken.

Der ursprüngliche Absender und ggf. die weiteren Empfänger der Ursprungsmail sind nun automatisch als Empfänger eingetragen und als Betreff ist dem Originalbetreff ein „AW:" (Antwort) vorangestellt. Ein Antworttext kann hinzugefügt und die komplette E-Mail durch einen Klick auf die Schaltfläche <Senden> zurückgeschickt werden.

Sie haben sowohl für Antworten als auch für Weiterleitungen die Wahl, den ursprünglichen Text der Nachricht beizufügen oder nicht. Wenn Sie ihn beifügen, können Sie ihn als Anlage hinzufügen oder als Text in der Antwortmail belassen. Wobei Sie die Option haben, ihn von Outlook durch eine Einrückung oder ein Präfix (>) vor jeder Zeile kenntlich machen zu lassen.

Zusammenfassung

▶ Vor dem Versenden sollten E-Mails grundsätzlich einer Rechtschreibprüfung unterzogen werden: <Überprüfen> → <Rechtschreibung und Grammatik>

▶ Zum Anhängen einer Datei an eine E-Mail wählen Sie <Einfügen> → <Einschließen> → <Datei anfügen>.

▶ Zum Anfordern einer Lesebestätigung wählen Sie <Optionen> → <Verlauf> → <Lesebestätigung anfordern>.

▶ Zum Speichern mehrerer Dateien markieren Sie die Anlagen und wählen im Kontextmenü <Alle Anlagen speichern>.

▶ Mit einer Signatur können Sie häufig benutzte Wendungen in Ihren E-Mails abspeichern und bei Bedarf einfügen. Sie erstellen Signaturen über den Befehl <Einfügen → <Signatur> → <Signaturen> und sie anschließend mit <Einfügen> → <Signatur> in die E-Mails einfügen.

▶ Zum Versenden von E-Mails ohne Anzeige der Empfänger können Sie Blindkopien verwenden, indem Sie die Empfänger in die Zeile Bcc eintragen.

▶ Zum Drucken einer Nachricht wählen Sie <Datei> → <Drucken>.

▶ Antwortmails erhalten in der Betreffzeile ein AW vorangestellt und Weiterleitungen ein WE.

7.2.13 E-Mails verwalten mit Standardordnern

Posteingang

Im Ordner *Posteingang* befindet sich die gesamte eingehende Post, die Sie vom E-Mail-Server abgerufen haben. Ungelesene Nachrichten werden in Fettschrift und mit einem gelben Briefsymbol angezeigt. Die Anzahl der ungelesenen Nachrichten steht in blauer Schrift rechts neben dem Ordner *Posteingang*. Wenn Sie auf die Nachricht klicken, so wird sie blau unterlegt und der Inhalt im Vorschaufenster angezeigt. Nach kurzer Zeit wird sie als gelesene Nachricht nicht mehr fett dargestellt. Soll die Nachricht wieder als ungelesen (fett mit gelbem Briefsymbol) dargestellt werden, so wählen Sie im Kontextmenü **<Als ungelesen markieren>**.

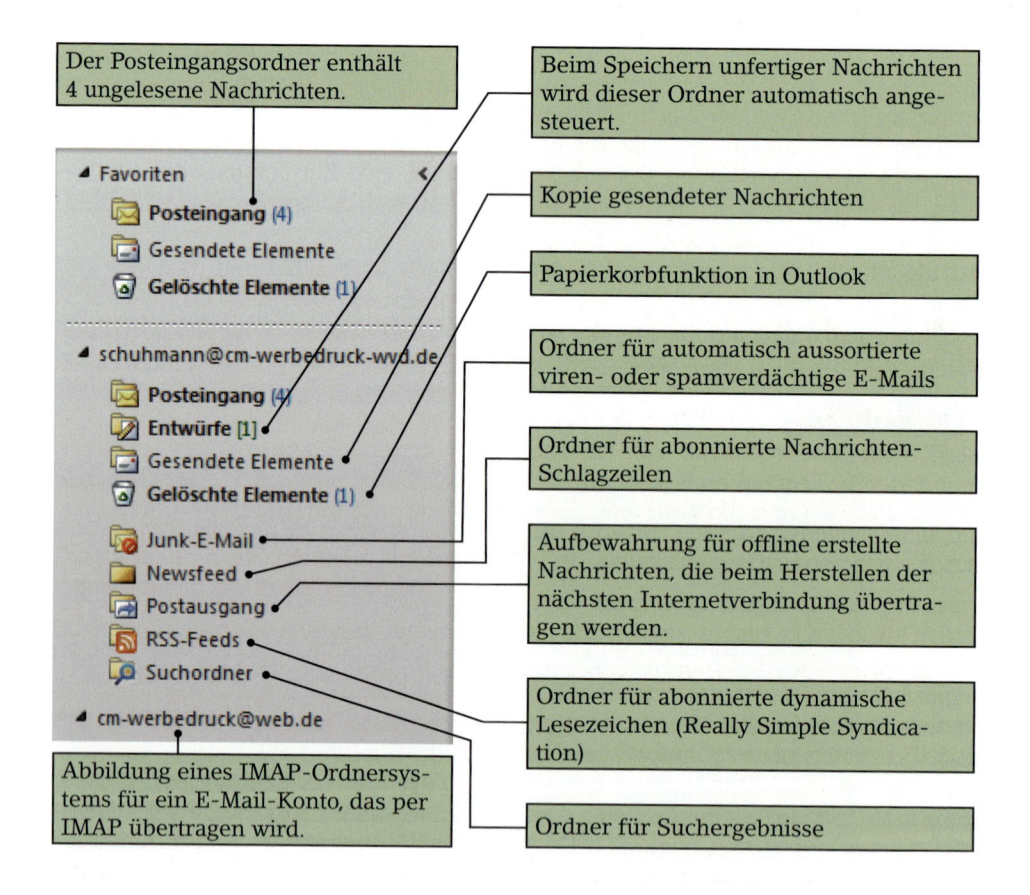

Der Posteingangsordner enthält 4 ungelesene Nachrichten.

Beim Speichern unfertiger Nachrichten wird dieser Ordner automatisch angesteuert.

Kopie gesendeter Nachrichten

Papierkorbfunktion in Outlook

Ordner für automatisch aussortierte viren- oder spamverdächtige E-Mails

Ordner für abonnierte Nachrichten-Schlagzeilen

Aufbewahrung für offline erstellte Nachrichten, die beim Herstellen der nächsten Internetverbindung übertragen werden.

Ordner für abonnierte dynamische Lesezeichen (Really Simple Syndication)

Abbildung eines IMAP-Ordnersystems für ein E-Mail-Konto, das per IMAP übertragen wird.

Ordner für Suchergebnisse

Entwürfe

Um den Entwurf einer Nachricht zur späteren Bearbeitung zu speichern, klicken Sie auf die Registerkarte **<Datei>** → **<Speichern>**. Die in diesem Ordner gespeicherten E-Mails werden beim Onlinebetrieb nicht gesendet. Sie können auch auf **<Speichern unter>** klicken, um eine E-Mail-Nachricht in Ihrem Dateisystem im Mail- (.eml), Text- (.txt) oder HTML-Format (.htm) zu speichern.

Gelöschte Elemente

Um Elemente zu löschen, müssen sie markiert sein. Anschließend haben Sie mehrere Möglichkeiten, sie mit einem Löschbefehl zunächst in den Ordner *Gelöschte Elemente* zu verschieben:

- Ziehen mit der Maus in den Ordner **<Gelöschte Elemente>**
- Entf-Taste betätigen
- **<Kontextmenü>** → **<Löschen>**
- Menüband **<Start>** → **<Löschen>** → **<Löschen>**.

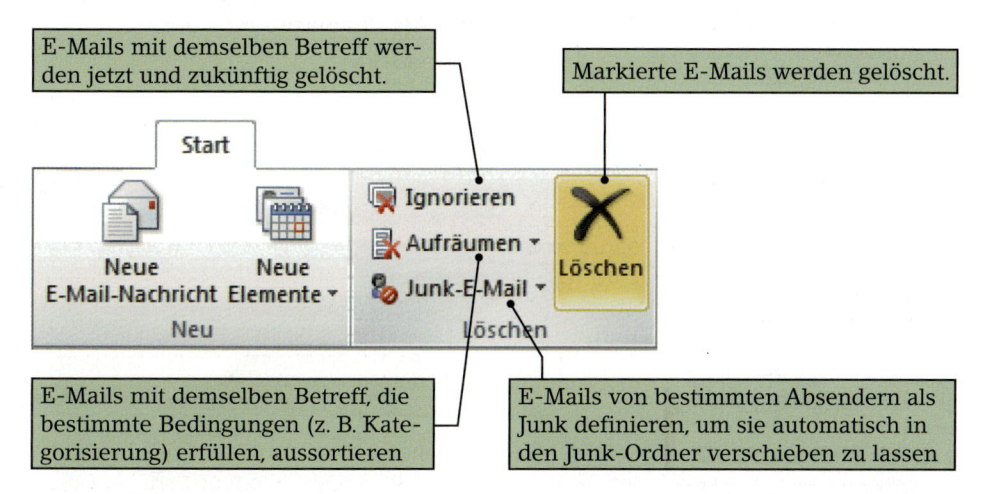

E-Mails mit demselben Betreff werden jetzt und zukünftig gelöscht.

Markierte E-Mails werden gelöscht.

E-Mails mit demselben Betreff, die bestimmte Bedingungen (z. B. Kategorisierung) erfüllen, aussortieren

E-Mails von bestimmten Absendern als Junk definieren, um sie automatisch in den Junk-Ordner verschieben zu lassen

Zum Wiederherstellen klicken Sie auf die gelöschte E-Mail im Ordner *Gelöschte Elemente* und wählen im Kontextmenü oder über das Menüband den Befehl **<In Ordner verschieben ...>**. In dem erscheinenden Dialogfenster wählen Sie den Ordner, in dem die E-Mail aufbewahrt werden soll.

Um die Elemente endgültig zu löschen, wählen Sie im Kontextmenü des Ordners *Gelöschte Elemente* den Befehl:

<Ordner „Gelöschte Elemente" leeren>

Dieses zweistufige Löschverfahren soll verhindern, dass Elemente versehentlich endgültig gelöscht werden.

Gesendete Elemente

Sobald Sie eine Verbindung zum Internetdienstanbieter herstellen, werden die im Postausgang befindlichen E-Mails gesendet. Im Ordner *Gesendete Elemente* werden Kopien der verschickten Nachrichten aufbewahrt. Hier können Sie jederzeit kontrollieren, welche E-Mails zu welchem Zeitpunkt verschickt worden sind.

Postausgang

Wenn Sie eine Nachricht verfasst haben, offline sind und anschließend die Schaltfläche **<Senden>** anklicken, wird sie im *Postausgang* gespeichert. Sie wird automatisch gesendet, sobald Sie sich im Onlinebetrieb befinden. Solange die Nachricht noch nicht gesendet ist, können Sie jederzeit Änderungen vornehmen.

Suchordner

Situation Kerstin möchte, dass alle E-Mails, die im Betreff das Wort „Angebot" enthalten, in einem Ordner zur Verfügung stehen.

Aufgabe Richten Sie einen Suchordner *Angebote* ein.

In den Unterordnern des *Suchordners* werden die Ergebnisse von festgelegten Suchläufen gespeichert und permanent aktualisiert. Standardmäßig sind dort die folgenden Ordner angelegt:

▶ *Größer als 100 KB*

▶ *Kategorisierte E-Mail*

▶ *Ungelesene Nachrichten*

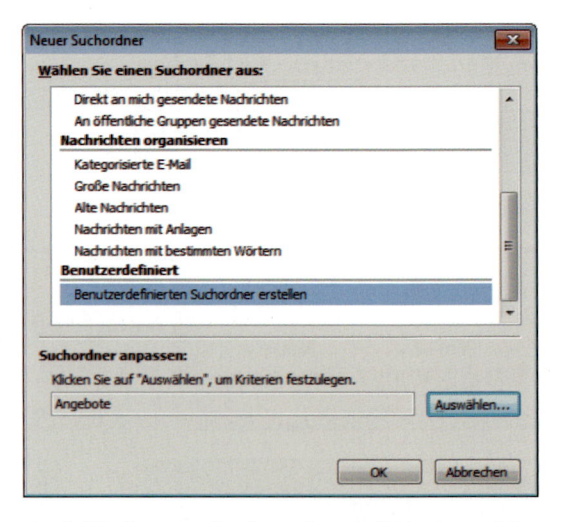

Sie können weitere Ordner entweder nach Vorlagen oder benutzerdefiniert einrichten. Mit einem Rechtsklick auf *Suchordner* wird Ihnen ein Kontextmenü mit dem Befehl <Neuer Suchordner...> eingeblendet. Mit der Befehlseingabe <**Benutzerdefiniert**> ➔ <**Benutzerdefinierten Suchordner erstellen**> ➔ <**Auswählen**> gelangen Sie zu einer Eingabemaske, in der Sie den Namen des neuen Ordners eingeben können. Mit einem Klick auf <**Kriterien**> gelangen Sie zum Dialogfenster <**Suchordnerkriterien**>, um dort die Suchkriterien festzulegen.

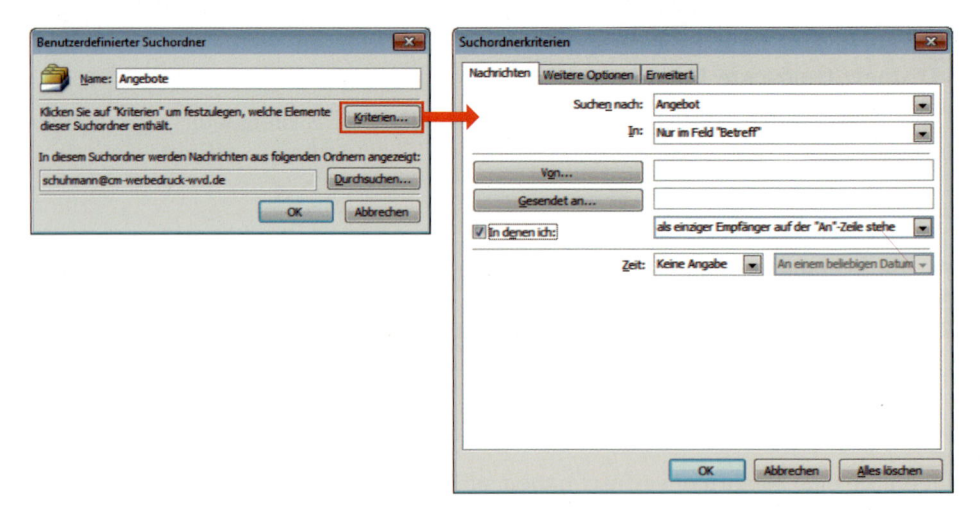

Informations- und Kommunikationsnetze im Web

RSS-Feeds

Sie können über dynamische Lesezeichen Inhalte von Webseiten abonnieren. Dazu kopieren Sie den Pfad zu den RSS von der Webseite, indem Sie mit der rechten Maustaste auf den Link zum RSS-Feed klicken und im Kontextmenü **<Verknüpfung kopieren>** wählen. In Outlook klicken Sie ebenfalls im Kontextmenü des *RSS-Ordners* auf **<Neuen RSS-Feed hinzufügen…>**

Archiv

Alle 2 Wochen fragt Outlook automatisch, ob eine Archivierung von Elementen, die älter als 6 Monate sind, durchgeführt werden soll. Genauso, wie Sie erledigte Akten in einem Extra-Ordner archivieren, können Sie auch in Outlook Ihre Nachrichten, die ein bestimmtes Alter überschritten haben, in ein Archiv verschieben.

Die Standardeinstellungen für die AutoArchivierung lassen sich über den Befehl **<Datei>** ➔ **<Optionen>** ➔ **<Erweitert>** ➔ **<AutoArchivierung>** verändern.

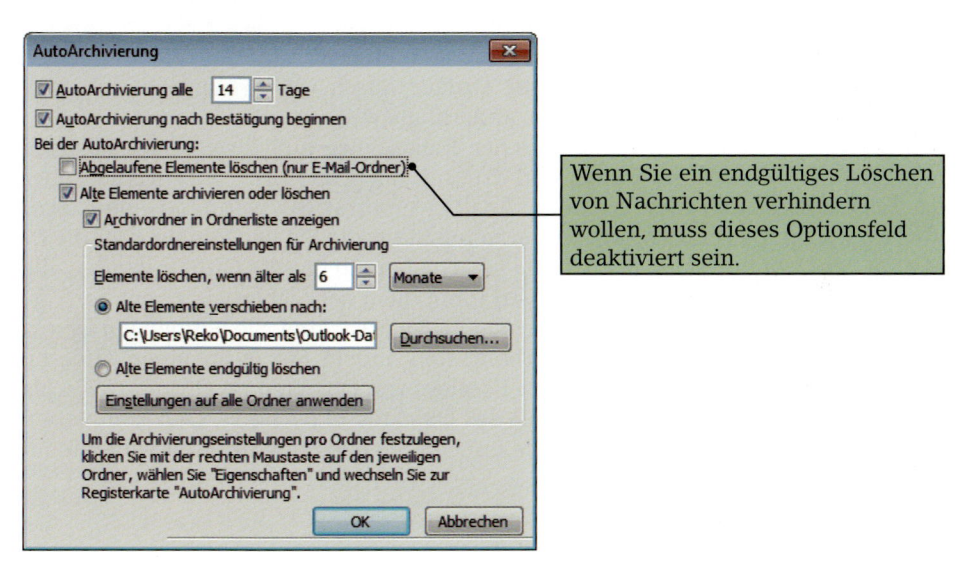

Wenn Sie ein endgültiges Löschen von Nachrichten verhindern wollen, muss dieses Optionsfeld deaktiviert sein.

Archivierungszeitpunkte:

▶ Posteingang, Kalender, Aufgaben, Notizen, Journal, Entwürfe: nach 6 Monaten
▶ Gesendete Elemente, Gelöschte Elemente: nach 2 Monaten
▶ Postausgang: nach 3 Monaten

Wollen Sie die Standardeinstellungen für einzelne Ordner ändern, wählen Sie im Kontextmenü des Ordners (rechter Mausklick):

<Eigenschaften> ➔ **<AutoArchivierung>**

7.2.14 Neue Ordner erstellen

Situation Durch den ständigen E-Mail-Verkehr sammeln sich auf Kerstins PC immer mehr Nachrichten an. Um die Nachrichten, die aufbewahrt werden sollen, übersichtlich zu ordnen, bedarf es eines Ordnungssystems.

Aufgabe Schaffen Sie ein Ordnungssystem mit den Ordnern: *Privates, Geschäftliches,* Unterordner *Angebote, Reklamationen, Bestellungen, Sonstiges.*

Klicken Sie mit der rechten Maustaste auf den Ordner, in dem Sie den neuen Ordner einrichten möchten (z. B. *schuhmann@cm-werbedruck-wvd.de*) und wählen Sie im Kontextmenü **<Neuer Ordner>**.

Sie können sich Ordnung schaffen, indem Sie z. B. die im Posteingang angezeigten E-Mails in die neu geschaffenen Ordner per Drag-and-Drop verschieben. Klicken Sie dazu auf die E-Mail, halten Sie die linke Maustaste gedrückt und ziehen Sie mit der Maus auf den Ordner, in dem Sie die E-Mail ablegen möchten. Alternativ können Sie auch im Kontextmenü den Befehl **<Verschieben>** anklicken und anschließend im Zielordner **<Einfügen>**. Damit Sie Ihren neu geschaffenen Ordner *Privates* nie lange suchen müssen, legen Sie ihn per Drag-and-drop im Favoritenbereich ab. Sie können im Favoritenbereich die Reihenfolge der Ordner durch Ziehen mit der Maus selbst festlegen, andernfalls werden die Ordner immer in alphabetischer Reihenfolge aufgelistet. Zum Löschen eines Ordners klicken Sie ihn an und drücken die Entf-Taste oder wählen über das Kontextmenü **<Ordner löschen>**. Analog verfahren Sie, wenn Sie eine E-Mail löschen wollen. Das gleiche Ergebnis erhalten Sie, wenn Sie den Ordner oder die E-Mail in den Ordner *Gelöschte Elemente* verschieben. In diesem Ordner werden alle gelöschten Objekte aufbewahrt. Das Verfahren dient der Sicherheit, damit aus Versehen gelöschte Objekte nicht sofort endgültig gelöscht sind. Sie können ein Objekt aus diesem Ordner jederzeit wiederherstellen, indem Sie es in einen anderen Ordner verschieben. Zum endgültigen Löschen von Objekten im Ordner *Gelöschte Elemente* wählen Sie im Kontextmenü des Objektes **<Löschen>**. Den kompletten Inhalt des Ordners *Gelöschte Elemente* löschen Sie endgültig im Kontextmenü mit dem Befehl **<Ordner leeren>**.

Suchen

Um eine E-Mail zu suchen, gehen Sie folgendermaßen vor:
▶ Markieren des Ordners, in dem sich die Nachricht befindet (z. B. Posteingang).
▶ Eingabe des Suchtextes in die Sofortsuche. (Der Suchtext kann in der Nachricht oder in der Anlage enthalten sein.)

Sofern Sie nicht genau wissen, in welchem Ordner sich die Nachricht befindet, klicken Sie im Register **<Suchen>** auf **<Alle E-Mail-Elemente>**. Um die Suche möglichst genau einzugrenzen, geben Sie alles ein, was Sie über die zu suchende Nachricht wissen. Die gefundenen E-Mails werden Ihnen im Vorschaufenster angezeigt.

7.2.15 Ansichten

Sortierung

Aufgaben
1. Ändern Sie die Ansicht im Posteingangsordner so, dass Ihnen die folgenden Spalten angezeigt werden: Wichtigkeit, Symbol, Anlage, Von, Betreff, Erhalten, Größe, Kennzeichnungsstatus.
2. Lassen Sie die E-Mails nach den Absendern (Von) in aufsteigender Reihenfolge sortieren.

Sie können für jeden Ordner die Felder mit Informationen über die E-Mails gesondert festlegen. Welche Sortierspalten eingeblendet werden, entscheiden Sie in dem Dialogfenster **<Aktuelle Ansicht>** → **<Aktuelle Ansicht anpassen>**.

Mit einem Klick auf eine Spalte wird eine Sortierung nach dem Spaltenkriterium vorgenommen. Mit einem erneuten Klick auf dieselbe Spalte wechselt Outlook die Sortierreihenfolge von absteigend in aufsteigend und umgekehrt.

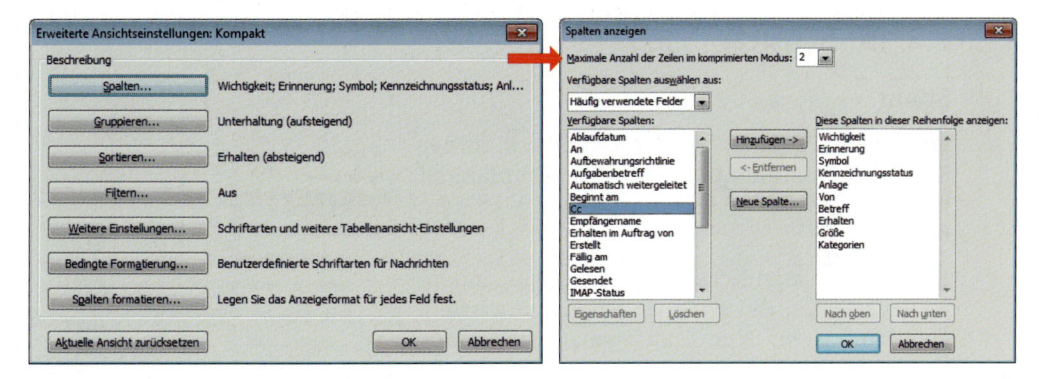

Menüband anpassen

Aufgabe Um vor dem Ausdruck einer E-Mail eine Seitenansicht zu erhalten, erweitern Sie das Menüband **<Start>** um die Gruppe **<Drucken>** und fügen die Befehle **<Seitenansicht>** und **<Schnelldruck>** ein.

Im Kontextmenü des Menübandes lassen sich mit dem Befehl **<Menüband minimieren>** die Symbole aus- und einblenden. Direkt darüber befindet sich der Befehl **<Menüband anpassen>,** mit dem Sie zum Dialogfenster **<Outlook Optionen>** in die Gruppe **<Menüband anpassen>** gelangen. Wählen Sie dort die Hauptregisterkarte **<Start>** und fügen Sie eine **<Neue Gruppe>** „Drucken" hinzu. Wenn Sie anschließend im linken Fenster **<Alle Befehle>** anzeigen lassen, können Sie die gewünschten Befehle der Gruppe **<Drucken>** hinzufügen (siehe auch Screenshot auf der folgenden Seite).

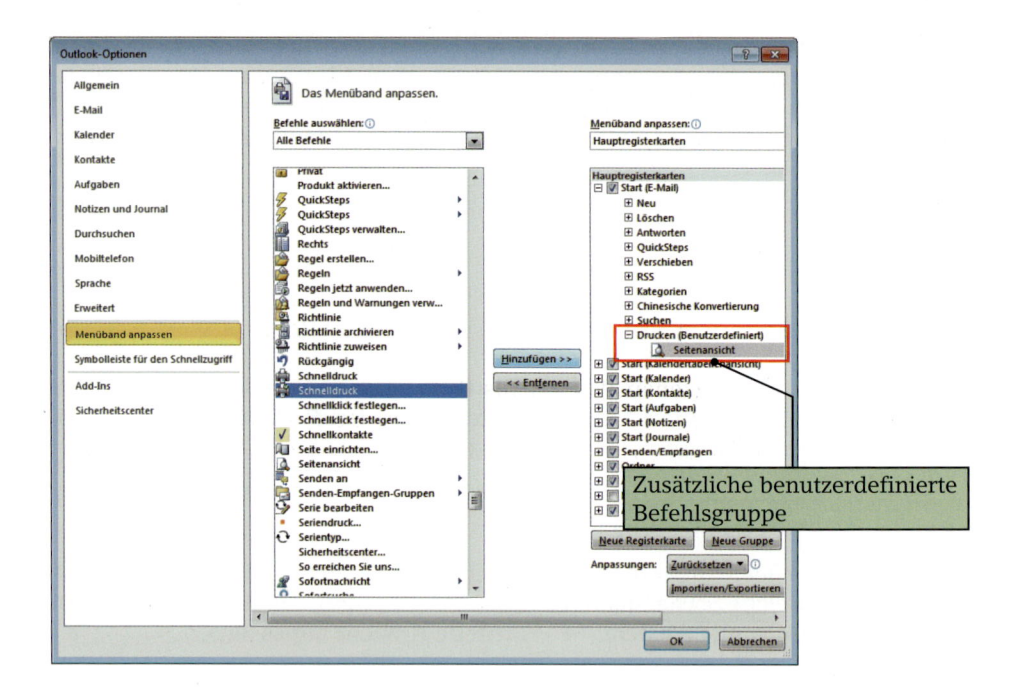

7.2.16 Schutz

Spam

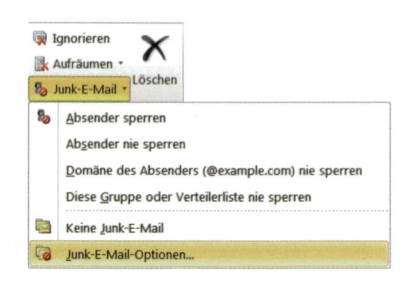

Ein großes Problem bei der Teilnahme an der E-Mail-Kommunikation ist das Empfangen unerwünschter Werbemails, die man als Spam bezeichnet.

Einen wirksamen Schutz bietet Outlook, indem es Nachrichten, die als Spam eingestuft werden, automatisch im Nur-Text-Format im Ordner Junk-E-Mail ablegt. Sie können den Filter Junk-E-Mail nach Ihren Wünschen einstellen. Wählen Sie dazu: **<Start>** ➔ **<Löschen>** ➔ **<Junk-E-Mail>** ➔ **<Junk-E-Mail-Optionen>**. Um zu verhindern, dass Nachrichten möglicherweise irrtümlich im Junk-E-Mail-Ordner gelandet sind (verloren gehen), sollten Sie diesen regelmäßig überprüfen. Wählen Sie die E-Mail im Ordner *Junk-E-Mail* aus und klicken Sie anschließend im Kopf des Lesebereichs auf den Warnhinweis.

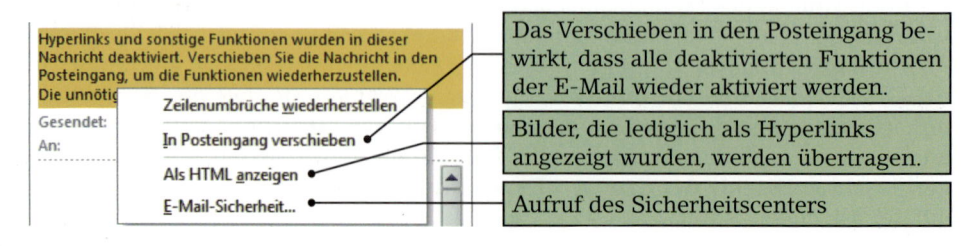

Weitere Schutzhinweise:

▶ Setzen Sie Ihre E-Mail-Adresse nicht unverschlüsselt auf Ihre Webseite, da Sie sonst von automatischen E-Mail-Sammlern erfasst wird.
  – Sie können z. B. über das Internet einen Generator suchen, der Ihre E-Mail-Adresse in ASCII-Code umwandelt.
  – Sie können die E-Mail-Adresse in Form eines Bildes (jpg) auf Ihre Homepage stellen.
  – Sie schreiben: E-Mail bitte an „webmaster@(dieser Domain)".
▶ Wenn Sie sich irgendwo im Internet registrieren lassen müssen, verwenden Sie eine zusätzliche E-Mail-Adresse, die Sie sich extra für solche Zwecke einrichten können.
▶ Wenn Sie in empfangenen Werbemails die Option erhalten, sich über sogenannte Remove-Listen, die meistens am Ende der E-Mail aufgeführt sind, auszutragen, ist Vorsicht geboten, denn diese dienen dem Absender häufig als Bestätigung, dass die E-Mail von einer Person empfangen wurde. Es kann dazu beitragen, dass Ihre E-Mail-Adresse weitere unerwünschte Verbreitung findet. Sie gelten dann nämlich als ein geeigneter Empfänger solcher Werbemails, der diese bis zum Ende liest.
▶ Eine Antwort auf unerwünschte E-Mails nützt im seltensten Fall, da die Absender meist gefälscht sind.

Phishing

Phishingmails sollen Empfänger dazu veranlassen, persönliche Daten wie Zugangsdaten, Passwörter, Transaktionsnummern usw. preiszugeben. Die Täter ködern ihre Opfer mit professionell gestalteten E-Mails und Internetseiten seriöser Unternehmen, die nur schwer als „Fake" erkennbar sind. Hat ein Empfänger Vertrauen entwickelt, gibt er seine Daten preis und die Täter können im Internet mit der Identität des Opfers großen Schaden anrichten.

Darüber hinaus gelingt es Phishing-Betrügern vor allem mithilfe von Trojanern und anderer Malware, sich in dem Kommunikationsweg z. B. zwischen Bankkunde und Bank zwischenzuschalten und Daten abzugreifen.

Man kann sich vor Phishing schützen, indem man in Outlook die HTML-Darstellung sowie Java-Script deaktiviert, denn die HTML-Darstellung und der Einsatz von Scripts werden bei den meisten Phishing-E-Mails eingesetzt. Zusätzlich sollten eigene E-Mails als reiner Text versendet werden, damit Empfänger ebenfalls die HTML-Darstellung deaktivieren, um sich vor Phishing-E-Mails zu schützen.

Für Outlook gibt es auf der Seite www.delphish.com eine kostenlose Antiphishing-Software, die versteckte Links aufspürt und Informationen über Herkunft und Betreiber der verlinkten Webseiten sowie eine Analyse der gesamten E-Mail liefert.

Viren

Unerwünschte E-Mails sind nicht nur zeitraubend, sondern können auch Viren enthalten, die Ihre Festplatte infizieren. Zum Schutz vor Viren sollten Sie deshalb nie eine Anlage unbekannter Herkunft öffnen und sich an die empfohlenen Schutzmaßnahmen halten. Installieren Sie auf jeden Fall auf Ihrem Computer ein Antivirenprogramm, das Sie kaufen oder kostenlos aus dem Netz downloaden können. Bedenken Sie aber, dass Antivirenprogramme regelmäßig aktualisiert werden müssen, da immer wieder neue unbekannte Viren auftauchen. Sicherheitshinweise finden Sie auf der Website des Bundesamts für Sicherheit in der Informationstechnik (www.bsi-fuer-buerger.de).

Digitale Signatur

Um dem Empfänger Sicherheit zu geben, dass eine E-Mail tatsächlich von dem vorgegebenen Empfänger stammt, kann man Nachrichten digital signieren. Hierzu benötigt man einen öffentlichen und einen privaten (geheimen) Schlüssel. Den öffentlichen Schlüssel verschickt man an die Empfänger der E-Mails, stellt ihn auf einer Website zur Verfügung oder leitet ihn an einen Schlüsselserver. Wenn man E-Mails dann mit seinem privaten Schlüssel versieht, so kann der Empfänger mithilfe des öffentlichen Schlüssels erkennen, ob die E-Mail tatsächlich von dem vorgegebenen Absender stammt.

Die Verwaltung der digitalen Signatur erfolgt im Sicherheitsscenter:

<Extras> → <Sicherheitscenter> → <E-Mail-Sicherheit>

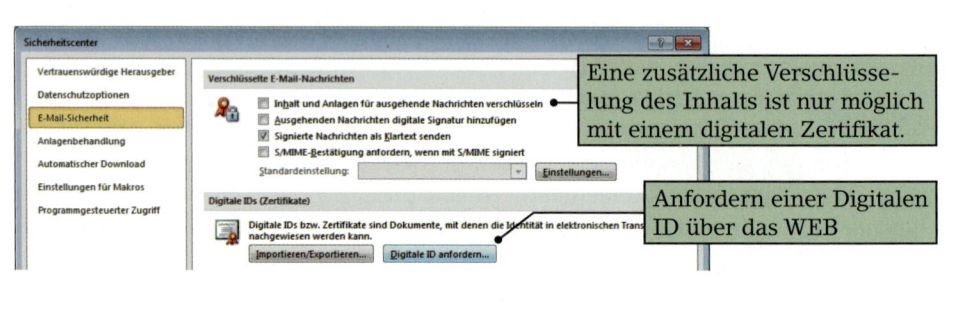

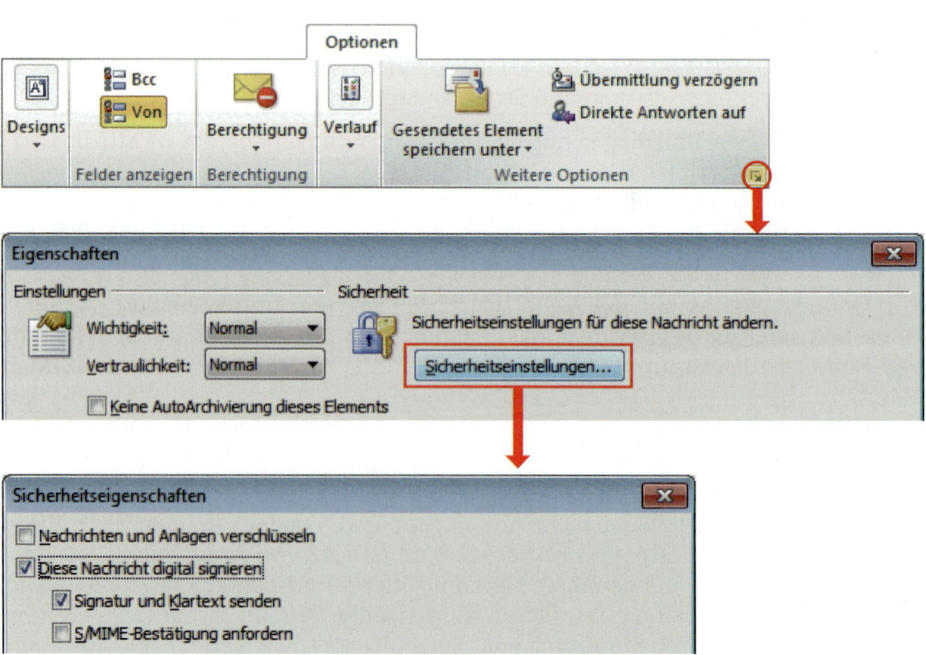

Zum Verschlüsseln einer E-Mail rufen Sie im Menüband des Nachrichtenfensters das Register **<Optionen>** auf und klicken dort auf den Menüpfeil der Befehlsgruppe **<Weitere Optionen>**. In den Sicherheitseinstellungen können Sie nun die Einstellungen für die digitale Signierung dieser E-Mail vornehmen, sofern Sie über ein entsprechendes Zertifikat verfügen.

7.2.17 Mehrere Benutzer

Ein E-Mail-Profil besteht aus E-Mail-Konten, Datendateien und Informationen zum Speicherort der E-Mail-Nachrichten. Wenn ein Arbeitsplatz von mehreren Personen benutzt wird, empfiehlt es sich, entsprechend viele Profile zu installieren. Sofern die Profile mit Kennwort geschützt werden, haben die jeweiligen Benutzer ausschließlich Zugriff auf die von ihnen gesendeten und empfangenen Nachrichten. Ein neues Profil erzeugen Sie über die Benutzerverwaltung:

<Start> ➔ **<Systemsteuerung>** ➔ **<Benutzerkonten hinzufügen/entfernen>**

Geben Sie den Namen des neuen Benutzers ein.

Zusammenfassung

- Als Standard sind in Outlook die Ordner *Entwürfe, Gelöschte Elemente, Gesendete Elemente, Junk-E-Mail, Postausgang, Posteingang, RSS-Feeds, Suchordner* und *Archiv* eingerichtet.
- RSS-Feeds sind dynamische Lesezeichen, die Sie im Web abonnieren können.
- Standardmäßig werden alle zwei Wochen Dateien, die älter als 6 Monate sind, archiviert.
- Im Suchordner finden Sie die Ergebnisse der Sucheingaben.
- Als Spam eingestufte Nachrichten werden automatisch im Nur-Text-Format im Ordner *Junk-E-Mail* abgelegt.
- Sie können das Ordnersystem mit eigenen Ordnern erweitern und häufig verwendete Ordner zu den Favoriten hinzufügen.
- Sortierungen können über die Sortierleiste im Anzeigebereich vorgenommen werden. Zum Editieren der Leiste wählen Sie im Kontextmenü **<Ansichtseinstellungen>**.
- Zum Ändern der Befehle im Menüband wählen Sie im Kontextmenü des Menübandes **<Menüband anpassen>**.
- Um Ihren PC vor Viren zu schützen, sollten Sie unbedingt ein Antivirenprogramm installieren und permanent aktualisieren.
- Eine digitale Signatur dient dazu, dem Empfänger Sicherheit zu geben, dass eine E-Mail tatsächlich von dem vorgegebenen Empfänger stammt.
- Um Outlook für mehrere Benutzer anzulegen, wählen Sie im Betriebssystem **<Start>** ➔ **<Systemsteuerung>** ➔ **<Benutzerkonten hinzufügen/entfernen>**.

7.2.18 Kontakte

Kontaktdaten

Situation: Kerstin erhält den Auftrag, für die Nachrichtenempfänger von Christian Müller eine Visitenkarte mit detaillierten Angaben zur Person zu erstellen.

Aufgabe: Erstellen Sie in Outlook eine Visitenkarte für Christian Müller.

Wählen Sie im Ordner Kontakte den Befehl **<Neu>** ([Strg] + [N]), geben Sie die Kontaktdaten in die Formularfelder ein und speichern Sie abschließend über die Schaltfläche **<Speichern & schließen>**.

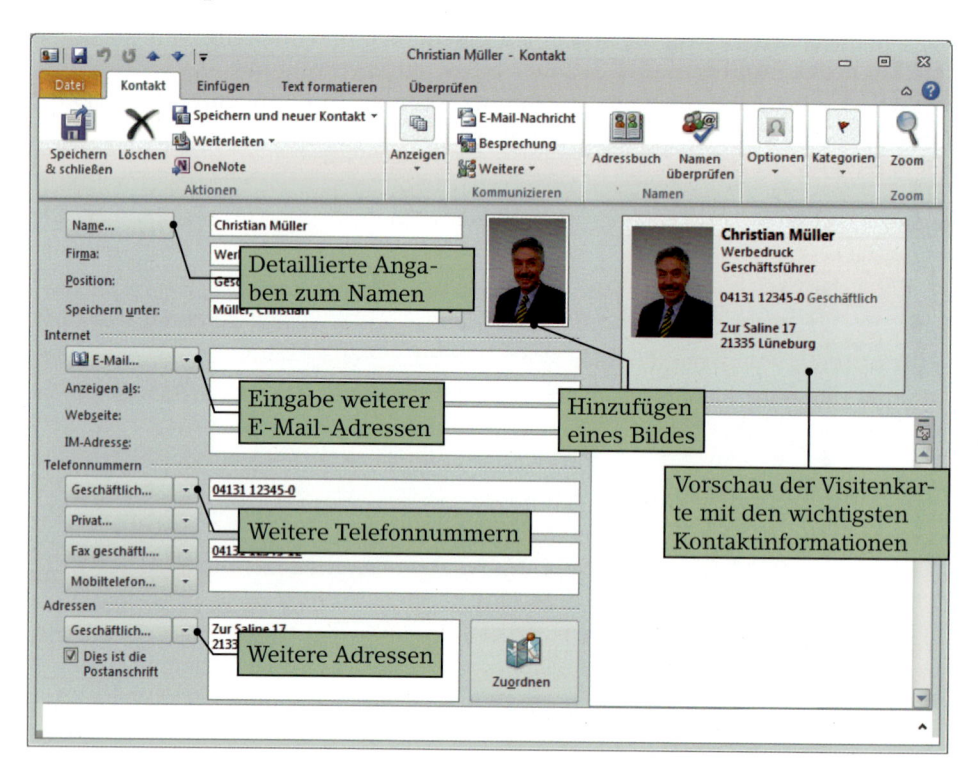

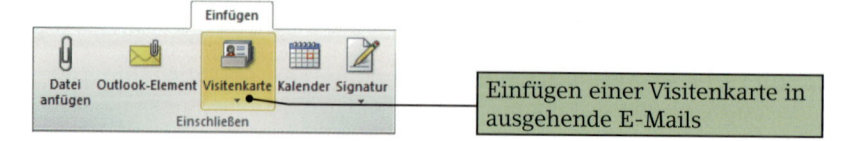

Sie können Schreibfehler bei der Adressierung von E-Mails vermeiden, wenn Sie die Kontaktdaten benutzen. Der eingegebene Name erscheint später unter **<An>**, wenn Sie an diese Person Nachrichten verschicken, und unter **<Von>**, wenn Sie von ihr Nachrichten empfangen.

Informations- und Kommunikationsnetze im Web

Eine Visitenkarte kann über **<Einfügen>** → **<Einschließen>** → **<Visitenkarte>** jeder ausgehenden Nachricht beigefügt werden.

Über eine Alphabetleiste am rechten Rand des Bildschirms lässt sich, wenn die E-Mail-Kontakte eingegeben sind, schnell jeder Kontakt finden. Klicken Sie einfach auf den ersten Buchstaben des Nachnamens.

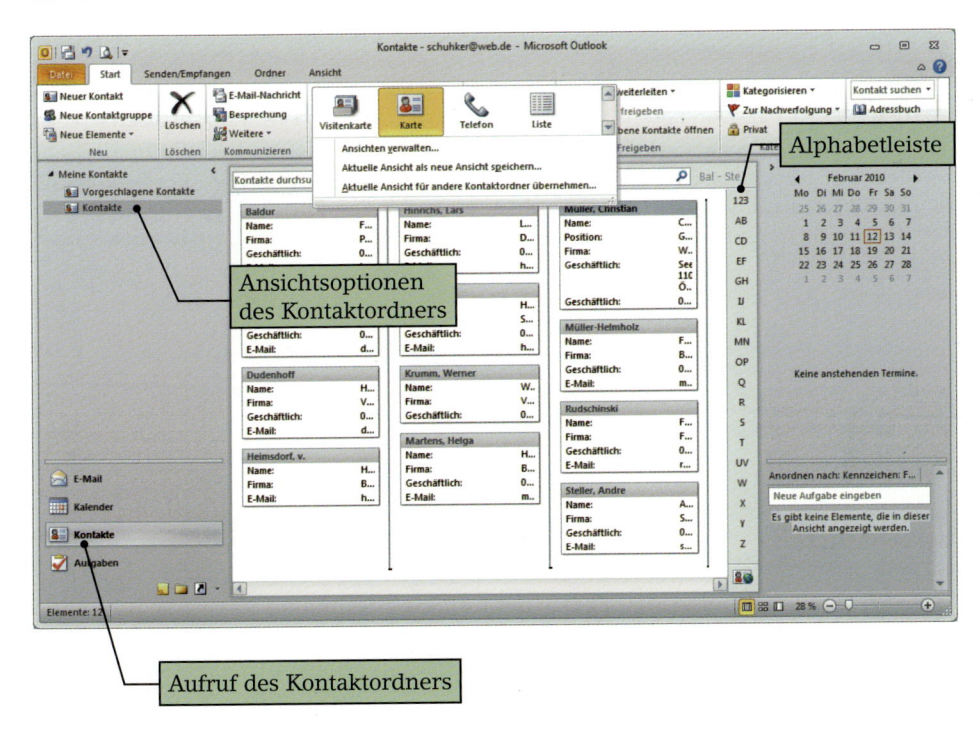

Alphabetleiste

Ansichtsoptionen des Kontaktordners

Aufruf des Kontaktordners

Zum Löschen eines Kontaktes öffnen Sie das Adressbuch und klicken einmal mit der rechten Maustaste auf den zu löschenden Kontakt. Wählen Sie im Kontextmenü **<Löschen>** oder betätigen Sie die Entf-Taste.

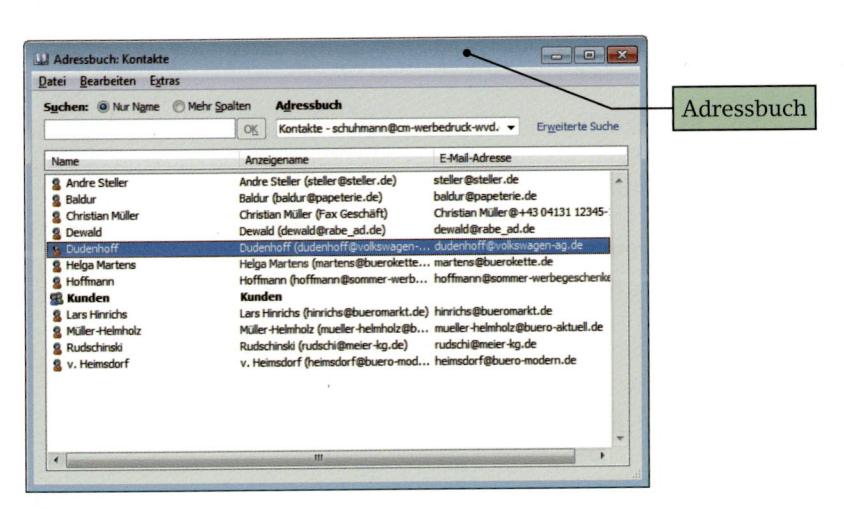

Adressbuch

Kontakte aus E-Mails übernehmen

Lassen Sie sich die Nachricht, aus der Sie die E-Mail-Adresse übernehmen wollen, im Nachrichtenfenster anzeigen und rufen Sie mit rechtem Mausklick das Kontextmenü der angezeigten E-Mail-Adresse auf. Wenn Sie dort den Befehl **<Zu Outlook-Kontakten hinzufügen>** wählen, so speichert Outlook die Informationen in das Adressbuch und den Kontaktordner.

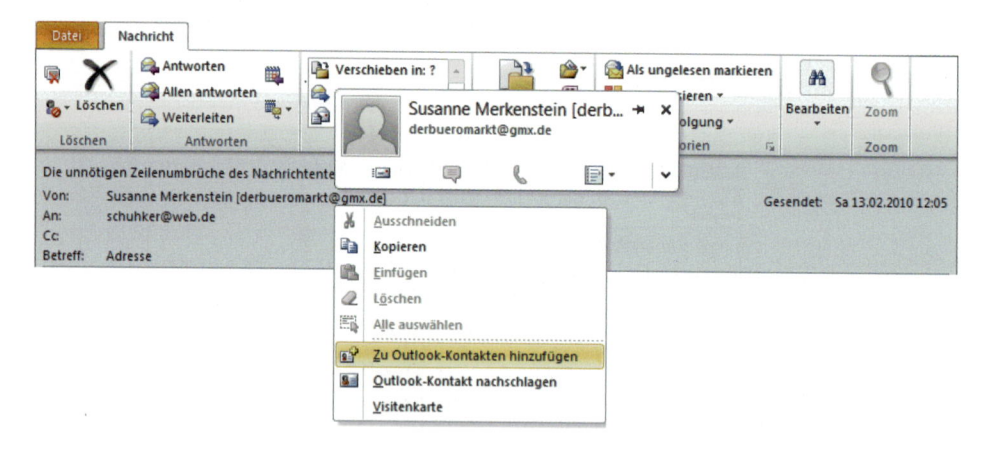

Verteilerlisten

Aufgabe Stellen Sie eine Mailingliste mit Kunden zusammen, die regelmäßig einen Newsletter erhalten sollen.

Kontaktordner

▶ Wählen Sie **<Start>** → **<Neu>** → **<Neue Elemente>** → **<Weitere Elemente>** → **<Kontaktgruppe>**

▶ Tragen Sie den Namen *Kunden* ein

▶ Klicken Sie auf das Symbol **<Mitglieder hinzufügen>** → **<Aus Outlook-Kontakten>**

▶ Es erscheint Ihre Kontaktliste, aus der Sie Mitglieder zur neuen Verteilerliste (Kontaktgruppe) hinzufügen können, indem Sie Personen markieren (Strg-Taste gedrückt halten) und anschließend auf die Schaltfläche **<Mitglieder>** klicken.

Adressbuch

▶ Öffnen Sie das Adressbuch **<Start>** → **<Suchen>** → **<Adressbuch>**.

▶ Rufen Sie den Menüpunkt **<Datei>** → **<Neuer Eintrag>** auf.

▶ Klicken Sie unter **<Art des Eintrags>** auf **<Neue Verteilerliste>**.

Informations- und Kommunikationsnetze im Web

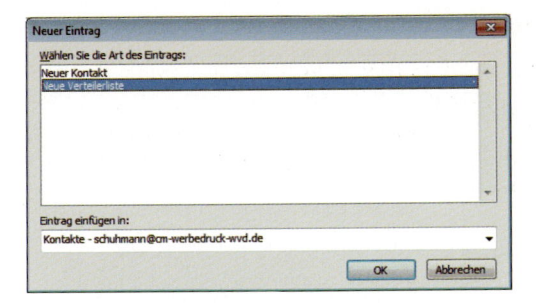

Wenn Sie eine Verteilerliste fertig erstellt haben, so genügt zukünftig ein Doppelklick auf den Namen der Liste im Adressfenster und es wird ein neues Nachrichtenfenster zum Verfassen einer E-Mail an die Mitglieder dieser Liste geöffnet.

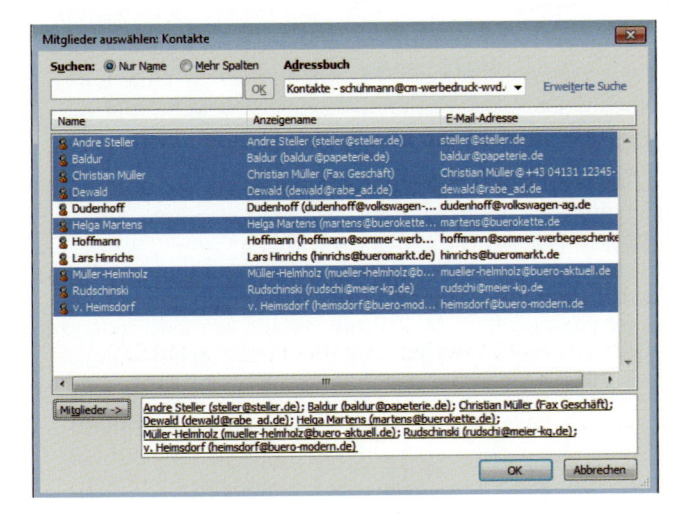

Zusammenfassung

- ▶ Kontaktdaten geben Sie in ein Kontaktformular ein, das Sie im Kontaktordner über die Schaltfläche **<Neu>** aufrufen.
- ▶ Zum Auffinden eines Kontaktes benutzen Sie die Alphabetleiste am rechten Rand des Kontaktmoduls.
- ▶ Um Kontakte aus E-Mails zu übernehmen, klicken Sie im Kontextmenü der Nachricht auf **<Zu Outlook-Kontakten hinzufügen>**.
- ▶ In Verteilerlisten fassen Sie von Empfängern zu Gruppen zusammen, indem Sie wählen:
  <Start> → **<Neu>** → **<Neue Elemente>** → **<Weitere Elemente>** → **<Kontaktgruppe>**

E-Mail-Glossar	
Begriff	**Erläuterung**
Anhang	Dateien, die einer E-Mail beigefügt werden
Bcc	Blinde Kohlekopie (engl.: Blind carbon copy) bedeutet, der Adressat erhält eine Kopie ohne Angabe der anderen Adressaten.
Cc	Kohlekopie (engl.: Carbon copy) bedeutet, dass der entsprechende Adressat eine Kopie des Originals erhält.
E-Mail	Elektronische Post (engl.: electronic mail) bildet die Funktion der gelben Post nach.
E-Mail-Account	E-Mail-Konto, das von Internetprovidern vergeben wird und den Zugriff vom Computer auf den E-Mail-Server des Internetanbieters über die Eingabe von Benutzername und Kennwort (Passwort) erlaubt
E-Mail-Client	Programm eines Kunden (Client), mit dessen Hilfe mit einem E-Mail-Server Daten ausgetauscht werden (z. B. Outlook)
E-Mail-Konto	Nachrichtenbox bei einem E-Mail-Server
E-Mail-Profil	Persönliches Benutzerkonto mit Kennwortoption, um Outlook und das Adressbuch auf einem Computer zu verwenden. Wenn Sie beispielsweise einen Computer gemeinsam mit einem Familienmitglied benutzen und jeder ein eigenes E-Mail-Profil erstellt, werden Ihnen nur Ihre eigenen Nachrichten und Kontaktadressen angezeigt, wenn Sie sich unter Ihrem eigenen Profil anmelden.
Fw:	Nachsenden (engl.: forwarding), wird dem Betreff einer Weiterleitung vorangestellt (WG = weitergeleitet)
Offlinemodus	Einstellung des Programms auf einen inaktiven Verbindungszustand mit dem Internet
Onlinemodus	Einstellung des Programms auf einen aktiven Verbindungszustand mit dem Internet
Outlook	Programm zur Bearbeitung von elektronischen Nachrichten im Internet
POP 3	Standard-E-Mail-Protokoll f. Posteingang (engl.: post office protocol, Version 3)
Re (AW)	Bezugnehmend (engl.: referring), wird dem Betreff einer Antwort (AW) vorangestellt.
RSS-Feed	Abkürzung für Really Simple Syndication; auf einer Website veröffentlichte Inhalte werden automatisch in regelmäßigen Abständen auf den Computer eines Abonnenten geladen.
Verteilerliste	Mehrere Kontakte werden zu einer Gruppe (Mailingliste) zusammengefasst, sodass eine Nachricht an alle Gruppenmitglieder gleichzeitig versendet werden kann.
SMTP	Standard-E-Mail-Protokoll f. Postausgang (engl.: simple mail transfer protocol)

Modul 7.2: Aufgaben zur Wiederholung (ECDL-Test s. S. 2)

[x] bedeutet die Anzahl richtiger Antworten

1. Sie haben eine E-Mail mit folgenden Einträgen:
   Cc: Anja Stauder
   Bcc: Sabine Leitner, Claudia Schubert
   An: Manuel Hintermann
   Welche Aussage ist richtig? [1]
   a) Hauptempfänger sind Sabine Leitner, Claudia Schubert
   b) Anja Stauder erhält keine Information darüber, wer außer ihr die E-Mail bekommen hat.
   c) Claudia Schubert erhält keine Information darüber, wer außer ihr die E-Mail bekommen hat.
   d) Manuel Hintermann bekommt Informationen über sämtliche Empfänger angezeigt.
   e) Niemand erhält die Information, dass Sabine Leitner und Claudia Schubert die E-Mail zugesendet bekommen haben.

2. Ordnen Sie zu: 1. 2. 3. 4. 5.
   a) Eine E-Mail soll eine Dateianlage erhalten.
   b) Einer E-Mail soll eine niedrige Priorität zugewiesen werden.
   c) Eine E-Mail soll als erledigt gekennzeichnet werden.
   d) Einer E-Mail soll eine hohe Priorität zugewiesen werden.
   e) Eine E-Mail soll kategorisiert werden.

3. Was versteht man unter einer Standardsignatur? [1]
   a) Eine Verschlüsselung, die dazu dient, dass die E-Mail nur von bestimmten Empfängern gelesen werden kann
   b) Bild oder Text, der in jede E-Mail automatisch eingefügt wird
   c) Eine elektronische Unterschrift, die den Absender eindeutig identifiziert
   d) Ein Hintergrundbild, das bei jeder zu verschickenden E-Mail eingefügt wird

4. Sie haben eine E-Mail fertiggestellt und speichern mit dem Befehl [Strg] + [S]. Welche Aussage ist richtig? [1]
   a) Die E-Mail wird als docx. auf der Festplatte gespeichert.
   b) Die E-Mail wird im Ordner *Entwürfe* gespeichert.
   c) Es findet gar keine Speicherung statt.
   d) Die E-Mail wird im Ordner *Postausgang* gespeichert.
   e) Die E-Mail wird im Ordner *Gesendete Elemente* gespeichert.

5. Welche Aussage zum Ordner *Posteingang* ist falsch? [1]
   a) Im Ordner *Posteingang* befindet sich alles, was zum Versand fertig ist.
   b) Der Ordner *Posteingang* beinhaltet alle vom E-Mail-Server abgerufenen E-Mails.
   c) Die Anzahl der ungelesenen Nachrichten steht neben dem Ordner *Posteingang*.
   d) Ungelesene Nachrichten werden in Fettschrift angezeigt.
   e) Neben ungelesenen Nachrichten steht ein gelbes Briefsymbol.

6. Ordnen Sie zu:
   a) Chat
   b) E-Mails
   c) Newsgroups
   d) HTTP
   e) RSS-Feed

   1. Internetprotokoll
   2. Direkte Kommunikation im Internet über Tastatur und Bildschirm
   3. Foren zur Diskussion mit elektronischen Nachrichten
   4. Dynamische Lesezeichen aus dem Web
   5. Elektronische Nachrichten im Internet

7. E-Mails von bestimmten Absendern sollen in Zukunft immer automatisch in den Ordner *Verein* verschoben werden. Welche Aussage ist richtig? [1]
   a) Nachrichten können aus Sicherheitsgründen nur direkt vom Benutzer, nicht aber automatisch in Ordner verschoben werden.
   b) Um eine Nachricht automatisch in einen Ordner zu verschieben, muss eine Regel aufgestellt werden.
   c) Der Ordner *Verein* muss ein Unterordner des *Posteingangs* sein.
   d) Um eine Nachricht automatisch in einen Ordner zu verschieben, muss ein entsprechender Befehl beim ISP eingegeben werden.

8. Entscheiden Sie, ob die folgenden Aussagen richtig oder falsch sind!
   a) Standardmäßig fragt Outlook alle 2 Wochen, ob Nachrichten, die älter als 6 Monate sind, in den *Archivordner* verschoben werden sollen.
   b) Die Favoritenordner sind immer alphabetisch geordnet.
   c) Mit einem Klick auf eine Spalte im Anzeigebereich werden die E-Mails nach der Spaltenüberschrift sortiert.
   d) Ein zweiter Klick hebt die Sortierung wieder auf.
   e) Die Eingabe einer Standard-Grußformel bezeichnet man als digitale Signatur.
   f) Eine digitale Signatur dient dazu, den Absender einer E-Mail eindeutig identifizieren zu können.
   g) Wenn ein Absender eine Lesebestätigung gefordert hat, ist der Empfänger verpflichtet, die Bestätigung zu schicken.
   h) Anlagen lassen sich, sofern die entsprechenden Programme installiert sind, in einer Vorschau in Outlook aufrufen.
   i) Mithilfe des Kontakt-Moduls lassen sich Verteilerlisten erstellen.

Modul 1: Grundlagen der Informationstechnologie

All-in-one-Drucker 22
Anwendersoftware 29
Arbeitsspeicher 15 f.
ASCII 16
Ausgabegeräte 20 ff.

Barrierefreiheit 30
Betriebssystem 28 f.
BIOS 16, 28 f.
Bit 16, 40
Blog 44, 46 f.
Blu-ray 21, 25 f.
Bluetooth 39
Breitband 40
Brenner 21, 26
Browser 30, 33
Bubblejet-Technik 22
Bus 15
Byte 16

CD-Laufwerk 13, 26
Client 34, 37
Community 44 f., 47 f.
Computerleistung 15
Computerviren 60 f., 63
Copyright 68 ff.
CPU 12 f., 15

Daten 12
Datenschutz 66 ff.
Datensicherheit 63 f., 60 ff.
Datensicherung 60 ff.
Datenträger 26
DIMM 16
Download 32, 40 f.
Drucker 21 ff.
DVD-Laufwerk 26

E-Banking 51 f.
E-Commerce 50 f.
E-Government 52 f.
Eingabegeräte 19 ff.
E-Learning 48 f.
E-Mail 30, 34
Energy Star 55
Ergonomie 53 ff.
EULA 70
EVA-Prinzip 12
Extranet 35

Festplatte 12 f., 26
Firewall 64 f.
Firewire 24
Firmware 28
Flachbildschirme 20 f.
Flash-Speicher 14 f.
Freeware 69
FTP 34

Gigabyte 16
GUI 28

Hardware 12 ff.
Host 36
Hotspot 38

Instant Messenger 44
Internet 30, 32 ff.
Internet Explorer 30
Intranet 35
IP-Adresse 33
IP-Telefonie 46
ITK 43
ISDN 40

Kilobyte 16
Kommunikationsgeräte 13
Konfiguration 13

LAN 36 f.
Laserdrucker 22 f.
Linux 28, 37
Lizenzen 69

Mainframe 36
Malware 62 ff.
MHz 15
Mikrocomputer 13, 37
Minicomputer 36
Monitor 12 f., 20 f.
Multimediaplayer 14

Nadeldrucker 22 f.
NAS 26
Netbook 13 f.
Netzwerke 32 ff.
Newsgroups 35
Notebook 13 f.

OCR 20
Open Source 69
Optische Speicher 26

Parallele
   Schnittstellen 24 f.
Passwortregeln 62
PDA 13 f.
Peer-to-peer-Netz 37
Peripheriegeräte 12, 19
Phishing 62
Piezo-Verfahren 22
Plotter 13, 24
Podcast 44

RAM 15 f.
Recycling 56 f.
ROM 15 f.

Router 13, 65
RSS 34, 44 f.

Scanner 13, 19 f.
Scareware 62
Schnittstellen 24 f.
Security cable 63
Server 37, 65
Shareware 68 f.
Sicherheit im Internet 60 ff.
Skype 46
Smartphone 14
SMS 34
Software 28 ff.
Soziale Netzwerke 44 ff.
Speichereinheiten 13, 15 f., 25 f.
Speichersticks 12 f., 26
Switch 65

Tablet-PC 14
Taktfrequenz 15
Tastatur 12 ff., 19 f.
TCO 55
TCP-IP 33
Telearbeit 49 f.
Tintenstrahldrucker 22 f.
Topologie 37
Touch-Screen 19 f., 23
Tower 13
Trackball 19
Trojanische Pferde 63
Twitter 46 f.

UMTS 40
Umweltschutz 56 f.
UNIX 28, 37
Upload 32, 40
Urhebergesetz 68 ff.
USB 24 ff.

Viren 63
Virtuelle Welten 45

WAN 36 f.
Wanzen 63
Web 2.0 44
Weblogs 44, 46 f.
Webspeicherplatz 26
WLAN 38
WWW 33 f.

Zentraleinheit 12 f., 15 f.
Zentralspeicher 15

Modul 2: Computerbenutzung und Dateimanagement unter Windows 7

Ansicht 92 f.
Ansichtsoptionen 93
Antivirenprogramm 106
Auflösung 82

Back-up 105 f.
Benutzerprofil 78

Dateisymbole 93
Defragmentieren 99 ff.
Desktop 83 f.
Dialogfenster 83
Drag-and-drop 96 f.
Drucken 103 f.
Druckereinstellungen 104
Druckmanager 103 f.

Eigenschaften 99 ff.
Eingabegebietsschema 83
Energiesparmodus 79
Explorer 90 ff.

Favoriten 90 f.
Formatieren 99

Herunterfahren 79

Index 95

Komprimierung 101 f.
Kopieren 96

Layout 92 f.
Löschen 98

Markieren 98
Menüband 89
Multitasking 88 f., 107

Online-Speicherung 94

Papierkorb 98
Pfad 85
Platzhalter 95

Shortcut 86
Sicherheit 105 f.
Sicherheitseinstellungen 82
Speichern 85

Sperren 79
Standardeingabesprache 82 f.
Startmenü 78, 83, 87
Suchen 95
Systeminformationen 81 ff.
Systemschaltflächen 83, 89
Systemsteuerung 81 ff., 107

Taskleiste 83 f., 87 f.
Task-Manager 80
Tastaturlayout 82

Umbenennen 99

Verknüpfung 83, 97
Verschieben 96
Viren 106

Wiederherstellen 98, 107

Zwischenablage 84, 88 f., 107

Modul 3: Textverarbeitung mit MS-Word

Absatzabstand 141, 145, 148
Absatzausrichtung 131
Absatzformatierung 148, 158
Absatzschaltung 120 f., 127, 140 f., 167
Abstand 130, 132, 134, 140 f., 143, 159, 170
Alle anzeigen 121, 125, 131
Ansichten 165 ff.
Aufzählung 132 ff.
AutoKorrektur 150, 154

Backstage 113 f., 127
Basisoptionen 119 f.
Bedingungsfeld 181 f.
Bildlaufleiste 113 f., 132

Datenquelle 179 ff.
Dokumentvorlage 173 ff., 184
Drucken 114, 126, 166 f., 172

Einbetten 164
Einzüge 132, 138 ff., 141, 145 f., 148
Entwurf 165
Ersetzen 151 ff., 162
Excel-Tabelle 163 f.

Fenster 166

Fließtext 117
Formatierung 129 ff., 145 ff.
Formatvorlagen 145 ff.
Fußnote 171 ff.
Fußzeile 165, 168 f.

Geschützte Leerzeichen 124 f.
Gitternetzlinien 156, 183
Gliederung 133 ff., 148, 152, 165
Grundeinstellungen 113 f.

Hängender Einzug 138 f., 141
Hauptdokument 179 ff.
Hilfefunktion 113, 121 f.

Importieren 163 f.

Kopfzeile 169 f.
Kopieren 122 ff., 127

Laufweite 130
Layout 158, 165 ff., 172
Lineal 132, 135 f., 138 f., 155, 164

Markieren 122 f., 127
Menüband 113 f., 115, 127, 132

Navigationsbereich 165 f.
Nummerierung 132 ff., 148

Papierformat 171
Proportionalschriftart 131, 136

Rahmen 142 ff., 156 ff.
Rahmenlinien 143, 157
Rechtschreibkorrektur 150 f.
Rechtschreibprüfung 149 ff.
Rückgängig 118, 127
Rückschritt-Taste 117, 135

Schnellbaustein 169, 174, 177 f., 184
Seiteneinrichtung 165 ff.
Seitenlayout 114 f., 152, 165
Seitennummerierung 168 f., 175
Seitenrand 115, 127, 170
Seitenumbruch 167
Serienbrief 178 ff.
Seriendruck 178 ff.
Shortcuts 117 f., 121, 123, 131, 139
Silbentrennung 124 f.
Skalieren 130
Smarttags 124
Sortieren 160 f.

Sachwortverzeichnis

Spaltenbreite 155, 160, 162
Speichern 114, 118 ff.
Standardschriftart 116
Standardspeicherort 119 f., 127
Starten 112 f.
Statusleiste 113 f., 127
Stil-Sets 146 f.
Suchen 151 ff., 162 f.
Symbolleiste für den Schnellzugriff 113 ff., 118, 127, 132, 147, 184

Tabelle teilen 159
Tabellen 155 ff.
Tabelleneigenschaften 160
Tabellengröße 160
Tabellenverschiebepunkt 156, 160
Tabstopps 135 ff., 148, 159
Tabulator 135 ff.
Textrichtung 159

Unterschneidung 130

Verknüpfen 163
Verschieben 122 f.
Vollbild-Lesemodus 165, 172
Vorlagen 145 ff., 173 ff., 184

Weblayout 152, 165
Wiederherstellen 118, 127

Zeichenbereich 128
Zeichnen 128
Zeilen hinzufügen 158 f.
Zeilenabstand 141
Zeilenhöhe 160
Zelle 155 ff.
Zellen löschen 159
Zellen teilen 159
Zellen verbinden 159
Zellenausrichtung 159
Zoom 113 f., 127, 132, 151, 153, 167

Modul 4: Tabellenkalkulation mit MS-Excel

Absolute Adressierung 224 ff.
Ansichtensteuerung 189
Arbeitsmappe 191 ff., 201 f., 222, 244, 209
Ausgabebereich 212, 216, 242 f.
Autoausfüllen 210

Backstage-Schaltfläche 189
Basisoptionen 193 f.
Bearbeitungsleiste 189, 191, 196, 228
Benutzerdefiniertes Design 201 f.

Dezimalstelle 199 f. 209
Diagramm 237 ff.
Diagrammfläche 138
Dialog reduzieren 197, 220
Drucken 217 ff., 222 ff.

Eingabebereich 212 f., 242 f.
Ersetzen 244

Farbpalette 201, 203
Fehlermeldungen 205, 224 f., 233 f.
Fenster einfrieren 213, 216
Fixieren 213, 216
Format übertragen 202, 206 f.
Formatieren 198 ff.
Formatvorlagen 200 f., 206
Formelüberwachung 234
Funktionen 227 ff.
Funktionsargumente 197, 228

Funktionsassistent 196 f., 227 f., 232
Fußzeile 219, 222 ff.

Gitternetzlinien 218, 220
Grafik 235 ff.

Hilfefunktion 245 f.

Inkrement 210

Kopfzeile 219
Kopieren 194, 207 ff., 213, 216, 224 f., 241

Markieren 199
Maximalwert 228 f.
Minimalwert 228 f.
Minisymbolleiste 199
Mittelwert 227 f.

Normalansicht 217, 223

Papierformat 218
Prozentformat 199, 205, 209, 211

Rahmen 198 f.
Randeinstellung 218, 222
Rechtschreibkorrektur 234
Register 191
Reihenbildung 207 f., 210 f.
Relative Adressierung 224 ff.
Rückgängig 194

Seitenansicht 218, 223
Seiteneinrichtung 217 ff.
Seitenlayoutansicht 221 f., 223

Seitenumbruch 221, 223
Seitenzahl 218 f.
Sortieren 247
Spalten 212 ff.
Spaltenbreite 190, 212, 216
Spaltenkopf 189 f.
Speichern 191 ff.
Standardspeicherort 193
Suchen 244, 246
Summe 196 f., 227
Symbolleiste für den Schnellzugriff 189, 194 f.

Tabellenblatt 191
Tabellenregister 189, 193
Textfeld 235 f.

Verschieben 207 ff.

WENN-Funktion 229 ff.
Wiederherstellen 194

Zeichnungsfläche 238, 240
Zeilen 212 ff.
Zeilenhöhe 212
Zeilenkopf 189
Zeilenumbruch 200, 204, 214, 216
Zelladresse 189, 225
Zellen 190 f., 214 ff.
Zellen löschen 215
Zellen verbinden 200, 214
Zellschutz 242 f.
Zirkelbezug 233

Modul 5: Datenbankprogramm MS-Access

Abrageassistent   337 ff.
Abfragen   257 f., 266, 320 ff.
Aktionsabfrage   320
Aktualisierungsabfrage   320
Ansichten   267, 274, 339, 354
Auswahlabfragen   320 ff., 337
AutoWert   297

Basisbefehle   263 f.
Bedingungen   288, 335
Berechnungen   333 ff.
Berichte   257, 266, 348 ff.
Beschriftung   306, 347
Beziehungen   258, 311 ff.
Byte   296, 305

Datenblattansicht   267, 322
Datenintegrität   317
Datensatzzeiger   277
Datentabelle   295 ff., 310
Datentyp   296 f., 305 ff.
Detailtabelle   311 ff.
Double   305
Duplikatsuche   337
Dynaset   321

Entwurfsansicht   267, 295, 322, 339, 348, 354
Ergebnistabelle   321
Exklusionsverknüpfung   314

Felddatentypen   296 f.
Feldeigenschaften   205 ff.
Filtern   281, 284 ff.
Format   305 f.

Formularansicht   339 f.
Formular-Assistent   339, 342
Formulare   339 ff.
Formularentwurfstools   340, 343 f.
Funktionen   348, 352 f.

Gleichheitsverknüpfung   314
Gruppierung   334 f.
Gültigkeitsregeln   306 f.

Importieren   292 f.
Index, Indizes   301 ff., 307, 317
Indexdatei   301 f.
Inklusionsverknüpfung   314
Integer   305

Kreuztabellenabfrage   337
Kriterien (Abfrage)   320, 327 f., 331

Long Integer   305
Löschabfrage   320

Mastertabelle   311 ff., 317
Memo   296
Mittelwert   335, 353

Navigationsschalter   277, 340
Neue Datenbank   264, 291

Objekte   257, 266 ff., 274
OLE-Objekte   297

Parameterabfragen   320, 331
Platzhalter   288, 295
Primärschlüssel   301 f., 311 f., 314 f., 317

QBE   322, 325 f., 333

Redundanz (Daten)   258, 317
Referentielle Integrität   311, 315

Seitenansicht   265, 267, 348 ff.
Single   305
Sortieren   284 ff.
Spezialfilter   287, 289
SQL-Abfrage   320
Standardwert   306
Suchen   281 ff.
Symbolleiste für den Schnellzugriff   263, 265 ff.

Tabelle   257, 266, 275 ff.
Tabellenerstellungsabfrage   320

Übersichtsformular   346 f.

Verknüpfung   258, 311 ff.

Währung   296, 305
Widerspruchsfreiheit   311, 314 f., 317

Modul 6: Präsentationen mit MS-Power

Absatzabstand   366 ff.
Animationen   361, 381 ff.
Ansichten   385 ff.
Aufzählung   366 ff., 369, 375
Ausrichten   377
Ausschneiden   373 f., 387

Backstage-Bereich   361, 363, 399
Basisoptionen   363 ff.
Bilder komprimieren   374
Bilder layouten   372 f.
Bildschirmpräsentation   382, 387 f., 400

Dateiformate   400 f.
Design   360 ff., 370, 378
Diagramme   393 ff.

Diagrammlayout   396
Druckbereich   399
Drucken   398 ff.

Ebenen   374, 376
Einfügen/Einbetten   394
Entwurf   361 f., 379, 392, 395 f.
Excel-Diagramm   396

Farbschema   362
Farbverlauf   370, 376
Folie   361 f. , 366 ff.
Folienmaster   391 f.
Foliensortieransicht   387
Formatierung   367 ff., 374, 376, 378, 380, 392 ff., 396 f.

Formatvorlagen   378, 380, 393
Formen   370 f., 375 ff., 383, 392 f.

Gliederungsansicht   386, 400
Gruppieren   378, 384

Handzettel   398 f.
Hilfe   388, 402
Hyperlink   402

Kopf- und Fußzeile   390, 398 f.
Kopieren   373, 387, 396

Layout   362, 366, 372, 375, 379, 389, 391 ff.

Sachwortverzeichnis

Layoutvorlagen 366, 391 ff.
Leseansicht 387 f.
Lineal 367, 381, 387
Linienfarbe 371, 376
Löschen 367, 372 f., 375, 380, 387, 392, 395 f.

Normalansicht 385, 387, 390, 400
Nummerierung 367, 369, 382, 390

Organisationsdiagramm 391 ff.

Rechtschreibung 368
Referentenansicht 387 f.

Schneiden 374
Schnellformatvorlage 392 f.
SmartArt-Grafik 391 f.
Speichern 363 f., 374 f., 400 f.
Standardspeicherort 363 f.
Symbolleiste für den Schnellzugriff 364 f.

Tabellen 379 ff.

Textfeld 360 f., 366 ff., 373, 382
Titelfolie 360 ff., 372, 381, 390

Übergangseffekte 361, 382 ff.

Verbindungen 377

Modul 7: Informations- und Kommunikationsnetze im Web

Account 439, 470
Adressbuch 467 ff.
Anhang 449, 451, 455, 470
Anlage 449, 451, 454 f., 460, 463
Ansichten 461
Antworten 452, 454 f.
Archiv 426, 459, 465
AutoArchivierung 459

Backstage-Bereich 443
Beantworten (E-Mail) 454 f.
Benutzerverwaltung 465
Blind carbon copy (Bcc) 453, 455, 470
Browserverlauf 420 f.

Carbon copy (Cc) 443, 453, 470
Chat 435
Communitys 433

Datei anhängen 449
Datumsnavigator 442
Digitale Signatur 453, 464 f.
Domain 410, 419, 439, 447
Download 410, 431
Drucken 411, 429, 454 f., 461 f.

Einrichten der E-Mail-Verbindung 440 ff.
E-Mail 435, 439 ff.
E-Mail-Account 439 ff., 470
E-Mail-Client 439, 447, 470
E-Mail empfangen 444 f.
E-Mail erstellen 442 f.
E-Mail formatieren 442 f.
E-Mail kennzeichnen 445 ff.
E-Mail-Konto 440 ff.
E-Mail lesen 441, 443, 445, 449, 456, 458
E-Mail öffnen 447, 450

E-Mail versenden 439, 441, 444, 449 f., 453, 455
Encryption 418
Entwürfe (E-Mail) 456, 459, 465
Exchange Server 441

Favoriten 409 f., 416 f., 429, 460, 465
Flatratekosten 435
FTP 410

Gelöschte Elemente (E-Mail) 457, 459 f., 465
Gesendete Elemente (E-Mail) 457, 459, 465

Hilfefunktion 411, 446
Homepage 408, 410, 439
HTML 430, 439, 443, 456, 463
Http 410 f., 419
Hyperlink 408 ff., 462
Hypertext 411

Identität 418 f.
IMAP 441 f., 447, 456
Internetoptionen 418, 420
Internetrecherche 426 f.
Internettelefonie 410, 435
Internet Service Provider (ISP) 407, 410, 439 f.

Java-Script 439, 463
Junk-E-Mail 457, 462, 465

Kategorisierung 445 ff., 457
Kennzeichnen 445
Kontakte 466 ff.
Kontaktgruppe 468 f.
Kopien versenden 453

Lesebereich 442, 445, 451, 462
Lesebestätigung 450, 455
Lesezeichen 410, 416 f., 456, 459, 465
Link 408 ff., 416, 430, 431, 463
Livesuche 426

Mailingliste 468, 470
Mehrere Benutzer (Outlook) 465
Menüband anpassen 461, 465

Nachverfolgung 445 ff.
Navigationsbereich 442
Netiquette 423, 443

Onlinemodus 470
Ordnungssystem (E-Mail) 460 f.

Persönliche-Ordner-Datei 442
Phishing 418, 421, 463
Phrasensuche 426
Podcast 435
POP3 441 f., 447
Postausgang 457, 469, 465, 470
Posteingang 442, 444 f., 456, 459 f., 461 f., 465, 470
Provider 407, 410, 435, 439, 470
PST-Datei 442

Rechtschreibung 443, 447, 455
RSS-Feeds 459, 465, 470

Sicherheit 418 ff., 462, 464 f.
Signatur 464 f.

SMTP 470
Sortierung 461, 465
Spam 419, 456, 462 f., 465
Speichern 416, 420, 429 ff., 451, 455 f., 466
Standardkennzeichnungen 445 f.
Startseite 408 ff.
Suche 424 ff., 456, 460, 465
Suchmaschinen 424 ff.
Suchordner 458, 465
Symbolleiste für den Schnellzugriff 443
Symbolleisten 409, 429
Schutz 418 ff., 462 ff.

Texte kopieren 447
Top-Level-Domain 410, 439, 447

Upload 410
URL 408, 410

Verlauf 408 f., 420 f., 450, 455
Verteilerlisten 468 ff.
Verwaltung 410, 417, 424, 439, 441, 464 f.
Viren 418, 449, 451, 456, 463 f., 465
Visitenkarte 449, 466 f.

Webadresse 408 f., 419
Webbrowser 407 ff.
Webdomain 439
Webserver 410
Website 410
Weiterleiten 439, 454 f.
Wichtigkeit (E-Mail) 449 f.
WWW 408, 410 f.

Bildquellen

Apple Inc., Cupertino/USA: 14.1
ASUS Computer GmbH, Ratingen: 13.3
DATACOLOR AG, Dietlikon: 9.1, 10.1, 11.1
Dell GmbH, Langen: 21.1
Enlight Corp., Rotterdam/Niederlande: 13.1
Google Germany GmbH, Hamburg: 14.3 (HTC)
Hewlett-Packard GmbH, Böblingen: 13.2, 19.1, 19.2, 20.1, 22.2, 22.5, 22.6
Claudia Hild, Angelburg: 9.2, 12.2, 30.1, 32.1, 53.1, 60.1, 61.1, 65.1, 439.1
IBM Deutschland, Ehningen: 16.1
Intel GmbH, Feldkirchen: 15.1
Kensington Computer Group: 63.1
Lexmark Deutschland GmbH, Dietzenbach: 22.1, 22.3
Palm Europe Ltd.:   14.2
Philips Deutschland GmbH, Hamburg: 13.4
Picture-Alliance GmbH, Frankfurt: 39.1, 47.1
Sony Deutschland GmbH, Berlin: 21.2, 22.4
Statistisches Bundesamt, Wiesbaden: 38.1, 43.1 (DESTATIS)

Trotz intensiver Nachforschungen ist es uns in einigen Fällen nicht gelungen, die Rechteinhaber zu ermitteln. Wir bitten diese, sich mit dem Verlag in Verbindung zu setzen.